AF199363

Gottlieb Jacob Planck

Entstehung, Veränderungen und Bildung unsers protestantischen

Lehrbegriffs

Gottlieb Jacob Planck

Entstehung, Veränderungen und Bildung unsers protestantischen Lehrbegriffs

ISBN/EAN: 9783742892942

Hergestellt in Europa, USA, Kanada, Australien, Japan

Cover: Foto ©Lupo / pixelio.de

Manufactured and distributed by brebook publishing software
(www.brebook.com)

Gottlieb Jacob Planck

Entstehung, Veränderungen und Bildung unsers protestantischen

Lehrbegriffs

Geschichte

der Entstehung, der Veränderungen
und der Bildung unseres

protestantischen

Lehrbegriffs

vom Anfang der Reformation

bis zu der

Einführung der Konkordienformel.

Fünften Bandes zweyter Theil.

Leipzig

bey Siegfried Lebrecht Crusius
1799.

Geschichte

der

protestantischen

Theologie

von Luthers Tode

bis zu der

Einführung der Konkordienformel.

Von

D. G. J. Planck,

Konsistorial-Rath und Professor zu Göttingen.

Zweyten Bandes zweyter Theil.

Leipzig

bey Siegfried Lebrecht Crusius

1799.

Vorrede.

Der Einrichtung gemäß, über welche ich mich in der Vorrede zu dem ersten Theil dieses zweyten Bandes erklärt habe, lege ich jetzt meinen Lesern in dem andern Theil die Geschichte des erneuerten Sakrament-Streits in einer ununterbrochenen Erzählung vor, aus welcher sich, wie ich hoffe, das zweckmässige und das schickliche dieser getroffenen Einrichtung am deutlichsten ergeben wird. Man wird wenigstens am besten daraus ersehen, daß sich die Materie nicht ohne Nachtheil hätte vertheilen lassen, wiewohl man vielleicht auch finden wird, daß der Vortheil, den man durch die Zusammenstellung erhält, von einer andern Seite her theuer genug erkauft werden muß. Das längere ununterbrochene Verweilen bey einem wahrhaftig nicht anziehenden Gegenstand, wozu man dadurch genöthigt wird, kann allerdings ein hoher Preiß dafür scheinen: allein bey dem Zweck dieses Werks mußte ich doch glauben, daß die Leser selbst diesen Ueber-

* 3   druß

druß des längeren Verweilens für das kleinere
Uebel halten, und sich ihm also gerner, als dem
grösseren der Vertheilung unterziehen würden.

Ich glaube indessen versichern zu können, daß
ich dabey alles gethan habe, was in meiner
Macht stand, und was die Natur des widerstre-
benden Stoffs nur irgend zuließ, um das Uebel
noch kleiner zu machen. Bey dem ersten Anblick
dieses Bandes, der den vorhergehenden an Stärke
noch übertrifft, mag man sich zwar versucht fühlen, ein Mißtrauen in die Versicherung zu setzen;
aber ich besorge nicht, daß es mir nachtheilig
werden soll. Etwas banger ist mir vor dem Vorwurf, zu dem man vielleicht in dem Innhalt des
Bandes mehrere Gründe finden könnte, daß um
jener Absicht willen mehr von mir gethan worden
sey, als sich verantworten lassen mag. Ich be-
fürchte würklich, daß ich meine Leser, um sie
nur schnell genug durch die verdrüßliche Geschichte
durchzubringen, an einigen Parthieen allzu eilfer-
tig vorbeygeführt habe; und wenn ich mir auch
schon getraue, es recht gut verantworten zu können, daß ich in dieser Geschichte des Sakrament-
Streits das literarische mit weit weniger Voll-
ständigkeit als in jeder andern mitgenommen habe, wenn ich es auch selbst weiter für kein Unglück halte, daß ich um die Geschichte nicht noch
mehr anzuschwellen, von mehreren der Neben-
Auftritte, welche darinn gespielt, und somit auch
von mehreren der Neben-Personen, von denen
sie gespielt wurden, gar keine Notiz nehmen
konn-

konnte, so bin ich doch nicht ganz gewiß, ob nicht auch zuweilen einige Haupt=Auftritte und einige Haupt=Personen allzu kurz abgefertiget worden sind, um sich in dem Licht, in welchem sie erscheinen sollten, gehörig auszunehmen. Habe ich doch den ganzen besondern Zwischenstreit über die Ubiquität, der in den Hauptstreit vom Abendmahl so eng verflochten wurde, kaum etwas gestreift, um nur den Leser nicht allzutief in das dornichte der Fragen von der Naturen=Vereinigung in Christo hineinführen zu müssen, in welche man sich dabey verwickelte. Daß aber bey allen meinen Abkürzungs=Versuchen die Geschichte doch noch, so lang und vielleicht so langweilig geworden ist, daran ist gewiß auch zum Theil ihre Natur schuld.

Um nur diesen Band nicht zu vergrössern, habe ich mich selbst enthalten, die entscheidende Momente des Streits am Ende noch besonders zusammenzufassen, und die Hauptpunkte zur helleren und näheren Ansicht auszuzeichnen, die allein ein richtiges und unbefangenes Urtheil darüber begründen können. Ich mußte es zwar bey dieser Streitigkeit für nöthiger halten, als es fast bey einer jeden der in den vorhergehenden Bänden bearbeiteten seyn konnte; daher fand ich auch mehrere Bedenklichkeiten dabey, die mich einige Zeit im Zweifel darüber erhielten, aber zuletzt entschloß ich mich doch nicht ungern dazu, weil ich die Möglichkeit vor mir sah, das fehlende noch im nächsten Bande sehr schicklich anbrin-

gen

gen zu können. Am Schluß dieses nächsten Bandes, der das ganze Werk schliessen soll, muß ja ohnehin noch alles eigenthümliche, was unter den Bewegungen dieses ganzen Zeitraums in das System unserer Theologie hineinkam, dem Leser gleichsam vorgezählt, und zugleich noch einmahl im Kontrast mit dem eigenthümlichen der andern Systeme, aus denen es herausgebildet wurde, vor das Auge gerückt werden: also dabey wird dann auch das eigenthümliche unserer Nachtmahls = Lehre im besondern noch einmahl aufgefaßt werden müssen.

Göttingen, d. 21. Septemb. 1798.

D. G. J. Planck.

Jnn=

Innhalts-Anzeige
des sechsten Buchs.

guri-

Bekenntniß aus, das auch dem Magistrat, aber nicht Timann genug thut. Seine Sätze gegen die Ubiquität sind auch
noch so bedachtsam abgefaßt, daß ihn die Theologen nicht
dabey fassen können: allein eine unbedachtsame Aeusserung
des Burgermeisters Buren bringt den Rath auf das neue
gegen ihn auf. S. 163 : 180. Kap. VIII. Nun läßt der
Rath von den Predigern ein Bekenntniß vom Abendmahl
aufsetzen, und verlangt von dem Domcapitel, daß es Hardenberg anhalten soll, es zu unterschreiben. Auf seine
ausweichende Erklärung droht der Magistrat, daß er ihn
nicht länger in der Stadt dulden wolle, und dadurch wird
Hardenberg veranlaßt, seine Exceptionen gegen das Bekenntniß der Prediger einzureichen, und sich zugleich öffentlich
in einer Predigt über seine eigene Meynung vom Abendmahl
zu erklären. Vorsicht Hardenbergs dabey, durch die er
seine Gegner beschämt. S. 181 : 192. Der Magistrat verlangt nun Responsa von Wittenberg, aber auch von einigen
Niedersächsischen Ministerien, und nur allein über das Bekenntniß seiner Prediger. Zweydeutiger Innhalt des Wittenbergischen Responsi. Eindruck, den es auf die Bürgerschaft macht. Schändliche Künste, wodurch die Hardenbergische Gegenparthie im Rath dem Eindruck entgegen-
würkt. Neue Forderung an Hardenberg, daß er sich auf
die Augsp. Konfession und ihre Apologie verpflichten soll.
Seine höchst-edelmüthige Erklärung darauf. S. 193 : 210.
Kap. IX. Die Magistrate von Hamburg, Lübeck und Lüneburg mischen sich jetzt, ohne Zweifel von Bremen aus auf-
gereizt, öffentlich in diese Händel, und bemühen sich, noch mehrere Stände hineinzuziehen. Ihre Schreiben an Sachsen,
Mecklenburg, Würtenberg, und den König von Dännemark.
Sie bewürken bey dem letzten, daß er sogleich mit dem blindesten Eifer hineingeht, und den Rath zu Bremen selbst zu
den heftigsten Maaßregeln gegen Hardenberg auffordert.
Absichten der Komoedie, die der Rath zu Bremen dabey
spielt, und Gründe der Mässigung, die er jetzt noch affektirt. S. 211 : 226. Vermittlungs-Versuch, den der Erzbischof Georg von Bremen anstellt. Er will auf seine Kosten eine Versammlung von Gelehrten veranstalten, die den
Streit zwischen Hardenberg und den Predigern entscheiden
soll. Der Magistrat lehnt den Vorschlag ab, aber verlangt
gleich darauf, daß Hardenberg mit Tilem. Heßhuß, der
um diese Zeit nach Bremen gekommen war, disputiren soll.
S. 227 : 233. Kap. X. Hardenberg wird als Sakramentirer erklärt, weil er sich nicht mit Heßhuß einlassen will,
und

ihm zufallen müßte, verdrängt werden soll. Unerwartete Würkung davon, durch welche der ganze Zustand der Dinge in Bremen verändert wird. Büren setzt sich nehmlich durch Hülfe der
Parthie, die er unter dem Volk hat, etwas gewaltsam in den
Besitz des Amts, das man ihm streitig machen will. Der Rath
wird gezwungen, das neue Religionsedikt wieder aufzuheben.
Musäus wird aus der Stadt geschaft, und zwölf andere Prediger, die nicht ruhig bleiben wollen, werden ihm nachgeschickt.
Durch den Austritt mehrerer Magistratsglieder wird die
Macht Bürens in der Stadt noch mehr verstärkt — durch seine
Klugheit der Sturm, den die ausgetretene gegen die Stadt erregen wollen, höchst glücklich abgewandt, und durch seine Verwendung endlich ein Vergleich erzielt, durch welchen die Freyheit der Meynungen in Bremen gerade so weit wieder hergestellt wird, als sie vor dem Ausbruch der Hardenbergischen
Händel statt fand. S. 315=328.

Innhalts=Anzeige des siebenten Buchs.

Anfang des Sakrament=Streits in der Pfalz, veranlaßt
durch die Händel zwischen Heßhuß und Klebiz. Veranlassungen zu diesen Händeln, durch welche vielleicht die eigene
Ueberzeugung von Heßhuß erst fixirt wird. Theses von Klebiz,
von denen Heßhuß den nächsten Vorwand hernimmt, ihn als
Sakramentirer auszuschreyen. Wüthende Heftigkeit, womit
er den Streit gegen ihn führt, in den sich deßwegen der neue
Churfürst Friderich III. sogleich mischen muß. Weise Mässigung des Churfürsten bey dieser Einmischung. Vergleichsvorschläge, die er den Partheyen macht: aber Heßhuß verwirft sie
mit tobendem Trotz — erklärt sich entschlossen, dem Churfürsten
nicht zu gehorchen, und nöthigt ihn dadurch, ihn aus dem Land
zu schaffen. S. 329=353. Kap. II. Einführung des Kalvinißmus in die pfälzische Kirchen — wie weit sie nun würklich erfolgt? Gesinnungen des Churfürsten darüber, und Gründe, die
ihn veranlassen, sie zu begünstigen. Mittel, die er dazu wählt.
Berufenes Bedenken, das Melanchton auf sein Gesuch über die
Händel stellt. Ob sich dadurch der Churfürst zu den Maaßregeln,
die er wählt, berechtigt glauben konnte? Ob er sich eines würklichen Gewissenszwangs dabey schuldig machte? S. 354=373.
Fruchtlose Bemühungen, welche sein Tochtermann, Johann
Friderich von Sachsen anwendet, um ihn zu der lutherischen
Nachtmahlslehre zurückzubringen. Disputation, die er deßwegen zu Heidelberg zwischen einigen seiner Theologen und einigen churfürstlichen im J. 1560. anstellen läßt. Sätze, worüber disputirt wird. Würkung der Disputation auf den Churfürsten.

mißbilligt sie auch jetzt noch mit einer Vorsicht, wobey er der lutherischen Nachtmahlslehre selbst nicht im mindesten zu nahe tritt. Sehr offen erklärt er sich hingegen wider die Ubiquitäts-Hypothese, und schon dieß würde ihn dann gezwungen haben, sich auch gegen die neue Brenzisch-Würtenbergische Konfession zu erklären, wenn er nicht auch sonst noch mehrfach dazu gereizt worden wäre; doch glücklicher weise nimmt ihn der Tod sehr bald von dem neuen Kampfplatz hinweg, auf den er gezwungen wird. S. 425-446. Kap. VI. Dieser Tod Melanchtons hat aber auf der andern Seite die Folge, daß man es jetzt nur geflissentlicher darauf anlegt, seine hinterlassene Kollegen zu Wittenberg in den Streit hineinzuziehen. Man hofft ihnen nehmlich leichter beyzukommen, und sie auch bey dem Churfürsten ihrem Herrn leichter in den Verdacht des Kalvinißmuß bringen zu können. Diese Hoffnung ist auch nicht grundloß; hingegen das Bewußtseyn, das sie selbst von der Gefahr ihrer Lage haben, macht sie jetzt so vorsichtig, daß man ihnen doch lange nicht beykommen kann. So erklärt sich Paul Eber in einer Vertheidigung Melanchtons, die er den Schmähungen von Heßhuß entgegensetzt — und so erklären sich die sämmtliche Theologen zu Wittenberg in einem Bekenntniß von den Nachtmahl, das ihnen der Churfürst abfordert, mit so feiner Klugheit, daß sie ihm allen Verdacht benahmen, wie wohl sie dabey sehr offen angaben, wo sie von Brenz und Heßhuß abwichen. Welcher Wendungen sie sich dabey bedienten? Sichtbare — aber entschuldbare Kunst dieser Wendungen, die sich besonders auch noch in einem Gutachten aufdeckt, das sie im J. 1561. den siebenbürgischen Kirchen zu stellen haben. S. 447-474. Kap. VII. Indessen muß sich aber die Parthie der Nachtmahls-Eiferer durch andere Auftritte durchschlagen. Sie streben umsonst, auf dem Fürstentag zu Naumburg eine förmliche Verdammung der Kalvinisten durchzusetzen: aber werden von diesen durch neue Ausfälle gereizt, welche Beza, Bullinger, Ursinus um diese Zeit unternehmen. Gegenschriften von Heßhuß, Brenz, Andreä. Heidelbergischer Katechißmuß. Kolloquium zu Maulbronn zwischen den Pfälzern und Würtenbergern. Reichstag zu Augspurg vom J. 1566. S. 475-491. Kap. VIII. Dafür arbeiten die Zeloten in der Stille desto eifriger daran fort, den Churfürsten von Sachsen gegen seine Theologen einzunehmen, und schon fängt sich einiger Erfolg ihrer Arbeiten zu zeigen an. Er warnt nun selbst die Wittenberger bey einigen Gelegenheiten — veranlaßt sie aber dadurch nur, ihre wahre Gesinnung in eine grössere, nicht mehr ganz entschuldbare Dunkelheit einzuhüllen — wie es Paul Eber in einer Schrift vom Nachtmahl, und alle zusammen in einem Gutachten über den heidelbergischen Katechißmus und über die Schriften von Brenz und Andreä thun, in denen die Ubiquitätslehre vertheidigt ist. Innhalt

dieses

Geschichte

Geschichte
der
protestantischen Theologie
von Luthers Tode biß zu Abfassung der Konkordien-Formel.

Sechstes Buch.

Kapitel I.

Der ärgerlichsten aller Streitigkeiten, welche in diesem Zeitraum unsere Kirche verwirrten, der erneuerten Streitigkeit über die Nachtmahls-Lehre mußte aus mehreren Ursachen in diesem Werk der letzte Platz aufbehalten werden. Sie zog sich beynahe durch diese ganze Periode hindurch, und wurde neben allen übrigen und unter allen übrigen fortgeführt, biß sie zuletzt fast alle übrige verschlang. Sie dauerte also am längsten: aber sie erregte auch lange Zeit die allgemeinste Theilnehmung, so wie sie nicht nur für unsere Theologie und Dogmatik, sondern auch für unsere Kirche wegen der Folgen, die daraus entsprangen, die wichtigste wurde. Sie wurde eben deßwegen auch am meisten verwirrt und verwickelt: dadurch kamen auch die meiste, und überraschendste Abwechslungen in ihre Geschichte, durch welche

selbst

selbst eine Art von dramatischem Interesse hineingebracht
wird; mithin verdient und erfordert sie auch die aus-
führlichere Erzählung, welche dieses und das nächstfol-
gende Buch ausfüllen wird   Aber um jener Umstände
willen konnte sie nicht früher, als nach der Geschichte der
übrigen, schicklich angebracht werden!

Nach demjenigen, was in dem ersten Buch dieses
Werks [1]) von der Veränderung ausgeführt worden ist,
die unstreitig nach dem J. 1536., wenn schon allmählig
und unvermerkt, in der Denkungsart der meisten lutherischen Theologen über den Punkt in der Nachtmahls-
Lehre vorgegangen war, der biß dahin den Haupt-Gegenstand des Streits zwischen ihnen und zwischen den
Schweizerischen Kirchen ausgemacht hatte, nach diesem
möchte man wohl kaum erwartet haben, daß es zu einem neuen Ausbruch des Streits, und wenigstens nie
erwartet haben, daß es wieder zu einem solchen Ausbruch kommen könnte.   Die Vorstellungen über jenen
Punkt selbst mochten sich zwar bey der grösseren Anzahl
der lutherischen Theologen nicht eigentlich geändert haben, ja man darf es als gewiß annehmen, daß sich
auch die wenigste von jenen, deren Begriffe sich würklich von der reinen lutherischen Idee etwas abgedreht
hatten, der Veränderung bewußt waren: aber daß dieser Punkt für die meiste seine Wichtigkeit verlohren
hatte, daß man allgemein des Streits darüber von Herzen überdrüssig und satt war, dieß legte sich aus einer
Menge der unzweydeutigsten Zeichen, und am sichtbarsten aus dem kalten, ernsten und zum Theil furchtsamen
Stillschweigen zu Tag, womit man im J. 1544. den
Anstalten zusah, welche Luther zu der Erneuerung des
Streits machte.   Man ließ ja den alten Mann ganz
allein auf dem Kampf-Platz stehen, auf den er sich
wieder

1) S. B. I. p. 5 - 35.

wieder hervorgerissen hatte, ohne daß sich nur einer seiner Freunde in Bewegung setzte, ihn zu unterstützen.
Man ließ selbst nach seinem Tode seinen Gegnern den
Triumph, daß sie sich des schonenden Mitleyds rüh-
men durften, das sie gegen ihn bewiesen hätten, ohne
daß sich auch nur eine Stimme wieder sie erhob: deutlicher aber konnte man es gewiß nicht zu erkennen geben,
als dadurch, daß man den Streit nicht mehr erneuert
haben wollte.

Doch dadurch mag man sich jetzt nur desto stärker
gereizt fühlen, die Dazwischenkunft irgend einer äusseren
Ursache voraus zu vermuthen, durch welche unsere Theologen wieder ihre Neigung auf das neue in den Streit
hineingezogen worden seyn könnten; allein eine solche
Ursache findet sich nicht in der Geschichte. Die Veranlassung, bey welcher sie den Streit wieder anfiengen,
war zwar so beschaffen, daß sie ihnen immer einen Vorwand, und, wenn sie sonst zum Streiten Lust hatten,
auch eine Reizung dazu geben konnte; aber den nehmlichen Vorwand hätten sie hundertmahl vorher benutzen,
und die nehmliche Veranlassung hätte hundertmahl vorher reizend für sie werden können; also beweißt der Umstand, daß sie jetzt erst das reizende davon fühlten, weiter nichts, als daß sie jetzt wieder zum Streiten Lust
hatten, aber er erklärt nicht, woher ihnen diese Lust,
welche sie unwiedersprechlich auf einige Zeit verlohren
hatten, jetzt auf einmahl wieder gekommen war. Alles,
was sich hier aus den Zeit-Umständen erklären läßt,
läuft beynahe darinn zusammen, daß ihnen die Lust,
den Sakraments-Streit bey diesem Anlaß zu erneuern,
mit der grösseren Reizbarkeit gekommen, oder eine Folge
der grösseren Reizbarkeit war, zu welcher sie damahls
die Händel, in welche sie schon unter einander selbst gerathen waren, exaltirt hatten: denn der neue Streit

brach

brach gerade in dem Zeitpunkt aus, da ſchon das Feuer
der interimiſtiſchen, der Oſiandriſtiſchen und der Majo-
riſtiſchen Händel in volle Flammen ausgeſchlagen war.
Nachdem es dann mit dem neuen Streit eben ſo weit
gekommen war, ſo ſchlugen ſich freylich mehrere äuſſere
Urſachen dazu, die ihn nicht nur ſo lang unterhielten,
ſondern auch auf den Gang, den er nahm, und auf die
Richtung, worinn er ſich fortzog, einen ſehr bemerkba-
ren und ſehr merkwürdigen Einfluß hatten; aber an
der erſten Wiedererneuerung des Streits kann man ihnen keinen Antheil zuſchreiben, denn eine äuſſere Veranlaſſung zu dieſer kann nur in dem folgenden Umſtand
gefunden werden.

Ein Paar Jahre nach Luthers Tode war es dahin
gekommen, daß mehrere der Theologen, die bißher im
Sakraments=Streit eine Art von äuſſerer Neutralität
beobachtet hatten, ſich nicht mehr ſcheuten, ihre gröſſere
Neigung zu der Schweizeriſchen Vorſtellung viel merkli-
cher als vorher durchſcheinen zu laſſen. Dieſe Neigung
hatten ſie zwar nie ganz verläugnet; aber da ſie den
Streit nicht gern erneuern wollten, der durch die Wittenbergiſche Konkordie vom J. 1536. wenigſtens zu einem Stillſtand gebracht war, ſo hatten ſie kein Bedenken getragen, ſich über den ſtreitigen Punkt gewöhnlich
in einer Sprache zu erklären, die der lutheriſchen ſo nahe
kam, daß faſt kein Unterſchied bemerklich war. Sie
trugen am wenigſten Bedenken, ſich in der Sprache und
in den Ausdrücken der Augſp. Konfeſſion und ihrer Apologie darüber zu erklären, nachdem es ihnen Melanchton
durch die darinn angebrachte Aenderungen ſo leicht gemacht hatte, daß ſie auch ihren eigenen Sinn hineinlegen konnten. Eben deßwegen nahmen ſie auch keinen
Anſtand, ſich bey vorkommenden Gelegenheiten ſo förmlich und öffentlich, als man es nur verlangte, zu der

Augſp.

Augſp. Konfeſſion zu bekennen, und dadurch mochten wohl hin und wieder manche von den ganzen Anhängern der lutheriſchen Meynung zu dem Glauben verführt worden ſeyn, daß ſie völlig mit ihnen übereinſtimmten. Allein jene Theologen hatten ihrerſeits eben ſo viele Gründe zu glauben, daß ſchon die meiſten Lutheraner in der Stille mit ihnen übereinſtimmten, oder doch lange nicht mehr ſo weit als vorher von ihrer Vorſtellung entfernt ſeyen. Sie konnten dieß aus hundert Anzeigen, ſie konnten es ſelbſt aus dem Benehmen ſchlieſſen, das man gegen ſie ſelbſt beobachtete, nachdem ihnen oft genug einzelne Aeuſſerungen ihrer wahren Geſinnung entfallen waren; aber ſie konnten gar nichts anders aus dem allgemeinen Mißfallen ſchlieſſen, das man ſo unzweydeutig bey dem von Luthern wieder erneuerten Streit äuſſerte. Es war alſo höchſt natürlich, wenn ſie nach Luthers Tode die Zurückhaltung, die ſie ſich bißher zur Pflicht gemacht hatten, nicht mehr für nöthig hielten, weil ſie es gar nicht als möglich dachten, daß eine freyere Darlegung ihrer Geſinnungen irgendwo Anſtoß erregen könnte; und deßwegen darf auch wahrhaftig die Schuld des neuen Krieges, der nun darüber entſtand, nicht auf ihre Rechnung geſchrieben werden, ſo gewiß es auch ſeyn mag, daß er zunächſt dadurch veranlaßt wurde!

Unter dieſen bißher gewiſſermaſſen neutralen Theologen waren Petrus Martyr, und Johann Kalvin ſowohl wegen der allgemeinen höchſt verdienten Achtung, die ihnen ihre Gelehrſamkeit erworben hatte, als wegen der Verbindungen, in denen ſie ſtanden, die vornehmſte und bedeutendſte. Beyde hatten ſchon öffentliche Lehr-Aemter an einer Kirche verwaltet, welche allgemein für rein lutheriſch gehalten wurde, ſeitdem ſie der Augſpurgiſchen Konfeſſion förmlich beygetreten war: denn der

erſte ²) war eine geraume Zeit Bucers Kollege in Straßburg geweſen, biß er nach England berufen, und als
Lehrer der Theologie auf der Univerſität zu Oxford angeſtellt worden war; der andere ³) aber war ebenfalls
eine Zeitlang einer franzöſiſchen Kirche in Straßburg
vorgeſtanden ⁴), und hatte noch bey mehreren Gelegenheiten, ſelbſt bey mehreren öffentlichen Gelegenheiten
in Gemeinſchaft mit der lutheriſchen Parthie und ihren
Theologen gehandelt. Kalvin hatte ſelbſt im J. 1539.
dem Straßburgiſchen Miniſterio ein Bekenntniß ſeiner
Lehre vom Abendmahl übergeben, das von dieſem für
völlig rechtglaubig erkannt wurde. Er hatte in eben
dieſem Jahr dem Religions-Konvent zu Frankfurt, und
im folgenden den Religions-Geſprächen zu Hagenau
und zu Worms, und zwar dem letzten wenigſtens nicht
bloß als Begleiter Bucers, ſondern als Deputirter der
Stadt Straßburg beygewohnt ⁵), und man war dadurch
ſo

---

2) Petrus Vermillus — denn
Martyr war einer ſeiner Taufnah-
men — ein Florentiner von Geburt, gehörte unter die Italiä-
niſche Gelehrte, die als Beförderer der Reformation und der
neuen Religions-Aufklärung ihr
Vaterland zu verlaſſen gezwungen wurden. Er kam zuerſt nach
Zürch, und wurde von hier aus
durch Bucers Verwendung bald
nach Straßburg berufen, wo er
biß zum Jahr 1547. blieb, in
welchem er von dem König
Eduard VI. nach Oxford berufen
wurde. S Adami Vitae Theologorum exterorum principum
p. 24-63. und Simleri Oratio
de Vita et obitu Petri Vermilii,
welche der Ausgabe ſeiner Werke
(Zürch 1585. fol.) voranſteht.

3) Job Kalvin, im J 1509.
zu Noyon in Frankreich gebohren, ſeinen Talenten, ſeinem

Geiſt und ſeiner Gelehrſamkeit
nach unſtreitig einer der größten
Männer des Zeitalters. Man
hat ſein Leben von Theod. Beza,
Papyr. Maſſon, und auch von
Adam beſchrieben; oder vielmehr
man findet auch bey dem letzten
p. 63. das Leben Kalvins von
Beza, welches der Amſterdamer
Ausgabe ſeiner Werke (1671.
Tomi IX. fol.) voranſteht.

4) Kalvin wurde nicht nur,
wie Löſcher Hiſt. mot. Th. II.
p. 4. ſagt, Paſtor der neuen
franzöſiſchen Gemeinde, die ſich
zu Straßburg mit Bewilligung
des Magiſtrats geſammelt hatte,
ſondern er war auch zugleich Profeſſor der Theologie an der dortigen Univerſität.

5) Alſo nicht jedesmahl —
wie Löſcher wiederum ſagt — als
Gefährte Buceri. Seine förmliche Sendung zu dem Kolloquio
zu

so gewohnt geworden, ihn unter die lutherische Theologen zu rechnen, daß selbst die Schweizerische zweifelhaft
wurden, ob er sich nicht völlig für die lutherische Meynung entschieden haben möchte [6]),

Aber dieser Zweifel selbst setzt doch voraus, daß
Kalvin zu gleicher Zeit durch andere Anzeigen auch andere Gesinnungen verrathen haben mußte, denn sonst
hätten die Schweizer nicht bloß zweifeln können [7]);
und so verhielt es sich auch würklich, sowohl bey Martyr, als bey ihm. Selbst in der Konfession [8]), welche Kalvin im J. 1539. dem Ministerio zu Straßburg
in Gemeinschaft mit Farellus und Viretus übergeben
hatte, verrithen mehrere Wendungen ein sichtbar ab-
sichtliches Streben, sich auf alle Fälle von der lutherischen leiblichen Gegenwart Christi im Abendmahl noch
etwas weiter als von der Zwinglischen bloß symbolischen
Gegenwart entfernt zu halten. So bestimmt er darinn
behauptete, "daß die Glaubige im Sakrament durch die
„Substanz des Leibes und Blutes Christi wahrhaftig
„zum

___

zu Worms beweist ein Brief
der Straßburgischen Theologen
an die Genfer, worinn sie wörtlich sagen, quod Calvinus ad hoc
colloquium deputatus sit, und
selbst einen göttlichen Beruf darinn sehen. S. Calvini Epist. et
Resp. Opp. T. IX. p. 14.

6) „Multi — sagt Lavater
Histor. Sacr. p. 98. — "offende-
bantur, quod Calvinus diversum
quid de Coena Domini tradere
videbatur à Tigurinae ecclesiae
Ministris. Auch Adami schreibt
im Leben Bullingers p. 489."
Multis videbatur Calvinus diversum quid à Tigurinis de Coena
tradere, ac consubstantiationi non
nihil favere.

7) Aus den angeführten Stellen erhellt nur, daß man unter
den Schweizern hin und wieder
zweifelte, ob Calvin zu ihnen
gehöre? Es ist also zu viel gesagt, wenn in der Historie des
Sakrament-Streits versichert
wird p. 514: "Es haben auch
„die Zwinglianer nicht anders
„gemeynt noch gewußt, denn
„Calvinus hielte es mit den Lu-
„therischen vom heiligen Abend-
„mahl, wie sie selbst schreiben."

8) Diese Konfession findet
sich auch in der Neustädtischen
Geschichte der Augsp. Konfession
S. 293. flgd.

„zum ewigen Leben geſpeißt und durch den Genuß davon
„lebendig gemacht würden", ja, ſo gefliſſentlich er im
Gegenſaß gegen die Schweizeriſche Meynung darauf zu
bringen ſchien, daß uns im Abendmahl nicht bloß die
„äuſſere Zeichen des Weins und Brodts allein, ſondern
„unter dieſen Zeichen die wahre Gemeinſchaft des Leibes
„und Blutes Chriſti dargereicht und mitgetheilt werde,"
ſo vorſichtig proteſtirte er dabey [9], daß an keine
„räumliche Gegenwart Chriſti dabey gedacht werden
„dürfe, daß es bloß die Kraft des heiligen Geiſtes ſey,
„welche die Gemeinſchaft und die Nieſſung des Leibes
„und Blutes Chriſti in uns würke, daß alſo nur ein
„geiſtlicher Genuß davon ſtatt finde, und eben deßwe-
„gen auch nur bey denjenigen, die das Sakrament ge-
„hörig und nach dem eingeſetzten Brauch empfahen, dieß
„hieß mit einem Wort nur bey den Glaubigen ſtatt
„finde."

Faſt noch offener gab Kalvin ſeine Entfernung von
der ächt-lutheriſchen leiblichen Gegenwart in einer eigenen Schrift vom Abendmahl zu erkennen, die er im folgenden Jahr 1540. franzöſiſch herausgab. In dem
Schluß dieſer Schrift führte er die Urſachen aus, durch
welche

---

[9] Er proteſtirte ſelbſt dagegen aus dem Grund, aus dem
in der Folge die lutheriſche Theologen eine eigene Ketzerey machten, „weil Chriſtus gen Him-
„mel gefahren, und ſeine leib-
„liche Gegenwart von dieſer Zeit
„an des Orts halber uns entzo-
„gen worden ſey. Aber — heißt
„es weiter in der Konfeſſion —
„dieſe leibliche Gegenwart iſt
„auch zu dem Geheimniß ſelner
„wahren Gemeinſchaft nicht von
„nöthen. Denn ob wir wohl in
„der Wanderung dieſes zeitlichen
„und ſterblichen Lebens mit ihm
„nicht in oder an einem Ort bey

„einander eingeſchloſſen ſeyn, ſo
„iſt doch des heiligen Geiſtes
„Kraft, welche die Gemeinſchaft
„und Nieſſung des Leibes und
„Blutes Chriſti in uns würket,
„mit keinem Maaß des Orts
„oder der Stelle limitirt und be-
„ſchränkt, daß ſie nicht wahr-
„haftiglich zuſammenfügen ſollte,
„was des Orts und der Stelle
„halber von einander geſondert
„darum ſo erkennen wir, daß
„der Geiſt Chriſti das einzige
„und wahre Band unſerer Ge-
„meinſchaft mit ihm ſey." am
a. O. p. 294.

welche der leydige Streit über das Sakrament veranlaßt worden sey, und äusserte dabey ganz unverdeckt,
daß sich Luther eben so weit von der Wahrheit als seine
Gegner entfernt habe, da er eine fleischliche, als da sie
eine bloß symbolische Gegenwart Christi zu behaupten
schienen 10). Wenn er nun doch am Ende gestand,
"daß man im Sakrament der Substanz des Leibes
und Blutes Christi wahrhaftig theilhaftig werde," so
verstand es sich schon von selbst, daß er von keiner leiblichen Theilnehmung und von keinem leiblichen Genuß
sprechen wolle; allein zum Ueberfluß setzte er auch hier
wie=

10) „Fideles omnes — heißt
es im Epilogus dieser Schrift
nach der lateinischen Uebersetzung
von Galassus, die im J. 1545.
erschien — rogo atque obtestor,
ne adeo offendantur, quod haec
controversia mota sit inter eos,
qui in restituenda Evangelii doctrina duces fuerunt primarii. Neque enim novum est, Dominum
sinere servos suos aliquid igno-
rare, et pati ipsos inter se contendere non ut eos perpetuo errare
sinat, sed ad tempus: quo hu-
miliores reddat. — Praeterea si
consideremus, quam opaca tene-
brarum caligine obsitus erat orbis,
cum ii, qui hanc controversiam
moverunt, copperunt nos ad veritatis lumen reducere, minime
profecto mirabimur, quod non
omnia ipsis ab initio cognita fuerunt. — Cum Lutherus docere
coepit, materiam de Coena sic
tractabat, ut, quod ad corporalem praesentiam attinet, talem
ipsam relinquere videretur, qua-
lem tunc omnes concipiebant.
Nam Transsubstantiationem dam-
nans, panem corpus Christi esse
dicebat, quod cum ipso conjunctum esset. Addebat praeterea
similitudines, duras quidem illas

et rudes, sed eis uti cogebatur,
quod aliter mentem suam explicare non poterat. Dehinc sub-
orti sunt Zwinglius et Oecolampadius; qui cum imposturam à
Diabolo inventam considerarent in
stabilienda praesentia illa carnali-
rem tanti momenti dissimulare
nefas esse existimarunt. — Quia
vero difficillimum erat hanc opinionem, quae diu jam et altius
radices egerat in hominum animis, revellere, omnem ingenii
vim ad eam impugnandam ap-
plicarunt, admonentes crassissimi
et absurdissimi erroris esse, non
agnoscere ea quae de Christi
ascensione tota scriptura testifica-
tur, ipsum in coelo in hominis
natura receptum esse, ibique
mansurum, quoad descendat ad
judicandum orbem. Sed huic pro-
posito nimium intenti, quam
praesentiam Christi in coena credere debeamus, et qualis illic
communicatio corporis et sanguinis ejus recipiatur, dicere comit-
tebant: adeo ut Lutherus eos
nihil praeter signa nuda, et spiritualis substantiae vacua relinquere velle existimaret." S. Calvini Opp. T. VIII. p. 9.

A 5

wieder ausdrücklich hinzu, daß jede fleiſchliche Vorſtellung ausgeſchloſſen werden müſſe, indem nur ein geiſtlicher Genuß durch eine verborgene und wundervolle Würkung des heiligen Geiſtes dem Menſchen möglich, und
nur unter der Bedingung des Glaubens möglich gemacht werde [11]).

Aus ſolchen Aeuſſerungen war es gewiß für jeden,
der nur mit dem eigenthümlichen der ächt-lutheriſchen
Vorſtellung bekannt war, nicht ſchwer zu erkennen, daß
in der Vorſtellung Kalvins wenigſtens einige Beſtimmungen, und ſelbſt einige Grund-Beſtimmungen der
lutheriſchen fehlen mußten [12]). Auch wußten dieß zu-
verläſſ-

---

[11]) Uno igitur ore fatemur,
nos, cum juxta Domini inſtitu-
tum *fide* Sacramentum recipimus,
ſubſtantiae corporis et ſanguinis
Chriſti vere fieri participes. Quomodo id fiat, alii aliis melius et
clarius explicare poſſunt. Caete-
rum hoc imprimis tenendum, ut
carnalis omnis imaginatio exclu-
datur, animum oportere ſurſum
in coelum erigere, ne exiſtimemus, Dominum noſtrum Jeſum
Chriſtum eo dejectum eſſe, ut
in elementis corruptibilibus con-
cludatur. Rurſum, ne vis ſacro-
ſancti hujus myſterii imminuatur,
cogitare debemus, id fieri occulta
et mirabili Dei virtute, ſpiritum-
que ipſius vinculum eſſe hujus
participationis, quae etiam idcirco Spiritualis appellatur." eben-
daſelbſt.

[12]) Es war daher ein wahrer Schlag, den unſere orthodoxe Theologen von den Verfaſſern der Geſchichte des Sakrament-Streits diß auf Löſchern
herab ſo oft ſich ſelbſt gaben,
wenn ſie mit aller Gewalt die
Welt bereden wollten, "daß Kal-
„vin biß zum J. 1547. oder gar

„biß zum J. 1549. ſich öffentlich
„gar nicht anders hätte merken
„laſſen, denn daß er mit dem
„lutheriſchen Theil ganz einig
„und gleichſtimmig ſey." Das
Bekenntniß, das er den Straß-
burgern übergab, war doch öffentlich genug. Seine Schrift
vom Nachtmahl kam im J. 1540.
franzöſiſch, und im J. 1545. lateiniſch heraus: und konnte man
nicht aus der einen und aus der
andern deutlich genug merken,
daß der Mann, der nur einem
geiſtlichen Genuß des Leibes
Chriſti im Sacrament annahm,
der eben deßwegen keinen Genuß
ohne Glauben für möglich hielt,
und der eine räumliche leibliche
Gegenwart Chriſti aus dem
Grund verwarf, weil Chriſtus
nach ſeiner Himmelfahrt nirgends als im Himmel ſey — daß
der Mann mit dem lutheriſchen
Theil doch nicht ganz einig ſeyn
müſſe. Wenn er auch in dieſen
und andern Schriften, wie in
der erſten Ausgabe ſeiner Inſtitutio vom J 1536. noch ſo oft
behauptete, daß dem Glauben
die Subſtanz des Leibes und Blutes

verläſſig ſeine Kollegen zu Straßburg am beſten; aber
dabey läßt ſich doch eben ſo leicht erklären, warum man
ihn dem ungeachtet ohne Wiederſpruch für lutheriſchen
Theologen gelten ließ. In Straßburg hatte man ſich
nie für verbunden gehalten, gerade alle Beſtimmungen
der lutheriſchen Vorſtellung anzunehmen, ſondern genug
zu thun geglaubt, wenn man nur im Gegenſatz gegen
die angeblich-ſchweizeriſche Meynung, nach welcher im
Sakrament das Brodt und der Wein bloß leere Zeichen des abweſenden Leibes und Blutes Chriſti vorſtellen ſollten, in den Ausdrücken der Augſp. Konfeſſion
behauptete, daß auch der Leib und das Blut Chriſti der
Subſtanz nach empfangen werde [13]). Auch nach der
Wit-

___

tes Chriſti mitgetheilt werde,
oder in ſeiner Erklärung des
Briefs Pauli an die Korinther
noch ſo beſtimmt anerkannte,
„daß das Brodt und der Wein
„im Nachtmahl nicht nur in ſo
„fern der Leib und das Blut
„Chriſti genannt werden möge,
„wie das Bild Herculis Hercu-
„les genannt werden kann, da
„nicht mehr da iſt, denn eine
„bloſſe ledige Bedeutung, ſon-
„dern wie die Taube Luc. III,
„und Joh. I. genannt wird der
„heilige Geiſt, weil ſie iſt ein
„wahres Kennzeichen des unſicht-
„baren und doch gegenwärtigen
„heiligen Geiſtes‟ ſo ergab ſich
doch aus den andern Beſtimmungen, auf die er eben ſo ausdrücklich drang, ganz unverkennbar, daß er auch über jenes unmöglich ganz gleich mit Luthern
denken konnte. Wenigſtens merkte
es Wigand recht gut, denn er
bemerkte zwar auch, daß ſich Kalvin in ſeiner Inſtitutio doctrinae
chriſtianae ſo ausgedrückt habe,
„ut qui praeſentiſſimam praeſentiam corporis Chriſti in Coena

ſtatuat, aber er ſagte doch ſelbſt
dabey, quod in eodem ſcripto
veram doctrinam de ſubſtantiali
praeſentia Chriſti, et quod corpus Chriſti praeſens non ſolum fide
ſed etiam ore comedatur, expreſ-
ſis verbis infeſtaverit et damnave-
rit. S. Wigand De Schiſmate
Sacramentar. f. 375.

13) Dieß erklärten ſie auch
ſelbſt ohne Zurückhaltung in dem
Urtheil, das ſie über die Konfeſſion von Kalvin, Farellus und
Viretus im J. 1539. ausſtellten.
„Obſtehende Lehre und Meynung
„unſerer lieben Brüder — ſo lautete dieß Urtheil — „erkennen
„wir für recht und wahrhaftig.
„Wir haben auch nie dafür ge-
„halten, daß Chriſtus unſer Herr
„im Abendmahl räumlich, loca-
„liter, und dem Ort nach gegen-
„wärtig oder ſonſt allenthalben
„diffundirt wäre. Denn es hat
„Chriſtus einen wahren, endli-
„chen und umſchriebenen Leib,
„welcher in der himmliſchen Glo-
„ri iſt und bleibet: aber in der-
„ſelben iſt er auch nichts deſto
„weniger in ſeinem göttlichen
„Wort

Wittenbergiſchen Concordie hatten ſich Bucer, Kapito, Martyr [14]), eben ſo wie Kalvin immer darauf einge⸗ ſchränkt, und es nur nicht immer ſo deutlich, wie er, geäuſſert, daß ſie bloß eine geiſtliche Gegenwart und ei⸗ nen geiſtlichen Genuß jener Subſtanz annähmen: aber auch auſſer Straßburg ſchien man ſich faſt allgemein darüber zu verſtehen, daß man ſich damit begnügen könnte und begnügen dürfte. Nicht nur Melanchton und ſeine Freunde waren mehr als damit zufrieden, daß man das eigenthümliche und unterſcheidende der lutheri⸗ ſchen Kirchen⸗Lehre bloß in die allgemeine Beſtimmung von einer ſubſtantiellen Gegenwart Chriſti ſetzen, hin⸗ gegen alle weitere Beſtimmungen über die Art dieſer Ge⸗ genwart der Privat⸗Meynung eines jeden überlaſſen ſollte *), ſondern auch Luther ſelbſt ſchien nichts dage⸗ gen

---

„Wort und heiligen Sakramen⸗ „ten. — Ferner bekennen wir auch „daß es ein unleydlicher Irrthum „in der Kirchen Gottes ſey, als „ſollte uns Chriſtus nur bloſſe „leere, eitle, vergebene Wahr⸗ „zeichen eingeſetzt haben.“ S. Neuſtädt. Hiſtorie von der Augſp. Konfeſſion p. 295.

14) Von Petr. Martyr füh⸗ ren es ſelbſt die Verfaſſer der Geſchichte des Sakrament⸗Streits aus ſeiner Lebens⸗Beſchreibung von Simler und aus der Hiſt. Sacr. von Lavater an, daß er in ſeinem fünfjährigen theologiſchen Lehramt zu Straßburg "ſemper Bucero paruit, et eisdem cum eo in loco de Coena loquendi formulis uſus eſt.“ Und doch heißt es auch von ihm auf der nehm⸗ lichen Seite 507. "er habe ſich „dieſe ganze Zeit über in ſeinen „Lektionen, Diſputationen und „auch ſonſten alſo gehalten und „erzeigt, daß man anders nicht „habe ſpühren und an ihm mer⸗

„ken können, denn daß er durch⸗ „aus mit den proteſtirenden Kir⸗ „chen in der Lehre auch vom hei⸗ „ligen Abendmahl einig wäre.“ Aus den Buceriſchen formulis loquendi hatte man alſo nichts merken können!

*) Darauf berief ſich auch Bucer in einem Brief an Pe⸗ trus Martyr vom J. 1549. „Einige — ſagt er hier, und ver⸗ ſtand unter den einigen offenbar die Lutheraner — "einige lehren, „daß Chriſtus, als Gott und „Menſch im Abendmahl gegeben „werde, und daß nicht bloße „Symbola darinn ſeyen: darum „ſagen ſie, daß Chriſtus leiblich — „weil ſein Leib, weſentlich — weil „ſein Weſen, und fleiſchlich ge⸗ „geben werde, weil ſein Fleiſch „gegeben wird. Es haben zwar „nach der erſten Hitze ſich wenige „dieſer Ausdrücke bedient, doch „haben ſie die Freyheit, ſelbige „zu gebrauchen ſich vorbehalten, „und keine Niederfarth Chriſti vom

gen zu haben, daß der Privat-Meynung diese Freyheit
gestattet werden möchte [15]). Daher kam es dann sehr
natürlich, daß auch diejenige unter den lutherischen Theologen, welche es recht gut wußten, daß Kalvin nicht
in allen Punkten ganz gleich mit Luther denke, doch kein
Bedenken trugen, ihn auf allen jenen Religions-Kon-
venten, wobey er mit ihnen zusammen kam, als Deputirten einer protestantischen Kirche anzuerkennen, und
gemeinschaftlich mit ihm zu handlen. Auffer diesen
aber gab es gewiß auch mehrere, und vielleicht gerade
unter den Eiferern für die lutherische Meynung die meiste,
die in den bißherigen Aeusserungen Kalvins noch keine
Abweichung davon wahrgenommen hatten, weil sie selbst
nicht genau wußten, welche Bestimmungen wesentlich
zu der Meynung Luthers gehörten: und da dieß auch
Kalvin und seinen Freunden nicht unbekannt seyn konnte;
so mußte auch dadurch ihre Hoffnung gewisser werden,
daß selbst eine etwas deutlichere Darlegung ihrer Gesinnungen weiter niemand zum Anstoß gereichen würde [16]).

Dieß

„vom Himmel, und räumliche
„Einschliessung sich aufbürden
„lassen, und von der Geniessung
„der Gottlosen sind sie auch in
„Traktaten geblieben. Die meiste
„aber sind dabey beharrt, daß
„Christi Gegenwart schlechter-
„dings im Abendmahl ihnen ge-
„reicht würde zurSeeligkeit, wenn
„sie selbige im Glauben empfien-
„gen, wobey sie sich von der Un-
„tersuchung der Art, wie er ge-
„genwärtig sey, enthielten" S.
Buceri Tom. Anglican. f. 547.

15) S. B. I. p. 18. 20. 26.
Man bedürfte keinen weiteren
Beweiß, wenn es seine Richtigkeit hätte, daß Luther die Kalvinische Schrift vom Abendmahl
in der lateinischen Uebersetzung
vom J. 1545. noch gesehen und

gebilligt habe. Dieß erzählt Hospinian Hist. Sacr. P. II. f. 178. mit
wörtlicher Anführung der Ausbrücke, deren sich Luther dabey
bedient haben soll: allein er führt
nur im allgemeinen einige homines fide dignissimos als Zeugen an, ohne einen zu nennen,
und dabey bleibt die Wahrheit
der Anekdote allerdings etwas
zweifelhaft. Indessen ist es sonst
gewiß, daß Luther nicht gering
und nicht ungünstig von Kalvin
dachte, wenn er schon aus hundert Umständen und Anzeigen
seine völlige Uebereinstimmung
mit ihm bezweiflen mußte.

16) Daß Kalvin gern Anstoß
vermeiden wollte, sieht man aus
seiner ganzen Haltung auf das
deutlichste. Aber noch im J.
1548.

Dieß erfolgte zufälligerweiſe von Seiten Kalvins und von Seiten Martyrs zu gleicher Zeit, denn es erfolgt bey beyden im J. 1549. aber auch zum Unglück bey beyden unter Umſtänden, welche das anſtöſſige davon beträchtlich vermehren mußten.

Bey einer ſehr feyerlichen öffentlichen Diſputation, welche Martyr im May dieſes Jahrs zu Oxford zu halten veranlaßt wurde [17]; hielt er es nicht mehr für nöthig, ſeine wahre Meynung von der Nachtmahls-lehre mit einer ſo vorſichtigen Zweydeutigkeit, wie in Deutſchland, auszudrücken, und rückte alſo unter die Sätze, die er vertheidigen wollte, auch dieſen wörtlich ein: "daß der Leib und das Blut Chriſti nicht körperlich "oder fleiſchlich im Brodt und Wein, oder, wie andere "ſagen, unter den Geſtalten des Brodts und Weins [18] "ſeyen." Dieſer Satz enthielt einen direkten Wieder-ſpruch gegen die lutheriſche Vorſtellung, und dieſer Wie-derſpruch wurde durch den folgenden Satz, in welchem Martyr eine ſakramentliche Vereinigung des Leibes und Blutes Chriſti mit dem Brodt und mit dem Wein ein-räumte, nur gar nicht gemildert. Indem er nehmlich durch den erſten jede körperliche Gegenwart Chriſti im Sakrament ausſchloß, ſo kündigte er auch dadurch ſchon voraus an, daß die ſakramentliche Vereinigung, die er annahm, nicht die lutheriſche ſeyn könne; zugleich aber lag auch das offenſte Geſtändniß darinn, daß er niemahls
der

1548: ſchrieb er an einen Freund den er um ſein Urtheil über eine neue Schrift vom Abendmahl er-ſucht hatte: Amabo, ſignifices, num utile cenſeas, hoc tempore publicari? Scis enim, ut prudens nominatus ita incedam, ne gra-viter impingam in hanc vel in il-lam partem. Fieri poterit, ut neutri ſatis faciam." Ep. 92.

17) Die Diſputation wurde den 29. und 30. Maj. gehalten. S. Ant. Wood Hiſt. et Antiq. Oxon. f. 268.

18) "Corpus et ſanguis Chriſti non eſt carnaliter aut corporaliter in pane et vino, nec, ut alii di-cunt, ſub ſpeciebus panis et vini."

der lutherischen Meynung völlig beygestimmt habe.
Dieß wurde wenigstens von diesem Augenblick an höchst
wahrscheinlich, denn je neuer und auffallender es einem
ächten Lutheraner scheinen mußte, daß eine wahre Ver=
einigung des Leibes Christi mit dem Brodt im Sakra=
ment auch ohne eine körperliche und fleischliche Gegen=
wart des ersten statt finden könnte, desto natürlicher
mußte sich ihm der Verdacht aufdrängen, daß Martyr
wohl von jeher keine andere als eine solche Vereinigung,
mithin gewiß nicht die lutherische, angenommen haben
möchte.

Doch wenn man auch nicht daran dachte, so konnte
schon die offenbare und offenbar= absichtliche Abweichung
Martyrs von Luthers Sprache so leicht und so vielfach
anstößig werden, daß man sich nicht über die Unzufrie=
denheit wundern darf, welche selbst Bucer, der in diesem
Jahr auch nach England gekommen, und auf der Uni=
versität zu Cambridge angestellt worden war, darüber
zu erkennen gab ¹⁹): nur muß man dazu sagen, daß
Bucer nicht die Meynung Martyrs, sondern nur seinem
Vorgeben nach die Unbestimmtheit der Ausdrücke, wo=
mit er sie vorgetragen, in der Wahrheit aber nur die
Bestimmtheit tadelte, womit er sie im Gegensatz mit
der Lutherischen gebracht hatte. Er wünschte, schrieb
er ihm, daß er in seinem zweyten Satz nicht die kör=
perliche, sondern bloß die räumliche und lokale Gegen=
wart Christi im Sakrament bestritten, und in seinem
folgenden ausdrücklich hinzugesetzt haben möchte, daß
doch der Leib Christi vermittelst der sakramentlichen Ver=
einigung mit dem Brodt wahrhaftig empfangen werde —
vere exhibeatur. In dieser Form, meynte er, hätten
die Sätze auch von allen lutherischen Theologen ange=
nom=

---

19) In einem Brief an Martyr vom 20. Jun. 1549. S. Buceri
Tomus Anglican. f. 545.

nommen werden können, weil ja keiner von ihnen eine
räumliche Einſchlieſſung Chriſti in das Brobt verthei⸗
digen wolle; hingegen könnten ſie jezt nur allzuleicht
glauben, daß nach Martyrs Lehre der Leib und das
Blut Chriſti durch die äuſſere Zeichen des Brobts und
des Weins nur ſymboliſch dargeſtellt werden ſollte. Al⸗
lein dabey bemerkte er doch ſelbſt, daß Martyr zugleich
ausdrücklich hätte erinnern müſſen, der Leib und das
Blut Chriſti werde im Sakrament nur dem Glaubigen
wahrhaftig dargereicht, und könne nur im Glauben,
durchaus aber auf keine ſinnliche Weiſe genoſſen wer⸗
den [20]). Nimmt man nun dazu, daß ihm Martyr
in eben dem Brief, worinn er ihm ſeine Säße mittheilte,
zugleich geſchrieben hatte [21]), daß er auch in Zukunft
die wahre Gegenwart Chriſti im Abendmahl eben ſo,
wie bißher vertheidigen werde; ſo iſt es doch klar, daß
er nicht ſeine Meynung, ſondern nur die Formel, in
welche er ſie gefaßt hatte, und dieſe nur beßwegen miß⸗
billigte, weil ſie allzudeutlich verrieth, daß die Mey⸗
nung ſelbſt nicht ganz lutheriſch ſey.

Doch von dieſem Vorgang in England würde man
vielleicht in Deutſchland nicht ſo bald etwas erfahren,
alſo auch nicht ſo leicht ein Aergerniß daran genommen
haben, hingegen im J. 1552. wurde zu Zürch ein Aus⸗
zug aus den Vorleſungen gedruckt [22]), welche Martyr
zu Oxford über die Lehre vom Nachtmahl gehalten hatte,
und in dieſem fand man nicht nur ebenfalls die Meynung
von einem bloß geiſtlichen Genuß des Leibes Chriſti im
Abendmahl als die einzig haltbare vertheidigt, ſondern
man

---

20) S. ebendaſ. f. 551.
21) S. ebendaſ. f. 544.
22) Petri Martyris Vermilii
Florentini de Sacramento Evcha⸗
riſtiae in celeberrima Angliae
Schola Oxonienſi Tractatio. Ti⸗

guri. 1552. 8. Die Schrift war
aber ſchon vorher in England
gedruckt, und von Martyr ſelbſt
dem Erzbiſchof Cranmer zugeeig⸗
net worden.

man fand darinn die lutherische Vorstellung von einer
leiblichen Gegenwart und einem mündlichen Genuß ausdrücklich wiederlegt, ja man fand es schon in der Vorrede angekündigt, daß sie darinn wiederlegt sey ²³).
In der Schrift selbst hatte Martyr diese Vorstellung
von einer würklichen und körperlichen Vereinigung des
Leibes und Blutes Christi mit dem Brobt und mit dem
Wein nahmentlich als die lutherische angegeben ²⁴), wiewohl er dazu setzte, daß er von glaubwürdigen Männern
erfahren habe, Luther habe doch nicht so kraß von der
Sache gedacht als einige seiner Ausdrücke anzukündigen
schienen. Er räumte selbst ein, daß man diese Ausdrücke nicht premiren, und weiter nichts als eine wahre
und würkliche Vereinigung des Leibes Christi mit dem
Brobt herausfolgern dürfe: aber Luther — behauptete
er, und zwar ganz richtig — bestehe doch auf einer in
der Maaße wahren und würklichen Vereinigung, daß
jeder, der das Brobt empfange, der Glaubige wie der
Unglaubige, der Gottlose wie der Fromme, auch zugleich den mit dem Brobt vereinigten Leib zu genießen
bekomme ²⁵): und gegen diese Meynung führte er dann
mehrere Gründe aus, nachdem er zuerst alle diejenige,

auf

---

23) In der Zuschrift des
Herausgebers, Johann Wolffius
an Joh. Butler, welche die Stelle
der Vorrede vertritt, wird von
jenem versichert, quod Petrus
Martyr eum errorem, cujus auctorem et patronum Martinum Lutherum fuisse ferunt, diligentis-
sime in hoc libro refutaverit. a. 4.

24) "Fuerunt itaque nonnulli,
„qui substantiam panis et vini
„retinuerunt, corpus autem et
„sanguinem Domini symbolis istis
„conjunxerunt nexu quam arctis-
„simo, non tamen (ut arbitror)
„ita, ut ex illis conjunctis una
„hypostasis efficeretur. Realiter

„tamen, (quemadmodum loquun-
„tur) corporaliter et naturaliter
„dixerunt adesse pani et vino cor-
„pus et sanguinem Christi. Haec
„sententia Luthero tribuitur, —
„tametsi ego audiverim à viris
„fide dignis, Lutherum re vera
„non tam crasse ista de re sen-
„sisse." p. 219.

25) "Unde aperte constat —
hanc sententiam ita tantum accipi ab istis, ut vera atque realis conjunctio sacramenti et rei
demonstretur — sed ea, tamen,
quae cum data fuerit, consequitur,
tam pios quam impios percipere
corpus Christi." p. 221.

Theil II. 2. Hälfte.   B

auf welche ſie bißher von ihren Vertheidigern gebaut
worden war, wiederlegt hatte [26]. Auch an dem Schluß
der Schrift, wo er noch ſein eigenes Urtheil über die ge-
prüfte verſchiedene Meynungen kürzlich zuſammenfaßte,
zeichnete er drey Punkte der lutheriſchen Vorſtellung [27]
aus, die er niemahls annehmen würde, und wiederholte
noch einmahl, daß auch im Sakrament nur an einen
geiſtlichen Genuß des Leibes Chriſti, und nur an den
nehmlichen gedacht werden dürfe, von welchem Chriſtus
ſchon vor der Einſetzung des Nachtmahls Joh. VI. [28]
geſprochen habe.

Unmög-

26) Von S. 222 4 231. wiederlegte Martyr die von den Einſetzungs-Worten des Sakraments und von der Ubiquität des
Menſchen-Körpers Chriſti her-
genommene Gründe, mit welchen Luther ſeine Vorſtellung
unterbaut und zum Theil ge-
ſtützt hatte: von S. 231. aber
führte er acht Einwürfe dagegen
aus, die alles das zuſammen-
faſſen, was ehmahls Zwinglin
und Oekolampad dawieder vorgebracht hatten.

27) Er proteſtirte zwar noch
einmahl voraus, daß er nicht
Luthern oder Zwinglin tadlen
wolle — non Quod in animo habeam ſingulares, praeſtantiſſimos-
que viros taxare aut Lutherum
aut Zwinglium. Auch wiederholte er noch einmahl, daß er
von glaubwürdigen Männern,
welche ſelbſt mit Luthern gehandelt hätten, erfahren habe "illum re vera inter corpus Chriſti
et ſymbola non poſuiſſe niſi con-
junctionem ſacramentalem, priusquam contentia ſit ancta et in-
flammata — p. 249. aber die drey

Punkte, die er nun als verwerflich auszeichnete, hatten doch
unſtreitig zu Luthers Vorſtellung
einmahl gehört, und gehörten
noch zu der Vorſtellung aller, die
ſich für ächte Lutheraner hielten.
Es waren aber die folgende:
"Primo craſſam illam connexionem corporis Chriſti cum pane,
ut naturaliter, corporaliter et realiter in illo comprehendatur, minime probo. — Impios deinde
ſuſcipere corpus Domini, haud
recipio — nam quicquid impii ibi
comedant corporaliter, non debent dici comedere corpus Chriſti. Tertio praeterea non dubi-
mus corpus Chriſti ubique eſſe,
aut per omnia, vel multa loca
diffundi — eo quod iſtud adver-
ſatur conditionibus naturae humanae." p. 250.

28) Neque enim ſentiendum
eſt, diſcrimen eſſe inter ſpiritualem manducationem quae habetur in Ioanne, cap. VI. et illam,
quam Dominus inſtituit in poſtre-
ma coena, niſi quod ei doctrinae
ac promiſſioni, quam prius tra-
diderat, adjecit ſymbola. p. 251.

Unmöglich konnte nun diese Schrift von Martyr unter den Protestanten unbemerkt bleiben [29]); aber noch weniger konnte es der berufene Consensus Tigurinus, oder die Vereinigung bleiben, welche Kalvin um die nehmliche Zeit mit den Schweizern in der Nacht=mahls=Lehre geschlossen hatte. Der Vergleich wurde ja nicht nur öffentlich geschlossen, sondern Kalvin selbst breitete die Nachricht davon überall recht geflissentlich aus; aber bey diesem Vergleich trat er seinerseits unstrei=tig der reinen Vorstellung auf das förmlichste bey, wel=che die Schweizer bißher gegen die Lutheraner vertheidigt hatten, da sie sich ihrerseits nur dabey einige von ihm vorgeschlagene erklärende Ausdrücke und Bestimmungen gefallen liessen, durch welche ihre Meynung, ohne et=was wesentliches zu verliehren, ein unbedenklicheres Aussehen gewann.

In der Vergleichs=Formel, welche Kalvin den 1. Aug. des J. 1549. nach Zürch schickte [30]), erklärte er
auf

---

29) Daß sie auch nicht unbe=merkt blieb, beweißt ein Brief von Bucer an Brenz, worinn er sich auf eine Art darüber äusserte, welche hinreichend errathen läßt, was ihm Brenz darüber geschrie=ben haben mochte. "De D. Mar=tyris libro certe tam doleo, quam quisquam alius." S. Löscher Th. II. 25.

30) Um den Vergleich zustand zu bringen, war Kalvin selbst mit Farellus, Prediger zu Neuf=chatel nach Zürch gereist, wo aber, wie es scheint, zwischen ihm und den dortigen Predigern, nachdem sie sich gegen einander über ihre Meynung vom Nacht=mahl zu gegenseitiger Zufrieden=heit erklärt hatten, weiter nichts vorgegangen und verabredet wor=den war. Nach seiner Zurück=kunft nach Genf brachte hingegen Kalvin, dem sehr darum zu thun war, seine Glaubens=Einigkeit mit den Zürchern zu dokumenti=ren, dasjenige, worüber sie ei=nig geworden waren, in einen schriftlichen aus XXVI. kurzen Artikeln bestehenden Aufsatz, und schickte ihn den Zürchern zu, ut — wie er schrieb — publicum ali=quod ejus, quae inter nos con=stat, consensionis testimonium extaret. Er berichtete ihnen zu=gleich, daß schon alle Prediger von Genf und Neufchatel den Aufsatz unterschrieben hätten, und gab ihnen damit einen Wink, den sie aber noch nicht zu verstehen für gut fanden, wie wohl sie in ihrer Antwort den
B 2   Auf=

auf das beſtimmteſte und in mehreren Wendungen, daß er im Sakrament des Abendmahls in dem Brodt und Wein nichts als bloſſe Zeichen erkenne, durch welche zwar die dadurch bezeichnete Sache ſelbſt würklich mitge= theilt [31]), aber nicht durch die Zeichen, ſondern durch eine beſondere Würkung des heiligen Geiſtes, und auch nicht allgemein und ohne Ausnahme, ſondern nur dem Glauben mitgetheilt werde.

Er beſtand deßwegen darauf, daß die Materie des Brodts und des Weins uns auf keine Art zu dem geiſt= lichen Genuß des Leibes und Blutes Chriſti helfe, deſ= ſen der Glaube dabey theilhaftig werden könne [32]). Auch geſchehe es nicht allein kraft der Worte und der Verheiſ= ſung Chriſti, daß dieſer geiſtliche Genuß Chriſti mit dem Genuß der äuſſeren Zeichen verbunden ſey; ſondern Gott ſey es allein, der durch ſeinen Geiſt dabey in uns würke, und zwar die äuſſere Zeichen als Mittel dabey gebrauche, aber doch nur ſo gebrauche, daß die ganze würkende Kraft wie die ganze Würkung allein von ihm herrühre [33]).

Er bemerkte dabey beſonders, daß der geiſtliche Ge= nuß Chriſti, der durch den Genuß der äuſſeren Zeichen gleich=

Aufſatz vollkommen billigten. S. Conſenſio mutua in re ſacramentaria Miniſtrorum Tigurinae eccleſiae et D. Ioannis Calvini, Geneveuſis eccleſiae Miniſtri in Calv. Opp. T. VIII. p. 648.

31) Artic. IX. "Etſi diſtinguimus, ut par eſt, inter ſigna et res ſignatas, tamen non diſtinguimus à ſignis veritatem — quin omnes, qui fide amplectuntur promiſſiones ibi oblatas, Chriſtum ſpiritualiter cum ſpiritualibus ſuis bonis recipere fateamur."

32) Art. X. "Materia panis et vini Chriſtum nequaquam no-

bis offert, nec ſpiritualium ejus donorum nos compotes facit — ſed fides nos Chriſti participes facit."

33) Art. XII. XIII. XIV. "Si quid boni nobis per Sacramenta confertur, id non fit propria eorum virtute, etiamſi promiſſionem, qua inſiguiuntur, comprehendas. Deus enim ſolus eſt, qui Spiritu ſuo agit — et efficaciter quidem per organa, ubi viſum eſt, agit — atque his adminiculis utitur, ſed ita, ut totum opus ipſi uni acceptum referri debeat, et totus effectus penes ejus Spiritum reſideat.

gleichſam abgebildet werden ſollte [34]), ganz und gar
nicht an das Zeichen gebunden ſey, ſo daß jeder, dem
das Zeichen mitgetheilt werde, auch der Sache theilhaftig werden müßte; denn die gottloſe, behauptete er,
bekämen nichts mehr, als das bloſſe Zeichen, die Sache aber würde bloß den Glaubigen und Auserwählten
zu Theil, denen ſie jedoch auch auſſer dem Gebrauch des
Sakraments, alſo auch ohne das Zeichen zu Theil werden könnte, und vielfach zu Theil würde [35]).

Endlich leitete er es ausdrücklich als Folgen dieſer
Vorſtellung ab, daß einerſeits jeder Gedanke an eine
lokale und räumliche Gegenwart Chriſti im Sakrament
entfernt [36]), und andererſeits die Einſetzungs-Worte
Chriſti: das iſt mein Leib! das iſt mein Blut! nothwendig figürlich, und nicht buchſtäblich genommen werden müßten [37]). Bey dieſer Gelegenheit aber ließ er
ſich noch über die Vorſtellung Luthers, wenn ſchon ohne
ihn zu nennen, das harte Urtheil entfallen, daß die
Meynung, nach welcher der Leib Chriſti unter dem Brod
im Sakrament empfangen, oder mit dem Brod vereinigt

34) Eſus carnis Chriſti, et
potio ſanguinis ejus, quae per
eſum panis et potionem ſanguinis
ſgurantur. Art. 23.
35) Art. XVII. XIX. "Praeterquam, quod in Sacramentis
nihil niſi fide percipitur, tenendum etiam eſt, minime alliga-
tam illis eſſe Dei gratiam, ut
quiſquis ſignum habeat, re etiam
potiatur. Nam reprobis perae-
que ut electis ſigna adminiſtran-
tur: veritas autem ſiguorum ad
hos ſolos pervenit — quae etiam
extra illorum uſum illis conſtat.
36) Art. XXI. "Praeſertim
vero tollenda eſt quaelibet localis praeſentiae imaginatio. Nam,

quum ſigna hic in mundo ſint,
oculis cernantur, manibusque
palpentur, Chriſtus, quatenus
homo eſt, nusquam alibi quam
in coelo, nec aliter, quam fide
et mentis intelligentia quaeren-
dus eſt."
37) Art. XXII. "Proinde, qui
in ſolennibus Coenae verbis: Hoc
eſt corpus meum! Hic eſt ſanguis
meus! praeciſe literalem, ut loquuntur, ſenſum urgent, eos
tanquam praepoſteros interpretes
repudiamus. Nam extra controverſiam ponimus, figurate accipienda eſſe, ut eſſe panis et vinum dicantur id, quod ſignificant."

B 3

nigt ſeyn ſollte, entweder mit der Herrlichkeit ſeiner
göttlichen, oder mit der Wahrheit ſeiner menſchlichen
Natur unverträglich, und eben ſo abſurd und ungereimt,
als die Brodverwandlungs = Lehre der römiſchen Kirche
ſey [38]).

Daß ſich nun Kalvin damit für ſich und für die
Genfiſche Kirche auf das unzweydeutigſte zu der ächten
Schweizeriſch = Zwingliſchen Meynung bekannte, dieß
konnte damahls ſo wenig als jetzt von irgend einem
Menſchen verkannt werden. Er verwahrte ſich dabey
nur etwas ſorgſamer, als die erſte Vertheidiger dieſer
Meynung, gegen den Verdacht, daß er im Sakrament
weiter gar nichts als ein leeres ſymboliſches Spiel der
äuſſeren Zeichen annehme und wahrnehme, wobey dem
Menſchen gar nichts würklich mitgetheilt, ſondern höch=
ſtens etwas abgebildet werde. Er ſprach beſtimmter
von einem geiſtlichen Genuß des Leibes Chriſti, der dem
Glauben dabey zu Theil würde; doch war es ja einer=
ſeits keinem Menſchen unbekannt, daß auch Zwinglin
und Oekolampad dieſen geiſtlichen Genuß immer zuge=
geben hatten [39]), und andererſeits wählte jetzt Kalvin
gefliſſentlich ſolche Ausdrücke, welche keinen Zweifel
mehr zurücklaſſen konnten, daß auch er nur einen ſol=
chen Genuß annehme, der dem ihrigen ganz gleich
komme. In dem ganzen Aufſatz brachte er auch nicht
einmahl den Ausdruck an, daß die Subſtanz des Leibes
Chriſti,

---

38) Art. XXIV. "Hoc modo non tantum refutatur Papiſtarum commentum de tranſubſtantiatione, ſed craſſa omnia figmenta, atque futiles arguiae, quae vel coeleſti ejus gloriae detrahunt, vel veritati humanae naturae minus ſunt conſentaneae. Neque enim minus abſurdum judicamus, Chriſtum *ſub* pane locare, vel *cum* pane copulare, quam panem tranſubſtantiare in corpus ejus."

39) Auch Martyr hatte ſich in ſeiner Schrift De Evchariſtia darauf berufen. "De Zwinglio certo ſcio, quod in ſuis libris ſigna ponit in hoc Sacramento nonime vacua aut irrita. p. 249.

Chriſti, oder daß der Leib Chriſti der Subſtanz und
dem Weſen nach von dem Glauben empfangen und genoſſen werde; hingegen erklärte er ſich ſelbſt über die
Natur der geiſtlichen Nahrung, die der Glaube aus
dem Leib und aus dem Blut Chriſti dabey ziehe, mit
einer Wendung, welche keinem Gedanken an eine ſubſtantielle Gegenwart Raum ließ [40]).

Dabey bleibt es aber dennoch gewiß, daß Kalvin
bey dieſer Gelegenheit, eben ſo wenig als Martyr bey
der zuerſt erwähnten, eine neue Ueberzeugung annahm,
oder nur eine neue Ueberzeugung äuſſerte. Beyde über-
raſchten zuverläſſig keinen einzigen ihrer gelehrten und
unterrichteten Zeitgenoſſen durch dieſe offenere Darlegung
ihrer Meynungen, denn alle dieſe hatten es ja ſchon
lange merken müſſen, daß ſie darauf hinausliefen. Wenn
es daher auch erwieſen wäre, daß ſich jetzt Kalvin bloß
durch eine politiſch-intereſſirte Rückſicht auf die veränderte Zeit-Umſtände hätte beſtimmen laſſen, ſeine bißher noch etwas verdeckte Uebereinſtimmung mit den
Schweizern öffentlich an den Tag zu legen, ſo dürfte
ihm kein Vorwurf beßhalb gemacht, oder es könnte kein
Anlaß zu einer beſonderen Anklage gegen ihn davon hergenommen werden [41]). Es war ja nicht ſeine Meynung

---

40) Art. **XXIII.** "Quod carnis ſui eſu et ſanguinis potione
per fidem nos paſcit — id non
perinde accipiendum eſt, ac ſi
fieret aliqua ſubſtantiae vel commixtio vel transfuſio, ſed quia
ex carne ſemel in ſacrificium
oblata et ex ſanguine in expia-
tionem effuſo, vitam haurimus."

41) Die Verfaſſer der Hiſt.
des Sakrament-Streits wollten
S. 515 wiſſen, "Kalvin habe
ſich bloß deßwegen ſo ſchnell
von den proteſtirenden Augs-

„burgiſcher Konfeſſion abge-
„wendt, weil ſie damahls durch
„den Ausgang des Schmalkaldi-
„ſchen Krieges, durch die Ue-
„bermacht des Kayſers und durch
„das von ihm promulgirte In-
„terim in ſo groſſe Furcht und
„Gefahr gekommen ſeyen: daher
„ſey er auch ſelbſt gen Zürch ge-
„zogen, und habe ſich zu den
„Zwingleru gänzlich geſellet, der
„ungezweifelten Hoffnung, weil
„die deutſchen dazumahl über-
„wältigt, er würde bey den

nung selbst, die er mit den Umständen oder nach den Umständen veränderte. Er hatte sie auch bißher nicht verborgen, um jemand zu täuschen, denn er hatte sie nicht so verborgen, daß nicht jedermann, dem daran gelegen war, in das klare darüber kommen konnte. Wenn also auch jetzt bey ihrer offeneren Darlegung seine Absicht auf irgend einen besondern Zweck gerichtet war, so hatte niemand ein Recht, ihn deßwegen zu tadlen, wenn sich nur gegen den Zweck selbst nichts einwenden ließ: und eben deßwegen konnte sich auch Kalvin voll- kommener befugt halten, der Erreichung dieses Zwecks alle die andere Rücksichten aufzuopfern, die ihn bißher noch bey der Aeufferung seiner wahren Gesinnungen zu einiger Zurückhaltung bewogen hatten. So gewiß es sich Kalvin und Martyr bewußt waren, daß sie sich vom J. 1549. an ungleich bestimmter als vorher für die

„tern einen starken Rücken- und „Hinterhalt haben können.‟ Hät- ten sie damit andeuten wollen, daß Kalvin aus einer furchtsamen Besorgniß für seine eigene Si- cherheit sich so schnell an die Schweizer anzuschliessen gesucht habe, so hätte allerdings Hospi- nian Hist. Sacr. P. II. f. 211. mit Recht zweifeln mögen, ob die Vermuthung kindischer und un- gereimter oder hämischer und ge- hässiger sey? allein es läßt sich sehr gut denken, daß die Ver- fasser jener Geschichte etwas an- ders sagen wollten, das nicht ganz ungegründet seyn möchte. An sich selbst dachte freylich Kal- vin gewiß nicht, denn was hatte er von dem Kayser und von sei- nem Interim zu fürchten? Aber Kalvin mußte allerdings fürch- ten, daß der kleine Staat von Genf mit seiner neuen Kirche in Lagen und Umstände kommen könnte, in welchen ihm die Ver- bindung mit einem mächtigeren,

und die Unterstützung eines mäch- tigeren Staats nothwendig wer- den dürfte. Er mußte dabey eben so natürlich befürchten, daß nach dem Ausgang des schmal- kaldischen Krieges von den pro- testantischen Ständen im Reich wenigstens vor jetzt keine bedeu- tende Unterstützung mehr zu hof- fen seyn möchte; und deßwegen eilte er jetzt desto mehr, eine nä- here politische Verbindung zwi- schen Genf und den evangelischen Kantons in der Schweiz einzu- leiten, auf die er jetzt allein noch seine Hoffnung setzen konnte. Dieß war offenbar das letzte Ziel Kalvins bey der kirchlichen Union, die er jetzt zuerst zwischen ihnen zu stand brachte: also könnte al- lerdings die Wendung, welche die Umstände in Deutschland ge- nommen hatten, einen sehr gros- sen Antheil an dem Schluß die- ser Union gehabt haben: aber was konnte dabey Tadel ver- dienen?

die Schweizerische Meynung erklärt hatten, so wenig
hatten sie Ursache zu fürchten, daß irgend jemand erst
jetzt ein besonderes Aergerniß daran nehmen würde;
denn sie durften mit Recht glauben, daß die Erklärung
für ihr gelehrtes Publikum gar nicht neu, und mit noch
grösserem Recht glauben, daß sie dem übrigen lutherischen Publiko eben so wenig anstössig seyn würde, als
ihm seit mehr als zehen Jahren so viele ähnliche von
Schweizerischen Theologen gewesen waren. So weit
darf ihnen also auch nichts von den Folgen zur Last gelegt werden, die daraus entsprangen, so gewiß es auch
seyn mag, daß sie dadurch den nächsten Anlaß zu der
Erneuerung des leydigen Sakrament-Streits gaben,
und so leicht man auch jetzt hintennach einsehen kann,
wie diese Folge daraus entspringen konnte.

Es gab nehmlich — dieß bewieß der Erfolg — unter den protestantischen Theologen doch noch mehrere, die
an der rein-lutherischen Vorstellung von einer leiblichen
Gegenwart Christi im Sakrament und von einem mündlichen Genuß seines Leibes, der dabey statt finde, mit
einer festeren Ueberzeugung hiengen, als man nach dem
langen Stillschweigen, das sie gegen die Schweizer beobachteten, hätte vermuthen mögen: allein an diesem Stillschweigen hatten auch verschiedene Ursachen Antheil.
Es mochte zwar keiner glauben, daß die Schweizer nach
der Wittenbergischen Concordie ihre Meynung aufgegeben und die lutherische angenommen hatten: doch so
lange Luther schwieg, so schwiegen auch alle seine
Freunde desto lieber, je allgemeiner sie des Streits satt
waren, und je weniger sie sich bey aller Ueberzeugung von
der Richtigkeit der lutherischen Meynung verhelen konnten, daß er doch ihre Vertheidigung gar zu hitzig geführt
habe. Durch den achtjährigen Waffenstillstand und unter diesem war man alsdann in eine Stellung und in

B 5　　　　　　　eine

eine Stimmung gegen die Schweizer unvermerkt hin eingekommen, in der man unmöglich sogleich einfallen konnte, da Luther den Krieg wieder anfieng. Auch kam sein Tod dazwischen, ehe man es möglich fand, sich auf das neue in den Kriegsstand zu setzen. Unmittelbar nach seinem Tode brach der ernsthaftere Krieg aus, in den man mit dem Kayser verwickelt wurde, und nach diesem traten die Interims-Unruhen und die gewaltsame Bewegungen ein, unter denen sich die neue Partheyen auf ihrem eigenen Grund und Boden bildeten. Darüber mußte man die Schweizer nothwendig wieder aus dem Gesicht verliehren, und überdieß wußten doch auch die eifrigste lutherische Zeloten, daß sich unter ihnen selbst die Meynungen beträchtlich verändert hatten; aber keiner konnte genau wissen, wie weit die Veränderung schon gekommen war, und auch deßwegen mußte es jeder bedenklich finden, den ersten neuen Schrey zu thun, da er nicht sicher war, ob er nicht darüber mit seinen nächsten Nachbarn Verdruß bekommen würde. Es war daher sehr in der Ordnung, daß auch von denjenigen lutherischen Zeloten, die sich durch die offenere Erklärungen Kalvins und Martyrs am stärksten gereizt und geärgert fühlten, doch jeder noch einige Zeit wartete, ob nicht irgendwo ein anderer aufstehen, und den ersten Stein gegen sie aufheben würde: dabey läßt sich aber auch leicht vermuthen, was gerade diese Erklärungen von Kalvin und Martyr am ärgerlichsten und reizendsten für sie machen mochte.

Jeder ächte Anhänger der reinen lutherischen Vorstellung mußte sich schon dadurch gekränkt finden, daß sie es so bald nach Luthers Tode nicht mehr der Mühe werth hielten, ihre Abweichung von seiner Meynung nur noch etwas zu verdecken. So wenig man bißher geglaubt hatte, daß sie würklich ganz einstimmig mit

Luthern

Luthern seyen, so hatte man ihnen doch die Vorsicht nicht ungern zum Verdienst angerechnet, womit sie sich hüteten, ihre Meynung mit der seinigen in Widerspruch zu bringen, denn diese Vorsicht verrieth doch, daß sie ihn achteten oder fürchteten; aber woher konnte es kommen, daß sie jetzt auf einmahl diese Vorsicht nicht mehr für nöthig hielten? Entweder mußten sie im Ernst glauben, daß die Meynung Luthers keine Anhänger und Vertheidiger mehr in der Welt habe, oder sie mußten diejenige, welche sie noch haben möchten, für allzu unbedeutend halten, um einige Rücksicht zu verdienen [42]). Die eine dieser Voraussetzungen aber mußte offenbar für jeden, der in jene Klasse gehörte, so empfindlich als die andere seyn, und so konnte es dann natürlich genug kommen, daß man bloß aus Aerger über sie den Streit wieder anfieng, den man sechszehn Jahre lang hatte ruhen lassen, und vielleicht ohne diesen Umstand niemahls wieder aufgefaßt haben würde.

Leyder! legt sich wenigstens der erbitternde Einfluß dieses Umstands in der Geschichte des neuen Streits, in den Wendungen, welche er bey dem so verschiedenen Verhältniß der Partheyen nehmen mußte, und in den unseeligen Würkungen, welche er eben deßwegen auch für die lutherische Kirche selbst hatte, nur allzusichtbar dar.

Kapitel II.

Joachim Westphal, Prediger zu Hamburg, einer von den gelehrteren Theologen, aber auch von den reizbarsten

---

42) Dieß gieng auch den Verfassern der Geschichte des Sakraments-Streits im Kopf herum, denn sie konnten sich nicht entbrechen, zu bemerken, „daß er wohl, nachdem der Herr „Lutherus hinweg war, auch in „den Wahn gerathen seyn möchte, „es würde und dürfte sich nie„mand leichtlich von den ihrigen „mit Schreiben und Widerspre„chen mit ihm einlassen, und „wieder ihn seyn. p. 515.

barſten und rüſtigſten Polemikern der lutheriſchen Par=
thie war es, die zuerſt wieder von dieſer Seite auf den
Kampfplaß trat. Weſtphal mochte ohne Zweifel von
jeher eifriger und überzeugter Anhänger der lutheriſchen
Meynung in der Nachtmahls=Lehre geweſen, und es
auch immer geblieben ſeyn; aber Weſtphal fehlte es bey
einem ſtarken Eifer für ſeine Ueberzeugungen weder an
dem Muth, ſie zu vertheidigen, noch an dem Selbſtver=
trauen und an dem Glauben, daß er Manns genug
dazu ſeyn möchte, noch — an Drang, ſich auszuzeich=
nen; daher konnten alle jene reizende Umſtände ungleich
ſtärker auf ihn, als auf einen andern würken. Dabey
hatte hingegen Weſtphal auch Einſicht und Scharfſicht
genug, um es voraus für ſehr möglich zu halten, daß
man vielleicht auch ihn auf dem allzuunpopulär gewor=
denen Kampfplaß allein ſtehen laſſen könnte: deßwegen
bedachte er ſich ſelbſt noch eine geraume Zeit, ehe er in
die Schranken trat, und ſah noch bey dem Eintritt mit
einer ſehr merklichen Unruhe um ſich her, ob dann gar
niemand Luſt habe, ſich ihm zur Seite zu ſtellen?

Erſt im J. 1552. faßte Weſtphal das Herz mit
einer kleinen Schrift [43]) gegen die Schweizer öffentlich
hervorzutreten, die eben ſo gefliſſentlich darauf eingerich=
tet war, ſie ſelbſt zu reizen, als alle ächt=lutheriſche
Theologen zu einem gemeinſchaftlichen Aufſtand gegen
ſie aufzufordern. Die letzte Abſicht bekannte Weſtphal
ſelbſt in der Vorrede, denn er geſtand in dieſer, daß er
ſeine Stimme bloß deßwegen erhoben habe, um die be=
rühmtere und bedeutendere Lehrer der lutheriſchen Kir=
che, die er auch als die ſeinige verehre, zu ihrer Ver=
thei=

---

43). Farrago confuſanearum et inter ſe diſſidentium opinionum de Coena Domini ex Sacramentariorum libris congeſta. Magdeburgi. 1552. Fünf Bogen in 8.

theidigung aufzurufen und zusammen zu bringen [44]); daß er aber eben so absichtlich die Schweizer, und ihren neuen Allirten Kalvin herausfordern wollte, dieß verrieth nicht nur der ganze Ton, sondern auch der ganze Innhalt seiner Schrift. Sie enthielt eigentlich weder eine Vertheidigung der lutherischen noch eine Wiederlegung ihrer Vorstellung, sondern nur eine höhnische Ausführung der verschiedenen Meynungen, welche nach einander unter ihnen von Zwinglin und Oekolampad, von Bucer und Martyr, von den neueren Zürchern und von Kalvin aufgestellt worden seyen. Dabey benußte Westphal, wie man sich leicht vorstellen kann, auf eine sehr unedle Art die Verschiedenheit der Sprache, deren sich die Gegner der lutherischen leiblichen Gegenwart vor und nach der Wittenbergischen Konkordie bedient hatten, und wahrhaftig mehr aus Neigung zum Frieden, und aus schonender Achtung für Luther als aus Furcht vor ihm bedient hatten; aber er benußte auch dabey jede offenbar nur scheinbare, und nicht einmahl scheinbare Verschiedenheit auf eine so gezwungene und dürftige [45]) Art, daß er seinen Zweck, Kalvin und die Schweizer zu erbittern, zuverlässig verfehlt haben würde, wenn er nicht dazwischen hinein so viel hämisches und beleidigendes für sie eingestreut hätte. Die Schrift war nicht mit Heftigkeit [46]), aber sie war mit einer Säure geschrieben,

---

44) Er habe, erklärte er, bloß deßwegen seine Schrift verfaßt — ut excitarem alios praeditos multo excellentioribus donis, quos loco Praeceptorum reverenter suscipio, quos etiam propter misericordiam Dei et charitatis obligationem deprecor, ut miserati ecclesiam in tot malorum procellis fluctuantem ad nocentissimi erroris incendium extinguendum subsidiariam conferant operam. A. S.

45) Man kann sich schon einen Begriff davon machen, wenn nur angeführt wird, daß Westphal nicht weniger als 28. verschiedene Auslegungen der Einsetzungs-Worte des Abendmahls aufzuzählen wußte, in welche sich die Sakramentirer vertheilt haben sollten. S. 3.

46) Das härteste, was sich Westphal entfallen ließ, war die Aeusserung am Ende seiner Schrift. quod blasphemiae Sacramentariorum

ben, welche ihre Wůrkung weit weniger, als die erſte
verfehlen konnte.

Dennoch ſchien zuerſt dieſe Wůrkung, welche ſich
Weſtphal von ſeiner Schrift verſprochen hatte, ſowohl
von der Seite der Schweizer als von der Seite der übrigen lutheriſchen Theologen ganz auszubleiben. Kalvin
und die Schweizer ſchwiegen ganz dazu ſtill und machten keine Bewegung, ſich gegen ihn zu vertheidigen: von
den übrigen lutheriſchen Theologen aber machte eben ſo
wenig auch nur einer eine Bewegung, gemeinſchaftliche
Sache mit ihm zu machen. So ärgerlich das erſte für
ihn ſeyn mochte, ſo hätte er doch vielleicht das andere
noch bedenklicher finden mögen, wenn er ſich nicht mit ſo
viel Wahrſcheinlichkeit an die Vorſtellung hätte halten
können, daß die Freunde, auf die er ohne Zweifel am
meiſten gerechnet hatte, die Flacius und Amsdorfe, die
Wigands und Mörlius nur durch die anderweitige Händel [47].) in welche ſie damahls verwickelt waren, vor
jetzt abgehalten würden, ihm in einen neuen Krieg nach-
zuziehen. Doch hielt er es eben deßwegen für räthlich,
ihnen im folgenden Jahr 1553. noch ein zweytes Sig-
nal zu geben, indem er eine neue Streit-Schrift gegen
die Sakramentirer von Magdeburg aus in die Welt
fliegen ließ.

In

---

rum dignae potius ſint, ut ſcep-
tro Magiſtratus quam calamo re-
futentur. Aber darinn mußte
doch nicht nothwendig liegen,
daß man die Sakramentirer, wie
es Kalvin paraphraſirte, non
ſtilo ſed gladio wiederlegen ſollte:
und Weſtphal konnte ſich in einer
ſeiner ſpäteren Schriften — Confutatio aliquot mendaciorum Calvini (1558.) p. D 2. mit Recht
über die Paraphraſe beſchwehren.
Hoſpinian hätte ſich daher auch
die pathetiſche Phraſe erſpahren

können "quod Weſthalus in hoc
libro ita ſtilum in adverſarios
ſtrinxerit, ut decreta ſua ſanguine
ſcripſiſſe videretur." f. 220. b.

47) Die erſte waren noch mit
den Interimiſten verwickelt, und
hatten um eben dieſe Zeit den
beſondern Krieg mit Major angefangen: Mörlin aber konnte
ſich von den Oſiandriſten in Königsberg, in die er ſich verbiſſen
hatte, nicht eher losmachen, biß
man ihn im folgenden Jahr 1553.
mit Gewalt fortſchafte.

In dieser Schrift [48]) legte es Westphal allen ächten Schülern Luthers, allen wahren Verehrern seines Nahmens und seiner Lehre noch näher und angelegener als in der ersten an das Herz, daß sie sich doch schleunigst zu der Vertheidigung der letzten vereinigen sollten, die der Gefahr ihrer völligen Unterbrückung durch den Zwinglianißmus ausgesetzt sey. Es dürfte, sagte er, nicht länger verhelt werden, daß die Sakraments-Schwärmerey auch unter ihnen selbst auf eine furchtbare Art um sich greife, daß gegenwärtig kein Irrthum so allgemein als der Schweizerische auch in der lutherischen Kirche verbreitet sey, daß er überall in ihrer Mitte und in ihrer Nähe Anhänger und Vertheidiger habe, von welchen die ächte lutherische Lehre verrathen und verkauft werde, und daß es deßwegen jetzt schon ungewiß sey, ob sie sich bey so vielen öffentlichen und heimlichen Feinden noch länger würde erhalten können [49]). Darinn hoffte Westphal, müßten seine Freunde von der Zelo-ten-

48) Recta fides de Coena Domini ex verbis Apostoli Pauli et Evangelistarum demonstrata ac communita per Magistrum Ioachim. Westphalum, ecclesiae Hamburgensis Pastorem. Magdeb. 1553. in 8. Die Löscherische Angabe Hist. mot. p. 116. daß das Buch ohne Nahmen des Verfassers gedruckt worden sey, muß wohl irrig seyn; denn es ist nicht wahrscheinlich, daß in eben diesem Jahr eine gedoppelte Ausgabe davon erschienen wäre. Im folgende Jahr gab Wolffg. Waldner zu Nürnberg auch eine deutsche Uebersetzung davon heraus.

49) Schon in der Zuschrift an die Hamburgische Kirche erklärte Westphal: "Una est causa, cur visum mihi est, hoc scriptum „dedicare ecclesiae, in qua jam „per annos aliquot docendi mu-

„nere fungor, ut depositae apud „se doctrinae memor, eaque „instructa integram se conser-„vet adversus contagia, quae „non solum hinc inde lae „dunt incautos propter commer-„cia et negotiationes, quae ex-„ercentur cum aliis populis, sed „etiam occulte obrepunt per ho-„mines versutos, qui ubique cal-„lide sese insinuant et scabiem „suam adfricant aliis." A. 4. Aber in dem Werk selbst kommt folgende ungleich stärkere Klage: "Nulla falsa doctrina tam late nostro tempore spargitur, nulla tanto conatu et hypocrisi defenditur, nulla tam multos homines abripit in errorem, quam falsa doctrina de Evcharistiae Sacramento. Nulla alia tot machinis, dolis, fraudibus et insidiis oppugnatur, quam vera doctrina de Christi coena." C. 6.

ten-Parthie den bringendſten Aufruf finden, alles
übrige liegen und ſtehen zu laſſen, um dahin, wo es
am gefährlichſten brenne, zum Löſchen herbeyzueilen;
indeſſen that er ſchon ſelbſt in dieſer Schrift-vorläufig
das ſeinige, indem er ſich auf eine förmliche und ausführliche Vertheidigung der reinen lutheriſchen Nachtmahls-Lehre gegen mehrere von den Hauptgründen einließ, womit ſie die Anhänger der Schweizeriſchen Meynung von jeher beſtritten hatten. Auch war es die genau beſtimmte lutheriſche Idee von einer leiblichen Gegenwart, und von einem mündlichen Genuß des Fleiſches und Blutes Chriſti, welche er in dieſer Schrift
nicht nur gegen die bloß ſymboliſche, durch die äuſſere
Zeichen nur abgebildete, alſo gar nicht würkliche Gegenwart, die man ehmahls Zwinglin zugeſchrieben hatte,
ſondern auch gegen die wahre geiſtliche Gegenwart
und den ſakramentlichen Genuß Kalvins behauptete,
wobey er richtig genug zeigte, daß die letzte Idee von
der lutheriſchen eben ſo gewiß und eben ſo weſentlich,
wenn auch nicht eben ſo weit als die erſte verſchieden
ſey [50]). Er bewieß daher in einem eigenen Abſchnitt
daß auch den Unglaubigen der Leib Chriſti im Sakrament

50) "Uſitatus etiam inter
recte ſentientes eſt loquendi modus, ut dicamus corpus et ſanguinem Chriſti in coena adeſſe,
dari et accipi ſacramentaliter ſive
ſub Sacramento, quo ſermone
indicamus, cibum quidem et potum eſſe verum corpus et ſanguinem Chriſti, ſed incompre-
henſibiliter, et inſenſibiliter ſecundum rationem et ſenſus, ita
ut non videatur neque ſentiatur
neque intelligatur, ibi eſſe corpus Chriſti niſi fide inhaerente
illius verbis. Aſtuta autem lu-
dunt amphibolia Zwingliani, cum
uſurpant nunc has formulas, accipi corpus et ſanguinem ſacramentaliter ſive Sacramenti modo.
Verbis idem ſonant, et idem ſentire videntur cum orthodoxis, à
quibus tamen per omnia diſſenti-
unt." F. 2. Dieſer diſſenſus ſelbſt
wird hierauf F. 4. 5. von Weſtphal ſehr deutlich aufgedeckt, und
um jeder Klage über Mißdeutung
oder Verdrehung zuvorzukommen,
meiſtens mit Beybehaltung ihrer
eigenen Ausdrücke aufgedeckt,
"nam — ſagt er F. 3. — ut vi-
deat pius lector, Sacramentarios
verbis ludere, et videri idem
ſentire et dicere cum aliis, re
vera autem prorſus diſſentire et
contradicere, inſeram verba ex
ipſorum libris deſcripta.

-ment eben so gewiß ausgetheilt, als er von ihnen genoffen werde, daß dieser Genuß der Ungläubigen eine
nothwendige Folge der leiblichen Gegenwart sey, und
daß keine Theorie, welche diesen verwerfe, die ächt-lutherische seyn könne, so scheinbar sie sich auch sonst der
lutherischen Sprache anschmiegen möchte [51]): hingegen
verdient um eines eigenen Umstands willen, von dem
noch genug vorkommen wird, besonders bemerkt zu werden, daß Westphal in dieser Schrift die Vertheidigung
der leiblichen Gegenwart ganz allein aus den Einsetzungs-
Worten des Sakraments führte [52]), und eben so, wie
es Luther in seinen ersten und letzten Streitschriften gethan hatte, bloß mit diesen alle Zweifel dagegen wiederlegte und niederschlug!

Aus dieser Schrift von Westphal mag dann aber
auch, wenn man will, sehr deutlich sich ergeben, daß
der Mann von der schriftmäßigen, und zwar von der
ausschließend-schriftmäßigen Wahrheit der lutherischen
Vorstellung in der Nachtmahls-Lehre aufrichtigst überzeugt war, also auch durch seine bloße Vertheidigung
dieser Vorstellung noch gar nicht wegen der Folgen ver-
antwortlich wird, welche der dadurch erneuerte Sakraments-Streit nach sich zog. Man hätte daher um ihn
gegen die Vorwürfe zu vertheidigen, welche ihm von den
Schrift-

---

51) "Si corpus Christi edere,
et sanguinem ejus bibere nihil
est, quam credere et spiritualiter
participare, tum omnino solis
fidelibus relinquitur, infidelibus
adimitur sumtio corporis et
sanguinis Christi. Nam prae-
diti fide foli communicant spiritualiter. Si prius adferitur
falfo, necesse est, et posterius
falsum esse, infideles nihil accipere, praeter panem et vinum.
Theil II. 2. Hälfte.

Quibus enim rationibus probatur
praesentia corporis et sanguinis
Christi in coena, iisdem docetur,
in Eucharistia sumere corpus et
sanguinem Domini, non idem
esse, quod credere: et confirma-
tur, indignos etiam accipere. verum corpus et sanguinem Christi,
et convincitur denique, vanum
esse et irritum, quicquid Sacramentarii contradicunt. G. 5.
52) S. B. 2. 6. C. 3. 6.

C

Schriftſtellern der Gegenparthie ſo oft darüber gemacht wurden, gar nicht nöthig gehabt zu läugnen, daß er würklich durch dieſe Schriften den Streit zuerſt wieder anfieng; denn warum hätte Weſtphal ſeine Ueberzeu, gung von demjenigen, was er für Wahrheit und Irr, thum hielt, nicht eben ſo gut, als Kalvin und die Schwei, zer öffentlich auslegen dürfen ⁵³), wenn ſie auch ſchon mit der ihrigen im Wiederſpruch ſtand? Aber ob nicht Weſtphal noch mehr als nur dieß that? ob er ſich nicht zu gleicher Zeit noch anderer Mittel bediente, um das Feuer wieder anzuſchüren, deren Gebrauch ſich weniger rechtfertigen oder entſchuldigen läßt? Dieß möchte viel, leicht — wenigſtens eben ſo ſchwehr zu wiederlegen, als zu erweiſen ſeyn.

Durch einen äuſſeren Umſtand, auf welchen man jetzt ſogleich in der Geſchichte ſtoßt, bekommt man nehm, lich die ſtärkſte Gründe zu vermuthen, daß Weſtphal in der Zwiſchenzeit, die zwiſchen der Erſcheinung ſeiner er, ſten Schrift und der Ausgabe der andern verfloß, die würkſamſte Künſte im Verborgenen ſpielen ließ, um ſich eine Parthie zuſammen zu werben, die mit ihm ge, gen die Schweizer ausziehen ſollte. Die gewöhnliche Handlungs-Weiſe der Polemiker dieſes Zeitalters, die Verbindung, in welcher ſie alle mit einander ſtanden, der Gebrauch, den ſie ſonſt immer davon machten, und auch der Charakter Weſtphals machen die Vermuthung ſchon voraus höchſt wahrſcheinlich; aber durch jenen Umſtand wird man beynahe dazu gezwungen, denn wel, cher andern Urſache konnte man ſonſt die unnatürliche

Wür,

53) Wenn Chriſtoph Pezel in einer Streitſchrift gegen Selnec, cer (vom J. 1591.) p. 32. Die Frage aufwarf: "Kalvin war in „Savoyen zu Genf. Was gieng „es denn Weſtphalo Noth an, „den Sakrament - Streit in „Deutſchland wieder zu erneu, „ern?" ſo war gewiß die Frage leicht, und auch im Nothfall durch eine ſehr erlaubte Retorſion zu beantworten.

Würkung zuschreiben, durch welche man auf einmahl dabey überrascht wird? Nach der ersten Schrift Westphals
regte sich kein Mensch, und dieß war auch bey der allgemeineren Stimmung, in welche man durch den langen
Frieden mit den Schweizern gekommen war, sehr in der
Ordnung. Kaum war hingegen nach der Erscheinung
seiner zweyten Schrift ein halbes Jahr verflossen, so
schlug schon an mehr als einem Ort die Flamme eines
neuen Parthie-Hasses gegen alle Sakramentirer mit
einer Heftigkeit aus, die er selbst bey seinem ersten Er-
wachen nicht gehabt hatte. Dieß konnten die Schriften
Westphals unmöglich allein bewürkt haben; aber wenn
man noch dazu nimmt, daß die Flamme zuerst nur an
jenen Oertern ausschlug, die in seinem Würkungs-Krayß
lagen, und auf die er auch sonst bey andern Gelegenheiten durch seinen Einfluß und durch sein Ansehen auf eine
sehr unverkennbare Art einwürkte, wer kann sich des
Verdachts erwehren, daß er unter der Hand der Würkung seiner Schriften noch durch andere Reiz-Mittel
nachgeholfen haben mochte? Ob er sich nun dieß erlauben durfte? — Dieß mag ja wohl mehr als zweifelhaft
bleiben: doch wie es sich damit verhalten mag, so hatte
der Umstand selbst, bey welchem es sich auf eine so
überraschende Art zeigte, wie stark seine Reiz-Mittel
schon gezogen hatten, auf den ganzen Gang des Streits
den unseeligsten Einfluß!

Noch im J. 1553. bekam man leyder! an mehreren Oertern, Gelegenheit, den neuen von Westphal an-
geschürten Haß gegen die Sakramentirer thätig zu äuß-
sern, und that es mit einer Härte, welche nicht nur
auf diejenige, die zufälligerweise das Opfer davon wurden, sondern auf die ganze Parthie, zu welcher sie gehörten, den unauslöschlichsten erbitternden Eindruck machen mußte. Eine kleine Gesellschaft von französischen

und niederländiſchen Proteſtanten, welche ſich vor eini=
ger Zeit den Religions=Verfolgungen in ihrem Vater=
lande entzogen und in England unter der Regierung
Eduards VI. Schuß gefunden hatten, war in dieſem
Jahre durch die neue Regentin, die auf Eduard gefolgt
war, durch die bigotte Maria zu der ſchleunigen Räu=
mung des Königreichs gezwungen worden [54]). Sie
hatten bißher in London eine eigene Gemeinde [55]) unter
der Direktion und Aufſicht eines der merkwürdigſten
Menſchen dieſes Zeitalters, des frommen und edlen Jo=
hannes von Lasco [56]) gebildet, der ſich dermaſſen an
ſie

---

54) Sie mußten ſich noch ſehr
glücklich ſchätzen, daß ſie nur mit
der Verjagung aus dem Königs=
reich davon kamen; auch würde
es ſchwehrlich dabey geblieben
ſeyn, wenn ſie ihre Abreiſe nicht
äufferſt beſchleunigt hätten. Aber
im Julius 1553. war Eduard ge=
ſtorben, und zu Anfang des Octo=
bers erfolgte ſchon ihr Abzug.

55) Die ganze Gemeinde moch=
te doch anſehnlich genug ſeyn,
denn auſſer Johann von Lasco,
hatte ſie noch vier Prediger, über
welche er als Superintendent ge=
ſetzt war.

56) Johann von Lasco war
im J. 1499. aus einem ſehr ed=
len Pohlniſchen Geſchlecht geboh=
ren, denn ſeines Vaters Bruder
war Erzbiſchof von Gneſen. Er
war ebenfalls zum geiſtlichen
Stand beſtimmt, und erhielt
deßwegen eine ſorgfältige gelehrte
Erziehung; bildete ſich darauf
ſelbſt auf ſeinen Reyſen in Ita=
lien, Frankreich und Deutſchland
noch weiter aus, kam auf dieſen
mit den berühmteſten und ge=
lehrteſten Männern von Europa,
mit Erasmus, Zwinglin, Me=
lanchton, zum Theil in ſehr ver=
traute und freundſchaftliche Ver=

bindungen, erwarb ſich aber nicht
nur bey dieſen durch ſeine Ta=
lente und ſeine Gelehrſamkeit ſo
viele Achtung, ſondern auch an
den Höfen, die er beſuchte, ſo
viel Aufmerkſamkeit, daß er ſchon
zum Biſtum Vesprim in Ungarn u.
zum Biſtum Kujavien in Pohlen
nominirt wurde. Aber Lasco hatte
ſich ſchon auf ſeinen Reyſen für
die Reformation, und für die
Sache der Wahrheit gewinnen
laſſen, und ſtand keinen Augen=
blick an, ihr alle zeitliche Vor=
theile aufzuopfern. Er verließ
ſein Vaterland zum zweytenmahl,
ſuchte ſich nur einen Platz, wo
er thätig für ſie würken könnte,
fand dieſen im Emden, und blieb
hier faſt volle zehn Jahre, in
denen er vorzüglich die Einfüh=
rung der Reformation in Oſt=
Frießland befördern half. Im J.
1549. zog er ſich nach England
hinüber, weil der Kayſer auch
in Oſt=Frießland mit Gewalt
das Interim eingeführt haben
wollte, und richtete hier die
Gemeinde der franzöſiſchen und
niederländiſchen Emigrirten ein,
zu der ſich auch mehrere deutſche
Proteſtanten ſchlugen, die ihr Va=
terland ebenfalls um des Inte=
rims

sie angeschlossen hatte, daß er auch jetzt ihr Schicksal
so lange mit ihnen zu theilen beschloß, biß sie unter der
Leitung der Vorsehung einen neuen Wohnplatz an einem
sichern Zufluchts = Ort gefunden haben würden. Er be=
gleitete sie daher [56]) zuerst nach Dännemark, wo ihnen
der Eifer des Königs Christians III. für die Reforma=
tion, die sonstige Lage des Landes, und selbst ein Finger=
zeig der Vorsehung eine erwünschte Aufnahme zu ver=
sprechen schien, denn zu eben der Zeit, da sie den Be=
fehl erhielten, das Königreich schleunigst zu verlassen,
lagen zwey dänische Schiffe in der Themse, die mit
dem ersten günstigen Winde zum Absegeln fertig, und
zu ihrer Ueberfarth bereit waren. Allein die arme Exu=
lanten wurden durch diese täuschende Anzeigen nur einer
Prüfung entgegengeführt, durch welche ihre Lage weit
beschwerlicher und trauriger wurde, als sie bey ihrer
Abreise aus England gewesen war.

Kaum waren sie in Dännemark an das Land gestie=
gen, als sie in der ungünstigsten Jahrszeit des bereits
eingetretenen sehr harten Winters den Befehl erhielten,
sich wieder einzuschiffen, um sich an den Küsten von
Deutschland auszusetzen zu lassen [57]). Auf ihre dringend=

sie

---

rims willen verlassen hatten.
S. Salig Th. II. p. 606. Adami
Vitae Theologor. exteror. p. 19.
Bey dem letzten findet man auch
ein Verzeichniß seiner Schriften,
das nicht sehr groß ist; aber
wenn man auch nichts als einige
seiner Briefe hätte, so dürfte
man schon aus diesen den Beweiß
zu führen übernehmen, daß es —
nicht nur in diesem, sondern in
allen Jahrhunderten der Männer
nur wenige gab, bey denen sich
so viel wahre Aufklärung mit
einem so reinen und edlen Eifer
für Religion und Frömmigkeit,

und ein solcher Eifer für diese
mit so viel wahrer Aufklärung,
wie in Johann von Lasco, ver=
einigte.

56) Es waren 175 Personen,
mit denen er nach Dännemark
zog. Ein Theil der Gemeinde
mußte noch zurückbleiben und auf
andere Schiffe warten, weil die
zwey dänische nicht alle aufneh=
men konnten.

57) Man kann sich freylich
bey der Geschichte dieser Exulan=
ten und ihrer Wanderungen nur
an eine etwas verdächtige Quelle,
nehmlich an eine einseitige Rela=

lation

ste und wemüthigste Bitten erhielten sie nicht einmahl
die Erlaubniß, nur den Winter über im Lande bleiben
und eine mildere Witterung zu ihrer Abreise erwarten
zu dürfen, erhielten diese Erlaubniß nicht einmahl für
einige der säugenden Weiber und Kinder, die sich in ihrer Gesellschaft befanden [58]), sondern wurden zum
Theil mit Gewalt in die Schiffe und über die Gränze
gebracht [59]), und somit recht eigentlich auf den deutschen Boden herübergeworfen, wo sie — das nehmliche

lation halten, die einer ihrer
Prediger in der Folge herausgab.
Dieß ist die Simplex et fidelis
narratio de instituta ac demum
dissipata Belgarum aliorumque
peregrinorum in Anglia ecclesia,
ac potissimum de susceptis postea
illius nomine itineribus, quaeque
eis in illis evenerunt. In qua
multa de Coenae Dominicae negotio aliisque rebus lectu dignis-
simis tractantur, per Iohannem
Utenhovium Gandavum. Basileae.
1560. in 8. Die in diesem Werk
enthaltene Erzählung, welche
Hospinian seiner Hist. Sacr.
P. II. f. 224--243 fast ganz eingerückt hat, konnte nicht leicht
anders als etwas partheyisch
ausfallen, da Utenhoven selbst
an allen Mißhandlungen, welche sie während ihres Umherzie-
hens erfuhren, seinen reichen
Antheil bekommen hatte; allein
die Wahrheit der darinn angeführten Thatsachen kann deßwegen nicht bezweiflet werden, wenn
man schon die Partheylichkeit in
der Form ihrer Darstellung zuweilen sehr deutlich wahrnehmen
kann, und sie darf vielleicht eben
deßwegen desto weniger bezweifelt werden, weil man diese in
der Form der Darstellung wahrnehmen kann. Diesen Thatsachen selbst ist auch weder von

Westphal noch von andern bey
dabey interessirten Theologen wie-
dersprochen worden, wiewohl sie
noch vor der Erscheinung der
Utenhosischen Schrift gegen die
von den Erulanten ausgestreute
Nachrichten sich bey mehreren
Gelegenheiten zu vertheidigen
suchten; hingegen bürgt auch für
der andern Seite der Charakter
Johanns von Lasco für ihre Richtigkeit, die er in einer eigenen
der Utenhosischen Schrift vorge-
setzten Vorrede auf eine sehr
feyerliche Art beglaubigte.

58) Sie baten zulezt nur,
daß man ihnen noch einen Aufenthalt von 14 Tagen gestatten
möchte; aber eine Parthie von
ihnen mußte noch zu Ende des
Novembers, und die andere in
der Mitte des Decembers sich
auf den Weg machen. Den 29.
Oct. waren sie aber in Dännemark an das Land gestiegen. S.
Utenhoven p. 99.

59) Denjenigen von ihnen,
die auf einem Lübeckischen Schiff
weiter transportirt wurden, kündigte man an, daß sie bey Le-
bens-Strafe nicht wieder an das
Land steigen dürften, wenn sie
auch durch einen Sturm an die
dänische Küste zurückgeschlagen
werden sollten.

liche Schickſal erwartete. In Wißmar und Roſtock,
in Lübeck und Hamburg wurde ihnen ſogleich angekündigt, daß ſie ihren Stab weiter ſetzen müßten [60].
Die längſte Friſt, welche ſie hier und da von der
Menſchlichkeit der Obrigkeiten erbettlen konnten, betrug
einige Wochen [61], aber noch vor dem Eintritt des
Frühlings mußten ſie auch den ganzen Niederſächſiſchen
Krayß räumen, denn — dieſe Exulanten waren ja
Sakramentirer, indem ihr Prediger, Johann
von Laſco den Kalviniſchen Zürchiſchen Conſens
nicht nur gebilligt, ſondern ſogar herausgegeben hatte [62].

In dieſer allgemeinen Erzählung mag zwar die Behandlung, welche ſie erfuhren, etwas härter auffallen,
als

---

60) Den 20. December lan-
dete ein Theil von ihnen an dem
deutſchen Ufer zu Wormünde,
wo ſie zuerſt der Stadtvogt
freundlich aufnahm, aber nach
acht Tagen Befehl erhielt, die
aus Dännemark gekommene
Schwärmer und Sakramentirer
bey Verluſt ſeines Dienſtes fort-
zuſchaffen. In Roſtock, wo ſie
den 30. Dec. ankamen, geſtattete man ihnen um des unge-
wöhnlich-harten Froſts willen,
der mit dem neuen Jahr eingetreten war, daß ſie — bis zum
8. Jan. bleiben durften. In
Hamburg aber wurde allen Bürgern bey einer ſchwehren Geld-
Strafe verboten, daß ſie keinen
von den Exulanten aufnehmen
dürften.

61) In Wißmar und Lübeck
bettelten ſie, nachdem man ihnen auch hier von Seiten des
Magiſtrats mehrmahls einen
Termin zur Abreyſe geſetzt hatte,
ſo viele Friſten aus, daß doch
faſt die Hälfte des Februars verfloß, ehe ſie wuͤrklich dazu gezwungen wurden.

62) Laſco hatte den Conſens
ſeinem Tractat De Sacramentis
hinten angehängt, der zu London im J. 1552. in 8. heraus
kam. In dieſer Schrift erklärte
er ſich nicht nur auf das beſtimmteſte für die Schweitzeriſch-Kal-
viniſche Meynung, ſondern verhehlte auch gar nicht mehr, daß
er von jeher dieſer Meynung
näher als der lutheriſchen geweſen ſey. Der ganze Titel dieſer
Schrift iſt folgender: Brevis et
dilucida tractatio de Sacramentis
eccleſiae Chriſti, in qua et fons
ipſe et ratio totius Sacramenta-
riae controverſiae noſtri temporis exponitur, naturaque et vis
Sacramentorum compendio et
perſpicue explicatur, per Ioannem à Laſco, Baronem Poloniae,
Superintendentem eccleſiae peregrinorum Londini. Lond. 1552.
in 8.

als ſie vielleicht, auch ohne Verletzung der Wahrheit,
durch eine leydenſchaftloſe Darſtellung aller Umſtände,
die dabey eintraten, dargeſtellt werden kann. Eben da=
her kann man ſich aber leicht vorſtellen, daß ſie in den
eigenen Erzählungen und Berichten, welche ſie davon
in der Welt verbreiteten, ein noch empörenderes Anſe=
hen erhielt, denn dieſe konnten wohl nicht ohne Leyden=
ſchaft abgefaßt ſeyn: beßwegen muß auch wenigſtens
dieß beſonders bemerkt werden, daß doch zu jener Ur=
ſache, wegen deren man ihnen in Dännemark, wie in
Hamburg und Lübeck die Aufnahme verweigerte, noch
eine andere hinzukam, Sie verlangten nehmlich nicht
nur, daß man ſie überhaupt aufnehmen, ſondern daß
man ihnen auch die Rechte einer beſonderen, nach ihren
eigenen Geſetzen regierten kirchlichen Geſellſchaft geſtat=
ten ſollte [63]). Sie wollten nicht nur ihre eigene Mey=
nungen, ſondern auch ihre eigene kirchliche Verfaſſung,
ihre Diſciplin und ihre Gebräuche behalten, und mit ei=
nem Wort, an dem neuen Wohnſitze, den man ihnen
anweiſen würde, auf eben den Fuß eine abgeſonderte
Gemeinde bilden, wie ſie in London eine gebildet hatten.
Dabey konnte man aber zu einer Zeit, da man ſich von
Seiten des Staats noch ſo wenig in das neue Verhält=
niß zu finden wußte, in das man mit der Kirche ge=
kommen war, mehrere Inkonvenienzen finden [64]); man
                                                    konnte

63) In der Bittſchrift, welche Johann von Laſco den: Könige
von Dännemark übergab, ſuchten ſie ausdrücklich um die Erlaubniß an, ihren Gottesdienſt
nach ihrer bißherigen engliſchen
Liturgie frey und ungehindert
halten zu dürfen. Dieß ſchloß
von ſelbſt in ſich, daß ſie ſich
nicht an die Landes-Kirche an-
ſchlieſſen wollten: daher wichen
ſie auch dem Erbieten des Königs

aus, daß er ihnen Schutz und
Aufnahme im Reich bewilligen
wolle, wenn ſie ſich zu den einmahl darinn angenommenen Cere-
remonieen und Lehre bequemen
würden. S. Utenhoven p. 39.
64) In Dännemark verhehlte
man auch nicht, denn die Hofprediger, welche mit ihnen handelten, ſagten ihnen frey heraus,
daß ſie der König unter ihren
Bedingungen nicht einmahl ins
                                    Lande

konnte besonders in Lübeck und Hamburg mehrere Bedenklichkeiten dabey finden, ja man kounte hier die Aufnahme einer fremden Kirche völlig unvereinbar mit der
ganzen Verfaſſung finden, alſo hätte man ſich gedrungen glauben können, ihnen dieſe zu verweigern, wenn
auch gar kein beſonderer Sektenhaß gegen ihre Meynungen in das Spiel gekommen wäre. Sie hätten daher
auch kein Recht gehabt, ſich darüber allein zu beſchwehren, oder beßwegen allein über Sektenhaß zu ſchreyen 65):
aber einmahl gab man ihnen ja Urſache genug, ſich noch
über andere Mißhandlungen zu beſchwehren, und dann
verhelte man es ja ſelbſt nicht, daß man ſie bloß um
ihrer Meynungen willen mißhandelte!

Es

Lande behalten dürfte, wenn er
auch wollte, weil er in demjenigen, was die Religion und die
Kirche betreffe, mehr gebunden
ſey, als die Könige von Frankreich und Engläud. ebend. p. 82.

65) Hätte ſich Löſcher be-
nügt, das Verfahren, das man
gegen dieſe Erulanten beobachtete, nur aus dieſem Grund zu
vertheidigen, ſo dürfte ihm kein
Vorwurf gemacht werden: aber
wer kann in der Form ſeiner
Vertheidigung, und in den Ne-
ben-Gründen, die er einmiſchte,
den höchſt partheyiſchen Advokaten verkennen? — "Ob es wohl,
„meynt er, nicht unmöglich ſey,
„daß etliche evangeliſch-lutheri-
„ſche Prediger in modo diſpu-
„tandi et agendi mit dieſen Leu-
„ten allzuheftig möchten verfah-
„ren haben — ſo ſey es doch noch
„nicht ausgemacht, daß ihnen
„im Hauptwerk wäre Unrecht
„gethan worden." — Nun höre
man, warum? — "Dieſe Leute
„waren verführt, und hatten
„ihre Seduſtores — (Johann von

„Laſco und ihre Prediger) bey
„ſich; wollten auch, wo ſie hin-
„kamen, andere verführen, und
„verlangten ihr beſonderes Re-
„ligions-Exercitium, welches ſie
„allein für recht ausgaben. Wel-
„cher evangeliſchen Gemeinde
„kann man nun wohl zumuthen,
„daß ſie bey ſolchem Zuſtand
„ſolche Leute ſolle bey ſich woh-
„nen laſſen, die zumahl präten-
„diren, öffentlich wieder die evan-
„geliſche Lehre zu diſputiren? und
„welchem evangeliſchen Prediger
„kann man verdenken, wenn er
„ſich ſolchen Leuten wiederſetzt?
„War man ihnen denn Bürger-
„Recht in ſolchen auf die evange-
„liſche Religion verfaßten Städ-
„ten ſchuldig? und kounten ſie
„nicht unter ihren Glaubens-Ge-
„noſſen ſich niederlaſſen? Zudem
„hat man ſie ja überall etliche
„Tage oder Wochen gebuldet,
„und ihnen noch dazu Wagen
„oder Schiffe zum weiter kommen
„verſchafft." S. Hiſt. mot. Th. II.
p. 129. 130.

C 5

Es iſt nur allzugewiß, daß es überall die lutheri‐
ſche Zeloten unter den Predigern, daß es in Dännemark,
der Hofprediger Noviomagus [66]), und daß es in Ro‐
ſtock, Wißmar, Lübeck und Hamburg ebenfalls die Prä‐
bikans

---

[66] Mit ſeinem Kollegen, Heinrich Boſcoducenſis. Den zweyten Tag, nachdem Joh. von Laſco und ihre übrige Deputirte bey dem Hofe angekommen wa‐ ren, hielt Noviomagus eine Pre‐ digt, in welche ſie förmlich ein‐ geladen worden waren, um dar‐ inn ihr Verdammungs‐Urtheil anzuhören. Der Hofprediger er‐ klärte darinn alle diejenige, wel‐ che die leibliche Gegenwart Chri‐ ſti im Abendmahl läugneten, für verfluchte Ketzer, die man nicht nur nicht dulden, ſondern auf die man mit Fingern weiſen ſollte, damit ſich jeder fromme Chriſt vor ih‐ nen hüten könne, um nicht an ihrem Ende, welches unfehlbar die Verdammniß ſeyn würde, Theil zu nehmen. Wenn man auch zweifeln mag, ob Novio‐ magus gerade dieſe Formalien gebraucht, ſo läßt ſich doch nicht zweifeln, daß er ſich hart genug ausgedrückt haben mochte, denn in einer Relation Heinrichs Boſcoducenſis in Timauns Far‐ rago p. 217. werden die Klagen der Exulanten über dieſe Predigt nicht als grundlos dargeſtellt, ſondern gewiſſermaſſen nur retor‐ quirt, denn es wird ihnen ge‐ ſagt, daß ſie durch ihre Schmä‐ hungen über die orthodoxe luthe‐ riſche Lehrer noch härtere Sachen zu hören verdient hätten. Eher möchte man alſo in Utenhovens Erzählung dasjenige bezweifeln, was er von den nachfolgenden milderen Aeußerungen des Hof‐ predigers Noviomagus in ſeinem Geſpräch mit Laſco, und noch mehr dasjenige bezweifeln, was er p. 104. von der förmlichen Approbation meldet, welche der Superintendent Peter Palladius in Kopenhagen ihrer Lehre er‐ theilt haben ſoll: "Pro hac fidei confeſſione — ſo ſollte ſich auch nach ſeiner Erzählung Palladius öffentlich erklärt haben, nachdem ſie ihr Glaubens‐Bekanntniß abge‐ legt hatten — quam ex iſtis viris audivi, ago Deo gratias, ut quae ab omnibus ſociis aliena praeci‐ puis chriſtianae religionis)capiti‐ bus conſentiat. Exiguum dun‐ taxat diſſidium eſt circa coenam dominicam, non quidem in prae‐ cipua ejus parte in myſterio, ſed duntaxat in quaeſtione de modo praeſentiae corporis Chriſti in coena. Quod ſane diſſidium tanti non eſt, ut propterea fraternita‐ tis vinculum rumpi à nobis de‐ beat: praeſertim cum in praeci‐ puis fidei chriſtianae articulis con‐ ſenſus ſit. Qua propter nos de‐ cet, homines iſtos in hac fidei illorum confeſſione pro fratribus complecti, et pro noſtra facul‐ tate juvare. Ego ſane eos pro chriſtianis agnoſco, et pro fratri‐ bus; utque apud omnes conſtet, me ita de illis ſentire, en pub‐ lice data eis dextra teſtatum hoc facio. — Darinn erkennt man wenigſtens den Palladius nicht, der unter den bisherigen Strei‐ tigkeiten ſchon mehrmahls aus Dännemark heraus die deutſche Theologen, und nahmentlich die Hamburger aufgefordert hatte, die Kriege des Herrn mit rech‐ tem Eifer zu führen.

bikanten waren, die durch das unbändigſte Ketzer-Ge-
ſchrey, das ſie ſogleich von ihren Kanzeln herab gegen
ſie erhoben, ihr Schickſal am meiſten erſchwehrten [67]).
Dadurch bewürkten ſie nehmlich nicht nur, daß man ihnen die Aufnahme verweigerte; denn hätten ſie ſich nur
begnügt, dieſe zu verhindern oder zu wiederrathen, ſo
könnte man auch ſie noch entſchuldigen; ſondern ſie ſetzten den Pöbel gegen die arme Flüchtlinge in Bewegung [68]), von denen ſie ihm die abſcheulichſte Schil-
derung machten, ſie zogen ihnen dadurch die meiſte der
Kränkungen zu, welche ihnen ſo gerechte Urſache zu dem
Zweifel gaben, ob ſie nicht unter Katholiken mehr
Menſchlichkeit als unter ſolchen Proteſtanten gefunden
haben würden? ſie zwangen die Obrigkeiten, daß ſie ihnen nicht nur die Aufnahme, ſondern auch die Herberge
und Luſt und Waſſer verſagen mußten [69]), und dabey
handelten ſie nicht bloß unter der Hand und im Verborgenen,

---

67) In Roſtock war es der
Prediger Georg Mick, in Wißmar, D. Smedenſtede, Henning
Block, und Peter Kole, in Lübeck der Superintendent Curtius,
und in Hamburg Weſtphal, wel-
ſich durch einen beſondern Eifer
gegen ſie auszeichneten.

68) Man benutzte dazu be-
ſonders das ſchändliche Mittel,
ſie als Wiedertäufer anzuſchrey-
en. In Wißmar ließ der Magiſtrat den 18. Febr. öffentlich
ein Mandat anſchlagen, daß alle
Wiedertäufer und Sakramentirer in vier Tagen die Stadt
räumen ſollten; als ſie ſich aber
über die gehäſſige Zuſammenſtel-
lung beſchwehrten, ſagte ihnen
der Prediger Henning Block ins
Geſicht, daß ſie allgemein unter
dem Volk für Wiedertäufer paſ-
ſirten. S. Utenhoven p. 136.

69) Die Prediger zu Lübeck

thaten wenigſtes alles was ſie
konnten, um die Friſten abzukürzen, die ihnen der Magiſtrat
bewilligt hatte. Dieß Factum
hat ſelbſt Starck in ſeiner Lübe-
kiſchen-Geſchichte nicht zu beſtrei-
ten, ſondern nur zu rechtfertigen geſucht. S. 127. Die Zweifel hingegen, die er gegen die
genaue Richtigkeit des Protocolls
vorgebracht hat, daß Utenhoven
von einem zwiſchen ein Paar Lü-
beckiſchen Predigern und den
Exulanten gehaltenen Kolloquio
in ſeine Erzählung einrückte, mögen allerdings gegründet ſeyn.
Auch bey der Diſputation zu
Hamburg zwiſchen Weſtphal und
Micronius, einem ihrer Prediger, dürfte ſich vielleicht nicht alles gerade ſo zugetragen haben,
wie es Utenhoven p. 194. ſqb.
beſchreibt.

genen, ſondern ganz offen und im freyen, als ob ſie für
die rühmlichſte Sache zu kämpfen hätten. Dieß kündigte
am deutlichſten an, daß der Eifer, der aus ihnen ſtürmte,
neu-angefacht ſeyn mußte, und hier iſt es doch natürlich genug, auf die Vermuthung zu verfallen, daß er
von Weſtphal angefacht worden ſeyn möchte, aber auch
gewiß eben ſo natürlich zu vermuthen, daß er nicht allein
durch ſeine Streit-Schriften gegen die Sakramentirer
angefacht worden ſeyn konnte [70]).

Doch — und dieß war leyder! am natürlichſten —
die unzeitige Dazwiſchenkunft dieſes Handels mit den
engliſchen Exulanten verbreitete jetzt das Feuer, das
Weſtphal nur in Niederſachſen zum Ausbruch gebracht
hatte, mit einer ſo reiſſenden Schnelligkeit, daß es
nun auf einmahl an allen Ecken und auf allen Seiten
wieder ausſchlug. Auf der einen Seite zog ſie die Schweizer und Kalvin mit Gewalt wieder in den Streit hinein,
denn es war unmöglich, daß ſie länger ſchweigen konnten, da ſie jetzt von ihren eigenen, ſo unwürdig behandelten Glaubens-Genoſſen zu ihrer Vertheidigung aufgefordert wurden; aber auch ohne die Aufforderung von
dieſen

---

70) Man kann es daher nicht
befremdend finden, wenn auch
Kalvin auf die Vermuthung kam,
und ſie gelegenheitlich äuſſerte,
daß von den vielen Stimmen,
die ſich auf einmahl auf das von
Weſtphal gegebene Zeichen erhoben, einige auch wohl vel impor-
tunitate extortae ſeyn möchten.
Die Hitze, womit ſich Weſtphal
in ſeiner Confutatio mendaciorum aliquot Calvini A. 5. dagegen vertheidigt, ſcheint auch anzukündigen, daß er ſich dadurch
getroffen fühlte, und ſeine Vertheidigung ſelbſt verräth es noch

mehr. Er ſtellte ſich, als ob
bloß von der Konfeſſion die Rede
wäre, welche die Miniſterien einiger Niederſächſiſchen Städte
im J. 1556. auf ſeine Aufforderung herausgegeben hatten, und
verſicherte, daß er deßwegen nur
einmahl an die Superintendenten dieſer Miniſterien geſchrieben
habe. Dieß konnte der Wahrheit völlig gemäß ſeyn, aber es
ſchlug den Verdacht gar nicht
wieder, daß er ſie ſonſt ſeit dem
J. 1552. genug vorbereitet haben
könnte.

diesen würden sie gewiß nicht geschwiegen haben. Sie
mußten sich selbst eben so bitter gekränkt als beschimpft
fühlen: doch nicht nur Kalvin und die Schweizer, sondern auch alle die protestantische Theologen, die ein sanf-
terer Charakter, eine liberalere Denkungsart oder eine
ächtere religiöse Aufklärung schon längst gemässigter gemacht — nicht nur jene, die sich bereits zu der Schweizerischen Meynung etwas hingeneigt, sondern auch alle
diejenige, die nur überhaupt am Verfolgen und Verdammen keine Freude hatten, mußten sich von dem bittersten Unwillen über die Prostitution ergriffen fühlen,
welche die niedersächsische Eiferer durch ihr Verfahren
gegen die englische Exulanten über die ganze protestantische Kirche gebracht hatten. In diesem Unwillen fühlten sich auch mehrere von ihnen gedrungen, lieber die
Parthie der Verfolgten, als der Verfolger zu nehmen.
Sie wurden dadurch auch für ihre Meynung unmerklich
günstiger gestimmt, als sie es vorher gewesen seyn mochten. Sie wurden somit auch in den Streit darüber hineingezogen, ehe sie selbst daran dachten, und so gab dieser
Handel, da er auch auf der andern Seite alles, was
zur Zeloten-Parthie gehören wollte, alles was mit
Westphal und seinen Freunden in einiger Berührung
stand, in neue Bewegung brachte, so gab er die unse-
lige Veranlassung, daß auch in Deutschland und in der
lutherischen Kirche selbst der ärgerliche Krieg über die
Nachtmahls-Lehre sich jetzt erst entzündete.

Kapitel III.

Vorläufig zeigte sich indessen die erbitternde Würkung dieses Handels nur noch in der Vertheidigung, zu
welcher endlich Kalvin am Ende des J. 1554. aufstand,
nachdem ihn Westphal noch in einer dritten Schrift an-

gegrif-

gegriffen hatte. Dieſe dritte Schrift [71]) würde ihn
wahrſcheinlich ſo wenig als die zwey erſte gereizt haben,
wenn nicht der Unwille über die Kränkungen bey ihm
hinzugekommen wäre, die man Johann von Laſco und
ſeiner Gemeinde zugefügt hatte; aber wie ſtark auch der
Unwille darüber in ihm kochte, bieß verrieth jedes Wort
ſeiner Vertheidigungs = Schrift [72]), die er an die refor=
mirte Kirchen in der Schweiz, in Graubündten und in
Neufchatel richtete.

Wenn es möglich geweſen wäre, daß die Sache noch
ſchlimmer, und die gegenſeitige Erbitterung der Gemü=
ther noch gröſſer hätte werden können, als ſie ſchon war,
ſo dürfte man mit dem volleſten Recht behaupten, daß
ſie erſt Kalvin durch dieſe Schrift auf ihr maximum
getrieben habe. Er ſchien es nicht ſo wohl darauf an=
gelegt zu haben, ſich gegen Weſtphal zu vertheidigen,
als vielmehr nur ihn in Wuth zu bringen; aber er
wählte auch Mittel dazu, welche dieſe Würkung unfehl=
bar hervorbringen mußten. Er behandelte ſeinen Geg=
ner mit der ſchneidendſten Verachtung. Er gab ſich
ſelbſt ein Anſehen von Stolz gegen ihn, das ihm zwar
natürlich genug, aber doch zugleich abſichtlich angenom=
men

---

71) In dieſer Schrift ſuchte
Weſtphal zu zeigen, daß die Ver=
theidiger der Schweizeriſch = Kal=
viniſchen Meynung bey weitem
nicht hinreichende Gründe hät=
ten, ſich auf die Autorität des
heiligen Auguſtins zu berufen, da
er ſich in mehreren und beſtimm=
teren Stellen wieder — als für
ihre Vorſtellung von einer bloß
ſymboliſchen Gegenwart Chriſti
im Sakrament erklärt habe. Der
Titel der Schrift iſt: Collectanea sententiarum D. Aurel. Au-
guſtini de Coena Domini. Ad-
dita eſt confutatio vindicans à cor-
ruptelis plerosque locos, quos
pro ſe ex Auguſtino falſo citant
Sacramentarii. Ratisbonae. 1555.
in 8. Die Schrift kam aber noch
im J. 1554. in das Publikum.
72) Defenſio ſanae et orthodoxae doctrinae de Sacramentis
eorumque materia, vi, fine, uſu
et fructu, quam Paſtores et Miniſtri Tigurinae eccleſiae et Ge-
nevenſis ante aliquot annos brevi
conſenſionis formula complexi
fuerunt. Opp. T. VIII. f. 651.
Die Zuſchrift an die Schweize=
riſche Kirchen iſt datirt vom 17.
Nov. 1554.

men war, um ihn nur empfindlicher zu kränken. Das
bey enthielt er sich zwar, ihn zu nennen, wie wohl er
selbst bey dieser Mässigung das Aussehen annahm, als
ob es nur unter seiner Würde wäre, sich um einen solchen Gegner näher zu bekümmern ⁷³); um ihn aber
doch keinen Vortheil aus dieser insolenten Mässigung
ziehen zu lassen, sorgte er desto bedächtlicher dafür, daß
bennoch jeder seiner Hauptschläge zuerst auf seinen Kopf
fallen mußte ⁷⁴).

Was Kalvin zu der Bitterkeit reizte, die er in diese
Schrift ausgoß, darf man nicht erst fragen? Es war
ja wohl natürlicher Ausguß des Aergers, von welchem
er

73) "Indocti — so drückt sich
Calvin in der Zuschrift an die
Schweizerische Kirchen aus —
quidam homines et turbulenti,
reliquis tacentibus, tantam cla-
mandi licentiam sibi sumserunt,
ut ab eorum intemperie, nisi
obviam iretur novum incendium
timendum sit. Quia vero et
pauci sunt numero, et nulla sub-
est virtus, quae fidem vel auto-
ritatem illis conciliet, immo con-
fusa et insipida garrulitas non minus ridiculos quam odiosos reddit,
merito contemni poterant, nisi
fingentes, publicam se causam
agere, etsi nullius sint pretii tamen deciperent multos rudes et
imperitos. Sed dum videmus
plurimum nocere, et nostra pa-
tientia crescere indies ipsorum
audaciam, magna, ut arbitror,
justaque necessitas ad reclaman-
dum nos cogit. — Indocti et
temulenti homines dum Sacramentarium bellum instaurant,
primis librorum paginis audacter
jactant, pro tota Saxonia et vicinis regionibus se, pugnare. Id
dum à multis creditur, alios in-
volvit pia reverentia, quam Saxo-

nicis ecclesiis deferunt, alii eas
derident, quod tam putidis in-
doctisque patronis utantur, alii
nimiam sanioris numeri toleran-
tiam mirantur. — Ego vero, quoniam omnes, qui non prorsus
sunt intractabiles, vel nondum
se adeo insolenter jactarunt, re-
dite ad sanam mentem cupio
unum duntaxat ex illis, et quidem tacito nomine breviter attin-
gam — qui se thrasonice plus
quam animosum vindicem orthodoxae fidei professus est. In diesem Ton sprach Calvin durch die
ganze Schrift mit Westphal; am
Ende der Schrift aber sagte er
ihm noch das beissendste, denn
er entschuldigte ihre Kürze mit
der Ursache — quod non operae
pretium sit, justam disputationem
suscipere." am a. O. p. 658.
74) Auch zeichnete er ihn
durch manchen sehr kenntlichen
Zug, wie z. B. p. 652. "Puden-
dum sane est, fervorem, qui in
juvene tolerabilis non foret, adeo
non esse aetate mitigatum, ut
homo senex vel pueris ridendum
se propinet."

er voll war; die Form aber, in welche ſich ſein Aerger ausgoß, dieſe Form von ſtolzer Verachtung ſeines Geg=
ners war ſeinem Charakter nur allzuangemeſſen: hinge=
gen, warum er es ſo gar nicht für nöthig hielt, dieſe
Empfindungen zu mäſſigen, und ſich ſo ganz keine Ge=
walt anthat, ſie nur einigermaſſen zu verbergen, davon
verrieth er die Urſache ſelbſt. Er glaubte würklich, daß
er es mit Weſtphal allein, und höchſtens noch mit eini=
gen unbekannten und unbedeutenden Predigern zu thun
habe, die in dem Hamburgiſchen Zeloten einen groſſen
Gelehrten ſahen, weil ſie ſich ſelbſt bewußt waren, daß
er ſie an Gelehrſamkeit übertraf. Auſſer dieſen war ja
immer noch keiner von den übrigen lutheriſchen Theolo=
gen hervorgetreten, um ſich ihrer nach ſeinem Vorge=
ben in der äuſſerſten Gefahr ſtehenden Kirche anzuneh=
men. Selbſt von dieſen hatte ſich keiner in den gelehr=
ten öffentlichen Streit eingemiſcht, ſondern ſie hatten
nur innerhalb ihrer Ringmauren an den armen engli=
ſchen Exulanten ihren Haß ausgelaſſen; aber nicht nur
Melanchton und ſeine Freunde, ſondern auch die Häup=
ter ſeiner Gegner, auch Flacius und Wigand und Heß=
huß und Muſäus hatten indeſſen noch dem neuen von
Weſtphal angefangenen Spiele ſtillſchweigend zugeſehen.
Nur Gallus von Regenspurg hatte in dieſem Jahr eine
Bewegung gemacht, an dem Spiel Theil zu nehmen,
wobey es jedoch von ſeiner Seite nicht ſowohl darauf
angelegt ſchien, Kalvin und die Schweizer als vielmehr
bloß Melanchton zu necken [75]); allein es iſt möglich,
daß

---

[75] Gallus hatte bloß aus den früheren Schriften Melanch=
tons die Stellen zuſammenge=
tragen, in welchen er ſich gegen
die Schweizeriſche Meynung in
der Nachtmahls=Lehre erklärt
hatte, und dieſe gab er in dieſem
Jahr unter dem Titel: Senten=
tiae Melanchtonis de Coena 1554.
in 8. heraus. Dabey konnte er
freylich auch den Zweck haben,
Kalvin und die Schweizer zu är=
gern; aber er wußte wenigſtens
gewiß, daß ſich Melanchton eben
ſo ſehr darüber ärgern würde.

daß Kalvin zu der Zeit noch gar nichts davon erfahren
hatte, da er an seiner Vertheidigung gegen Westphal
arbeitete [76]); also konnte er sich auch leicht genug überreden, daß man allgemein entschlossen seyn möchte, ihn
sein Spiel auch allein ausmachen zu lassen, wie er es
allein angefangen hatte. Bey diesem Glauben, den er
auch in seiner Schrift hin und wieder durchscheinen
ließ [77]), war es dann noch leichter möglich, daß er in
dem allgemeinen Stillschweigen der übrigen Theologen
selbst ein Zeichen von Mißbilligung der Sache erblickte,
für welche Westphal wieder auf den Kampfplaß getreten war, und wer kann sich jetzt wundern, wenn er es
bey diesen Voraussetzungen nicht für nöthig hielt, besondere Umstände mit ihm zu machen, oder sich zu einer
schonenden Mässigung gegen den Gegner zu zwingen,
gegen den er würklich eben so viel Verachtung als
Unwillen fühlte. Doch möchte man sehr wünschen, daß
er es für nöthig gehalten hätte, denn ein anderes Benehmen von seiner Seite hätte wenigstens etwas wieder
gut machen, und vielleicht würklich die weitere Verbreitung des Streits verhindern können.

Allein am meisten kommt es hier darauf an, die
Art zu bemerken, mit welcher, und die Seite zu beobachten,

---

76) Bey einer Stelle seiner
Apologie könnte er zwar an diese
Schrift von Gallus gedacht haben. Ille — sagt er von seinem
Gegner p. 651. — magnos et
insignes viros, quos ego amo et
veneror, atque ipse pro suis praeceptoribus agnoscit, in operam
subsidiariam advocat. Aber dieß
bezog sich ohne Zweifel auf die
Vorrede Westphals vor seiner
Farrago, worinn er seine praeceptores aufgefordert hatte, der
in Gefahr stehenden Kirche zu
Hülfe zu kommen.

Theil II. 2. Hälfte.

77) Diesen Glauben äusserte
er am unverdecktesten an dem
Schluß seiner Schrift, wo er sich
selbst und seine Freunde mit der
Vorstellung beruhigt — "Neminem, qui à contentione integer
erit, tam iniquum fore confido,
quin non et recta nos docere, et
sinceritatem colere, et paci stu-
dere agnoscat. Minime vero timendum esse arbitror, ne quis
importunis istorum clamoribus,
nisi eodem ipse quoque furoris
oestro percitus, sublaribat," p. 659.

D

achten, von welcher ſich Kalvin in den eigentlichen Streit
mit ſeinem Gegner einließ, denn davon mußte immer,
wie er unſtreitig ſelbſt am lebhafteſten fühlte, am meiſten abhängen. Es war möglich, daß ſich dadurch die
Einmiſchung von andern Streitern am würkſamſten verhüten ließ; wenn man aber auch auf die Fortſetzung des
Streits rechnen mußte, ſo war es nur deſto mehr der
Mühe werth, ihn jetzt in einen Gang einzuleiten, in
welchem er mit der wenigſten Gefahr fortgeführt werden könnte. Dieß war aber auch gewiß kein leichtes
Geſchäft, und wahrſcheinlich entſchloß ſich Kalvin auch
deßwegen den Streit in ſeine eigene Hände zu nehmen,
ehe ihm die ungeſchicktere Hand eines andern voreiligen
Vertheidigers ihrer Sache etwas daran verderben
könnte.

Es burfte einerſeits — daraus entſprang die gröſte
Schwürigkeit — es durfte nicht geläugnet werden, daß
die Vorſtellung, zu welcher ſich Kalvin und die Zürcher
in ihrem Konſens bekannt hatten, von der lutheriſchen
allerdings etwas verſchieden ſey; aber es durfte andererſeits eben ſo wenig zweifelhaft gelaſſen werden, daß ſie
doch in allen ihren Grund-Beſtimmungen damit harmonire. Dieß durfte auch deßwegen nicht zweifelhaft
gelaſſen werden weil ſich Kalvin nothwendig darauf berufen mußte, daß dieſe Uebereinſtimmung ihrer Meynung bißher von den angeſehenſten lutheriſchen Theologen anerkannt worden ſey, und ſich doch dabey nicht einmahl von weitem merken laſſen durfte, daß man auch
in der lutheriſchen Kirche von der lutheriſchen Lehre etwas abgewichen ſeyn könnte. Jeden Wink, der dahin
abzielte, mußte er mit der bedachtſamſten Vorſicht vermeiden; aber dabey gehörte nicht nur mehr Klugheit,
ſondern auch mehr Kunſt und Feinheit dazu, um dennoch
den Beweiß zu führen, daß ihre von der lutheriſchenge-
ſtänd-

ständlich verschiedene Vorstellung demungeachtet von lutherischen Theologen habe gebilligt werden können.

Um zu diesem Ziel zu kommen, nahm Kalvin den
folgenden Gang.

Er erlaubte sich die Voraussetzung, die er auch sehr
scheinbar rechtfertigen konnte [78]), daß Luther selbst in
dem ganzen Streit, den er mit den Schweizern über die
Lehre vom Sakrament führte, keine andere Absicht gehabt habe, als für die grosse Wahrheit zu kämpfen, daß
die Sakramente nicht nur dazu eingesetzt seyen, um bloß
gewisse äussere mit einer vorgeschriebenen Förmlichkeit
vorzunehmende Bekenntniß-Handlungen der Religion
vorzustellen, und daß uns auch nicht bloß leere Zeichen
und Symbole der Gnade Gottes darinn vorgehalten
würden. Darinn lag schon, daß Luther die Schweizer
im Verdacht gehabt habe, sie möchten von dem einen
oder von dem andern dieser Irrthümer nicht ganz rein
seyn; Kalvin wollte aber sehr weißlich nicht untersuchen,
wie viel oder wie wenig Grund er zu diesem Verdacht
gehabt habe, sondern begnügte sich zu bemerken, daß er
selbst die Bestreitung dieser Irrthümer immer als seinen
Hauptzweck angegeben habe [79]). Mit einer feinen
Wendung gab er dabey zu verstehen, daß auch die übrige
luthe-

78) "Quanta vehementia causam egerit Lutherus, plus satis
omnibus notum est. Scio, quam
multa hyperbolice ei in contentione exciderint; sed quoties piis
et integris judicibus maxime plau-
sibilem volebat causam suam red-
dere, qua de re professus est, se
habere certamen? Nempe, quod
ferre non posset, Sacramenta ex-
ternas tantum confessionis notas
censeri, non etiam divinae erga
nos gratiae tesseras et symbola;

deinde, quod indignum statueret,
vacuis et inanibus figuris con-
ferri, quum in illis vere testetur
Deus, quod figurat, et simul arcana virtute praestet, atque im-
pleat, quod testatur." p. 653.

79) "Iure ne an injuria tantopere exarserit Lutherus, in praesentia non disputo. Mihi enim
sufficit — quod ipse obtendit,
hunc sibi totius disputationis esse
statum." ebend.

D 2

lutheriſche Theologen, welche an dem Streit Theil genommen hätten, keine andere Abſicht gehabt haben könnten, weil ſie doch durch die Erklärungen, die man ihnen
bey dem Schluß der Wittenbergiſchen Konkordie von
Seiten ihrer Gegner gegeben habe, etwas beruhigt worden ſeyen [80]); doch läugnete er nicht, daß jene Konkordie ihren Endzweck nicht ganz erreicht, und auch den
Verdacht der lutheriſchen Theologen gegen die Schweizeriſche nicht völlig gehoben habe: aber eben deßwegen,
verſicherte er, habe er ſich ſo viele Mühe gegeben, den
Conſenſus Tigurinus zu Stand zu bringen, und in dieſem der ganzen Welt eine Erklärung der Schweizeriſchen
Meynung vorzulegen, durch welche jeder Ueberreſt jenes
ehmahls gegen ſie genährten Verdachts vollends erſtickt
werden müßte: daher hätte er aber auch eher des Himmels Einfall vermuthet, als daß jemand aufſtehen, und
gerade von dieſer Erklärung einen Anlaß zu der Erneuerung des Streits hernehmen könnte [81]).

Damit deckt ſich bereits auf, wie und worauf der
Vertheidigungs-Plan Kalvins berechnet war. Er hatte
nun

---

80) Cum in contentione de
Sacramentis ſedanda non parum
laboris poſitum eſſet — huc quidem usque perventum eſt, ut
ſedato non nihil fervore, ad do-
cendum magis quam ad pugnan-
dum utraque pars iutenta fieret.

81) "Quia adhuc ex ſopitis
carbonibus ſubinde micabant ſcin-
tillae, ex quibus novum incendium timendum erat, quod op-
timum putavimus remedium, nos
quidem afferre conati ſumus, ne
qua in poſterum reſidua maneret
diſcordiae materia. Breve com-
pendium edidimus, quod noſtram
de Sacramentis doctrinam ita teſtatur, ut communem etiam aliorum Paſtorum conſenſum contineat. Hoc teſtimonio in publicum edito doctis et moderatis hominibus plane ſatisfactum eſſe,
nobis perſuaſimus; neminem certe
putavimus, ita moroſum eſſe,
quin placatus quieſceret." Ju
der Zuſchrift an die Schweizeriſche Kirchen ſagte er hingegen
von dem Conſens: "res ipſa
oſtendit, gravibus et cordatis viris non modo placuiſſe noſtrum
conſilium, ſed rem quoque ipſam
eſſe probatam — doch ſetzt er hier
hinzu — quod ſi in quibusdam
major fuerit pertinacia vel etiam,
ut in rebus turbatis fieri ſolet,
altius infixa ſuſpicio, quam ut
in eundem ſtatim conſenſum nobiscum deſcenderent, ſilentio tamen ſuo teſtati ſunt, nihil ſibi
videri melius, quam pacem et
tranquillitatem colere." p. 651.

nun nichts weiter nöthig, als den Beweiß zu führen,
daß wenigstens jetzt nach der Vorstellung, zu der man
sich von ihrer Seite in dem Consensus Tigurinus bekannt
habe, das Sakrament des Nachtmahls nicht bloß für
eine äussere Bekenntniß=Handlung und die Zeichen des
Brodts und des Weins nicht bloß für leere und unwürk=
same Symbole von ihnen gehalten würden. Er durfte
es dabey auf sich beruhen lassen, ob die Schweizerische
Theologen jemahls eine andere Meynung davon gehabt
hätten oder nicht? mit jenem Beweiß aber schien er desto
gewisser ausreichen zu können, da auch noch Westphal
sie bloß deßwegen angegriffen haben wollte, weil sie aus
den Zeichen des Sakraments nur leere Symbole mach=
ten [82]). Wenn er hingegen diesen Beweiß führen, und
nur ihre gegenwärtige Vorstellung gegen jene Vorwürfe
vollständig vertheidigen konnte, so hatte er nicht nöthig
zu verhelen, daß sie sich in einigen Bestimmungen von
der lutherischen noch unterscheiden möchte, denn es war
ja dabey entschieden, daß Luther selbst nicht um dieser
sondern bloß um jener wichtigeren Bestimmungen willen
gestritten habe, in denen sie völlig mit ihm überein=
stimmten, und eben damit war es auch entschieden, daß
man nicht einmahl den mindesten Anlaß habe, diejenige
lutherische Theologen, welche überzeugt von dieser Ue=
bereinstimmung den Streit mit ihnen hätten ruhen las=
sen, oder von jetzt an ruhen lassen würden, wegen ei=
ner Abweichung von der lutherischen Lehre, oder nur we=
gen einer Abweichung von der Privat=Meynung Luthers
im Verdacht zu haben.

Wie

---

82) Kalvin unterließ auch
nicht, dieß ausdrücklich zu be=
merken. "Quodnam hostium genus ille oppugnat?— Nomine
quidem Sacramentarios appellat;
rem vero sic definit, eos se ag-

gredi, qui in evcharistico pane
et sanguine Christi praeter vacua
signa nihil relinquunt. At si ita
est, quiescat tumultuarius, et à
se ipso lectus bellator!" p. 651.

image
not
available

ob sie auch einen orthodoxen Sinn mit diesen Ausdrük-
ken verbinden möchten, weil sich ja in dem Sakrament
nichts mehr als eine bloße Ceremonie sehen lasse, sobald
man die Gegenwart Christi und den Genuß seines Fleisches und Blutes daraus weggenommen habe. Wenn
also auch Kalvin seinen Gegner auf denjenigen Theil ihrer Declaration verweisen durfte, worinn sie sich über
den Zweck des Sakraments besonders erklärt hatten, so
konnte doch dieser vielleicht noch darauf bestehen, daß er
ihm auch zeigen sollte, wie sich dieser Zweck ohne Wiederspruch mit ihrer sonstigen Vorstellung vereinigen
lasse [84]. Er war daher verbunden, ihm entweder zu
beweisen, daß man, auch ohne eine wahre Gegenwart
Christi oder einen würklichen Genuß seines Fleisches
im Sakrament anzunehmen, doch etwas mehr als
eine bloße äussere Ceremonie daraus machen könne, oder
darzuthun, daß sie niemahls die Gegenwart Christi im
Sakrament und den Genuß seines Fleisches geläugnet
hätten. Doch dieß letzte war es ja, was Kalvin ohnehin übernommen hatte, mithin hätte er sich in diese erste
Anklage gar nicht besonders einlassen dürfen, denn sie
mußte von selbst wegfallen, sobald die andere niedergeschlagen war!

Gegen diese andere Beschuldigung, nach welcher sie
in dem Brodt und Wein des Sakraments nichts als
leere Zeichen und Symbole erblicken sollten, führte
nehmlich Kalvin den Beweiß, daß ja auch ihrer deutlich erklärten Vorstellung nach mit diesen Zeichen der
Leib und das Blut Christi uns wahrhaftig im Sakrament

---

84) Ein Gegner konnte auf
dieser Forderung mit grösserem
Recht bestehen, da Kalvin wörtlich den Zweck der Sakramente
darein gesetzt hatte, ut per ea
ad Christi communionem dedu-
ceremur.

ment mitgetheilt würden, woraus dann von ſelbſt folgte,
daß ſie das Brodt und den Wein nicht bloß als Zeichen
ſeines abweſenden, ſondern als Symbole ſeines gegenwärtigen Leibes und Blutes anſehen müßten. Sie
hatten ja, ſagte er, immer gelehrt, "daß uns Chri-
„ſtus im Abendmahl dasjenige würklich mit-
„theile, was durch die äuſſere Zeichen abgebildet
„werde, und daß uns alſo durch dieſe nichts vor-
„gehalten werde, was uns nicht in der That und
„in der Wahrheit zu Theil werde. Sie hatten
„immer behauptet," daß jeder, der im Sakra-
„ment das Brodt und den Wein nach der Ein-
„ſetzung Chriſti genieſſe, unfehlbar zu gleicher
„Zeit mit ſeinem Fleiſch und mit ſeinem Blut geiſt-
„lich geſpeißt werde; mithin ſeyen ſie ſo weit
„entfernt aus dem Brodt und aus dem Wein bloß
„leere Zeichen zu machen, daß ſie vielmehr in je-
„dem dieſer Zeichen zugleich ein Unterpfand er-
„blickten, durch das uns der gewiſſere Empfang
„der dadurch bezeichneten Sache verſichert wer-
„den ſollte [85]).

Damit ſchien wohl Kalvin den Unterſchied wenigſtens von einer Seite her nicht verbergen zu wollen, der
zwiſchen ihrer und zwiſchen der lutheriſchen Vorſtellung
ſtatt finde, denn dieſer Unterſchied mußte jedem, der
mit der letzten bekannt war, ſchon darinn auffallen, weil
er

---

[85] "Primum quidem fate-
mur, Chriſtum, quod panis et
vini ſymbolis figurat, vere prae-
ſtare, ut animas noſtras carnis
ſuae eſu et ſanguinis potione
alat. Faceſſat igitur putida illa
calumnia, theatricam fore pom-
pam, niſi re ipſa praeſtet Dominus, quod ſigno oſtendit. Neque enim dicimus, quidquam
oſtendi, quod non vere detur.
Iubet nos Dominus, panem et
vinum accipere; interea ſpiri-
tuale carnis ſuae et ſanguinis alimentum ſe dare pronuntiat. Hujus rei non fallacem oculis proponi figuram dicimus, ſed pignus
nobis porrigi, cui res ipſa et veritas conjuncta eſt: quod ſcilicet
Chriſti carne et ſanguine animae
noſtrae paſcantur," p. 657.

er doch von Brobt und Wein immer auch noch als von
Zeichen sprach, durch welche der Leib und das Blut
Christi abgebildet und vorgestellt werde. Nach Luthers
Meynung stellte das Brobt nicht nur den Leib Christi
vor, sondern der Leib war mit dem Brobt würklich vereinigt, so daß er um dieser Vereinigung willen immer zugleich mit dem Brobt empfangen wurde. Der
leibliche Genuß des Brobtes bildete also nicht nur den
geistlichen Genuß des Leibes Christi, der nach Kalvins
Meynung zu gleicher Zeit vorgehen sollte, symbolisch ab;
sondern er war nach Luthers Vorstellung das Mittel,
durch welches der Leib Christi gleichsam in die Seele gebracht werden sollte. Darinn konnte man allerdings
eine bedeutende Verschiedenheit zu sehen glauben; allein
so bald man nur dabey zugeben mußte, daß doch Kalvin und die Schweizer ebenfalls noch einen wahren und
würklichen Genuß des Leibes Christi statt finden liessen,
so konnte sich ein nur etwas billiger Beurtheiler unmöglich verhelen, daß an dem Unterschied auf der Welt
nichts gelegen sey.

Die ganze Differenz lief ja nach dieser Voraussetzung
bloß darauf hinaus, daß der Leib Christi im Sakrament nach der Kalvinischen Vorstellung zwar immer mit
dem Brobt — nehmlich zu gleicher Zeit — nicht aber
in und unter dem Brobt genossen wurde, wie es nach der
lutherischen Vorstellung geschehen sollte. Kalvin und
die Schweizer behaupteten, daß die Seele des Menschen
immer unfehlbar zu eben der Zeit durch den Leib Christi
gespeißt werde, da er im Sakrament das Brobt mit
dem Mund empfange, daß eben dieser Genuß der Seele
durch den mündlichen abgebildet, ja daß er zugleich durch
den mündlichen uns gewisser versichert werde, weil wir
nach der Erklärung Christi das Brobt und den Wein
auch als das Unterpfand betrachten dürften, das uns

D 5   von

von ihm ſelbſt zu der gewiſſeren, Beglaubigung unſerer
Theilnehmung an ſeinem Leibe gegeben worden ſey *):
nur baute Kalvin die Gewißheit dieſer Theilnehmung
unmittelbar auf die Wahrhaftigkeit Chriſti, der uns in
den Einſetzungs-Worten des Sakraments den Genuß
ſeines Leibes und Blutes verheiſſen habe   Luther hingegen behauptete ebenfalls nicht weiter, als daß die
Seele des Menſchen immer unfehlbar zu eben der Zeit
durch den Leib Chriſti geſpeißt werde, da er im Sakrament das Brodt durch den Mund empfange, aber er
gründete die Gewißheit davon zunächſt darauf, weil der
Leib mit dem Brodt vereinigt ſey, und uns gleichſam
durch das Medium des Brodts, oder unter dem Brodt
mitgetheilt werde, hingegen die Wahrheit dieſer Zwi-
ſchen-Idee ruhte auch bey ihm auf der Wahrhaftigkeit
Chriſti, der ja in den Einſetzungs-Worten des Sakraments verſichert habe, daß das Brodt ſein Leib ſey.

Wenn es nun aber gewiß war, daß beyde Theile
nichts weiter wollten, als daß die Seele durch einen
würklichen Genuß des Leibes Chriſti geſpeißt werde, und
wenn auch beyde Theile darinn übereinſtimmten, daß
dieſer Genuß der Seele in eben dem Augenblick zu
Theil werde, in welchem der Mund das Brodt empfange,
ſo war doch offenbar nichts daran gelegen, ob man ſich
auſſer der Zeit-Verbindung noch eine andere Verbindung zwiſchen dem Genuß des Brodts und des Leibes Chriſti denken wollte.   Wenn man ſich mit Luthern
vorſtellte, daß der Leib Chriſti unter dem Brodt empfangen werde, ſo folgte freylich daraus, daß auch dieſer Leib mit dem Munde — oraliter — empfangen werde,
wel-

---

*) Kalvin erbot ſich eben deß-
wegen am Ende ſeiner Schrift,
daß er auch weiter nicht über den
Ausdruck ſtreiten wolle, der Leib
Chriſti werde unter dem Brodt
empfangen, wenn man ihn nur
darunter verſtehen laſſe, quod
sub pane, tanquam *sub* arrha of-
feratur." p. 658.

welches in Kalvins Vorstellung wegfiel, allein wenn
doch auch Luther den Genuß des Leibes Christi nur auf
die Seele bezog, so konnte der Verlust dieser Neben-
Idee von einer manducatio oralis auf der Welt nichts
austragen, und eben so wenig konnte es austragen, ob
man die Gewißheit der Theilnehmung an dem Leib
Christi auf diese oder jene Erklärung der Einsetzungs-
Worte gründete. Kalvin meynte zwar nicht, wie Luther, daß Christus mit den Worten: das ist mein Leib!
uns habe sagen wollen, sein Leib werde mit dem Brodt
vereinigt; aber er meynte, wie Luther, daß er uns mit
diesen Worten den Genuß seines Leibes verheissen habe;
und wieß also dem Glauben daran den nehmlichen Grund,
wie Luther, nehmlich die untrügliche Wahrhaftigkeit der
Erklärung oder der Verheissung Christi an.

Bey dieser Voraussetzung war es auch unmöglich,
daß man sich noch an dem Sinn stossen konnte, in welchem Kalvin und die Schweizer das Brodt und den
Wein im Sakrament für blosse Zeichen erklärten. Allerdings waren sie nach ihrer Vorstellung nichts weiter,
und im direkten Gegensatz gegen den Sinn, welchen die
lutherische Sprache damit verband, waren es auch bloß
leere Zeichen; denn sie wollten ja nicht zugeben, daß der
Leib und das Blut Christi durch die Zeichen und unter
den Zeichen selbst ausgetheilt werde: aber indem sie
doch einräumten, daß man dabey der bezeichneten Sache
selbst würklich theilhaftig, und in eben dem Augenblick
theilhaftig werde, in welchem man das Zeichen davon
empfange, so bekamen dadurch auch ihre Zeichen eine Realität, welche derjenigen, die man ihnen lutherischerseits
beylegte, völlig gleich kam. Alles hieng also — dieß
konnte man sich unmöglich verhelen — alles hieng allein
von der Frage ab: ob die Schweizer auch würklich eine
wahre Mittheilung, oder einen wahren Genuß des
Leibes

Leibes Chriſti im Sakrament annähmen? und ſobald Kalvin auch noch dieß erwieſen hatte, ſo mußte man ihm zugeben, daß die ſonſtige Verſchiedenheit ihrer Mey=nung von der lutheriſchen nicht das geringſte Moment habe, das einen Streit darüber rechtfertigen könnte. Eben deßwegen verdient auch die Art am meiſten Aufmerkſam=keit, womit er dieſen Beweiß führte.

Hier ſchränkte ſich aber Kalvin mit einem Wort nur darauf ein, mit ſo vieler Kunſt, als er aufbieten konnte, den Beweiß zu führen, daß durch die geiſtige Natur des Genuſſes, der nach ihrer Vorſtellung allein ſtatt finde, ſeiner Wahrheit nichts benommen werde. Zu dieſem Ende mußte vorzüglich erklärt werden, was man unter einem geiſtigen oder geiſtlichen Genuß des Lei=bes Chriſti zu verſtehen habe, allein er hütete ſich ſorg=fältig, in ganz eigentlichen Ausdrücken dieſe Erklärung zu geben, ſondern gab bloß einige Beſtimmungen an, welche in ihrem Begriff davon zum Grund lägen. Er drang nehmlich einerſeits darauf, daß ſie unter einem geiſtlichen Genuß, wobey der Glaube das Organ ſeyn müſſe, durch welches die Seele mit dem Leib Chri=ſti geſpeißt werde, durchaus nicht bloß einen einge=bildeten Genuß, nicht bloß eine Würkung der Phan=taſie oder des Gedächtniſſes, ſondern etwas verſtün=den, wobey mit einer wahrhaftig lebendigen und le=bendigmachen Kraft auf die Seele eingewürkt werde [86], und er behauptete andererſeits, daß dieſe lebendigma=chende Kraft, welche dabey auf die Seele einwürke, un=mittelbar von dem Fleiſch Chriſti ausflieſſe; und zwar nicht nur einmahl für immer bey ſeiner Aufopferung am

Kreuß

86) "Nec fidei nomen quid-quam imaginarium notat, quaſi tantum cogitatione vel memoria percipiunt fideles, quod ipſis pro-mittitur — neque enim, dum   Paulus docet Chriſtum habitare in cordibus noſtris per fidem, loco verae habitationis, imaginationem ſupponit." ebend.

Kreutz ausgeflossen sey, sondern noch fortdaurend und
als fortbauend-würkende Kraft in jede Seele im besondern ausfliesse. Diese letzte Bestimmung strebte er offenbar in der folgenden Haupt-Stelle auszudrücken.
"Wir bekennen ohne Zweydeutigkeit, daß das Fleisch
„Christi lebendigmachend sey, oder eine lebendigmachende
„Kraft habe, und zwar nicht nur deßwegen oder in so
„fern, als uns einmahl durch jene Aufopferung das
„Leben und die Seeligkeit erworben worden ist, sondern
„vorzüglich in der Beziehung, weil es allein dieß Fleisch
„ist, das auch in uns, indem wir zu einer heiligen
„Einheit mit Christo zusammenwachsen, Leben hinein-
„bringt, oder — um es kürzer auszudrücken — weil wir
„durch die verborgene Kraft des heiligen Geistes in den
„Leib Christi eingepfropft, nur ein Leben mit ihm gemein
„haben. Denn durch eine der wundervollen Einrichtun-
„gen der göttlichen Oekonomie sollte sich das Leben, das
„aus der verborgenen Quelle der Gottheit ausfließt,
„zuerst in das Fleisch Christi ergiessen, um alsdann erst
„aus diesem in uns überzuströmen" [87]).

Darinn lag in der That deutlich genug, daß sich
Kalvin unter dem geistigen Genuß des Leibes Jesu wenigstens nicht bloß etwas moralisch-würkendes gedacht
haben wollte. Sein fruchtloses Streben, dasjenige,
was er dachte, auch in eigentliche Ausdrücke zu fassen,
kündigt es noch deutlicher an, und sein bestimmtes Geständniß, daß die Sache unter die Geheimnisse gehöre, welche unserer Vernunft ganz unbegreiflich
seyen,

---

87) "Carnem ergo Christi
sue ullis ambagibus fatemur esse
vivificam: non tantum, quia semel in ea salus nobis parta est,
sed quia nunc, cum sacra unitate
cum Christo coalescimus, eadem
illa caro vitam in nos spirat, vel
ut brevius dicam, quia arcana
Spiritus sancti virtute in corpus
Christi insiti, communem habemus cum ipso vitam. Nam ex
abscondito Deitatis fonte in Christi
carnem mirabiliter infusa est vita,
ut inde ad nos flueret." ebend.

seyen [88]), läßt keinen Zweifel mehr darüber zurück.
Doch aus der Vergleichung aller seiner Aeusserungen,
darüber läßt es sich wenigstens im allgemeinen deutlich
genug erkennen, was er eigentlich denken wollte. Es
war der würkliche, wenn schon mystische und hyper-
physische Einfluß einer belebenden Kraft, welche nach
seiner Vorstellung von dem Fleische Christi wahrhaftig
in unsere Seele ausfliessen, also nicht bloß von der glaubigen Erinnerung an seine Hingebung und Aufopferung
für uns [89]), sondern auf eine unbegreifliche und über-
natürliche Art aus seiner Substanz selbst ausfliessen
sollte; mithin war es mit einem Wort die Empfindung
dieser Kraft, worinn er die Theilnehmung an dem Leib
Christi, oder den geistigen Genuß dieses Leibes setzte,
mit welchem die Seele des Menschen im Sakrament
immer in eben dem Augenblick gespeißt werde, in welchem er äusserlich die geheiligte Zeichen und Symbole davon empfange.

Je lebhafter sich aber Kalvin bewußt war, daß er
damit würklich einen wahren und reellen, nicht bloß eingebildeten, ja selbst nicht bloß moralischen Genuß des
Leibes Christi im Sakrament behaupten wollte, desto
weniger hielt er es für nöthig zu verbergen, daß sein
wahrer Genuß deßwegen doch nicht ganz der lutherische

---

88) "Quod nos sibi cónjun-
gens non modo suam no-
bis instillat, sed etiam unum nobiscum efficitur, sicuti ipse unus
est cum Patre, sublimius captu
nostro mysterium esse concedi-
mus. ebend.

89) Weil Kalvin im Consensus den Ausdruck gebraucht hatte,
daß sich der Genuß des Leibes
Christi im Sakrament darauf
gründe — quia ex carne semel in
sacrificium oblata vitam hauria-
mus — so konnte man leicht dar-

auf verfallen, daß er die Hauptsache dabey nur in die glaubige
Erinnerung an dieß Opfer setzen
wollte; allein eben deßwegen
protestirte er hier förmlich, daß
er gar nicht an diese Beziehung
dabey gedacht, sondern jene er-
läuternde Stelle bloß in der Absicht beygefügt habe. "ut obviam
„iret omnibus deliriis mentis hu-
„manae, quae in coelestibus Dei
„mysteriis semper crassum aliquid
„concipit."

sche sey. Er erinnerte daher selbst, daß er sich keine
solche Mittheilung des Leibes Christi denke und denken
könne, wobey die Substanz dieses Leibes selbst mit der
unsrigen vermischt, oder in Berührung gebracht wür-
be [90]), ja er läugnete selbst nicht, daß der Genuß davon, welchen er annehme, nicht einmahl eine substantielle Gegenwart des Leibes Christi im Sakrament vor-
aussetze. Er behauptete nehmlich ausdrücklich, daß
man weder eine räumliche und lokale, noch eine überall
verbreitete Gegenwart des Leibes Christi annehmen
dürfe. Er scheute sich nicht wörtlich zu sagen, daß der
Leib Christi selbst von uns entfernt und im Himmel sey,
und, indem wir durch seinen in uns wohnenden Geist
zu ihm erhoben würden, von dort aus seine belebende
Kraft eben so in unsere Seelen ausgiesse, wie die Sonne
durch ihre Strahlen ihre alles belebende Wärme in alle
Gewächse verbreite [91]): mithin konnte es höchstens eine
praesentia operativa — eine nur aus ihren Würkungen
erkennbare Gegenwart [92]) des Leibes Christi seyn, die
er im Sakrament annahm.

Doch)

90) "Quod de carnis Christi
participatione dicimus, non perinde, intelligi debet, ac si fieret aliqua substantiae commixtio
vel transfusio." p. 651.

91) "Certe, si Paulo dicere
licuit, nos à Domino peregrinari,
quamdiu sumus in mundo, eadem quoque ratione dicemus,
quadam absentiae specie nos ab
eo disjungi, quatenus scilicet à
coelesti ejus domicilio nunc dista-
mus. Abest igitur Christus à nobis secundum corpus. Spiritu
autem suo in nobis habitans in
coelum ad se ita nos attollit, ut
vivificum carnis suae vigorem in
nos transfundat, non secus ac

vitali solis calore per radios ve-
getamur." p. 658.

92) Dennoch erbot sich Kalvin, und konnte sich auch leicht
dazu erbieten, daß er von dem
Genuß und von der Gegenwart
des Leibes Christi im Sakrament
auch den Ausdruck: praesentia
et communicatio *realis* gebrauchen wolle. "Spiritualem — sagt
er mit einiger Bitterkeit — cum
dicimus, fremunt illi, quasi hac
voce *realem*, ut vulgo loquuntur,
tollamus. Nos vero, si reale
pro vero accipiant, et fallaci
vel imaginario opponant, bar-
bare, loqui mallemus, quam
pugnis occasionem praebere. Scimus enim, quam non deceant

. Logo-

Doch babey trat ein ſchlimmer Umſtand ein, dem
ſich nicht wohl ausweichen ließ. Kalvin konnte ſich
nicht entbrechen; auch einige Entſchuldigungs-Gründe
anzuführen, warum er die Beſtimmungen der lutheriſchen Vorſtellung über die beſondere Art des Genuſſes
und der Gegenwart Chriſti im Sakrament nicht annehmen könne, aber jeder dieſer Entſchuldigungs-Gründe
mußte faſt unvermeiblich einen Einwurf oder einen Vorwurf gegen die lutheriſche Vorſtellung enthalten: und
Kalvin gab ſich auch keine beſondere Mühe, dieß zu
verbergen. Er gab ſich ſelbſt gar keine Mühe, nur das
beſchämende etwas zu milbern, das in jedem dieſer
Gründe für die Vertheidiger der lutheriſchen Vorſtellung
liegen mußte, denn ſie liefen eigentlich bloß in dem einzigen zuſammen, daß ihre Vorſtellung — vernunftlos,
oder doch allzuanſtöſſig für die Vernunft ſey. Sobald
man, meynte Kalvin, bey dem Genuß des Leibes Chriſti
im Sakrament eine würkliche Mittheilung ſeiner Subſtanz annehme, und ſomit auch die ſubſtantielle Gegenwart ſeines Leibes vorausſetze, ſo mache man aus einem unbegreiflichen Geheimniß des Glaubens etwas
völlig undenkbares, das den geſunden Menſchen-Ver-
ſtand nothwendig empören müſſe [93]. Er drückte ſich
babey ſelbſt ungleich härter und bitterer aus, als es nöthig war, aber ſchnitt doch zugleich mit ſehr ſorgſamer
Vorſicht ſeinen Gegnern voraus die einzige Auskunft ab,
zu der ſie ihre Zuflucht nehmen könnten. Er machte es
ihnen unmöglich, ihm die Antwort entgegen zu halten,
womit Luther ehmahls die Schweizer überſchreyen zu
können geglaubt hatte, daß die Vernunft hier gar keine
Stimme

Logomachiae Chriſti ſervos; ſed
quia hoc concedendo nihil apud
eos proficitur, qui modis omnibus ſunt implacabiles; placidis
et moderatis hoc teſtatum volo,
Ita ſecundum nos ſpiritualem eſſe,
communicationis modum, *ut re
ipſa* Chriſto fruamur." p. 657.

93) Miſceri ſi volunt carnis
ſubſtantiam cum hominis anima,
quot ſe abſurdis involvunt? eben-
daſelbſt.

Stimme habe, sondern sich unter den Gehorsam des Glaubens schmiegen müsse; denn er räumte ihnen ein, daß die Vernunft verbunden seyn würde, auch die undenkbare substantielle Gegenwart des Leibes Christi im Sakrament anzunehmen, wenn die Offenbarung sich darüber erklärt hätte, aber läugnete, daß diese sich dafür [94]), ja bewieß vielmehr, daß sie sich dagegen erklärt habe. Er urgirte nehmlich gegen diese substantielle Gegenwart nicht so wohl den älteren von Zwinglin und Oekolampad so oft vorgebrachten Grund, daß die lokale Gegenwart des Körpers Christi an mehr als einem Ort, welche man dabey voraussetzen müßte, der Natur eines Körpers wiederspreche [95]), sondern er zeigte, daß sie auch der Schrift wiederspreche, nach welcher der menschliche Leib Christi nur im Himmel gesucht werden dürfe. Es verdient dabey besonders bemerkt zu werden, daß schon Kalvin den Beweiß dafür aus der Stelle Act. III. 21.

94) Diese Stelle ist eine der stärksten in der ganzen Schrift, aber auch diejenige, bey welcher man es Kalvin am leichtesten verzeihen kann, daß er etwas wärmer wurde, als vielleicht nöthig war. — "Negant — sagt er — fas esse, tam sublime mysterium ad seculi rationem subduci, vel immensam ejus magnitudinem metiri nostro modulo. In quo illis plane assentior. Sed an eo usque trahenda est fidei modestia, ut totam religionem horrendis portentis deformet? Atqui hoc modo, ut quidque absurdissimum foret, ita maxime Christo congrueret, ejusque doctrinae. Sacram unitatem, quae nobis est cum Christo, sensui carnis incomprehensibilem fatemur esse. Sed an ideo protinus somniandum in nos transfundi ejus substantiam, ut sordibus nostris inquinetur? Quod se oculos claudere dicunt, ne curiosius inquirant, quod Dominus occulrat, vanissimum inde esse evincitur, quod se ex verbo Dei doceri non sustinent. Haec certe fidei sobrietas est, non modo acquiescere in Dei nutu, neque plus sibi arripere, quam sacro ejus ore patefactum sit, sed etiam ad Spirituum Prophetiae sedulo attendere et sanam interpretationem mansueta docilitate amplecti. Quare temulenta in utroque pervicacia est, si quis vel se non contineat intra legitimas metas, vel sanae intelligentiae lucem fastidiose respuat." p. 657.

95) Doch berührte er auch dieß im Vorbeygehen. "Qui immensum faciunt corpus Christi, corporis naturam illi eripiunt." p. 658.

21. hernahm, nach welcher Chriſtus biß zu der Zeit der Wiederherſtellung aller Dinge — den Himmel einneh= men, oder vom Himmel eingenommen werden — ſollte [96]).

Dabey war es dann vorauszuſehen, daß ſich alle Anhänger der ächten lutheriſchen Vorſtellung, die es noch geben mochte, höchſt empfindlich durch dieſe Wen= dung gereizt fühlen würden: allein bey dem Gang, in welchen Kalvin in dieſer Schrift den ganzen Streit ein= geleitet hatte, konnte er doch auch ſehr leicht glauben, daß er nicht Urſache habe, ſich vor ihrer Empfindlich= keit zu fürchten. Wenn ſie den Streit in dieſem Gang lieſſen — und dazu waren ſie nach allen Geſetzen einer vernünftigen und gerechten Polemik verpflichtet, ja ſelbſt gewiſſermaſſen genöthigt — ſo konnte dasjenige, was ihre Empfindlichkeit am ſtärkſten reizen mochte, niemahls als Haupt=Objekt in Betrachtung kommen. Sie muß= ten und durften ſich nur an dasjenige halten, was er ſelbſt als den entſcheidenden Punkt ausgezeichnet hatte, denn ſie konnten nicht läugnen, daß es gar nicht der Mühe werth ſey, über alles übrige zu ſtreiten, ſobald ſie in dieſem Punkt die Uebereinſtimmung ſeiner Mey= nung mit der ihrigen anerkennen müßten. Sie muß=

ten

---

96) "Illi, dum corpus Chriſti negant, locorum ſpatiis circum ſcribi, immenſum eſſe volunt. Quid autem nos? Nempe in coelo quaerendum eſſe, quod teſte Scri= ptura, eum capit, donec ad ju= dicium appareat." Auſſer dieſem fand Kalvin, daß die Behaup= tung von der Immenſität des menſchlichen Körpers Chriſti noch mit einer andern Schrift=Lehre in Widerſpruch ſtehe. "Immen= ſitas, quam imaginantur in Chriſti carne, prodigioſum ſpectrum eſt, quod ſpem reſurrectionis evertit. Nam ubi omnia effutiverint de coeleſtis vitae qualitate, ſemper illud Pauli objiciam: exſpectare nos Chriſtum è coelo, qui cor= pus noſtrum humile transforma= bit, ut conforme reddat corpori ſuo glorioſo. Nunc, quam ſit abſurdum, ſingulis fidelium cor= poribus totum mundum impleri, quid attinet dicere? — Sinant ergo homines iſti nos modeſte profiteri quod ſanum et rectum eſt, ne eorum intemperie coacti retegamus eorum dedecora, quae melius latent." p. 658.

ten sich also darauf einschränken, ihm das Geständniß
abzuzwingen, oder wenigstens die Welt zu überzeugen,
daß er doch keine wahre und würkliche Gegenwart, und
keinen wahren und würklichen Genuß des Leibes Christi
im Sakrament annehme; wenn sie sich aber selbst gezwungen sahen, ihm einzuräumen, daß auch nach seiner Vorstellung ein wahrer und wirklicher Genuß
statt finde, so mußten sie selbst fühlen, daß es völlig
gleichgültig sey, ob man diesen Genuß allein mit dem
Brodt, oder nach ihrer Meynung auch unter dem Brodt,
ob man ihn allein der Kraft, oder auch der Substanz nach statt finden lasse. Da nun Kalvin darauf
rechnete, daß sie sich dazu gezwungen sehen würden, so
durfte er sich schon auch auf die Gefahr hin, sie etwas
zu ärgern, einige spitzige Bemerkungen über jene Neben-
Bestimmungen ihrer Meynung entfallen lassen, worinn
er seine Abweichung von ihnen nicht verbergen wollte:
denn sie durften doch darüber allein keinen eigenen Krieg
führen: allein auf jenes hätte freylich Kalvin nicht so
sicher rechnen sollen!

Die Falschheit dieser Rechnung wird sich am sichtbarsten in einer allgemeinen Zeichnung der Wendungen
darstellen, welche jetzt dem Streit von Seiten der Gegner Kalvins gegeben wurden. Nur eine solche kann und
darf hier angebracht werden; aber es wird dabey nöthig
seyn, zuerst dasjenige besonders zusammenzustellen, was
von jetzt an biß zum J. 1560. zwischen Kalvin und
Westphal, und den übrigen Hauptpersonen, die sich
jetzt von beyden Partheyen einmischten, verhandelt
wurde, damit alsdenn auch jene Auftritte besonders erzählt werden können, welche der Streit auf andern Seiten veranlaßte.

Kapitel

Kapitel IV.

Kaum vier Monathe nach der Erscheinung der Kalvinischen Vertheidigung war Westphal bereits mit einer Antwort [97]) darauf fertig, worinn jede Sylbe den Grimm verrieth, in welchen der Mann durch die verächtliche Art, womit ihn Kalvin behandelt hatte [98]), versetzt worden war. In dem nehmlichen Jahr 1555. erhielt er auch einen nur allzu rüstigen Mitstreiter in der Person des Predigers Joh. Ti.nann in Bremen, der es sich sogar gefallen ließ, ganz mit seinen Waffen zu streiten [99]). Er selbst unternahm aber in diesem Jahr

noch

97) Adversus cujusdam Sacramentarii falsam criminationem justa defensio Ioach. Westphali, in qua et Evchariftiae causa agitur. Francof. 1555. in 8.

98) Westphal ließ seinem Grimm einen so freyen Lauf, daß er es selbst für nöthig hielt, sich zu seiner Entschuldigung bitterer von Kalvin beleidigt zu stellen, als er es würklich geworden war. Er gab deßwegen vor, daß er von ihm persönlich gekränkt worden sey, und affektirte sich besonders dadurch am empfindlichsten angegriffen, weil er ihm das Laster der Völlerey und der Trunkenheit verläumderischer Weise aufgebürdet habe. Dieß konnte er aber nur in einer Stelle seiner Schrift finden, worinn Kalvin von einer temulenta pervicacia gesprochen, und wobey er sicherlich an keinen persönlichen Vorwurf gedacht hatte. Westphal verdiente es also doppelt, daß er ihm in seiner neuen Vertheidigung die beissende Beleh= rung gab: Sciat ille, ne hic de nihilo anxius fit, non indictum fuisse à me praelium poculis suis, sed de alia temulentia me

locutum esse, quam propheta Esaias dicit non esse à vino. Aber er verdiente es noch mehr, daß Kalvin die wahre Ursache seines Aergers, die er durch diese grundlose Beschwerde mastiren wollte, ohne Schonung der Welt auf= deckte. "At quid eum graviffime vulneraverit, perfpicere non eft difficile. Admonueram, ut fuae infcitiae confcius, non tam con- fidenter fe efferret. Mihi certe nihil minus in animo fuerat, quam tam acerbum vulnus infligere. Nunc cum fubinde ftomachofe repetat, indoctum fe haberi, latentem morbum retexit. Ergo, Weftphale! ut intelligas, neque me data opera anxie antehac quae- fiviffe, quod te pungeret, neque etiam nunc dolore tuo oblectari, indoctum pofthac vocare definam, modo viciffim candidum et integrum hominem te mihi prae- ftes."

99) Farrago fententiarum in vera et catholica doctrina de Coena Domini confentientium, quam firma affenfione et uno fpiritu juxta divinam vocem ecclefiae A. C. amplexae funt, fonant et profitentur, ex apoftolicis fcriptis,

prae-

noch einen zweyten Feldzug gegen Johann von Lasco und
die englische Exulanten, indem er die Prediger von
Frankfurt am Mayn, wo der Magistrat einem Theil
von ihnen eine Niederlassung bewilligt hatte, in einem
wahren Brand-Brief aufforderte, sich den reissenden
Wölfen, die sich unter ihre Heerde einschleichen wollten,
mit aller Macht zu wiederseßen [100]).

Dagegen fiengen zwar auch von der andern Seite
mehrere Stimmen sich zu erheben an. Kalvin selbst
gab zu Anfang des J. 1556. eine zweyte Vertheidigung
heraus, worinn jeßt Westphal nahmentlich als Gegner von ihm ausgezeichnet, und zwar — nicht Ehren-
halber

praeterea ex orthodoxorum tam
veterum quam recentiorum per-
spicbis testimoniis contra Sacramentariorum dissidentes inter se
opiniones diligenter et bona fide
collecta, per ioann. Timannum,
Amsterodamum, Pastorem Bremensem. Francof. 1555. in 8.

100) Etwas späther wandte
sich Westphal selbst an den Magistrat zu Frankfurt in einem
ähnlichen Brief, den er seiner
Apologie, die er dem Magistrat
dedicirte, vordrucken ließ. Johann von Lasco schickte ihm hierauf bloß schriftlich eine Ermahnung zu, worinn er ihm das Gewissen schärfte, und unter andern
von diesem Brief sagte — nemo
pius vel doctus aliter judicare
potest, quam enm quae à te ad
Senatum Francofurdensem data
est, epistolam non Christi, sed
serpentis potius antiqui afflatu
conscriptam esse, in qua nos ex-
teros, ut latrones, incendiarios
et veneficos insinulas, ut qui
animos hominum falsis dogmatibus jugulemus, Christi ecclesiis

haeresium ignem subjiciamus, sa-
lutaris doctrinae fontes et pascua
letali et pestifero veneno inficia-
mus." Diesen Brief Joh. von
Lasco machte aber Westphal selbst
im J. 1558. mit einer Antwort
bekannt, worinn er mit schröck-
lich-konsequenter Offenheit ein-
räumte. — "De Polono ejusque
discipulis praecipue de ducibus
caecorum fateor me scripsisse,
eosque tanquam latrones, incendiarios, et veneficos accusasse —
immo his tanto pejores, quanto
nocentiora sunt latrocinia et veneficia falsae doctrinae,quam latrocinia et veneficia, quae laedunt
externam vitam et corpora interfi-
ciunt. Etenim à minori ad majus
procedit mea argumentatio, qua
utor in illa epistola. Magistratus
est, in latrones, incendiarios et veneficos animadvertere; multo magis ad ejus officium pertinet, obsi-
stere falsis doctoribus qui illis
multo sunt nocentiores." S. Apologetica responsio Io. Westphali,
ad Sacramentarii cujusdam epistolam in Apologeticis aliquot
scriptis (Ursellis 1558.) C. 5.

E 3

halber ausgezeichnet wurde ¹⁰¹). Johann von Lasco
brachte ſeine Sache gegen ihn und gegen Timann eben=
falls in einer Klag=Schrift ¹⁰²) in das Publikum,
welche die gereizteſte Empfindlichkeit ankündigte; im
Nahmen der Zürcher aber trat Heinrich Bullinger ¹⁰³)
auf, um die Ehre der ſchweizeriſchen Kirche gegen ihre
Vorwürfe zu vertheidigen. Doch in eben dieſem Jahr
erhielt die Parthie ihrer Gegner noch eine weitere Ver=
ſtärkung, welche dem Streit ein ungleich ernſteres und
ſchlimmeres Ausſehen gab.

Die Werbungen und Bemühungen Weſtphals, ei=
nen groſſen Theologen=Bund zuſammenzubringen, der
den Streit zu ſeiner Sache machen ſollte, hatten, wie
es ſich jetzt auswieß, trefflich gewürkt. Während dem
Sommer des J. 1556. hatten ihm die Miniſterien der
meiſten niederſächſiſchen Städte, die Miniſterien von
Magdeburg, von Eißleben, Bremen, Hildesheim,
Hamburg, Lübeck, Lüneburg, Braunſchweig, Hanno=
ver, Wißmar, Schwerin, Huſum, Dithmarſen und
Nord=

---

101) Secunda Defenſio piae
et orthodoxae fidei de Sacramentis contra Ioachimi Weſtphali calumnias 1556. Sie wurde von
Kalvin omnibus probis Chriſti mi-
niſtris, et ſinceris Dei Cultoribus,
qui puram Evangelii doctrinam in
Saxonicis eccleſiis et Germania in-
feriore colunt, zugeſchrieben. S.
Calvini Opp. T. VIII. p. 659.

102) In einer an den König
Sigmund von Pohlen gerichteten Zuſchrift des folgenden Werks:
Forma et ratio tota eccleſiaſtici
miniſterii in peregrinorum, potiſſimum vero Germanorum eccleſia, inſtituta Londini in Anglia
per pientiſſimum Principem Au-
gliae Eduardum VI. anno 1550.
addito ad calcem libelli privile-
gio ſuae Majeſtatis, auctore Io-

anne à Lasco, Poloniae Barone,
cum brevi etiam calumniarum
quarundam refutatione, quae falſo
adverſus ipſum in Martiniani cujusdam apud Bremenſes Paſtoris
Farragine inſperſae habentur in 8.
Weder das Jahr noch der Ort
des Drucks iſt auf dem Titel
angezeigt, aber die Zuſchrift an
den König von Pohlen iſt vom
6. Sept. 1555. datirt.

103) Apologetica expoſitio,
in qua oſtenditur, Tigurinae eccleſiae miniſtros in doctrina de
Coena Domini nullum ſequi dogma haereticum, auct. Henr. Bullingero. Tiguri 1556. in 8. Die
Schrift iſt zunächſt gegen Weſtphal und Timann gerichtet, doch
wurden ſie nicht darinn genannt.

Nordhausen ihre Konfessionen von der Nachtmahls-
Lehre eingeschickt, die er hierauf zu Ende des Jahrs alle
zusammen herausgab [104]. Jede dieser Konfessionen
enthielt eine feyerliche Erklärung der unverrücktesten Anhänglichkeit an die reine lutherische Vorstellung, und
zugleich eine wahre Abschwörungs-Formel der Schweizerisch-Kalvinischen [105]; jede davon stellte also eine
öffentliche Abhäsions-Akte zu dem Offensiv-Bündniß
gegen die Anhänger der letzten vor, an dessen Zustand-
bringung Westphal indessen in der Stille gearbeitet
hatte [106]; und dieß zog mehrere Folgen nach sich, als
viel-

---

104) Confeffio fidei de Evchariftiae Sacramento, in qua Mini-
ftri ecclefiarum Saxoniae folidis
argumentis facrarum literarum
adftruunt corporis et fanguinis
D. N. I. C. praefentiam in Sacramento Coenae, et de libro Ioannis Calvini ipfis dedicato refpon-
dent. Magdeb. 1557. in 8.

105) Das Magdeburgische
Bekenntniß, das wahrscheinlich
von Joh. Wigand aufgesetzt war,
dessen Nahme unter den Sub-
scribenten voransteht, enthält
eine weitläufige Wiederlegung von
mehr als 60. Kalvinischen Einwürfen gegen die lutherische Vorstellung. Die Prediger zu Bremen hatten nicht nur eine Konfession, sondern noch eine Ad-
monitionem et conteſtationem
concionatorum Bremenfium ad
fuam plebem de conftantia in
agnita veritate, cavendisque fer-
mentis feductorum et fanaticorum
etc. geschickt, worinn Wiedertäufer und Kalvinisten in eine Klasse
geworfen waren: doch war das
Bedenken der Prediger zu Hildesheim noch heftiger abgefaßt
als das Bremische. Auſſer diefen Konfessionen hatte Westphal

noch einige Zeugnisse von Brenz
zusammengetragen: Flacius hingegen hatte, um nur auch dabey zu seyn, seinen Nahmen
mit einer eigenen Abhäsions-
Formel unter das Magdeburgische Bekenntniß gesetzt.

106) Der Cirkular-Brief, in
welchem Westphal die Konfessionen eingefordert hatte, iſt ihrer
Sammlung vorgesetzt; aber wer
kann sich bereden laſſen, daß
ohne vorhergegangene anderweitige Vorbereitungen dieſer Brief
allein so viel gewürkt haben
würde? Mit dem Ausſtellen einer Konfeſſion war man doch
sonst nicht so schnell bey der Hand,
denn in jedem Miniſterio gab es
wenigſtens einzelne Glieder, die
das Bedenkliche davon fühlten,
und auch den übrigen fühlbar
machen konnten! Dieß hatte man
bis jetzt nur äuſſerſt selten auf
die Privat-Aufforderung eines
einzelnen Theologen gethan, nach
welcher man jetzt alle dieſe Konfessionen an Westphal einschickte,
und es ihm selbſt überließ, was
er damit anfangen wollte. So
scheinbar also auch der Vorwand
war, welchen dieſer zu seiner
Auffor-

vielleicht Weſtphal ſelbſt abgezweckt oder berechnet haben mochte.

Auſſer Niederſachſen miſchten ſich aber auch noch andere lutheriſche Theologen, vielleicht aus eigenem Antrieb in den Krieg. Johann Brenz, der bey dem erſten Ausbruch des Handels, als Verfaſſer des ſchwäbiſchen Syngramma, eine Hauptrolle geſpielt hatte, aber ſeit der Wittenbergiſchen Konkordie ganz ruhig geblieben war, glaubte nicht länger ſchweigen zu dürfen [107]), und gab beßwegen in dieſem Jahr ſeine deutſche Homilien vom Abendmahl [108]) heraus, worinn das ächtlutheriſche Dogma von der leiblichen Gegenwart mit der ſichtbarſten Hinſicht auf die neue Einwürfe Kalvins vertheidigt war. Höchſt wahrſcheinlich war es der Einfluß von Brenz — denn Brenz war damahls das Oberhaupt der Würtenbergiſchen Geiſtlichkeit — der auch jetzt ſchon den berufenen Jacob Andreä auf dem Kampfplatz brachte [109]); wenigſtens war es Brenz, der ihn durch eine

---

107) Brenz wurde gewiſſermaſſen gezwungen, ſein bißheriges Stillſchweigen zu unterbrechen, denn im J 1556 war Johann von Laſco nach Stuttgardt gekommen, und hatte ihn zu einem Kolloquio genöthigt, dem er ſehr gern ausgewichen wäre: Laſco legte dabey ſehr offen die Schweizeriſch-Kalviniſche Meynung als die ſeinige aus, und beſtand doch darauf, daß Brenz dem ungeachtet ſeine Uebereinſtimmung mit der Augſp. Konfeſſion anerkennen ſollte. Dadurch kam dieſer in eine mehrfache Verlegenheit, welche am ſichtbarſten daraus erhellt, weil er das Geſpräch ſo bald möglich abbrach, und auch den Antrag Laſcos, ſich ſchriftlich mit ihm einzulaſſen, von ſich wieß. S. zwey Briefe von Brenz in der Hiſt. des Sakr. Str. p. 554. nnd Löſcher P. II. 139. Aber die Erzählung Hoſpinians von dieſem Geſpräch iſt dennoch ſichtbarlich grundlos. P. II. f. 244.

108) Drey Predigten über 1. Kor. XI. Auf dem Titel iſt weder Jahr noch Ort des Drucks angezeigt; aber ſie kamen im J. 1556 heraus.

109) Es erſchien nehmlich von Andreä, der damahls noch Prediger und Superintendent in Göppin-

Auforderung von dem Umſtand vernehmen konnte, daß Kalvin ſeine zwepte Defenſion den ſächſiſchen Kirchen zugeſchrieben hatte, ſo darf man doch gewiß annehmen, daß es ſich Weſtphal noch mehr als nur jenen Brief koſten ließ, und koſten laſſen mußte, um alle dieſe Konfeſſionen zuſammenzubringen.

eine seiner ersten Streit-Schrift vorgesetzte Vorrede
darauf einführte [110]): doch zeigten Brenz und Andreä
noch eine Mäſſigung, die beynahe die Abſicht verrieth,
ſich für jetzt noch etwas auſſer dem Schuß zu halten [111]), biß ſich ſicherer beurtheilen lieſſe, welchen
Gang die Sache nehmen würde. Mit tobender Heftigkeit brachen hingegen im folgenden Jahr 1557. Erhard
Schnepf [112]) in Jena, Eraſmus Alber [113]) im Mek-
lenburgiſchen, Paul von Eitzen in Hamburg [114]) und
Weſtphal ſelbſt in den Antworten los, die er der zweyten Vertheidigung Kalvins, und den Angriffen Johanns von Laſco entgegenſetzte [115]). Ja als Kalvin
in

Göppingen war: Eine einfältige
und kurze Anweiſung vom heiligen Abendmahl, wie die Einfältigen ſich bey dem langwierigen
Streit vom Abendmahl verhalten ſollen. Pforzheim 1557. in 8.
Im J. 1559. überſetzte Joh.
Pappus dieſe Schrift ins lateiniſche und gab ſie zu Frankfurt
heraus.

110) Auch ſagte Brenz in
der Vorrede, daß er Andreä gerathen habe, die Schrift heraus-
zugeben.

111) Andreä ſchickte ſelbſt
Kalvin ſeine Schrift zu, und erhielt von ihm eine Dankſagung,
worinn er ſeine Mäſſigung rühmte. S. Calv. Epiſt. et Reſponſa
Opp. T. IX. p. 114. Daß aber
doch Andreä die Verſchiedenheit
der Vorſtellung, die er vertheidigen wollte, weder ſo ſehr verdeckte, noch ſo ſehr verminderte,
als Hoſpinian vorgiebt, dieß ſieht
man auch aus dieſer Antwort
Kalvins am deutlichſten, denn er
ſagt ihm ja darinn: Etſi mode-
rationem tuam laudo et exoſcu-
lor, non parum tamen mihi do-

let, plus eſſe in ſententiis noſtris
diſſidii, quam putaveram.

112) Erh. Schnepfii, Confeſſio de Coena. Jen. 1557. in 8.
Die Schrift — ſagt Löſcher pag.
118. — ſey in ſehr netten Lat
tein, aber ſehr eifrig geſchrieben.

113) "Editus etiam eſt hoc
anno Eraſini Alberi, liber vio-
lentus et maledicus, germanica
lingua contra Carlſtadianos, Sacramentarios et Anabaptiſtas.
Hoſpinian P. II. f. 245.

114) Defenſio verae doctrinae
de Coena D. N. I. C. ſcripta à
D. Paulo ab Eitzen, Ecclesiae
Hamburgenſis Superintendente.
Urſellis 1557. 1557. in 8.

115) Joh. von Laſco hatte
noch zu Ende des J. 1556. eine
Hauptſchrift unter dem Titel herausgegeben: Purgatio ecclesiae
peregrinorum Francofurtenſis etc.
Baſileae in 8. Darauf antwortete Weſtphal in einer Schrift:
Reſponſio ad ſcriptum Ioannis à
Laſco, in quo Auguſtanam Confeſſionem in Zinglianismum transformat — und zugleich Kalvin in
einer:

in einer letzten Ermahnung an Weſtphal ſich noch ein
mahl mit ihm einließ [116]), ſo antwortete er in einer
Sprache [117]), die es Kalvin räthlich finden ließ, ſich
völlig zurückzuziehen; doch ſtellte ſich ſein Freund Beza
von dieſer Zeit an heraus [118]) und leitete vom J. 1560.
an auf dieſer Seite den Streit.

Nach dieſer allgemeinen Angabe der Haupt-Strei-
ter, die in dieſem Zeitraum gegen einander auftraten,
müſſen hingegen über die Art, womit ſie den Streit fortführten, einige beſondere Bemerkungen gemacht werden,
die ſich aber leicht von einigen ihrer wechſelſeitigen Haupt-
Schriften abſtrahiren laſſen. Doch die entſcheidende Bemerkung, auf die es hier ankommt, drängt ſich faſt bey
einer jeden der lutheriſchen Streit-Schriften, und zwar
ſchon auf den erſten Blick auf.

Dieſe

---

einer: Epiſtola, qua breviter re-
ſpondet ad convitia Ioannis Calvini. Urſellis 1557. in 8. In
eben dieſem Jahr erſchien aber
noch eine gröſſere und heftigere
Schrift Weſtphals: Ioach. Weſtphali juſta defenſio adverſus in-
ſignia mendacia Ioannis à Laſco,
quae in Epiſtola ad Sereniſſimum
Poloniae Regem contra Saxonicas
eccleſias ſparſit. Argentorati 1557.
in 8. und weil ſich Kalvin in ſeiner zweyten Defenſion mehrmahls auf Melanchton berufen
hatte, ſo gab auch Weſtphal nach
dem Beyſpiel von Gallus heraus:
Clariſſimi Viri Philippi Melanchtonis Sententia de Coena Domini
ex ſcriptis ejus collecta à Ioach.
Weſtphalo. Hamburgi. 1557. in 8.

116) Ultima Admonitio Io-
annis Calvini ad Ioach. Weſtpha-
lum, cui niſi obtemperet, eo
modo poſthac habendus erit, quo
pertinaces haereticos haberi jubet
Paulus. Refutantur etiam hoc
ſcripto ſuperbae Magdeburſenſium
aliorumque cenſurae, quibus coe-

lum et terram obruere conati
ſunt 1557. Opp. Calv. T. IX.
p. 608.

117) Apologia Confeſſionis
de Coena Domini contra corruptelas et calumnias Ioann. Calvini
ſcripta à Ioach. Weſtphalo. Urſellis 1558. in 8. Weil er dieſe
Apologie nicht ſo ſchnell fertig
bekommen konnte, ſo kündigte
er ſie voraus an, in einer: Confutatio aliquot enormium mendaciorum Ioann. Calvini ſecutu-
rae Apologiae adverſus ejus furores praemiſſa à Ioach. Weſtphalo.
ib. 1558. in 8. Ueberdieß kam
ihm noch einer ſeiner Kollegen in
Hamburg der Prediger, Joachim
Magdeburg, mit einer Schrift:
De novo Chriſto Sacramentariorum zu Hülfe, die er in dieſem
Jahr herausgab.

118) Wieder die Apologie
von Weſtphal gab Theod. Beza
noch im J. 1559. ſeine: Tracta-
tionem de Coena heraus. S.
Bezae Opp. T. I. p. 211-258.

Diese ächt-lutherische Gegner Kalvins wollten sich durchaus — dieß ist die Hauptbemerkung, die sich hier aufdrängt — sie wollten sich durchaus den Gang nicht gefallen lassen, in welchen Kalvin den Streit einzuleiten gesucht hatte. Schon Westphal in seiner Antwort auf die erste Vertheidigung Kalvins erklärte frey heraus, daß er nur — wie der seelige Herr Lutherus streiten wolle [119]), und hielt sich auch, so viel er nur konnte, auf dem Wege, den Luther ausgetreten hatte. Alle seine Streit-Gefährten giengen ihm hier instinktmäßig nach; denn sicherlich fand keine Verabredung darüber unter ihnen statt: dieser Weg aber führte nur in das Labyrinth zurück, aus welchem, wie man schon die Erfahrung gemacht hatte, kein Ausgang möglich war, wenn nicht ein Theil dem andern freywillig die Hand bot.

Anstatt den Beweiß gegen Kalvin zu führen, daß seine geistliche Gegenwart und sein geistlicher Genuß des Leibes Christi im Sakrament keine würkliche Gegenwart und kein wahrer Genuß sey, oder anstatt ihm wenigstens zu zeigen, daß die sonstige Abweichungen seiner Vorstellung von den lutherischen nicht so unbedeutend und unwichtig seyen, als er sie ausgeben wollte, blieben sie bloß bey diesen Abweichungen selbst stehen, zeichneten die Bestimmungen aus, welche er von der reinen lutherischen Vorstellung weggeworfen habe, und bemühten sich einerseits, die Gründe zu verstärken, auf welche sie Luther gebaut, indem sie andererseits jene zu entkräften suchten, welche er dagegen vorgebracht hatte. Damit war der Streit völlig wieder in den Cirkel hineingespielt, in welchem man ihn schon so lang fruchtlos herumgedreht hatte. Man warf Kalvin vor, daß er keine

---

119) Er bemerkte deßwegen mehr als einmahl in seiner Schrift sehr sorgfältig — "daß Luther oft erklärt habe, sibi eodem loco esse, quicunque credere renuunt, in sacra Coena verum et naturale esse corpus Christi. p. 18. 47.

keine Gegenwart des Leibes Chriſti unter dem Brodt,
daß er keinen Genuß der Ungläubigen, und alſo auch
überhaupt keinen mündlichen Genuß annehme. Man
fand, daß dieß daher komme, weil er die Einſetzungs-
Worte: das iſt mein Leib! nicht eigentlich erkläre, ſondern einen Tropus darinn augenommen haben wollte,
und nun kam zuletzt alles wiederum auf die Frage zurück: ob man dieſe Einſetzungs-Worte eigentlich oder
tropiſch erklären müſſe? Doch man unternahm nicht einmahl den Beweiß, der allein etwas hätte entſcheiden
können, daß dieſe Worte eigentlich genommen werden
müßten, ſondern Weſtphal und Konſorten ſchränkten
ſich nur auf die Wiederlegung der Einwürfe ein, welche Kalvin gegen die wörtliche Erklärung urgirt hatte;
und bemerkten dabey bloß zuweilen im Vorbeygehen, daß
man nur allein bey einer wörtlichen Erklärung eine wahre
und würkliche Gegenwart des Leibes Chriſti im Sakrament behaupten könne, worinn dann der Beweiß liegen
ſollte, daß Kalvin aller ſeiner Verſicherungen ungeachtet doch keine wahre und würkliche annehme.

Dieß war ja wohl die ächt-lutheriſche Streitart;
und recht gut ſieht man auch, was die Leute für ein Intereſſe dabey hatten, ſich nicht davon abbringen zu laſſen; aber noch ſtärker muß man zugleich fühlen, daß
das unverantwortliche ihres Verfahrens dabey durch
dieß Intereſſe nicht vermindert oder gemildert wird. Sie
konnten ſich es unmöglich verhelen, daß man nach dem
von Kalvin veränderten Streitpunkt auf dieſem Wege
ſchlechterdings zu keinem Ziel kommen könne. Er läugnete ja ſelbſt nicht, daß er in einigen Beſtimmungen
von ihrer Vorſtellung abweiche, ſondern behauptete nur,
daß er dieſer Abweichungen ungeachtet in der einzig-
wichtigen Grundbeſtimmung dennoch mit ihnen übereinſtimme.

stimme [120]). Wozu konnte es also bienen, wenn man ihn nur wegen dieser Abweichungen in Anspruch nahm, ihm nur vorbewieß, daß man boch auch Gründe für die Bestimmungen habe, von denen er abgewichen sey, ober nur die Zweifel wieberlegte, bie er gegen biese Gründe vorgebracht hatte? Denn was konnte baburch abgemacht werden, wenn man ihn nicht zugleich überführen konnte, daß auch diese Bestimmungen ein eigenes Moment hät= ten, ober baß er, ohne sie anzunehmen, auch nicht mit ihrer Grund=Idee harmoniren könne?

Doch bieß mag man biesen feinen Polemikern noch verzeihen, daß sie ihre Vertheidigung vorzüglich gegen die Seite hinrichteten, von ber sie sich bem Schein nach am stärksten angegriffen fühlten. Kalvin hatte sich boch auch besonders barauf eingelassen, alle jene Gründe an= zutasten, auf welchen ihre Unterscheidungs=Ideen, von benen er abgewichen war, beruhten. Er hätte sich bieß nach seinem sonstigen Vertheidigungs=Plan gänzlich er= spahren, er hätte gar keine Notiz bavon nehmen, ja er hätte selbst ohne Nachtheil seinen Gegnern einräumen mögen, baß sich auch für ihre Unterscheidungs=Ideen, baß sich auch für ihre wörtliche Erklärung ber Einset= zungs=Worte, für ihre leibliche Gegenwart und für ih= ren münblichen Genuß noch manches scheinbare anfüh= ren liesse; denn es ließ sich ja boch babey mit ber leichte= sten Mühe noch fühlbar machen, baß einerseits alle ihre Beweise bafür ihrer Natur nach keine zwingende Kraft haben, und baß es anbererseits nicht der Mühe werth seyn könnte, barüber zu streiten. Da er aber seinerseits ber

---

120) Quod — sagte beßwegen Kalvin in seiner Antwort — de substantiali manducatione à nobis dissensérit Lutherus, atque etiam contentionis ardore ultra justas moderationis metas evectus, quae= dam protulerit, à quibus ego dis= sentio, negare mihi in animo nunquam fuit. Et quorsum rem à me libere testatam negare vel= lem?" S. Calvini altera defensio. p. 675.

der Versuchung nicht hatte wiederstehen können, auch
die Schwäche ihrer Beweise ins Licht, und zwar in ein
sehr beschämendes und sehr kränkendes Licht zu setzen,
so war es sehr in der Ordnung, daß sie sich ihrerseits
noch weniger entbrechen konnten, den Streit hieher zu
ziehen, und daher immer noch etwas entschuldbar, wenn
sie darüber vergaffen, daß sich in der Hauptsache nichts
dabey erstreiten lasse. Allein wer kann die heillose Art,
womit sie den Streit darüber führten, oder vielmehr wer
kann die starre Schamlosigkeit, womit sie dabey die elendeste, nichtssagendste, schon biß zum Eckel abgenußte
und wiederlegte Gründe auf das neue wieder vorbrach-
ten, wer kann die Falschheit und die Verstockung, womit sie alles ignorirter, oder doch zu ignoriren sich stellten, was man ihnen schon hundertmahl darauf geantwortet hatte, und wer kann besonders das höhnische
Aufwerfen und den Uebermuth entschuldigen, womit sie
sich bey den nichtswürdigsten und unwürdigsten Retorsionen brüsteten, durch welche sie ihren Gegner in Verlegenheit setzen zu können glaubten?

Bey dem Gang, den sie zu nehmen für gut fanden,
mußte, wie schon bemerkt worden ist, zuletzt alles ganz
nothwendig auf die einzige Haupt-Frage hinauslaufen:
ob man schlechterdings zu einer ganz eigentlichen Erklärung der Einsetzungs-Worte des Sakraments verpflichtet, oder doch wenigstens berechtigt sey. Kalvin und
die Schweizer räumten ja ein, daß aus einer eigentlichen Erklärung jener Worte alle jene Bestimmungen
der lutherischen Vorstellung würklich hervorgiengen, von
denen sie sich abzuweichen erlaubt hatten; aber sie behaupteten, daß man zu einer solchen wörtlichen Auslegung nicht nur keineswegs verbunden, sondern nicht einmahl befugt sey, denn sie bestanden darauf, daß man
sie nicht einmahl wörtlich auslegen dürfe, weil die Vorstellung,

stellung, welche dabey herauskomme, sowohl mit der
Schrift als mit der Vernunft im Wiederspruch stehe.
Es kam also allein darauf an, ihnen zuerst zu zeigen,
daß diese Wiedersprüche, welche sie dabey erblickten,
nur scheinbar, oder sie zu überführen, daß man durch
andere Rücksichten verbunden sey, keinen Anstoß daran
zu nehmen: aber dabey war man doch wenigstens verpflichtet, auch zuerst auf dasjenige Rücksicht zu nehmen,
was von ihrer Seite schon hundert- und aber hundertmahl gegen die Gründe vorgebracht worden war, durch
welche sie schon Luther davon zu überführen gesucht hatte.
Wenn sich auch würklich dafür nichts weiter auftreiben
ließ, als was bereits Luther in allen Perioden des von
ihm geführten Streits immer und ewig wiederholt hatte,
so war es doch nicht nur die gröbste Verhöhnung ihrer
Gegner, sondern selbst der Wahrheit und des Menschen-
Verstands, wenn man sich dabey das Ansehen gab, als
ob noch nie etwas dagegen excipirt worden wäre, und
gar nichts excipirt werden könnte. Dieß Ansehen gaben
sich aber unsere Theologen würklich, und gaben es sich —
was das empörendste war — selbst bey solchen Punkten
ihrer Vertheidigung, welche schon Luther, durch die un-
wiederstehliche Kraft der Einwürfe seiner Gegner über-
wältigt, als unhaltbar anerkannt, und in der Stille
aufgegeben hatte! Diese Anklage erfordert allerdings
Beweise; allein man darf sie leyder! nicht erst mühsam
zusammensuchen, denn jede der angeführten Schriften,
die in diesem Zeitraum gegen Kalvin und die Schweizer
erschienen, enthält mehrere, als man zu finden wünscht.
Sie mögen daher nur aus zwey der bedeutendsten darunter ausgehoben werden, nehmlich aus der Haupt-
Schrift, welche Westphal der ersten Vertheidigung Kalvins entgegensetzte, und aus dem polemischen Theil jener Konfessionen, worinn die Ministerien der niedersächsischen Kirchen gemeinschaftliche Sache mit ihm machten.

So

So schämte sich Westphal nicht, seine Wiederlegung
auf das neue mit den lamentabelsten Klagen über die
Gewalt zu eröffnen, womit Kalvin und die Schweizer
einen uneigentlichen Sinn in die Einsetzungs=Worte
Christi hineinzwingen wollten ¹²¹). Er schämte sich
nicht von gewissenlosen Schrift=Verfälschern zu sprechen,
die nach den Vorgang des verdammten Berengars ¹²²)
den klaren Verstand der Worte Christi durch einen will=
kührlich angenommen Tropus verdrehten, ja er schämte
sich nicht zu behaupten, daß in der ganzen Schrift keine
Stelle vorkomme, in welcher sich der eigentliche Wort=
Sinn so deutlich wie in dieser, als denjenigen darlege,
der für den einzig=wahren erkannt werden müsse ¹²³).

Zum

---

121) Er sprach von einer ne-
fanda verborum Christi lacera-
tione. p. 9.

122) Auch unterließ West=
phal nicht dabey zu bemerken,
daß der Ketzer Berengar eben=
falls ein Franzos gewesen sey:
aber schwehrlich hatte er die Be=
schämung voraus befürchtet, die
ihm Kalvin dafür bereitete.
"Quia quidem — antwortete die=
ser darauf — Westphalo negotium
erat cum homine Gallo, unum
ex popularibus meis produxit,
cujus odio me gravaret. Beren-
garii haeresin rursus à nobis ex-
citatam dicit. Si vero tibi ille
est haereticus, cur non protinus
sublato vexillo in Papae castra
concedis? Nec vero magnopere
curandum est, quo in loco de-
sideas, quum te in Antichristi
cohortem insinues. Berengarium
cogunt ad Palinodiam centum
quatuordecim cornuti Episcopi,
praeside Nicolao Papa. Eorum
tyrannidi calculum tuum non
dubitanter addis, ac si haeresin
juste damnassent. Qualis autem
à misero illo confessio fuit extor-

ta? nempe post consecrationem
verum corpus et sanguinem Christi
sensualiter et in veritate manibus
Sacerdotum tractari, frangi et
dentibus fidelium afferi. Sic enim
ad verbum sonat, quae illi à Concilio fuit dictata retractationis
formula. Jam si non alia lege
Westphalum placare licet, quam
si fateamur, dentibus sensualiter
Christum atteri, nonne centum
potius mortes praeoptandae sunt,
quam ut se quispiam tanti sacri-
legii monstro implicet. Cujus
tantopere puduit ipsos etiam Ca-
nonistas, ut confessi sint majo-
rem his verbis subesse haeresin,
nisi referantur ad species panis et
vini, quam si quis panem et vinum dicat nuda esse figura."
p. 663.

123) Bloß dieß konnte West=
phal damit sagen wollen, wenn
er mehrmahls in seiner Schrift
wiederholte "nullam in Scriptura
inveniri clariorem sententiam. In
einer andern Beziehung konnte
er sich ja gar nicht auf die Klar=
heit der Stelle berufen: aber
was für ein Auge gehörte dazu,
um

Zum Beweiß dieser Behauptung aber, der zugleich die unnatürliche Gewalt am sichtbarsten machen sollte, welche man den Worten Christi durch eine uneigentliche Deutung zufügen müßte, brachte er auf das neue bloß den Umstand vor, daß man sich ja bißher immer noch nicht über diese uneigentliche Deutung habe vereinigen können, indem fast alle bißherige Gegner des eigentlichen Sinnes auf eine verschiedene Erklärung — vielleicht durch ein eigenes Gericht Gottes verfallen seyn [124]. Das elende und jämmerliche dieses Beweises, bey dem man noch dazu eine höchst plumpe und alberne Lüge zu Hülfe nehmen mußte, hatte Kalvin in seiner ersten Vertheidigung auf das beschämendste aufgedeckt — das grundlose der ganzen Klage, über die unbefugte Gewalt, welche den Worten Christi durch eine uneigentliche Erklärung zugefügt würde, hatten schon lange vor Kalvin die erste Schweizerische Reformatoren, mit der unwiderstehlichsten Wahrheit aufgedeckt, denn sie hatten es selbst der Einfalt und dem Vorurtheil begreiflich gemacht,

ja,

---

um sie in dieser Beziehung klar zu finden? und was für eine Stirne, um zu behaupten, daß es nicht leicht eine klarere in der Schrift gebe?

124) 'Alius panem Coenae figuram, alius symbolum, alius signum vocat. Alter verba Christi sic accipit, corpus Christi spirituale esse alimentum: alter vero sic transfert, ut sensus emergat: Quod pro vobis traditur, est corpus meum. Joannes à Lasco existimat, demonstrativo pronomine‘ totam actionem notari — Oecolampadius pronomen *Quod* in verbis Christi non relative sed caussaliter accipit. — Panis Coenae nunc vocatur ab istis caro, nunc figura corporis, nunc passio, nunc mors, nunc memoriale mortis et passionis: alias fides, alias vigor, alias virtus Christi, alias meritum, alias qualitas corporis, alias actio et forma Coenae: item societas ecclesiae, jus in participando corpore Christi, festum et multa alia.' Aber wer kann sich unter dem Lesen dieser Stelle voraus entbrechen, dasjenige zu denken, was Kalvin darauf antwortete:" Quid hoc homine facias, qui in sensum reprobum conjectus se effutire non sentit, quae detestabilem omnibus reddant'ejus malitiam? Brevis enim et expedita solutio est, diversis loquendi formis sine ulla repugnantia describi, in quem finem panis vocetur corpus." p. 665.

ja, was noch weit mehr hieß, sie hatten selbst Luthern das Geständniß abgezwungen, daß allerdings der Sprach-Gebrauch überhaupt, und der Sprach-Gebrauch der Schrift im besonderen ihre uneigentliche Deutung wenig-stens zulasse: Westphal aber — schien kein Wort da-von zu wissen, daß man schon einmahl darüber zur Sprache gekommen sey.

Dafür gab sich hingegen der Mann das Ansehen, als ob er immer noch die Beschuldigung rechtfertigen könnte, gegen welche Kalvin seine Vertheidigung vor-züglich gerichtet hatte, nehmlich die Beschuldigung, daß sie aus dem Brobt und Wein des Sakraments nichts als leere Zeichen machten; und wer kann wohl voraus errathen, wie er dieß that? — Er konnte nicht läug-nen, daß Kalvin auf das bestimmteste erklärt hatte, der durch das Brobt und den Wein abgebildete Leib und das Blut Christi werde jedem Gläubigen Kommunikanten in eben dem Augenblick wahrhaftig mitgetheilt, in wel-chem das Brobt und der Wein mündlich von ihm ge-nossen werde. Er konnte nicht läugnen, daß nach sei-ner unzweydeutigsten Aeusserung die sichtbare Zeichen und die äussere damit vorgenommene Handlung nicht bloß als leere Symbole, sondern zugleich als das Unterpfand der gewisseren Erfüllung desjenigen betrachtet werden müßten, was dabey nach der Verheissung Christi zu glei-cher Zeit in unserer Seele vorgehen sollte. Er konnte also nicht läugnen, daß auch Kalvin und die Schweizer wenigstens jetzt eine wahre Mittheilung der bezeichneten Sache, nehmlich des Leibes Christi, zwar nicht durch die Zeichen oder vermittelst und unter den Zeichen, aber doch mit den Zeichen annehmen und zugeben woll-ten [125]): aber was sagte Westphal? — Er gestand

zwar,

---

125) Er gestand dieß selbst wenigstens stillschweigend dadurch, weil er mehrmahls zu verstehen gab, daß doch Zwinglin und Oe-kolam-

zwar, daß Kalvin seine wahre Meynung künstlich genug verstecft habe [126]). Er verhelte nicht, daß es manchem bey diesem Punkt schwehr werden dürfte, den Aal bey dem Schwanz zu fassen: er selbst aber faßte ihn mit der Zange einer einzigen Frage, die ihm das Entschlüssen völlig unmöglich möglich machen sollte. Wie, fragte er, können sie im Sakrament etwas mehr als die leere Zei-

Jolampad durch ihre Aeusserungen den gerechtesten Anlaß zu dem Vorwurf gegeben hätten, daß sie im Sakrament nichts weiter als die leeren Zeichen lassen wollten. Das erstemahl begnügte sich Kalvin darauf bloß das fühlbar ungerechte dieser Beziehung auf die ältere Schweizer aufzudecken: "Frustra, sagt er, in miseram hanc latebram se abdit, quam alicubi confessus sim, Oecolampadium et Zwinglium inter disputationis exordia, ad refellendam superstitionem nimis attentos, non satis splendidis elogiis ornasse Sacramenta, ac de ipsorum effectu disseruisse, ideoque nunc monendas aperte fuisse ecclesias, quatenus et in quibus consensio facta sit." p. 667. Doch bey einer andern Gelegenheit konnte er sich nicht enthalten, auch die boshafte Absicht seines Gegners bey diesen Beziehungen zu rügen." Recitat, sagt er hier, Westphalus ex diversis Zwinglii scriptis testimonia, ex quibus demum colligit, si doctrina nostra obtineat, sacram Coenam exinaniri. Praefatur autem, ut in ore duorum testium causa consistat, eum se mihi addere socium, qui neutiquam sit aspernandus. Quamquam autem nec injusta nec difficilis esset Zwinglii defensio, monendi tamen sunt lectores, quam malitiose in istam arenam dedu-

cere me tentet. Publice jam ante annos quindecim, quid mihi in utriusque partis actione minus placeret, professus sum. Addidi etiam, bonis et piis omnibus nihil magis esse optabile, quam ut perpetua oblivione sepulta jaceat infausta illa contentio Nunc si appaream Zwinglii defensor, antequam ad causam ventum fuerit, rogabit Westphalus, qua conscientia, immo qua fronte tueri ausim, quod mihi non probatur? Objiciet, me infeliciter jam renovare, quod aeternis tenebris pridem devovi, denique magna probrorum congerie me obruet. Ergo inimici hominis non occulta vafritie, sed praefracta impudentia, in locum ancipitem et lubricum redactus, in quamcunque partem me movero, obnoxius ero ejus maledictis." p. 675.

126) In seinen Institutionen, sagt er, habe er sie besonders mit solcher Feinheit zu verbergen gewußt, ut nonnulli, quamvis non obtusi nec hebetes, vix divinarent, quid sibi vellet. Dieß enthielt zugleich eine sehr naive Entschuldigung für Westphal selbst wegen des Stillschweigens, das er über vierzehn Jahre darüber beobachtet hatte, denn er rechnete darauf, daß man ihn doch auch unter die nonnullos non obtusos nec hebetes rechnen würde.

Zeichen haben, da ſie ſo eifrig behaupten, daß die bezeichnete Sache, nehmlich der Leib Chriſti abweſend
ſey? Denn wie können ſie im Ernſt glauben, daß auch
der Leib Chriſti im Sakrament mit den Zeichen ausgetheilt werde, wenn er nach ihrer Meynung nicht einmahl
gegenwärtig ſeyn ſoll. Dabey bemerkte er ſehr ſchlau,
daß ſich Zwinglin, Oekolampad und die ältere Schweizer lieber über ihre Vorſtellung offener und ehrlicher erklärt, als einem ſolchen Wiederſpruch ausgeſetzt hätten,
gab aber zugleich zu verſtehen, daß man aus ihrer Vorſtellung die Kalviniſche am richtigſten beurtheilen könne:
hingegen davon, daß Kalvin in ſeiner Vertheidigung
ausführlich gezeigt oder doch zu zeigen geſucht hatte, der
Leib Chriſti könne doch in einem ſehr wahren Sinn im
Sakrament gegenwärtig ſeyn, wenn er ſchon der Subſtanz und dem Raume nach abweſend ſey, davon wußte
hier Weſtphal kein Wort; oder davon nahm er wenigſtens bey dieſer ſchönen Demonſtration nicht die mindeſte
Notiz!

Doch im Verfolg ſeiner Schrift konnte er freylich
nicht umhin, auch die Haupt-Frage zuweilen zu berühren: ob man würklich auch derjenigen Gegenwart Chriſti
im Sakrament, welche Kalvin allein annahm, einen
Charakter von Wahrheit und Realität beylegen, oder
nicht beylegen könne? Er verſuchte alſo wohl, auch das
letzte zu beweiſen; aber machte gerade bey dieſem Haupt-
Punkt ſeine Sache am ſchlechteſten. Er machte Kalvin
den Vorwurf, daß er auf eine unwürdige Art mit den
Ausdrücken ſpiele, daß er unter dem Leib Chriſti, der
im Sakrament ſeiner Behauptung nach geiſtlicher weiſe
genoſſen werde, nichts anders als das Verdienſt ſeines
Leydens, und unter dem geiſtlichen Genuß ſelbſt nichts
anders als das glaubige Ergreifen dieſes Verdienſts,
oder die glaubige Erinnerung daran, oder höchſtens die
geiſtliche Einwohnung Chriſti in den Herzen der Glaubi-

gen,

gen, die auch auſſer dem Sakrament ſtatt finde, verſtehen könne; und alles dieß bewieß er daraus, weil ja
Kalvin läugne, daß der Leib Chriſti der Subſtanz nach
im Abendmahl gegenwärtig, und ſo eifrig darauf bringe,
daß er nur im Himmel zu ſuchen ſey [127]). Eine ſchänd-
lichere Art zu ſtreiten läßt ſich in der That nicht leicht
denken. Kalvin hatte in ſeiner Vertheidigung ſeine ganze
Kunſt auf den Beweiß verwandt, daß man ohne eine
räumliche und natürliche Gegenwart des Fleiſches Chriſti
im Nachtmahl anzunehmen, dennoch eine wahre Gegenwart und einen würklichen Genuß ſeines Leibes von
ihrer Seite behaupte und behaupten könne. Er hatte
zu dieſem Ende auf das feyerlichſte dagegen proteſtirt,
daß ihrer Meynung nach der geiſtliche Genuß des Leibes Chriſti im Sakrament durchaus nicht bloß ein eingebildeter oder geglaubter Genuß ſeyn ſollte. Er hatte
in den beſtimmteſten Ausdrücken behauptet, daß er unter dieſem geiſtlichen Genuß nichts anders als das wahre
und würkliche Gefühl einer lebendigmachenden Kraft
verſtehe, die zunächſt von dem Leibe Chriſti, und zwar
von eben dem Leibe, der einſt am Kreuß für uns geopfert
worden ſey, bey dem Genuß der äuſſeren Zeichen in unſere Seele ausflieſſe, in welche ſie durch eine wunder-
und geheimnißvolle Würkung des heiligen Geiſtes gebracht werde, und damit glaubte er unwiederſprechlich
erwieſen zu haben, daß auch eine wahre, wenn ſchon
keine räumliche und natürliche Gegenwart dieſes Leibes
von ihnen angenommen werde, denn der Ausfluß einer
würklich fühlbaren Kraft, die ſich bey dem glaubigen
Genuß des Sakraments in unſere Seele von dem Leibe
Chriſti ausergieſſen ſollte, ſetzte doch gewiß eine Art von
Gegenwart dieſes Leibes voraus, welcher man den Charakter von Realität nicht ganz abſprechen konnte; und
doch

doch ſchien ſich dabey auch leicht genug benken zu laſſen,
wie der Ausfluß jener Kraft auch ohne eine räumliche
und natürliche Gegenwart ſtatt finden könne [128]). Alles dieß war aber für Weſtphal umſonſt geſagt, ſondern
unbekümmert um alle Proteſtationen und Declarationen
ſeines Gegners bewieß er nur — was keinen Beweiß bedurfte — daß Kalvin keine fleiſchliche und räumliche,
ſondern bloß eine geiſtliche Gegenwart Chriſti annehme,
und gab es dadurch allein für entſchieden aus, daß er
keine wahre Gegenwart Chriſti annehmen könne.

Doch was konnte man von dem Mann anders erwarten, der auch auf alle Einwürfe, welche Kalvin gegen die lutheriſche fleiſchliche Gegenwart der Subſtanz
des Leibes Chriſti vorgebracht hatte, nichts anders als
das alte klägliche Lied, das ſchon von Luthern ange-
ſtimmt

128) Kalvin hatte deßwegen
in ſeiner Antwort auf dieſen
Theil der Weſtphaliſchen Schrift
nichts weiter zu thun, als bloß
zu wiederholen, was er ſchon in
ſeiner erſten Defenſion ausgeführt
hatte. "Dabunt, ſagte er daher
auch voraus, veniam lectores, ſi
ad refutandum hominis garritum
eadem ſaepius iterare cogor. Quomodo non impediat locorum di-
ſtantia, quominus adſit Chriſtus
in coena, ante diſſerui. Principium illud ſemper teneo, ut
Chriſto potiamur, in coelo quae
rendum eſſe, non ſolum, ne quid
de eo terrenum imaginemur, ſed
quia corpus, in quo Redemtor
apparuit mundo, et quod ſemel
in ſacrificium obtulit, nunc coelo
contineri oportet, ut Petrus teſtatur. Spiritus autem ſui virtute
divinaque eſſentia non modo coelum et terram implere fateor, ſed
etiam mirabiliter nos ſibi coa-
gmentare in unum corpus, ut illa
caro, quamvis in coelo maneat,
nobis alimentum ſit. Ita Chriſtum corpore abſentem doceo nihilominus non tantum divina ſua
virtute, quae ubique diffuſa eſt
nobis adeſſe, ſed etiam facere,
ut nobis vivifica ſit ejus caro.
Nam quum arcana Spiritus ſui
gratia ad nos penetret, non neceſſe eſt, ipſum corpore deſcen-
dere. Hic vero reclamat Weſtphalus, me Spiritus praeſentiam
opponere carnis praeſentiae: ſed
quatenus id faciam, ex eodem
loco clare patere malevolentia
non excaecatus perſpicit. Neque
enim ſimpliciter ſpiritu ſuo Chriſtum in nobis habitare trado, ſed
ita nos ad ſe attollere, ut vivificum carnis ſuae vigorem in nos
transfundat. An non hic aſſeritur
praeſentiae ſpecies, ut vitam hau-
riant animae noſtrae à Chriſti carne, quamvis illa locorum ſpatiis
longe à nobis diſſita ſit." p. 669.

stimmt worden war, nichts als Schmähungen gegen die arme Vernunft, welche sich über Gott erheben wolle, zu erwiedern wußte? Was konnte man von dem Mann anders erwarten, der zwar eingestand, daß die Immensität oder die Ubiquität des Leibes Christi, die man bey der Behauptung seiner fleischlichen und substantiellen Gegenwart im Sakrament voraussetzen müsse, allen unseren Begriffen von der Natur eines wahren menschlichen Körpers wiederspreche, der es nicht läugnete, daß sie selbst in einigem Wiederspruch mit andern Aeusserungen der Schrift zu stehen scheine, aber ohne zu erröthen behauptete, daß man sich durch diese Wiedersprüche, selbst wenn sie unauflöslich wären, nicht abhalten lassen dürfe, den klaren Worten Christi zu glauben, durch welche er uns von dem Daseyn seines Fleisches im Sakrament versichert habe 129)? Was konnte man von dem Mann erwarten, der es bey dieser Gelegenheit noch einmahl wiederholte, daß es in der ganzen Schrift keine deutlichere Stelle gebe, als diese, worinn Christus bezeugt habe, daß das Brod sein Leib sey, der dabey das Unheil beseufzen konnte, das die blinde Philosophie schon so oft in der Theologie angerichtet habe 130), und es noch dazu wagen durfte, sich bey dieser jämmerlichen

Aus-

---

129) Westphal gab sich zwar auch das Ansehen, als ob er jene Wiedersprüche anstößen könnte, indem er zu zeigen suchte, daß die Natur des himmlischen, verklärten und mit der Gottheit vereinigten Körpers Christi nicht nach der Natur eines irrdischen beurtheilt werden dürfe. Aber in den Schmähungen, die er dabey über die Vernunft anbrachte, und in seiner Behauptung, daß diese gar nicht über Aussprüche der Schrift urtheilen, sondern nur glauben dürfe, lag es doch deutlich, daß er sie für verpflichtet hielt, auch da zu glauben, wo sie nicht nur nichts begreifen, sondern auch gar nichts denken konnte.

130) Zum warnenden Beyspiel führte er dabey die Arianer an, welche bloß dadurch in alle ihre Gotteslästerungen hineingerathen seyen, weil sie das unbegreifliche Geheimniß der Zeugung des göttlichen Sohnes aus dem Vater durch die Philosophie hätten ergründen wollen." p. 49.

Ausflucht ſo in die Bruſt zu werfen, als ob nun keiner ſeiner Gegner ein Wort mehr aufbringen könnte [131])?

Aber — ſo unglaublich es ſcheinen mag — die meiſte der Zuzügler, welche Weſtphal durch ſein Aufgebot in Bewegung gebracht hatte, machten ihre Sache noch ſchlechter, weil ſie noch wilder und noch ungeſtümer, und doch zugleich noch blinder als Weſtphal dazwiſchen ſchlugen. Dieß fällt am ſtärkſten in der Konfeſſion der Magdeburgiſchen Prediger auf, denn bey dieſer iſt es am ſichtbarſten, daß ſie mehr zum Angriff als zur Vertheidigung angelegt war [132]).

Zuerſt findet man hier die Gründe zuſammengeſtellt, auf welchen die Lehre von der körperlichen und würklichen Gegenwart Chriſti im Abendmahl unerſchütterlich ruhen ſollte [133]), und dieſer Gründe ſind 28. aufgezählt, wobey aber freylich mehrere doppelt und dreyfach vorkommen.

Dieſe treffliche Polemiker nehmen es dabey zuerſt als entſchieden an, daß der ächte, eigentliche und gewiſſe Verſtand der ganzen Nachtmahls-Lehre und die Entſcheidung über alle dabey ſtreitige Fragen allein aus den

---

131) Er ſprach davon, daß er mit ſeinen Gründen nicht nur gegen alle die groſſen Lehrer, die ſich Säulen der Kirche zu ſeyn dünkten, ſondern ſelbſt gegen alle Engel vom Himmel ſtehen zu können gewiß ſey. Wer kann aber die Apoſtrophe zu hart finden, in welche Kalvin darüber ausbrach: "O Luthere, quam paucos tuas praeſtantiae imitatores, quam multos vero ſanctae tuae jactantiae ſimias reliquiſti! Hanc vocem ſubinde ei fuiſſe in ore mirum non eſt, qui fortiter Chriſto militare non poterat, quin

totam mundi altitudinem deſpicerct. Nunc fucos, dum examen apum turbant, eodem ſonitu ſtridere, nullo modo tolerabile eſt!" p. 679.

132) Sie iſt auch die ausführlichſte unter allen, denn ſie füllt allein acht Bogen aus, da auf jede der übrigen kaum einer kommt, indem die ganze Sammlung dieſer Konfeſſionen nicht mehr als zwanzig Bogen beträgt.

133) Fundamenta aliquot de corporali atque reali praeſentia Chriſti in Coena, quam ipſe inſtituit. S. Confeſſio fidei. C. 4. b.

ben eigenen Worten Christi und ihrem klaren natürlichen
Sinn, nicht aber aus einer willkührlichen Auslegung
dieses Sinnes, geschöpft werden dürfe [134]). Sie gestehen zwar dabey voraus, daß man diese Worte nur
im Glauben auffassen könne, weil die blinde Vernunft
nicht nur nichts davon verstehe, sondern nur allzuleicht
Anstoß daran nehmen möchte [135]); nachdem sie aber
durch ein schönes Gleichniß [136]) dargethan haben, daß
und warum dieß keinen Anstand machen könne, so führen sie erst die Ursachen aus, durch welche man gezwungen werde, der Weisheit aller Engel zum Trotz die
Worte Christi in ihrem eigentlichen und natürlichen Sinn
zu nehmen. Nun höre man aber Wunders halber diese
Ursachen in ihren eigenen Ausdrücken!

"Die Worte Christi: das ist mein Leib! das ist
mein Blut! sind höchst einfältig, deutlich und klar; und
eben so klar und bestimmt ist der Befehl Gottes an uns:
den sollt ihr hören [137])!"

"Es ist gar kein Grund vorhanden, der uns veranlassen könnte, eine uneigentliche Deutung oder einen Tropus in den Worten Christi zu suchen, denn ihr natürlicher Sinn fällt von selbst auf [138]).

Auch

---

134) "Sincerus, proprius ac
certus intellectus — hujus controversiae, planaque et firma di-
judicatio ejus, ex ipsissimis Christi verbis, eorumque claro et na-
tivo sensu petenda est, non ex
arbitrio aut vafra glossatione hominum quorumcunque." C. 4.

135) "Animalis homo non
percipit, quae Dei sunt: ideo
fide apprehendendum est, quod
Christus, disertis atque perspicuis
verbis asserit; etiamsi ratio humana ad ea caecutiat et offendatur." ebend.

136) "Etsi enim noctua solis
radios ipsa meridie lucentes aspi-
cere non posset — tamen non
propterea Sol esse desinit." C. 5.

137) "Insistimus simplicibus,
nudis ac perspicuis verbis Christi:
Hoc est corpus meum! Hic est
sanguis meus! — atque haec verba opponimus non modo hominum sed et Angelorum sapien-
tiae: habemus enim perspicuum
simul Dei mandatum: Audite
eum!" ebend.

138) "Nulla necessitas hic tropum cogit fingere. Nam verba

F 5　　　　　　　ser

Auch konnte Chriſtus bey dieſer Gelegenheit nicht
uneigentlich ſich ausdrücken wollen, denn er handelte
keine Parabel ab [139]). Er ſetzte vielmehr ein neues
Inſtitut ein; daher darf man ſich auch nicht wundern,
wenn er bey dieſem Anlaß etwas ſagte, das ſonſt nicht
in der Schrift vorkommt [140]).

"Aber auch ohne Rückſicht darauf muß man annehmen, daß ſich Chriſtus beſonders in dieſer ſeiner letzten
Willens-Verordnung und Teſtaments-Einſetzung abſichtlich vorgenommen habe, ſich auf das deutlichſte und
einfältigſte auszubrücken [141]), mithin um ſo mehr ſeine
Worte in ihrem natürlichen Sinn nehmen, je leichter er
den uneigentlichen Sinn mit eben der Deutlichkeit hätte
ausdrücken können, wenn er an einen ſolchen gedacht
hätte. Es koſtete ihn nicht mehr zu ſagen: das bedeutet meinen Leib! als: das iſt mein Leib! wenn er bloß
das erſte hätte andeuten wollen. Weil er nun ſagte [142]):
das

per ſe patent, et non ſunt ido-
lum Solis, ſed ipſe Sol."

139) Non parabolam hic tractat Chriſtus ex inſtituto, eamve
exponit. Dabey erinnerten ſie
auch, die Jünger Chriſti hätten
es ja nach Joh. XVI. ſelbſt bemerkt, daß Chriſtus bey ſeinen
letzten Geſprächen mit ihnen nicht
mehr, wie vorher in Gleichniſ-
ſen und Parabeln geredet habe.

140) "Hujus Coenae inſtitutio eſt nova, et tantum à Chriſto
in novo Teſtamento ordinata.
Nec habet ſimilem locutionem
haec oratio: Hoc eſt corpus
meum."

141) "Studuit autem Chri-
ſtus, quam clariſſime et craſſiſſime
loqui, ſeſeque ad captum humа-
num quam maxime in Teſtamento
ſuo ſub extremam horam attem-
perare." Dieſen Grund urgir-
ſen ſie noch einmahl ꝛc. XXII.

Coena Domini eſt teſtamentum
Chriſti: ideo non faː eſt, teſtamentum violare, aut alienum
ſenſum affingere. C. 7. b.

142) Mit einer gar ernſthaft
ausſehenden Genauigkeit führten
ſie hier beſonders aus, daß Chriſtus geſagt habe: das iſt: oder
das Pronomen demonſtrativum
gebraucht — daß er ferner geſagt
habe: es iſt mein Leib: und
nicht: es bedeutet meinen Leib:
daß er ferner nicht anſtatt des
Ausdrucks: mein Leib: von der
Figur oder von dem Symbol ſeines Leibes geſprochen, und daß
er endlich ausdrücklich: mein
Leib: meum corpus geſetzt habe;
denn in jedem dieſer vier Umſtände fanden ſie einen eigenen
Grund, warum man an keinen
uneigentlichen Sinn bey ſeinen
Ausdrücken denken dürfe.

das ist mein Leib! so folgt daraus, daß er mehr als nur jenes dabey verstanden haben wollte."

"Er sagt aber ausdrücklich: das ist mein Leib, der für euch gegeben! das ist mein Blut, das für euch ver=goßen wird: dieß paßt allein auf seinen natürlichen Leib, und auf sein natürliches Blut; daher darf auch deßwe=gen an keinen geistlichen Leib und Blut, ober an eine geistliche Deutung seiner Worte gedacht werden [143]).

"Die Apostel und Evangelisten als die allerglaub=würdigste Zeugen in dieser Sache stimmen alle darinn überein, daß Christus diese und keine andere Worte ge=braucht habe [144])."

Diese Apostel und Evangelisten, welche doch gewiß die Worte ihres Lehrers so gut, als irgend ein Sakra=mentirer, verstanden, gaben auch sonst niemahls nur durch eine Anspielung zu erkennen, daß sie selbst einen uneigentlichen Sinn darinn gefunden hätten [145]). Viel=mehr erklärte Paulus in den Erläuterungen, die er in seinem ersten Brief an die Korinthier barüber gab, auf das bestimmteste, daß der natürliche Leib und das na=türliche Blut Christi im Sakrament sey; und dieß war auch die Vorstellung, welche die erste und älteste Kirche
von

---

143) "Manet igitur corpus et sanguis in significatione sua nativa. Et sic — setzen sie hinzuprudentissime praecavit Dominus, ne quis aliquando Testamenti ejus falsator exurgeret, ac diceret tantum umbras, typos, figuras, larvas aut praestigias corporis sanguinisque eum dare." C. 7,
144) Nr. XVI. ebend.
145 "Haud dubie hi tanti tamque probati testes tam exacte intellexerunt verba Coenae, quam ex Sacramentariis quisquam, et

amsi tantas conviliorum moles coacervare non potuerunt. Jam si umbrae, symbola, figurae rerum absentium fuissent propositae, haud dubie et ipsi in commemoratione verborum eo allusissent, et vel saltem ex uno Est unum Significat fecissent. Si nihil in verbis Christi mutilare aut immutare consulto voluissent — saltem in enarrationibus debuissent veram sententiam patefacere. C. 7. b.

von dem apoſtoliſchen Zeitalter erhielt, und noch auf
das folgende fortpflanzte.”

Nach dieſen Beweiſen kann'man ſich ſchon voraus
eine Idee von der Art machen, mit welcher die Magdeburger den Einwürfen Kalvins gegen ihre wörtliche Erklärung und gegen ihre leibliche Gegenwart des natürlichen Fleiſches Chriſti begegneten: aber es iſt doch der
Mühe werth, auch einige ihrer Antworten auf dieſe aus-
zuheben, welche den letzten und größten Abſchnitt ihrer
Konfeſſion ausfüllen [146]: denn nach allem, was man
voraus erwarten mag, wird man ſich noch vielfach dadurch überraſcht finden!

So hatte ſich Kalvin, wie die ältere Schweizer,
mehrmahls darauf berufen, daß die Umſtände, unter
welchen Jeſus die Einſetzungs-Worte des Sakraments
geſprochen, daß beſonders der Umſtand, nach welchem
er ſie unmittelbar nach dem Genuß und nach den Feyer-
lichkeiten des Paſchah geſprochen habe, eine uneigentliche Deutung davon, wo nicht nothwendig, doch höchſt
natürlich mache. Dieß Paſchah ſollte ja nichts anders
als eine ſymboliſche Erinnerungs-Handlung einer beſondern dem Iſraelitiſchen Volk ehmahls von Gott erzeigten Wohlthat ſeyn. Das dabey geſchlachtete und ver-
zehrte Lamm ſelbſt wurde nur in der Beziehung das Paſchah genannt, inſofern es eine Figur oder ein Memo-
rial davon ſeyn ſollte. Wenn alſo Chriſtus unmittelbar darauf das Abendmahl einſetzte, was läßt ſich natürlicher vorausſetzen, als daß es ſeiner Abſicht nach
ein ähnliches Inſtitut mit jenem, alſo ebenfalls eine
figür-

---

146) Sie hatten aber auch
ihrer Rechnung nach nicht weniger als 59 Einwürfe niederzu-
ſchlagen; doch erklärten ſie voraus, daß es nur argumenta ex
arenis contexta ſeyen, deren Auf-

löſung wenig Mühe koſten würde, wenn es nicht nöthig wäre,
inſidioſos eorum nexus paulo
craſſius detegere, et fraudes clarius oſtendere. C. 8.

figürliche Erinnerungs = Handlung werden sollte? wenn
er nun dabey von dem Brodt sagte: das ist mein Leib!
was war natürlicher, als daß seine Jünger das nehm=
liche dabey denken mußten, was sie unmittelbar vorher
und was sie von jeher bey den von dem Osterlamm ge=
brauchten Worten: das ist das Passah des Herrn! ge=
dacht hatten, nehmlich denken mußten, daß das Brodt
eben so seinen Leib vorstellen sollte, wie das Passah
durch das Lamm vorgestellt wurde. Ja — hatte Kal=
vin hinzugesetzt — muß man nicht annehmen, daß die
Apostel Jesu gewiß ihren Meister um den Sinn seiner
Worte gefragt haben würden, wenn sich ihnen nicht die=
ser so natürlich von selbst aufgebrungen hätte? und darf
man also nicht auch darinn, weil sie nicht fragten, eine
weitere Bestätigung davon finden, daß sie selbst an nichts
anders dachten?

Auf diesen Einwurf oder auf diese Instanz antwor=
teten aber die Mägdeburger, wie folgt:

"Von demjenigen, was das Paschah im A. T. vor=
"stellte, darf nicht auf dasjenige geschlossen werden, was
"das Nachtmahl der Absicht Christi nach werden sollte.
"Christus setzte damahls nicht das Paschah ein, sondern
"schaffte es vielmehr ab; denn durch das Nachtmahl
"wurde von ihm die Sache selbst aufgestellt, von wel=
"cher jenes Sakrament des A. T. nur den Schatten vor=
"stellen konnte [147]).

"Der aus dem Nicht=Fragen der Jünger gezogene
"Beweiß kann hingegen mit größerem Recht umgekehrt
"werden. Wenn die Jünger vermuthet hätten, daß die
"Worte ihres Meisters eine uneigentliche und tropische
"Be=

---

147) "Argumentam ab im-
paribus non valet. Coena agni
paschalis jam non inftituebatur,
sed abrogabatur. Coena vero
Christi nunc inftituitur, et ve-
niente re ipsa, umbras suis im-
ponitur." D. 3.

„Bedeutung zulaſſen möchten, ſo würden ſie ihn ohne
„Zweifel, wie ſie ſonſt immer thaten, um eine weitere
„Erläuterung erſucht haben: weil ſie es aber nicht tha=
„ten, ſo folgt daraus, daß ſie ſelbſt an keinen Tropus
„dachten, ſondern ſeine Worte in ihrem klaren natürli=
„chen Sinn nahmen ¹⁴⁸).”

Ferner hatte auch Kalvin einen Einwurf, gegen die
wörtliche lutheriſche Erklärung der Einſetzungs=Worte
aus dem Ausſpruch Chriſti Joh. VI. hergenommen:
Das Fleiſch iſt kein nütze: der Geiſt iſts, welcher le=
bendig macht: indem er mit Beziehung auf den herme=
neutiſchen Kanon, nach welchem die Schrift aus ſich
ſelbſt erklärt werden müſſe, darauf beſtand, daß man
die Einſetzungs=Worte des Nachtmahls nach dieſem frü=
heren Ausſpruch Chriſti zu erklären habe. Die Mag=
deburger erkannten auch in ihrer Antwort die Richtig=
keit des Kanons: "aber — ſagten ſie — eine weni=
„ger deutliche Schrift=Stelle muß immer aus
„einer deutlicheren erklärt werden, und die Ein=
„ſetzungs=Worte des Nachtmahls ſind offenbar
„deutlicher, als der Ausſpruch Chriſti bey Jo=
„hannes, folglich muß dieſer aus jenen, und
„nicht jene aus dieſem beſtimmt und erläutert
„werden ¹⁴⁹).”

Die

---

148) "Inverſio hujus argu-
menti longe valentior et lucidior
eſt hoc modo. Chriſtus ſine Tropis clare et perſpicue protulit
ſuam ſententiam: Hoc eſt corpus meum! Idee contenti mani-
feſto ſenſu verborum clarorum,
non cogitaverunt, Zwinglianos
ſubeſſe Tropos, figuras ſive Alle-
gorias. Alias ſi Tropum aliquem
ſubeſſe Teſtamento Domini pu-
taſſent, interrogaſſent eum certe
pro ſuo diſcendi ſtudio, ſicut

alias ſemper, ſedulo fecerunt."
D. 3. b.

149) "Percommoda eſt regu-
la, quod Scriptura ex Scriptura
explicanda ſit, ſed haec tamen
ita intelligenda eſt, ut ex clari-
oribus obſcuriora lucem accipiant.—
Atque hoc etiam modo ex illa
luce, quam verba inſtitutionis
habent, ea, quae Ioann. VI. non
nihil tenebricoſa videntur, irra-
diari omnium ſanorum judicio
debent, et non è contra." D. 4.

Die übrigen Einwürfe Kalvins gegen die substanti
tielle leibliche Gegenwart Christi im Sakrament waren
vorzüglich von den so wohl der Schrift als der Vernunft
widersprechenden Folgen hergenommen, wodurch diese
Gegenwart nicht nur unbegreiflich sondern völlig undenk
bar gemacht würde.

Der wahre natürliche Leib Christi — hatte Kalvin
geschlossen — war in dem Augenblick, da Christus sei
nen Jüngern das Brodt gab, nach der Schrift sichtbar
lich gegenwärtig: nach der lutherischen Vorstellung aber
sollte er doch würklich unsichtbarer Weise von d' Jün
gern genossen worden seyn. Bringt man also nicht da,
mit den krassesten Widerspruch in die Schrift?

Antwort der Magdeburger: der Glaube hält sich
an die klaren Worte Christi; wenn auch schon die Ver
nunft die Möglichkeit der Sache nicht begreiffen kann.
Christus aber hat deutlich gesagt: Esset! das ist mein
Leib! also muß es wahr seyn, daß die Jünger seinen
Leib zu genießen bekommen haben [150)]!

Wenn der Leib Christi — hatte Kalvin geschlossen —
körperlich im Sakrament seyn soll, so müßte er entwe
der nach der Qualität aber auch nach der Quantität oder
räumlich — qualitative aut quantitative aut in loco dar
inn zugegen seyn, denn sonst ist keine Art von körperlicher
Gegenwart denkbar. Die Vertheidiger der lutherischen
Gegenwart gestehen aber, daß der Leib Christi weder
quantitative noch qualitative noch räumlich im Brodt

den,

---

150) "Fides acquiescit diser
tis verbis ipsius Christi, etiamsi
ratio humana, ad petram offen
sionis duriter allidens naufragium
faciat, formamque ipsam assequi
nullo modo possit. Sine amba
gibus autem Christus inquit: Hoc
est corpus meum! — Ergo om
nem rationis sapientiam aut flu

ctuationem potius verbis Christi
fide insistere oportet. Haud enim
sequitur: Mea lutulenta ratio hoc
non potest comprehendere: ergo
non est verum. Immo hac ra
tione valet argumentatio: Chri
stus hoc dicit: Ergo teneris hoc
credere." E. 5. b.

ſey; wiederſprechen ſie alſo nicht ſich ſelbſt, wenn ſie dennoch eine körperliche Gegenwart annehmen ¹⁵¹).

Antwort der Magdeburger: "Gott iſt nicht an die „Natur-Geſetze gebunden. Nach dieſen phyſiſchen Ge- „ſetzen mag ſonſt keine Art von körperlicher Gegenwart „ſtatt finden — weil es Gott einmahl für die Na- „tur ſo verordnet hat: aber in der Theologie bleibt es „deßwegen nicht weniger wahr, ja noch viel wahrer, „daß der Leib Chriſti weder quantitative, noch qualita- „tive noch räumlich, aber doch körperlich im Brodt iſt, „weil wir aus den klaren Worten Chriſti ſchlieſſen müſ- „ſen, daß es Gott hier ſo haben will ¹⁵²)."

Wenn der Leib Chriſti — hatte Kalvin geſchloſſen — der Subſtanz nach im Abendmahl ſeyn ſoll, ſo müßte er zu gleicher Zeit überall ſeyn. Es iſt aber wiederſpre- chend, daß ein wahrer menſchlicher Körper unbeſchränkt und

---

151) "Quicquid non eſt in aliquo qualitative, aut quantita- tive, aut ut in loco, non cor- poraliter ſed ſpiritualiter ineſt. Corpus autem Chriſti non eſt in pane iſtis modis, ſicut ipſi adver- ſarii fatentur: ergo ex confeſſo ſibi contradicunt, dum praeſen- tiam corporalem ſtatuunt.

152) "Deus non tenetur prin- cipiis phyſicis. Hinc, etiamſi in Phyſica ſuo loco et ratione verum eſt, Corpus non poſſe aliter vere et naturaliter adeſſe, quam quan- titative, aut qualitative aut in loco, quia nimirum Deus ſic ordinavit ſecundum communem naturae curſum — tamen in Theo- logia non minus vera, immo longe verior eſt ſententia Chriſti — quod ſine quantitate aut qualitate aut ut in loco in Sacramento prae- beat vere corpus ſuum manduc- andum. Cauſa hic quoque eſt, quia Deus peculiariter ſic ordina-

vit. Gegen die Behauptung ei- ner leiblichen und doch nicht räum- lichen Gegenwart hatte Kalvin auch aus einem Ausſpruch Au- guſtins argumentirt: Spatia lo- corum tolle corporibus: nusquam erunt, et quia nusquam erunt, nec erunt. Er hatte dabey Au- guſtin nicht genannt, ſondern nur bemerkt, daß der Ausſpruch vor keinem Philoſophen, ſondern von einem Theologen herrühre; aber Wigand nahm nur davon Anlaß her, um auch den alten Kirchen- Vätern den Text zu leſen." Eſt principium philoſophicum — ant- wortete er — quod habet locum in ſuo foro, ſed theologicis rebus applicatum non valet una caſſa nuce quod dicitur. Deinde, quis neſcit etiam patres interdum phi- loſophica doctrina intempeſtive in rebus divinis abuſos eſſe, et tur- piter doctrinam Dei diluiſſe." E. 6, 7.

und überall verbreitet seyn könnte, und doch müssen wir
der Schrift glauben, daß Christus einen wahren menschlichen Körper gehabt, und auch in dem Stand seiner
Herrlichkeit noch habe.

Antwort der Magdeburger: "Es ist wahr nach der
"Vernunft, daß ein wahrer Körper nicht an mehreren
"Oertern zugleich seyn kann, aber es ist falsch nach der
"Allmacht und Weißheit Gottes. Für die Vernunft
"mag es also absurd und wiedersprechend seyn, daß der
"Leib Christi überall seyn soll; aber der Glaube nimmt
"keinen Anstoß daran, denn er hat die deutlichen Worte
"Christi vor sich: das ist mein Leib! Ueberdieß darf
"nicht von einem bloßen menschlichen Körper auf den
"mit der Gottheit vereinigten menschlichen Körper Christi
geschlossen werden [153]).

Aber — hatte Kalvin noch weiter geschlossen — die
Schrift sagt uns ja selbst, daß Christus in den Himmel aufgestiegen sey, daß er jetzt im Himmel sey, und
daß er einst von dem Himmel wieder kommen werde: sie
giebt also selbst den Himmel als den Ort an, wo er sich
jetzt aufhält, und sie wiederspricht eben dadurch der Vorstellung von seiner Ubiquität, denn ein Körper, der an
einem Ort ist, kann nicht an mehreren zugleich seyn.

Antworten der Magdeburger darauf: "die sichtbare
"Himmelfarth Christi hebt seine unsichtbare leibliche Ge-

"gen-

---

153) "Unum corpus non posse
simul in diversis locis esse, secun-
dam rationem humanam verum
est, sed secundum Dei potentiam
et sapientiam falsum. — Quomodo autem possibile sit, ut definitum Christi corpus adsit, ubicunque Coena ejus peragitur, ipse viderit! Nos habemus mandatum

Theil II. 2. Hälfte.

serium, ut pendeamus ab ore
ejus, et credamus. — Scimus et
sentimus in hac causa, et in his
perspicuis verbis contra omnem
humanam sapientiam, et omnia
principia philosophica esse decer-
nendum et pronuntiandum. —
F. 2. a. b.

G.

„genwart auf der Erde nicht auf, denn die Zeugniſſe
„der Schrift, welche wir für die letzte haben, ſind eben
„ſo klar, als die Zeugniſſe für die erſte. Eben ſo gut
„kann ſeine unſichtbare Gegenwart mit der Verheiſſung
„ſeiner ſichtbaren Wiederkunft beſtehen; daß ſie aber mit
„den phyſiſchen Geſetzen der Körper-Welt nicht beſte-
„hen kann, dieß macht gar keinen Anſtand, denn ein
„einziger Ausſpruch Chriſti gilt mehr, als tau-
„ſend Natur-Geſetze [154).”

Auſſer dieſem mag jetzt nur noch bemerkt werden,
daß die Magdeburger in ihrer ganzen polemiſchen Konfeſſion, die doch allein gegen Kalvin gerichtet war, nicht
die mindeſte Rückſicht auf dasjenige, was er als den
eigentlichen Streit-Punkt ausgezeichnet, alſo auch nicht
die mindeſte Notiz von den Beweiſen nahmen, durch
welche er zu erhalten geſucht hatte, daß die geiſtliche
Gegenwart Chriſti, die er im Sakrament annehme,
nicht bloß eine figürliche oder ſymboliſche, ſondern ebenfalls eine wahre und würkliche Gegenwart ſey. Es
kam ihnen nicht in den Sinn, daß ſie verbunden ſeyen,
ſich entweder allein auf dieſe Frage mit ihm einzulaſſen,
oder den Beweiß gegen ihn zu führen, daß mit dieſer
Frage noch nicht alles abgemacht ſey, alſo den Beweiß
gegen ihn zu führen, daß die andern Streit-Punkte,
auf die ſie allein ſich einzulaſſen für gut fanden, nicht ſo
unbedeutend ſeyen, als er ſie ausgegeben habe. Aber —
und dieß war ohne Zweifel das ſchändlichſte in ihrem
Verfahren — dabey erlaubten ſie ſich doch mehrmahls
im

---

154) "Chriſti viſibilis aſcenſio
in coelos non tollit ejus inviſibi-
lem praeſentiam cum vero ac naturali corpore ejus in terris. —
Cauſa eſt, quia de utrisque manifeſta teſtimonia extant.— Unum
verbum Chriſti plus habet pon-
deris, quam mille principia phyſica. — Fatemur quidem, quod
haec doctrina impingit in rationem humanam: ſed dogma ad-
verſariorum impingit in fidem,
Utrum vero eſt majus." F. 3. 6.

im Vorbeygehen, ihm gerade jene Vorstellung, gegen die er so feyerlich protestirt, und deren Entfernung von der seinigen er so vielfach dargethan hatte — sie erlaubten sich doch ihm die Vorstellung von einer bloß symbolischen, figürlichen und eingebildeten Gegenwart Christi im Sakrament so bestimmt zuzuschreiben [155]), als ob es ihm nie eingefallen wäre, sich dagegen zu erklären.

Kapitel V.

Bey diesen Umständen war es unmöglich, daß Kalvin und seine Freunde den Streit in der neuen Ordnung erhalten konnten, worein ihn der erste hatte bringen wollen. Sie konnten es nicht vermeiden, ihren Gegnern auch wieder auf den alten abgetretenen Kampfplatz zu folgen, wo diese mit Gewalt ihr Heyl wieder versuchen wollten. Sie durften sich nicht weigern, auch auf die alte Anklagen auf das neue zu antworten, die man gegen sie wiederholte, wiewohl sie das unverständige dieser Anklagen voraus bewiesen hatten. Sie durften sich um so weniger weigern, da sie doch selbst einigen Anlaß zu der Wiederholung gegeben hatten; aber man darf wohl glauben, daß sie es auch nicht ungern thaten, da sie wenigstens durch die Erfahrung des ehmahligen Streits, den sie mit Luthern auf diesem Kampfplatz durchfechten mußten, keine Ursache bekommen hatten, sich davor zu fürchten.

Eben deßwegen kann es aber auch nicht nöthig seyn, die Manier im besonderen zu beschreiben, nach welcher sie

155) "Nunc vero — sagen sie unter andern C. 7. — hac voce: spiritualiter: abutuntur Sacramentarii. Significat enim eis Idem, quod tantum typice, significative, simulate etc. — Verum autem est, setzen sie noch hinzu — spirituali quadam ratione Christum adesse, sed tamen non tantum adest significative aut typice, sed vere et substantialiter.

G 2

ſie auf dieſem alten Felde ſowohl Angriffs= als Ver=
theidigungsweiſe zu Werk giengen. Dieſe Manier
konnte nicht leicht etwas neues und ausgezeichnetes ha=
ben; denn da ſich Weſtphal und ſeine Gehülfen, wie
man geſehen hat, bloß in den Fußtapfen herumtummel=
ten, welche hier ſchon von Luther ausgetreten waren, ſo
konnte auch Kalvin nur von den Waffen Gebrauch ma=
chen, deren ſich ſchon Zwinglin und Oekolampad im
Streit gegen Luther bedient hatten. Auch waren ja dieſe
ſchon an ſich ſo beſchaffen, daß er nicht nöthig hatte,
ſich nach andern umzuſehen: alſo mögen ſchon die fol=
gende wenige Beobachtungen hinreichen, um das eigen=
thümliche ſeines Geiſtes in dem Gebrauch, den er davon
machte, einigermaſſen bemerklich zu machen.

Erſtens — zeigte Kalvin ſeinen Gegnern, vielleicht
mit einer feineren logiſchen Kunſt, als es jemahls
Zwinglin und Oekolampad gethan hatten, daß ihr ewi=
ges Zurückkommen auf die Einſetzungs=Worte des Sa=
kraments die handgreiflichſte petitio principii, wie ihr
Geſchwäz von der Klarheit und Deutlichkeit dieſer Worte
mehr als kindiſch ſey, daß alle Folgen, welche ſie dar=
aus ziehen wollten, von ſelbſt zuſammenfielen, und daß
ſie ſich dabey noch überdieß der unverzeihlichſten Inkon=
ſequenz ſchuldig machten.

Es liegt ja doch — wiederholt er mehr als ein=
mahl — es liegt ja doch auf das klarſte am Tage, daß
wir nicht darüber ſtreiten, ob den Worten Chriſti ge=
glaubt, und ob alles, was er erklärt hat, für Wahr=
heit gehalten werden müſſe? ſondern nur darüber ſtreiten,
was er erklärt habe? oder was ſeiner Abſicht nach in
ſeinen Worten liegen ſollte [156]? Darüber ſind unſere
Mey=

---

156) "Etiam nobis — heißt
es in einer Stelle der zweyten

Defenſion Kalvins p. 670. — non
ſacroſancta modo eſt Chriſti auctoritas,

Meynungen verschieben: aber indem wir einen Tropus in den Worten Christi finden, so weigern wir uns nicht ihm zu glauben, sondern wir nehmen die uneigentliche Erklärung deßwegen an, weil sie uns nach dem Sprach-Gebrauch, nach den Umständen, und nach der Absicht Christi als die natürlichere und wahrscheinlichere sich darstellt. Es ist also mehr als zwecklos, uns darauf zu verweisen, daß wir den Worten Christi glauben sollen; denn wir nehmen dasjenige, was diese Worte für uns enthalten, mit eben dem Glauben an, mit welchem unsere Gegner dasjenige annehmen, was sie darinn finden: soll aber mit uns darüber gestritten werden, so müssen sie uns überführen, daß dasjenige, was wir

in

---

ritas, sed ad frenandos omnes hominum sensus, totamque mundi sapientiam subigendam abunde sufficit. At longe inter nos aliud agitur. Non hic Christi aut scripturae auctoritas, sed tua, Westphale! opinio in disceptationem vocatur. Neque enim quaeritur, verene an recte Christus panem vocaverit corpus suum, sed quid dicere voluerit, et quid ejus verba, quae reverenter amplectimur, significent? Tu clariora esse contendis, quam ut expositione egeant. Nos idem de claritate asserimus, modo aperire oculos ne graveris." p. 677. Verbum Dei in ejus ore confidenter resonat, sed verbo tenus. — Valeat igitur intempestiva illa garrulitas, qua nihil eum venari aliud apparet, nisi ut imperitos dementet, ne de re cognoscant. Quorsum enim attinet, stultitiam nobis objicere, ac si Mosi, Prophetis ac Christo non credamus. Neque enim, si verba Christi interpretamur, ut communis Scripturae usus postulat, ideo protinus habendi su-

mus pro incredulis." p. 680. Eben dieß legte er in der Admonitio ultima ad Westphalum in der folgenden Stelle den Magdeburgern an das Herz: "Acquiescendum esse Christi verbis optime inter nos convenit, modo de genuino eorum sensu constet. De eo ubi quaeritur, nullam interpretationem admittunt literales Magistri. Facessat hic omnis vafrities: modo quaerere nobis liceat, quid voluerit Christus, maneant ipsissima verba, modo ne rapiantur sine judicio. — Nec vero Christi verbis assuimus extraneas glossas, sed tantum ex communi receptoque Scripturae usu dijudicari volumus, quid valeat hic sermo: Hoc est corpus meum! Nec vero reconditum mysterium Coenae metimur carnis nostrae sensu, sed modesta piaque docilitate discere cupimus, quid nobis Christus promittat. Interim, si sacramentalem loquendi formam aptamus regulae fidei, non propterea Sol lucere desinet." p. 700.

G 3

alle Ausſprüche der Schrift gerade ſo zu nehmen, wie ſie lauten; man kann auch bey den Worten Chriſti nicht dazu verbunden ſeyn; mithin heißt es rein nichts geſagt, wenn man aus der bloſſen Klarheit des Wort=Sinns in der Formel: das iſt mein Leib! die Nothwendigkeit, ſie in dieſem Sinn zu nehmen, herausfolgern will!

Doch

derunt: Dominus manum ſuam extulit: Aſcendit clamor ad aures Domini exercituum. An nos iſta, congerie obrutos tacere conveniet, ut fanatici homines ſpiritum in corpus mutent? Certe nec minus tolerabilis eſt error, Deo corpus induere, quam corpus Chriſti exuere ſua natura; neb minus plauſibilis tot teſtimoniorum obtentus erit, ubi Deus ſub corporea figura ſe proponit. Itaque nihilo plus coloris habet verboſa Weſtphali in hac parte jactantia, quam ſi Anthropomorphita queratur, ſcripturae eſſe incredulos, quicunque Deum corporeum eſſe non putant." Defenf. li. p. 673. Auf dieſe Stelle beruft ſich Kalvin wieder, da er in der Admon. ult den Magdeburgern das nehmliche an das Herz zu legen hatte. "Certe, ſagt er hier, ſi tam violenter prematur Scriptura, ut iſti volunt, tot fere abſurditatibus ſcatebit, quot verſus occupat.' Deus erit vir belli, poenitentia ducetur, deſcendet e coelo, ut cognoſcat, facta hominum, ultionem appetet, nunc iracundiae impetu feretur, nunc placatus ridebit, nunc dormiet, nunc ſurget, nunc oculos avertet, nunc recordabitur. In his ſententiis reſpondeant Magdeburgenſes, an ad tuendas omnes ſyllabas ſatis ſint induſtrii. Quanquam hic flexuoſis ambagibus non eſt locus. Scripſi enim, quod veriſſimum eſſe omnes co-

gnoſcunt, dum rejecta omni interpretatione huic verbo incumbunt: Hôc eſt corpus meum non abſimilem cauſam ſuſcipere quam olim Anthropomorphitis fuit, dum ex auribus, oculis, pedibus, Deum probabant eſſe corporeum;— Subjiciunt quidem, quaedam non ſecundam το ρητον ſed ſecundum διανοιαν accipienda eſſe: at hoc loco cenſeri nolunt verba Coenae quia ex ipſisprobandum eſſet, ea aliter, quam ſonant, debere intelligi, Nobis vero tam ex communi Sacramentorum natura quam ex ipſa Coenae inſtitutione non difficilis eſt probatio, idque magis enucleate a nobis, oſtenſum eſt. quam ut diluto ſcommate objiciant, nos hanc nucem dente nolle frangere.' Nemo, inquiunt, Sacramentarius in hanc arenam adhuc deſcendit, ut certis et firmis rationibus oſtenderet, verba Coenae figurate debere accipi: quaſi vero non firmae ſint rationes noſtrae, quas evertere huc usque fruſtra conati ſunt. Sed bene eſt. Quodſi ſurdis cecinimus, trecenta ſaltem hominum millia revocavimus ab errore. Certe, quum Catechiſmo noſtro praeter Germanos, Helvetos, Italos, Anglos, ducenta hominum millia ſubſcribant, ridicule Magdeburgenſes ſua ſurditate vel ſtupore rationes noſtras obruere conantur." P. 707. 708.

G 4

Doch mit einer noch unwiederleglicheren Logik führte Kalvin bey dieſem Punkt den Beweiß, daß ſich ſeine Gegner ſelbſt der unentſchuldbarſten Inkonſequenz ſchul‑ dig machten, da ſie ihn bloß deßwegen des Verbrechens einer Schrift‑Verfälſchana beſchuldigten, weil er ſich erlaube, in den Worten Chriſti einen Tropus anzuneh‑ men. Sie beſtehen darauf — ſagt er — daß nach dem buchſtäblichen Sinn der Worte das Brodt der wahre und natürliche Leib Chriſti ſey: Aber wenn man mit der Frage auf ſie eindringt: ob dann der Leib würklich und eigentlich das Brod ſey? ſo finden ſie es ſelbſt räth‑ lich, die unbiegſame Strenge ihrer Forderung etwas zu mäſſigen, denn jetzt wollen ſie nur behaupten, daß der Leib unter dem Brodt, oder mit dem Brodt ausge‑ theilt und empfangen werde. — Wenn aber der Leib nur in dem Brodt oder durch das Brodt und vermittelſt des Brodts gegeben wird, wenn man geſteht und ge‑ ſtehen muß, daß der Leib und das Brodt doch noch ver‑ ſchiedene Dinge ſeyen, wie kann man ſich verhelen, daß man ſelbſt in den Worten Jeſu eine Rede‑Figur an‑ nimmt, durch welche ein uneigentlicher Sinn hineinge‑ bracht wird? Man räumt ja damit ein, daß das Brodt nicht dasjenige ſey, was es von Chriſto genannt werde, ſondern daß es nur deswegen ſein Leib von ihm genannt werde, weil es gleichſam ſeinen Leib in ſich halten ſollte ¹⁵⁸). — Wohl war dieß ſo unverhelbar, daß
es

158) "Urgent literalem ſen‑ ſum quod panis vere et natura‑ liter ſit corpus Chriſti. Sed dum viciſſim urgentur, ſine panis proprie corpus, praeciſum illum et inflexibilem rigorem temperant, corpusque dari *ſub* pane, vel *cum* pane affirmant. — Si vero in pane vel per panem datur Chriſti corpus, et cum pane recipitur, figurate conſtat panem vocari cor‑ pus, quia corpus in ſe contineat, non autem id proprie et natura‑ liter ſit, quod dicitur. Iidem ita‑ que illi, qui tam mordicus ver‑ bis inſiſtunt, nullam in Scriptura clariorem ſententiam inveniri ne‑ gantes, quum ad rem venitur, ſibi hanc expoſitionem permittunt, ſub pane contineri corpus Chriſti. porrig‑

es Westphal selbst nicht zu läugnen wagte; aber wenn
er bey dem Geständniß behauptete, daß der Tropus,
den man von ihrer Seite annehme, weit unschädlicher
als der Kalvinische sey, und daß die Natur der Sache
den ihrigen fordere; so kann man es gewiß Kalvin leicht
verzeyhen, wenn er sich darüber etwas härter und bitterer äufferte als gerade nöthig war.

Was hingegen

Zweytens die Gründe betrifft, durch welche Kalvin
seine uneigentliche Erklärung der Einsetzungs-Worte
vertheidigte, und zu gleicher Zeit die eigentliche Erklärung
und die leibliche Gegenwart seiner Gegner bestritt, so
verdient hier vorzüglich die Art bemerkt zu werden, womit er sie gegen die Einwürfe und Exceptionen von diesen zu retten suchte. Die stärkste dieser Gründe waren
von den Wiedersprüchen hergenommen, in welche man
durch eine eigentliche Erklärung, aus der sich eine
substantielle Gegenwart Christi ergebe, unausbleiblich
verwickelt, und sowohl mit der Schrift als mit der Vernunft verwickelt werde. Dagegen hatten aber ihre lutherische Vertheidiger immer einerseits excipirt, daß die
Wiedersprüche, welche die Vernunft darinn finden möchte, keinen Anstand machen dürften, weil ja die Vernunft in geistlichen Sachen gar keine Stimme habe, und
andererseits hatten sie zu zeigen gesucht, daß man sich
aus jenen sehr leicht herauswickeln könne, in welche dabey die Schrift mit sich selbst zu kommen scheine. Sie
wollten zugeben, daß es nicht nur gegen alle Begriffe
der Vernunft, sondern auch gegen alle Gesetze der Natur,

porrigi in pane et cum pane recipi — et iisdem quando calix
vocatur sanguis, in promtu est
exceptio, continens hic sumi pro
contento. Qui vero panem et
corpus, calicem et sanguinem se
fatentur esse diversas, quomodo
figuram ex iis verbis tollent: Hoc
est corpus meum! p. 665. 666.

G 5

tur, daß es ein abſurdum phyſicum und philoſophicum ſey, ſich den menſchlichen Körper Chriſti als wahren Körper, und doch zugleich als unſichtbar gegenwärtig, und als überall gegenwärtig vorzuſtellen:
aber das phyſiſch-undenkbare könne doch, meynten ſie,
theologiſch-denkbar ſeyn, weil ja Gott nicht an die Natur-Geſetze gebunden ſey.   Wenn hingegen Chriſtus
durch die Einſetzungs-Worte zu verſtehen gebe, daß
ſein Leib immer und überall der Subſtanz nach im Sakrament ſeyn werde, und in andern Stellen verſichere,
daß er den Himmel einnehmen, und biß zu ſeiner Wiederkunft zum Gericht im Himmel bleiben werde, ſo trete
hier kein wahrer Wiederſpruch ein, denn im Sakrament
habe er nur ſeine unſichtbare Gegenwart verheiſſen, da
in jenen Stellen von ſeiner ſichtbaren Gegenwart im
Himmel und von ſeiner ſichtbaren Wiederkunft vom Himmel die Rede ſey.

Dieſe letzte Auskunft konnte nun Kalvin ſeinen Gegnern nicht verſchlieſſen, ohne ſich einem Punkt zu nähern,
der in die Lehre von den Naturen Chriſti und von der
Würkung ihrer Vereinigung hineinlief, und nur allzubald zum Hauptpunkt eines eigenen Streits gemacht
wurde.   So wie er ſchon geläugnet hatte, daß eine
wahre unſichtbare Allgegenwart des Leibes Chriſti der
Vernunft ohne Wiederſpruch denkbar ſey, ſo mußte er
jetzt auch läugnen, daß ſich irgend ein Grund in der
Schrift finde, der uns zu ihrer Annahme nöthigen
könnte, alſo läugnen, daß ſie aus der Schrift-Lehre
von der Vereinigung ſeiner Naturen flieſſe, denn darauf
war ſie von ihren Vertheidigern gebaut worden.   Indem nehmlich dieſe behaupteten, daß Chriſtus ohne Wiederſpruch gar wohl nach der Verſicherung der Schrift
im Himmel ſichtbarerweiſe und im Abendmahl unſichtbar zugegen ſeyn, und auch hier und dort dem Leibe
nach

nach seyn könne, weil er ja nicht blosser Mensch, sondern mit der Gottheit vereinigter Mensch sey, so sezten sie eben damit voraus, daß diese Vereinigung die Sache nicht nur möglich, sondern gewissermassen nothwendig mache, wiewohl sie das lezte noch nicht deutlich sagen wollten. Dieß bestritt aber Kalvin, und dieß mußte er bestreiten; doch bemerkt man deutlich genug, daß er sich nicht gern dabey aufhielt. Er bemerkte zwar auch schon, daß man die Ubiquität der Menschen-Natur Christi unmöglich aus ihrer Vereinigung mit der göttlichen ableiten könne, ohne aus dieser Vereinigung eine Vermischung der Naturen zu machen, wobey die Menschen-Natur ihre wesentliche Eigenschaften verlohren haben müßte [159]), allein zu andern Zeiten begnügte er sich, nur

---

159) Am bestimmtesten erklärte sich Kalvin darüber in seiner Adm. ult. aus Veranlassung einer Stelle in der Konfession der Magdeburger, worinn sie den Schluß Kalvins zu wiederlegen gesucht hatten, daß Christus nach seiner menschlichen Natur nicht überall seyn könne, weil er nach der Schrift einen wahren Menschen-Körper angenommen, und auch in seinem erhöhten Zustand behalten habe. Sie räumten dabey ein — "quod corpus humanum sit definitum, nec possit esse ubique, aber behaupteten, Christum non humana tantum natura sed divina etiam praeditum esse, quae ineffabiliter inter se sint unitae. — "At — sagt hierauf Kalvin — "quid inde tandem efficient? Certe non conflabunt, quod imaginati sunt monstrum, quando non permiscet neque confundit duas naturas personae unitas. Et quando ecclesiam citant testem, tenere saltim debebant, quid secundum vulgarem usum istae loquendi formae inter se differant, unitas et unio Unitas personae in Christo sine controversia inter omnes Orthodoxos recipitur. Si vera naturae divinae cum humana praedicetur unitas, nemo pius erit, qui non abhorreat, ergo in unione necesse est, ut sua cuique naturae proprietas maneat integra." Bey dieser Gelegenheit machte Kalvin seinen Gegnern noch eine andere Auskunft unbrauchbar, zu der sie ihre Zuflucht genommen hatten. "Die Schrift — hatten sie gesagt — hat uns ja noch mehr von dem menschlichen Körper Christi bekannt gemacht, das ebenfalls mit der Natur eines wahren Menschen-Körpers zu streiten scheint. Wir wissen, daß er mit seinem Körper durch verschlossene Thüren gegangen ist, so wie er sich auch mit diesem Körper aus seinem versiegelten Grabe erhoben hat: wenn wir nun die Wahrheit dieser Thatsachen deßwegen doch nicht bezweifeln, weil sie

nur dagegen zu bewriſen, daß man doch ſelbſt um beß＊
willen, was uns die Schrift von der Gegenwart Chriſti
im Himmel ſo deutlich und beſtimmt ſage, den Gedan＊
ken an eine unſichtbare Gegenwart ſeines Fleiſches auf
Erden aufgeben müſſe. Nach ſeiner göttlichen Natur
ſagte er, iſt Chriſtus freylich überall gegenwärtig, und
nach dieſer verhieß er auch den ſeinigen, daß er alle
Tage biß an das Ende der Welt bey ihnen ſeyn
würde: aber nach ſeinem Fleiſch kündigte er ihnen
auch voraus an, daß ſie ihn nicht immer bey ſich ha＊
ben würden. Wäre er hingegen auch nach dem Fleiſch
immer noch unter uns, wozu hätte das leere Schau＊
ſpiel ſeiner ſichtbaren Himmelfarth dienen ſollen? oder
was könnte dann für uns beſonderes in der Ankündi＊
gung liegen, daß er einſt wieder vom Himmel kom＊
men werde 160).

Mit

fie ſich nicht mit der Natur eines
Körpers vereinigen laſſen, war＊
um ſollten wir nicht auch ſeinen
eigenen Worten glauben, daß er
ſeiner Menſchheit unbeſchadet
überall ſeyn kann?" Aber Kalvin
belehrte ſie, daß zwiſchen dem
einen und dem andern ein ſehr
groſſer Unterſchied ſtatt finde, der
jeden Schluß von dem einen auf
das andere ganz unbefugt mache,
weil man bey jenen andern Thatſa＊
chen weiter nichts, als ein Wunder,
oder etwas übernatürliches, bey
dieſer Ubiquität aber etwas wie＊
dernatürliches annehmen und
glauben müßte. "Quod quaerunt — ſagt er — quomodo in-
tacto ſigillo monumentum ſuum
pertranſierit Chriſtus, et foribus
clauſis penetraverit ad diſcipulos ---
ſolutione vix indiget. Quid enim
impedient clauſuras omnes, hominum artificio factae, quo minus ſibi tranſitum Deus patefa-

ciat? --- Faceſſant igitur fucoſi iſti
colores, quod corpus ſuum Chriſtus in ſublime ſuſtulerit. Neque
enim hic agitur, quae miracula
ediderit Chriſtus in carne, qua
veſtitus erat: ſed quid neceſſario
requirat vera corporis natura.
Ambulavit Petrus ſuper aquas:
an ideo deſiit habere verum corpus? Quod factum eſſet; ſi eodem momento vel in navi vel in
portu fuiſſet; quia ſpectrum et
imaginatio fuiſſet, quicquid ap-
paruiſſet. Petrus ipſe, quum è
carcere egreſſus eſt, non pene-
travit per fores clauſas, vere tamen
clauſis et obſeratis foribus egreſſus eſt. Miraculum praeter naturae ordinem editum fatebimur:
duobus autem in locis ſimul fuiſſe,
non minus negabimus, quam
fuiſſe bicorporeum " p. 712.

160) Quod fatetur Weſtphalus, non verſari nunc Chriſtum
in terra, ſicut ſuae diſpenſationis
tem-

Mit unwiederſtehlicher Gewalt ſchlug hingegen Kal⸗
vin ben ſchönen Grundſaß nieder, den man ihm entge⸗
gengeſtellt hatte, baß ſich die Theologie an keine phyſi⸗
ſche und philoſophiſche Abſurditäten kehren, ſondern mit
zugedruckten Augen jebe Schrift⸗Lehre annehmen müſſe,
wenn ſie auch mit ben Begriffen der Vernunft und mit
den Geſeßen der Natur im auffallendſten Wiederſpruch
ſtehe: doch gieng er babey mit ſeinen Gegnern noch ſcho⸗
nend genug um. Er verhönte ſie nicht, wie er hätte
thun können, wegen der heilloſen Begriff⸗Verwirrung,
in welcher ſie nicht einmahl gebacht hatten, zwiſchen
Lehren und Behauptungen, die der Vernunft unbe⸗
greiflich, und nach phyſiſchen Geſeßen unerklärlich
ſeyen, und zwiſchen ſolchen zu unterſcheiden, welche von
der Vernunft nach dieſen Geſeßen gar nicht als mög⸗
lich gebacht werben könnten [161]. Er bemühte ſich
nur, ihnen begreiflich zu machen, baß und warum man
auch

tempore, quorſum pertinet, niſi
ut *inviſibilis* adhuc in terra ha⸗
bitare fingatur. Scriptura quum
de aſcenſu Chriſti in coelum lo⸗
quitur, ſimul inde venturum pro⸗
nuntiat. Si vero nunc ſecundum
corpus occupat totum mundum,
quid aliud vel fuit aſcenſus ejus,
vel erit deſcenſus, quam fallax
et inaue ſpectrum. Et ſi tam
propinquus eſt nobis ſecundum
corpus, nonne praepoſterum fuit
coelos aperiri, ut eum Stephanus
in gloria ſua ſedentem conſpice⸗
ret? --- Scio, quod cavillari ſole⸗
ant, coeli nomine nihil, quam
immenſam gloriam noteri. Ve⸗
rum, ſi conſulto ſublatus eſt è
terra, et nubes interpoſita fuit,
ut ſe piae mentes ſurſum attolle⸗
rent, perperam inviſibilis habi⸗
tatio nobis obtruditur, quae fidei
aſcenſum reflectens ſubſidere nos
in terra cogit. --- Atqui --- ſeßt er

hinzu --- nobiscum idem clare af⸗
firmat Auguſtinus: ſecundum
praeſentiam Majeſtatis Chriſtum
ſemper fidelibus adeſſe; ſecundum
praeſentiam carnis recte diſcipu⸗
lis eſſe dictum: Me non ſemper
habebitis!" p. 669. 670.

161) "Fateor quidem nefas
eſſe Dei myſteria quae captum
rationis noſtrae ſuperant, ſcrutari,
ſed inter quaeſtionum genera pru⸗
denter diſtinguendum eſt. Qui⸗
bus enim labyrinthis implicabi⸗
mur, ſi neglecto abſurditatum
reſpectu, quidvis absque delectu
arripimus. Nota eſt veterum ana⸗
logia de mundis animalibus, re⸗
quiri, ut findant ungulas: quia
niſi nos fidei diſcretio gubernet,
ſtulta facilitate quaelibet deliria⸗
rum portenta ſub humilitatis prae⸗
textu hauriemus, et bruto ſtu⸗
pore coelum terrae miscebimus."
p. 673.

auch in der Theologie keine Behauptung der letzten Art annehmen, ja nicht einmahl voraussetzen dürfe, daß sie eine dieser Art enthalten könne. Er zeigte ihnen dabey auf das fühlbarste, daß entweder ihr hundertmahl wiederholter Spruch: "Gott sey nicht an die Natur-Ge-„setze gebunden, weil er sie selbst gemacht habe" klaren Unsinn, oder gerade das Gegentheil von demjenigen enthalte, was sie daraus gefolgert hatten 162). Aber mit sehr geflissentlicher Sorgfalt hütete er sich dabey, ih-nen einen Vorwand zu dem Vorwurf zu geben, daß er der Vernunft das Recht zugestehe, die Geheimnisse des Glaubens nach dem Maaßstab ihres eingeschränkten Er-kenntniß-Vermögens zu beurtheilen, oder sie von der Annahme alles desjenigen, was ihr unbegreiflich sey, dispensiren wolle; denn er ließ sich vielmehr recht ange-legen darauf ein, die gewissenlose Ungerechtigkeit dieses Vorwurfs, den man ihm und seinen Freunden schon so oft

162) "Confugiunt ad vulga-rem suum praetextum, Deum non teneri principiis physicis. Fateor, nisi quatenus ita ordina-vit. Respondent: hunc ordinem in communi cursu naturae valere, in Theologia vero minime! Ve-rum quidem, nisi pars Theologiae sit ipse naturae ordo, sicut in causa praesenti Neque enim sim-pliciter asserimus: quia naturale ac verum sit corpus Christi, unum in loco esse: sed quia Deo pla-cuit corpus filio suo dare verum, er suis dimensionibus finitum vo-luit ad tempus versari in terris sub illius corporis domicilio, vo-luit cum eodem corpore ascen-dere in coelum et inde exspectari jubet. p. 712. "Iterum — sagt er bald darauf bey einer andern Exception der Magdeburger — rejiciunt nostrum argumentum, quia principio nitatur physico. Quasi vero tota pereat Theologia si Deo naturae autori hoc hono-ris defertur, ne quem ipse ordi-nem statuit violemus. Facessant itaque insulsae cavillationes, qua-rum nimis larga copia istis homi-nibus profluit. Principium enim, quod sumimus, tantundem valet, ac si probemus, Christum fuisse verum hominem quia esuriit, fa-tigatus fuit ex itinere, timuit, moerore affectus est, denique, quia ab infantia adolevit in vi-rum et mortuus est. Si hic ob-ganniant Magdeburgenses, non nisi physica principia se audire: an tolerabilis erit eorum pervi-cacia? Solem esse calidum et lu-cidum natura dictat. Denique Solem esse Solem, naturale prin-cipium est. Ut Theologi simus, an negandum erit, quod illustre specimen est admirabilis Dei sa-pientiae. At certe esse in loco et esse ubique tantundem, valet, ac locum esse non locum. p. 713.

oft gemacht habe, durch die Darlegung des vielfach unbegreiflichen darzuthun, das ja auch ihrer Meynung nach noch immer bey dem Sakrament des Abendmahls statt finde. 163).

Auffer

163) Mehr als einmahl kam Kalvin in einer II. Defenf. und in felner Admon. ult. darauf zurück, und jedesmahl hielt er sich mit sehr sichtbarer Wärme dabey auf. "Non est — sagt er in der ersten p. 670. — non est, quod philosophiae et Theologiae conflictum ebuccinet Westphalus. Neque, enim philosophia nobis dictat, vel spirituali virtute praeditam esse humanam Christi carnem, ut animas vivificet, vel hanc vitam è coelo spirare vel efficaciter sub panis symbolo, eadem nos vita potiri? Nihil tale, vel communis sensus capiet, vel ex philosophicis Scholis prodibit. Unde etiam apparet, quam magnifice supra humani ingenii captum Coenae mysterium extollere nobis curae sit. "Ego vero repeto, non de physica nobis esse certamen, sed tantum hoc nos contendere, ut salva nobis maneat corporis Christi veritas, qualis in Scriptura asseritur. Corpus vero, etiam si supra coelos evectum à communi naturae ordine immine sit, non tamen verum corpus esse desinit; et terrenis qualitatibus exutum, quod tamen substantiae proprium ei retinet. — Injulte ergo Westphalus ex Philosophiae dictatis, nos magis pendere insinulat, quàm ex verbo Dei. — Si modus corporalis praesentiae in officina minime legitima exfusus nobis displicet, an ideo dicere licet, nos philosophiae dictata auctoritati Christi praeferre? Corpus se suum dare promittit filius Dei. Verbum ejus apud nos sine controversia plenam fidem obtinet.

Ac quanquam reclamat carnis sensus, et natura tam sublime arcanum Angelis etiam admirabile, non admittit, certo tamen credimus, intus virtute coelesti impleri, quod nobis visibile symbolum figurat." p. 672. — Non minus igitur perperam nos in sensu communi haerere figgunt. Neque enim tam male profecimus in Christi schola, quin Jesus omnes nostros in fidei obedientiam captivos tradere didicerimus. — An dictat communis sensus, ab humana carne Christi petendam, esse immortalem animae vitam? An fert ratio naturae, ut è coelo in terram usque penetret vivifica illa carnis Christi virtus, et in animas nostras influat? An philosophicis speculationibus consentaneum est, mortuum ac terrestre elementum efficax Organon esse Spiritus Sancti? An ex naturalibus principiis sumtum est, quicquid Minister ore pronuntiam; ex Dei verbo et symbolo figurat, Christum intus praestare? Certe nisi coeleste mysterium nobis esset sacra Coena, tam praeclaros et carnali rationi incredibiles effectus non ei tribueremus. Quare per nos licet, ut prorsus hic facessat communis illa sensus, quem Westphalus repudians, perverse nos sibi Antagonistas deligit. Quis enim alimentum animae suae ex Christi carne quaeret, ac sibi persuadeat, verum ac certum ejus pignus in pane sibi constare, nisi qui prius sensum suum crucis stultitiae subjecerit." p. 675. 676.

Auſſer dieſem iſt jetzt

Drittens noch die Wendung einer beſonderen Bemer=
kung werth, durch welche ſich Kalvin das offene Ge=
ſtändniß möglich machte, daß nach ſeiner Meynung die
Ungläubige bey dem Genuß des Sakraments nichts als
die bloſſe leere Zeichen bekämen, ohne dadurch ſeinen
Gegnern auch nur den minbeſten Vortheil über ſich ein=
zuräumen. Seit der Wittenbergiſchen Concordie, in
welche Luther den Artikel hineingezwungen hatte, daß
der Leib und das Blut Chriſti auch von Unwürdigen em=
pfangen werde, hatten ſich die Anhänger der ſchweizeri=
ſchen Meynung meiſtens an dieſem Umſtand vorbeyzu=
winden geſucht, oder, wenn ſie dieß unmöglich fanden,
ſich nur mehrfach zweydeutig darüber geäuſſert. Sie
konnten nehmlich dieſen Genuß der Ungläubigen nummög=
lich zugeben, ohne zugleich die ganze lutheriſche Vorſtel=
lung von einer leiblichen Gegenwart Chriſti und von ei=
nem mündlichen Genuß ſeines Fleiſches anzunehmen;
weil aber auf der andern Seite ſeine ausdrückliche Ver=
werfung auch gar zu laut anzukündigen ſchien, daß ſie
bey dem Schluß der Concordie nicht ganz ehrlich zu Werk
gegangen ſeyen, ſo verſteckten ſie ihre wahre Meynung
unter den Ausdrücken, daß auch die Ungläubige das
Sakrament des Leibes und Blutes Chriſti empfiengen,
wobey ſie dann unter dem Sakrament nichts als
die Zeichen verſtanden. Dieſer Wendung bediente ſich
noch Petrus Martyr [164]); hingegen Kalvin ſetzte ſich
ſchon in der Formel des Zürchiſchen conſenſus über die
nicht ganz würdige Vorſtellung hinweg, denn er geſtand
hier unverdeckt, daß ſie über die beſondere Frage von
dem

164) In ſeinen früheren
Schriften und Briefen kommt der
Ausdruck mehr als einmahl vor:
hingegen in ſeiner Tractatio de
Evchariſtia vom J. 1552. erklärte
auch er unverdeckt "impios ſaſci-
pere corpus Domini, nunquam
recipio: nam quicquid impii ibi
comedunt corporaliter, non debent dici comedere corpus Domini." p. 250.

dem Genuß der Unglaubigen nicht ganz gleich mit den
Anhängern Luthers dächten; und erklärte sie nur dabey
als Neben=Frage, die man doch gewiß nicht für wich=
tig genug halten könne, um sie zum Gegenstand eines
neuen Streits zu machen. Doch dabey war auch ohne
Zweifel Kalvin schon darauf gefaßt, jedem lutherischen
Zeloten zu begegnen, der sich gelüsten lassen möchte, un=
gebührliche Konsequenzen daraus zu ziehen, und ihr da=
durch ein scheinbares Moment beyzulegen. Wenigstens
gab er Westphal bey der ersten Berührung dieses
Punkts, die er sich erlaubte, einen Beweis davon, der
ihm gewiß unerwartet kam.

   Westphal hatte nehmlich diesen Punkt als einen ei=
genen Rechtfertigungs=Grund des Vorwurfs benutzt,
daß Kalvin aller seiner Protestationen ungeachtet den=
noch keine wahre und würkliche Gegenwart Christi, son=
dern nur leere Zeichen im Sakrament annehme? Wenn
der Leib Christi, hatte er geschlossen, nur von den Glau=
bigen dabey genossen wird, und eurer Meynung nach nur
von dieser genossen werden kann, so ist er also auch nur
den Glaubigen gegenwärtig; so hängt folglich seine Ge=
genwart nur vom Glauben ab, oder sie findet mit an=
dern Worten nur in so fern statt, als sie geglaubt wird;
wer kann aber einer bloß geglaubten Gegenwart den
Charakter einer wahren und würklichen zuschreiben?
Kalvin hingegen machte ihm diese Kette von Folgen
durch einen einzigen Riß, den er darinn that, völlig
unbrauchbar. Die Anklage selbst, daß er keinen Genuß
der Unglaubigen im Sakrament annehme, räumte er
nicht nur abermahls ganz unverdeckt ein, sondern erklärte
sich selbst mit einer Härte und mit einer Wärme gegen
die lutherische Vorstellung von einem solchen Genuß, die
wohl etwas erkünstelt seyn mochte [165]); aber mit einer
                           meis=

---

165) "Hanc scilicet reveren-   apud eos momenti sacra ejus in-
tiam deferunt Christo, ne cujus stitutio sit, nisi eorum placito
 Theil II. 2. Hälfte.   H   innixa.

meiſterhaften Wendung ſetzte er das unbefugte und das
grundloſe der Konſequenzen, die man daraus gezogen
hatte, in das helleſte Licht. Läßt ſich dann — fragte
er — nicht immer noch behaupten, daß der Leib Chriſti
im Sakrament wahrhaftig gegenwärtig, ja daß er ſelbſt
ben Unglaubigen gegenwärtig ſey, wenn man ſchon läug=
net, daß er von dieſen genoſſen, ober baß er dieſen
zu Theil werde? Denn kann und muß nicht die wahre
Gegenwart des Leibes und die würkliche Theilnehmung
an dem Leibe als etwas verſchiedenes gebacht werden?
Man mag vollkommen zu dem Schluß berechtigt ſeyn:
Wenn der Leib Chriſti im Sakrament würklich empfan=
gen wird, ſo muß er auf irgend eine wahre Art gegen=
wärtig ſeyn: aber man darf nicht umgekehrt ſchlieſſen:
Wenn der Leib wahrhaftig gegenwärtig iſt, ſo muß er
auch würklich empfangen und genoſſen werden; denn der
würkliche Genuß kann noch von einer weiteren Bedin=
dingung, als allein von der Gegenwart abhängen. Nun
zeigte Kalvin auf das überzeugendſte, daß er und ſeine
Freunde nach dem ganzen Zuſammenhang ihrer Theorie
weiter nichts als dieß letzte, weiter nichts als die wahre
Theilnehmung der Unglaubigen an dem Leibe Chriſti,
und durchaus nicht die wahre Gegenwart dieſes Leibes
läugnen könnten und läugnen wollten: aber er zeigte
noch überzeugender, daß und warum ſie jene läugnen
müßten, ſo lange man den erſten Grundſatz ihrer Theo=
rie

innixa. Si quis foetidus ſcorta-
tor, ſi perjurus, ſi latro, ſi ve-
neficus, ſi quo etiam turpiore
flagitio opertus, ſi ſemipaganus
quiſpiam ad ſacram coenam accedat, ſi illuc afferat vel ſcelerum
vel ſuperſtitionum innumera in-
quinamenta, ſanctum Chriſti corpus ei proſtituunt. S. Defenſ. II.
p. 672. Eine eben ſo ſtarke Stelle
kommt in der Adm. ult. "Quamdiu, ſagt hier Kalvin, ipſe quo-
quoque delirio illo captus fui,
ſubſtantiam ipſam carnis porrigi
ſub pane, eam tamen impiis pro-
ſtituere, horrori erat. Et quibus
portentis refertus ſit error ille,
immo turgeat et crepet, Chriſti
corpus etiam ab impiis comedi,
ſatis ſuperque alibi monſtraſſe
mihi videor." p. 716.

rie nicht umgeſtoſſen habe, nach welchem der Glaube
allein das Organ oder das Mittel ſey, durch welches
der Leib Chriſti genoſſen werden könne. Hingegen —
ſetzte er hinzu — iſt es doch klar, daß wir damit keines=
wegs die Gegenwart Chriſti ſelbſt von dem Glauben des
Menſchen abhängig machen. Wir nehmen mit Luthern
an, daß Chriſtus um ſeiner Worte und um ſeiner Ver=
heiſſung willen gegenwärtig iſt, und wir nehmen mit
Paulo an, daß unſer Unglaube Gottes Verheiſſung nie=
mahls aufheben kann. Wir weigern uns auch nicht zu
bekennen, daß ſein Leib beßwegen auch für die Unglau=
bige im Sakrament gegenwärtig, auch den Unglaubigen
gegeben und ausgetheilt wird: ſondern wir läugnen nur,
daß er von dieſen würklich empfangen, oder ihnen würklich
zu Theil werde, und ſelbſt dieß läugnen wir nicht beßwe=
gen, weil ſich ihnen Chriſtus entzöge, oder nicht mittheilen
wollte, ſondern weil ihnen der Sinn, das Organ und die
Empfänglichkeit zum Genuß gänzlich fehlt. — Auf dieſe
Wendung war Weſtphal, wie man aus ſeiner Antwort
erſieht, gar nicht gerüſtet, denn in dieſer Antwort hielt
er ſich bloß an die Neben=Beweiſe, womit Kalvin im
Vorbeygehen gezeigt hatte, daß ja doch ſelbſt auch nach
Luthers Theorie keine würkſame Theilnehmung der Un=
glaubigen an dem Leibe des Herrn ſtatt finden kön=
ne [166]).

Nun

166) Am ausführlichſten be=
handelte Kalvin dieſe Materie
in Defenſ. II. p. 673. 674. "Pug=
naciter — heißt er hier — conten=
dit Weſtphalus, ine Coenam exi=
nanire, quia incredulos ab ea
inanes et vacuos dimitto: nam
hoc evidens argumentum non in=
certam eſſe conjecturam jactat —
Ego vero, ubi de gratuitis Dei
beneficiis agitur, ſemper ſoleo à
fide incipere, et merito, quia do=

nec fide noſter fiat Chriſtus, gra=
tiis omnibus privari et deſtitui
nos neceſſe eſt, quarum in ſe
plenitudinem continet. — Gene=
raliter ideo dixi: quaecunque gra=
tuita dona Deus offert nobis in
aeternam ſalutem non niſi fide
recipi. Unde conficitur, ſolos
fideles Chriſti et ſpiritualium ejus
bonorum eſſe participes. Weſt=
phalus pro evidenti argumento
affert, quod nemo ex verbis meis
Ḣ 2   ſuſci=

Nun aber verdient es endlich noch

Viertens am ſorgſamſten bemerkt zu werden, daß Kalvin dennoch mehr als einmahl, auch auf den Punkt zurückkam, auf welchen er zuerſt den Streit hatte zurück-führen wollen, und noch mehr als einen Verſuch machte, ſeine

ſuſpicari poterat — calumnioſe ehim doctrinam meam pervertit; ſi impius ad menſam accedat, jam amplius virtutem non eſſe conjunctam cum ſignis, quod nusquam apud me reperietur. Nam quod ſciſcitatur, ubi jam manebit verbum Domini, Sacramentum idem conſtituens omnibus ſive bonis ſive malis? in eadem certe illa pagina oculatis videndum, immo caecis palpandum expoſui. Jam in Conſenſu diſerta exceptio poſita fuerat, Dei fidem non labefactari hominum incredulitate, quia ſemper vim ſuam retineant Sacramenta, ideoque ex Dei parte nihil mutari: ſed quantum ad homines ſpectat, unumquemque pro fidei ſuae menſura accipere. — Haec quidem ſumma eſt, haec duo procul differre: fidem conſtare Domino ad praeſtandum, quod ſigno demonſtrat, et hominem, ut fruatur oblata gratia, locum promiſſioni dare. Jam omnibus palam eſſe exiſtimo, ut in noſtra doctrina tam ſtabilis verbi auctoritas, quam Sacramenti inſtitutio rata et efficax emineat. Sed idem vult utrisque remanere Sacramentum Weſtphalus, quoad ſubſtantiam carnis, non quoad effectum! Quid? an ut mortuum Chriſti corpus edant increduli? — Quinimo, inquit: quia licet nullam Spiritus gratiam percipiat, quisquis non rite utitur Sacramento, Chriſti tamen carne et ſanguine fruitur. Quis non videt, examinem fieri Chriſtum, et ſacrilego divortio à Spiritu ſuo, totaque virtute avelli? Obtendit

vero, fieri Sacramentum non fide noſtra. Hoc ut concedam, nondum tamen obtinet, promiſcue Chriſtum canibus et porcis ita proſtitui, ut carne ejus veſcantur. Neque enim definit, è coelo pluere Deus, licet pluviae liquorem ſaxa et rupes non concipiant, Mira vero ſtupiditas, quod coenae effectum incredulis ipſo adimens, non expendit, hanc primam effectus eſſe partem, quam illis vindicat. — At ille, verbum Chriſti in coena ubi ad panem accedit, panem vult fieri Sacramentum. Ita ſit ſane: modo ne adderet carnis praeſentiam. Sed ego libenter ſubſcribo, verbis Chriſti conſtitui Sacramentum carnis et ſanguinis. An ideo ſequitur, ab incredulis percipi Chriſti corpus? Immo ſemper eodem revolvimur: inter offerre et accipere longum eſſe diſcrimen." Kürzer wiederholt er dieß in der Adm. ult. p. 699. "Nos ita aſſerimus, omnibus afferri in Sacramento Chriſti corpus ac ſanguinem, ut ſoli fideles inaeſtimabili hoc theſauro fruantur. Etſi autem incredulitas januam Chriſto claudit, ut priventur ejus beneficio, qui ad Coenam impure accedunt, negamus tamen quicquam decedere ex Sacramenti natura; quia panis ſemper verum eſt pignus carnis Chriſti, et vinum ſanguinis, veraque ejus exhibitio ſemper conſtat ex parte Dei. Adverſarii noſtri corpus et ſanguinem ita ſub pane et vino includunt, ut ſine ulla fide vorentur etiam ab impiis."

feine Gegner bey der von ihm behaupteten Uebereinſtimmung feſtzuhalten, welche bey aller Verſchiedenheit einiger Neben-Beſtimmungen doch in den Grund-Ideen
zwiſchen ſeiner und ihrer Vorſtellung ſtatt finden ſollte.
Noch in ſeiner zweyten Schrift gegen Weſtphal berief er
ſich deßwegen darauf, daß ſich Luther ſelbſt mit dieſer
Uebereinſtimmung ohne Zweifel begnügt haben würde,
oder doch ſeinen ſonſtigen Aeuſſerungen nach hätte begnügen müſſen [167]), wenn er nur nicht hin und wieder
an ihrer wahren Vorſtellung zweifelhaft geworden wäre.
In eben dieſer Schrift forderte er ſie ſelbſt auf, ihm aus
ihrer Augſp. Konfeſſion nur ein Wort auszuzeichnen,
welches mit der von ihm ausgelegten Meynung,
oder mit welchem dieſe Meynung im Wiederſpruch
ſtünde [168]), ja er provocirte ſelbſt auf den Urheber
der Konfeſſion, auf Melanchton, und auf ſeine authentiſche Erklärung der von ihm gewählten Ausdrücke, über deren Sinn allenfalls ein Zweifel eintreten
könnte [169]).

Daraus

---

167) Luther — ſagte er wieder — habe ja immer erklärt, ſe
pro hoc ſolum pugnare atque
contendere, ne Sacramenta effectu
ſuo nudata frigidae et inanes
figurae maneant. Sobald er alſo
überzeugt worden wäre, daß
man aus den Sakramenten nicht
bloß leere und unwürkſame Zeichen machen wolle, ſo hätte er
ohne Inkonſequenz den Streit
nicht länger fortführen können. —
Si vero, ſetzte Kalvin hinzu —
aliud ſimulavit Lutherus, quam
res erat, tantum ut ſuis adverſariis odium conflaret, cui pro-
babitur fucata iſta criminatio?"
p. 675.

168) "In Confeſſione, qualis
Ratisbonae edita fuit, verbum non
extat, doctrinae noſtrae contra-

rium." Kalvin verſtand diejenige
Ausgabe der Konfeſſion, die im
J. 1541. bey dem Kolloquio zu
Regenſpurg vorgelegt worden
war. Er provocirte alſo freylich
nur auf die geänderte Konfeſſion: doch iſt es möglich, daß er
jetzt an die Verſchiedenheit der
geänderten und der ungeänderten
gar nicht dachte, ſondern der zu
Regenſpurg vorgelegten bloß deßwegen erwähnte, weil er an demjenigen, was daſelbſt von Seiten
der Proteſtanten verhandelt worden war, ſelbſt Antheil gehabt
hatte.

169) "Si qua in ſenſu ambi-
quitas incidat, nullum putem
magis idoneum eſſe interpretem,
quam auctorem ipſum, cui etiam
id honoris pro ſuo merito facile

H 3

Daraus ergiebt ſich, daß es Kalvin ſehr Ernſt war, den Streit auf dieſe Seite hinzuleiten, und eben damit zur

pii omnes et eruditi deferent. Ad eum intrepide provoco." eben daſ. Dieſe Berufung Kalvins auf Melanchton konnte allerdings dem letzten nicht angenehm ſeyn; und wenn es auch Kalvin nicht vor aus wußte, ſo konnte er es recht gut daran merken, weil ſich biß her Melanchton durch alle ſeine Bitten nicht hatte bewegen laſ ſen, über den Zürcher Conſens irgend eine öffentliche Erklärung von ſich zu geben. Aber wahr ſcheinlich wollte ihm Kalvin eben dadurch eine abnöthigen; doch behandelte er ihn dabey auch noch in der Folge mit einer höchſt de liſaten Schonung, da er von Weſtphal gezwungen wurde, den guten Melanchton noch einmahl in das Spiel zu bringen. Weſt phal hatte nehmlich auf die Pro vokation Kalvins die Sententias Melanchtonis de S. Coena ex ejus libris collectas herausgegeben, um dadurch, wie er ſich mit einer höchſt hämiſchen Verſtellung äuſ ſerte, den Schimpf von ſeinem Herrn Præceptor abzuwaſchen, den ihm Kalvin durch das Vor geben ſeiner Uebereinſtimmung mit ihm zugefügt, und der gan zen Welt zu beweiſen, daß er niemahls — wenigſtens, wie er noch hämiſcher hinzuſetzte, zu lebzeiten des ſeeligen Herrn Lutherus — niemahls gleich mit den Sakramentirern gedacht ha be. Davon mußte dann Kalvin in ſeiner Admon. ult. nothwen dig einige Notiz nehmen; und konnte es auch unmöglich vermei den, manches dabey zu berüh ren, was Melanchton lieber un berührt geſehen hätte, aber da für that er es mit einer höchſt feinen Hand. Er beharrte zwar

darauf, denn wie konnte er an ders? daß er von der Ueberein ſtimmung Melanchtons gewiß ſey. "Si — ſagte er ſogar zu Weſtphal — omni moleſtia ſe mel defungi optas, Ioachime! et controverſiam dirimere, ver bulum tantum elicias pro te ex ejus ore, ad quem liber tibi patet acceſſus, et quidem itinere non tam laborioſo. Ego ſi temere comperiar Philippi nomine abuſus, nullas ignominiae notas recuſo. Teſtimonia vero — ſetzte er nun hinzu — quae citat Weſtphalus, non meum eſt refellere: neque etiam moror, quid inter primos conflictus, et cauſa nondum clare et dilucide explicata, homini ad negandum nimis tunc verecundo quorundam inſtigatio extorſerit. Et lex nimis dura praeſcribitur literatis hominibus, ſi poſt editum ingenii ac doctrinae ſpecimen in tota deinde vita nihil amplius profiſere liceat. Certe, ſi quis an nos quadraginta nihil attuliſſe Philippo dicat, magnam et ho mini privatim, et toti ſimul ec cleſiae injuriam facit. Solum, quod dixi, et quidem centies, ſi opus ſit, confirmo, non magis a me Philippum quam à pro priis viſceribus in hac cauſa poſſe divelli. Etſi autem tonitru, quod à violentis hominibus inſta bat, metuens, (quid dicam in telligent, quibus nota fuerunt Lu theri flabella) non tam aperte, ſemper, quam optaſſem, ſenten tiam ſuam protulit: non eſt ta men, quod Weſtphalus, aliud ſe agere ſimulans, oblique eum per ſtringat, quaſi mortuo demum Luthero inceperit ad nos deflecte re. Nam quum ante annos ſep temdecim de hoc capite doctri nae

zur schnelleren Beylegung einzuleiten, denn er glaubte
gewiß sehr aufrichtig, daß es mit dieser nicht lange an=
stehen könnte: aber noch ernsthafter und angelegener
bemühte sich um die nehmliche Zeit einer seiner Freunde,
den lutherischen Zeloten das Abspringen von dieser Seite
unmöglich zu machen. Dieß war Johann von Lasco,
der im J. 1556. in seiner gegen Westphal gerichteten
Haupt=Schrift bloß den voraus angekündigten Beweiß
führte, daß ihre Nachtmahls=Lehre auf das vollkom=
menste mit der lutherisch=kirchlichen übereinstimme, so
wie diese in der Augspurg. Konfession dargelegt sey, und
daß ihnen also nicht einmahl eine scheinbare Abweichung
von dieser zur Last gelegt werden könne [170]). Lasco
hatte aber auch eine ganz eigene Veranlassung bekom=
men, darauf zu bestehen!

Es war bekanntlich auf dem grossen Pacifikations=
Reichstag vom J. 1555. durchgesetzt worden, daß der
geschlossene Religions=Friede nur Katholiken und Aug=
spurgischen Konfessions=Verwandten zu gut kommen,
ausser diesen aber keine andere Sekten und Partheyen auf
dem Reichsboden gedulbet werden sollten. Diesen Um=
stand benutzte man sogleich, um dem Magistrat zu Frank=
furt einen Skrupel wegen der gottlosen Toleranz in den
Kopf zu setzen, womit er dem christlichen Vorgang der
Niedersächsischen Städte zum Troß die Englischen Exu=
lanten aufgenommen habe, denn man ließ ihn von meh=
reren Seiten her nicht undeutlich merken, daß für die
ganze Stadt sehr bedenkliche und weitaussehende Folgen
daraus

---

nae inter nos contulerimus in
in primo congressu nunquam syl-
laba commutanda fuit." p. 687.

170) Purgatio Ministrorum in
ecclesiis peregrinis Francof. adversus eorum calumnias, qui ipsorum doctrinam de Christi Domini in sua Coena praesentia dis-
sensionis accusant ab Aug. Confessione auct. Ioanne à Lasco.
Basil. 1556. in 8.

H. 4.

daraus erwachſen könnten, die dem Rath zu ſchwehrer Verantwortung gereichen dürften [171]. Damit aber wurde es für die Parthie, die man durch dieſe Wendung aus dem ganzen Reich proſkribiren und bereits für proſkribirt erklären wollte, deſto wichtiger, ſich genau an die Vertheidigungs-Linie zu halten, welche ſchon Kalvin aus andern Gründen als die ſchicklichſte und ſicherſte für ſie ausgezeichnet hatte: hingegen wird es eben dadurch auch deſto anziehender, die beſondere Art ihrer Vertheidigung näher zu beobachten. Es iſt alſo der Mühe werth, bey der Demonſtration zu verweilen, durch welche jetzt Johann von Laſco die vollkommene Uebereinſtimmung der Schweizeriſch-Kalviniſchen in dem Zürchiſchen Konſens aufgeſtellten Meynung mit der kirchlich-lutheriſchen darzuthun verſuchte; aber es iſt ſogar nöthig dabey zu verweilen, da würklich durch dieſe Schrift von Laſco der Streit endlich bey dieſem Punkt feſtgehalten, und mehrere ſeiner ſpätheren Wendungen dadurch beſtimmt wurden.

Der nicht ohne Kunſt berechnete, wenn ſchon höchſt natürlich ausſehende Gang, den Laſco in dieſer Schrift nahm, zog ſich in folgender Richtung fort.

Er zeichnete zuerſt ſelbſt die Abweichungen von der Augſp. Konfeſſion aus, die man ihm und ſeinen Freunden zur Laſt gelegt habe, und zeichnete ſie ſehr ehrlich, aber

171) "Callide — heißt es in der Zuſchrift des Buchs an den Frankfurtiſchen Magiſtrat — illi quidem novam calumniam adinvenerunt: nos, puta, cum Auguſt. Confeſſione pugnare. In quo Veſtrae Amplitudini notam hanc inurere conantur, quaſi Vos, violato Imperii foedere, hoſtes illius in veſtrum ſignum recepiſſetis. Proinde viſum eſt nobis perquam neceſſarium, brevi aliquo ſcripto iſtis hominibus ora obturare. Aut ſi id non poteſt, quia praefractiores ſunt, ſaltem apud omnes bonos et pios principes teſtatum facimus, putidiſſimas eſſe illorum calumnias, quibus nos primum, ſuos fratres, deinde etiam Amplitudinem Veſtram, Dominos noſtros clementiſſimos, conantur apud omnes Imperii ordines invidia gravare." p. 7.

aber doch zugleich so aus, daß er nicht erst über die
Wahrheit der Anklage zu streiten nöthig hatte. Die
Beweise ihrer Abweichung, sagte er, habe man vorzüglich darinn zu sehen geglaubt, weil sie läugneten daß
der Leib Christi seiner natürlichen Substanz nach in
dem Brodt, oder unter dem Brodt des Sakraments
enthalten sey, so wie sie überhaupt läugneten, daß er
überall seyn könne, und eben deßwegen auch nicht einräumten, daß er von den gottlosen und ungläubigen
mündlich genossen werde [172]).

Ohne Zurückhaltung und ohne Verstellung gestand
er dann auch, daß sie alles dieß würklich läugneten, und
immer geläugnet hätten, also darüber wahrhaftig von
ihren Gegnern verschieden dächten [173]): allein nun be-
bewieß er, daß von diesem allem kein Wort in der Augsspurg. Konfession stehe, oder daß über alle diese Bestimmungen ganz und gar nichts in der Augsp. Konfession
festgesetzt — weder mittelbar noch unmittelbar festgesetzt
sey; woraus dann von selbst folgte, daß sie dennoch
keiner Abweichung von dieser beschuldigt werden könnten [174]).

Es

172) "Ab Aug. Confessione
ideo potissimum dicimur dissentire, quod Christi corpus juxta
naturalem ipsius substantiae neque in pane Coenae reipsa deli-
tescere, neque item in immensum expandi, et ubique esse;
praeterea neque ore carnali ab
impiis perinde ac piis in Coena
Domini sumi, agnoscere velimus." p. 15.
173) Nos vero haec omnia à
nobis agnosci haud quaquam
posse, ingenue et sine dissimula-
tione ulla fatemur: eo, quod et
à mente totius Scripturae et à
catholicae ecclesiae consensu aliena
omnino esse videmus." ebendas.

174) Doch schickte Lasco dem
Beweiß noch folgende merkwürdige Protestation voran. "Quamvis neque ad Confessionis Augustanae, neque ad ullius alterius
ejus generis scripti regulam ad-
stringi ita volumus, ut non libere ab illo nos dissentire, adeoque et reprehendere illud posse
existimemus — sicuti verbi divini
auctoritate convicti dissentire nos
ab illis oportere conscientiae nostrae testimonio intelligamus;
multo minus autem illos proba-
mus, qui christianam fraternitatem Confessionis Aug. finibus,
veluti cancellis quibusdam ita circum scribere conantur, ut qui.

H 5   non

Es darf kaum geſagt werden, daß auch Laſco bie-
ſen Beweiß bloß aus einer geänderten Ausgabe der Konfeſſion führte; aber es iſt bey ihm noch wahrſcheinlicher
als bey Kalvin, daß er gar nicht an den Unterſchied
zwiſchen den älteren und den ſpätheren Ausgaben dachte,
ſondern ſich bloß deßwegen an die ſpäthere hielt, weil
ſie im allgemeineren Gebrauch waren. Es konnte ihn
nicht mehr koſten, den Beweiß aus der geänderten als
aus der ungeänderten Konfeſſion zu führen: die Einwendungen aber, denen er dabey begegnen mußte, tra-
in erſten Fall eben ſo ſtark ein, als ſie im letzten hätten
eintreten können.

Aus dem zehnten und dreyzehnten Artikel der Konfeſſion, den zwey einzigen, worinn von dem Abendmahl
gehandelt wird, laſſen ſich — behauptete Laſco — nicht
mehr als ungefähr vier Beſtimmungen herausziehen,
welche zuſammen die Unterſcheidungs-Lehre fixiren, zu
welcher ſich die lutheriſche Kirche in Anſehung dieſes
Dogma bekennen wollte. Es wird erſtens darinn gelehrt, daß in dieſem Sakrament der Leib und das Blut
Chriſti wahrhaftig mit dem Brodt und Wein den Kommunikanten ausgetheilt werde. Es wird ferner gelehrt,
daß auch das Nachtmahl, wie alle andere Sakramente
nicht bloß deßwegen eingeſetzt ſey, damit es ein äuſſeres
Bekenntniß-Zeichen des Chriſtenthums, ſondern, damit es
vielmehr ein Zeichen und Zeugniß der Gnade Gottes in
Chri-

non protinus in verba illius ju-
rent, eos non modo eccleſiaſtica,
ſed et politica ſocietate excludant:
(hoc enim non alio ſpectare videtur, quam ut Papiſticam tyran-
nidem non tam equidem ſubla-
tam, quam ſub Evangelii titulo
potius mutatam habeamus:) libenter tamen eum honorem eamque auctoritatem detulimus ſemper, atque etiamnum deferimus,
denique et deferri ab omnibus
optamus Auguſt. Confeſſioni, ut
eam reverenter agnoſcant omnes — et adverſus ejus adverſarios unanimiter omnes propu-
gnent, ut cujusque vocatio id
poſtulat — ac proinde eam quoque diſſenſionis noſtrae ab illa
ſuſpicionem minime nobis alendam eſſe ſilentio noſtro putavimus." p. 11. 12.

Chriſtogegen uns werden ſollte. Es wird ferner darinn gelehrt, daß auch das Nachtmahl wie die übrigen Sakramente dazu eingeſeßt ſey, um Erweckungs- und Stärkungs-
Mittel des Glaubens für alle diejenige zu werden, die
es gebrauchen; und es wird endlich viertens darinn gelehrt, daß wir auch in dieſem Sakrament wie in den
übrigen der Gnade und der Würkungen des heiligen Geiſtes, die uns darinn abgebildet und vorgehalten werden,
nur durch den Glauben theilhaftig werden können [175]).

Wenn uns nun — ſchloß Laſco — einerſeits nicht
gezeigt werden kann, daß die Lehre der Augſp. Konfeſſion von dieſem Sakrament noch etwas weiter in ſich
halte, andererſeits aber von uns gezeigt werden kann,
daß wir uns immer zu dieſer Lehre bekannt haben, und
jeßt noch auf das unzweydeutigſte dazu bekennen, ſo läßt
ſich doch gewiß nicht abſehen, worinn unſere Abweichung
davon liegen könnte.

Wie er nun ſeinerſeits dasjenige barthun konnte,
was ihm dabey oblag, dieß erkennt man von ſelbſt. Von
den drey leßten Beſtimmungen durfte er nicht erſt zeigen
daß ſie von jeher auch von ihrer Parthie angenommen
worden ſeyen; denn es zweifelte kein Menſch daran;
aber er konnte eben ſo leicht barthun, daß ſie auch die
erſte Grund-Beſtimmung der in der Konfeſſion enthaltenen

175) Die erſte dieſer vier Beſtimmungen fand Laſco wörtlich
in dem zehnten, und die drey
andere in dem dreyzehnten Artikel, in welchem ja auch buchſtäblich geſagt war: "De uſu Sacramentorum docemus, ea inſtituta eſſe, non modo ut ſint
notae profeſſionis inter homines, ſed multo magis, ut ſint
ſigna et teſtimonia voluntatis
Dei erga nos, propoſita ad ex-
citandam et alendam fidem in
his, qui utuntur eis. Itaque uten-
dum eſt Sacramentis ita, ut accedat fides — nam hac fide acci-
pimus promiſſam gratiam, quam
Sacramenta ſignificant, et Spiritum Sanctum." Aus eben dieſem Artikel nahm Laſco noch eine
fünfte Beſtimmung, die aber
ſchon in dem vorhergehenden lag,
jedoch auch in dem Artikel wörtlich ausgedruckt war, quod doctrina eorum pro phariſaica ſit
habenda, qui fidem in uſu Sacramentorum non requiri docent,
id quod in Papiſtis damnatur. p. 20.

tenen Nachtmahls-Lehre wörtlich annähmen, ohne
daß er dabey nöthig hatte, das unterſcheidende ihrer ei=
genen Vorſtellung darüber und ihre Verſchiedenheit von
der lutheriſchen nur etwas zu verſtecken. In dieſer er=
ſten Grund-Beſtimmung lag ja nichts weiter, als "daß
der Leib und das Blut Chriſti wahrhaftig mit dem Brodt
und Wein denjenigen, die an dem Sakrament Theil
nehmen, ausgetheilt werde: "Laſco aber hatte ſich ſchon
mehrmahls eben ſo feyerlich als Kalvin erklärt, daß
nach ihrer Meynung alle gläubige Kommunikanten des
Leibes und Blutes Chriſti wahrhaftig mit dem Brodt
und mit dem Wein, nehmlich in eben dem Augenblick
theilhaftig würden, in welchem das Brodt und der Wein
von ihnen genoſſen würde: Und wer konnte zweif=
len [176] — wer durfte nur fragen; ob die in der Kon=
feſſion gebrauchte Ausdrücke nicht auch dieſen Sinn ent=
halten könnten?

Doch die lutheriſche Theologen behaupteten, daß ſie
einen ganz andern Sinn enthielten, und nach der Ab=
ſicht der Verfaſſer der Konfeſſion enthalten ſollten [177]):

auch

176) "Agnoscimus et agno-
vimus semper juxta hanc Aug.
Confessionis doctrinam, quod in
Coena Domini, una cum pane
et vino, hoc eſt, dum pani et
vino coenae participamus, vere
exhibeantur corpus et sanguis
Chriſti, fide percipienda, in alimoniam noſtram ad vitam aeternam. — In hoc vero oſtendi nobis capimus repugnantiam ullam
cum Aug. Confeſſione!" p. 24.
Die Uebereinſtimmung mit dem
Buchſtaben der geänderten Kon=
feſſion war hier würklich unbe=
ſtreitbar, denn in dieſer wurde
ja würklich nichts weiter behaup=
tet, als dieß: quod cum pane
et vino vere exhibeantur corpus

et sanguis Chriſti veſcentibus in
Coena Domini. Aber auch mit
der Berufung auf die ungeän=
derte Konfeſſion konnte man
Laſco nicht in die mindeſte Ver=
legenheit ſetzen. In dieſer hieß
es: quod corpus et sanguis Chriſti vere adſint, et diſtribuantur
veſcentibus In Coena Domini:
und hatten dann nicht auch Laſco
und Kalvin immer behauptet,
daß ſie eine wahre Gegenwart
Chriſti im Sakrament annäh=
men? ja lag nicht ſchon dieſe
wahre Gegenwart in dem wah=
ren Genuß ſeines Leibes, den ſie
behaupteten?

177) "Confeſſionis enim —
ſo legte Laſco ſelbſt ihre Mey=
nung

auch flossen allerdings aus diesem andern Sinn die meiste
jener Bestimmungen aus, bey denen Lasco seine Abweichung von ihrer Meynung eingestanden hatte; mithin
hieng alles davon ab, ob dieser Sinn als der authenti-
sche und einzig zuläßige erwiesen werden konnte? Vielleicht hätte zwar Lasco nicht nöthig gehabt, sich darauf
einzulassen. Vielleicht möchte er selbst besser gethan
haben, wenn er sich bloß mit dem Beweiß begnügt
hätte, daß sich doch ihre Meynung mit dem Buchstaben
der Augsp. Konfession immer auch noch vereinigen, und
ohne die mindeste Gewalt vereinigen lasse. Allein er
hielt es für unedelmüthig, sich bey dem einzig schwüri-
gen Umstand zurückzuziehen, wobey ihn, wie er voraussah, seine Gegner erwarteten. Lasco übernahm es,
auch die Gründe zu wiederlegen, aus welchen sie behaupteten und behaupten konnten, daß der zehnte Artikel der Augsp. Konfession, nach welchem der Leib und
das Blut Christi wahrhaftig mit dem Brodt und mit
dem Wein empfangen werde, in keinem andern als in
ihrem Sinn genommen werden dürfe; und so schwehr
ihm auch dieß Geschäft werden mußte, so gelang es
ihm doch wenigstens, die Sache noch als problematisch
und zweifelhaft darzustellen.

Er zeigte zu dem Ende zuerst, daß die Augsp. Konfession, wenn man sie bloß aus sich selbst erkläre, seine
Erklärung des zweydeutigen Ausdrucks "daß der Leib
und

nung und die Verschiedenheit
ihrer Meynung von der seinigen
ganz richtig vor — eam dicunt
esse mentem, ut, dum corpus
et sanguinem Christi cum pane
et vino vere exhiberi affirmat,
simul quoque illa in pane ipso ac
poculo, seu sub pane ac poculo
esse intelligi velit. Nos vero prae-
positionem illam; Cum: ita ex-

ponimus, ut nullam corporis et
sanguinis Christi cum pane et vino realem connexionem, multo
minus autem illorum inclusionem
imaginemur — sed ut ipsam corporis et sanguinis Christi participationem cum suo symbolo com-
plectamur, atque ita mysterium
à suo signo non separemus."
p. 32.

und das Blut Christi mit dem Brodt und mit dem
Wein empfangen werde" nicht nur eben so gut als die
Erklärung der neueren lutherischen Theologen, sondern
würklich noch mehr als diese begünstige. Immer, sagte
er, mögen sie behaupten, daß in dem Ausdruck: der
Leib wird mit dem Brodt empfangen: auch der Sinn
liegen kann: der Leib ist in und unter dem Brodt enthalten: aber sie müssen zugleich einräumen, daß auch
recht füglich nur dieß darinn liegen kann: der Leib Christi
werde zu gleicher Zeit mit dem Brodt empfangen. Diese
bloße Zeitverbindung, welche wir zwischen dem einen
und zwischen dem andern annehmen, kann eben so schicklich als die Sach-Verbindung, welche sie noch überdieß
dabey annehmen, durch die Redensart bezeichnet werden: hingegen scheint es nicht höchst deutlich aus dem
Art. XIII. der Konfession hervorzugehen, daß man nur
unsere Zeit-Verbindung dadurch bezeichnen wollte?
Es wird ja in diesem Artikel selbst darauf gedrungen,
daß ohne Glauben kein gehöriger Gebrauch der Sakramente statt finde, weil der Mensch nur durch den Glauben der Gnade theilhaftig werden könne, welche ihm
von Seiten Gottes dabey angeboten und mitgetheilt
werde. Im zehenten Artikel kann also nur von einem
solchen Genuß des Leibes Christi die Rede seyn, wobey
er uns vermittelst des Glaubens — und nicht von einem
solchen, wobey er uns vermittelst des Brodts, oder unter dem Brodt mitgetheilt wird; ja man würde die Verfasser mit Recht eines Wiederspruchs beschuldigen können, wenn sie an einen Genuß der letzten Art, und somit an eine würkliche Verbindung des Leibes mit dem
Brodt gedacht hätten. Setzt man nehmlich eine solche
Verbindung voraus, so muß man ja wohl annehmen,
daß der Leib Christi immer mit dem Brodt von dem
unglaubigen wie von dem glaubigen genossen werde: wie
hätten sie nun doch sagen können, daß es ohne Glauben
nicht

nicht möglich sey, der Gnade des Sakraments theilhaf=
tig zu werden [178])? — Dagegen konnten die Gegner
Lascos schwehrlich mehr als eine Antwort aufbringen,
über die sich überdieß noch sehr scheinbar mit ihnen strei=
ten ließ. Sie mußten behaupten, daß man allerdings
den Leib Christi im Sakrament auch ohne Glauben em=
pfangen, aber dennoch der Gnade des Sakraments nicht
ohne diese Bedingung theilhaftig werden könne. Sie
mußten eben damit annehmen, daß die Gnade, die uns
im Sakrament von Seiten Gottes zugedacht sey, nicht
allein in dem Genuß des Leibes Christi bestehe, oder doch
nicht allein von diesem ausfliesse: dieß fühlten sie aber
gewiß selbst am besten, wie viel sich wiederum dagegen
einwenden, und höchst scheinbar einwenden ließ. Es
war also leicht vorauszusehen, daß sie sich nicht lange da=
bey verweilen, sondern sich nur bemühen würden, ihm
dasjenige, was er von dieser Seite gewinnen konnte,
durch ein Paar andere Gründe wieder zu entreissen, de=
nen sie immer noch ein überwiegendes Gewicht zuschrei=
ben und zutrauen durften.

Diese andere Gründe, auf welche sich Lasco vorzüg=
lich gefaßt machen mußte, fanden sie einmahl in der ih=
rem Vorgeben nach notorischen und unbestreitbaren Ge=
wiß=

---

178) "Nos vero ostendemus ex doctrina Artic. XIII. hanc accusatorum nostrorum Interpretationem cum mente Confessionis ipsius consistere haud quaquam posse. Cum enim illic doceatur, fidem in usu Sacramentorum requiri omnino, damneturque diserte doctrina eorum, qui eam non requirunt, et doceatur praeterea, fide ipsa percipi gratiam, quae in Sacramentis significatur, ostenditur et exhibetur; fides autem nostra nihil hic in terris intueatur, sed ad suae conversatio- nis locum auctore Spiritu Sancto subvecta — illic salutarem illum corporis et sanguinis Christi cibum ac potum quaerat, intuetur et apprehendat sub ipso Coenae usu, perspicuum est, juxta ipsum Aug. Confessionis sensum, corporis et sanguinis Christi pabulum in Coenae usu ibi nobis exhiberi, ubi Christum ipsum animis nostris per fidem quaerimus, intuemur et apprehendimus — non autem haerendum esse in terrenis Coenae elementis, pane scilicet et vino" — p. 34. 35.

wißheit; daß die Urheber der Konfession zu der Zeit
ihrer Verfertigung keinen andern als den von ihnen vertheidigten Sinn in die Ausdrücke des zehnten Artikels
hätten legen wollen, und dann in der Apologie der Konfession, in welcher ja dieser Sinn höchst deutlich ausgelegt war. Aus dem einen wie aus dem andern ergab
sich dann beynahe unwidersprechlich, daß jeder, der von
diesem Sinn abweiche, mit völligem Recht einer Abweichung von der Augspurg. Konfession beschuldigt werden
dürfe; aber gegen das eine schien sich fast eben so wenig
als gegen das andere nur ein Zweifel aufbringen zu lassen; dennoch wagte es Lasco, dagegen zu excipiren, und
brachte auch Exceptionen vor, die gewiß nach dem Urtheil eines billigen Richters nicht ohne Gewicht waren.

Den ersten Umstand räumte er gewissermaßen ein,
und suchte nur der Folge auszuweichen, die man daraus
ziehen wollte, oder vielmehr nur zu erweisen, daß sie
nicht verbunden seyn könnten, sich darauf einzulassen.
Man hat uns angeklagt, sagte er, daß wir von der
Augsp. Konfession abgewichen seyen; und bey dem Beweiß der Anklage kommt es jetzt heraus, daß wir nur
von dem Sinn und von der Meynung ihrer Urheber abgewichen seyn sollen? Dieß heißt offenbar der Klags-
Punkt verrückt und ausgewechselt, oder wenigstens einen neuen dazu gethan: was kann uns aber verpflichten
darauf zu antworten, sobald wir den ersten Klagpunkt
niedergeschlagen haben [179]), denn was kann in diesem
Fall der zweyte uns schaden? Damit bestritt indessen
Lasco dennoch mittelbar auch die Behauptung, daß man
den wahren Sinn der Augsp. Konfession nur aus dem
Sinn ihrer ersten Urheber bestimmen dürfe, und dahin
zielte

---

179) "Quare ß accusamur dis-
sensionis ab ipsis auctoribus duntaxat, alius jam erit controversiae status. Aliud enim est Confessio ipsa; aliud vero auctores
ipsius, si quidem illi aliud sense-
runt, aliud vero literis in ipsa
Confessione mandarunt." p. 37.

zielte auch alles weitere, was er noch hinzuseßte, wie=
wohl er nur darinn mehrere Ursachen beyzubringen schien,
warum sie sich nicht für verpflichtet halten dürften, dar=
auf hineinzugehen! Wir wissen ja nicht, seßte er hinzu,
wie viel Urheber die Augspurg. Konfession gehabt hat,
wenn sie nicht von ihrem Herausgeber Melanchton allein
verfaßt seyn soll? Ob dieser einen andern Sinn hinein=
legte, als wir darinn finden? dieß möchte sich leicht er=
fahren lassen ¹⁸⁰): aber wenn die übrige Theologen,
die man unter ihre Urheber rechnen mag, eine andere
Meynung in der Nachtmahls=Lehre hatten, als Me=
lanchton darinn ausdrückte, so kann uns dieß nicht zum
Nachtheil gereichen, wenn sie sich nicht selbst deutlich
darüber äusserten; und wenn sie auch nachher nach der
vielfach feyerlichen Sanktion, die man der Konfession er=
theilt hat, sich verschieden darüber geäuffert haben mö=
gen, so scheint es doch billiger, ihre Meynung aus der
Konfession, als die Konfession aus ihrer Meynung zu
erklären. Auch ist es ja benkbar, daß diese viele Urhe=
ber der Konfession selbst nicht ganz unter sich überein=
stimmen, oder daß einige von ihnen erst nachher ihre
Meynung etwas ändern konnten: mithin scheint man
doch gewiß auf alle Fälle am sichersten zu gehen, wenn
man

180) "Nos neque quot numero
fuerint Confeſſionis auctores ſci=
mus, niſi quod eam una cum il=
lius Apologia auctore Philippo
Melanchtone editam eſſe putamus.
Et meliora profecto nobis de tanto
Viro pollicemur, atque etiam
perſuademus, quam ut in tali
potiſſimum ſcripto, aliud ſcripſe=
rit, aliud vero ſenſerit, cum ver=
ba ipſius Confeſſionis perſpicua
eſſe conſtet, et vir ille hoc inpri=
mis dono aliis antecellat, quod
omnia clare, perſpicue, et ſim=
pliciter tractet. Man sieht deut=
lich, daß Lasco vorausseßte, der
Verfasser oder die Verfasser der
Konfession hätten keine andere
Meynung als die seinige haben
können, ohne etwas anders zu
denken, als sie geschrieben hat=
ten. Diese Voraussetzung er=
leichterte ihm freylich den Be=
weis, den er zu führen hatte, daß
es nicht darauf ankomme, was
sie gerade gedacht haben möch=
ten: aber er hatte ja schon vor=
her bewiesen, daß sie nichts an=
ders denken konnten, ohne sich
selbst zu widersprechen.

man ſich nur an denjenigen Sinn hält, der ſich unmit#
telbar aus ihr ſelbſt ziehen läßt [181]).

Durch eine etwas verſchiedene Wendung ſchien Laſco
zuerſt auch der andern Inſtanz ausweichen zu wollen,
welche ſeine Gegner von der Apologie der Konfeſſion
hergenommen hatten, und auch würklich ſcheinbar genug
hernehmen konnten. Er wollte erſt zweiflen, ob man
auch dieſer Apologie eine eigene Autorität beyzulegen
habe, und brachte einige Gründe dagegen vor, die uns
läugbar nicht viel ſagen wollten [182]): doch ſie waren
auch nicht ernſtlich gemeynt, denn er bezeugte ſogleich, daß
er keinen Gebrauch von dieſer Auskunft machen wolle,
und ließ ſich förmlich auf den Beweiß ein, daß die Au#
torität

181) "Quodſi reliqui antores Confeſſionis diverſum aliquid ſenſerunt ab ea doctrina, quae in ipſa Confeſſione edita habetur, atque ejus rel nullam publice ſignificationem dederunt, equidem eorum ſilentium nobis fraudi eſſe non debet. — Eſto autem, dederint qualemcunque ſignificationem, ſive privatam ſive publicam, ſe aliquid in Confeſſione ipſa deſiderare; poſteaquam Confeſſio ipſa ab ipſo auctore recognita, approbata, ac publico etiam foedere ſancita eſt, non equidem illam ex reliquorum auctorum ſententia et interpretatione, ſed auctorum potius ſenſum ex Confeſſione ipſa ejuſque doctrina metiri atque aeſtimare oportebit. — Quid ſi ne inter auctores quidem ipſos Confeſſionis per omnia ſatis conveniat, aut aliqui illorum ſuam etiam deinceps ſententiam, ut non raro ſit, forte mutarint? Pendebitne adhuc doctrina ipſa Confeſſionis ab eorum interpretatione? — Non efficient igitur accuſatores noſtri, ut ab Aug. Confeſſione diſſentia-

mus, etiamſi nos à quibusdam illius auctoribus diſſentire, fateamur, niſi ſi nobis doctrinae ipſorum fontes in ipſa Confeſſione demonſtrent." p. 38. 39.

182) "Ad hoc igitur etiam reſpondemus: Non eodem loco habendam eſſe Apologiam cum Aug. Confeſſione ipſa, etiamſi ab eodem auctore ſit utraque conſcripta. Cum enim Auguſt. Confeſſio hactenus ſit recepta ab omnibus Imperii Ordinibus, ut publico Imperii foederi includatur: de Apologia vero nihil hujusmodi doceri poſſit, quam alioqui oblatam eſſe ſed non receptam, (pari praeſertim auctoritate) conſtat equidem, quod non tam Confeſſionem ipſam ab Apologia, quam potius Apologiam à Confeſſione pendere atque aeſtimari neceſſe erit. Ut, qua parte nos cum Auguſt. Confeſſione ſentire oſtendimus, in ea ſane nobis Apologia opponi non poſſit, niſi ſi ipſam Confeſſionis doctrinam in noſtra quis doctrina oppugnari velit." p. 40.

torität dieser Apologie ihrer Meynung und ihrer Erklä=
rung der Konfession ganz und gar nicht entgegen sey [183]).
Schwehr konnte ihm auch dieser Beweiß nicht werden,
wenn es schon dabey gewiß blieb, daß sich auch seine
Gegner mit Recht darauf berufen konnten.

In der Apologie hatte nicht nur Melanchton die Be=
stimmung angebracht, daß der Leib Christi der Sub=
stanz nach im Sakrament gegenwärtig sey, sondern selbst
den Ausdruck: praesentia corporalis: angebracht, und
sich zugleich darauf berufen, daß die lutherische Kirche
in ihrer Vorstellung von dieser Gegenwart Christi so=
wohl mit der katholischen als mit der älteren griechischen
Kirche vollkommen übereinstimme [184]). Aus der Ge=
schichte aller Zeitumstände ließ es sich dabey mehr als
wahrscheinlich machen, daß Melanchton in der Lage,
worinn er die Apologie verfaßte, an keine andere leibliche
Gegenwart, als an jene in dem Brodt und unter dem
Brodt dachte, für welche und über welche Luther bißher
mit den Schweizern gestritten hatte. Auch noch an einem
andern kleinen Zusatz konnte man deutlich merken, daß
es ihm darum zu thun war, diese bestimmte Idee aus=
zudrücken; denn er setzte gewiß nicht ohne Absicht:
"daß

---

183) Etsi Apologiam non eodem loco cum Aug. Confessione
ipsa habendam judicemus; non
ideo tamen doctrinam Apologiae
suspicione aut invidia ulla gravari
volumus — ideoque etiam, ne
Apologiam quidem nostrae in hac
causa doctrinae repugnare ostendemus." p. 41. 43.
184) "Die Stelle, welche
Lasco aus der Apologie citirte,
war folgende: "Decimus Articu-
lus approbatus est, in quo con-
fitemur nos sentire, quod in Coena
Domini vere et substantialiter ad-
sint corpus et sanguis Christi, et
vere exhibeantur cum illis rebus,
quae videntur, pane et vino, his
qui Sacramentum accipiunt. Hanc
sententiam constanter defenderunt
nostri Concionatores. Et comperimus, non tantum Romanam
ecclesiam affirmare corporalem
praesentiam Christi, sed idem et
nunc sentire et olim sensisse Grae-
cam ecclesiam; ut testatur Canon
Missae apud Graecos, et extant
quorundam scriptorum testimonia. Nam Cyrillus in Ioann. c. 15.
inquit etc. p. 44.

J 2

"daß der Leib und das Blut im Sakrament — "cum illis rebus, quae videntur, pane et vino." — wahr⸗ haftig ausgetheilt würden. Allein mit allem dieſem und durch dieß alles ließ ſich doch keinem Gegner die Ue⸗ berzeugung aufzwingen [185]), daß Melanchton nur al⸗ lein an dieſe Idee gedacht habe; wenigſtens konnte Laſco ohne Schwürigkeit darthun, daß Melanchton alles dieß ebenfalls hätte ſagen, und zum Theil mit gröſſerem Recht hätte ſagen können, wenn es ihm darum zu thun gewe⸗ ſen wäre, ihre Meynung deutlicher darzulegen.

Auch ihrer Meynung nach war ja der Leib Chriſti der Subſtanz nach, wenn ſchon nicht in dem Brodt und unter dem Brodt, aber doch inſofern gegenwärtig, als nach ihren mehrmahligen beſtimmteſten Behauptungen die

---

185) Durch einen andern Um⸗ ſtand hätte ſie ſich freylich jedem Gegner unwiederſtehlich aufzwin⸗ gen laſſen: aber Laſco war nicht verbunden von dieſem Umſtand Notiz zu nehmen. Nicht nur in dem Original⸗Aufſatz der Apo⸗ logie — dieß iſt jener Umſtand — ſondern auch in der erſten Wit⸗ tenbergiſchen Quart⸗Ausgabe da⸗ von vom J. 1531. hatte ſich Me⸗ lanchton ganz anders und viel⸗ fach beſtimmter ausgedrückt. Hier hatte er ſich nicht nur auf die Stelle Pauli 1. Cor. X. 16. be⸗ rufen. — "Cum enim Paulus di⸗ cat, panem eſſe participationem corporis Domini, ſequeretur, pa⸗ nem non eſſe participationem cor⸗ poris, ſed tantum Spiritus Chriſti; ſi non adeſſet vere corpus Domini: ſondern er hatte die Ueberein⸗ ſtimmung der alten Kirche mit ihrer Meynnng auch aus einer Stelle Theophylakts (unter dem Nahmen Vulgarius) bewieſen, worinn dieſer eine Verwandlung des Brodts in den Leib Chriſti wörtlich behauptet hatte. "Et Vulgarius, ſcriptor, ut nobis vi⸗ detur, non ſtultus, diſerte inquit: panem non tantum figuram eſſe, ſed vere in carnem mutari. Das durch wurde es auſſer allen Zwei⸗ fel geſetzt, daß Melanchton keine andere als die ächt⸗lutheriſche Gegenwart in dem Brodt und un⸗ ter dem Brodt als Unterſcheid⸗ dungs⸗Lehre der Parthie ange⸗ ben wollte. aber in eben dieſem Jahr 1531. beſorgte er noch eine Octav⸗Ausgabe der Apologie, worinn er dieſe Stelle von Theo⸗ phylakt nicht nur wegzulaſſen, ſondern den ganzen Artikel ſo zu ändern für gut fand, wie ihn Laſco citirte. Wer konnte aber dieſem verwehren, ſich an die geänderte Ausgabe zu halten? ja, wer mußte es ihm nicht als Großmuth anrechnen, wenn er es nur ſtillſchweigend that, ohne von der Aenderung Notiz zu neh⸗ men, woraus er die günſtigſte Folgen für ſich hätte ziehen mö⸗ gen.

die lebendigmachende Kraft, die sich davon in die Seelen
der Glaubigen ausgoß, nicht bloß aus der Vorstellung
oder aus der glaubigen Erinnerung an seinen für uns
geopferten Leib, sondern aus seiner Substanz selbst ausfliessen sollte. In dieser Beziehung hatten sie sich mehrmahls erboten, auch eine substantielle Gegenwart des
Leibes Christi im Sakrament anzunehmen. Ueber diese
Beziehung hatte sich Kalvin noch in dem Konsens und
in seiner ersten Vertheidigung gegen Westphal auf das
unzweydeutigste erklärt, so wie er eben daselbst auf das
deutlichste ausgelegt hatte, in welchem Sinn sie einen
substantiellen Genuß des Leibes Christi läugneten [186]?
Wenn sie aber nur in irgend einer Beziehung eine Gegenwart der Substanz zugaben, — ja selbst wenn sie
keine zugaben — so konnten sie sich auch den Ausdruck:
praesentia corporalis: leicht gefallen lassen, oder auch
der körperlichen Gegenwart sehr leicht einen Sinn anschmiegen, der ihrer Vorstellung gemäß war, denn der
Ausdruck konnte ja auch nichts weiter als den Begriff
von "Gegenwart des Körpers" in sich fassen [187]).

Wer

186) "Agnoscimus — sagte
daher auch Lasco — atque agno-
vimus semper, Christum vere et
substantialiter corpore etiam suo
Coenae adesse; modo ne usus
Coenae terrae duntaxat ejusve
elementis alligetur; exhiberique
nobis vere fide percipiendum veri
etiam corporis et sanguinis ejus
pabulum, cum pane et vino in
alimoniam spiritualem, ad vitam
aeternam. — Nihil igitur et hoc
loco facit Apologia ad approban-
dam controversam nobis illam
cum nostris accusatoribus delitescentiam in terrenis elementis,
deinde etiam ubiquitatem, ac

oris carnalis sine fide manducationem corporis et sanguinis
Christi naturalis." p. 48. 49.

187) "Corporalem etiam Christi in Coena praesentiam nunquam negavimus, si quidem Coenae usus terrae duntaxat ejusque
elementis non alligetur, quemadmodum supra diximus. Sed
ab hac loquendi formula libeu-
ter — setzte er hinzu — abstinui-
mus, ne controversam illam in
terrenis elementis corporis et sanguinis Christi delitescentiam agnoscere ullo modo videri possemus."
p. 51.

J 3

Wer hingegen konnte es Laſco verwehren, wenn er aus der Uebereinſtimmung der ganzen älteren Kirche, auf welche ſich Melanchton in der Apologie berufen hatte, und zunächſt aus der von ihm angeführten Stelle des alten Cyrills die Folge zog, daß er an keine andere als an ihre Gegenwart des Leibes Chriſti im Sakrament ge= dacht haben könne? Durch die Unterſuchungen, die man unter dem bißherigen Streit der verſchiedenen Meynun= gen über die Frage angeſtellt hatte; welche von ihnen das Zeugniß der älteren Kirche am entſchiedenſten vor ſich habe? war es wenigſtens für jedermann — nur nicht für die Partheyen ſelbſt — höchſt klar geworden, daß ſich jede mit gleichem Recht darauf berufen könne. Die Vertheidiger der Schweizeriſch=Kalviniſchen Vor= ſtellung konnten wenigſtens eben ſo viele Stellen anfüh= ren, worinn ſich die ältere Väter in ihrer Sprache und nach ihrer Meynung ausgedrückt hatten, als die Ver= theidiger der lutheriſchen auftreiben konnten, und — was ſehr natürliche Folge davon war — jede Parthie konnte dabey der andern mit gleich leichter Mühe die Stellen unbrauchbar machen, in welchen ſie ihre Meynung gefun= den hatte. So verhielt es ſich auch mit der von Melanch= ton angeführten Stelle Cyrills; denn ſie ließ ſich ohne Zwang und ohne Gewalt der Kalviniſchen Gegenwart eben ſo günſtig machen [188]) als der lutheriſchen; und

wer

---

188) "De Cyrilli teſtimonio fruſtra ſibi accuſatores noſtri multa pollicentur. — Agit illic Cyrillus adverſus eos, qui noſtram cum Chriſto Domino et illius nobiscum communionem ſola Spiritu ſui ac donorum ipſius participatione, non autem naturali etiam, juxta naturam humanitatis noſtrae, ſocietate conſtare docent. Et quoniam illi ex prolata illa de vite ac palmitibus ſimilitudine ſuae doctrinae fulcrum petebant, primum oſtendit Cyrillus, ea ipſa ſimilitudine viis et palmitum deceri noſtram cum Chriſto et illius. nobiscum communionem, non Spiritus tantum ſui donorumque illius, ſed unius atque ejusdem naturae etiam noſtrae humanae participatione conſtare.— Ubi vero. oſtendere vult, Coenae nos etiam teſtimonio doceri, nos Chriſto Domino et illum viciſſim nobis non

wer konnte nun Lasco das Recht absprechen, die Schlüsse
daraus zu ziehen, die für ihn am vortheilhaftesten
waren!

Ueberhaupt muß man gestehen, daß Lasco in dieser
Schrift wenigstens den Beweiß sehr befriedigend führte,
daß man lutherischer Seits nicht befugt sey, sie wegen
einer Abweichung von der in der Augsp. Konfession aufgestellten Nachtmahls-Lehre zu verdammen, wenn man
auch schon befugt seyn möchte, sie einer Abweichung von
der Privat-Meynung Luthers zu beschuldigen. Doch es
darf nicht verhelt werden, daß er diesen Biweiß noch
leichter hätte führen, und ihn zugleich von der Seite,
von welcher ihm am leichtesten beyzukommen war, noch
weit besser hätte verwahren können, wenn er sich nicht
die vorsichtigste Schonung Melanchtons zur Pflicht gemacht hätte. Es ließ sich allerdings — und dieß scha-
dete der Sache und dem Beweiß Lascos am meisten —
es ließ sich fast unwiderleglich erweisen, daß nicht nur
Luther und die übrige lutherische Theologen, die im J.
1530. an der Abfassung der Konfession einigen Antheil
hatten, sondern auch Melanchton selbst damahls noch
die Vorstellung von einer leiblichen Gegenwart Christi
in dem Brodt und unter dem Brodt des Sakraments
gegen die Schweizer behauptete und behaupten wollte;
und daraus ließ sich nur allzunatürlich vermuthen, daß
er auch keine andere als diese Vorstellung in die Konfession bringen wollte, wie ja damahls auch die Schweizer
selbst, und die Straßburger keine andere darinn fanden [189]). Allein das nachtheilige dieser Vermuthung
konnte

---

non Spiritu tantum, sed naturae etiam humanae participatione conjunctum esse, virtutem ipsam mysticae benedictionis urget — quae virtus facit omnino procul dubio, ut Christum in nobis, carnis etiam suae societate, communione et participatione, corporaliter habitare non dubitemus. Quid vero et hoc ad causam accusatorum nostrorum? p. 60. 61. 62.

189) Bloß deßwegen weigerten sich ja die Straßburger mit
den andern oberländischen Städten

konnte Lasco auf mehr als eine Art entkräften. Es mag seyn — durfte er sagen — daß Melanchton im J. 1530. noch selbst an der Idee von einer Gegenwart Christi im Brodt und unter dem Brodt hieng: und es mag seyn, daß die Schweizer und die Straßburger eben deßwegen zuerst glaubten, daß er sie auch in der Konfeſſion als Unterſcheidungs-Idee ſeiner Parthie habe aufſtellen wollen; aber iſt es nicht bey den Einſichten, bey der Mäſſigung, bey der liberalen Denkungsart, bey dem ganzen Charakter Melanchtons höchſt wahrſcheinlich, daß er doch auch damahls ſchon das unwichtige dieſer beſondeeren Beſtimmung über die Art der Gegenwart Christi im Sakrament erkannte, und es eben deßwegen für weiſer, oder doch für hinreichend hielt, die kirchliche Meynung ſeiner Parthie in ſolche Ausdrücke zu faſſen, welche zwar ebenfalls dieſe Beſtimmung in ſich halten, aber doch niemand, der nur ſonſt eine wahre Gegenwart Christi im Sakrament annahm, daran binden konnten.

Was aber konnte man Lasco antworten, wenn er ſich nur an die Vermuthung hielt, daß zwar Melanchton noch im J. 1530. die Abſicht gehabt haben möchte, jene beſondere Idee in die Konfeſſion hineinzulegen, aber in der Folge das zwecklose und unhaltbare, oder doch das unwichtige davon eingeſehen, ſich dann ſelbſt über die glückliche Unbeſtimmtheit der damahls von ihm gewählten Ausdrücke, durch welche ſie doch nicht völlig und ausſchlieſſend fixirt wurde, gefreut, und ihnen eben deßwegen durch die Aenderungen, die er in den ſpätheren Ausgaben der Konfeſſion anbrachte, eine noch gröſſere Weite zu geben geſucht habe? Die ganze Haltung Melanchtons ſeit dem J. 1536. und beſonders ſein Stillſchweigen ſeit dem neuen Ausbruch des Streits erhob dieſe

dieſe Vermuthung faſt zur volleſten Gewißheit; aber
ſchon von der Vermuthung konnte Laſco den vortheilhaf-
teſten Gebrauch machen; nur war es faſt unverhütbar,
daß Melanchton dabey etwas kompromittirt werden
mußte, und beßwegen that er lieber auf den Vortheil,
den er daraus ziehen konnte, Verzicht. Doch ſeine lutheriſche Gegner merkten bemungeachtet recht gut, daß
der Umſtand über kurz oder lang einmahl zur Sprache
kommen müßte, wenn bey dieſem Gang des Streits die
Entſcheidung allein von demjenigen abhängig gemacht
würde, was in der Augſp. Konfeſſion über die ſtreitige
Frage feſtgeſetzt ſey? ſie fühlten eben ſo lebhaft, wie
nachtheilig der Umſtand für ſie werden müßte [190]), und
nah-

190) Man erkennt dieß höchſt
ſichtbar ſchon in der Antwort,
welche Weſtphal auf dieſe Schrift
von Laſco herausgab — Reſponſio
ad ſcriptum Ioannis à Laſco, in
quo Auguſtanam Confeſſionem in
Zinglianiſmum transformat 1557.
in 8. Eine elendere und jäm-
merlichere Streit-Schrift erſchien
vielleicht unter dem ganzen Krieg
nicht, als dieſe Antwort von
Weſtphal, denn er wieß darin
die treffendſte Gründe ſeines
Gegners bloß durch die platteſte
und niedrigſte Schmähungen ab,
und ließ ſich auf mehrere gar
nicht elumahl ein. Aber ſehr
abſichtlich verweilte er bey den
Stellen, worin ſich Laſco auf
Melanchton bezogen hatte, um
eine Vertheidigung gegen die
Auctorität von dieſem, die man
vielleicht in Zukunft brauchen
könnte, jetzt ſchon vorzubereiten.
"Satis ſomnolenter — heißt es
p. 4. ſeiner Schrift — "inquirit
Laſcus de autoribus Confeſſionis,
pulchre diſſimulans, ſe ſcire qui-
nam fuerint. Unus ex omnibus
ſolus placet, et unus nominatur,

de quo meliora ſibi promittit,
quam ut in tali Confeſſione praeſertim, aliud ſenſerit quam ſcrip-
ſerit. Laudat in ejus verbis per-
ſpicuitatem: ut filii Dei verba non
ſunt illi perſpicua, niſi tenebrae
lucem inferant ſuis tropis. Fortaſſe in uno illo reponit victoriam, ut Calvinus frater ejus fecit.
Adeo reſpuit hominum auctoritatem, et Scripturae unius auctoritate ſtat. Credimus vero et nos
ſimpliciter, meliorem eſſe illum
unam, quam qui aliud occulta-
verit multo tempore, aliud prae ſe
tulerit, et non Principum et
Theologorum, abhorrentium a
dogmate Sacramentario, ſed Cing-
lii errorem inſeruerit Confeſſioni,
ita denique ſe attemperaverit, ut
et Papiſtas et Proteſtantes elude-
ret ambiguis verbis. At conſtat
ſimul, Confeſſionem illam non
unius eſſe, qui ſcripſit; ſed Principum, qui eam exhibuerunt Im-
peratori, et eorum, qui ei Confeſſioni ſe adjunxerunt: ac proinde interpretationem veram ac
indubitatam ab ipſis omnibus,
non ab uno atque altero eſſe petendam,

J 5

nahmen eben beßwegen voraus ihre Maaßregeln, um
ſich dagegen zu ſichern. Aber gerade dieß war es, was
den nächſten Anlaß zu dem einheimiſchen Krieg gab, der
jetzt in der lutheriſche Kirche ſelbſt darüber ausbrach; denn
daraus entſprangen nicht nnr zunächſt die Harbenbergiſche
Händel in Bremen, und die Heßhuſiſche in Heydelberg,
wo das Feuer faſt zu gleicher Zeit ausſchlug, ſondern
durch dieſen Umſtand allein wurden jene Händel ſo böſe
gemacht, daß die daraus entſtandene Spaltung gar nicht
mehr geheilt werden konnte.

Kapitel VI.

Der Ausbruch der Bremiſchen Händel [191]) war
unſtreitig eine voraus abgezweckte Folge der ſchon er-
wähn-

tendam, eamque ſententiam vere
defendi tanquam conſentaneam illi
Confeſſioni, quam eccleſiae, quae
illam receperunt, per aliquot annos publice docuerunt et defenderunt.“ Dieſer Antwort Weſtphals ſetzte Laſco eine Replik
entgegen, von welcher nur der
Titel angeführt werden darf.
Reſponſio ad virulentam, calum-
niisque ac mendaciis conſarcina-
tam, hominis furioſi, Ioachimi
Weſtphali, epiſtolam quandam,
qua Purgationem eccleſiarum pe-
regrinarum Francofurti convellere
conatur, per Ioannem à Laſco,
ipſius purgationis auctorem. Baſileae 1560. in 8.

191) Die brauchbarſte Akten-
Stücke zu der Geſchichte dieſer
Bremiſchen Händel finden ſich
in den folgenden insgeſammt
gleichzeitigen Werken, in welche
ſie von den verſchiedenen dabey
verwickelten Partheyen niederge-
legt wurden. Der chriſtlichen
Gemeinde, ſo im Dom zu Bre-

men Predigt hört, Zeugniſſe von
der Unſchuld und Lehre des hochgelehrten Doctoris Alberti Har-
denbergenſis, Lehrers daſelbſt
1560. (in niederdeutſcher Sprache). De Bremenſi ſeditione ex-
citata à Sacramentariis, vera narratio, conſcripta à Simone Mu-
ſaeo 1562. Nothwendige Entſchuldigung und wahrhafter Bericht der verjagten Prediger zu
Bremen auf die Verläumdung ihres Gegentheils ꝛc. 1564. Wahrhafte Wiederlegung der groben,
groſſen Lügen der unruhigen auf-
rühriſchen, verlaufenen Prediger
von Bremen ꝛc. 1564. (in niederdeutſcher Sprache) Summariſche
Erholung des Raths zu Bremen,
der gerichtlichen Alten, ſo in Irrung und Sachen, darein ſie mit etlichen ſelbmuthig ausgetretenen
Mitgliedern des Raths unverſchul-
ter weiß gerathen, auf den ſolcher Sachen angeſetzten Kayſerli-
chen Summariſchen Proceß eines
und andern Theils eingebracht.
Mit

wähnten Schrift, durch welche sich der Prediger Joh.
Timann in Bremen im J. 1555. als Westphals Allirten und Mitstreiter gegen Kalvin und seine ganze Parthie angekündigt hatte [192]). Es war nicht Kalvin
und nicht Johann von Lasco, die er zunächst dadurch
kränken, sondern es war ein näherer Gegner, den er
dadurch reizen, denn es war einer seiner Kollegen, den
er dadurch zur Sprache bringen oder in den Streit hineinziehen wollte. Die Gründe, die ihn dazu veranlaßten,

Mit 13 Beylagen. Brevis, dilucida ac vera narratio de initiis et
progressu controversiae Bremae à
D. Alberto Hardenbergio motae,
opposita recenti scripto ejusdem
Hardenbergii — auctore Ditmaro
Kenkelio, Consule Bremensi 1565.
De Ubiquitate duo scripta adver-
saria D. Alberti Hardenbergii et
Elardi Segebadii, concionatorum
Bremensium. Item: Hardenbergii brevis et aperta controversiae
de Evcharistia explicatio 1564.
Nothwendige Verantwortung und
beständiger beweißlicher Gegenbericht des Raths und der Gemeinde der Stadt Bremen wieder die unchristliche — der ausgetretenen gewesenen des Raths
daselbst hin und wieder ausge-
sprenate Verläumdungen, und
insonderheit wieder die meuch-
lings abgedruckte, ehrenrührige,
lästerliche Schrift Dietmar Kenkels gewesenen Burgermeisters
1566 Nothwehr des ordentlichen aber anliegender unbilliger
Beschwerden und vorstehender Gefahr halber gewichenen Raths von
Bremen rc. 1566. Verbindet man
damit noch die Briefe Johanns
von Lasco in Gerdes Scrin. Antiq. T. 2. P. 1 und 2. die besonders gesammelte Briefe Melanchtons an Hardenberg, und die Dokumente, welche Gerdes seiner
Historia motuum ecclesiasticorum
in civitate Bremensi tempore Alb.
Hardenbergii suscitatorum (Grö-
ningae 1756. in 8.) angehängt
hat, so kann man leicht beurtheilen, was in den Nachrichten der
zum Theil spätheren Historiker,
welche die Geschichte dieser Händel nacherzählt haben, in den
Nachrichten Hospinians, Herbe-
stans, der Verfasser der Historie
des Sakrament-Streits, Wigands und Hammelmanns, und
etwas späther herab in den Nachrichten Löschers, Bertrams, Meth-
majers, Saligs von dem Geist
der Partheyen, zu denen sie gehörten, entstellt worden ist. Doch
darf von einem neuen Untersu-
cher dieser Geschichte eine neuere
Schrift darüber eben so wenig
unerwähnt als unbenutzt gelassen
werden, in welcher sie nicht nur
aus den angeführten ächten Quel-
len, sondern noch aus mehreren
handschriftlichen Akten-Stücken
mit seltener Unpartheylichkeit und
höchst rühmlicher Mäßigung be-
arbeitet wurde. Diese ist: D.
Alb. Hardenbergs im Dom zu
Bremen geführtes Lehramt und
dessen nächste Folgen. (Ohne Nahmen des Verfassers: aber von
Elard Wagner, reformirten Prediger in Bremen). Bremen
1779. in 4.

192) Farrago sententiarum
consentientium etc. 1555.

ten, mögen immer zweifelhaft bleiben ¹⁹³): aber die
Sache ſelbſt iſt unbeſtreitbar, denn Timann ruhte ja
nicht, biß er ſeinen Endzweck erreicht hatte.

Albrecht Hardenberg, ein gebohrner Niederlän-
der ¹⁹⁴), der von dem Erzbiſchof und von dem Kapitel in Bremen im Jahr 1547. zum Prediger an der
Dom-Kirche berufen worden war, hatte ſich ſeit dieſer
Zeit ſowohl bey dem Kapitel als bey dem Magiſtrat ¹⁹⁵) und bey der Bürgerſchaft ¹⁹⁶) in eine ſehr
groſſe Achtung geſetzt, die man ſeiner Gelehrſamkeit,
ſeiner Rechtſchaffenheit und der ſelbſt von der Schmäh-
ſucht niemahls angetaſteten Reinigkeit ſeiner Sitten nicht
verſagen konnte, aber ohne Zweifel dem zugleich höchſt
beſcheidenen, verträglichen, und im Umgang eben ſo klu-
gen als gefälligen und einnehmenden Mann noch gerner
bewilligte. Selbſt ſeine Kollegen, die übrige Prediger
in

---

193) Es war natürlich genug
zu vermuthen, daß Neid und
Kollegen-Eiferſucht auf Timann
gewürkt haben mochten; und deßwegen iſt auch die Vermuthung
von Hardenbergs Freunden oft
genug geäuſſert worden: allein
durch manches, was man ſonſt
von den Verhältniſſen und von
dem Charakter des Mannes ſelbſt
aus Nachrichten ſeiner Gegner
weiß, wird ſie ſehr zweifelhaft.
S. Hardenbergs Lehramt p. 38.
194) Gebohren im J. 1510.
in dem Flecken Hardenberg in
der Niederländiſchen Provinz
Oberyſſel. Er ſelbſt pflegte ſich
aber meiſtens einen Frieſen zu
nennen, weil er in dem Kloſter
Aduwert in der Provinz Gröningen erzogen wurde, die einen
Theil des alten Frießlands aus-
machte. Nach der Grabſchrift,
welche ſein Freund Joh. Molanus auf ihn verfertigte, muß

ſein Familien-Nahme Albertus
Rizaeus geweſen ſeyn. S. Gerdes hiſtor. mot. p. 86.
195) Von dem Wohlwollen
des Magiſtrats erhielt er ſchon
im J. 1548. eine Probe, da ihm
dieſer ohne ſein Anſuchen eine
Präbende bey dem Kapitel zu
St. Anſcharius konferiren wollte.
Dieſe Probe bewieß aber deſto
mehr, da ein Dom-Prediger
nur allzuleicht in ein geſpanntes
Verhältniß mit dem Magiſtrat
kommen konnte.
196) Das Anſehen und die
Liebe, die er bey der Bürgerſchaft hatte, und den Beyfall,
den ſeine Predigten unter dem
Volk fanden, beſchreiben ſelbſt
ſeine Gegner als auſſerordent-
lich. S. Nothwendige Beantwortung A. 4. Kenkel brev. et
diluc. narrat. p. 10. Heßhuß wieder Hardenberg f. 4.

in Bremen, gaben ihm biß zum J. 1554. mehrere Beweise davon [197]), welche sehr deutlich von dem Einfluß
zeugen, den er auch über sie, und zwar gewiß mehr
durch die letzte als durch die erste Eigenschaften erhalten
hatte; aber sie zeugen desto deutlicher davon, da er erst
mehrere ungünstige Eindrücke, welche sie wieder ihu aufgefaßt hatten, besiegen mußte, ehe er ihre Achtung
gewinnen konnte.

Es war nehmlich nicht nur in Bremen bekannt, daß
Hardenberg unter die vertrautere Freunde Melanchtons
gehörte, mit welchem er einen beständigen Briefwechsel
unterhielt [198]), sondern eben so bekannt, daß er mit
Johann von Lasco und mit mehreren Schweizerischen
Theologen, unter denen er eine Zeitlang gelebt hatte,
in sehr engen Verbindungen stand [199]). Dieß war
hinreichend, um einige der eifrigen lutherischen Zeloten
unter den Bremischen Predigern auf den Verdacht zu
brin-

197) Sie trugen ihm zum
Beyspiel die Verfertigung der
Bedenken auf, welche der Rath
von dem Ministerio über die in
Hamburg entstandene Streitigkeit wegen der Höllenfarth Christi
und über die Meynung Osian-
ders gefordert hatte. Hardenberg
aber gehörte gar nicht zu dem
Stadt-Ministerio, und konnte
also diesen Auftrag bloß der hohen Meynung zu danken haben,
welche dieses von seiner Gelehr-
samkeit hatte.

198) Philippi Melanchtonis ad
D. Albertum Hardenbergium Epi-
stolas, editae à Christoph. Pezelio. Bremae 1589.

199) Durch Lasco, mit dem
er während seines zweyten Aufenthalts in dem Kloster Ad-
wert und zu Löwen in Verbin-

dung, kam, war er zunächst bewogen worden, sich förmlich und
öffentlich von der Gemeinschaft der
Römischen Kirche zu trennen. Dieß
that er im J. 1543. in welchem er
nach Wittenberg zog, wo er bald
von Melanchton der vertrautesten
Freundschaft gewürdigt, und im
J. 1544. durch seine Verwendung
in die Dienste des Erzbischofs
Hermann von Köln aufgenommen wurde. So lange er in diesen stand, machte er eine Reyse
nach Straßburg und in die
Schweiz, wo er der eben so ver-
traute Freund von Bucer, Pel-
lican, Bullinger wurde: nach
seiner Zurückkunft aber blieb er
bey dem Erzbischof, biß dieser
im J. 1547. seine Reformations-
Bemühungen mit dem Erzbistum
aufgeben mußte.

bringen, daß er vielleicht selbst auch in der Lehre vom
Nachtmahl schweizerisch denken oder doch nicht rein lutherisch seyn möchte, und dieser Verdacht verwandelte
sich bey ihnen nach einer Predigt [200]), welche er über
die Sakramente gehalten hatte, in eine so sorgliche Unruhe, daß sie sich schon im ersten halben Jahr seines
Aufenthalts in der Stadt gegen ihn aufzustehen verbunden hielten. Noch im J. 1547. [201]) wußten sie es
einzuleiten, daß ihm von dem Rath ein schriftliches Bekenntniß seiner Lehre vom Nachtmahl abgefordert wurde;
hingegen gelang es Hardenberg sogleich, sie durch seine
Erklärungen, die er würklich in der Form eines Bekenntnisses ausstellte, selbst gegen seine eigene Erwar-
tungen [202]) so weit zu befriedigen, daß sie ihn von
jetzt an wegen diesem Punkt völlig in Ruhe ließen.

Dieß

200) S. Hardenbergs Lehr-
amt p. 39.

201) Hardenberg überreichte
dem Rath das von ihm ver-
langte Bekenntniß den 17. Jan.
1548. aber er hatte es vorher
Melanchton zur Prüfung zuge-
sandt, denn er übergab es dem
Magistrat mit sammt der Approbation von diesem. Die Bewegungen, durch welche der Rath
zu dem Verlangen veranlaßt
wurde, müssen also in das Ende
des J. 1547. gefallen seyn. S.
Gerdes Hist. mot. p. 14. Von
dieser ersten Aeusserung eines
Zweifels an der Hardenbergischen
Orthodoxie erwähnt übrigens
keiner von den lutherischen Hi-
storikern nur das geringste; die
Sache kann aber doch nicht ganz
unbekannt geblieben seyn; wenigstens muß der Verfasser einer
alten handschriftlichen Nachricht
von dem Ursprung und Fortgang
der Reformation in Einbeck, welche der seel. Rektor Krome im
J. 1783. in 4. herausgab, etwas
davon gehört haben, daß Hardenberg schon im J. 1547. wegen
Zwinglischer Meynungen in Verdacht gekommen sey. Er erzählt
nehmlich, daß man Hardenberg
in diesem Jahr um dieses Verdachts willen gezwungen habe,
die Stadt Einbeck zu verlassen,
wo er Pastor gewesen sey; allein
von diesem Einbeckischen Pasto-
rat Hardenbergs findet man sonst
gar keine Spuhr, und es läßt
sich auch mit den übrigen gewissen Datis seiner Geschichte in
diesem Jahr nicht wohl vereinigen. Der Verfasser jener Nachricht — ein alter Einbeckischer
Rektor aus dem Anfang des
vorigen Jahrhunderts, M. Fat-
schild — mag also wahrscheinlich
durch eine halb-wahre Sage getäuscht worden seyn, in der man
die Zeiten und Oerter verwech-
selt hatte.

202) Man ersieht dieß aus
der Antwort Lasces auf einen
Brief,

Dieß erste im J. 1548. ausgestellte Bekenntniß [203]) Harbenbergs ist indessen nicht nur in der Geschichte seiner besondern Händel sondern in der ganzen
Geschichte des erneuerten Sakraments-Streits eines
der merkwürdigsten Akten-Stücke; denn die Würkung,
welche es hervorbrachte, giebt den allertreffendsten Beweiß, daß die Stimmung der meisten und auch der eifrigsten lutherischen Theologen in der Nachtmahls-Lehre
damahls würklich noch so beschaffen war, wie sie Kalvin bey der Abfassung des Consensus Tigurinus sich
dachte. Harbenberg bekannte sich darinn zu einer Meynung, welche mit derjenigen, die Kalvin ein Jahr späther in dieser Formel auslegte, fast wörtlich zusammen
traf, indem er erklärte, daß der Leib Christi im Abendmahl zwar würklich mit dem Brodt, aber nicht unter
dem Brodt ausgetheilt werde. Allerdings äusserte er
nicht so bestimmt, wie Kalvin, daß er zwischen dem
Genuß des Brodts und zwischen dem Genuß des Leibes
bloß eine Zeit-Verbindung gedacht haben wolle. Er
schien selbst anzunehmen, daß der Leib Christi durch
das Brodt, oder durch das medium des Brodts in die
Seele des Genießenden gebracht werde: denn er bediente
sich nicht nur des Ausdrucks, "daß das Brodt und der
„Wein schenkende Zeichen seyen, durch welche uns
„Christus seinen Leib und sein Blut darreiche," sondern
er wollte selbst einräumen, "daß uns bey einem recht-
„mä-

Brief, den er ihm unmittelbar
nach der Uebergabe seines Bekenntnisses an den Magistrat geschrieben hatte, denn nach dieser Antwort mußte ihn Hardenberg ersucht haben, ihm irgend
eine kleine Stelle in Ost-Fries-
land zu verschaffen, wo er seine
Tage in Ruhe zubringen könnte,
weil er schon voraus sehe, daß
seines Bleibens in Bremen nicht

lange seyn würde. S. Scrin. Antiq. T. II. P. 2. p. 636

203) Dieß Bekenntniß Hardenbergs ist niemahls gedruckt
worden. Auch Gerdes bekam es
nicht zu Gesicht, aber Wagner
hat einen Auszug daraus mitgetheilt, nur aus dem angeführten
Brief Lascos erfährt man auch
etwas von seinem Innhalt. S.
Hardenbergs Lehramt p. 40.

„maͤſſigen Gebrauch des Abendmahls der Leib Chriſti „innerlich durch eine verborgene und unerforſchliche Kraft „Gottes, aͤuſſerlich aber durch den Kirchendie, „ner gegeben werde." Irgend eine wuͤrkliche Verbin, dung des Brodts mit dem Leib Chriſti ſchien alſo auch Harbenberg anzunehmen, aber indem er einerſeits aus, druͤcklich laͤugnete, daß doch der Leib Chriſti nicht in das Brodt eingeſchloſſen, und daß das Brodt nicht der Leib ſey[204], anbererſeits hingegen eben ſo ausdruͤcklich darauf drang, daß der Leib Chriſti nur den Glaubigen Kommunikanten zu Theil werde[205], ſo ergab ſich aus beydem zuſammengenommen hoͤchſt deutlich, daß er doch keine ganz lutheriſche[206] Vereinigung des Leibes

mit

204) "Ich lehre zwar nicht, daß der Leib Chriſti in das Brodt eingeſchloſſen, ober daß das Brodt der Leib Chriſti ſelbſt ſey. — Identice eſſe id, quod corpus Chriſti", am a. O. p. 40.
205) "Die dieſes Sakrament glaubig empfangen, werden Chriſti theilhaftig," p. 41 Nach dem Brief Laſcos hatte Harben, berg auch darinn erklaͤrt "nos ore carnali in coena ſumere panem et vinum, idque myſticum, hoc eſt habens adjunctum coeleſte myſterium, quod fide percipitur, nempe veram veri corporis et ſanguinis Chriſti communionem." Damit haͤtte er ſich dann auch beſtimmt genug uͤber dasjenige geaͤuſſert, was die Unglaubige und Unwuͤrdige bey dem Genuß des Sakraments erhielten; nehm, lich nichts als Brodt und Wein. S. den Brief Laſcos am a. O. p. 639.
206) Irgend eine Verbindung des Leibes Chriſti mit dem Brodt, ober eine Mittheilung dieſes Lei, bes vermittelſt des Brodts mußte Harbenberg noch in einer andern

Stelle ſeiner Konfeſſion auszu, druͤcken geſtrebt haben, worinn er ſich auf die Beyſpiele bezog, daß der heilige Geiſt unter der Geſtalt einer Taube auf Jeſum herabgekommen, und hernach ſei, nen Apoſteln von ihm ſelbſt durch einen Hauch ſeines Athems mit, getheilt worden ſey. Auch ſchrieb ihm Laſco, daß er ihm hierinn nicht beyſtimmen koͤnne. "Non poſſum aſſentiri illi comparationi tuae de columba, de inflatione Chriſti in Apoſtolos et Spiritu Sancto. Eſt quidem ingenioſa, adeoque et ſpecioſa, fateor, nec ignoro illam vehementer urgeri, ſcis à quibus. Sed non video, ut, quae de Spiritu dicuntur, ad ip, ſam etiam ſubſtantiam corporis Chriſti referri ex parte poſſint. Spiritus juxta ipſam etiam divi, nitatis ſuae ſubſtantiam replet omnia, ut ſcis. De corporis Chriſti etiam glorificati ſubſtantia nihil hujus habemus, immo vero di, ſerte habemus: non eſt hic! Ut igitur demus, Spiritum Sanctum juxta ſubſtantiam ſuam in colum, ba, et in halitu Chriſti adfuiſſe

non

mit dem Brobt, oder kein Daseyn des Leibes unter dem
Brodt annehmen konnte, wobey der Genuß davon als
ganz unabhängig von dem Glauben des Kommunikanten gedacht werden mußte.

Wenn sich nun die Bremische Prediger mit diesem
Bekenntniß dennoch begnügten, so muß man nothwendig daraus schliessen, daß sie selbst noch das eigenthümliche und unterscheidende der lutherisch-kirchlichen Nachtmahls-Lehre allein in die Idee der wahren und würklichen Gegenwart des Leibes Christi setzten, daß sie selbst
noch keinen andern Beweiß der Uebereinstimmung mit
ihrer Lehre forderten, als die Erklärung "daß der Leib
„und das Blut Christi nicht nur durch das Brodt und
„den Wein symbolisch vorgestellt, sondern wahrhaftig
„der Substanz noch mit dem Brodt und mit dem Wein
„ausgetheilt werde" und daß sie dabey selbst noch die Be-
„stimmung der Verbindungsart, welche zwischen dem
Genuß des Brodts und dem Genuß des Leibes statt finden möchte, für eine Nebenfrage hielten, über welche
man der Privat-Meynung ohne grossen Schaden einige
Freyheit lassen könnte. Hardenberg hatte ja nicht verhelt, daß er hierinn von der Privat-Meynung Luthers
etwas abweiche, und dennoch glaubte man in Bremen,
daß er seine lutherische Orthodoxie schon durch jene Erklärung hinreichend gerechtfertigt habe: man konnte also
die Vorstellung worinn er abwich, nicht unter die wesentliche Grundbestimmungen dieser Orthodoxie rechnen:
und gerade dieß war es, was Kalvin bey dem [207])

Beweiß

non efficitur ideo, ut corporis
Christi substantiam ad eundem
modum in Coena adesse vel in-
esse credamus." p. 639. 640.

207. Dieß war es auch, was
Lasco indessen geglaubt hatte, daher sagte er in seinem Brief:

"Non possum satis mirari istorum
ingenium, qui cum à nobis controversiae suae nomine non judi-
centur, imo cum fratrum loco
nihilominus habeantur, nos tamen hue stomacho ferre non possunt. Si aut Christi dignitas, aut
                                    salutis

Beweiß vorausseßte, durch welchen er die Harmonie der inn Consensus aufgestellten Meynung mit der kirchlichen Lutherischen darthun wollte.

Doch die Bremische Prediger begnügten sich jeßt nicht nur mit diesem Bekenntniß Hardenbergs, sondern sie wurden dadurch über die Reinigkeit seiner Lehre und seiner Gesinnungen so weit beruhigt, daß die Würkung davon auch seinem Freünd von Lasco zu gut kam. Sie glaubten jeßt gern, daß auch Lasco nur eben so wie Hardenberg denken [208]), also in der Hauptsache ebenfalls mit ihrer Lehre übereinstimmen möchte. Sie nahmen daher auch gar keinen Anstoß daran, daß Lasco nach seinem Abzuge aus Ost-Frießland fast die volle Häfte des Jahrs 1549. in Bremen bey Hardenberg zubrachte; ja sie erkannten selbst auf das unzweydeutigste ihre Gläubens-Einigkeit mit ihm dadurch, daß sie ihn öffentlich in ihren Kirchen kommuniciren liessen [209]).

Was

---

salutis nostrae certitudo hac controversia in periculum aut saltem in dubium ullum vocaretur, merito magni facienda esset — sed cum horum nihil hic fiat — miror, unde haec religio, ut propter controversiam, quae neque ad tuendam Christi dignitatem, neque ad fidei firmamentum, neque ad pietatem alendam aliquid magnopere facit, alii alios judicemus, scindamus ecclesias, et universam religionis causam apud ejus adversarios infamemus." p. 637.

208) Lasco aber hatte seine Meynung gewiß niemahls versteckt, und mußte sie selbst den Bremischen Predigern noch vor seinem ersten Abzuge von Embden, also noch vor dem J. 1549. in einem besonderen Brief mitgetheilt haben, auf welchen er

sich nicht nur in einem spätheren an Hardenberg S. Scrin. Antiq. T. II. p. 700. sondern auch in der Zuschrift seiner Confessio de nostra cum Christo Domino communione — ad Ministros ecclesiarum Frisiae Orientalis A. 2. b. beruft.

209) Bey dieser Kommunion Lascos zu Bremen thaten die Verfasser der Historie des Sacrament-Streits und mehrere von den übrigen Gegnern Hardenbergs einen gar unglücklichen historischen Mißgriff. Sie versetzten einmahl p. 662. die Geschichte dieser Kommunion in das J. 1554. da sich Lasco nach seiner Zurückkunft aus England ihm zweytenmahl in Bremen aufhielt; was aber schon Bertram in seinem gründlichen Bericht von Joh. von Lasco p. 241. vermu-

Was aus diesen Umständen folgt, dieß legt sich theils
von selbst dar, theils muß es noch an einem andern Ort
besonders zusammengestellt werden; hier aber kommt es
nur auf den Einfluß an, den sie auf den Gang der folgenden Händel hatten, oder vielmehr nur zunächst auf
die Schrift hatten, durch welche der Prediger Timann
diese Händel einleitete. Doch dieser Einfluß wird schon
in der allgemeinsten Anzeige ihres Innhalts sichtbar
genug.

In dieser, den Burgermeistern und dem Rath der
Stadt Bremen zugeeigneten Schrift erklärte Timann
voraus, "daß alle rechtschaffene Lehrer gegenwärtig
„durch die hochwichtigste und ernsthafteste Ursache ge-
„zwungen würden, die ganze und reine Lehre des heili-
„gen Mannes Gottes Lutheri aus allen ihren Kräften
„zu vertheidigen, um sie unverfälscht auf ihre Nach-
„kommenschaft herabzubringen" [210]. Er äusserte dabey

vermuthete, daß sie in das Jahr
1549. und in die Zeit seines ersten Aufenthalts in Bremen gehöre; dieß ist von Wagner aus
einer geschriebenen Geschichte Hardenbergs völlig ausser Zweifel gesetzt worden. S. Hardenbergs
Lehramt p. 51. Doch das un-
glückliche des Mißgriffs lag in
einem andern Umstand. Man
machte Hardenberg ein eigenes
Verbrechen daraus, daß er Lasco
zu der Kommunion zugelassen
habe, dessen Widerspruch gegen
die lutherische Nachtmahls-Lehre
ihm doch damahls schon bekannt
gewesen sey — (dieß urgirte noch
Löscher sehr nachdrücklich Hist.
mot. Th. II. p. 158.) denn man
nahm es als entschieden an, daß
Lasco nirgends anders als in der
Dom-Kirche communicirt habe.
Bey einer nähern Untersuchung

aber hat sich gefunden, daß jene
Kommunion Lascos nicht in der
Dom-Kirche — in welcher niemahls keine gehalten wurde —
sondern in der Kirche des Superintendenten Jacob Probst in der
Marien-Kirche statt fand, und
daß es also nicht Hardenberg,
sondern Jacob Probst, einer der
ältesten und vertrautesten Freunde
Luthers, und eben der Probst
war, an welchen Luther seinen
letzten Klagbrief gegen die Sakramentirer gerichtet hatte, der
Lasco zur Kommunion zuließ.
S. Gerdes Hist. mot. p. 24.
Hardenbergs Lehramt S. 49-51.

210. "Seriae omnino et gra-
ves causae nos cogunt, ut integram Viri Dei, Sancti Patris nostri, Doctoris Lutheri doctrinam
amplectamur, probemus, profi-
teamur et defendamus, ac ad
poste-

K 2

bey ganz unverdeckt, daß die dringendste dieser Ursachen
aus der neuen List der Sakramentirer entspringe, welche
jetzt anfiengen, eine verstellte Uebereinstimmung mit ih=
rer Lehre durch eine heuchlerische und betrügerische Aehn=
lichkeit ihrer Sprache zu affektiren [211]). Er nannte
selbst Johann von Lasco, als einen der gefährlichsten der
neuen Verführer, vor welchen man warnen, und gegen
welche man streiten müsse [212]): aber in der ganzen
Schrift stritt Timann bloß für die lutherische Unterschei=
dungs=Bestimmung von der Gegenwart Christi in dem
Brodt, und unter dem Brodt; in der ganzen Schrift
vertheidigte er bloß diese körperliche Gegenwart in dem
Brodt, denn er nahm sie bloß gegen Einwürfe in Schutz,
welche durchaus nur die Vorstellung von einer solchen
Gegenwart treffen konnten, bloß gegen die Einwürfe,
die man wieder die Ubiquität des Leibes Christi, wel=
che dabey angenommen werden müßte, vorgebracht
hatte.[213]); also in der ganzen Schrift setzte Timann
voraus

posteros incorruptam eam trans=
mittere, summis viribus cone=
mur.". Farrago p. 141.

— 211) "Astuti nonnulli Sacra=
mentarii, ut sint extra suspicionem
erroris, ambigue jam nunc et fu=
catis verbis de Evcharistia loquun=
tur. Verbis quidem nobiscum
fatemur, in Coena vere, man=
ducari corpus Christi, vere bibi
sanguinem illius, sed suo, id est,
pravo et perverso intellectu, sym=
bolica tantum et spirituali man=
ducatione, quae fide duntaxat sit
per verbum, et non etiam ore
per panem, sive cum pane."
p. 150.

212) In einem Brief von
Bugenhagen, den Timann in
seiner Schrift drucken ließ, wa=
ren die größten Schmähungen
gegen Lasco geydust. Es heißt
von ihm — "quod non obscure

in uno alterove, confessionis suae
loco blasphemet et irrideat insti=
tutionem Christi, quod instar ho=
minum mendacium conquirat
aliena, quod cum Sacramentiper=
dis blasphemias eructet." p. 177.
"Erro iste — heißt es ferner
p. 185 — quaesivit sibi hactenus
locum, ubi cum suis sibi consti=
tuat singularem ecclesiam quae
nunquam fuit Christi. In einem
andern eingerückten Brief von
Westphal p. 192. wird Lasco der
pugnax Polonus genannt, qui
sua sapientia et exsecrandis blas=
phemiis sit turgidus, quas nisi
effundat periculum sit, ne rum=
patur.

213) In einem eigenen Ab=
schnitt seiner Schrift: Quod cor=
pus Christi ubique sit, eo quod
Verbum caro factum est. et quod
sedet ad dextram Patris. p. 225-
299.

voraus, daß diese Bestimmung unter die wesentliche
Grund-Ideen der lutherischen Nachtmahls-Lehre gehöre,
von welcher man eben so wenig als von einer andern abweichen dürfe.

Wie nun Timann darauf kam, und was er zunächst
dabey abzweckte, dieß legt sich wohl aus allem, was
vorhergegangen war, höchst deutlich dar. Es war ihm
bekannt, daß nicht nur Lasco, sondern auch Hardenberg
in Ansehung dieser Bestimmung von der lutherischen
Vorstellung würklich abwich; aber es war ihm auch wenigstens von Hardenberg bekannt, daß er nur in Ansehung dieser einzigen Bestimmung davon abwich; denn
er konnte ihn unmöglich im Verdacht haben, daß er sich
auch von der Haupt-Idee einer wahren und würklichen
Gegenwart Christi im Sakrament entfernt haben möchte.
Wenn er also jetzt geflissentlich den Streit auf jene einzige Bestimmung hinleitete, was war klarer, als daß
er zunächst Hardenberg hineinziehen wollte?

Der neueste Vertheidiger Hardenbergs hat es zwar
nicht nur zweifelhaft sondern selbst unwahrscheinlich [214]
gefun-

---

[214] "Es ist nicht wahrscheinlich, sagt Wagner, "daß Timann
"sein Buch gegen Hardenberg ge-
"schrieben habe. Die Vorrede,
"worin es dem Rath zugeeignet
"ist, ist den 15. May 1554. un-
"terschrieben. Damahls aber war
"Hardenberg noch nicht verdäch-
"tig: viel weniger konnte er es
"zu der Zeit seyn, da Timann
"den Entschluß faßte, an diesem
"Buche zu arbeiten." S. Hardenbergs Lebramt S. 58. Aber
wußte dann nicht Timann schon
seit dem J. 1548 daß Hardenberg die lutherische Gegenwart
Christi unter dem Brodt wenigstens so weit verwarf, als sie

sich auf die Ubiquität seines Körpers gründen sollte? Freylich
wurde Hardenberg damahls noch
nicht dadurch verdächtig, weil
man sich damahls noch nicht erlaubte, jeden für einen Sakramentirer auszuschreyen, der die
Ubiquität nicht annehmen wollte;
aber wenn sich Timann, wie man
annehmen muß, in der Zwischenzeit
überzeugt hatte, daß man sie nicht
verwerfen könne, ohne zum Sakramentirer zu werden, konnte er da
nicht gerade von dem Wiederspruch Hardenbergs dagegen die
natürlichste Veranlassung vernehmen, zu ihrer Vertheidigung
aufzustehen?

K 3

gefunden, daß Timann seine Schrift gegen ihn gerichtet oder die Absicht gehabt haben könnte, ihn dadurch zu reizen: allein, wenn man auch das letzte bezweiflen, und mit noch mehrerem Grund bezweiflen mag, daß Timann durch irgend eine Leydenschaft oder einen andern Neben= grund zu dem Angriff auf seinen Kollegen verleitet wor= den seyn dürfte, so könnte doch immer das erste auch ohne das letzte statt gefunden haben. Er wollte viel= leicht Hardenberg nicht reizen, denn er mochte keine Ei= fersucht und keinen Haß gegen ihn hegen: aber er wollte wieder ihn zeugen, weil er jetzt den Punkt, in welchem Hardenberg von der lutherischen Meynung abwich, für weit wichtiger ansah, und sich verpflichtet hielt, das Stillschweigen wieder gut zu machen, das er indessen dabey beobachtet hatte. Zu dieser neuen Ueberzeu= gung [215]) von der Wichtigkeit jenes Punktes konnte Timann auf mehr als einem Wege, und am wahrschein= lichsten durch den lauten Wiederspruch Kalvins und Lascos dagegen gekommen seyn; so bald man sie aber bey ihm vorausseßt, so muß man um so mehr anneh= men, aber kann es nun auch desto leichter ohne den min= desten Nachtheil für seinen Charakter annehmen, daß er sich gewiß bey seiner Schrift der Absicht bewußt war, Hardenberg zu wiederlegen, oder zu bekehren. Doch dieß kann in keinem Fall anders gedacht werden, sobald es nur erwiesen ist, daß Timann mit der wahren Vor= stellung Hardenbergs und mit seiner Abneigung von der Idee bekannt war, welche von ihm in Schuß genommen wurde; und sein nachfolgendes Benehmen läßt ja vol= lends keinem Zweifel darüber Raum!

Timann

---

215) Nur zu dieser Ueberzeu= gung von der Wichtigkeit der Ubiquitäts=Idee mochte Timann jetzt erst gekommen seyn; denn die Idee selbst hatte er schon vor= her und wohl schon längst aufge= faßt. Dieß bezeugt Hardenberg selbst De ubiquitate p. 3. ja man findet sogar den Begriff in der von ihm verfaßten Bremischen Kirchen=Ordnung vom J. 1534, in die er ihn hineinbrachte. T. Z.

Timann that ja nach der Erscheinung seiner Schrift einen zweyten Schritt, der nur allein die Absicht haben konnte, Harbenberg als seinen Gegner auszuzeichnen, und recht öffentlich auszuzeichnen. Er betrieb es, daß alle Bremische Prediger die Schrift förmlich unterschreiben, und dadurch ihren Beytritt zu der darinn enthaltenen Lehre bezeugen, oder sich zu ihrer gemeinschaftlichen Vertheidigung mit ihm verpflichten sollten ²¹⁶). Als er

---

216) Diesen Schritt Timanns suchte man schon sehr oft etwas in Schatten zu stellen, und wohl ganz abzuläugnen, indem man allein auf den Widerspruch, den Harbenberg sogleich gegen die Timannische Schrift erhoben habe, die Schuld aller weiteren darüber entstandenen Bewegungen werfen wollte. So stellte schon der Bremische Magistrat in seinem Schreiben an die Theologen zu Wittenberg die Sache vor — S. Hist. des Sakram. Streits p. 665. und so erzählte sie auch noch Löscher Th II. p. 169. allein der Rath zu Bremen wenigstens machte sich einer wissentlich falschen Darstellung dabey schuldig. Timann hatte diesen Schritt, der unvermeidlich den Handel schlimmer machen, weil er ihn zur Sache des ganzen Ministeriums machen mußte, noch eher gethan, als von Seiten Harbenbergs irgend eine öffentliche Erklärung über seine Schrift erfolgt war; denn die Propositionen Harbenbergs, welche Löscher anführt, erschienen viel später, und Löscher hätte selbst bey Wigand, auf den er sich beruft, finden können, daß man sich erst zu Ende des J. 1556. damit herumtrug. S. Wigand De Sacramentariismo p. 374. Noch kläglicher ist es, wenn man bloß läugnen will,

daß Timann die Unterschrift seines Buchs durch die übrige Bremische Prediger betrieben habe, weil doch diese nach ihrer eigenen Erklärung freywillig unterschrieben hätten; denn wer kann es glaublich finden, daß man ohne seine Aufforderung daran gedacht haben würde? oder wer wird sich einfallen lassen, diese Aufforderung zweifelhaft zu finden, weil man sie nicht gerade dokumentiren kann? Hingegen beglaubigt sich diese Aufforderung desto mehr aus einem von Harbenberg selbst erzählten Umstand, der zugleich den häßlichen Nebengrund heller aufdeckt, den Timann dabey hatte. Harbenberg hatte ihm nach der Erscheinung seiner Schrift freundschaftlich erklärt, daß er unmöglich den ganzen Innhalt davon billigen könne. Timann aber hatte ihn darauf nicht nur gewarnt, daß er sein Buch ungetadelt lassen sollte, sondern auch mit Heftigkeit gedroht, daß er unfehlbar gegen ihn aufstehen, und, wenn er ihm allein nicht gewachsen wäre, auch andere zu Hülfe nehmen würde. Doch man bedarf nicht einmahl diesen Umstand, um Timann auch diese Absicht zuzuschreiben, daß er sich in den übrigen Bremischen Predigern Gehülfen gegen Harbenberg werben wollte,

K 4 denn

er aber dieß erhalten, und eben damit auch erhalten hatte; daß Hardenberg, der seine Unterschrift, wie man vorausehen konnte, verweigert hatte, als das Haupt der Opposition ausgezeichnet war, die der entschiedensten Majorität [217]) in dem Bremischen Ministerio gegenüber stand, so fieng er ja sogleich seinerseits den offenen Krieg an. Timann — dieß ist die erwiesenste [218]) Thatsache — fieng schon im J. 1556. öffentlich gegen die gottlose Ketzer zu predigen an, welche die Ubiquität des menschlichen Körpers Christi zu bezweiflen wagten, und wenn er schon dabey Hardenberg nicht nannte, so wußte doch ganz Bremen, daß niemand als Hardenberg gemeynt war. Seine übrige Kollegen glaubten nicht zurückbleiben zu dürfen, und thaten ebenfalls das ihrige, um die Sache schneller unter das Volk zu bringen. Von allen Bremischen Kanzeln und in allen Bremischen Kirchen, mit Ausnahme der

Dom=

---

denn sonst hätte er nicht nöthig gehabt, es dahin einzuleiten, daß sie ihrer Beystimmung zu seinen Meynungen durch die Unterschrift seines Buchs so viele Feyerlichkeit und Publicität geben sollten. S. Hardenbergs Lebramt p. 64.

217) Nur zwey Bremische Prediger, einer aus der Stadt selbst, Anton Grevenstein, und einer von dem Lande, Johann Quackenbrügge, hatten ihre Unterschrift verweigert. ebendaselbst p. 65.

218) Der Beweis, sagt Löscher am a. O. mangle hier abermahls; denn er will, wie es scheint, die Angaben Hardenbergs und seiner Freunde, in der nothwendigen Verantwortung B. I. und in den Zeugnissen der christlichen Dom=Gemeinde B. 2. nicht für Beweise gelten lassen. Aber diesen Angaben setzten ihre

Gegner nichts als Retorsionen entgegen; und damit gestanden sie selbst ihre Wahrheit gewissermaßen ein. Doch wenn sich das mahls schon Hardenberg bey Melanchton darüber beklagte, wie man aus Melanchtons Antworten an ihn ersieht, Ep. ad Hardenberg. E. 2. wenn er, oder ein anderer seiner Freunde schon damahls an Petrus Martyr schreiben konnte — "Pastores ita fu=,,rere, ut in suggestis nihil aliud ,,propemodum clament, nisi nos ,,esse haereticos, falsos prophetas, ,,lupos, Sacramentiperdas", wie man aus einem Brief von Martyr an Kalvin ersieht. S. Epist. Martyris hinter seinen Locis Communib. f. 579. a. so darf man doch diesen ganz gleichzeitigen Berichten eine Beweißkraft beylegen.

Domkirche, hörte man bald nichts mehr als Kontrovers-Predigten wieder die neue Nestorianer, welche die Naturen in Christo trennen wollten; was aber für ein Feuer- und Schwefel-Geist aus diesen Predigten brauste, dieß kann man am besten aus den unseeligen Würkungen schliessen, die er, wie der Verfolg der Geschichte ausweißt, in Bremen hervorbrachte.

Bey diesem ersten Auffahren gegen Hardenberg hieng man sich indessen — dieß verdient um mehrerer Ursachen willen bemerkt zu werden — an die besondere Frage von der Ubiquität des Menschen-Körpers Christi mit einer solchen Festigkeit an, daß man fast ihre Beziehung auf dasjenige, was doch Haupt-Gegenstand des Streits werden sollte, völlig aus dem Gesicht verlohr. Timann hatte sie in seiner Schrift bloß als das Fundament aufgestellt, auf welchem und mit welchem die ächte lutherische Lehre von der körperlichen Gegengewart Christi in dem Brodt und unter dem Brodt des Sakraments stehen oder fallen müßte. Er hatte mehrfach erklärt, daß er für diese Ubiquität bloß beßwegen streite, um die letzte aufrecht zu erhalten; nur hatte er auch mehrfach dabey zu verstehen gegeben, daß von dem Glauben an die Ubiquität auch der Glaube an die wahre Gegenwart Christi im Sakrament überhaupt abhänge, weil man keine wahre Gegenwart Christi mehr habe, sobald man seine Gegenwart im Brodt und unter dem Brodt verwerfe. Dadurch sollte der Schluß eingeleitet werden: Wer die Ubiquität läugnet, der weicht nicht nur von einer Neben-Bestimmung, sondern von der Grund-Idee der lutherisch-kirchlichen Vorstellung, von dem Begriff der wahren Gegenwart Christi ab: und durch diesen Schluß konnte hernach das Garn über Hardenberg zusammengezogen werden, so bald man wollte. Allein, so gewiß man von Anfang an darauf hinzielte,

K 5

so schoß man doch in der ersten Hitze des Streits über
dieß Ziel hinaus. In ihrem neuen Eifer für die Ubiquität vergaßen die Bremische Prediger, vergaß Timann selbst auf einige Zeit, daß sie nur einen unterge-
ordneten Streitpunkt ausmachen sollte. Sie schienen
die Ubiquitäts-Lehre nicht um der Nachtmahls-Lehre,
sondern um ihrer selbst willen behaupten zu wollen. Sie
glaubten zu der Verdammung ihrer Gegner nicht erst
die Konsequenz nöthig zu haben, daß sie Sakramentirer
seyen, weil sie die Ubiquität läugneten, sondern hielten es für möglich, sie schon deswegen allein, weil
sie diese läugneten, einer Ketzerey überführen zu können:
wenigstens eiferten und kämpften sie eine geraume Zeit
bloß dafür, und mischten die Frage von der Gegenwart
Christi im Nachtmahl kaum gelegenheitlich zuweilen ein.
Dieß legte sich am sichtbarsten bey einer Verhandlung
zu Tag, welche von einem der Freunde Hardenbergs als
ein Vermittlungs-Versuch noch im J. 1556. angestellt
wurde, denn bey dieser ganzen Verhandlung wurde auf
beyden Seiten kein Wort von der Nachtmahls-Lehre
eingemischt. Bey der Geschichte dieser Verhandlung
läßt sich aber auch am schicklichsten bemerklich machen,
mit welchen Waffen beyde Theile zuerst den Ubiquitäts-
Streit führten.

Einer der angesehensten und würdigsten Männer in
Bremen, der Burgermeister Daniel von Buren, übernahm es auf Hardenbergs Bitte [219] dem eifernden
Timann nur erst eine Diversion zu machen, um ihn vor
der Hand zu einiger Mäßigung seiner Hitze zu nöthigen.
Er ersuchte ihn in einem freundschaftlichen Brief, daß
er ihm doch diejenige Stellen der Schrift anzeigen möchte,
in welchen dem menschlichen Leibe Christi die Allenthalbenheit so deutlich zugeschrieben würde, daß man sich
nicht

---

219) S. Hardenberg. De Ubiquitate scripta duo p. 3.

nicht entbrechen könnte, sie anzunehmen [220]). Dieß hieß mit andern Worten: der Burgermeister lud den Prediger ein, daß er sich mit ihm nicht sowohl in einen Streit als vielmehr in eine ruhige und friedliche Unter- suchung der Lehre einlassen möchte, für welche er eiferte; und dieß war unstreitig der sicherste Weg, auf welchem der Mann allmählig zu einer gemässigteren Stimmung gebracht werden konnte, wenn er sich nur erst in den Weg selbst hineinbringen ließ. Im Disputiren mit diesem Gegner mußte er nothwendig eine etwas andere Sprache annehmen, als im Streit mit dem Kollegen; wenn er aber nur einmahl aus seinem bißherigen Ton hinausgebracht war, so hatte man von dem weiteren Streit nicht mehr viel zu fürchten. Doch diese Absicht merkte Timann, und hütete sich deßwegen sehr sorgfäl- tig, in die Verwechslung des Gegners, der sich ihm anbot, mit demjenigen, den er selbst sich ausgesucht hatte zu willigen. Er antwortete Buren mit kalter und zurückstossender Kürze, daß er durch seine Geschäfte ver- hindert würde, sich mit ihm einzulassen, verwieß ihn auf die Gründe, die er in seiner Schrift ausgeführt habe, von denen er kürzlich ein Paar, die er für die entschei- dendste halten mochte, auszeichnete, und schickte ihm einige Auszüge aus den Schriften eines gelehrten Theo- logen mit, der nach seiner Behauptung die Sache am überzeugendsten ins klare gebracht haben sollte [221]).

So

220) S. Burens Brief an Melanchton in Miscellan. Gro- ning. T. 3. fasc. 3. p. 377.

221) Der ganze Brief kann hier eingerückt werden: Hone- stissime Domine Consul! Impedi- tus aliis negotiis, nunc non pos- sum respondere, etsi non parum mirer, homines non credere, Verbum carnem factum; et ut ecclesia credit et canit: quod se- mel assumsit, nunquam dimi- sit! Quare nunquam et nus- quam est Logos sine corpore aut carne, semel hypostatice as- sumta. Quia autem scio, me apud Philosophos, ut Ioannes in quinto, sicut loquntur contemni, ideo

So beleidigend indeſſen dieſe Antwort oder vielmehr dieſe Abweiſung war, ſo zwang ſich doch Buren, das Beleidigende darinn zu überſehen, und hielt ſich nur an denjenigen Theil ihres Innhalts, der ihm noch eine Möglichkeit übrig ließ, den ausweichenden Gegner zu faſſen. Weil ſich Timann auf die in ſeiner Schrift ausgeführten Gründe bezogen hatte, ſo ſah er dieß als eine Aufforderung an, ſich auf dieſe mit ihm einzulaſſen, und theilte ihm deßwegen in einem zweyten Brief ſeine Einwendungen dagegen mit, worauf ſich dann der Mann, wie er hoffte, unmöglich einer Replik entziehen könnte.

Dieſe Gründe hatte nun Timann in ſeiner Schrift vorzüglich oder vielmehr allein von der innigſten Vereinigung der göttlichen und menſchlichen Natur in Chriſto hergenommen, aus welchen die Allenthalbenheit und Ubiquität ſeiner menſchlichen Natur als nothwendige — und wegen der Unauflöslichkeit jener Vereinigung auch als immerfortdaurende — Folge flieſſen müſſe.

"Die menſchliche Natur Chriſti — ſo hatte Timann wörtlich geſchloſſen — ſtehet mit der Gottheit in der „genaueſten Verbindung. Dieſe Vereinigung iſt noch „genauer als die der Seele und des Leibes in einem „Menſchen iſt, denn von einem Menſchen iſt es falſch, „wenn ich ſagen würde: die Seele iſt der Leib. Aber „von Chriſto iſt es wahr geredt: Gott iſt ein Menſch, „und

ideo mitto eum Doctorem hac de re, diſerte, vere et perſpicue differentem: quem ſi non audieris, neque me unquam audies. Demum me refero ad meam farraginem, et alteram ejus partem. Joannes Amſterodamus. S. Hardenbergs Lehramt p 69. Der gelehrte Doctor, durch den ſich Buren überzeugen laſſen ſollte, war Brenz, wie man aus ſeiner Antwort erſiebt: doch ſcheint Timann keine beſondere Schrift von ihm, ſondern nur einige aus ſeinen Schriften ausgezogene Stellen über die Materie beygelegt zu haben; denn in dem angeführten Brief an Melanchton ſchreibt Buren — miſit mihi nova collectanea ex — pleraque ſcripta ſua manu.

„und der Mensch ist Gott. Weil nun die beyde Natu=
„ren unzertrennlich vereinigt sind, so muß folgen: Wo
„Gott ist, da ist das Fleisch Christi. Gott aber ist
„allenthalben; so muß auch das Fleisch Christi allent=
„halben seyn. — Wollen wir Christen seyn, und recht
„von Christo denken und reden, so müssen wir also von
„ihm denken, daß die Gottheit sey ausser und über allen
„Kreaturen, zum andern daß die Menschheit, wie=
„wohl sie auch eine Kreatur ist, aber weil sie allein,
„und sonst keine, also an Gott klebt, daß sie eine Per=
„son mit der Gottheit ist, so muß sie auch höher, über
„und ausser allen Kreaturen seyn, doch unter Gott al=
„lein. Ausser den Kreaturen aber ist nichts dann Gott,
„und ist nun diese Menschheit Christi ausser den Krea=
„turen, so muß sie seyn, das Gott ist, das fehlt nim=
„mermehr. Wesentlich aber kann sie nicht Gott seyn,
„aber weil sie oben aus über alle Kreaturen an den we=
„sentlichen Gott reicht und klebet, und ist das, was Gott
„ist, so muß sie zum wenigsten persönlich Gott seyn,
„und also auch an allem Ort seyn, da Gott ist.”

„Weiter sagt die Schrift von Christo: er siße zur
„rechten Hand Gottes. Dieß heißt mit dem Vater in
„gleicher Herrlichkeit seyn, alle Dinge allenthalben mit
„dem Vater in gleicher Macht schaffen, erhalten, regie=
„ren, was im Himmel und auf Erden ist.

„Derhalben wie die rechte Hand Gottes allenthal=
„ben im Himmel und auf Erden gegenwärtig ist, und
„an keinen sonderlichen Ort oder Stelle mag gebunden
„werden; also muß man auch Christus nicht allein nach
„seiner ewigen göttlichen, sondern auch nach der ange=
„nommenen menschlichen Natur, so weit sich die Rechte
„Gottes, das ist, seine unendliche göttliche Macht und
„Gewalt erstreckt, auch gegenwärtig seyn und bleiben
„laffen.

„So

„So erfüllet dann Chriſtus alles, und zwar nicht
„allein mit ſeiner Gottheit, ſondern auch mit ſeiner
„Menſchheit. Auch hat dieſe Gegenwart Chriſti nicht
„allein Plaß in Anſehung ſeiner Würkungen, ſondern
„er iſt mit ſeinem Weſen da. Der Sohn Gottes, oder
„das Wort, welches Fleiſch geworden iſt, iſt nie und
„nirgends ohne Fleiſch. Wo der Sohn Gottes iſt, da
„iſt auch Mariens Sohn in demſelben Augenblick der
„Zeit zu Rom, zu Jeruſalem und in Frießland, nicht
„blöß durch ſeine mächtige Würkung ſondern als Gott
„und Menſch 222)."

Dabey hatte Timann auch die Einwürfe, die ſich
am natürlichſten gegen ſeine Ubiquität der Menſchen-
Natur Chriſti anboten, und beſonders den Haupt-Ein-
wurf ihrer Unverträglichkeit mit der Natur eines wahren Menſchen-Körpers voraus wegzuräumen geſucht,
aber freylich auf keine andere Art und nicht weiter auf
die Seite gebracht, als es ſchon von Luthern verſucht
worden war. Es war ächt lutheriſch, wenn er hier zuerſt auf die Vernunft ſchimpfte, welche ſich dem Urtheil
der Schrift nicht unterwerfen wolle, und doch zugab, daß
die Vernunft einen menſchlichen Leib, der an mehr als
einem Ort ſeyn ſoll, nicht für einen wahren Leib halten
könne, weil es allerdings wieder die Natur eines Körpers ſey; wobey er ſich aber treflich durch die Auskunft
geholfen zu haben glaubte, daß es ſich nur in dieſem
Leben und nur auf Erden ſo verhalte 223), hingegen
unſtrei-

---

222) S. Farrago p. 225. 230.
233. 248. 264. 281. 282.

223) Doch ſprach hier Ti-
mann ungleich poſitiver, und
wußte auch viel gewiſſer als Luther, wie es ſich hierinn im Himmel und in dem andern Leben
verhalte. "Wahr iſt es, ſagt
„er, daß ein menſchlicher Leib

„ſeiner Natur nach nur an ei-
„nem Ort ſeyn kann, aber dieß
„hat allein in dieſem Leben Plaß.
„Im Reich der Himmel verhält
„es ſich anders. So wie daſelbſt
„kein Unterſchied der Zeit, ſondern
„alles nur ein einziger und ewiger
„Augenblick iſt. ſo iſt auch da
„kein Unterſchied der Oerter; ſon-
„dern alles iſt nur ein Ort, ja
„es

unstreitig im Himmel ganz anders sey. Doch es war
gut, daß sich Timann nur an seinen Vorgänger hielt,
denn ein eigener Wegräumungs - Versuch dieses Ein-
wurfs, den er auf seine Faust wagte, mißlang ihm auf
das kläglichste [224]): daher konnte er auch nichts bess-
res thun, als daß er sich zuletzt eben so wie Luther hinter die verschiedene Schriftstellen zurückzog, in welchen
doch auch sonst dem menschlichen Körper Christi mehrere
Vorzüge zugeschrieben würden, die eben so wenig einem
gewöhnlichen Körper zukommen könnten [225]). Weil
indessen Buren von ihm verlangt hatte, daß er ihm
solche Schriftstellen angeben sollte, in welchen der Menschen-Natur Christi die Ubiquität im besondern beygelegt

---

„es ist da gar kein Ort, und nichts
„von solchen Dingen, welche die
„menschliche Vernunft sich vorstel-
„len kann, sondern was kein
„Auge gesehen, kein Ohr gehört,
„und in keines Menschen Herz
„kommen ist. Auch wir werden
„nach der Auferstehung ausser
„Zeit und Ort seyn, und so ist
„Christus auch ausser einem Ort."
Farrago p. 225 227.

224) Timann versuchte zu
zeigen, daß es doch die Vernunft nicht so ganz unmöglich
finden müsse, sich einen Körper
an mehr als einem Ort zu denken. "Es ist nicht nöthig — sagte
er — daß ein Körper an einem
„Ort sey: denn der Himmel, ein
„so grosser Körper, ist ohne Ort.
S. Farrago p. 166.

225) Eben so weißlich be-
gnügte er sich auch mit der lutherischen Antwort auf einen andern sehr starken Einwurf gegen
die Ubiquität, der auch schon von
Zwinglin und Oekolampad vorgebracht worden war. Wenn
Christus — hatten sie geschlossen-
deßwegen im Sakrament körper-

lich gegenwärtig seyn soll, weil
sein Körper überall ist, so muß
er auch in jeder andern Speise,
in jedem Apfel und jeder Birne
gegenwärtig seyn, und so würde
daraus folgen, daß er auch in
und mit jedem Apfel eben so,
wie in dem Brodt des Abendmahls genossen wurde. Darauf
betete aber Timann andächtiglich
die Antwort Luthers nach. "Die
„Menschheit Christi ist auf eine
„andere Art im Himmel, auf
„der Erde und in den Theilen
„der Erde, als wie sie im Brodt
„des Abendmahls ist. Im Apfel
„und in der Birne ist sie nicht,
„daß sie darinn ausgetheilt, und
„von uns genommen wird. In
„dem Brodt und Wein des
„Abendmahls ist sie aber so ge-
„genwärtig, daß sie uns da auch
„gegeben, und von uns genom-
„men wird, denn von Apfeln
„und Birnen hat Christus nie
„gesagt: Nehmet! Esset! das
„ist mein Leib! sondern das hat
„er allein von dem Brodt des
„Abendmahls gesprochen." ebend.
p. 287.

legt würde, ſo ließ er ihm durch Brenz die Stelle Joh.
III. 13 angeben, in welcher doch deutlich geſagt werde,
daß des Menſchen-Sohn zu gleicher Zeit im Himmel und
auf Erden, alſo wenigſtens gewiß an mehr als einem
Ort zugleich ſey.

Dagegen brachte jetzt Buren in ſeinem zweyten
Brief [226]) an Timann zwar auch nichts neues, ſondern nur die nehmliche Einwendungen vor, die auch
Kalvin ſchon im Konſens und in ſeiner erſten Vertheidigung urgirt hatte, aber er brachte ſie mit einem Geiſt
und mit einer Art vor, woraus ſich ſehr deutlich erkennen ließ, daß ſie zugleich aus ſeiner eigenen Denkform
und aus ſeiner eigenen Philoſophie ausgefloſſen waren.

Er beſtritt auf das eifrigſte, daß die Ubiquität des
Menſchen-Körpers Chriſti als eine Folge und Würkung
ſeiner Naturen-Vereinigung angenommen werden müſſe,
indem er ſeinerſeits zeigte, daß man gar keinen Verſuch
machen könne, ſie davon abzuleiten, ohne dem erſten,
von der kirchlichen Orthodoxie auf das beſtimmteſte fixir-
ten Grundbegriff in der Lehre von der Perſon Chriſti
zu nahe zu treten. "Iſt es dann nicht, fragte er, ſchon
von der Synode zu Chalcedon zum Glaubens-Artikel
„gemacht worden, daß jede von den zwey Naturen
„Chriſti auch nach der Vereinigung ihre weſentliche Ei-
„genſchaften behalten habe? Steht es nicht wörtlich im
„Athanaſiſchen Symbol: Chriſtus ſey eine Perſon,
„nicht durch Veränderung und Vermengung der Natu-
„ren, ſondern ſo, wie Leib und Seele zuſammen nur ei-
„nen Menſchen ausmachen [227])? Wie nun aber bey
„der

---

226) Dieſer zweyte Brief
Burens iſt noch nicht gedruckt;
aber die Auszüge daraus hat
Wagner aus einer Handſchrift
der Bremiſchen Bibliothek gegen
den. Hardenbergs Lebramt S. 70.
227) Buren berief ſich hier

auf eine Stelle des Symbols,
die nach dem Sinn der ächten
kirchlichen Orthodoxie eine wahre
Ketzerey enthielt: aber er hatte
nicht zu befürchten, daß man aus
dieſem Grund dagegen proteſtiren würde.

„der Vereinigung der Theile, woraus ein Mensch be-
„steht, der Geist nicht dem Leibe das Denken, noch der
„Leib der Seele die Ausdehnung mittheilt, so empfieng
„bey der Vereinigung der Naturen in Christo die eine
„auch nicht die wesentliche Eigenschaften der andern,
„sondern jede behielt was ihr eigenthümlich ist. Wer
„weiß aber nicht, daß Allgegenwart eine Eigenschaft ist,
„die sich von einem Körper gar nicht denken läßt, die
„nur einem Geist eigenthümlich seyn kann, aber nicht
„einmahl einem Engel sondern nur Gott allein zu-
„kommt?

„Für diese Ubiquität — fuhr Buren weiter fort —
„gewinnt man aber auch rein nichts, wenn man sich
„bloß darauf berufen will, daß doch nach der Schrift
„selbst der Körper Jesu viel herrlichere Vorzüge als ein
„anderer besitze, und auch schon auf Erden diese Vor-
„züge, wie z. B. durch sein Wandlen auf dem Meer,
„noch mehr aber nach seinem Tod, durch sein Hervor-
„gehen aus dem Grabe, durch seine Himmelfarth, durch
„sein Aufsteigen zur Rechten Gottes an den Tag gelegt
„habe. Allein darf man annehmen daß der Leib Christi
„bey allen diesen Vorzügen aufgehört habe, ein wahrer
„Leib zu seyn? oder darf man ihm Vorzüge zuschreiben,
„durch welche er das Wesen, und die Eigenschaften ei-
„nes wahren Körpers verlohren hätte? Ueberdem hat
„ja auch Petrus auf dem Meere gewandelt! Auch La-
„zarus und andere sind auferstanden! Auch Henoch und
„Elias sind gen Himmel gefahren! Und auch unsere
„Leiber werden nach der Auferstehung dem verklärten
„Leibe Christi ähnlich werden. Ließe sich nun daraus
„eine Allgegenwart schließen, so würde folgen, daß auch
„Petrus und andere Heilige einen allgegenwärtigen Leib
„gehabt haben, und daß wir denselben in der Ewigkeit
„bekommen werden.“

"Wenn aber Brenz in der Stelle Joh. III. eine deut»
„liche Behauptung der Schrift finden will, daß Chri»
„ſtus auch nach ſeinem Leibe im Himmel und auf Er»
„ben zu gleicher Zeit ſey, ſo nimmt er eine ſehr unbe»
„fugte Erklärung zu Hülfe. Die angeführte Stelle
„darf nur eben ſo erklärt werden, wie jene, in welchen
„ſonſt zuweilen geſagt wird, daß Gott geſtorben ſey, oder
„daß Gott ſeine Gemeinde durch ſein Blut erkauft habe.
„Solche Redensarten ſind nur von der Perſon des Er»
„löſers, und nicht von einer jeden ſeiner Naturen zu
„verſtehen. Wahr iſt es, der Gottmenſch hat ſein
„Blut vergoſſen, und zu eben der Zeit, da er auf Er»
„ben wandelte, war er auch im Himmel. Wollte man
„aber dieſes auf die Naturen deuten, und behaupten:
„die Gottheit iſt geſtorben, und hat Blut vergoſſen;
„oder die Menſchheit war zugleich auf Erden und im
„Himmel, ſo würden ja daraus die ungereimteſte und
„zugleich die irrigſte Begriffe folgen. Sollte es zum
„Beyſpiel von der Menſchen-Natur Chriſti geſagt
„ſeyn, daß des Menſchen Sohn vom Himmel herabge»
„kommen ſey, ſo müßte ja folgen, daß Chriſtus, der
„durch die Geburt erſt eines Menſchen Sohn geworden
„iſt, ſchon vor derſelben als Menſch im Himmel gewe»
„ſen, und ſeine Menſchheit vom Himmel mitgebracht
„habe."

Dieſe Zweifel, welche Buren vorbrachte, hätten
doch wohl verdient, daß ſich Timann darauf eingelaſ»
ſen hätte, wenn es ſchon nur nachgeſprochene Zweifel
waren. Sie hätten es um ſo mehr verdient, weil ſie
von einem Layen nachgeſprochen waren, der ſich doch
dabey, wie man mehrfach bemerkt, in der verwickelten
Lehre von dem Verhältniß der in Chriſto vereinigten
Naturen ſelbſt etwas verwirrt hatte, und einem ge»
wandten theologiſchen Gegner mehrere Blöſſen gab,
welche zu ſeinem Nachtheil benutzt werden konnten:

Aber

Aber aus der Antwort, welche Timann dem Layen gab [228]), deckte sich jetzt noch deutlicher auf, daß er voraus bey sich beschlossen hatte, sich mit dem Layen gar nicht einzulassen. Anstatt aller Antwort legte er Buren bloß die Fragen vor: Ob er glaube, daß D. Luthers Schriften dem Glauben gemäß seyen? Ob er sich überwunden bekennen wolle, wenn er überzeugt werde, daß Brenz eine Ubiquität des Leibes Christi würklich behauptet habe? Oder ob er die Entscheidung des Streits darüber dem Urtheil der Niedersächsischen Kirchen überlassen wolle? Buren antwortete darauf mit sehr edler Freymüthigkeit: "D. Luthers Schriften halte er nur in so fern dem Glauben gemäß, als sie mit den göttlichen Schriften übereinstimmten; ob er sie aber schon nicht alle gelesen, so wisse er doch dieses, daß er in den sieben Jahren, die er in Wittenberg zugebracht, niemahls auch nur ein Wort von der Ubiquität aus Luthers Munde gehört habe. Warum ihm die Autorität und die Meynung Brenzens nicht genug thue? habe er schon voraus erklärt. Das Urtheil der Sächsischen Kirchen aber müsse ihm ja wohl verdächtig seyn, da er vernommen, daß verschiedene Lehrer derselben sich schon längst mit den Bremischen Predigern verbunden hätten, daß sie in dieser Sache für einen Mann stehen wollten. Nach dieser Antwort brach Timann alle weitere Handlungen ab: und dieß darf man doch für gewiß annehmen, daß er auf keine andere gerechnet hatte.

Kapitel VII.

Damit wurde die Absicht Burens, das Wetter, das die Bremische Prediger zusammenzogen, von seinem

Freund

---

228) S. Burens Brief an Melanchton in Miscell. Gron. T. III. fasc. 3. p. 377.

Freund Harbenberg abzuleiten, und unter dieſer Opera-
tion vielleicht noch ganz zu vertheilen, völlig vereitelt:
vielmehr brachte ſeine Einmiſchung nur die Würkung
hervor, daß ihr Unwille gegen Harbenberg auf einen
höheren Grad von Erbitterung ſtieg, wodurch der Ausbruch davon noch ſchneller, als vielleicht ſonſt geſchehen
ſeyn dürfte, herbeygeführt wurde. Doch bemerkt man
dabey eine Erſcheinung, aus der ſich beynahe vermuthen
läßt, daß die Einmiſchung Burens noch etwas mehr
bewürkt hatte.

Timann und ſeine Kollegen fiengen ſich nach dieſen
Handlungen mit dem Burgermeiſter auf einmahl zu be-
ſinnen an, daß es ihnen doch nicht allein um die Ubiquitäts-Lehre, ſondern vorzüglich darum zu thun ſey, ihren Gegner als einen Apoſtaten von der ächten lutheriſchen Nachtmahls-Lehre auszuſtellen. So gedanken-
los ſie ſich bißher allein bey jener verweilt hatten, ſo
plötzlich lenkten ſie jetzt wieder davon ab, um den Streit
unmittelbar in die Nachtmahls-Lehre hineinzuführen!;
und dazu hatte gewiß auch Buren etwas beygetragen,
daß ſie ſo haſtig von jener wegzukommen eilten. Allein
nun fand es Harbenberg ſeinerſeits räthlich, ſie nicht
ſo ſchnell wegkommen zu laſſen, und nöthigte ſie zu ihrem groſſen Aerger, wieder dahin zurückzukehren.

Noch im J. 1556. und unmittelbar nach dem Briefwechſel zwiſchen Buren und Timann wollten die Bremiſche Prediger andere und weitere Beweiſe entdeckt haben, daß Harbenberg ein Sakramentirer ſey, der mit
Verläugnung der lutheriſchen leiblichen Gegenwart
Chriſti im Nachtmahl nur allein die kalviniſche geiſtliche
annehme. Man gründete jetzt die Anklage nicht mehr
bloß auf ſeinen Wiederſpruch gegen die Ubiquitäts-Lehre.
Man erlaubte ſich nicht mehr bloß die Folgerung, daß
er die leibliche Gegenwart faſt nothwendig verwerfen
müſſe,

müsse, weil er ja diese nicht annehme, sondern man
sagte ihm auf den Kopf zu, daß er sie verwerfe; denn
einer seiner bißherigen Hausfreunde, ein gewisser Clard
Segebade [229], war auf die niedrigste Art zum Verräther an [230] ihm geworden, und hatte seinen Gegnern mehrere seiner Privat-Aeusserungen mitgetheilt,
in welchen sie die deutlichste Beweise seines Kalvinißmus
oder doch seiner Neigung dazu gefunden hatten. Ja
er hatte ihnen sogar ein Dokument in die Hände gespielt,
durch das er im Nothfall — aber freylich nur im Nothfall [231] — schriftlich oder durch seine eigene Hand
über-

L 3

229) "Segebade war eine ge-
„räume Zeit ein Vertrauter und
„Hausgenosse Hardenbergs gewe-
„sen. Weil dieser einen offenen
„Kopf und einen fähigen Geist
„bey ihm bemerkte, so liebte er
„ihn desto mehr, und bemühte sich
„ihn zu seinem Gehülfen in der
„Dom-Kirche zu erhalten. Aber
„Segebade wurde um diese Zeit
„mit Hardenberg uneins, schlug
„sich sogleich auf die Seite Ti-
„manus, und — erhielt dadurch,
„daß er zu einer Stelle an der
„Anschariuß-Kirche gewählt
„wurde." S Hardenbergs geschriebene Geschichte in Hardenbergs Lehramt S. 78.

230) Man wird vorzüglich
dadurch befugt, diese harte Ausbrücke von Segebade zu gebrauchen, weil man noch ein Dokument hat, aus welchem höchst
deutlich wird, daß er bißher mit
Hardenberg in der Lehre vom
Abendmahl völlig übereinstimmte,
und auch in jenen Punkten, worinn er von der reinlutherischen
Vorstellung abwich, völlig übereinstimmte. Dieß ist ein von seiner eigenen Hand geschriebenes
Bekenntniß, in welchem die Ubiquität ausdrücklich verworfen,
die wahre Gegenwart Christi im

Sakrament nur in Hardenbergs
Ausdrücken zugelassen, der wahre
Genuß seines Leibes und Blutes
aber ebenfalls nur auf die Gläubige eingeschränkt wird. Doch
man darf nicht verhelen daß die
Beweißkraft dieses Dokuments
dadurch etwas geschwächt wird,
weil man weder die Zeit noch die
Absicht genau angeben kann, in
welcher und zu welcher es von
Segebade aufgesetzt wurde. S.
ebend.

231) Es war allerdings kaum
im Nothfall brauchbar, denn es
war ein sehr unschuldiges Dokument. — Der Graf Christoph von
Oldenburg hatte von Hardenberg
einen kurzen Inbegriff der christlichen Lehre verlangt. Dieser
fand es nicht nöthig, einen neuen
aufzusetzen, sondern nahm eine
kleine Schrift, die unter dem
Titel: Summe der christlichen
Lehre zum Gebrauch der Straßburgischen Kirche von Bucern
aufgesetzt worden war, übersetzte
sie in das Niedersächsische, und
schickte sie dem Grafen zu. Davon verschafte sich Segebade eine
Abschrift, die er seinen Gegnern
auslieferte, denen aber nicht
viel damit gedient seyn konnte.
S. ebend. p. 80.

überführt werden konnte. Davon machte man jetzt mit
einer Betriebſamkeit Gebrauch, die am merklichſten
verrieth, wie gern man den Streit von der Ubiquität
weggedreht hätte. Timann und Segebade reißten ſelbſt
mit den zuſammengebrachten Beweiſen von dem Kalviniß=
mus Harbenbergs nach Hamburg, um ſie dort Weſt=
phal vorzulegen, und ſein Urtheil darüber einzuholen —
oder zu ſtimmen: zu Hamburg wurde auch ſchon aus=
gemacht, daß auf einem nächſtens zu veranſtaltenden
Konvent mehrerer Niederſächſiſchen Theologen zu Möl=
len in der Nähe ²³²) von Lübeck dieſe ſchwehre und be=
trübte Anzeigen ebenfalls vorgelegt, und allenfalls über
die Maßregeln berathſchlagt werden ſollte, welche das
bey zur Sicherung der Niederſächſiſchen Kirchen vor dem
Gift des Kalvinißmus zu nehmen ſeyn möchten. Dar=
aus läßt ſich leicht ſchlieſſen, was Harbenbergs Gegner
in Bremen ſelbſt zuſammenrühren mochten: doch es darf
nicht bloß daraus geſchloſſen werden, denn es zeigte ſich
hier in einer beſonderen Wendung, die daraus entſprang,
aber auch freylich vor der Hand ihre Abſichten völlig
vercitelte.

Entweder hatten die Prediger in der Stille auch den
Magiſtrat, oder doch einen Theil des Magiſtrats ma=
nipulirt, oder war dieſer durch die Bewegungen, welche
ſie unter der Bürgerſchaft erregt hatten, von ſelbſt ſo
aufmerkſam geworden, daß er es jetzt ſchon für ſeine
Pflicht hielt, ſich in ihre Händel einzumiſchen. Durch
die Art und Weiſe womit er ſich einmiſchte, wird das
eine ſo wahrſcheinlich als das andere, denn nach dieſer
iſt es eben ſo glaublich, daß man auch von Seiten des
Magiſtrats einigen Verdacht gegen Harbenberg aufge=
faßt hatte, als daß man ihm Gelegenheit machen wollte,
ſich von dieſem Verdacht zu reinigen und damit die Ur=
ſache der Händel wegzuräumen. Er wurde nehmlich
vor

232) S. Arn. Greve Memoria Pauli ab Eizen p. 23.

vor einen Ausschuß des Magistrats gefordert [233]) der
aus den vier Burgermeistern und den vier ältesten
Rathsherrn jedes Quartiers bestand, und von diesem
ersucht, daß er ein deutliches und bestimmtes Bekenntniß seiner Meynung von dem Abendmahl ablegen möchte.
Ein gleiches Bekenntniß forderte man aber auch zu gleicher Zeit von dem Superintendenten Jacob Probst, den
man als Repräsentanten des Stadt-Ministerii mit ihm
beschieden hatte; wobey man wahrscheinlich darauf rechnete, daß die Vergleichung des einen mit dem andern
die Meynung Harbenbergs noch mehr ins klare setzen,
und im Fall ihrer Uebereinstimmung seine Orthodoxie
vollständiger rechtfertigen, so wie im Fall einer Verschiedenheit die bekannte Sanftmuth und Mässigung des
alten Probst einen Vergleich zwischen ihnen am meisten
erleichtern könnte. Dieß mochten wenigstens die Freunde
hoffen, die Harbenberg im Magistrat hatte; aber sie
erhielten noch mehr, als sie gehofft hatten!

Ohne sich auf das Befugniß des Magistrats zu der
Forderung, die er an ihn gemacht hätte, einzulassen,
gab er zuerst die folgende Erklärung von sich. "Bey
"seiner Berufung nach Bremen sey ihm aufgetragen wor-
"den, Gottes Wort zu lehren, und sich so viel möglich
"nach der Reformation des Erzbischofs und Churfürsten
"von Cölln zu richten. In dieser würde den Lehrern
"folgende Vorschrift gegeben: sie sollten das Volk unter-
"terichten, Christus selbst gebe uns durch den Diener
                                            "und

---

233) Die ganze Geschichte der
folgenden ersten Verhandlungen
mit Harbenberg, die unter obrig-
keitlicher Vermittlung angestellt
wurden, war bisher unbekannt,
biß sie Wagner aus einer geschriebenen Geschichte Hardenbergs in die seinige aufnahm.

Einige Beziehungen darauf finden sich aber doch auch in den
zwey Hardenbergischen Scriptis de
ubiquitate p. 3. ja selbst in Keu-
fels Narratio p. 8. und dadurch
wird ihre Wahrheit hinreichend
beglaubigt.

„und die anbefohlene Gebräuche des Abendmahls seinen
„wahren Leib und Blut: weil aber dieses Geben und
„Empfangen des Leibes und Blutes Christi ein himm-
„lisches Werk sey und eine Handlung des Glaubens,
„so müsse man alle fleischliche Gedanken fahren lassen,
„und mit erweckten Begierden des Herzens und der Dank-
„barkeit die himmlische Gaben empfangen. Auf diese
„Art hätte er bißher gelehrt, und nach dieser Vorschrift
„hätte er sich bey dem öffentlichen Unterricht vom Abend-
„mahl verhalten. Seit dem man aber über diese Lehre
„zu streiten angefangen, hätte er sonst wenig davon ge-
„redet, um allem Anlaß zu Zank auszuweichen [234]).

Von dieser Erklärung nahm aber der Ausschuß des
Magistrats die nicht unnatürliche Veranlassung her,
ihm einen andern Vorschlag [235]) zu machen, der vielleicht auch freundschaftlich gemeynt war, aber seine Klugheit auf eine schwehrere Probe setzte, die er jedoch vor-
treflich bestand. Man erbot sich, ihm jedes weitere
Bekenntniß zu erlassen, wenn er nur auf die Augsp.
Konfeßion und ihre Apologie schwören wollte. Damit
war ihm dem Ansehen nach ein sehr leichter Ausweg gezeigt, aus allen weiteren Verdrüßlichkeiten herauszu-
kommen, denn er wußte es gewiß eben so gut als Kalvin und Lasco, daß sich die Meynung, welcher er zugethan war, mit dem Buchstaben der Konfeßion sehr
leicht vertrage, und er wußte es noch besser als Kalvin
und Lasco, daß sie der jetzigen eigenen Erklärung des
Verfassers der Konfeßion vollkommen gemäß sey. Bey
der kleinen Verschiedenheit, die zwischen der Kalvinischen
und zwischen seiner Meynung, wie man aus seinem ersten

---

234) S. Hardenbergs Lehr-
amt S. 81.
235) Die Veranlassung zu
dem neuen Vorschlag wurde dadurch sehr natürlich, weil aus

seiner ersten Erklärung so deutlich erhellt, daß er seine Meynung nicht gern in eigenen, von
ihm selbst gewählten Ausdrücken
vorlegen wollte.

sten Bekenntniß schliessen muß, noch statt fand, konnte
er sie sogar noch viel leichter in der Konfession finden,
als Kalvin die seinige; und deßwegen würde er sich auch
schwerlich bedacht haben, wenn man sich bloß begnügt
hätte, ihm die Frage vorzulegen, ob er die Meynung
annehme, die in der Augsp. Konfession aufgestellt sey.
Allein die Forderung, auf die Augsp. Konfession und
ihre Apologie zu schwören, fand Hardenberg in seiner
Lage und in seinen besondern Verhältnissen mit Recht
allzubedenklich: vielleicht scheute sich sein zartes Gefühl
auch vor der Mental Reservation; wozu ihn doch immer
die zugleich auf die Apologie ausgedehnte Verpflichtung
genöthigt haben würde; also lehnte er diesen Vorschlag
mit sehr edler Freymüthigkeit ab, aber legte dafür der
Deputation einen andern vor, der ihr keinen Vorwand
übrig ließ, auf dem ihrigen zu beharren, weil er allen
ihren Absichten und ihren Wünschen eben so gut entsprach. Er erklärte dem Ausschuß, daß er bereit sey,
das verlangte weitere Bekenntniß abzulegen; hingegen,
setzte er hinzu, weil der Gemeinde, welche er unterrichte
eben so viel und noch mehr als den Rath daran gelegen
sey, von seinen wahren Gesinnungen unterrichtet zu werden, so sey er entschlossen, es öffentlich zu thun, und
werde sich deßwegen in seiner nächsten Predigt darüber
erklären.

Dieß Versprechen erfüllte auch Hardenberg, aber
mit einer Klugheit, die seine Gegner nicht wenig ver-
wirrte, ohne ihn dem Verdacht einer unwürdigen Verstellung oder einer unredlichen Reticenz auszusetzen. Er
äusserte fast noch bestimmter als in seinem ersten Bekenntniß, daß er eine wahre Gegenwart, und eine würkliche Austheilung des Leibes und Blutes Christi im Sakrament annehme, bezeugte aber dabey eben so bestimmt,
daß dieser Leib seiner Meynung nach nur von dem
Glauben oder im Glauben genossen werde. "Brodt

L 5   und

und Wein — dieß waren die Ausdrücke, in die er jetzt
ſeine Vorſtellung faßte — "im Worte verfaßt, und nach
„dem Befehl des Herrn gebraucht, ſind der wahre Leib
„und Blut Chriſti, aber ſacramentlich; denn ob zwar
„die Sinne nichts als Brodt vernehmen, ſo empfängt
„doch der Glaube den wahren Leib und das Blut Chriſti,
„die mit Brodt und Wein wahrhaftig und in der That
„gegeben werden." In dieſer Erklärung mußte Timann,
nach demjenigen, was bißher vorgegangen war, den
Punkt, worinn Hardenberg von der rein-lutheriſchen
Meynung abwich, noch eben ſo deutlich als in ſeinem
erſten Bekenntniß gewahr werden[236]); wiewohl er
aber jetzt gerade für dieſen Punkt eifern, und die Abweichung davon als Todſünde ausſchreyen wollte, ſo
ſcheute er ſich doch von der Predigt Hardenbergs unmittelbar dabey Gebrauch zu machen. Das Volk ſah ja
nichts darinn, als das unzweydeutigſte Bekenntniß von
der wahren Gegenwart Chriſti im Nachtmahl, das auch
würklich darinn lag; die Wendungen aber, aus welchen
Hardenberg ſeine Abweichung von dem Nebenbegriff ei-
                                                         ner

---

236) Wenn Wagner meynt,
die Gegner Hardenbergs hätten
nach dieſem Bekenntniß immer
noch zweiſeln müſſen, ob ſich auch
Hardenberg auf jenem Mittel-
weg zwiſchen Luthers und Zwinglins Meynung befinde, den Kalvin erfunden und damahls ſchon
ſo manche deutſche Theologen gebilligt hätten, ſo traut er ihnen
würklich zu wenig Scharfſinn oder
zu viel Gutherzigkeit zu. Es war
unmöglich, daß Timann nach
demjenigen, was ſchon vorgegangen war, dieſe Mittel-Meynung
in Hardenbergs Aeuſſerungen verkennen konnte, ſo wie es gewiß
iſt, daß er damahls ſchon darauf
ausgieng, und allein darauf ausgieng, gerade dieſe Mittel-Meynung zu verketzern. Aber Timann

fühlte dabey recht gut, daß dieß
Verketzern nicht ſo leicht angehe,
weil ſich der Unterſchied zwiſchen
dieſer Mittel-Meynung und zwiſchen der acht-lutheriſchen dem
Volk faſt gar nicht bemerklich machen ließ. Er ſah die Nothwendigkeit ein, daß dieſes erſt noch weiter
vorbereitet werden müßte, und
hütete ſich vorzüglich deßwegen,
den eigentlichen Punkt, über welchen er mit ihm ſtreiten wollte,
jetzt ſchon allzuſichtbar auszuſtellen. Daraus erklärt ſich ſehr
leicht, was Wagner ſo befremdend findet, warum er nicht jetzt
ſchon Fragen vorleute, die ihm
eine ganz beſtimmte Erklärung
darüber abgezwungen haben würden? — S. 85.

der Gegenwart unter dem Brodt errathen ließ, waren
so bedächtlich abgemessen [237]), daß er dem Gegner, der
von dieser Seite her auf ihn einbringen wollte, durch
mehr als einen Ausweg entschlüpfen konnte, sobald es
ihm räthlich schien. Darauf wollte es Timann nicht an-
kommen lassen; daher ließ er sich lieber gar nicht auf
die Predigt ein, sondern drang nur darauf, daß Hardenberg ein schriftliches Bekenntniß ausstellen müßte,
und bewürkte es auch durch seine Freunde im Magistrat,
daß das neue Ansinnen unter der Auctorität von diesem
würklich an ihn gebracht wurden. Jetzt hingegen half
sich Hardenberg durch einen andern Kunstgriff, der beynahe einen vortheilhafteren Effekt für ihn hervorbrachte,
als er sich wahrscheinlich selbst davon versprochen hatte.

In der Raths-Sitzung, in welcher man bey einer
neuen Konferenz zwischen ihm und den übrigen Predigern, wobey jetzt auch Timann zugegen war, jenes Ansinnen an ihn gemacht hatte, erklärte er sich nach einigen Protestationen auf der Stelle bereit, sein Bekenntniß nicht nur schriftlich, sondern selbst gedruckt auszustellen, und zwar in einer von seinem Gegner selbst vorgeschriebenen Form auszustellen. Mit diesen Worten
zog er die Timannische Schrift hervor, welche er in dieser Absicht mitgebracht hatte, las mehrere von ihm vorher ausgezeichnete Stellen wörtlich daraus ab, welche
lauter Erklärungen von Luther, von Melanchton, von
Brenz

---

237) Auch hier beurtheilt
Wagner die Theologen, welche
jene Mittel-Meynung angenommen hatten, sehr unrichtig. Sie
wollten nicht verhelen, daß sie
von dem Begriff einer leiblichen
Gegenwart unter dem Brodt
abgewichen seyn; aber sie wollten es dabey so sichtbar als möglich machen, daß sie deswegen
doch noch eine wahre Gegenwart

Christi im Sakrament beybehiel-
ten. Deßwegen massen sie ihre
Ausdrücke, deßwegen maß Hardenberg seine Ausdrücke so bedächtlich ab, damit ihm seine
Gegner nicht mit der Auflage
beykommen könnten, daß er die
wahre Gegenwart Christi mit
seiner Gegenwart unter dem
Brodt verwerfen wolle.

Brenz, von Musculus und andern Theologen enthielten, auf deren Autorität sich Timann berufen hatte, bezeugte feyerlich, daß er in der Nachtmahls-Lehre alles dasjenige ebenfalls glaube und lehre, und immer geglaubt und gelehrt habe, was in diesen Stellen enthalten sey, und überließ es dem Magistrat, ob er dieß Bekenntniß durch seine Unterschrift, oder auf eine andere Art solennisirt haben wollte?

In diesen Stellen, welche Hardenberg aus der Timannischen Schrift ausgezeichnet hatte, lagen wörtlich die folgende Sätze: "der Leib Christi und sein Blut sind "im Abendmahl gegenwärtig."

"Es ist irrig, wenn man annimmt, daß der Leib "und das Blut Christi allein bedeutet, und nicht würk= "lich gegenwärtig und in der That den Kommunikanten "mitgetheilt werde.

"Indem Christus spricht: Nehmet! Esset! das ist "mein Leib und Blut! so schenket er damit die himmli= "schen Gaben nehmlich seinen Leib und Blut. Denn da "dieß die Art der Sakramente ist, daß uns mit den "sichtbaren Zeichen die unsichtbare Gaben Gottes mit= "getheilt werden, durch den Diener dienstlicher massen, "durch den Herrn aber vornehmlich, so ist es recht zu "glauben und bekennen, daß uns der Herr in dem Abend= "mahl mit dem Brodt seinen wahren Leib und mit dem "Kelche sein wahres Blut gebe.

"In dem Gebrauch des Abendmahls ist Christus "wahrhaftig und wesentlich gegenwärtig, schenket den "Tischgenossen seinen wahren Leib und sein wahres Blut, "und bezeuget, daß er in ihnen sey, sie zu seinen Glie= "dern mache, und sie durch sein Blut gereinigt habe."

Nun sieht man leicht, wie Hardenberg ohne die mindeste Zweydeutigkeit mit vollester Wahrheit das Be=

kenntniß seiner eigenen Meynung in diesen Stellen zusammenfassen, und doch zugleich einer Erklärung über
die leibliche Gegenwart unter dem Brodt ausweichen
konnte. Da er durch die allgemeine Forderung, die
man an ihn gemacht hatte, noch nicht verpflichtet wurde,
sich besonders darüber zu erklären, so kann ihm auch
dieß Ausweichen nicht als Falschheit oder Verstellung
angerechnet werden; doch würde er auch nicht viel dadurch gewonnen haben, wenn er bloß mit Timann zu
thun gehabt hätte; aber ein Umstand, auf den vielleicht
von ihm gerechnet war, verhinderte Timann, sich so
dabey zu benehmen, wie er wohl sonst unfehlbar gethan
haben würde. Die anwesende Layen von den Gliedern
des Magistrats, selbst der Burgermeister Kenkel, der
erklärte Freund und Beschützer der Timannischen Parthie, wurden durch die Erklärung Hardenbergs so überrascht, daß sie auf einmahl alles Mißtrauen gegen ihn
fahren ließen. Sie wußten es alle nicht anders — und
für Layen war dieß ja wohl natürlich — als daß man,
um ächt-lutherisch zu seyn, nur die wahre und wesentliche Gegenwart des Leibes und Blutes Christi im Abendmahl bekennen müsse. Sie hatten eben deßwegen aus
dem Geschrey über die Abweichungen Hardenbergs nur
den Verdacht aufgefaßt, daß er jene wahre und wesentliche Gegenwart verwerfen müsse. Da sie aber jetzt
hörten, daß er sie nicht nur ebenfalls annahm, sondern
auch bereit war, sie in eben den Ausdrücken zu bekennen, in welchen sie Luther und die ächteste lutherische
Theologen bekannt, und welche Timann selbst in seiner
Schrift als die unzweydeutigste und bestimmteste aus ihren Schriften ausgesucht hatte, so faßten sie jetzt desto
schneller, und — weil bey ihnen keine Leydenschaft im
Spiel war — auch desto gerner die Ueberzeugung auf,
daß sie Hardenberg mit ihrem Verdacht bißher zu viel
gethan hätten. Der Burgermeister Kenkel brach selbst
in

in die Worte aus: "Herr Doctor! Nun freue ich mich
„über sie; denn ich meynte, daß sie ein vollkommener
„Zwinglianer wären. Nun sind wir wohl mit ihnen
„zufrieden." Aber Kenkel that noch mehr. Er bemühte sich jetzt selbst, Timann und Hardenberg völlig
mit einander zu vergleichen; indem er den ersten zu bewegen suchte, daß er bey ihrer Uebereinstimmung in der
Nachtmahls-Lehre die Verschiedenheit ihrer Meynungen über die Frage von der Ubiquität auf sich beruhen
lassen möchte. Er ermahnte dabey beyde, daß sie den
Streit über diese Frage, der nur in die Schulen der
Gelehrten gehöre, wenigstens nicht mehr auf die Kanzel bringen, und sich in ihren Predigten überhaupt aller
gegenseitigen persönlichen Anzüglichkeiten enthalten sollten: den andern Tag aber stattete er in der Versammlung des ganzen Raths einen Bericht von der Verhandlung ab, auf welchen das einstimmige Urtheil des Raths
dahin ausfiel, daß Hardenberg von dem Zwinglischen
Irrthum ganz rein sey [238]).

Das Benehmen und die Haltung, welche Timann
dabey annahm, muß man nur aus dem folgenden Gang
des Handels, aber kann sie sehr leicht aus diesem vermuthen. Ihm konnte natürlich das Bekenntniß Hardenbergs nicht genugthun! Da er sich selbst allmählig in
die Ueberzeugung hineingeeifert hatte, daß niemand, der
die Ubiquitäts-Lehre verwerfe, eine wahre leibliche Gegenwart Christi im Sakrament annehmen könne, so
waren auch die bestimmteste Aeusserungen nicht mehr
hinreichend, ihn würklich zu überreden, daß doch auch
Hardenberg noch eine wahre Gegenwart Christi im Ernst
annehmen wollte. Die ganze Form seiner Erklärung
mußte ihm also nur eben so viel List als Unredlichkeit
ver-

---

238) S. Hardenbergs Lehramt S. 88. und auch Kenkel narratio
p. 16.

verrathen, und desto größer mußte eben deßwegen sein
Verdruß über die Würkung seyn, welche sie bey seinen
Layen = Freunden im Magistrat gehabt hatte; doch sah
er auch sogleich die Nothwendigkeit ein, sich bey dem
Auslassen dieses Verdrußes vorläufig etwas zu mässi=
gen, weil er sonst leicht seinem Gegner ein noch besseres
Spiel machen könnte. Diese gute Layen glaubten es
ja mit ihren Ohren gehört zu haben, daß Harbenberg
eine wahre Gegenwart des Leibes Christi mit Luthers
eigenen Worten bekenne. Sie hatten keinen Grund,
an seiner Ehrlichkeit zu zweiflen, denn jene Ueberzeu=
gung von der nothwendigen Verbindung der Ubiquitäts=
Lehre mit der ächt = lutherischen Nachtmahls = Lehre fand
bey ihnen gar nicht statt; aber diese Ueberzeugung
konnte ihnen auch nicht auf einmahl beygebracht wer=
den; daher sah sich Timann schlechterdings gezwungen,
seine Maaßregeln auf das neue zu verändern. Er
faßte jetzt den Entschluß, die Frage: ob Harbenberg
auch in der Verwerfung der wahren Gegenwart Christi
mit den Kalvinisten und Schweizern übereinstimme?
wiederum einige Zeit ruhen zu lassen [239]); aber indeß=
sen in der Stille an der Ueberzeugung seiner Layen=
Freunde von der Wichtigkeit der Ubiquitäts = Lehre zu
arbeiten, den Streit über diese auf das neue in Gang
zu bringen, und nur einmahl den vorsichtigen Harben=
berg zu einer öffentlichen Erklärung gegen diese zu reizen,
welche er dann nach den Umständen zu benutzen sich vor=
behielt. Nach diesem Entschluß handelte wenigstens
Timann, und erreichte auch damit nur allzubald seinen
Zweck.

Noch

---

239) Auch sagt Kentel selbst,
daß man jetzt eine Zeitlang auf=
gehört habe, auf den Kanzeln
mit einander zu streiten, und
schreibt dieß den Bemühungen

zu, welche er angewandt habe,
um beyde Partheyen in den
Schranken der Mässigung zu er=
halten. ebend.

Noch ein volles halbes Jahr wiederstand zwar Har=
benberg jeder Reizung, die man an ihn bringen konnte,
wenigstens so weit, daß er sich zu keiner öffentlichen Er=
klärung bringen ließ; aber gegen das Ende des Jahrs
1556. glaubte er selbst um seiner Gemeinde willen nicht
länger schweigen zu dürfen. Auf allen Bremischen Kan=
zeln war den gröſten Theil des Sommers hindurch nur
von dem neuen Restorianißmus gesprochen worden, der
sich in Bremen erheben wolle; denn von dieser Seite
stellte man jetzt allein die Meynung derjenigen vor, wel=
che die Ubiquität der Menschheit Chriſti bezweifelten,
indem man es für entschieden annahm daß sie dieß nicht
thun könnten, ohne die vereinigte Naturen Chriſti zu
trennen. Wenn man dabey auch Harbenberg nicht
nannte, so wußte doch die ganze Stadt, daß er gemeynt
war; und dieß schien in die Länge seinen Freunden so
bedenklich, daß sie irgend eine Gegenwürkung von seiner
Seite für nöthig hielten, und ihm deßwegen dringend
anlagen [240], daß er auch einmahl öffentlich die neue
Ubiquitäts=Lehre mißbilligen und zugleich die Gründe
seiner Mißbilligung vorlegen sollte. Dieß that er dann
endlich in einer Predigt, jedoch so verdeckt und gemäſ=
sigt, daß der gröſte Theil seiner Zuhörer nicht einmahl
merkte, wohin er ziele, daher ruhten seine Freunde
nicht, biß sie ihm in einer zweyten Predigt, eine be=
stimmtere Erklärung abgedrungen hatten. In dieser
sagte er jetzt ohne Zurückhaltung, daß er sich seinerseits
der Behauptung von einer wesentlichen Allgegenwart
der Menschen=Natur Chriſti immer wiederseßen werde,
welche man neuerlich der Kirche aufdrängen wolle; auch
bewieß er das undenkbare und unhaltbare, wie das
Vernunft= und schriftwidrige der neuen Lehre mit meh=
reren Gründen, aber so sorgfältig als feyerlich prote=
stirte

240) Dieß sagt Buren selbst in dem Brief an Melanchton in
Misc. Groning. T. 3. p. 378.

ſtirte er noch dabey, daß er bloß jene allgemeine weſentliche Ubiquität des Leibes Chriſti beſtreite, ohne deßwegen an ſeiner wahren Gegenwart im Sakrament des
Nachtmahls zu zweiflen, die keineswegs an jene allgemeine gebunden ſey, ſondern auf ganz andern Gründen
beruhe [241]).

Eben ſo weit, aber auch nur ſo weit ließ er ſich in
einigen ſchriftlichen Sätzen heraus, in welche er um dieſe
Zeit die Gründe gegen die Ubiquitäts-Lehre oder vielmehr gegen das Fundament zuſammenfaßte, worauf
man ſie bauen wollte. Hardenberg beſtritt in dieſen
Propoſitionen [242]) zunächſt nur das Vorgeben, daß
man die Ubiquität der Menſchen-Natur Chriſti wegen
ihrer Vereinigung mit der göttlichen oder als eine Folge
dieſer Vereinigung annehmen müſſe; indem er mit ſehr
viel Klarheit auseinander ſetzte, daß man allerdings um
dieſer Vereinigung willen der ganzen Perſon des Gott-
Menſchen die Eigenſchaften beyder Naturen mit völligem
Recht beylegen dürfe und beylegen müſſe, hingegen auf
keine Weiſe die Eigenſchaften jeder Natur an die andere
übertragen könne, ohne in den entſchiedenen Eutychianißmus hineinzugerathen [243]). Er ſchlieſſe alſo — ſo
begreift

141) S. Hardenbergs Lehr-
amt S. 90.

242) Alberti Hardenbergii
Themata, ſive poſitiones adverſus Ubiquitatem corporis Chriſti
in Farragine Johannis Amſterodami plus XXXVIII. locis repeti-
tam. S. Gerdes Hiſt. mot. p.
96-100. Die Form in welcher
man die Sätze hier findet, iſt
aber etwas verſchieden von derjenigen, in welcher ſie Hardenberg den 5. Nov. 1556. dem
Dom-Kapitel zu Bremen über-
Theil II. 2. Hälfte.

gab; denn in dieſer urſprüngli-
chen Form, in welcher ſie Wagner aus einer Handſchrift Hardenbergs abdrucken ließ S. 94 97.
waren der Sätze nur 15 da ſich
bey Gerdes 18 finden.

243) Hardenberg gieng von
dem Axiom aus, daß die Naturen in Chriſto unzertrennlich vereinigt, aber nicht vermiſcht ſeyen,
und daß die Vereinigung ihren
Unterſchied nicht aufgehoben ſondern jede unverändert gelaſſen
habe. S. 1. 2. 3. 9. Daraus ſchloß
M   er,

begreift er im Dreyzehnten ſeiner Sätze das Ganze zu
ſammen — daß man nach der gewöhnlichen Art, wie
ſich die Schrift und die erſte Kirche ausgedrückt habe,
mit Fug ſagen könne, der Menſch Chriſtus, weil er
mit der Gottheit eine Perſon iſt, ſey allenthalben, aber
nicht daß ſeine Menſchheit oder ſein Fleiſch allenthalben
ſey. "Und weil dann — ſetzte er jetzt freylich in der folgenden Propoſition hinzu — "weil dann dieſe Allenthal
„benheit des Leibes Chriſti eine neue Lehre iſt, die we
„der durch die Schrift noch durch das Zeugniß der älte
„ſten chriſtlichen Lehrer beſtätigt iſt, weil ſie den Tod
„und die Auferſtehung Chriſti zweifelhaft macht, und
„die Naturen in Chriſti vermengt, ſo verwerfe ich ſie,
„biß ich durch die chriſtliche Akademieen in Deutſchland
„eines andern überführt werde. — Aber — fügte er
„auch hier im letzten Satz noch bedächtlicher bey — "ich
„bezeuge dabey feyerlich, daß ich durch dieſe Sätze die
„Lehre vom Abendmahl nicht anfechte, worüber ich meine
„Gedanken bey anderer Gelegenheit geäuſſert habe, ſon
„dern daß ich es allein mit dem Buch Farrago genannt
„zu thun habe, welches behauptet, daß der Leib Chriſti
„darum allenthalben ſey, weil das Wort Fleiſch gewor=

er, "es ſey unrichtig, wenn die
„Eigenſchaften der einen Natur
„der andern beygelegt, alſo un
„richtig, wenn von der Gottheit
„Chriſti ein menſchliches oder
„von der Menſchheit ein göttli
„ches Prädicat gebraucht würde,
„denn dabey — heißt es S. 10 —
„wird nicht von der Perſon, ſon
„dern von der einen Natur ge
„redet, und durch ſolche Aus
„drücke werden die Naturen ver
„mengt, indem dasjenige, was
„der einen Natur eigenthümlich
„iſt, auch der andern zuerkannt
„wird." Dabey begieng aber
Hardenberg doch einen Fehler,
der noch in der Folge gerügt werden muß. Aus der ganzen Kette
ſeiner Schlüſſe folgte weiter
nichts, als daß man keine Uebertragung von den Eigenſchaften
der einen Natur an das abſtractum
der andern annehmen dürfe; und
dieß wollten die Vertheidiger der
Ubiquität wenigſtens einige unter ihnen ebenfalls zugeben: aber
er gab ſelbſt dabey zu, daß man
die Eigenſchaft einer jeden Natur dem concreto der andern zu
ſchreiben dürfe, und dieß erkläten ſie ihrerſeits ſchon für hinreichend zu Begründung ihrer
Ubiquität.

„worden ist, und Christus zur Rechten des Vaters „sitzet ²⁴⁴)."

Damit hätten die Gegner Harbenbergs noch nicht viel ausrichten können, wenn in der Zwischenzeit keine Veränderung in der Stimmung der Gemüther vorge= gangen wäre, und es schien auch zuerst würklich, als ob sie nicht viel ausrichten würden. Sie waren zwar, was man kaum begreifen kann, frech genug, ihn schon wegen seiner Predigten förmlich bey dem Magistrat zu benunciren, daß er den Vergleich gebrochen und gegen das obrigkeitliche Verbot den Streit auf die Kanzel gebracht habe. Sie bewürkten auch dadurch, daß man von Seiten des Magistrats eine neue Handlung mit Harbenberg vornahm ²⁴⁵); aber sie würden ihm da= durch nur einen neuen Triumph und sich selbst eine neue Beschä=

---

244) Die drey folgende Sätze bey Gerdes, welche Harbenberg etwas später hinzufügte, ent= halten bloß eine weitere Ausfüh= rung dieser Protestation. "Cum autem tam nulla fronte genera= lis Corporis Christi Ubiquitas etiam extra Coenae usum doceretur, deinde pro Concionibus fere quo= tidie diceretur, totum fundamen= tum doctrinae de Coena dominica collabi, ac tradi Swer= meris, nisi Ubiquitas retineatur, scripsi haec Themata contra ea, quae Farrago toties repetit et in= geminat. — Et quoniam Farrago dicit hanc sententiam de Ubiqui= tare Corporis Christi esse funda= mentum doctrinae eorum de Coena Dominica, testor hic, me illam non antea recipere, quam suam mihi Ubiquitatem contra has Propositiones probaverint. Ac rursum testor, me quoniam invi= tus pertractus sum ad hanc dispu= tationem, non ferre censuram de doctrina mea, circa coenam do= minicam, quatenus meam hic facio, nisi prius de Ubiquitate judicatum sit. Neque volo has materias separari aut sejungi à se invicem. Quod Senatum moneo per Christi tribunal, cui tribu= nali haec subjicio, donec aliter informabor per electa Dei organa. Et offero me ad professionem Wittenbergam usque, contra ad= versarium meum Amsterodamum, ut illic audiamur."

245) Der Burgermeister von Buren und der älteste Rathsherr von Bobert mußten ihm den Wunsch und das Verlangen des Magistrats eröffnen, daß er die streitige Frage von der Ubiquität nicht mehr auf der Kanzel be= rühren und über das Abendmahl mit den übrigen Predigern gleich= förmig lehren möchte.

M 2

Beſchämung bereitet haben, wenn nicht eine einzige un=
vorſichtige Aeuſſerung ſeines Freundes, des Burgermei=
ſters von Buren alles verdorben hätte. Einer der De=
putirten, die man zu der neuen Handlung mit Harden=
berg verordnet hatte, der Rathsherr von Bobert, be=
richtete dem Rath mit unverholener Freude, daß ſich
Hardenberg über die Nachtmahls=Lehre abermahls ſo
befriedigend erklärt ²⁴⁶) habe, daß man keinem weite=
ren Verdacht gegen ſeine Rechtglaubigkeit Raum geben
könne. Aus der Art aber, womit er dabey einige Aeuſ=
ſerungen Hardenbergs anführte ²⁴⁷), zog Buren den
Schluß, daß Bobert nicht nur von dem Glauben Har=
denbergs an die wahre Gegenwart Chriſti im Nacht=
mahl ſondern auch von ſeinem Glauben an die fleiſchli=
che Gegenwart unter dem Brodt überzeugt ſey, und
fühlte ſich unwiederſtehlich gedrungen, ihm dieſen Wahn
zu benehmen. Er bezeugte alſo in voller Verſamm=
lung des Raths, daß weder er noch Hardenberg eine
ſolche fleiſchliche Gegenwart Chriſti, welche ſeine Ubi=
quität vorausſetzen müßte, jemahls geglaubt habe; aber
erregte eben dadurch eine Senſation, die ihm wahrſchein=
lich ſelbſt am unerwartetſten war. Ohne Zweifel wollte
Buren nur verhindern, daß man nicht glauben ſollte,

Har=

---

246) Hardenberg hatte auf
das Anbringen der Deputirten
ſehr freymüthig erwiedert, es
würde ihm unmöglich ſeyn, von
der Ubiquität gänzlich zu ſchwei=
gen, wenn die übrige Prediger
fortführen, ſie mit ſo vieler Hitze,
wie bißher zu vertheidigen. Was
hingegen die Lehre vom Abend=
mahl betrife, ſo hätte er ja dar=
über mit niemand Streit gehabt,
ſondern ſich bey verſchiedenen
Gelegenheiten ſo darüber geäuſ=
ſert, daß ihm der Rath ſelbſt
ſeine Zufriedenheit bezeugt habe.
Im Geſpräch mit den Deputir=

ten nahm er auch keinen Anſtand,
dieſe Aeuſſerungen zu wiederho=
len. S. Hardenbergs Lebramt 9t.

247) Hardenberg, ſagte er,
habe bekannt, "daß allenthalben
„durch die ganze Welt, wo das
„Abendmahl nach Chriſti Ein=
„ſetzung gehalten werde, der Leib
„und das Blut Chriſti zu der Zeit
„gegenwärtig ſeyen." Dieß konnte
er auch würklich bekannt haben,
ohne ſeine Vorſtellung zu ver=
läugnen; aber allerdings war es
möglich, daß Bobert mehr darinn
finden konnte, als ſeiner Abſicht
nach darinn liegen ſollte.

Harbenberg habe seine Meynung wegen der Ubiquität geändert [248]); seine Erklärung hingegen brachte in einem Augenblick in den Gemüthern der meisten Raths-Glieder, den Saamen des Verdachts zum völligen Auf-schiessen, den Timann und seine Kollegen bißher so reich-lich ausgestreut hatten, daß wohl etwas davon hatte hängen bleiben müssen. Er hatte doch wörtlich bezeugt, daß er und Harbenberg keine fleischliche Gegenwart an-nähmen; was war nun natürlicher, als daß sich die Kenkel und Bobert und ihre übrige Freunde in der Ver-sammlung erinnern mußten, wie oft ihnen Timann schon gesagt hatte, daß jeder, der die Ubiquität verwerfe, auch keine leibliche Gegenwart Christi im Sakrament in ei-nem wahren Sinn annehmen könne? Persönliche Leyden-schaft gegen Buren mochte höchstwahrscheinlich auch dazu mitwürken, daß man dem Mißtrauen gegen ihn willi-ger Raum gab, und es kränkender äusserte [249]): aber sobald es nur gegen ihn rege war, so mußte es sich auch auf Harbenberg verbreiten, woraus sich jetzt die folgende Auftritte nur allzunatürlich erklären.

Kapitel VIII.

Um Harbenberg zu einer ganz bestimmten Erklärung seiner Meynung vom Abendmahl, und zwar auch be-son-

248) Wenigstens führte Bu-ren keinen andern Grund an, warum sie diese fleischliche Ge-genwart nicht annähmen, als den einen, weil man darauf behar-ten müsse, daß Christus einen wahren menschlichen Leib habe, der seiner Natur nach nicht an mehreren Oertern zugleich seyn könne. S. ebendas. S. 93. Die Geschichte dieses Auftritts hat aber auch Kenkel in der Brev. narrat. p. 20.

249) Es kam nicht nur so-gleich zu einem sehr bitteren und empfindlichen Wortwechsel zwi-schen Buren und mehreren Mit-gliedern des Raths, sondern man schloß ihn sogleich von der De-putation aus, welcher die Relt-gions-Sachen übertragen waren, und ernannte an seine Stelle den Syndikus Rollwagen, der sich in der Folge als einen der leydenschaftlichsten Eiferer gegen Harbenberg zeigte. ebendas.

ſonders über den Punkt von der leiblichen Gegenwart
unter dem Brodt zu bringen, ſchlug man jetzt einen
neuen Weg ein, deſſen von Timann berechneter Erfolg
unfehlbar war. Auf ſein Gutachten und auf ſeinen
Rath erließ der Magiſtrat an die ſämmtliche Stadtprediger das Anſinnen, daß ſie eine Schrift aufſetzen ſollten, welche die reine Lehre vom Abendmahl nach den
Begriffen der Bremiſchen Kirche klar und deutlich in ſich
hielte; und dieſe Schrift ſollte hernach Harbenberg zur
ſimpeln Unterſchrift vorgelegt werden, deren Verweigerung oder Bewilligung ſeine Geſinnungen am unzwey-
deutigſten aufdecken müßte.

Bey der Beſchaffenheit dieſes Aufſatzes, der von
Timann ſelbſt entworfen, und den 21. Oct. 1556. ſchon
von allen Predigern unterſchrieben, dem Rath übergeben
wurde, durfte man aber gewiß genug darauf zählen,
daß Harbenberg ſeine Unterſchrift verweigern würde, und
ſich alſo nur darauf bedenken, was in dieſem Fall weiter
zu thun ſeyn möchte. "Wir glauben — hieß es in dieſer Formel [250] — "lehren und bekennen zum erſten,
„daß nach den klaren und deutlichen Worten Chriſti das
„Brodt und der Wein im Abendmahl ſey der wahr-
„haftige weſentliche gegenwärtige Leib Chriſti,
„und Blut Chriſti, für uns gegeben und vergoſſen —
„und werde nicht allein gereicht und empfangen von wür-
„digen und glaubigen, ſondern auch von unwürdigen und
„unglaubigen Chriſten, denn es ſteht nicht auf Men-
„ſchen Würdigkeit, ſondern auf Gottes Wort. — Wir
„glauben, lehren und bekennen zum zweyten, daß Chri-
„ſtus ſeiner Kirche ſeinen wahrhaftigen Leib in und un-
„ter

---

250) Die Formel findet ſich
in der verjagten Bremiſchen Prä-
dicanten Entſchuldung und Be-
richt A. 3. in Heßhuſens Kon-
feſſion gegen Harbenberg vom
J. 1561. D. 4. in der Däniſchen
Bibliothek Th. V. p. 194. in der
Brem- und Verdiſchen Biblioth.
Th. III. p. 792. und bey Salig
Th. III. p. 725.

„ter dem Brodt nicht allein geistlich, sondern auch
„mündlich zu essen, und sein wahres Blut im Wein
„nicht allein geistlich, sondern auch mündlich zu trin=
„ken — biß auf seine letzte Zukunft hat nachgelassen.
„Zum dritten strafen und verwerfen wir deßwegen der
„Sakramentirer Irrthum und ihre Meynung, die da
„wollen eine figürliche Rede in dem Abendmahl haben,
„und derhalben die wesentliche und wahrhaftige Gegen=
„wart des Leibes und Blutes Christi im Sakrament
„verleugnen und hiewieder etliche Einrede führen, die alle
„von unserem geliebten Vater in Christo, D. Luther see=
„liger Gedächtniß in seinen Büchern und Bekenntnißen
„stattlichst wiederlegt sind, dahin wir uns allzeit referirt
„haben, und noch referiren."

Doch man war auch würklich schon über die Proce=
duren entschlossen, die man mit Hardenberg im Fall der
Verweigerung seines Beytritts zu dieser Formel vor=
nehmen wollte, denn man beeilte sich ja — wahrschein=
lich zu seiner Warnung — sie sogleich an einem seiner
Freunde in Ausübung zu bringen. Der Prediger eines
Dorfs, das zum Stadt=Gebiet gehörte [251], hatte
sich ebenfalls geweigert, die Formel zu unterschreiben,
und wurde sogleich von dem Magistrat seines Amts ent=
setzt, wiewohl er ein Bekenntniß seiner Lehre vom
Nachtmahl, das ganz in Luthers eigenen Worten ver=
faßt war, eingeschickt hatte [252]. Dieß hieß auf das
deut=

251) Johann Slungrabe, Pre=
diger in dem Dorf Walle in der
Nähe von Bremen.

252) Slungrabe hatte zuerst
anstatt des eigenen Bekenntnis=
ses, das man ihm nach der Ver=
weigerung seiner Unterschrift ab=
forderte, wörtlich die Antwort
eingeschickt, die Melanchton in
einer seiner Schriften, in seinem

Examine Ordinandorum auf die
Frage: Quid est Coena Domini!
gegeben hatte. Da sich der Ma=
gistrat damit nicht begnügen
wollte, so schickte er eine Pre=
digt Luthers vom Abendmahl
vom J. 1521. mit der Erklärung
ein, daß er jedes Wort annehme,
das in dieser Predigt enthalten
sey; darauf aber sagte man ihm,
daß

teutlichſte angekündigt, daß man es mit Harbenberg
eben ſo weit zu treiben geſonnen ſey; eine ähnliche Ankündigung lag aber auch ſchon in dem determinirteren
Anſinnen, womit man ſich von Seiten des Raths an
das Domcapitel wandte, daß dieſes ſeinen Prediger anhalten ſollte, entweder dem Bekenntniß der Lehre, die
man allein in der Stadt zu bulden entſchloſſen ſey, beyzutreten, oder ſeine Einwendungen dagegen nebſt ſeinem
eigenen Bekenntniß dem Magiſtrat zur Beurtheilung
einzureichen.

Wenn daher Harbenberg auch jetzt noch einen Verſuch machte durch eine ausweichende Antwort, ſich der
Nothwendigkeit eines offenen und beſtimmten Wieder-
ſpruchs gegen das Bekenntniß der übrigen Prediger zu
entziehen, ſo läßt ſich leicht glauben, daß er ſich ſelbſt
keine groſſe Würkung davon verſprach, ſondern ihn wohl
nur auf fremden Antrieb — und am wahrſcheinlichſten
auf den Antrieb Melanchtons angeſtellt haben mochte,
der ihn kaum vorher mit der dringendſten Wärme der
Freundſchaft gebeten hatte, den Ausbruch des Feuers
noch ſo lang als möglich zurückzuhalten [253]). Uebrigens

daß ſich Luther in folgenden Zeiten anders erklärt hätte, und
bedeutete ihm zugleich, daß
man jetzt von ihm nichts weiter
als die geforderte Unterſchrift
des zugeſchickten Bekenntniſſes
annehmen würde, weil er durch
ſeine Ausflüchte und Winkelzüge
ſchon zu dem gerechteſten Mißtrauen Anlaß gegeben habe. Als
er ſie jetzt noch einmahl verweigerte, ſchritt man ſogleich zu ſeiner Abſetzung, ohne ihn nur weiter um die Gründe ſeiner Weigerung zu befragen. Dieſe Umſtände erzählt Renkel ſelbſt in ſeiner Chronik p. 24. S. Hardenbergs Lehramt p. 107.

253) S. Melancht. Ep. ad
Hardenberg. E. 2. Melanchton
ſchrieb ihm darinn, daß ſchon
mehrere Briefe nach Wittenberg,
und beſonders an Bugenhagen
gekommen ſeyen, aus denen ſich
die Erbitterung der Gemüther,
welche jetzt ſchon ſtatt finde, nur
allzudeutlich erkennen laſſe, daher
beſchwor er ihn, ſich ſorgfältig
vor jedem Schritt zu büten, der
ihm den Vorwurf zuziehen könnte,
daß er die Ruhe und die Eintracht in der Kirche geſtört habe.
In einem zweyten Brief vom
6. Dec. dieſes Jahrs ermahnte
er ihn noch einmahl gleich dringend, daß er alles mögliche thun
möchte,

gens konnte es Harbenberg nicht schwer fallen, die For-
berung, die man an ihn machte, nach mehreren Hinsichten als sehr unbillig und unbefugt darzustellen. Er
habe — erklärte er — über die Lehre vom Nachtmahl
bißher mit niemand Streit gehabt, und auch mit niemand streiten wollen; also könne er nicht absehen, wozu man jetzt ein besonderes Bekenntniß darüber von ihm
haben wolle? Aber noch weniger könne er dieß absehen,
da er schon mehr als ein solches Bekenntniß sowohl
schriftlich als mündlich vor dem Rath abgelegt habe.
Die Forderung eines neuen könne daher nur die Absicht
haben, ihn auszuspähen, oder ihn einem kränkenden
Verdacht auszusetzen, den er nicht verdient zu haben
glaube; wenn es aber sonst keinem Zweck habe, so möchte
die Ausstellung einer Censur von seiner Seite über das
Bekenntniß der andern Prediger noch weniger dienlich
seyn, deßwegen könne er nicht bergen, daß er mit
dem einen und mit dem andern verschont zu werden
wünsche [254]).

Auf diese Antwort Harbenbergs erfolgte aber sogleich eine Erklärung des Raths, welche Harbenberg
zu dem weisesten und würdigsten Entschluß bestimmte,
den er in seiner Lage nur irgend fassen konnte. Der Magistrat bezeugte dem Domcapitel, daß er jetzt die Sache
seiner Prediger gegen Harbenberg zu seiner eigenen machen wolle, und auf das festeste entschlossen sey, den
Dom-

---

möchte, um nur den Streit noch
eine Zeitlang von der Nachtmahls-Lehre entfernt zu halten —
ut de negotio omnium maximo
cunctanter agas — doch von diesem wichtigen Brief Melanchtons
und von einem andern, womit
ihn Paul Eber begleitete, muß
noch an einem andern Ort ge-

sprochen werden, beyde hat Salig aus einer Handschrift abdruk-
ten lassen Th. III. S. 731.

254) S. die Antwort Har-
denbergs, die den 9. Nov. dem
Rath durch das Domcapitel zugestellt wurde in Niederdeutscher
Sprache bey Gerdes Hist. mot.
p. 107.

Domprediger nicht länger in der Stadt zu dulden, wenn
er nicht das Bekenntniß ihrer Prediger annähme, oder
das fehlerhafte darinn anzeigte, und ſeine eigene Meynung über die Nachtmahls-Lehre offen und unverdeckt
darlegte. Wenn daher das Capitel ihn nicht dazu anhalten könnte oder wollte, ſo würde man es von Seiten des Raths Königen, Fürſten und Herren klagen,
und dieſe würden alsdann wohl zu erzwingen wiſſen,
was man nicht in Güte bewilligen wolle [255]). Hardenberg hingegen erſuchte das Kapitel, ſobald ihm dieſe
Erklärung mitgetheilt war, um die Entlaſſung von ſeiner Stelle, und unſäglich viel Verdruß würde er ſich er-
ſpahrt haben, wenn er nur Standhaftigkeit genug gehabt hätte, auf dieſem Geſuch zu beharren. Aber Achtung für ihn, und vielleicht auch Troß gegen den Magiſtrat, verleitete ſeine Freunde im Kapitel, ihm Vorſtellungen gegen ſeinen Entſchluß zu machen, den ſie
jetzt noch für eben ſo unzeitig als unwürdig [256]) erklärten, und ihm ein Verfahren anzurathen, das für ſeine
eigene Ruhe, wie für die Ruhe der Stadt die traurigſte
Folgen hatte.

Man rieth Hardenberg, das Verlangen des Magiſtrats wenigſtens ſo weit zu erfüllen, daß er dasjenige
auszeichnete, was ihm in dem Bekenntniß der Bremiſchen Prediger tadelnswerth und verwerflich, oder doch
unerwieſen und unhaltbar ſchien. Er that dieß auch in
einem Aufſaß [257]), der dem Domcapitel übergeben
wurde;

---

255) S. Kenkels Chronik
p. 11. Hardeubergs Lehramt.
S. 113.

256) "Man habe ihn ermun-
tert, erzählt Hardenberg ſelbſt,
ſeine Meynung nicht zu verheh-
len, was er an der Prediger Bekenntniß auszuſetzen hätte, frey
zu eröffnen, und alſo den Ver-

dacht von ſich abzulehnen, als ob
er ſich ſeine Sache nicht zu vertheidigen getraue, oder das Licht
ſcheue." S. Hardeubergs Lehramt. S. 114.

257) Der Aufſaß erſchien nie
im Druck, aber Wagner lieferte
aus einer Handſchrift Hardenbergs Auszüge daraus, nach welchen

wurde; doch wurde er zu gleicher Zeit wieder seinen Willen veranlaßt, ein förmliches neues Bekenntniß seiner Nacht-

chen Hardenberg bestimmt genug
darinn angab, was ihm an der
Meynung seiner Gegner anstößig
sey. Er tadelte zuerst, daß sie
die Worte der Einsetzung des
Sakraments ganz nach dem Buchstaben verstanden haben, und gar
keine uneigentliche oder tropische
Bedeutung zulassen wollten, da
doch Luther selbst eine Synecdoche
darinn anerkannt habe, nach welcher das Brodt bloß deßwegen
der Leib Christi genannt werde,
weil er im Brodt enthalten sey.
Eben daher fand er ferner die
Redensart unschicklich: das Brod
ist der wahre wesentliche Leib
Christi, und auch bey der Voraussetzung einer Synecdoche die
man darinn annehmen möchte,
wenigstens ungewöhnlich. Von
einem Beutel, sagte er, worinn
Geld enthalten ist, mag man mit
Recht sagen: das ist Geld! von
einem Faß, das Wein enthält,
mit Recht sagen: das ist Wein!
wie Christus sagte: das ist mein
Leib und mein Blut! aber so
wenig jemand deßwegen sagen
wird: der Beutel ist Geld! oder:
das Faß ist Wein! so wenig darf
man auch sagen: das Brodt ist
der Leib Christi, wenn sich auch
schon dieser Leib würklich im Brodt
befände. Doch er mißbilligte
drittens eben so unverdeckt, daß
der Leib Christi nach dem Bekenntniß der Prediger an allen
Oertern, wo das Nachtmahl gehalten werde, wesentlich oder der
Substanz nach als gegenwärtig
angenommen werde; denn damit
werde seinem menschlichen Körper zwar nicht so bestimmt, als es
von Timann geschehen sey, die
Ubiquität, aber doch eine gewisse

Immensität zugeschrieben, die
sich mit der Natur eines wahren
Körpers so wenig als jene vereinigen lasse. "Wäre es also —
fragte er hier — "nicht besser,
„wir bekümmerten uns nur dar-
„um, wie Christus im Abend-
„mahl unserem Glauben gegen-
„wärtig ist? Dieser Genuß ist
„doch wichtiger als der, welcher
„mit dem Munde geschieht. Und
„wollte man die Worte des Be-
„kenntnißes von dieser Gegen-
„wart verstehen, so pflichte ich
„gern bey, daß wir den wahren
„und wesentlichen Leib Christi,
„der im Himmel ist, im Abend-
„mahl genießen. Denn wer wird
„zweiffeln, daß es der wahre
„Christus ist, woran unser Glaube
„Theil nimmt?" — Ueber den
in dem Bekenntniß der Prediger
behaupteten Genuß der Ungläubigen bemerkte er viertens, man
müsse zwischen dem Sakrament
und zwischen der Gnade, die
durch ein Sakrament angedeutet,
oder geschenkt wird, unterscheiden. Bezöge man nun den Genuß der Ungläubigen allein auf
das erste, so wollte er ihn gern
zugeben; allein des letzten könnten sie niemahls theilhaftig werden. Gänzlich hingegen verwarf
er endlich fünftens die Distinktion der Prediger zwischen dem
geistlichen und dem mündlichen
Genuß des Leibes Christi. "Nur
„durch das geistliche Essen — sagte
er — "wovon die Schrift Joh.
„VI. redet, empfängt man Theil
„an dem wahren wesentlichen
„und lebendigmachenden Fleisch
„Christi. Nur ein solches Essen
„hat auch im Abendmahl Platz,
„nur daß hier zu dem geistlichen
„Ge-

Nachtmahls-Lehre auszustellen, auf das seine Gegner mit einer solchen Hastigkeit hineinfielen, daß es seine Freunde für unnöthig hielten, ihnen auch noch seine Censur über ihre Formel Preiß zu geben, oder für unbedachtsam hielten, sie noch mehr durch diese aufzubringen. Er war nehmlich gerade jetzt in einem Kursus Predigten, die er über den ersten Brief an die Korinther hielt, an die Stelle im zehnten Kapitel gekommen, die es ihm unmöglich machte, eine öffentliche Erklärung seiner Meynung über das Sakrament des Abendmahls zu vermeiden. Weil er indessen wußte, daß seine Gegner auf jedes Wort seiner Predigt über diese Stelle lauren würden, bey der sie ihn wohl schon längst erwartet haben mochten, und nicht Lust hatte, ihre Wünsche zu erfüllen, so bediente er sich eines höchst seltsamen Mittels, ihnen die gehofte Freude zu verderben. Er lernte eine gedruckte Predigt des alten Musculus [258]) über

das

"Genuß noch ein sakramentlicher "mit dem Munde hinzukommt. "Durch diesen empfängt man den "wahren Leib, aber sacrament- "lich, dessen der Glaube in der "That theilhaftig wird. Von "einem andern Essen, das mit "dem Munde geschehen sollte, "weiß ich nichts, und glaube auch "nicht, daß dergleichen statt ha- "be." S. Hardenbergs Lehramt S. 108-111. Bey diesem Innhalt der Hardenbergischen Censur über das Bekenntniß der Prediger, darf man nicht erst fragen, warum das Domcapitel nicht für gut fand, sie dem Magistrat zu übergeben? doch konnte nun freylich der Magistrat in einigen seiner öffentlichen Schriften in der Folge mit einigem Recht sagen, daß sich Hardenberg nicht habe erklären wollen, was ihm in dem Bekenntniß sei-

ner Prediger anstössig sey. Ihm war würklich die Erklärung nicht zugekommen: allein in das Bremische Publikum war sie deßwegen doch gekommen, denn man hat ja eine Verantwortung der Prediger, worinn sie sich gegen diese Censur vertheidigten

258) Wolfgang Musculus — ehmahls Prediger zu Augspurg — einer der gelehrtesten, aber das bey auch gemässigtsten Theologen der lutherischen Parthie. In der Nachtmahls-Lehre war seine Mässigung so bekannt, daß man nach seiner Vertreibung aus Augspurg durch das Interim, kein Bedenken trug ihn in Bern anzustellen, wo er erst im J. 1563. starb. Eine Predigt von ihm mochte also freylich für Hardenberg bequem genug seyn; aber die Predigt, die er wählte, war in seiner Auslegung des Evan-

geli-

das Abendmahl auswendig, legte sie wörtlich ab [259]), und glaubte desto gewisser gesichert zu seyn, daß keiner der Laurer etwas Verdächtiges darinn riechen könnte, da sich Timann in seiner farrago auf eine Stelle aus eben dieser Predigt berufen hatte. Allein in dieser Rech* nung fand er sich übel betrogen. Entweder hatten die Laurer falsch gehört, oder mehr gehört, als Harden* berg gesagt hatte, oder entdeckte man jetzt erst, daß auch der alte Musculus nicht rein gewesen sey: kurz; zwey Tage darauf erzählte schon Timann seiner Gemeinde von der Kanzel herab, daß Harbenberg in seiner letzten Predigt nicht weniger als fünfzehen Irrthümer gelehrt habe, welche Zwinglisch, Nestorianisch und nicht viel besser als jene aufrührische Lehren seyen, welche ehmals die Wiedertäufer zu Münster ausgebreitet hatten. Zu diesem Ausfall aber glaubte Harbenberg um so weniger schweigen zu dürfen, mit je mehr Beschämung für seinen Gegner er ihn abweisen zu können hoffte; deßwegen fügte er aus jener Predigt von Musculus die Haupt* Stellen zusammen, that noch einige von jenen, welche in Timanns farrago angeführt waren, hinzu, und brach* te diesen Aufsatz als sein Bekenntniß vom Nachtmahl in das Publikum, welches er gegen jedermann zu ver* theidigen bereit sey [260]).

Dadurch

---

gelisten Matthäus schon über je*
ben Jahre gedruckt; und keinem
Menschen war es in dieser Zeit
eingefallen, etwas Verdächtiges
darinn zu finden.

259) Harbenberg selbst ver*
sichert, daß er keinen Gedanken
von den seinigen dazu gethan
habe. S. seine Lebensbeschreibung
bey Wagner S. 121.

260) Er fügte noch seine The*
mata contra Ubiquitatem mit den
drey bereits angeführten neuen

Sätzen bey, und ließ beydes zu*
sammen, als sein vollständiges
Bekenntniß dem Rath übergeben.
S. Kenkel brev. narr. p. 22. das
besondere aus Musculus ausge*
zogene Bekenntniß hat Gerdes
Hist mot. p. 100. mit der Auf*
schrift: Summa Doctrinae de
Coena Domini, quam obtuli Se-
natui Bremensi per Dominos de
Capitulo Summo den 28. Novbr.
1556. Es schließt sich mit fol*
genden Worten: "Hanc scripturam

Daburch kam auch würklich, der Rath, ober die Majorität des Raths, welche gegen Harbenberg war, zuerſt in eine kleine Verlegenheit. In dem Bekenntniß
von Muſculus, das Harbenberg zu dem ſeinigen gemacht hatte, war unverkennbar die ächte Kalviniſche
Meynung von einer wahren Gegenwart Chriſti bey den
Zeichen des Sakraments enthalten, und auch merklich
genug der Vorſtellung von einer weſentlichen Gegenwart
ſeines Leibes unter den Zeichen entgegengeſetzt. Muſculus und Harbenberg ſagten darinn ſehr beſtimmt, daß
der Leib und das Blut nicht in dem Brobt und in dem
Wein enthalten, oder begriffen ſeyen [261]). Sie erklärten eben ſo deutlich, daß auf das Brobt und den
Wein bloß deßwegen der Nahme der Sachen übertragen werden könnte, wovon ſie die Zeichen ſeyen, weil
uns baburch jene geiſtliche baburch bezeichnete Gaben
würk-

---

ram teſtor Summam eſſe doctrinae meae de Sacramento Coenae
Domini, quam ad verbum de-
ſcripſi ex Commentariis Muſculi,
ut Farrago illa ipſa recenſet et
approbat. Neque verbum unum
de meo vel aliunde addidi. Hingegen in einer Abſchrift dieſer
Konfeſſion in dem Bremiſchen
Archiv fand Wagner noch den
folgenden Zuſatz von Harbenbergs
eigener Hand beygefügt: "Teſtor
etiam coram Deo et ejus tribu-
nali, me 18. die Novembris prorſus in hanc ſententiam conciona-
tum eſſe, neque ullam omnino
ſententiam his addidiſſe, niſi ex
Farragine Amſterodami tantum
unam. Si ego in illa, vel in ulla
mea Concione aut Praelectione
aliam ſententiam adjeci, adjiciat
Dominus ad animam meam. Proinde proteſtor de injuria, quam
Amſterodamus mihi in concione
ſua intulit, dicens, quindecim

haereſes eſſe in mea concione,
et ſimilem eſſe Monaſterienſi ſe-
ditioni, et alia horrenda innumera, quae probare omnia vellet. Quod ut fiat peto, ſed coram Univerſitate Wittebergenſi.
Et ſi volent aliqui impingere mihi,
quod alia debuerim dixiſſe, tunc
proteſtor ac provoco ad auditum,
totius eccleſiae, quae me audi-
vit." S. Harbenbergs Lehramt
S. 125.

261) "In Coena Chriſtus re
vera per panem et vinum tanquam externa ſigna, corpus et
ſanguinem exhibet, etiamſi localiter in illis non comprehendan-
tur. — Nec timendum, quod talis aliqua cogitatio diſcipulis in
mentem venerit, videntibus ante
faciem ſuam Chriſtum ſedentem
et loquentem. S. Gerdes am a.
O. p. 104.

würklich geschenkt würden [262]). Ja sie legten auch den
Sinn sehr offen dar, in welchem uns der Leib und das
Blut Christi durch das Brodt und durch den Wein
mitgetheilt würde, nehmlich bloß in so fern, als sie für
das Zeichen und Unterpfand gelten müßten, durch das
uns Christus selbst den Genuß von jenem zugesichert
habe [263]). Aber diese Ausdrücke konnten alle auch in
einem ächt = lutherischen Sinn gebraucht werden, und
waren von Luthern selbst mehrmahls gebraucht worden.
Der Wiederspruch gegen die Behauptung, daß der Leib
Christi im Brodt begriffen sey, konnte auch nur eine
Protestation gegen den Wahn von einer räumlichen
Einschliessung Christi im Brodt vorstellen, gegen wel=
che Luther ebenfalls mehrmahls protestirt hatte. Die
Beziehung von Zeichen bey dem Brodt und Wein des
Sa=

262) 'Hinc itaque est, quod Symbola illa externa, per quae res spirituales traduntur, amissis propriis earum induant rerum nomina, quarum sunt Symbola, propterea quod ad illarum exhibitionem usurpantur. Sic Circuncisio, cum esset Symbolum foederis, nihil ominus tamen etiam ipsum foedus vocabatur. Ita et panis ille corpus Christi vocatur, non ob id, quod sit in illud relicta sua substantia transmutatus, aut quod imaginatione carnali corpusculum quoddam in carne localiter subsistat, sed quia per panem fidei nostrae distribuitur corpus Domini, et sanguis per vinum " ebend. p. 106.

263) Dieß erläuterten sie sehr sorgfältig durch eine Reyhe von Beyspielen. 'Quoniam itaque mortalium hic mos est, ut quasi à natura hoc habeant, ut in rebus seriis externis symbolis utantur, quibus, quae animo destinant, invicem exhibeant, et Deus quoque, pro nostro captu nobiscum ut loquitur, ita et externis rebus agit, invisibilia nobis et spiritualia signis visibilibus et corporalibus exhibens. — Solenne ac receptissimum est apud omnes mortales, ut in rebus magnis, quas inter se transigunt, non verbis tantum agant, sed verbis externa quoque rerum symbola, de quibus agunt adjungant, quibus, quod animo offerunt, manu quasi tradant, maxime, quando tradenda sunt spiritualia, vel ea carnalia, quae aut non sunt praesentia, aut si essent, manu exhiberi non possent. Ita, qui fidem dant, non verbis tantum sed et manu illam porrigunt, quemadmodum et benevolentiam stipulari solemus. Quibus jusjurandum injungitur, ab illis non verba tantum, sed et digitorum in coelos extensio requiritur. Qui nubunt, non sunt contenti verbis, sed etiam per annulum datam fidem tradunt. p. 102. 103.

Sakraments hatte auch er nie ganz verkennen wollen: mithin durfte doch dieß Bekenntniß nicht ſo geradehin als verdächtig ausgeſchrieen werden, ja es ließ ſich ſehr wahrſcheinlich vorausſehen, daß wenigſtens die Richter, auf welche Harbenberg dabey kompromittirt hatte, die die Theologen zu Wittenberg es befriedigend genug finden könnten. Eben dieß war es aber was die Gegen-Parthie Harbenbergs im Rath am meiſten fürchtete, da ſie ſich unmöglich entziehen konnte, die Provokation Harbenbergs auf die Wittenbergiſche Facultät zu reſpektiren, und auch dem Domcapitel ſchon ihr Wort gegeben hatte, daß die Akten nach Wittenberg geſchickt werden ſollten; doch aus dieſer Verlegenheit wußte ſie ſich leicht genug herauszuziehen, weil ſie es mit der Ehrlichkeit der Mittel, von denen ſie dabey Gebrauch machte, nicht ſo genau nehmen zu dürfen glaubte.

Zwey Mittel waren es, woburch ſie ſich auf alle Fälle den Erfolg, den ſie wünſchten, verſichern zu können hofften. Die Majorität des Raths faßte den Schluß, nicht das Bekenntniß Harbenbergs, ſondern allein das Bekenntniß ihrer Prediger nach Wittenberg zu ſchicken, und ſich alſo das Gutachten der dortigen Theologen gar nicht über jenes, ſondern bloß über dieſes zu erbitten. Sie ſollten — verlangte man — bloß ihren Spruch geben, "ob das Bekenntniß der Prediger „dem Wort Gottes, der Augſp. Konfeſſion und Apo- „logie und der Wittenbergiſchen und anderer Gelehrten „Handlungen und Receſſen gemäß ſey”? Dieſer Spruch, hoffte man, könnte nicht nachtheilig ausfallen, und hernach ſehr leicht gegen Harbenberg benützt werden; daher wurde der Schluß nach den ſtärkſten Vorſtellungen Burens gegen die Ungerechtigkeit dieſes Verfahrens dennoch durchgeſetzt. In dem Brief des Raths [264] an
die

---

264) Den Brief des Raths iſt datirt vom 22. December
S. bey Gerdes p. 110. Der Brief 1556.

die Wittenberger wurde bloß im allgemeinen erwähnt,
„daß Harbenberg, wie sich neuerlich befunden habe, mit
„der lutherisch-Wittenbergischen Lehre von der wahren
„Gegenwart Christi im Nachtmahl nicht zufrieden sey,
„sondern sich öffentlich einer andern weitläufigen Mey-
„nung hätte vernehmen lassen, wodurch die Gemüther
„nicht wenig verwirrt und unruhig geworden wären.”
Dadurch — setzte man hinzu — wäre der Rath bewogen worden, ein Bekenntniß dieses Artikels halber von
seinen Predigern zu fordern, und wie wohl man dabey
auch noch erwähnte, daß sich Harbenberg auf einige
Stellen von Musculus berufen, und einige Sätze wieder die Allgegenwart des Leibes Christi übergeben
habe [265]), so wurde doch zuletzt das eigentliche Gesuch des Raths an die Wittenberger nur dahin gestellt,
daß sie das Bekenntniß seiner Prediger erwägen und ihm
auch ihren Rath mittheilen möchten, wie dem Unwesen
bey

265) "D. Harbenberg hat sich
„dagegen weitläuftig auf die Com-
„mentaria Musculi über Matth.
„Kapit. 14. und 26. und über
„Ps. 68. berufen, welche wir
„wohl in ihren Würden, so fern
„sie nicht wieder Gottes Wort
„und den Abschied von Witten-
„berg vom J. 1536. verstanden
„werden, beruhen lassen. Es hat
„auch gemeldter Doktor uns et-
„liche positiones contra Ubiqui-
„tatem Corporis Christi, (wie
„solches neue Wort ganz odiose
„in die Weitläufigkeit ausserhalb
„den wahren Gebrauch des hei-
„ligen Abendmahls des Herrn
„gedeutet wird) übergeben, mit
„deren wir gar nichts zu thun,
„und auch derselben in keinem
„Weg theilhaftig machen, kön-
„nen aber wohl leyden, daß von
„solchen hohen Sachen ohne un-
„sere Beförderung in hohen Schu-

„len disputirt werde, dieweil es
„uns allein um den lieben heili-
„gen einfältigen Katechismus zu
„thun ist, daß wir denselben rein
„mögen behalten.” — Diese Protestation des Raths, daß er
nichts mit der Frage von der
Ubiquität zu thun haben wolle,
war höchst inkonsequent, und
selbst gegen die Sache seiner Prediger. Auch hatte Timann kaum
ein Paar Tage vorher öffentlich
auf der Kanzel gesagt: Lässet
man die Allgegenwart fahren,
so haben die Schwärmer gewonnen! woran jetzt Buren den Rath
sehr bitter erinnerte; doch man
hoffte, durch die Inkonsequenz
ein günstigeres Urtheil von den
Wittenbergern zu erschleichen;
daher setzte man sich leicht darüber weg. S. Harbenbergs Lehramt S. 127.

Theil II. 2. Hälfte.   N

bey Zeiten zu begegnen sey? Dabey fand man aber räthlich, sich auf alle Fälle sicher zu stellen, und deßwegen
das Bekenntniß der Prediger nicht nur an die Wittenberger, sondern noch an einige andere geistliche Schöp-
pen-Stühle herumzuschicken, von denen man sich eines
günstigen Spruchs am gewissesten versehen konnte.
Eine Deputation, welche aus einem Rathsherrn und
einem Prediger bestand, wurde daher nach Hamburg,
Lübeck und Lüneburg damit abgefertigt, um von den dortigen Ministerien ein Responsum darüber einzuholen,
und der Syndikus Rollwage, der mit einem andern
Rathsherrn nach Wittenberg bestimmt war, erhielt
noch die besondere Instruktion, auch das gute Zeugniß
und den Seegen der Braunschweiger und Magdeburger
gelegenheitlich mitzunehmen, und nach Bremen zurückzubringen [266]).

Die Weisheit dieser Maaßregeln rechtfertigte auch
der Erfolg sehr bald; doch brachten sie nicht die ganze
Würkung hervor, die man sich davon versprochen haben mochte. Der Spruch der Wittenberger fiel würklich, wie man befürchtet hatte, nicht ganz nach Wunsch
aus, wiewohl man nichts versäumt hatte, um ihn
nach Wunsch zu stimmen. Besonders war der alte Bugenhagen sehr nachtheilig für Hardenberg gestimmt worden [267]), allein die Gegenwürkung Hardenbergs und
der

---

266) Alle diese Deputirte waren mit Briefen von dem Rath
versehen, worinn die Obrigkeiten der genannten Städte ersucht wurden, ihren Predigern
aufzutragen, daß sie das Bremische Bekenntniß erwägen, und
ihr Gutachten darüber mittheilen möchten. S. Kenkel brev.
narr. p. 23.

267) Man hatte an Bugenhagen bereits die funfzehn Kezerey-

en, welche Timann in der erwähnten Predigt Hardenbergs gefunden hatte, und noch fünf andere
eingeschickt, die er in einer spätheren Predigt gelehrt haben
sollte. Als darauf Hardenberg
in Erfahrung brachte, daß man
sein Bekenntniß und seine Sätze
gegen die Ubiquitäts-Lehre von
den nach Wittenberg geschickten
Alten weggelassen hatte, so beschloß er selbst dahin zu reysen,
um

der Einfluß Melanchtons gab doch zuletzt den Ausschlag, und mittelte ein Responsum [268]) aus, mit welchem den Gegnern Harbenbergs sehr wenig gebient war. Genauer als biese gewünscht hatten, hielt sich darinn Melanchton an die einzige Frage, die ihnen zur Beantwortung vorgelegt war: ob das Bekenntniß ber Prebiger ber Augsp. Konfession und der Wittenbergischen Lehre gemäß sey? Diese Wittenbergische Lehre — sagte dann Melanchton — sey allerdings mit der ersten ganz einstimmig, denn sie seyen fest entschlossen, auch in bem Artikel vom Nachtmahl bey ber Augsp. Confession zu bleiben, und wünschten nichts mehr, als baß auch alle Sächsische Kirchen in dieser Einigkeit verharren möchten. Aber — setzte er hinzu — "damit Einigkeit erhalten "werbe, achten wir auch für gut, baß nicht frembe Di"sputationes in biesen Artikel eingemischt, und baß auch "bescheibentlich die gewöhnliche Formen zu reben darinn "behalten werben. Nun haben wir nicht vernommen, "baß die Gelehrten in ben Sächsischen Landen biese Worte "gebraucht hätten: panem et vinum effe essentiale "corpus et sanguinem Christi: sonbern biese Form: "cum

um bie bortige Theologen zu informiren, fanb aber Bugenbagen und Major so stark eingenommen, daß sie sich gar nicht mit ihm einlassen wollten. Unter seinen angeblichen Irrthümern, die man nach Wittenberg berichtet hatte, fanden sich hingegen auch mehrere, bie ihm niemahls in ben Sinn gekommen waren; baher hielt er es für nöthig, sich zu Wittenberg selbst in einer Schrift zu vertheidigen, bie er ben Theologen übergab. Wagner führt sie aus einer Handschrift mit bem Titel an: Positiones collectae ex concionibus D. Alb. Hardenbergii d. 14. 15.

et 28. Novembr. habitis, cum responsione Hardenbergii. Unter diese Sätze aber hatte er mit eigener Hand hinzugeschrieben: Alb. Hardenbergius has positiones reperit Wittebergae, missas ab adverseriis suis, quas pleraeque uon agnoscit; quasdam enim detruncatas vidit, quasdam plane effictas, ut aegre illi faciant hypocritae quidam. S. Hardenbergs Lehramt S. 135.

268) Das Responsum ist vom 10. Jan. 1557. batirt, findet sich in Melanchtons deutschen Consiliis, und auch bey Gerbes S. 113, und Hospinian f. 296.

„cum pane ſumitur corpus: iſt gewöhnlich, und iſt ge-
„mäß der Schrift-Form: panis eſt communicatio
„corporis Chriſti.” Dieſe Rüge traf das Bekenntniß
der Prediger unmittelbar, ſo wie die erſte Bemerkung
eine eben ſo verſtändliche Mißbilligung der Ubiquitäts-
Lehre und ihrer Einmiſchung in die Nachtmahls-Lehre
enthielt; wenn alſo auch ſchon kein eigentlicher Irrthum ²⁶⁹) ausgezeichnet war, der ſich darinn finden
ſollte, ſo konnte doch das Wittenbergiſche Reſponſum
nicht dazu benußt werden, um Hardenberg das Bekenntniß aufzuzwingen. Es war daher ſehr erfreulich, daß
von den andern Oertern her, an die man ſich gewandt
hatte, von Hamburg und Lübeck, von Braunſchweig
und Magdeburg ſo ſchöne Atteſtate ²⁷⁰) eingekommen
waren, in welchen die Stadt Bremen wegen der reinen
Lehre ihrer Prediger, und wegen dem Eifer, den ſie gegen die verfluchte Sakramentirer in ihrem Bekenntniß
erprobt hätten, überſeelig geprieſen wurde; allein dieſe
Atteſtate konnten doch nicht ganz gut machen, was der
Spruch

---

269) Auch der Ausdruck in
dem Bremiſchen Bekenntniß "daß
das Brodt der weſentliche Leib
Chriſti ſey" wurde nicht eigentlich von Melanchton getadelt,
ſondern nur als ungewöhnlich
ausgegeben. Deßwegen ſetzte er
hinzu: "dieweil dann ſehr nö-
„thig iſt, rechte einträchtige und
„gleiche Formen zu reden zu be-
„halten, auch den Nachkommen
„zu gut, ſo haben wir, und viele
„andere hohen und niedrigen
„Standes lange Zeit gewünſcht,
„und wünſchen auch dieſes noch,
„daß aus allen Kirchen, welche
„die reine Lehre des Evangelii
„angenommen haben, gottes-
„fürchtige und gelehrte Männer
„zuſammen verordnet würden,
„ſich von vielen nöthigen Sa-
„chen zu unterreden.''

270) Das Hamburgiſche und
Braunſchweigiſche Bedenken ſind
abgedruckt in der Däniſchen Bibliothek Th. V. S. 194. Aber
dieſe Miniſterien begnügten ſich
nicht bloß, das Bekenntniß der
Bremiſchen Prediger in den Himmel zu erheben, ſondern ſie lieſſen auch ihren Eifer gegen die
gottesläſterliche Lehre der Sakramentirer reichlich aus, in dem
ſie den Rath ermahnten, es ja
nicht zu geſtatten, daß ſie länger in Bremen ausgebreitet
würden, welches ſonſt der Bremiſchen und andern Kirchen in
dieſem und jenem Leben uner-
ſetzlichen Schaden bringen würde. S. Hardenbergs Lehramt.
S. 136.''

Spruch der Wittenberger den Gegnern Harbenbergs an ihrem Plan verdarb.

Die Bürgerschaft, welcher der Rath nach der Verfassung der Stadt die ganze Sache vorlegen mußte[271]), wurde nehmlich doch über jenen Spruch bedenklich, denn ihr gesunder Menschenverstand bemerkte gar zu deutlich, daß er im Grund mehr für Harbenberg als für seine Gegner war. Daß auch die Freunde, die Harbenberg unter der Bürgerschaft hatte, dabey redlich das ihrige thaten, um sie auf die Bemerkung zu bringen, dieß darf man um so mehr annehmen, da man zugleich beobachten kann, wie eifrig sich seine Gegner bemühten, sie davon abzubringen[272]): noch gewisser aber darf man annehmen,

271) Sie wurde ihr aber künstlich genug vorgelegt. Der Bürgermeister Kenkel hielt dabey eine Rede an die Bürgerschaft, worinn er ihr sagte, "daß "es sich ohne Zweifel auf Ein= "gebung des Satans, der ein "Feind der christlichen Einigkeit "sey, gefügt habe, daß D. Har= "denberg eine besondere Mey= "nung vom Abendmahl einge= "führt hätte. Er erzählte hier= auf, was bisher deßhalb ver= handelt worden sey, und schloß endlich die Rede mit dem fol= genden Antrag. "Weil die an= "geregte Sache nicht bloß das "Zeitliche, sondern die Seele "und die Seeligkeit beträfe, "daher den einen so wohl als "den andern anlenge, so wäre "des Raths Begehren, die Bür= "ger möchten zusammen treten "und rathen helfen, wie die Ei= "nigkeit in der Religion erhal= "ten werden möchte. Doch müßte "der Rath ihnen vorab dieses "eröfnen, daß der Religions= "Frieden, welcher im Reich Platz

"hätte, allein den Augspurgi= "schen Konfessions=Verwandten "zu gut käme, alle andere Sek= "tirer aber, und besonders die "Sacramentirer und Wiedertäu= "fer davon ausgeschlossen seyen." S Kenkel Brev. narr. p. 25. Harbenbergs Lehramt S 140.

272) Harbenberg hatte eine Erklärung des Wittenbergischen Urtheils aufgesetzt, und unter seinen Freunden cirkuliren lassen, worauf aber die Prediger sogleich eine Gegen=Erklärung aufsetzten, welche sie eben so angelegen un= ter das Volk brachten. Diese beyde, in niederdeutscher Spra= che geschriebene sehr merkwürdige Stücke hat Gerdes aus Kenkels geschriebenen Diario unter dem Titel abdrucken lassen: Alb Hardenbergii Explanatio Judicii Wittebergensis una cum replica concionatorum Bremensium. S. 116-124. Die Erklärung Harden= bergs allein hatte man aber schon vorher in Biblioth. Danica P. V. nr. IX. p. 227-231.

inen, daß die Autorität der Wittenberger auch auf
manche, die sonst nicht unter die Freunde Hardenbergs
gehörten, einen sehr starken Eindruck machte. Der
grössere Theil der Bürgerschaft vereinigte sich daher zu
einem Schluß, der im allgemeinen dahin gieng, daß
der Streit zwischen Hardenberg und den Predigern noch
nicht als entschieden angesehen, und daß er auch nicht
von der Bürgerschaft, für welche die Sache zu schwer
sey, sondern nur von einer Academie entschieden werden
könne, nach welcher man entweder die Schriften der
streitenden Partheyen, oder auch sie selbst in Person
schicken müßte, um sie dort vor den Gelehrten ihren
Handel ausmachen zu lassen. Dazu schlug aber die
Bürgerschaft abermahls die Wittenbergische Akademie
als die schicklichste, und zwar aus dem geboppelten
Grund vor, weil man von daher die reine Lehre erhalten, und weil derjenige noch daselbst lebte, der die Augsp.
Konfeßion aufgesetzt hatte. Uebrigens trug sie vorläufig darauf an, daß diejenige Parthie, gegen welche der
Spruch der Wittenberger ausfallen würde, vom Lehramt entfernt werden möchte, hingegen sollte auch jetzt
schon beyden Partheyen ernstlich bedeutet werden, solche
hohe Fragen, die weit über den Begriff des gemeinen
Mannes seyen, nicht mehr auf die Kanzel zu bringen,
und sich besonders des unschicklichen Scheltens und Lä-
sters auf einander zu enthalten, woraus die meiste Un-
ordnung und Erbitterung entstanden sey.

Die Hardenbergische Gegenparthie im Rath bediente
sich hierauf noch eines sehr unfeinen Kunstgriffs, um der
Bürgerschaft einen andern Schluß abzulocken, den sie besser
zu ihren Absichten brauchen könnte. Man legte ihr die
Frage vor: ob sie dann nicht bey der Augsp. Konfeßion
und derselben Apologie, und bey demjenigen was darinn
vom Abendmahl gelehrt werde, ferner bleiben und beharren

harren wolle: der zehnte Artikel der Konfeſſion und
der Apologie wurde ihr auch zweymahl vorgeleſen; und
mit lauter Einſtimmigkeit erklärten darauf alle Bürger,
daß ſie niemahls von Gottes Wort und von der Konfeſſion zu weichen entſchloſſen ſeyen: aber mit dieſer Erklärung verband man eine andere, wodurch ſie für den
Rath ganz unbrauchbar wurde. Der Worthalter der
Aemter, der dem Magiſtrat die Antwort der Bürgerſchaft brachte, ſetzte noch hinzu, daß der gröſſere Theil
der Bürger in der Meynung ſtünde, auch Harbenberg
möchte mit der Augſp. Konfeſſion wohl zufrieden und
einig ſeyn, und deßwegen den Magiſtrat erſuchen lieſſe,
ihn in der Stadt und bey ſeinem Amt bleiben zu laſſen [273]. Dadurch wurde der Rath überzeugt, daß
der Handel in einen andern Gang eingeleitet werden
müſſe, und entließ daher die Bürgerſchaft mit der allgemeinen Erklärung, daß er zwar in der Sache ſo verfahren werde, wie er es ſich vor Gott und Menſchen zu
verantworten getraue, aber eben deßwegen die Spaltung unter den Predigern nicht länger dulden könne.

Dieſer neue Gang wurde auch bald eben ſo offen eingeleitet, als man bereits das Ziel [274], zu welchem
er

273) S. Kentel Brev. narr.
p. 25. Harbenbergs Lehramt S.
143.

274) Dieß ſollte kein anderes als Harbenbergs Entfernung
ſeyn, die man ja ſchon auf einem
andern kürzeren Wege zu erhalten verſucht hatte. So bald er
nehmlich von Wittenberg zurück-
gekommen war, hatte ihm der
Magiſtrat durch einen Sekretär
die Weiſung geben laſſen, daß
er ſich auf eine Zeitlang des Pre-
digens enthalten ſollte. Ohne
Zweifel hoffte man, daß Hardenberg lieber ganz abtreten, als
ſich einer beſchimpfenden Suſpenſion ſeiner Amts-Verrichtungen
unterziehen würde; allein Hardenberg war Mann genug, eine
dritte Parthie zu ergreifen, die
ſich ihm ſehr natürlich anbot.
Er bekümmerte ſich nichts um
die Weiſung des Magiſtrats,
und verdarb ihm noch eine andere Wendung, durch welche er
ihn nach dieſem erſten Fehlſchlag
von ſeiner Kanzel wegſchieben
wollte. Der Rath wandte ſich
jetzt an das Domcapitel und verlangte

er führen ſollte, aufgedeckt hatte. Der Magiſtrat konnte
ſich nicht erwehren, nach dem Antrag der Bürgerſchaft
den Predigern ein neues Verbot zu inſinuiren [275],
daß ſie ſich des gegenſeitigen Schmähens und Scheltens
auf den Kanzeln enthalten ſollten; aber er rechnete darauf, daß ſich Timann und ſeine Kollegen um das Verbot nichts bekümmern würden. Es iſt wenigſtens erwieſen, daß ſie-jetzt erſt anfiengen, von ihren Kanzeln
herab auf das unbändigſte über Hardenberg mit Erwähnung ſeines Nahmens zu ſchmähen; und es iſt von den
Gegnern Hardenbergs im Magiſtrat ſelbſt in der Folge
eingeſtanden worden, daß ſie ſich nicht-für befugt gehalten hätten, ihnen Einhalt zu thun, weil ja die Bremiſche Kirchen-Ordnung den Predigern auch das Straf-
Amt

langte von dieſem, daß es ſeinen Prediger diſponiren ſollte,
ſich ſo lange der Kanzel zu enthalten, biß die auswärtige Theologen, die man zu Schlichtung
des ausgebrochenen Streits verſchreiben wolle, ihren Spruch
gegeben haben würden. Das
Domcapitel ließ auch den Antrag an Hardenberg gelangen,
erhielt aber von ihm die Antwort, daß er zwar bereit ſey,
dem Befehl des Kapitels zu gehorchen, wenn ihm von dieſem
das Predigen verboten würde;
allein daß er auf Verlangen des
Raths, der ihn nicht berufen
hätte-und nicht beſoldete, Amt
und Pflicht verſäumen ſollte,
darein könne er Gewiſſens halber nicht willigen, ſo lange man
ihn keines Irrthums überführt
habe. Das Domcapitel erklärte
darauf dem Rath, es käme ihnen bedenklich-vor, ihrem Prediger unter dieſen Umſtänden die
Kanzel zu verbieten; wollte aber

der Rath ſeinen Bürgern verbieten, daß ſie nicht dem Gottesdienſt im Dom beywohnen
dürften, wie es vor etlichen Jahren geſchehen wäre, ſo müßte
man ſich das gefallen laſſen.
Doch der Rath fand nicht für
gut, zu dieſem Vorſchlag hinein-
zugeben, ſondern brachte jetzt
lieber die Sache auf die erzählte
Art an die Bürgerſchaft. S.
Gründlicher wahrhaftiger Bericht des Raths S. 188. Hardenbergs Lehramt S. 149. 150.

275) Er ließ den 30. Jan.
1557. einen Befehl öffentlich anſchlagen, daß ſich niemand unterſtehen ſollte, von des Raths
und der Prediger Perſonen und
Betragen verächtlich zu reden,
und mit Worten oder Werken
Anlaß zum Aufruhr zu geben.
Zu gleicher Zeit ergieng die Weiſung an die Prediger, daß ſie
ſich auf ihren Kanzeln des Scheltens enthalten ſollten.

Amt ausdrücklich angewiesen habe [276]). Doch zu gleicher Zeit legte man ihm eine andere Schlinge, wozu man die Bitte der Bürgerschaft benußte, daß er bey seiner Uebereinstimnung mit der Augsp. Konfeſſion in ſeinem Amt gelaſſen werden ſollte. Der Magiſtrat erklärte nehmlich aus dieſer Bitte heraus, daß man ſich von jener Uebereinstimmung Hardenbergs mit der Augſp. Konfeſſion erſt verſichern müſſe, und verlangte deßwegen durch eine Deputation an das Domcapitel, daß ihn dieſes endlich auf die Konfeſſion und ihre Apologie verpflichten ſollte, weil es wieder das Gewiſſen des Magiſtrats ſey, zweyerley Lehre in den Ringmauern der Stadt zu dulden [277]). Da Hardenberg das Anſinnen einer ſolchen Verpflichtung auf die Konfeſſion ſchon einmahl

276) "Wir haben — ſo erklärten ſich in der Folge die ausgetretene Mitglieder des Raths in ihrer Vertheidigungs-Schrift, die ſie unter dem Titel: Nothwehr des ausgewichenen Raths ꝛc. herausgaben — "wir haben die „Prediger überhaupt zur chriſtli„chen Sanftmuth und Beſchei„denheit ermahnt; aber daß wir „denſelben in ihr ordentliches „Amt hätten greiffen und vor„ſchreiben ſollen, wie ſie lehren „und ſtrafen müßten, das ha„ben wir vor Gott und Men„ſchen nicht zu verantworten ge„wußt. Wir haben ſo wohl als „die Prediger nicht gezweifelt, „daß Hardenbergs Lehre dem „Berengariſchen und Kalviniſchen „Irrthum durchaus gemäß ſey, „und daß er der Augſp. Kon„feſſion nicht habe zugethan ſeyn „wollen. Da nun die Sache alſo „beſchaffen war, ſo denke doch „ein jeder redlicher Menſch, wie „es uns als weltlicher Obrigkeit „hätte gebühren wollen, den Pre„digern zu verbieten, wieder

„Hardenbergs Lehre zu warnen, „und das ihnen anbefohlne Amt „zu gebrauchen"? Dabey führten ſie ausdrücklich die Stelle der Bremiſchen Kirchen-Ordnung an, worinn ja wörtlich geſagt werde „daß ſich auch die Prediger ſon„derlich mit Gottes Wort wap„nen und rüſten, die Drommme„ten blaſen und das Volk war„nen müßten, wenn jemahls der „Teufel ſonderlich in Bremen „einbrechen, oder in der Stadt „überhand nehmen ſollte mit ei„nigen gräulichen Stücken und „Sünden, als mit Aufruhr, Un„gehorſam wieder die Obrigkeit, „Ehbruch, Schwelgerey, Voll„ſaufen, Ketzerey, und Schwär„men wieder die Sakramente „Chriſti." S. Hardenbergs Lehramt S. 156.

277) "Wenn aber Hardenberg — ſetzte der Magiſtrat hinzu — „dieſem Anſinnen ſich fügen würde, ſo ſollte er dem Magiſtrat ſo lieb und werth ſeyn, als er ihm vorher geweſen ſey. S. Kenkel brev. narr. p. 26.

N 5

mahl abgewieſen hatte, ſo ließ ſich leicht vorausſehen, daß er ihm auch jetzt auszuweichen ſuchen würde: dann aber konnte doch der Bürgerſchaft ſehr ſcheinbar vorge= ſagt werden, daß er nach ihrem eigenen Schluß abge= ſetzt werden müſſe, weil er die Konfeſſion nicht annehme, bey der ſie doch bleiben zu wollen erklärt habe.

Es iſt ſchwer zu begreiffen, wie man nach dem Be= nehmen, das Hardenberg bey dieſer Gelegenheit beobach= tete, es jemahls noch wagen konnte ihm Mangel an Redlichkeit bey dem Bekenntniß ſeiner Meynungen oder Mangel an Feſtigkeit zur Laſt zu legen. So gewiß er vorausſah, daß eine neue Weigerung von ſeiner Seite von ſeinen Gegnern zu ſeinem äuſſerſten Nachtheil bey dem Volk benutzt werden könnte, und unfehlbar be= nutzt werden würde, ſo wahrſcheinlich durfte er auch hoffen, daß er ſich durch die Annahme des neuen An= trags, den man an ihn brachte, vielleicht auf immer Ruhe erkaufen konnte: und dieſer Antrag konnte ohne die mindeſte Verletzung ſeiner Ueberzeugung von ihm an= genommen werden. Er war ſich ſelbſt auf das voll= kommenſte bewußt, daß ſeine Meynung in der Nacht= mahls=Lehre keine andere als die Meynung Kalvins und Johanns von Laſco und Bucers und Muſculus ſey; und konnte es ihm wohl unbekannt ſeyn, daß dieſe Män= ner ihre Meynung immer in der Augſp. Konfeſſion ge= funden hatten? Aber er, der Freund Melanchtons, zweifelte ſogar gewiß nicht, daß ſeine Meynung auch die Meynung Melanchtons ſey; er zweifelte alſo nicht, daß Melanchton ſelbſt die Ausdrücke der Konfeſſion in keinem andern Sinn nehme, vielleicht nie in ei= nem andern genommen habe, als in jenem, der ſeiner Meynung gemäß ſey: was konnte ihn dann jetzt abhal= ten, das Verſprechen auszuſtellen, daß er vom Nacht= mahle nicht anders als der Konfeſſion gemäß lehren

wolle

wolle²⁷⁸)? Doch die äusserst gewissenhafte Redlichkeit
und das höchst feine Gefühl für Wahrheit, das Harden=
berg bey dieser Gelegenheit zeigte, erscheint noch in einem
weit helleren Licht, wenn man erst die folgende Umstände
dazu nimmt, die auch nach andern Hinsichten eine eigene
Bemerkung verdienen.

Ohne Zweifel durch einen blossen Zufall, oder durch
die Unwissenheit der Gegner — denn Absicht war gewiß
von ihrer Seite nicht dabey — war ihm die Erfüllung
der Forderung, die man an ihn machte, so leicht als
möglich gemacht worden. Der Magistrat hatte dem
Domcapitel mit seiner Botschaft auch eine Abschrift des
zehnten Artikels der Augsp. Konfession und seiner Er=
klärung in der Apologie übergeben lassen, worauf sich
Hardenberg seinem Verlangen nach verpflichten sollte:
diese Abschrift aber war von der geänderten Ausgabe
genommen, welche für die Kalvinische Vorstellung so
viel günstiger war, und auf welche sich auch Kalvin und
Johann von Lasco schon in öffentlichen Schriften aus=
drücklich berufen hatten. Dieß beweißt gelegenheitlich,
wie wenig es biß jetzt auch den lutherischen Orthodoxen
eingefallen war, etwas bedenkliches in jenen Aenderun=
gen zu sehen, welche Melanchton mit der Konfession
vorgenommen hatte, denn sie konnten ja selbst durch
ihre Gegner und durch den Gebrauch, welchen diese da=
von machten, nicht sogleich aufmerksam darauf gemacht
werden: allein welche zarte Gewissenhaftigkeit bewieß
nicht dagegen Hardenberg, da er selbst von diesem Um=
stand einen Grund hernahm, das an ihn gebrachte Au=
sinnen abzulehnen²⁷⁹)?

"Ich

---

279) Man hatte zuletzt nur
dieß von ihm verlangt, daß er
sich feyerlich anheischig machen
sollte, biß zu dem freyen Kollo=
quio mit auswärtigen Theologen,
welches der Rath nächstens ver=

anstalten wolle, nicht anders von
dem Abendmahl zu lehren, als
in der Augsp. Konfession und
ihrer Apologie vorgeschrieben ser.
279) Die folgende Erklärung
Hardenbergs ist aus vier Auf=
sätzen

"Ich kann mich, erklärte er, mit Eyd und Gelüb-
„ben auf kein anderes Buch, als auf die Bibel verbin-
„ben: denn alle menschliche Schriften haben ihre Män-
„gel; die Schrift allein ist untrüglich. Was hat die
„Welt mehr in Irrthum geführt, als daß man so all-
„gemein etlichen menschlichen Lehrbüchern folgte, und
„die Bibel verließ? Bey meiner Doktor-Promotion
„habe ich gelobt, bey der Bibel und der alten wahren
„christlichen Lehre zu bleiben, und mich auf keine Bü-
„cher zu verpflichten. Dieß mag ich nicht brechen. Da
„mir hier das Lehr-Amt aufgetragen worden ist, bin
„ich nicht auf die Augsp. Konfession und ihre Apologie
„berufen worden. Wäre dieß geschehen, so würde ich
„sogleich meine Bedenklichkeiten dagegen entdeckt haben.
„Sollte ich mich aber nun erst auf jene Bücher verpflich-
„ten, so schiene es nicht allein, sondern ich würde mich
„selbst in Verdacht setzen, als ob ich bißher von der
„Lehre, die darinn enthalten ist, abgewichen wäre, oder
„dagegen gelehrt hätte. Dieß bin ich aber noch nicht
„überführt, und glaube auch nicht, daß meine Lehre
„der Augsp. Konfession entgegen sey, oder mit ihr
„streite.

„Aber — sezte er hinzu — es sind noch andere Ursa-
„chen die mich hindern, dem Verlangen des Raths ein
„Genüge zu leisten. Die Augsp. Konfession ist so auf-
„gesetzt, wie es die Zeit leyden wollte, um den Kayser
„und Pabst zu gewinnen, oder am wenigsten zu erbit-
„tern. Melanchton, der sie gemacht hat, bekennet
„selbst gegen Illyrius, daß sie nicht vollkommen sey.
„Was mir darinn am bedenklichsten vorkommt, ist gerade
„der zehente Artikel, wie er dem Kayser und den ver-
„sam

säzen vom 30. Jan. vom 4. und
18 Febr und vom 23 Jun. 1557.
genommen, worinn er sich darüber äusserte. Der lezte findet
sich in Gerdes Scrinio T. IV. p.

724. und der Innhalt der übrigen in seiner Hist. mot. p. 124.
wie auch in Methmeiers Braun-
schw. Kirchenhistor. Th. III. Bey-
lag. Nr. 10. p. 96.

„fammelten Ständen vorgelefen ift. Darinn wird ge-
„lehrt, daß unter der Geftalt des Brodts und Weins
„der wahre Leib und das Blut Chrifti im Abendmahl
„gegenwärtig fey. Dieß gleichet zu fehr der Lehre der
„Papiften, die eine Verwandlung des Brodts und
„Weins behaupten. Ein jeder weiß ja wohl, wie feit
„Jahrhunderten die Worte in der Römifchen Kirche
„verftanden find, wenn man fagte, daß im Abendmahl
„der Leib Chrifti unter der Geftalt des Brodts fey [280]).
„Die Katholifchen zu Augfpurg haben fie auch nicht an-
„ders als nach ihrer Gewohnheit gedeutet. Daher
„rührte es, daß fie diefen Artikel genehmigten, welches
„nicht gefchehen wäre, wenn fie nicht gemeynt hätten,
„daß er mit ihrer Lehre übereinftimme. Und was die
„Apologie betrift; darauf ift der Religions-Friede
„nicht geftiftet; und es ift auch in diefer Apologie noch
„mehr als in der Konfeffion nachgegeben. Es werden
„darinn Stellen aus dem Vulgarius und dem griechi-
„fchen Canon der Meffe angezogen, welche mit klaren
„Worten die Brodt-Verwandlung lehren [281]). Und
„was foll ich davon benken, daß man mich nicht allein
„an die Apologie binden will, fondern auch die ganze
„Bürgerfchaft darauf hat geloben laffen; da gewiß viele
„das

---

280) "Dat maket mi ein Be-
„deuten in der Augfp. Konfef-
„fion, dat de dütfche Heft un-
„der Geftalt Brodes ende Wi-
„nes, dat tilet na der Tran-
„fubftantiation; want Geftalt ift
„fpecies; nu en ift fpecies in
„den Schulen nicht dann pro ac-
„cidenti, genamen, ende fo iffet
„ock in düdfch gefettet, want
„Geftalt is man accidens, fo
„fchmaket die Apologie ja ganz
„na Trumubftantiatio." S. den
Auffatz vom 23. Jun. bey Gerdes am a. O. p. 738.
281) "Noch viel ein anderes
ift mit der Apologia, als mit

der Konfeffion, denn auf jene
ift der Land-Friede nicht ge-
ftellt. So feynd dar viel rauhe
Stücke in der Apologia nachgegeben, auch die Verwandlung
des Brodts in den Leib Chrifti —
Item: da wird enumeratio, Erzählung der Sünden in der Beicht,
auch die Ohrenbeicht einmahl
des Jahrs, Item die Meffe mit
den Meß-Kleidern beftätigt, und
noch mehr anderes Dings das
fährlich ift, fo ich nur in der
Eile darinn gelefen, und doch
nicht ganz, und find der Dinge
in wenig Blättern fo viel. S.
Rethmajer am a. O. p. 97. 98.

„das Buch nicht kennen, andere es nicht gelesen haben,
„und in demselben viel schwere griechische Sprüche vor-
„kommen, die auch die Gelehrten kaum verstehen?
„Warum will man eine solche Last auf der Bürger, und
„auf meinen Hals legen?

„Nun ist zwar wahr, in der Schrift, die
„man mir hat überreichen lassen, stehen die Ar-
„tikel nicht so, wie sie in der ersten Ausgabe
„gedruckt sind, sondern sie sind verändert und
„abgekürzt. Ich weiß aber nicht, ob jemand Frey-
„heit habe, eine Schrift, die dem Kayser und Reich
„übergeben, oder für sie bestimmt war, zu verändern
„oder abzukürzen. Und wenn ich sie nun auch in dieser
„Form unterschriebe, so würde es heißen, ich hätte
„mich auf die Augsp. Konfession und ihre Apo-
„logie verpflichtet, und ich könnte nicht einen
„jeden bedeuten, daß es allein auf die veränderte
„Artikel geschehen sey.“

Dieser letzte Zusatz deckt am deutlichsten den wahren
Grund auf, durch welchen Hardenberg zu seiner Weigerung bestimmt wurde. Er hätte, ohne eine Falschheit gegen seine Ueberzeugung zu begehen, wenigstens
die Augsp. Konfession leicht unterschreiben können. Dieß
bezeugte er sehr feyerlich an dem Schluß seiner Antwort,
wobey er auf das bestimmteste bekannte, daß er den zehnten Artikel der Konfession in eben dem Sinn annehme,
in welchem ihn ihr Verfasser Melanchton, und die Schule
zu Wittenberg erkläre, und daß er ihn in diesem Sinn
immer angenommen und von jeher darnach gelehrt
habe [282]. Aber er wollte nicht einmahl in den Verdacht

---

[282] "Was ich von der „Augsp. Konfession gesagt habe, „soll nicht zu ihrer Verachtung „gesagt seyn, oder dahin gezogen „werden, als ob ich sie tadelte, „verwerfe, oder behauptete, daß „sie der Schrift zuwieder sey. „Ich nehme den zehnten Artikel an,

dacht einer Falschheit kommen, und seinen Gegnern keine
Gelegenheit geben, ihn darein zu bringen; er wollte sie
weder selbst zu der Vorstellung verleiten, daß er mit
ihnen gleich lehre, da er sehr gut wußte, worinn und
wie weit seine Meynung von derjenigen abwich, welche
sie in der Augsp. Konfession fanden, noch wollte er sie
glauben lassen, daß es ihm darum zu sey, seine Mey=
nung zu verbergen: daher fand er sich gedrungen, mit
der offensten Freymüthigkeit bey diesem Anlaß zu han=
deln, ja er fand sich aus eben diesen Gründen bald dar=
auf gedrungen, die Offenheit und Freymüthigkeit noch
weiter zu treiben, als vielleicht nöthig war.

Weil sich Hardenberg doch erklärt hatte, daß er die
Augsp. Konfession in eben dem Sinn annehme, wie sie
zu Wittenberg angenommen werde, so hielt man es für
nöthig, ihm noch die Frage vorzulegen, ob er auch die
Wit=

„an, wie ihn Melanchton, der „Verfasser desselben, und die „Schule zu Wittenberg erklärt. „Die sagen in ihrem Schreiben „an den Rath: im Abendmahl „werde der Leib Christi mit dem „Brodt genommen, und dieß „sey der Redart Pauli ge= „mäß, wenn er sagt; das Brodt „ist die Gemeinschaft des Leibes „Christi. So habe ich auch stets „gedacht und gelehrt — und wenn „dieß auch die Meynung der „Augsp. Konfession ist, so bin „ich wohl mit ihr zufrieden." Dabey erwähnte er auch, daß in der lateinischen veränderten Aus= gabe der Artikel wieder anders abgefaßt sey, denn hier stehe, daß der Leib und das Blut Christi den Tischgenossen ausgetheilt werde. "Über dem — sagte er — „bin ich stets gefolgt, und so „lehre ich noch." S. Harden= bergs Lehramt S. 162. Daraus legt sich von selbst dar, wie

schamlos der Vorwurf war, der in der Folge von den Gegnern Hardenbergs so oft vorgebracht wurde, daß er die Augsp. Kon= session verworfen habe: doch man kann diesem Vorwurf das eigene Geständniß des Bremischen Raths entgegensetzen, der noch in eben diesem Jahr dem König von Dännemark in einem Brief vom 27. Apr. berichtete "Hardenberg „habe sich auf die Anfrage: ob „er die Augsp. Konfession und „ihre Apologie unterschreiben „wolle, also in Schriften ver= „nehmen lassen: Wenn diese Bü= „cher so verstanden würden, wie „sie Melanchton, der sie aufge= „setzt hat, auslegte; so wären „sie ihm nicht entgegen, und „wüßte er auch nicht dagegen zu „lehren. Doch wollte er sich auf „kein ander Buch als auf die „Bibel, darauf er auch promo= „virt worden, verbinden las= „sen."

Wittenbergiſche Concordie, oder den Vertrag annehme,
der im J. 1536. zwiſchen Luther und den oberländi-
ſchen Theologen geſchloſſen worden ſey? Es würde ſich
ſchwehr begreiffen laſſen, was die Gegner Harbenbergs
bey dieſer Frage abzwecken, oder damit zu gewinnen
hoffen konnten, wenn ſich nicht aus dem Erfolg ſelbſt
eine Vermuthung darüber ziehen lieſſe: denn was ſie
auch Harbenberg für eine Meynung in der Nachtmahls-
lehre zuſchreiben mochten, ſo konnten ſie doch nicht
daran zweiflen, daß es ihn nur wenig Kunſt und gar
keinen Zwang koſten würde, ſie mit jener Concordie zu
vereinigen. Wenn er ſich aber auf ihre Anfrage bereit-
willig erklärte, nach dem Innhalt der Formel, über
welche man ſich damahls vereinigt hatte, zu lehren, ſo
halten ſie ſich durch die Anfrage ihre eigene Sache verdorben. Es wird alſo ſchon daraus ſehr wahrſcheinlich, daß ſie wohl ſchon voraus unterrichtet ſeyn mochten, wie Harbenberg über jene Concordie dachte, über
die er ſich vielleicht in vertraulichen Privat-Aeuſſerun-
gen hin und wieder herausgelaſſen hatte; aber die wahr-
ſcheinliche Vermuthung wird durch die Erklärung, die
er jetzt darüber gab, faſt zur Gewißheit erhoben. Hardenberg weigerte ſich die eigentliche Vergleichs-Formel
anzunehmen, welche damahls von Melanchton aufgeſetzt, und von den Theologen beyder Partheyen accep-
tirt worden war, ſondern wollte nur jener Erklärung
beyſtimmen, durch welche Luther bey dieſer Gelegenheit
bezeugt hatte, daß zwiſchen ihm und den Straßburgiſchen Theologen kein Streit mehr ſey [283]). Als man
aber

---

283) Freylich war zwiſchen dieſer Erklärung Luthers und zwiſchen
der eigentlichen Vergleichs-Formel ein mehrfacher Unterſchied.
Die Erklärung Luthers, welche
Hardenberg meynte, lag in der

folgenden Anrede, welche dieſer
an die Oberländiſche Theologen
gehalten hatte: "Würdige Herrn
„und Brüder! Wir haben euer
„aller Antworten und Bekennt-
„niſſe gehört, daß ihr glaubet
„und

So leicht ſich nun errathen läßt, warum es Hardenberg bey der Vorſtellung, die er einmahl in der Nachtmahls-Lehre angenommen hatte, bedenklich finden
konnte, ſich auf jene Formel zu verpflichten, ſo darf
man doch faſt gewiß glauben, daß er ſich wenigſtens
einige Mühe gegeben haben würde, dieſe Bedenklichkeiten etwas zu verbergen; da er es auf eine mehrfach-
leichte Art ohne die mindeſte Verletzung ſeiner Ueberzeugung hätte thun können, wenn ihn nicht eine beſondere Urſache zu ihrer offenſten Darlegung gedrungen
hätte. Eine ſolche Urſache läßt ſich aber nur in einigen
früheren Aeuſſerungen finden, die vielleicht dem offenen
Mann ſchon vorher über jenes Concordien-Werk entfallen ſeyn mochten; allein worinn ſie auch liegen mochte,
ſo darf man nicht vergeſſen, oder nicht unbemerkt laſſen,
daß ihm die Probe, auf welche bey dieſem Anlaß ſeine
Redlichkeit geſetzt wurde, durch einen beſonderen Umſtand ſehr beträchlich erſchwehrt werden mußte. Es
konnte ihm nicht entgehen, daß er durch ſeine Erklärung auch ſeinen Freund Melanchton gewiſſermaſſen
kompromittirte [285]); wenigſtens konnte er nicht zweiflen, daß ihm dieſer zu einer andern gerathen haben
würde;

„ich my noch gefallen, wie ich od
„D Pomerano togeſchrieven, und
„hierinn verhalet iſt." In dieſem noch lag es ſehr verſtändlich, daß er ſich die eigentliche
Vergleichs-Formel wegen ihres
Innhalts nicht gefallen laſſe:
wenn er aber um dieſes Innhalts
willen im Ernſt zweifelte, ob ſie
Melanchton aufgeſetzt habe, ſo
konnte er nur davon einen ſcheinbaren Zweifels-Grund hernehmen, weil der Ausdruck darinn
vorkam "daß das Brodt der Leib
„Chriſti ſey" da doch Melanchton ſelbſt in dem letzten Schreiben an den Magiſtrat zu Bremen geſagt hatte "daß dieſe Form

„der Rede ſeines Wiſſens von
„den Gelehrten in den Sächſi-
„ſchen Landen bißher nicht ge-
„braucht worden ſey."

285) Der Magiſtrat zu Bremen ließ ſich auch würklich bey
Melanchton nach der wahren Beſchaffenheit der Sache erkundigen, und erhielt von ihm von
Worms aus, wo er ſich damahls
bey dem angeſtellten Colloquio befand, die Erklärung, daß die Formel
allerdings von ihm herrühre, und
daß er auch Hardenberg darüber
belehren wollte, ſobald es ihm
ſeine Geſchäfte erlaubten. S. Kentel Brev. narr. p. 27. Hardenbergs
Lehramt S. 165. 166.

würde; und dennoch siegte bey ihm der Entschluß, den
ihm sein eigenes zärteres Gefühl eingab.

Kapitel IX.

Damit erleichterte er aber freylich seinen Gegnern
auch die Ausführung des neuen Operations-Plans,
den sie angelegt hatten. Weil von der Bürgerschaft
darauf angetragen worden war, daß die Sache auf das
Erkenntniß auswärtiger Theologen ausgesetzt werden
sollte, so beschloß man auch von Seiten des Raths,
sie dahin zu bringen, aber nicht mehr, wie Harbenberg
und die Bürgerschaft wünschten, an die Wittenberger,
sondern an die Niedersächsische Ministerien zu bringen,
also an die Mörlins und Chemnitze, an die Westphals
und Paul von Eizen zu bringen, die sich bereits auf das
stärkste wieder Harbenberg erklärt hatten [286]). Dieser letzte Umstand machte es indessen nothwendig, daß
das schöne Vorhaben etwas maßkirt werden mußte;
daher machte der Rath dazwischen hinein erst noch die
erzählt

---

286) Dieß war schon durch
ihr Bedenken über das Bekenntniß der Bremischen Prediger auf
das stärkste geschehen; aber wie
viel stärker es sonst noch geschehen mochte, kann man am besten aus einem Brief Mörlins
an den Syndicus Rollwage, den
Wigand seinen Hist. de Schismate
Sacramentar. f. 275. b. eingerückt, und aus einem andern an
Segebade schliessen, den Salig
Th. III. p. 734. aus einem Ma-
nuscript der Wolfenbüttlischen
Bibliothek bekannt gemacht hat"
Semel — schreibt hier Mörlin —
subscripsimus vestrae Confessioni,
et per hoc eam fecimus nostram
quoque. Quicquid igitur cerri-
ces durae, quicquid garriant Du-
rimontani; hoc adeo non terrebit
conscientias nostras, ut pro ex
confessione vestra sanguinem fun-
dere parati simus Scio, mi frater, quid tentet Satan super hac
Confessione. Vos una voce essen-
tialitatis petiistis ipsius jugulum,
et praetrinxistis viam ad futuram
conciliationem, quam quaerit.
Hinc jam est concitatus. Sed vivit Christus, immo vivit ad dextram virtutis Dei, et regnat etiam
in medio inimicorum suorum —
Ie te confirmet cum reliquis tuis
fratribus ut sitis contra montem
durum murus aeneus, et malleus
conterens portas. Amen."

erzählten Verſuche, den Handel mit weniger Weitläu=
figkeit beyzulegen, und erklärte nur, da dieſe mißlungen
waren, daß er ein Geſpräch zwiſchen Harbenberg und
einigen auswärtigen Theologen veranſtalten wolle: al=
lein im Verborgenen arbeitete man dabey eifrigſt an dem
Ausgraben und Füllen einer Miene, die im Nothfall
nicht nur ihn ſelbſt, ſondern auch alle ſeine Beſchüzer
im Domcapitel, im Rath und unter der Bürgerſchaft
mit einem Schlage zerſchmettern könnte. Die ganz auſ=
ſerordentliche Anſtalten, welche man, wie es ſchon bey
der erſten Exploſion an den Tag kam, dazu gemacht
hatte, verrathen einen Grad von Erbitterung und Par=
thie=Wuth, durch den man ſelbſt nach allen den frühe=
ren Erſcheinungen, die in dieſer Geſchichte ſchon vorge=
kommen ſind, noch überraſcht wird.

Indem man noch zu Bremen nur darüber mit Har=
benberg handelte oder zu handeln ſchien, daß er der
Augſp. Konfeſſion und der Wittenbergiſchen Concordie
beytreten möchte, ſo bemühten ſich die Obrigkeiten der
Niederſächſiſchen Haupt=Städte Lübeck, Hamburg und
Lüneburg das halbe Reich gegen ihn in Aufruhr zu brin=
gen, denn ſie erlieſſen Briefe an den Churfürſten von
Sachſen, an die Herzoge von Sachſen, Mecklenburg
und Wirtenberg, ja ſelbſt an den König von Dänne=
mark, worinn alle dieſe Fürſten auf das dringendſte er=
ſucht wurden, ſich doch um Gotteswillen der Bremi=
ſchen Religions=Sache anzunehmen, weil ja auch für
andere Länder und Reiche die gröſte Gefahr zu befürchten
ſey, wenn das in Bremen entſtandene Feuer nicht bald
gedämpft werde. Harbenberg, hieß es darinn, habe
ſich zu den verführeriſchen Sekten der Zwinglianer und
Calviniſten begeben; der Rath von Bremen aber —
ließ man einflieſſen — könne, ſo gut er auch geſinnt
ſey, dem Uebel nicht ſteuren, weil das Domcapitel ſei=
nen

nen Prediger schüze; also würden die Fürsten das gott-
gefälligste Werk thun, wenn sie entweder durch eine
persönliche Besendung oder durch Briefe wenigstens das
Domcapitel ermahnen würden, den, so gefährlich gewordenen Mann seines Amts zu entsetzen und aus dem
Lande zu schaffen, ehe er weiteres Unheil anrichten
könne [287]).

Daß dieß von Bremen aus angelegt ward — wer
wird nur daran zweiflen? Ob es durch Timann und
Konsorten zuerst bey Westphal und Konsorten, und dann
durch diese bey ihren Obrigkeiten, oder ob es, was eben
so wahrscheinlich ist, durch den Deputirten des Bremischen Raths, den man im vorigen Jahr nach Hamburg
und Lübeck geschickt hatte, unmittelbar bey diesen angelegt worden war? — dieß trägt wohl nichts aus:
aber daß von Bremen aus noch mehr deßwegen in der
Stille unterhandelt und besonders mit dem Dänischen
Hofe verhandelt worden seyn mußte, dieß läßt sich aus
den

---

287) Diesen Brief hat Grebe
in Memoria Eizenii unter den
Dokumenten Nr. XXIII. bekannt
gemacht: aber von diesem wichtigen Brief erwähnt Löscher kein
Wort, um die Sache so vorzustellen, als ob sich der König unaufgefordert in die Sache gemischt
hatte, weil man zu Bremen, wegen
den innerlichen Zwistigkeiten zu
keinem Schluß habe kommen können. Und doch führt er selbst einen
Brief des Dänischen Hofpredi-
gers Boscoducensis an die Bremische Prediger an, worinn dieser erwähnt, daß einige — quidam — nehmlich die Magistrate
von Hamburg, Lübeck und Lüneburg — bey seinem König wegen einer Gesandtschaft unterhandelt hätten, die man nach

Bremen schicken sollte. S. Hist.
mot. Th. II. p. 172. Noch weiter — aber gewiß nicht wissentlich — schoß hier der gute Saltig
neben der Wahrheit vorbey "König Christianus von Dännemark —
sagt er Th. III. S. 734. — erbote
sich in einem Schreiben an den
Bremischen Magistrat zu Vermittlung der Bremischen Streitigkeiten, und wolle die benachbarte Theologen zusam-
menberufen, dieselbe zu entscheiden. Der Rath soll dieses Erbieten angenommen, Hardenberg aber gesagt haben, der König habe über die Bremische Kirche nichts zu sprechen." Hier hat
man gerade so viele falsa, als
Worte!

ben erſten Bewegungen, womit ſich dieſer nun würklich
in die Sache einmiſchte, ſehr deutlich erkennen.

Schon vom 13. April des Jahrs 1557. iſt der
Strafbrief datirt [288]), welchen der König von Dännemark um dieſes Handels willen — nicht an das Domcapitel, wie die Hamburger und Lübecker gewünſcht
hatten — ſondern an den Bremiſchen Magiſtrat erließ.
Er ſey — hieß es in dieſem Brief — glaubwürdig berichtet worden, daß im Domſtift ein Prediger die Zwingliſche Meynung vom Abendmahl öffentlich lehren ſolle,
daß er darinn von der Obrigkeit nicht gehindert werde,
wie ſie doch nach Gottes Befehl hätte thun müſſen, ja
daß ſogar einige angeſehene Perſonen aus dem Mittel
des Raths ſelbſt in die ausgebreitete Irrthümer gehe-
len ſollten. Nun könne er ihnen ſein Mißfallen darüber nicht bergen, aber noch mehr finde er ſich gedrungen, ihnen zu Gemüth zu führen, was für Unheil und
Gerichte Gottes für Bremen ſelbſt [289]), und welche
Gefahr für die umliegende Länder und Kirchen daraus
entſtehen könnte, wenn dem Uebel kein Einhalt ge-
ſchähe. Sie ſollten alſo mit allem Ernſt ermahnt ſeyn,
in dieſer hohen und wichtigen Sache, welche das höchſte
Gut und unzähliger Seelen Heyl beträfe, nicht gleichgültig zu ſeyn, und nicht zu verſtatten, daß durch verfüh-
reriſche Lehren die Kirche ferner beunruhigt werde, wobey er gewiß hoffe, das Domcapitel und die Bürgerſchaft werde nichts dawieder haben, daß die Kirche des
Wolfes entledigt, und dadurch chriſtliche Einigkeit erhalten werde, weil in ſolchen Sachen, welche Gottes
Ehre

288) Der Brief iſt gedruckt
in der Däniſchen Biblothek Th.
V. p. 177. und in Pontoppidans
Däniſcher Kirchenhiſtorie T. III.
p. 346
289) Der König zeichnete ein
beſonderes Gericht Gottes aus,
das für die Stadt daraus erwachſen könnte, denn "es möchte
leicht geſchehen, meynte er, daß
von jetzt an viele fromme Chriſten Bedenken tragen dürften,
mit Bremen und deſſen Einwohnern ferner Gemeinſchaft im Handel und Gewerbe zu haben.

Ehre und sein Wort beträfen, kein Verschonen Platz haben müsse. Daß man aber diese Sache auf eine Zusammenkunft und Unterredung der Gelehrten aussetzen, und mittlerweile der Ausbreitung der Irrthümer zusehen wolle, finde er gar nicht gerathen, weil dadurch das Uebel leicht unheilbar werden könnte; doch habe er nichts dawieder, daß die Gelehrten zusammenkommen, und die Irrenden wieder zurecht bringen möchten.

Gewiß darf es nicht erst aufgedeckt werden, was der Magistrat zu Bremen bey dieser Wendung abzweckte, also auch die Vermuthung nicht erst besonders gerechtfertigt werden, daß die Wendung von Bremen aus eingeleitet wurde. Der Rath wollte auf alle Fälle auterisirt seyn, gegen den Wiederstand, den das Domcapitel der Verfolgung Hardenbergs entgegensetzte, nachdrücklichere Maaßregeln zu ergreifen, und zugleich den Handel in eine Lage bringen, worinn es ihm die Freunde und Beschützer Hardenbergs noch als Großmuth anrechnen müßten, wenn er es erst noch zu einer Disputation zwischen Hardenberg und auswärtigen Theologen kommen ließ. Deßwegen ließ er sich von dem König von Dännemark die strafende Vorwürfe wegen seiner bißherigen Unthätigkeit machen. Deßwegen ließ er den König jene anzustellende Zusammenkunft auswärtiger Theologen wiederrathen; und deßwegen gab er sich in seiner Antwort an den König noch selbst das Ansehen, als ob es ihm nur darum zu thun wäre, ihm jenen gelinderen und schonenderen Weg zu Beylegung des Handels annehmlicher zu machen. Er ersuchte ihn nehmlich selbst, daß er doch die vorgeschlagene Zusammenkunft gestalten und befördern möchte, über welche der Rath mit dem Domcapitel bereits einig geworden sey: denn wiewohl es der König und andere [290]) mit Recht bedenklich finden

den

---

290) Unter diesen andern meynte der Rath unstreitig die Magistrate von Hamburg, Lübeck und Lüneburg, welche es in ihrem

ben könnten, den Artikel vom Abendmahl, der in Gottes Wort ſo feſt gegründet, und worüber ſchon ſo viel geſtritten worden ſey, von neuem in eine Diſputation zu ziehen, ſo hätte es ja doch die Noth auch bey der alten Kirche mehrmahls erfordert, daß um eines Glaubens⸗ Artikels willen, der genugſam beſtimmt und erwieſen war, die Väter und Biſchöfe hätten zuſammenkommen müſſen, um den Feinden der Wahrheit zu wehren. [291]).

Allerdings erſcheint der Magiſtrat zu Bremen, oder doch die damahlige Majorität des Raths in einem häß⸗ lichen Licht, ſobald man ihr auch noch zu ihren übrigen Sünden Ränkemacherey und Heucheley zu Laſt legen kan: doch wie kann man anders, wenn man Zuſam⸗ menhang und Konſequenz in ihr Verfahren bringen ſoll? Der Erfolg bewieß doch, daß ſie damahls ſchon feſt ent⸗ ſchloſſen war, keine andere als Niederſächſiſche Theolo⸗ gen über den Handel Harbenbergs urtheilen zu laſſen; gewiß aber lebte kein Menſch in Bremen, der nur dar⸗ an zweifelte und zweifeln konnte, daß das Urtheil von dieſen wieder Harbenberg ausfallen würde: wenn ſich alſo der Rath jezt das Anſehen gab, als ob er bloß aus Schonung für Harbenberg das Erkenntniß und den Ausſpruch anderer Theologen noch abwarten wollte, was war dieß anders als eine Maßke, die kaum den et⸗ was entfernten Zuſchauer täuſchen konnte. Es war daher möglich, daß man am Däniſchen Hofe, daß der orthodoxe Chriſtian III. und ſeine Hofprediger etwas da⸗ durch getäuſcht, und auf den Verdacht gebracht werden konnten, es möchte doch dem Magiſtrat zu Bremen mit der Ausrottung der Ketzerey nicht ſo ganz Ernſt ſeyn, weil

ihrem Brief an den König von Dännemark ebenfalls bedenklich gefunden hatten, "weil es doch „einmahl in den Reichsgeſetzen „ernſtlich verboten ſey, ſolche „Schwärmer zu dulden, und ſich „mit ihnen in Diſputationen ein⸗

„zulaſſen." S. am a. O.

291) Dieß Antwort⸗Schrei⸗ ben des Bremiſchen Raths vom 28. April 1557. ſ. in der Däni⸗ ſchen Bibl. Th. V. p. 185. und bey Greve in Memor. Eizen. Beylage Nr. XIX.

weil er sich so ungern zu starken Maaßregeln dagegen zu entschließen schien; denn am Dänischen Hofe konnte man von dem Zustand der Dinge in Bremen nicht so genau unterrichtet seyn, und war auch wohl absichtlich von den Unterhändlern, welche den König in das Spiel hineingezogen hatten, nicht ganz genau unterrichtet worden [292]): allein aus allem, was der Magistrat in der Folge that, und schon aus allem, was er zunächst nicht that, giengen seine wahre Absichten auf das deutlichste hervor.

Ohne Zweifel war es ihm sehr erwünscht, daß der König von Dännemark in der Antwort [293]) auf sein Schreiben eine noch stärkere Mißbilligung der anzustellenden Unterredung zwischen Hardenberg und andern Theologen äußerte, und noch mit größerem Ernst, als in seinem ersten Brief, auf ein gewaltsames Durchgreifen antrug. Aus jener Disputation — meynte er — würde nichts herauskommen, denn solche Gespräche hätten selten etwas genüzt, wie man schon bey dem Marburgischen Kolloquio zwischen Luther und Zwinglin erfahren

---

292) Aus dem Brief von Boscoducensis an die Bremische Prediger, der vom 27. Jun. dieses Jahres datirt ist, läßt sich allerdings schließen, daß man würklich am Dänischen Hofe den Verdacht aufgefaßt hatte, der Rath zu Bremen möchte die Sache durch seine gelinde Mittel allzunachläßig betreiben, und vielleicht absichtlich betreiben wollen; allein daraus läßt sich desto weniger folgern, daß es sich würklich so verhielt, je leichter man angeben kann, wie der Dänische Hof zu dieser falschen Vorstellung kommen konnte, die er sich von den Gesinnungen der Majorität des Bremischen Raths machte. Er

wußte nur im allgemeinen, daß auch Freunde von Hardenberg im Rath sassen; er konnte dadurch sehr natürlich auf die Vermuthung kommen, daß der Einfluß von diesen die Gesinnungen der andern, wo nicht überwogen doch etwas neutralisirt haben könnte; und wahrscheinlich war ihm auch von seinen Bremischen Zuträgern ihr Einfluß weit größer beschrieben worden als er würklich war, um den Hof zu bestimmen, daß er in einer stärkeren Sprache sich erklären sollte.

293) Die Antwort erfolgte schon unter dem 17. Maj. S. Dänische Bibliothek Theil 5. p. 206.

O 5

fahren habe. Eben deßwegen habe er Johann von Laſco, wie er aus England in ſein Reich gekommen, und eine Unterredung begehrt, dieſelbe abgeſchlagen, und ihn, da er von ſeinem Irrthum nicht abſtehen wollen, ohne weiteres aus dem Lande geſchafft ²⁹⁴). Auf gleiche Art ſollte man mit Hardenberg verfahren, denn das Dom-capitel ſollte ihn anhalten, von ſeinem Irrthum abzuſtehen, und denſelben vor ſeiner Gemeinde zu wiederrufen; wenn er ſich aber dazu nicht verſtehen wollte, ohne weitere Zögerung mit ſeiner Abſetzung vorgehen. Wollte hingegen das Domcapitel nicht darein willigen, dann würde es dem Bremiſchen Rath, als von Gott beſtellten und berufenen Oberen gebühren, nach vorangegangener Veredung mit den vornehmſten Gliedern des Erz-ſtifts und mit ihren Bürgern und Einwohnern Ernſt in in dieſer Sache zu gebrauchen, und würde es zuträgli-cher ſeyn, daß die Kirche, worinn jetzt Hardenberg ſeine irrige Lehre verkündigte, gänzlich geſchloſſen oder völlig zum Steinhaufen gemacht würde, als daß aus ihr et-was hervorgienge, was der Bremiſchen und den um-liegenden Kirchen zum unabwendbaren zeitlichen und ewi-gen Schaden gereichen könnte.

Eben ſo erwünſcht war unſtreitig der Hardenbergi-ſchen Gegen-Parthie auch die Würkung, welche die Auf-forderung ihrer Bundes-Genoſſen auch auf die Herzoge von Sachſen, oder auf den Weimariſchen Hof gemacht hatte. Es lief nehmlich ebenfalls von dieſen ein Schrei-ben

---

294) "Auch — ſagte der Kö-"nig — ſey ja die Lutheriſche "Meynung vom Abendmahl die "Lehre Chriſti ſelbſt, und daher "unfehlbar und nicht zu wieder-"legen. Wollte man aber dar-"über Unterredungen anſtellen, "ſo würde es nur ſcheinen, als "ob man ſeiner Lehre nicht ge-"wiß wäre, oder dieſelbige gar "verdächtig hielte. Und wenn "man erſt einem jeden zu gefal-"len, Unterredungen über unge-"zweifelte Lehren der Schrift an-"ſtellen wollte, ſo würde der "Geſpräche kein Ende ſeyn, und "doch zuletzt nichts ausgerichtet "werden."

ben an den Magiftrat ein, worinn er "in Erwägung, wie
„viel Nachtheil aus den Irrthümern Hardenbergs in
„Zeit und Ewigkeit für die Seelen feiner Zuhörer er-
„wachfen werde, und in welcher Gefahr die ganze Stadt
„Bremen in Anfehung ihres zeitlichen Wohls fchwebe,
„da der Religions-Friede niemand als den Augfp. Kon-
„feffions-Verwandten und den Katholiken zu ftatten
„komme, die Sakramentirer aber davon ausgefchloffen
„feyn", auf das bringendfte aufgefordert und ermahnt
„wurde, fich fchleunigft nach den Mitteln umzufehen,
„durch welche Hardenberg aus dem Stadt-Gebiet füg-
„lich weggefchaft, und ihm die fernere Ausbreitung fei-
„ner Irrlehre gewehrt werden könne ²⁹⁵). Ja es lief
fogar — und auch damit war man fehr zufrieden — ein
höchft impertinentes Ermahnungs-Schreiben der Mag-
deburgifchen Prediger ein, worinn auch diefe dem Magiftrat vorftellten, daß er die Sakramentirer nicht länger dulden dürfe, weil fonft Gottes Strafen über die
ganze Stadt und alle ihre Gemeinden unfehlbar herein-
brechen würden ²⁹⁶). Die Magiftrate von Hamburg,
Lübeck und Lüneburg wandten fich hingegen dem Vor-
fchlag gemäß, den fie dem König von Dännemark gemacht hatten, unmittelbar an das Domcapitel, und
verlangten zwar nur von diefem, daß es feinen Prediger anhalten möchte "mit Lehren und Predigen über den
„Artikel vom Nachtmahl fo lange einzuhalten, biß die
„von ihm erregte Irrung durch friedliche und chriftliche
„Mittel beygelegt wäre" aber fie verlangten es mit einer fehr beftimmten Hinweifung auf den Verdruß und
auf den Nachtheil, der fonft gewiß auch für das Capitel
aus dem Handel erwachfen würde ²⁹⁷).

Alles

---

295) S. Kenkels Chronik Nr.
10. bey Wagner S. 175.
296) S. ebendaf. S. 176.

297) S. Greve Memoria Paul
ab Eizen Nr. XXII.

Alles dieß kam aber unstreitig dem Rath desto er-
wünschter, je weniger er sich verhelen konnte, daß er
selbst die Ausführung seines eigenen Planes noch auf
einige Zeit hinausseßen müßte. Zuverläſſig hatte er
selbst die gewaltſamen Vorſchläge des Däniſchen Hofes
niemahls für ausführbar gehalten, denn er kannte
sein Verhältniß mit dem Domcapitel und mit dem
Erzbiſchof beſſer als dieſer, und wußte auch beſſer
als dieſer, wie viele Rückſicht auf die Parthie genommen werden mußte, welche Harbenberg unter der Bürgerſchaft hatte. Bloß um dieſer willen hatte er ſo
viele Anſtalten getroffen, um ſich nur die Erreichung
ſeines Zwecks auf dem von ihm ſelbſt beſchloſſenen Wege
vorzubereiten; jeßt kamen aber mehrere Umſtände dazwiſchen, welche eine noch forgfamere Schonung des einen und der andern, des Kapitels und der Bürgerſchaft
nothwendig machten. Zwiſchen dem Erzbiſchof und
zwiſchen dem Lande Wurſten war es damahls zu einem
Kriege gekommen, in welchen auch die Stadt verwickelt
werden konnte, oder ſich vielleicht ſelbſt verwickeln mußte [298]. In dem Kriege, der ſeit zehen Jahren zwiſchen den lutheriſchen Theologen geführt worden war,
war es hingegen in dem folgenden Jahr zu dem berühm-
ten Frankfurter Receß, oder zu einer Pacifikations-
Formel gekommen, über deren Annahme ſich bereits die
meiſte und die mächtigſte der Proteſtantiſchen Fürſten
und Stände vereinigt hatten. Der Bremiſche Magiſtrat ſah ſich dadurch gezwungen, auch ſeine Schritte
in der Harbenbergiſchen Sache etwas darnach abzumeſ-
ſen, ſo wie er ſchon um des erſten Umſtands willen keinen wagen durfte, der die Bürgerſchaft erbittern konnte;
daher blieb ihm in dieſer Sache nichts übrig, als zu
laviren, wobey er aber das Ziel, zudem er kommen
wollte,

298) S. Chytraei Saxonia p. Biſchöfe des Stifts Verden p.
493 Spangenbergs Chronik aller 208.

chen Verträgen nicht mehr zu berühren ³⁰⁰); allein man wollte ihm diese Verpflichtung nur biß zur weiteren Entschei-

300) Die Antwort Hardenbergs auf dieß Ansinnen, das wirklich von dem Domcapitel an ihn gebracht wurde, war sehr bedachtsam, aber erhielt zugleich eine Apologie und eine neue Darstellung seiner Meynung in der Nachtmahls-Lehre, wodurch sie zum merkwürdigen Aktenstück in dieser Geschichte wird. "Diese Forderung — erwiederte Hardenberg — "welche ich erfüllen soll, "ist hart für mich. Ein jeder "weiß ja, daß ich in diesem Streit "wieder Willen gezogen bin. Soll "ich nun ganz und gar davon "schweigen, so muß es das Ansehen haben, als ob ich mich schul-"dig fände, daß ich wieder die "Wahrheit gelehrt hätte: dieß "aber ist nicht von mir geschehen. "Noch bin ich keines Irrthums "überführt, ja noch weiß ich nicht "was mir die Prediger zur Last "legen. Meine Bekenntnisse, die "ich zum Theil mündlich gethan, "zum Theil schriftlich übergeben "habe, rühren nicht von mir, "sondern von Musculus und Bu-"cer her. Wer hat darinn etwas "anstößiges gefunden? Muscu-"lus ist ja immer für unverdäch-"tig gehalten. Er hat manchem "Gespräch als protestantischer "Theolog beygewohnt; ja er hat "selbst die Wittenbergische Con-"cordie schliessen helfen. Mein "kürzeres Bekenntniß, welches "Bucers und der Kirche zu Straß-"burg ist, hat D Luther zu "Schmalkalden für gut erkannt, "und es sind die Straßburger "darauf in den Bund aufgenom-"men worden. Oder soll mir dieß "als ein Verbrechen angerech-"net werden, daß ich das Be-

"kenntniß der Bremischen Prediger nicht habe annehmen und unterschreiben wollen. Es ist wahr, ich nahm einen Anstoß an der darinn enthaltenen Formel: das Brod ist der wesentliche Leib Christi. Aber diese Redensart haben ja auch die Wittenberger getadelt. Und daß ich die allgemeine Gegenwart des Leibes Christi in allen Kreaturen nicht annehme, dürfen doch die Prediger nicht eher als strafbar erklären, biß sie mir solche erwiesen haben. Wessen man mich über dieß beschuldigt, und was mir in den Artikeln aufgebürdet wird, die nach Wittenberg gesandt sind, das ist erdichtet. In dieser Schrift hat man meine Worte verlebrt, und mit die Meynungen, die ich anführte, um dagegen zu warnen, als meine Lehren zugeschrieben. Die ganze Gemeinde, die mich predigen hört, weiß aber, daß ich nie dergleichen gelehrt habe Ich bekenne vor Gott und mit Wahrheit, daß ich nie mit denen eins gewesen bin, welche Brod und Wein nur zu einem Zeichen des Leibes und Blutes Christi machen. Habe ich gesagt, die Redensart: "Das Brodt ist der Leib!" sey figürlich zu nehmen, und nicht eigentlich zu verstehen, so habe ich damit nichts neues gethan. Auch Luther hat in diesen Worten eine Synecdoche anerkannt. Und wenn auch die Prediger auf die Worte ihres Bekenntnisses bestehen, und diese nicht angeben wollen, so mögen sie nur hinzusetzen: "das Brodt ist der wesentliche Leib sacramentlich; so wird diese Art des Aus-

scheidung der Sache aufgelegt haben, und behielt sich also die Einleitung von dieser immer noch vor. Durch den Frankfurter Receß ließ man sich zwar zuerst zu einer Uebereilung verleiten, aus welcher Hardenberg die größte Vortheile ziehen könnte, denn der Rath hatte es für unnöthig gehalten, die Formel näher zu besehen, und sie beyden Partheyen, sobald sie nach Bremen gekommen war, zur Annahme vorlegen lassen. Dazu erklärte sich Hardenberg sogleich bereit, weil der Artikel vom Nachtmahl in der von Melanchton aufgesetzten Pacifica-

Ausdrucks mir nicht mehr verdächtig seyn. Um aber einen dauerhaften Frieden zwischen uns zu stiften, wünschte ich noch, daß man meine Bekenntnisse nebst meinen Sätzen gegen die Ubiquität mit dem Bekenntniß der Prediger nach Wittenberg, oder an eine andere hohe Schule, die der Augspurg. Confession zugethan ist, verschickte und ihre Meynung darüber vernähme. Wollte diese kein Urtheil über unsere Bekenntnisse fällen, so mögen sie uns doch eine Form vorschreiben, die der Schrift gemäß ist, und wornach wir uns auf beyden Seiten zu richten haben. Möchte man die dazu nöthige Kosten scheuen, so erbiete ich mich, eines ganzen Jahres Gehalt, so wie ich es vom Dom-Capitel gewöhnlich habe, dazu herzugeben. Mittlerweile lasse man mich, und alle die jenige zum Abendmahl, welche mit mir bekennen, "daß das "Brodt im rechten Gebrauch "desselben der wahre Leib "Christi, aber sacramentlich "sey, weil uns nehmlich durch "das Brodt der wahre Leib "Christi gegeben wird. "Sollte ich aber indessen das von mir

verlangte Stillschweigen allein beobachten, so würde dasselbige erst zur Eintracht nichts helfen, wenn die andere Prediger, so wie sie bisher gethan, zu handeln fortführen. Wollen sie hingegen von ihrem unzeitigen und thätlichen Rufen gegen mich nachlassen, so bin ich zum Stillschweigen bereit. Ich theile keine Sacramente aus, und habe deßwegen nicht nöthig, vom Abendmahl viel zu reden. Dabey sehe ich mit Betrübniß die Uneinigkeit unter dem Volk an, das an unsern Streitigkeiten Theil nimmt; und diesem Uebel wünschte ich gerne vorzubeugen. Ich weiß auch, daß mir manches harte Wort entfallen, da ich mich wieder so viele und so schwere Beschuldigungen der Prediger verantworten mußte. Auch dieß soll nachbleiben. Lasset uns fortan zu zanken und zu rufen aufhören, und nur unsere Zuhörer zu lehren und zu erbauen trachten. Ich will gern zu Erhaltung eines christlichen und brüderlichen Friedens alles thun, was nur ohne Verletzung des Gewissens geschehen kann." S. Hardenbergs Lehramt. S. 181-183.

cififations = Formel so abgefaßt war; daß er seine Mey=
nung — ohne sie erst hineinzutragen, auf das leichteste
darinn finden konnte [301]). Da man aber aus dieser
Bereitwilligkeit Hardenbergs [302]) auch sogleich Unrath
merkte, und durch die Erklärungen der andern Predi=
ger noch weiter darüber belehrt wurde, so zog man sich
auch so schnell als möglich zurück, wiewohl es kaum-
mehr nur mit einiger guten Art möglich war [303]). Von
dem

301) Die Geschichte dieses
wichtigen Frankfurtischen Recesses
kann erst in der Folge bey der
zusammenhängenden Darstellung
der verschiedenen Vergleichs=Ver=
suche erzählt werden, welche von
den protestantischen Fürsten und
Ständen zu Beylegung der theo=
logischen Streitigkeiten gemacht
wurden. Hier bedarf man vor=
läufig nur zu wissen, daß der
Artikel vom Abendmahl in der
Vergleichs=Formel, zu welcher
man sich dabey vereinigte, die
folgende Form hatte: "Vom
„Abendmahl soll gelehrt werden
„in unseren Kirchen, daß Chri=
„stus wahrhaftig, lebendig,
„wesentlich zugegen sey, auch
„mit Brodt und Wein uns Chri=
„sten seinen Leib und Blut zu
„essen und zu trinken gebe, da=
„mit bezeugend, daß wir seine
„Gliedmaßen seyen, sich uns
„applicire, und seine gnädige
„Verheissung in uns wirke, nach
„Hilarii Redensart. Paulus und
„Hilarius reden von der Niessung.
„Das Brodt ist die Gemeinschaft
„mit dem Leib Christi; und kann
„dieß nicht ausser der Niessung
„verstanden werden. Alle Sa=
„cramente haben ein irrdisches
„und ein himmlisches Ding. Die
„Natur des Brodts bleibt; aber
„mit den Elementen, werden die
„himmlische Gaben, das Blut

„und der Leib Christi gegeben. —
„daß auch etliche allein dieses
„sagen, daß der Herr Christus
„nicht wesentlich da sey, und
„daß dieses Zeichen allein ein
„äusserliches Zeichen sey, da=
„bey die Christen ihr Bekennt=
„niß thun, und zu kennen
„sind, diese Rede ist unrecht."

302) Schon unter dem 9. Jun.
übergab Hardenberg dem Rath
in einer eigenen Schrift sein Ur=
theil über den Receß, das zu=
gleich die bestimmteste Accepta=
tion davon in sich hielt. "Alles —
„heißt es darinn — was in die=
„sem Receß vom Abendmahl ge=
„lehrt wird, das nehme ich von
„Herzen an. Ich habe stets so
„gelehrt, daß Christus im Abend=
„mahl gegenwärtig sey, sich de=
„nen alda zueigne die seine Glie=
„der sind, und daß das Brodt
„das Mittel sey, wodurch uns
„die Gemeinschaft des Leibes
„Christi mitgetheilt wird. Nie
„habe ich gelehrt, daß im Abend=
„mahl nur die Zeichen, und nicht
„mit denselben zugleich der wahre,
„natürliche und wesentliche Leib
„Christi gegeben werde. S. Har=
„denbergs Lehramt S. 188.

303) Man unterließ auch nicht,
dem Rath in der Folge mehrere
Vorwürfe darüber zu machen.
Die Prediger, die schon vorher
von Flacius vor dem Receß ge=
warnt

dem Frankfurter Receß wurde gar nicht mehr gesprochen. Um von Hardenberg zu erhalten, daß er nicht
seinerseits davon sprechen möchte, stellte man sich lieber
auf einige Zeit geneigt, den ganzen Handel ruhen zu
lassen 304); so bald hingegen der Receß etwas aus dem
Auge

warnt worden waren, hatten einige Zeit mit der ihnen abge:
forderten Erklärung darüber ge:
zögert, und diese endlich nur
dahin gegeben, daß sie die Formel allein unter der Beschränkung gelten lassen könnten, wenn
sie nicht anders gedeutet würde,
als es die Augsp. Konfession,
ihre Apologie, D. Luthers Ca:
techißmen, Schriften und Be:
kenntnisse leyden wollten. Was
dieß sagen solle, verstand jetzt
der Rath recht gut; aber um der
Fürsten willen, die sich über den
Receß vereinigt hatten, durfte
es jetzt noch nicht allzulaut gesagt werden; daher hielt man
die Erklärung zurück, so oft auch
das Domcapitel anfragte: ob die
Stadtprediger den Receß ange:
nommen hätten, und der Ver:
gleich für geschlossen angesehen
werden dürfe. Erst in der Folge
ließen sich die ausgetretenen Mitglieder des Raths in ihrer Nothwehr auch auf die Gründe ein,
wegen denen sie es nicht räthlich gefunden hätten, den Frankfurter Receß bey einem Vergleich
zwischen Hardenberg und seinen
Gegnern zum Grund zu legen,
wobey sie es dann nicht mehr
verschweigen konnten, 'daß sie
„den Artikel vom Abendmahl,
„wie er im Receß stehe, nicht
„so abgefaßt gefunden hätten,
„daß man dadurch den Schwär:
„mern hätte wehren und Abbruch
„thun können. Denn — sagten
„sie — es sey zwar nicht unrecht,

Theil II. 2. Hälfte.

„wie der Frankfurtische Abschied
„laute, daß Christus in seinem
„Abendmahl wahrhaftig, leben:
„dig und wesentlich zugegen sey:
„da aber die Saltramentirer die
„ses allein von der Gottheit ver:
„stünden, und es dennoch offen
„bar sey, daß Christus von ei
„ner Gegenwart seines Leibes
„und Blutes, die er aus Maria
„genommen und am Kreuz auf:
„geopfert, in den Einsetzungs:
„Worten spreche, so müsse man
„um solcher Leute willen etwas
„deutlicher von der Sache reden,
„wie auch in der Augsp. Con
„feßion und ihrer Apologie ge
„schehen sey" S. Nothwehr zc.
in der Antwort auf Art. 7.

304) Man sprach sogar von
einer Amnestie, denn es kam so
weit, daß die Bremische Predi:
ger von dem Magdeburgischen
Ministerio ein förmliches Respon:
sum über die Frage verlangten:
An ministri Bremenses cum Hardenbergio, Bremensium Canoni-
corum Concionatore possint Am-
nestiam facere, juxta Politicorum
voluntatem? Wie das Responsum darauf ausfiel, wird man
nicht mehr fragen, sobald man
weiß, daß Wigand der Verfasser davon war, aber es ist doch
ein so merkwürdiges Stück, daß
man Wigand Dank dafür schuldig ist, weil er es in seinem
Buch: De Sacramentarismo f.
370. der Nachwelt aufbewahrt
hat. 'Respondemus — dieß ist
kürzlich der Innhalt davon — talem
P

Angedenken gekommen war, arbeitete man nicht nur
auf das alte Ziel wieder loß, sondern deckte es jetzt
auch ganz offen auf. Dazu sah sich der Magistrat
durch einen Vermittlungs-Versuch genöthigt, den der
neue Erzbischof Georg [305]) angestellt hatte.

Auf einer Versammlung der Stände des Erzstifts
hatte dieser seine Verwendung zu Beylegung der Reli-
gions-Irrungen in Bremen angeboten, und dazu fast
die nehmliche Mittel vorgeschlagen, von denen sich der
Rath den wahrscheinlichsten Erfolg zu versprechen schien.
Nach seinem Antrag sollte man entweder das Bekenntniß

lem. Amneftiam pugnare cum
verbo Dei, et pernitiofam effe
Bremenfi ecclefiae non tantum
in omnem pofteritatem, fed etiam
vicinis Severum enim Chrifti
mandatum eft de tollendo fcan-
dalo Matth. 18, et fi unus fra-
teroffenfus reconciliandus necffa-
rio eft confeffione et deprecatione
culpae, multo magis plures fratres et integra ecclefia Chrifti
falfa doctrina fcandalifata eft confeffione culpae et deprecatione
feria reconcilianda, praefertim
vero ubi publica fcandala data
funt, publice etiam ex ea amovere
ac tollere oportet, — Eft et hoc
praeceptum Dei grave: Non di-
cas falfum teftimonium! Jam fi
Amneftia inter veros doctores et
manifeftum Sacramentarium con-
ftituretur, nullum teftimonium
perfpicuum verae fententiae, fal-
fae autem doctrinae non exigua
fpecies veritatis tribueretur, —
Mandatum Dei eft, Tit. I. con-
tradicentes convincere, neque eft,
ut multi cum magno peccato
fomniant, res adiaphorica. Amneftia vero ifta non convineeren-
tur alii, quos ipfe feduxiffet, fed
reliquerentur ac confirmarentur

potius in fuis erroribus. Debet
igitur vox Dei arguens peccata
non modo fecundae fed etiam et
quidem omnium maxime primae
tabulae extare, ac debent pii Mi-
niftri meminiffe, fe effe os Dei —
Difce alio, tibi quod ex ufu fit?
celebratum dictum eft. Sic Amneftia Prutenica in caufa Ofian-
drina totam ecclefiam Dei docere
debebat, tales Amneftias inter
falfa et vera docentes plus damni
femper quam emolumenti aut
commodi ecclefiae Chrifti adfer-
re. — Eft etiam haerefium per
Amneftiam curatio tanquam in-
utilis et impia et peftifera femper in prima ecclefia rejecta et
explofa, ficut conftat ex hifto-
riis. — Itaque, etiamfi prorfus
Cinglianos errores abjiceret Hardenbergius, id quod non fecit
hactenus, nec facturus eft unquam, tamen absque confeffione
publica erroris, et verae fententia approbatione recipiendus non
effet."

305) Der neue Erzbischof war
ein Bruder des Verstorbenen,
also ebenfalls aus dem Fürstlichen Braunschweigischen Hause.

niß der beyden streitenden Partheyen einer Versammlung von Gelehrten übergeben, oder die streitende Partheyen selbst in Person dahin ziehen, und ihre Sache
vor dieser Versammlung ausmachen lassen, oder wenigstens einige gelehrte Männer an einen dritten Ort zu-
sammenrufen, und sie ihr Urtheil über das Gewicht der
Sätze, worinn Hardenberg und die Prediger von einander abwichen, stellen lassen. Er hatte sich aber zugleich erboten, eine solche Versammlung zu Stade oder
zu Verden auf seine Kosten zu veranstalten; und dieß
Erbieten war es zunächst, was den Rath zu Bremen
seine Vorschläge erst bedenklich, und zuletzt gar nicht
annehmlich finden ließ. Wenn nehmlich der Erzbischof
die Versammlung auf seine Kosten veranstaltete, so
mußte ihm wenigstens auch eine Stimme bey der Aus-
wahl der Gelehrten, welche man dazu ziehen wollte,
überlassen werden. Damit war aber dem Magistrat
nicht gedient, der nur Leute dabey haben wollte, von
deren Gesinnungen er schon gewiß war; daher lehnte er
alle Vorschläge des Erzbischoffs ab [306]), führte aber
gleich darauf mit einer sehr konsequenten Inkonsistenz
den einen davon selbst aus, sobald sich ihm eine Gelegenheit anbot, die mit seinen Absichten und Wünschen
zusammentraf.

Der berüchtigte Tilem. Heßhuß hatte um eben diese
Zeit, wie noch besonders erzählt werden wird, die Uni-
versi-

306) Die Abgeordnete der
Stadt auf der Versammlung unter welchen der Burgermeister
Kenkel der erste war, baten sich
zuerst Bedenkzeit wegen der Erzbischöflichen Vorschläge aus; aber
hiewohl sie hierauf auch von den
Gesandten der übrigen Stände
dringend angegangen wurden,
daß sie doch nach dem letzten Vorschlag des Erzbischofs den Handel der Entscheidung der Gelehrten überlassen möchten, so erklärten sie zuletzt dennoch, daß
sie auch diesen nicht annehmen
könnten. S. Kenkels Chronik
bey Wagner S. 203.

P 2

verſität zu Heidelberg und die ganze Pfälziſche Kirche
auf die nehmliche Art wie Timann die Bremiſche in
Flammen geſetzt, denn auch er hatte ſich, nur mit noch
mehr Ungeſtüm als Timann, zum Vertheidiger der
ächt lutheriſchen Gegenwart Chriſti unter dem Brod
gegen alle, welche daran zu zweiflen wagten, aufgewor-
fen. Die Gegenparthie Hardenbergs in Bremen, die
ſich nach Timanns Tode, der dazwiſchen hinein erfolgt
war [307]), ohne ein eigentlich oſtenſibles Haupt befand,
warf daher ihre Augen auf ihn, und trug ihm die Superintendenten Stelle, alſo die erſte Stelle im Bremiſchen Stadt-Miniſterio an, welcher der alte, abgelebte
Jacob Probſt nicht mehr vorſtehen konnte Da es ganz
undenkbar iſt, daß man in Bremen nichts von den Bewegungen erfahren haben ſollte, welche Heßhuß in der
Pfalz veranlaßt hatte, ſo darf man es für entſchieden
annehmen, daß man ihn zunächſt beßwegen nach Bremen zu ziehen ſuchte, weil man ihn aus dieſen Bewegungen als den Mann kennen gelernt hatte, den man
in Bremen brauchte; doch man gab es auch ſchon dadurch deutlich genug zu erkennen, weil man mit ihm
durch Freund Mörlin unterhandlen, und ſeine Voca-
tions-Sache durch die Hände von dieſem gehen ließ [308]);
aber wenn man auch gegen alle Wahrſcheinlichkeit Heßhuſen noch nicht von dieſer Seite in Bremen völlig gekannt hätte, ſo überraſchte er ſchon bey den erſten Handlungen über ſeine Vocation ſeine Freunde in Bremen
durch einen Zug ſeines Geiſtes und ſeines Charakters,
der ſie gar nicht mehr zweiflen ließ, daß ſie weit mehr
an ihm bekommen würden, als ſie an Timann verlohren

---

307) Timann war ſchon im
J. 1557 während der Kirchen-
Viſitation geſtorben, die ihm in
der Grafſchaft Hoya aufgetragen
worden war. S. Gerdes hiſt.
mot. p. 45.

308) Auch war es Mörlin,
der ihn dem Rath dringend empfohlen hatte, wie man wenigſtens aus einigen Winken in Mie-
landtons Briefen an Hardenberg ſchlieſſen muß.

ren hatten. Heßhuß, der eben damahls aus der Pfalz
verjagt worden war, und sich ohne Amt und Brod befand [309]), erklärte doch dem Magistrat zu Bremen,
daß er sich nicht entschliessen könne, das ihm angetra-
gene Amt anzunehmen [310]), wenn die Sache mit Hardenberg in dem Zustand bliebe, in welchem er sie bey
seiner Ankunft gefunden hätte. Sollte er also der Bremischen Kirche dienen, so müßte Hardenberg entweder
auf andere Gesinnungen gebracht, oder zu der Stadt
hinausgeschaft werden, denn damit wäre ihm nicht gedient, wenn er des Morgens rechtgläubig vom Abendmahl predigte, daß alsdann des Mittags ein anderer
auf-

309) Wagner vermuthet, daß
der Rath zu Bremen bey den
Handlungen über Heßhusens Vocation noch nicht gewußt habe,
was ihm in der Pfalz begegnet
sey; aber die Vermuthung ist
sehr unwahrscheinlich. Den 16.
Sept. 1559. war Heßhuß in der
Pfalz aller seiner Aemter entsetzt
worden, und erst späther wurde
wegen der Bremischen Stelle mit
ihm unterhandelt. Man kann
also schon deßwegen kaum glauben, daß die Bremer nichts von
dem Umständen gewußt haben
sollten, in denen sich Heßhuß damahls befand; aber man kann
es noch weniger deßwegen glauben, weil sie bloß auf diese Umstände die Hoffnung bauen konnten, ihn nach Bremen zu bekommen. Die Stelle, in welcher Heßhuß in der Pfalz stand,
war eine der grössten, und vielleicht die einträglichste, die ein
Theolog in Deutschland hatte:
wie hätte also der Bremische Magistrat hoffen, oder wie hätte
ihm Mörlin Hoffnung machen
können, daß er den Ruf nach
Bremen annehmen würde, wenn

sie nicht bereits gewußt hätten,
daß er seine Aemter in der Pfalz
verlohren habe, oder doch nächstens zu verliehren in Gefahr
stehe?

310) Die erste Antwort Heßhusens gieng dahin, daß er erst
persönlich nach Bremen kommen
wolle, um sich von dem Zustand
der Kirche, welcher er vorstehen
sollte, zu unterrichten. Er kam
hierauf im December dieses Jahrs,
blieb zwölf Tage in Bremen,
und gab nun erst die Erklärung,
welche hier angeführt ist. S.
Wagner S 206. Salig wirft
hier in seiner Erzählung Th III.
738. alles untereinander, wenn
er sagt, der Rath habe Heßhuß
mit schweren Kosten nach Bremen kommen lassen, um mit
Hardenberg zu disputiren. Die
Kosten dieser Reyse bezahlte ihm
zwar der Rath, aber von der
Disputation war noch die Rede
nicht. Auch spricht Melanchton
in der Stelle, auf welche sich
Salig beruft, gar nicht von diesen Reisekosten, sondern von der
Besoldung, die man Heßhusen
angeboten hatte.

aufträte, der dasjenige wieder umrisse, was er gebaut
hätte. Dabey machte er aber zugleich dem Magistrat
den Vorschlag, daß er nur ein Gespräch zwischen ihm
und Harbenberg veranstalten möchte, wobey er bald
mit ihm fertig werden, und ihn entweder wieder auf den
rechten Weg der reinen Lehre, oder zu einem so bestimmten Geständniß seiner Irrlehre bringen wolle, daß ihn
seine bißherige Beschützer selbst würden aufgeben müs-
sen.³¹¹).

Dieß stimmte allzutrefflich mit dem Operations-
Plan zusammen, zu welchem bißher die Harbenbergi-
sche Gegner alles eingeleitet hatten, als daß sie nicht
sogleich die Gelegenheit hätten benutzen sollen. Dem
rüstigen Heßhuß konnten sie es fast noch sicherer zutrauen,
als irgend einem ihrer Niedersächsischen Zeloten, auf
welche sie bißher gerechnet hatten, daß er dem Ketzer
Harbenberg gewiß die Larve abziehen, und selbst —
wenn die Haut mitgehen sollte — ohne Schonung abzie-
hen³¹²) würde. Heßhuß hatte sich überdieß erboten,
daß er Harbenberg in der Nachtmahls-Lehre allein fest-
halten wolle, ohne sich von ihm in die Fragen von der
Ubiquität hineinziehen zu lassen, von welcher sich wenigstens die Layen, die wieder ihn Parthie genommen
hatten

---

311) "Könnte er sich — sagte
Heßhuß — bey diesem Gespräch
mit Harbenberg vergleichen, so
wollte er ihn gern nicht nur für
seinen Obern sondern für seinen
Vater halten. Dabey wollte er
aber nicht allein den Magistrat,
sondern auch die Erzbischöflichen
Räthe und Domcapitularen, ja
den Ausschuß der Bürgerschaft
zu Richtern annehmen, und Har-
denbergen frey stellen, aus der
ganzen Christenheit so viele Doc-
toren zu seinen Seccundanten aus-
zulesen, als er nur immer wollte,
indem er selbst nur einen oder
zwey zu seinem Beystand mitzu-
bringen gedächte. S. Hardenberg Ep. ad Eberum in Cypriaus
Epistolis Gothanis nr. 13. 23.

312) Er hatte sich auch bey
seinem ersten Aufenthalt in Bremen plump genug als Feind von
ihm angekündigt, denn er hatte
ihm keinen Besuch gemacht, und
schon in der ersten von den zwey
Predigten, die er damahls in
Bremen hielt, auf ihn zu schelten angefangen. S. ebend.

hatten, gar zu gern entfernt hätten [313]). Und dann
konnte man doch auch bey Heßhuß vorgeben, daß er
an dem bißherigen Streit mit Hardenberg keinen Antheil
genommen habe, und daher auch in keinen Verdacht einer persönlichen Partheylichkeit kommen könne. Freylich war es dabey aus seinen Händeln in der Pfalz nur
allzu sichtbar, und durch den Lärm, den diese gemacht
hatten, nur allzuruchbar geworden, mit welchem wüthenden Eifer er bereits für die Sache, gegen welche
Hardenberg stritt, Parthie genommen hatte. Wenn
man ihm also den Auftrag gab, den Streit zur Entscheidung zu bringen, oder wenn man ihn nur auf eine
entfernte Art dabey mitwürken ließ, so kündigte man
schon auf das lauteste an, wie man ihn entschieden haben wollte. Man mußte eben deßwegen darauf zählen,

daß

313) Heßhuß hatte dem Ma-
gistrat seine deutsche Konfession
vom Abendmahl zurückgelassen,
die er schon in der Pfalz aufgesetzt hatte. In dieser gab er sich
bereits das Ansehen, daß sich in
der Folge noch mehrere von den
lutherischen Zeloten gaben, als
ob er selbst die Ubiquitäts-Hypothese verwerfe, wobey er von
der Distinktion zwischen einer ab-
soluten Ubiquität und einer Ubiquität im Sakrament Gebrauch
machte: aber nach dem angeführten Brief von Hardenberg an
Eber mußte er sich in Bremen
noch weiter darüber geäussert haben. Wie sehr hingegen den
Layen im Magistrat, die zu den
Gegnern Hardenbergs gehörten,
damit gedient war, dieß kann
aus mehreren Umständen geschlossen werden. Sie hatten ja schon
in ihrem Brief an die Wittenberger erklärt, daß sie mit dem
Streit über die Ubiquität nichts

zu thun haben wollten. Als aber
hierauf im J. 1558 der Prediger Segebade die Frage wieder
in Bewegung und einige Argumenta, sive Positiones de Christi
Jesu veri Dei et hominis in omni
loco praesentia contra falsam illam Monotopiam, quam Duri-
montanus defendit, unter das
Bremische Publikum brachte, so
rieth ihm der Burgermeister Kenkel nach seiner eigenen Erzählung
sehr dringend, daß er sich doch
in keinen so gefährlichen Streit
über einen Artikel einlassen sollte,
der mit der Lehre vom Abendmahl in keiner Verbindung stünde,
und bey dem man gar zu leicht
anstossen könnte S Kenkel brev.
narr. p. 7 Gegen diese Positio-
nen Segebades gab in der Folge
Hardenberg seine Schrift heraus:
De Ubiquitate scripta duo adver-
saria, Hardenbergii et Segebadii
1564.

P 4

daß ſich Hardenberg [314]) auf den ſchönen Vorſchlag,
der ſo ſichtbar zu ſeiner Unterbrückung berechnet war,
gar nicht einlaſſen, daß ihn das Domcapitel, der Erzbiſchof, und alle ſeine Freunde auf das kräftigſte bey
ſeiner Weigerung unterſtüzen, und daß die ganze unpartheyiſche Welt ſie mehr als natürlich finden würde: allein über alle dieſe Betrachtungen ſetzte die Majorität
des

[314) Hardenberg ſah nicht
nur eben ſo richtig als lebhaft
voraus, worauf es von Seiten
ſeiner Gegner angelegt ſey, ſondern fühlte ſich auch mehrfach
bey dieſer Ausſicht beunruhigt.
Man ſieht dieß nicht nur aus den
Briefen, welche er bey dieſer Gelegenheit an Melanchton und
Eber ſchrieb — S. Cyprians Epiſt.
Goth. nr. 13. 16. ſondern noch
mehr aus den Auskunfts-Mitteln, auf welche er in dieſer Lage
verfiel Er kam nehmlich auf
den Gedanken, ob es nicht beſſer
wäre, wenn er jetzt ſogleich nach
Heydelberg reißte, um dort mit
Heßhuß zu diſputiren, und ſchrieb
auch würklich deßhalb an den Heidelbergiſchen Profeſſor Michael
Dilling, um ſich ſeinen Rath
darüber auszubitten, allein Melanchton rieth ihm eben ſo ernſthaft davon ab, als die Heidelberger. S. Melanch. Ep. ad
Hardenb. G. 1. b. und Monumenta pietat. et literar. Palatina
p. 345. Jetzt forderte er hingegen ſeinerſeits Melanchton und
Eber mit gröſſerem und faſt etwas bitterem Ernſt auf, daß ſie
ihre bisherige Zurückhaltung ablegen, und mit ihm zu Vertheidigung ſeiner Meynung, welche
doch auch die ihrige ſey, öffentlich hervortreten ſollten. Die
ablehnende, aber ſanfte und eben
dadurch höchſt anziehende Antwort Melanchtons darauf enthält der ſchon angeführte Brief
Ep. ad Hardenberg. G. 1. den
auch Peucer in ſeinen Tractatus
de Sententia Melanchtonis p. 98.
einrückte; die Antwort von Eber
iſt in Gerdes Scrin. Antiquar.
T. IV. p. 719. abgedruckt. Indeſſen ſetzte ſich Melanchton doch
in Bewegung, um die beſchloſ
ſene Diſputation mit Heßhuß
zu hintertreiben, und ſchrieb ſelbſt
an mehrere von den Theologen,
die mit Bremen in einigen Verbindungen ſtanden, wie an Joachim Möller in Hamburg, an
Chyträus und ſogar an Paul
von Eizen, daß ſie doch den Rath
zu Bremen von ſeinem Vorhaben
abmahnen möchten: ja als er
Urſache zu der Beſürchtung bekam, daß er nichts dadurch ausrichten würde, ſo faßte er doch
noch den Entſchluß, mit Hardenberg auf den Kampfplatz zu
treten. Er ſchrieb ihm, daß er
den Rath, ſobald es zur Diſputation käme, um die Erlaubniß
bitten ſollte, ihn ſelbſt und Petrus Martyr, und noch einige
andere ſeiner Freunde nach Bremen kommen zu laſſen, verſicherte ihm, daß er gewiß auf
ſeine Ankunft und auf ſeinen Bey
ſtand zählen dürfe, und geſtattete ihm voraus, den Innhalt
dieſes Briefs ſeinen Freunden
mitzutheilen. S. Mel. Ep. ad
Hardenb. G. 2. a. und Peuceri
Tractat. p. 100.

des Magiſtrats ſich hinweg, weil ſie ben feſten Ent‑
ſchluß gefaßt hatte, ihr Ziel bey dieſer Gelegenheit auf
die eine oder auf die andere Art zu erreichen. Nach den
dringendſten Vorſtellungen [315]), welche nicht nur die
Freunde Hardenbergs in Bremen, ſondern auch einige
benachbarte Fürſten durch eine eigene Geſandtſchaft dem
Rath dagegen machen lieſſen [316]), ja nach der beſtimm‑
teſten

---

[315]) Auf das erſte Anſinnen, das an Hardenberg ergangen war, hatte er die Aufforderung nicht gerade zu abgelehnt, ſondern nur die Beantwortung der Fragen verlangt, ob auch über die Ubiquität geſtritten werden, ob nun der Rath ſamt den Bremiſchen Predigern und Heßhuß als Parthey gegen ihn erſcheinen, und wer dann Richter ſeyn ſolle? Darauf erhielt er nur die Antwort, daß ſich der Rath der Ubiquität nicht annehme, und daß ſie auch Heßhuß nicht zu verfechten gedenke: als er aber auch eine Antwort auf ſeine weitere Fragen forderte, ſo wurde ihm der Beſcheid gegeben, daß ſich der Rath nicht länger durch ihn aufhalten und umtreiben laſſen wolle, ſondern daß er ſich auf die Diſputation gefaßt halten, um einen Beyſtand dabey umſehen, und dasjenige nicht abwarten möchte, wozu ſich der Rath im Weigerungs‑Fall entſchlieſſen würde. S. Hardenbergs Lehramt S. 211.

[316]) Die regierende Gräfin von Oſt‑Friesland und ihr Bruder der Graf Chriſtoph von Oldenburg ſchickten Abgeordnete an den Rath, durch welche ſie ihn erſuchen lieſſen, Hardenbergs zu ſchonen, und ihn auch nicht durch andere unterdrücken zu laſſen, aber ihm auch erklären lieſſen, daß ſie bey ihren Herrn und Freunden Klage darüber einbringen würden, wenn man auf ihre Bitte nicht achtete. Bey dieſer Gelegenheit ſetzte aber der Burgermeiſter Kenkel, der es unſtreitig unter allen Gegnern Hardenbergs am redlichſten meynte, und am aufrichtigſten nach ſeiner Ueberzeugung handelte, ſeine Freunde in keine geringe Verlegenheit. Er erklärte den Abgeordneten in der vollen Verſammlung des Raths, man wollte mit Hardenberg über die Ubiquität gar nicht ſtreiten, und wenn er ihnen nur die Gegenwart des wahren Leibes und Blutes Chriſti im Nachtmahl lieſſe, ſo wollten ſie auch über die Art dieſer Gegenwart nicht mit ihm diſputiren, denn ſie wüßten wohl, daß dieſe geiſtlich und himmliſch ſey. Die Abgeordnete erwiederten hierauf, wenn der Rath alſo dächte, ſo wäre der Sache bald geholfen, denn ſie wollten die Bürgſchaft übernehmen, daß Hardenberg darinn völlig mit ihm eins ſey. Auch trachten ſie noch an dem nehmlichen Tage den Burgermeiſtern die förmliche Erklärung von Hardenberg, daß er den ganzen Zwiſt für geendigt halte, wenn der ganze Rath eben ſo dächte, wie der Burgermeiſter Kenkel ſich geäuſſert habe, und wenn ſie ihre Prediger anhal‑

V 5

testen Erklärung des Domcapitels und des Erzbischoffs,
daß sie ihrem Prediger nicht gestatten würden, sich zu
der Unterredung mit Heßhuß zu stellen ³¹⁷), beharrte
dennoch der Magistrat auf seinem Entschluß, setzte den
13. May 1560. als den Termin des Gesprächs an,
gestatte Heßhuß, daß er Joachim Mörlin und Paul
von Eißen als Gehülfen mitbringen durfte ³¹⁸), und
ließ dann durch diese Harberberg in contumaciam, als
Sakramentirer erklären, weil er nach einer dreymahli-
gen Citation doch nicht erschienen war ³¹⁹).

Kapitel

---

halten wollten, eben so zu lehren; wobey sie zugleich darum ansuchten, daß auf den andern Tag der Rath wieder versammelt werden möchte, um zu
vernehmen, ob auch alle seine
Mitglieder in dieß Mittel der
Vereinigung willigten Die Bürgermeister antworteten ihnen
aber darauf: was Kenkel gesprochen, das hätte er für sich und
als seine Meynung geäussert;
daher könnten sie den Rath nicht
darüber zusammen rufen, der
ohnehin fest entschlossen sey, es
bey dem angesetzten Gespräch bewenden zu lassen. S. Bericht,
was die Abgeordnete der Gräfin
von Ostfrießland und Grafen
Christoffer von Oldenburg wegen
Dr Hardenbergs dem Rath zu
Bremen vorgetragen, und zur
Antwort bekommen den 29 und
30. Apr. 1560 bey Wagner S.
225. und Salig Th. III. 740.

317) Der Erzbischof hatte dieß
zuerst durch das Domcapitel dem
Rath erklären lassen; als aber
dieser auf dem Gespräch dennoch
beharrte, so schickte er eine eigene Gesandtschaft nach Bremen
womit sich auch einige Abgeordnete von den Ständen des Erz-

stifts vereinigten, welche den
Auftrag hatten, dem Magistrat
vorzustellen, daß der Erzbischof
einerseits ohne Kränkung seiner
Jurisdiktion das Gespräch nicht
zulassen könne; und daß es doch
auch andererseits gegen alle Billigkeit sey, wenn der Rath, der
sich schon als Hardenbergs Ge-
genpartie erklärt habe, zugleich
sein Richter seyn wolle Als
auch diese Vorstellung unwürksam
blieb, erhielt Heßhuß würklich
von dem Erzbischof und Domcapitel den Befehl, sich in die von
dem Rath veranstaltete Unterredung auf keine Weise einzulassen.
S Wagner S. 323.

318) Sein dritter Beystand
war der Prediger, Conrad Be-
cker von Stade.

319) In einem Schreiben an
den Erzbischof nach dem Gespräch
berichtet der Rath, daß er Hardenberg viermahl, und zuletzt
peremtorisch habe citiren lassen.
Hardenberg antwortete aber jedesmahl, daß es ihm von seinen
Oberen verboten sey, sich mit Heßhuß einzulassen. Da sich dieß
würklich so verhielt, so erhielt
schon dadurch das folgende Verfahren gegen ihn eine sehr auffallende

Kapitel X.

Aus demjenigen, was bey diesem schönen Konvent zwischen dem Burgermeister von Buren und den frem=den Theologen vorgefallen war [320]), wurde es zwar gewiß

fallende Illegalität, die aber noch durch mehrere Umstände vermehrt wurde. Niemand als der Rath und Deputirte der Bürgerschaft waren bey dem Gespräch zuge=gen, denn vom Domcapitel und den Räthen des Erzbischofs war niemand erschienen, hingegen die Ostfriesische und Oldenburgische Gesandte, denen man verspro=chen hatte, daß sie als Zuhörer dem Gespräch beywohnen möch=ten, wurden nicht zugelassen.

320) Buren, den die über=wiegende Hardenbergische Gegen=parthie im Rath sehr gewaltsam von allem Antheil an den Ver=handlungen in dieser Sache ver=drängt hatte, wollte sich doch von dem angestellten Gespräch nicht ausschlieffen laffen, um auch bey dieser Gelegenheit eine feyerliche Protestation gegen die Ungerech=tigkeit der Proceduren einzule=gen, die man sich in diesem Han=del erlaubt hatte. Er nahm da=her sogleich nach dem Burgermei=ster Essig, der die Versammlung eröfnet hatte, das Wort, und bewieß in einer sehr starken Re=de, daß man Hardenberg höchst muthwilligerweise in den Nacht=mahls=Streit hineingezogen habe, daß der Rath nicht befugt sey, sich das Entscheidungs=Recht in dem Streit anzumaffen, und daß hingegen Hardenberg sich vor Gott und vor der Welt wegen seiner verweigerten Erscheinung bey dem Gespräch hinreichend rechtferti=gen könne. Dabey ließ sich aber

Buren einige bittere Bemerkun=gen über die notorische Partbey=lichkeit der anwesenden fremden Theologen, und über ihre Taug=lichkeit zu einem Vermittlungs=Geschäft entfallen, welche beson=ders Mörlin und Paul von Ei=zen bey den Vergleichshandlun=gen zwischen Melanchton und Flacius so rühmlich erprobt hät=ten, und dadurch wurde Mörlin so aufgebracht, daß er sich erdrei=stete, dem Burgermeister mit der ganz unumwundenen Frage auf den Leib zu geben: was dann seine Meynung in der Lehre vom Abendmahl sey? Büren wich auch der Frage nicht aus, wie er wohl hätte thun können; aber er machte sich das Vergnügen, die Theo=logen zuerst etwas in Verlegen=heit zu setzen, indem er seine Meynung in lauter Ausdrücken vorlegte, welche Luther selbst mehrmahls gebraucht hatte, doch ersparte er ihnen bald die Mühe, ihn durch weiteres Ausforschen zu einem bestimmteren Geständ=niß zu bringen, denn er bekannte ihnen sehr offen, daß im Sacra=ment des Abendmahls seiner Mey=nung nach der Mund nichts wei=ter als das äussere Zeichen des Brodts empfange, und der Glau=be allein den Leib Christi wahr=haftig genieffe, womit er also zwar eine wahrhaftige Gegen=wart Christi, aber durchaus nicht die Gegenwart der Ubi=quisten annehme, nach welcher Christus mit seinem Leibe zugleich an mehreren Oertern zugegen sey

gewiß, daß das Endurtheil nicht anders ausgefallen
ſeyn würde, wenn auch Hardenberg ſich geſtellt und in
die Diſputation mit Heßhuß eingelaſſen hätte.   Aus
dem Umſtand, daß man es in contumaciam gegen ihn
fällen ließ [321]; deckte es ſich freylich etwas allzuſichtbar auf, daß es ſchon voraus beſchloſſen und abgefaßt
war; doch aus den Proceduren, die man jetzt weiter
gegen ihn vornahm, wurde es noch ſichtbarer, daß
man ſich um den Anſtoß, der daraus erwachſen könnte,
nichts mehr bekümmerte.

Zuerſt beſtellte man [322] wieder einen Ermah-
nungs-Brief von den Magiſtraten von Hamburg, Lüneburg und Lübeck, wozu ſich jetzt auch der Magiſtrat
von Braunſchweig geſellte, worinn der Rath von Bremen feyerlicher als jemahls aufgefordert wurde, ſich um
des

ſeyn ſollte.   Kaum hatte aber
Buren dieß Bekenntniß abgelegt,
als Mörlin herausfuhr: "Herr
Burgermeiſter!"Wenn Ew Ehrb.
„ſo glaubt, wie ſie bekennt, ſo
„ſage ich euch unter die Augen,
„daß ihr ein Sakramentirer und
„grober Zwinglianer ſeyd; und
„dieß will ich ſagen, wo ich bin-
„komme, hohen und niedern Per-
„ſonen.   Ich ſage es euch noch
„einmahl: ihr ſeyd ein Sakra-
„ment-Schwärmer, denn wie
„Zwingel, Karlſtadt und Calvin
„geſchrieben, alſo habt ihr be-
„kannt.   Damit wandte er ſich
auch zu den Gliedern des Raths,
und ſagte ihnen, jetzt hätten ſie
ſelbſt gehört, daß ſie die Sekte
der Sakramentirer und ihre Lehrer in ihren Mauren hätten,
denn aus dem, was der Burgermeiſter bekannt, könne man
leicht auf Hardenbergs Meynung
ſchlieſſen.   Dieß erzählt Mörlin
ſelbſt in einem Brief bey Salig

Th. III. p. 743. Vergl. Wagner
S 231. 239

321) Man ſollte zwar dieß
Urtheil erſt am andern Tage,
nachdem man ihn noch einmahl
citirt hatte; aber es erhielt dadurch nicht mehr Legalität.   Ein
ſehr einfältiges Spiel war es
hingegen, daß ihn die Theologen, nachdem ſie ihn ſchon als
Sakramentirer erklärt hatten,
noch einmahl zu einer vertrauten
Unterredung in ihrem Nahmen
einladen lieſſen S Kenkel brev.
narr p. 31

322 Daß der Brief durch
die zurückkehrende Theologen beſtellt, oder wenigſtens durch ihre
Berichte veranlaßt war, darf man
ſchon daraus ſchlieſſen, weil jetzt
auch der Magiſtrat von Braunſchweig ohne Zweifel von Mörlin aufgefordert, daran Theil
nahm.   Der Brief iſt datirt vom
18 Jun. 1560. S. Wagner S.
243.

des zeitlichen [223]) und ewigen Wohls seiner Bürger willen der gottlosen und ärgerlichen Lehre Hardenbergs, die jetzt so viel mehr an den Tag gekommen sey,
wie seiner Person gänzlich zu entschlagen, und bey der
reinen Augsp. Konfession zu verharren Man hatte
dafür gesorgt, daß der Koncipient dieses Schreibens die
schändliche und boßhafte Lüge, die man eben damahls
zu Bremen unter das Volk zu bringen gesucht hatte [224]),
daß

---

323) Man vergaß nicht, ihnen zu Gemüth zu führen, "daß
"allein die Lehre der Augsp. Kon-
"fession in den Religionsfrieden
"aufgenommen, und daß alle an-
"dere Selten von demselben aus-
"geschlossen seyn, und auf das
"ernstlichste verfolgt werden soll-
"ten; daher sie selbst erwägen
"möchten, was für Gefahr ihnen
"bevorstünde, und in welchen
"Verdacht und Schaden sie sich
"selbst und die Gemeinde bey
"Kayser und Reich setzen müßten,
"wenn Hardenbergs ärgerliche
"und der Augsp. Konfession nicht
"gemässe Lehren länger unter ih-
"nen geduldet würden".

324) Die Kabale, durch welche man jetzt Hardenberg auch
zum Wiedertäufer machen wollte,
macht einen der schändlichsten
Zwischen Auftritte in der Geschichte dieser Händel aus. Ein
Notarius und Sekretarius des
Raths, Simon Buck, wollte in
einer Predigt Hardenbergs am
Himmelfahrtstage gehört haben,
daß dieser die Kindertaufe als
unnütz und unerlaubt verworfen
habe, und setzte ein förmliches
Instrument darüber auf, das er
dem Bürgermeister Kenkel ein-
händigte. Es ist ungewiß, ob
Buck ein gemietheter oder ein
freywilliger Horcher war, aber es
kam bald an den Tag, daß er
ein höchst schändlicher Lügner war,

denn sieben andere Notarien,
welche ebenfals in der Kirche gewesen waren, erboten sich sogleich
ihn der Falschheit und der Lüge
zu überführen, und die ganze
Gemeinde Hardenbergs ließ kurz
darauf in ihrem Nahmen eine
Schrift drucken, worinn sie auf
das feyerlichste bezeugte, daß
Hardenberg in der angefochtenen
Predigt gerade das Gegentheil
gelehrt, und die Zulässigkeit der
Kindertaufe sowohl mit Gründen
als mit Zeugnissen der Kirchen-
väter bewiesen habe. Nach diesem konnte man freylich die Lüge
nicht weiter benutzen; und doch
war Heßhuß, der sich damahls
noch in Bremen aufhielt, so
schamlos, in seiner bald darauf
herausgegebenen und dem Rath
zu Bremen zugeeigneten Schrift
gegen Hardenberg die nieder-
trächtige Wendung zu gebrauchen,
und sich das Ansehen zu geben,
als ob er nur aus Schonung
gegen Hardenberg dasjenige noch
zurückhielte, was er der Welt
von seinem wiedertäuferischen
Irrthümern mittheilen könnte.
"Wie verführerisch — sagte er —
"Hardenberg von der Kindertaufe
"lehret, will ich diesmahl noch
"in der Feder behalten." S.
Heßhuß wieder D. Albr. Hardenberg B. 3. b. Vergl. Wagner
S. 245, 246.

daß Hardenberg auch ein Wiedertäufer ſey, ſogleich be=
nutzen, und den Rath auch an das ſchröckliche Bey=
ſpiel erinnern konnte, "was ſich vor kurzen Jahren durch
„ſolche wiedrige Lehre in der Stadt Münſter zugetragen
„hätte. In Gemäßheit dieſer Ermahnung aber ſchickte
der Rath ſogleich ein Paar Abgeordnete an den Erzbi=
ſchof, welche den Auftrag hatten darauf zu beſtehen,
daß jetzt Hardenberg ohne weiters von ihm aus der
Stadt geſchaft werden müſſe, weil ſonſt der Magiſtrat
wieder ſeinen Willen gezwungen ſeyn würde, ſich ſelbſt
durch andere Mittel zu helfen.

Doch bey dieſer Gelegenheit legte man es auch ſchon
darauf an, ihm noch von mehreren Seiten beyzukom=
men. Der Rath ließ den Erzbiſchof wiſſen, daß es
ihm nicht bloß wegen der gottloſen Lehre Hardenbergs,
die er jetzt immer heftiger ſtreibe, ſondern auch deßwegen
unmöglich ſey, ihn länger in Bremen zu dulden, weil
er in ſeinen Predigten ſeit einiger Zeit alle Mäſſigung
bey ſeit ſetze, die Burgermeiſter und andere öffentliche
Perſonen auf der Kanzel mit Nahmen nenne, und da=
durch das Volk zum Aufruhr gegen die Obrigkeit
reize [325]). An dieſen Beſchuldigungen war zuverläſſig
nichts weiter erweißlich, als daß auch Hardenberg ſeit
einiger Zeit die ſtreitige Punkte öfter als vorher auf die
Kanzel bringen mochte, weil er zu ſeiner Vertheidigung
dazu gezwungen war; denn auf allen Stadt=Kanzeln
wurde ja, ſeitdem Heßhuß in Bremen war, von nichts
anderem mehr geſprochen [326]). Allein man war ſchon
ent=

325) S. Antwort des Erz=
biſchofs, welche den Bremiſchen
Geſandten den 24. May 1560.
gegeben iſt, in Gerdes Hiſt. mot.
p. 130.

326) S. Hardenbergs Ver=
theidigung in einem Brief an das
Domcapitel vom 27. May 1560.
in Gerdes Scrin. Antiq. T. IV.
p. 695. "Quod vero — ſagt er
hier — attinet ad horridiora ver=
ba, quibus in Concionibus abu=
ſus eſſe dicor, id ego totum ad
veſtras conſcientias et cognitionem
totius

ſchloſſen, dafür zu ſorgen, daß er oder ſeine Freunde auch zu den andern Beſchuldigungen einen ſcheinbaren Vorwand geben müßten, und deßwegen trug man weniger Bedenken ſie zu anticipiren.

Wahrſcheinlich auf den Rath von Heßhuß [327) ſtellte der Magiſtrat um dieſe Zeit eine Unterſuchung von ganz

totius auditorii refero. Coactus ſum aliquoties leniter reſpondere adverſariis, qui neque modum ullum neque rationem convitiorum ſuorum ſtaruunt Et, quum aliquando eſſet referenda infelicis tragoediae hujus inchoatio, coactus ſum recitare, non autem lacerare Conſulis Balmeri nomen, qua in re nullum piaculum commiliſſe, illumve ulla injuria affeciſſe exiſtimo Quod autem mihi de ſeditione objicitur, novit Deus, quod ego nullam cauſam ad ſeditionem neque dedi, neque dabo unquam per Dei gratiam. Scio enim, cujus Spiritus filium me eſſe oporteat, qui certe non eſt ſeditionis ſed pacis auctor."

327) Es iſt wenigſtens erwieſen, daß Heßhuß unablaſſig zu den gewaltſamſten Maaßregeln gegen Hardenberg und ſeine Anhänger rieth, ſo wie er ſich öffentlich in ſeinen Predigen mit der unbändigſten Heftigkeit gegen ſie herausließ Für dieß letzte bedarf man wohl keinen weitern Beweiß, als den folgenden Schluß einer Predigt, die am Sonntag Exaudi dieſes Jahrs von ihm gehalten wurde. "De Lüte ſeggen, „wir hebben alle, de Dr. Albert „höret hebben, in den Bann ge„tan. Das iſt nicht alſo Dar „ſinnen noch vele frame Chriſten, „de Doktor Albrecht mit ſyner „falſchen Lehre verführt heft, de „hoffen wie, wills Gott, noch zu „gewinnen: de werden ſich be„tehren. Aberſt alle degenen, de

„Gemenſcopp met ihm hebben, „un von ſyner falſchen Leere nicht „afſtaen willen, deſelfden ſyn „ſowohl in den Banne, und des „leydigen Düvels, als des Doktor „Albert ſulveſt is." Zum Beweiß des erſten darf man nur anführen, daß er dem Magiſtrat ſelbſt den Rath gab, er ſollte Hardenberg bey Nacht aufheben und aus der Stadt bringen laſſen, weil ihn doch der Erzbiſchof und das Domcapitel nicht verjagen wollten Doch im Verdruß darüber, daß es mit der Verjagung Hardenbergs nicht ſo ſchnell gieng, und daß ihm der Magiſtrat zu dem wilden Verfahren, das er ihm vorſchlug, nicht ſo raſch die Hand bot, als er wünſchte, gab er ja ſelbſt ſeine Stelle in Bremen auf, und nahm den Ruf der Magdeburger zu der Prediger-Stelle an ihrer Johannis-Kirche an Wenigſtens ſchrieb er ſelbſt in einer ſeiner folgenden Schriften, daß er bloß deßwegen aus Bremen weggegangen ſey, weil er geſehen habe, daß es der Rath nicht wagen wollte, Hardenberg aus der Stadt zu ſchaffen S. Verae Confeſſionis de praeſentia corporis Chriſti in coena pia defenſio Y. 3. b. Was indeſſen dieß letzte betrift, ſo mag man wohl glauben, daß Heßhuß noch aus andern Gründen die Stelle in Magdeburg mehr nach ſeiner Konvenienz fand als die Bremiſche.

ganz neuer und unerhörter Art über die Geſinnungen
der Bürgerſchaft bey dem Handel an. Man ließ die
Bürger Mann für Mann auf das Rathhaus kommen,
wo ein jeder ſein Glaubens = Bekenntniß vom Abendmahl und eine Erklärung zum Protokoll geben mußte:
ob er es in dieſer Lehre mit Harbenberg oder mit den andern Predigern halte. Um nicht ein allzuförmliches
Inquiſitions = Gericht [328]) daraus zu machen, mußte
ihnen freylich geſagt werden, "daß ein jeder ſich ganz
„frey erklären, und ohne Gefahr ſeine Meynung an den
„Tag legen könnte, weil der Rath nicht geſonnen ſey,
„jemand ſeiner Bürger wieder ſein Gewiſſen zu bringen,
„welches ohnehin keinem Menſchen zuſtehe." Aber dabey wurde doch einem jeden vorausgeſagt: "der Rath
„halte ſich für verpflichtet, ihm zu ſeiner Warnung zu
„entdecken, daß Harbenbergs Meynung vom Abend-
„mahl, wie ſpitzfindig er die auch triebe, dennoch im
„Grund die Zwingliſche und Sacramentiriſche Lehre ſey,
„die von demjenigen, was bißher davon in Bremen der
„Augſp. Konfeſſion gemäß, verkündigt worden, ſo weit
„als Himmel und Erbe verſchieden wäre: daher auch
„der Rath, ausgenommen fünf ſeiner Mitglieder, die
„eine beſondere Meynung hätten, feſt entſchloſſen ſey,
„fortan bey jener reinen Lehre zu bleiben, und ſich der
„Harbenbergiſchen längſt wiederlegten, mehrmahls vom
„ganzen Reich verdammten und auch vom Religions-
„Frieden ausgeſchloſſenen Meynung im geringſten nicht
theil-

328) Büren und die vier andere Mitglieder des Raths, welche mit ihm die Minorität ausmachten, hatten mündlich und
ſchriftlich dagegen proteſtirt, daß
das neue Verfahren mit den Bürgern unerhört, der Verfaſſung
der Stadt ganz ungemäß, und
den Freyheiten der Einwohner
zuwieder ſey. Aber ſie wurden
nicht nur nicht gehört, ſondern
jetzt vollends ganz von allen Be-
rathſchlagungen des Magiſtrats
über die Religionsſache und beſonders von dieſer Handlung mit
der Bürgerſchaft ausgeſchloſſen.
S. Burens Proteſtation gegen
die Rottweiſe vorgenommene Ein-
ladung und Befragung der Bürgerſchaft den 10. Jul. 1560. bey
Wagner S. 269.

„theilhaftig zu machen, damit er nicht Gottes Zorn und „des Reichs Ungnade auf sich lade ³²⁷).” Dabey konnte man sehr wahrscheinlich hoffen, daß manche von den Bürgern, die bißher noch keine Parthie genommen, und selbst manche von jenen, die bißher Hardenberg be= günstigt hatten, sich jetzt wieder ihn erklären würden. Man konnte sich zugleich von der Stärke und von der Entschlossenheit der Parthie, welche Hardenberg unter der Bürgerschaft haben mochte, am gewissesten belehren; aber man konnte sich auch — und darauf war es vor= züglich angelegt — am zuverlässigsten diejenige auszeich= nen, gegen welche vorläufig mit der wenigsten Gefahr thätlich verfahren werden durfte.

Nach einem sehr kurzen Zwischenraum fieng man schon dieß Verfahren mit einigen der Personen an, die in den Diensten der Stadt standen, und sich bey dem Verhör als Anhänger Hardenbergs angegeben, oder nur einer Neigung zu seiner Meynung verdächtig ge= macht hatten. Sie wurden ohne weiteres ihrer Aemter entsetzt, und wie die Abgeordnete des Raths auf dem Kraystage zu Braunschweig im folgenden Jahr 1561. selbst bekannten ³²⁸), bloß deßwegen entsetzt, weil sie zu dem Anhang Hardenbergs gehört hätten. Dieß Schicksal traf besonders ein Paar Lehrer der lateinischen Schule, Hermann Winkel ³²⁹), und Johann Viola=
uns

---

327) Der Bürgermeister Es. sich war es, der jedesmahl diese schöne Anrede hielt S Unter= redung des Raths mit seinen Bürgern, da dieselben bey Roc= ten vorbeschieden im Jun. 1560. ebend.

328) S. Löscher Th II. S 240.

329) Hermann Winkel hatte bey dem Verhör vor dem Rath geäußert, daß er zwischen der Meynung Hardenbergs und der Theil II. 2. Hälfte.

Meynung Melanchtons in der Nachtmahls=Lehre gar keine Ver= schiedenheit bemerken könne Das bey erbot er sich aus Vorlesun= gen, die er während seines Auf= enthalts zu Wittenberg aus Me= lanchtons Munde nachgeschrieben habe, den Beweis zu führen, daß sich wenigstens Melanchten mehrmahls eben so, wie Har= denberg ausgedrückt habe. S. Wagner S. 271.
Q

nus ³³⁰), von denen der erſte förmlich entlaſſen, der andere aber ſo lange genecket wurde, biß er ſelbſt ſeinen Abſchied nahm: bey andern Gliedern der Bürgerſchaft hingegen, denen man nicht füglich auf dieſe Art beykommen konnte, ſchlug man einen andern Weg ein. Der Magiſtrat übergab oder überließ ſie den Predigern, — höchſtwahrſcheinlich mit einem Wink, daß er ihnen ganz freye Hände laſſen wolle — denn es läßt ſich kaum glauben, daß ſie ohne einen ſolchen Wink ſo viel gewagt haben würden. Die Prediger vereinigten ſich zu dem Entſchluß, keinen Bürger, der Hardenbergs Predigten in der Domkirche beſuchte, oder ſonſt als Anhänger Hardenbergs verdächtig wäre, zum Abendmahl zuzulaſſen, oder bey einer Taufe als Gevattern zu dulden, wenn er nicht vorher ihr Bekenntniß vom Abendmahl annehmen, und der gottloſen Meynung Hardenbergs entſagen würde. Der Entſchluß wurde auch würklich in allen Bremiſchen Kirchen zur Vollziehung gebracht, und zwar nicht nur in Anſehung der geringeren Bürger, ſondern auch in Anſehung der Raths-Mitglieder, die zu den Anhängern Hardenbergs gehörten, in Ausübung ge-

---

330) Johann Molanus lehrte an der Schule mit ſo vielem Beyfall, daß der Magiſtrat, der ſeine Brauchbarkeit kannte und ſchäzte, nicht abgeneigt war, eine Ausnahme bey ihm zu machen. Er wurde alſo von dieſem nicht beunruhigt; aber da er als Freund Hardenbergs bekannt war, ſo ſchloſſen ihn die Prediger vom Nachtmahl aus, und wie wohl er ihnen ein ſehr befriedigendes Bekenntniß ſeiner Meynung in der Nachtmahls Lehre ausſtellte, das ſelbſt der alte Probſt für genugthuend erkannte, ſo beharrten ſie doch auf ſeiner Suſpenſion, weil er ihr eigenes Bekenntniß nicht

gerade wörtlich unterſchreiben wollte, da ihm der Ausdruck darinn anſtöſſig war, daß das Brodt im Sakrament der Leib Chriſti weſentlich ſey. ebendaſ. S. 274 Auſſer Winkel und Molanus muß aber noch ein dritter und vielleicht noch ein vierter Schullehrer bey dieſer Gelegenheit abgeſetzt worden ſeyn, denn der Syndicus Rollwage erwähnte auf dem angeführten Kreys-Convent zu Braunſchweig drey Perſonen aus der Schule, die wegen ihrer Unhänglichkeit an Hardenbergs Irrlehren enturlaubt worden ſeyen.

gebracht 331). Auf die Beschwerden, die man darüber erhob, erklärte auch der Magistrat der Abrede gemäß, daß er die Prediger in der Ausübung ihres Amts
nicht hindern, noch sie verpflichten könne, denjenigen
das Abendmahl zu reichen, welche davon irrig dächten
und lehrten, die Prediger selbst aber beriefen sich auf
den Befehl Christi, der ihnen verboten habe, das Hei-
ligthum vor die Hunde, und die Perlen vor die Schweine
zu werfen 332).

Wenn man nach einem solchen Verfahren keine Gelegenheit bekam, Hardenberg und seinen Anhängern den
Vorwurf zu machen, daß die Ruhe der Stadt durch sie
gestört, und noch Besorgnisse wegen weiterer Bewegungen durch sie veranlaßt würden, so war es gewiß nicht
die Schuld des Magistrats, denn dieser hatte das seinige gethan. Es darf daher nicht erst gesagt werden,
wie gut man von seiner Seite jeden Vorfall benutzte, der
zu diesen Vorwürfen auch nur einen scheinbaren Vorwand gab, und man kann leicht glauben, daß Vorfälle
dieser Art nicht ganz ausbleiben konnten 333), da man
es so geflissentlich darauf anlegte, sie zu reizen; doch
bey

---

331) Der Rathsherr, Diet-
rich Schriver, wurde öffentlich
von dem Prediger zurückgewie-
sen, da er mit andern zum
Abendmahl gehen wollte. Von
einem andern Rathsherrn, Hermann Vasmer forderte der Prediger in der Stephans-Kirche,
er solle erst ein öffentliches Bekenntniß seines Glaubens vom
Abendmahl thun, ehe er ihn als
Zeugen bey einer Taufe zuließ;
und als sich Vasmer eben so wenig dazu verstehen, als auf der
Kirche entfernen wollte, so lief
der Prediger davon, und das
Kind mußte aus der Stadt ge-

bracht werden, um die Taufe zu
empfangen. Wagner S. 271.

332) Sie ließen dieß selbst
in der Folge drucken. S Nothwendige Entschuldigung der verjagten Prediger G 4 a

333) So konnte sich der
Rathsherr Vasmer nicht enthalten, an dem Prediger, der
ihn in der Kirche prostituirt hatte,
einige Selbstrache zu nehmen,
da er ihm den folgenden Tag auf
der Straße begegnete. Dadurch
zog er sich aber einen Proceß an
den Hals, der ihm theuer zu
stehen kam. S. Gerdes Hist.
mot p. 77.

Q 2

Bey der äufferſten Vorſicht, welche Hardenberg ſelbſt und die bedeutendere ſeiner Freunde beobachteten ³⁴), würde die Parthie ſeiner Gegner auch damit ihren Zweck nicht ſobald erreicht haben, wenn ihr nicht endlich der Erzbiſchof von Bremen — freylich ohne es zu wollen — dazu geholfen hätte.

Nachdem dieſer — nicht gerade um Hardenbergs, ſondern um ſeiner ſelbſt und um des Domcapitels willen — alle nur irgend anwendbare Mittel verſucht hatte, um den Magiſtrat zu der Einleitung der Hardenbergiſchen Sache in den Gang einer ordnungsmäſſigen und unpartheyiſchen Unterſuchung zu bewegen ³³⁵), ſo wandte

---

334) Es wurde in der Folge Aktenmäſſig erwieſen, daß Hardenberg ſelbſt ſeine Zuhörer um dieſe Zeit ermahnt habe, daß ſie ſich ſtill und friedlich halten, ihre Kirchſpiels-Kirchen, und die Predigten ihrer ordentlichen Lehrer fleiſſig beſuchen, und nur alles prüfen und das Gute behalten ſollten. S. Wahrhaftige Wiederlegung S. 69 71. Auch Büren gab ſich alle Mühe, jedem Ausbruch von Unruhen zuvorzukommen, weil er ohne Zweifel ſeinen Plan zu dem Vorhaben, das er in der Folge ausführte, ſchon angelegt hatte; und doch unterſtand ſich im folgenden Jahr der Syndicus Rollwagen auf dem Kreys-Konvent zu Braunſchweig, es Hardenberg und ſeinen Freunden zur Laſt zu legen, daß die ganze Stadt in Verwirrung gekommen, und Mann und Weib in den Häuſern, ja ſelbſt die Kinder auf den Straſſen uneins geworden ſeyen.

335 Der Erzbiſchof hatte ſich gegen den Rath erboten, ſelbſt in das Stift zu kommen, und einen Landtag auszuſchreiben, auf welchem er mit den ſämmtlichen Ständen und den Abgeordneten der Stadt über die Mittel berathſchlagen wolle, wie die Trennung auf die ſchicklichſte Weiſe zu beben ſey. Der Rath hatte aber hierauf trotzig geantwortet, daß keine Berathſchlagung über dieſe Mittel mehr nöthig, weil die Fortſchaffung Hardenbergs aus der Stadt das einzige anwendbare Mittel ſey, worauf der Rath auch deßwegen dringen müſſe, weil er ohnehin Hardenberg als einen Verwirrer der hergebrachten und allein im Reich zugelaſſenen Religion, alſo als einen höchſt ſchädlichen und gefährlichen Mann nicht länger in der Stadt dulden dürfe. Er erſuchte alſo den Erzbiſchof, er möchte zu Abhelfung der eingeriſſenen Uneinigkeit nichts weiter thun, als mit dem Domcapitel handeln laſſen, daß Hardenberg auf die ſchicklichſte, und was ſie ihm gern gönnen wollten, auf die für ihn ſelbſt gelindeſte und glimpflichſte Art, jedoch ohne Verzug abgeſchafft

wandte er sich endlich selbst an die gesammte Stände des Niedersächsischen Kraſſes, und forderte sie zur Einmischung in die Bremische Händel auf. Es ist ungezweifelt, daß es würklich der Erzbischof war, der die Sache zuerst vor die Krahsſtände brachte, und es ist auch leicht zu erkennen, was ihn zunächſt dazu beſtimmte. Die Bewegungen der Harbenbergiſchen Gegenparthie gaben ihm die gerechteſte Urſache zu der Beſorgniß, daß ſich der Magiſtrat doch zuletzt noch einen gewaltſamen Schritt gegen Harbenberg erlauben möchte, der einen völligen Bruch zwiſchen dem Domſtift und zwiſchen der Stadt, und vielleicht mehrere weit ausſehende Folgen nach ſich ziehen müßte: dieſen konnte aber am wahrſcheinlichſten vorgebeugt werden, wenn ſich der Erzbiſchof die Verwendung und auf alle Fälle den Beyſtand des Kraſſes voraus verſicherte [336]). Man darf daher auch aus dieſem

schafft würde. Auf dieſen Brief des Magiſtrats führte ihm hingegen der Erzbiſchof noch einmahl ſehr ernſthaft zu Gemüth, wie ſchreyend-ungerecht die Abſchaffung Harbenbergs ſeyn würde, der noch keines Irrthums überwieſen ſey, der öffentlich in Predigten und Schriften die wahre Gegenwart Chriſti im Abendmahl bißher gelehrt, und ſchon allein durch die Annahme des Frankfurter Receſſes auf das unzweydentigſte bezeugt habe, daß er mit den vornehmſten der Augſp. Konfeſſion verwandten Ständen in der Lehre übereinſtimmig und einig ſey. S. die Briefe des Raths und des Erzbiſchofs in Gerdes Hiſt. mot. p 138. 143. worinn auch der neue Vorſchlag des Erzbiſchoffs enthalten iſt, daß der Magiſtrat den Handel an ihn, als den Ordinarius des Stifts gelangen, und ihn mit

Zuziehung des Domcapitels, der Stände, und mehrerer Gelehrten, die er dazu verſchreiben wolle, darinn erkennen laſſen möchte

336) Zu Ende des Junius brachte der Erzbiſchof die Sache vor die Krahs-Verſammlung, und gerade um dieſe Zeit war die Gährung in Bremen auf das höchſte geſtiegen, und die meiſte Urſache zu der Beſorgniß vorhanden, daß man ſich einen gewaltſamen Schritt gegen Harbenberg erlauben möchte. "Ego — ſchrieb deßwegen Harbenberg ſelbſt an Eber nach Wittenberg — apud amicos lateo. Nam ſingulis noctibus cogor exſpectare vim Senatus, quàm etiam aperte minati ſunt. In me nihil eſt neque vitae nec ſpei. In hac ipſa hora de me conſultatur aut necando aut violenter pellendo. Tilemannus Hesbuſius armat ſuis furiis

Q 3 Sena-

dieſem Schritt von ſeiner Seite keine Veränderung ſeiner Geſinnungen gegen Hardenberg herauszerklären 337);
allein deßwegen iſt es nicht weniger gewiß, daß er dennoch der Gegenparthie Hardenbergs, wenigſtens den
weiſeren unter ihren Anführern 338) höchſt erwünſcht
war.

Senatum cum aliis concionatori-
bus ⑤ Cypr. Epiſt. Gothanae
n. XIX. p 26. Aber Hardenberg konnte auch mit Recht ſagen, daß man ſich zu der Ausführung dieſer gewaltſamen An-
ſchläge gegen ihn ganz unverholen rüſte. Heßhuß hatte ſogleich
nach ſeinem Abzug von Bremen
eine Schrift wieder ihn dem Rath
zugeſchickt, worinn er auf das
beſtimmteſte aufgefordert war,
„daß er von Amtswegen den
„verfluchten Läſterer im Dom
„fortſchaffen ſollte, da er auf
„vielfaches Anhalten des Raths
„von dem Kapitel noch immer
„nicht abgeſetzt ſey.“ Und für
dieſe Schrift hatte ihm der Magiſtrat ein Geſchenk zugeſchickt!
Es war aber auch dem Erzbiſchof
nicht unbekannt, daß man in
Bremen mit Entwürfen dieſer
Art umgehe; denn in ſeinem
Brief vom 13. Jun. ließ er ihm
eben deßwegen ankündigen, "daß
„er ſich gedrungen ſehen würde,
„die Sache auf den Kraystag zu
„bringen, wenn der Senat auf ſei-
„nem unbeſugten Vornehmen, wo-
„durch der Stadt, dem Erzſtift,
„und den angränzenden Ländern
„Gefahr zu beſorgen wäre, zu
„beharren fortführe;“ ja noch
ernſthafter ließ er ihn durch ſeine
Abgeordnete warnen, "daß er
„die Folgen bedenken möchte, die
„daraus entſtehen müßten, wenn
„Hardenberg etwas beſchwerli-
„ches wiederführe, das zur
„Schmählerung der Jurisdiktion,
„Immunität, Freyheit und Ge-

„rechtigkeit des Erzbiſchofs und
„Kapitels gereichen möchte.“ S.
Gerdes am a. O.

337) Schon Renkel in ſeiner
Chronik gab zu verſtehen, daß
der Erzbiſchof dieſen Schritt bloß
deßwegen gethan habe, weil Hardenberg ihm ſelbſt um dieſe Zeit
verdächtig geworden ſey. Allein
von dieſem Verdacht, den die
Gegner Hardenbergs in der Folge
auf einige Zeit bey ihm rege
machten, findet ſich jetzt noch in
ſeinem Betragen keine Spuhr,
und aus den angeführten Umſtänden gebt es auf das ſichtbarſte
hervor, daß er ihn zunächſt zur
Sicherung Hardenbergs gegen die
gewaltſame Proceduren that, mit
denen er bedroht wurde. Hätte
der Erzbiſchof ihn würklich jetzt
ſchon für einen entſchiedenen Sacramentirer gehalten, und ſich
deßwegen ſeiner Beſchützung entſchlagen wollen, ſo durfte er ja
nur dem Andringen des Raths
nachgeben, und ſeine Verabſchie-
dung bey dem Domcapitel einleiten, wozu ſich Ausſkünfte genug anboten, bey denen ſeine
Ehre gedeckt war.

338) Es gab allerdings manche unter den Gegnern Hardenbergs, welche es gar nicht gern
ſahen, daß die Sache auf den
Kraystag kam, weil ſie befürch-
teten, daß Hardenberg allzuviele
und allzuthätige Beſchützer unter
den Kraysſtänden finden möchte.
Dieſer Beſorgniß überließ ſich
ſelbſt Mörlin, denn nach einem
Brief,

war. Auf die Krays-Versammlung wollten sie die
Sache schon lange gebracht haben, denn so gut sie auch
wußten, daß Harbenberg auch hier einige Beschützer
und Vertheidiger finden dürfte, so wahrscheinlich konnten sie darauf zählen, daß doch ihre Parthie auf der
Versammlung die Mehrheit der Stimmen, und durch
diese das Uebergewicht erlangen würde; und beydes bestätigte auch der Erfolg.

Der erste Schritt, welchen die eben damahls zu
Braunschweig versammelte Stände nach der Aufforderung des Erzbischoffs thaten, bestand in einer Gesandtschaft, welche sie nach Bremen abfertigten, um mit
dem Domcapitel und mit dem Rath über eine Beylegungsart des Streits zu unterhandlen, welche von beyden angenommen werden könnte. Diese Gesandtschafzeigte auch noch Unpartheylichkeit genug in ihrem Benehmen. Sie verwarf zwar den von Harbenberg so oft
gemachten Vorschlag, welcher ihr jetzt von dem Domcapitel zuerst wieder vorgelegt wurde, nach welchem
das Urtheil über die Bekenntnisse Harbenbergs und seiner Gegner einer lutherischen Akademie überlassen werden sollte ³³⁹); denn sie bemerkte sehr richtig, daß man
kaum

Brief, den er um diese Zeit an
Flacius schrieb, vermuthete er
sogar, daß diese neue Wendung
zwischen den Freunden Hardenbergs verabredet seyn möchte,
und schickte deßwegen, sobald die
Sache auf den Kraystag gekommen war, der eben damahls zu
Braunschweig gehalten wurde,
einen eigenen Boten nach Bremen, um dem Rath die schleunigste Nachricht davon zukommen
zu lassen "Mira" schreibt Mörlin — agitantur nunc consilia ab
Episcopo, à Senatu Bremensi et à
DanieleConsule — sed spero prope-

diem nos audituros, quod et Danielem et Albertum Senatus ex urbe
expulerit. Principes nostri Circuli agitarunt Conventum, in
quo facta etiam est hujus controversiae mentio. — Sed ego pridie nuntium ablegavi ad Senatum Bremensem, suasique ut legatione, quam Conventus decrevit, non exspectata faciant suum
officium. Res omnis est mihi
valde suspecta. — Reißt es dahin,
so Gnade Gott!" S. den ganzen Brief bey Wagner S. 240.

339) Doch hatte jetzt Hardenberg in einer Schrift an das Domcapitel
Q 4

kaum hoffen könnte, die Bewilligung des Magiſtrats
für dieſen ſo oft von ihm verworfenen Vorſchlag zu er=
halten; aber indem ſie ihrerſeits darauf antrug, daß ſich
Hardenberg zu einer Unterredung oder Diſputation mit
ſeinen Bremiſchen Gegnern in Gegenwart auswärtiger
Theologen verſtehen ſollte, ſo erklärte ſie zugleich, daß
man jenen Weg immer noch einſchlagen, und ſich an die
Akademieen wenden könnte, wenn durch die Diſputation
nichts ausgerichtet werden ſollte. Unter dieſer Bedin=
gung wollte ſich auch Harbenberg gern dazu verſtehen,
indem er ſich bloß vorbehielt, die Niederſächſiſche Theo=
logen als Kampfrichter rekuſiren zu dürfen ³⁴⁰): allein
der Bremiſche Magiſtrat, dem die Geſandtſchaft dieſe
Vorſchläge und Erklärungen übergab, beharrte auf ih=
rer Verwerfung mit einem Eigenſinn, dem man es auf
das deutlichſte anſah, daß er durch die Hoffnung einer
neuen Unterſtützung geſteift war. Er ſehe nicht ein,
erklärte der Rath, wozu es nöthig ſeyn, oder dienen
möchte,

capitel vom 25. Jul dieſem Vor=
ſchlag einige verwahrende Clau=
ſeln beygefügt, zu denen er ſehr
gute Gründe hatte. "Ich habe
„mich, ſagte er, bisher auf alle
„lutheriſche Akademieen berufen;
„jetzt aber muß ich erklären, daß
„mir vier unter denſelben ver=
„dächtig ſind. Zu Tübingen und
„in Frankfurt an der Oder ſind
„die vornehmſte Theologen und
„Prediger Verfechter der Ubiqui=
„tät. Zu Jena lebt Flacius,
„und in Roſtock hat Heßhuß durch
„ſeine Verbindungen ſehr groſſen
„Einfluß. Beyde haben durch
„ihr Betragen bewieſen, daß ſie
„meine Wiederſacher ſind; alſo
„kann ich ſie nicht für meine Rich=
„ter erkennen. Hingegen dem
„Urtheil von Leipzig, Witten=
„berg, Marburg oder Heidelberg
„will ich mich gern unterwer=
„fen.

340) Er erklärte jedoch, daß
er nichts dagegen habe, wenn ſie
unter der Anzahl ſeiner Gegner
erſcheinen wollten, zu denen ſie
ſich ſchon längſt öffentlich geſchla=
gen hätten. "Aber — ſetzte er
hinzu — was hier ſoll entſchie=
„den werden, betrifft ja ohnehin
„nicht allein die Niederſächſiſche,
„ſondern alle proteſtantiſche Kir=
„chen. Ich gebe daher zu beden=
„ken, ob es nicht billig ſey, daß
„auch Chur=Pfalz, Heſſen und
„andere Reichsſtände, die der
„Ausſp. Konfeſſion zugethan ſind,
„und den Frankfurtiſchen Abſchied
„angenommen haben, zu dieſer
„Sache gezogen, und ihre Theo=
„logen gefordert werden." S.
Harbenbergs Bedenken auf den
Vorſchlag der Verordneten des
Niederſächſiſchen Krauſes in Gre=
ve Meinor. Eizen unter den Bey=
lagen Nr. XXV.

möchte, die Sache vor auswärtige Gelehrte und Akademieen zu bringen. In allen ähnlichen Fällen sey es
bißher in Niedersachsen Sitte gewesen, daß die Obrigkeit aus den benachbarten Kirchen einige Theologen habe
rufen lassen, wenn eine Irrung unter ihren eigenen Prе-
digern entstanden sey. Nun weigere sich wohl Hardenberg, seine Sache dem Urtheil der benachbarten Kirchen
zu überlassen, und wolle sie lieber an die Akademieen
gebracht haben, allein durch das erste lege er ja schon
an den Tag, daß er sich selbst seiner Abweichung von
der Lehre der benachbarten Kirchen bewußt sey, und
durch seine bey dem andern angebrachte Clausel, worinn
er vier Akademieen rekusirt habe, gebe er selbst zu erkennen, daß auch die Universitäten in dieser Sache nicht
einig seyen. Das kürzeste wie das würksamste Mittel
das man zu ergreiffen habe, würde also — meynte der
Rath — darinn bestehen, wenn man mit Beyseitsetzung
aller Einwendungen Hardenbergs einen neuen Kraystag
ansetzte, auf welchem die Stände Hardenberg und die
Bremische Prediger vor sich fordern, ihr gegenseitiges
Bekenntniß erwägen, ihre Unterredung anhören, und
dann nach dem Rath und Gutachten einiger ihrer Theologen, welche sie mit sich bringen möchten, das Urtheil
fällen müßten, ob das Bekenntniß der Prediger der
Augsp. Konfession, so wie sie im Niedersächsischen
Krayse verstanden und ausgelegt werde, gemäß
oder zuwieder sey? Würden sie hernach auch noch mit
demjenigen Theil, dessen Lehre nicht damit übereinstimme,
nach Verdienst verfahren, so werde die Stadt ohne
Nachtheil anderer Kirchen aus ihrer jetzigen Verwirrung
bald herausgerissen seyn [341]).

Der

---

341) S. des Raths Antwort Gesandten vom 5. Aug. auch bey
auf den Abschied der Kraystags- Greve Nr. XXIV.

Q 5

Der Beſcheid, ben die Krays = Deputation darauf
gab, fiel dann auch dieſem Antrag [342]) faſt völlig
gemäß aus, wiewohl es das Anſehen hatte, als ob
man nur den Handel in den Gang einer neuen unpar=
thyiſchen, und für Hardenberg ganz unverfänglichen
Unterſuchung einleiten wollte. Die Deputation gab bey=
den Partheyen auf, ein neues Bekenntniß von dem ſtrei=
tigen Artikel des Abendmahls in kurzen und klaren
Sätzen ohne alle Zweydeutigkeit zu entwerfen, das in=
nerhalb vierzehn Tagen von Seiten Hardenbergs dem
Domcapitel, und von Seiten der Stadtprediger dem
Rath übergeben werden ſollte. Dieß neue Bekenntniß
eines jeden Theils möchte hernach dem andern zugeſtellt
werden, aber jeder ſollte gehalten ſeyn, innerhalb an=
derer vierzehn Tage ſeine Antwort darauf einzubringen.
In dieſer Antwort habe jeder klar und deutlich anzuzei=
gen, ob er die Sätze und Lehren des andern für wahr
und dem Wort Gottes ſammt der Augſp. Konfeſſion
gemäß halte. Fände er ſie nicht ſo beſchaffen, ſo möchte
er die Urſachen anführen, und zugleich Macht haben,
ſeine Meynung mit Gründen aus der heiligen Schrift
und mit Zeugniſſen der älteren Kirchen=Lehrer zu bewei=
ſen, und des andern Meynung zu wiederlegen. Hätte
nun jeder Theil auf dieſe Art zwey Schriften eingebracht,
ſo ſollten ſie von dem Domcapitel und Rath den Für=
ſten zu Braunſchweig verſiegelt zugeſchickt, und von
dieſen auf dem künftigen Kraystag den ſämmtlichen
Ständen vorgelegt werden, welche ſich daraus von dem
Streit unterrichten, und nach reifer Erwägung auf
chriſt=

---

342) Der Beſcheid der De=
putation wurde zwar den 4. Aug.
erlaſſen, und die Anträge des
Raths ſind hier aus der Ant=
wort genommen, die er den
5. Aug. der Deputation darauf
ertheilte. Es könnte alſo ſchei=
nen, daß jener nicht auf dieſe
erlaſſen worden wäre; allein aus
der ganzen Form der Antwort
des Raths wird es ſichtbar, daß
er nur darinn reſapitulirte, was
ſchon vorher zwiſchen ihm und
der Deputation verhandelt wor=
den war.

chriſtliche und billige Mittel benken würden, wie ſol=
cher Mißverſtand entweder aufgehoben, oder gebührli=
cher Weiſe erörtert, und der Friede in der Stadt Bre=
men wiederhergeſtellt werden könne. Inzwiſchen ſollten
beyde Partheyen biß zu dem Ausgang der Sache ſich
ſtill und frieblich halten, der Augſp Konfeſſion gemäß
lehren, und nicht auf einander ſchelten [343]).

Nach dieſem Beſcheid ſollte alſo Hardenberg doch
die Krays=Stände voraus als ſeine Richter anerken=
nen: was er aber dabey wagte, dieß hätte er allein ſchon,
wenn es ihm auch ſonſt noch zweifelhaft geweſen wäre,
aus der freudigen Willigkeit ſchlieſſen können, womit der
Rath und die Stadtprediger den Beſcheid annahmen.
Geradezu durfte er auch dieſe Richter nicht rekuſiren,
weil ſie ja von dem Erzbiſchof ſelbſt aufgefordert worden
waren, ſich in den Handel einzumiſchen; mithin blieb
ihm nichts übrig, als nur ſeine Nothdurft über die Art
anzubringen, mit welcher der Prozeß vor dieſem neuen
Tribunal inſtruirt werden müßte, und dieß that er auch
mit eben ſo viel Freymüthigkeit als Klugheit. Er ſey
bereit — erklärte er — ſich dem Ausſpruch der Krays=
ſtände zu unterwerfen; nur ſehe er nicht ab, wozu die
Einbringung neuer Schriften und neuer Bekenntniſſe
von beyden Seiten dienen ſollte [344]). Wenn ſich die
Stände

343) S. den Abſchied der
Geſandten in Löſchers Hiſt. mot.
Th II. S. 219. 220.

344) Er verhelte dabey auch
die Beſorgniß nicht, daß ihm die
Beybringung dieſer neuen Schrif=
ten zum Nachtheil gereichen
könnte: denn es ſey ſehr wahr=
ſcheinlich, daß ſeine Gegner die
Gelegenheit benutzen würden,
ihre Meynung von der Ubiqui=
tät, über welcher doch der Streit
angegangen ſey, von der Bahn

wegzubringen, und in ihrem er=
ſten Bekenntniß vom Abendmahl
einige Veränderungen vorzuneh=
men. Dann würde aber der
Krays nicht mehr ſehen können,
worüber der Streit bißher ge=
führt worden ſey, und wohl gar
glauben, daß er ihn ganz ohne
Grund angefangen habe — In
dieſer Beſorgniß, daß man jetzt
verſuchen würde, die Ubiquitäts=
frage auf die Seite zu ſchieben,
hatte auch Hardenberg Urſache
genug,

Stände nur ſeine Säße gegen die Ubiquität, und ſeine
ſchon mehrmahls übergebene Konfeſſion nebſt der Konfeſſion der Bremiſchen Stadtprediger vorlegen lieſſen,
ſo würden ſie ſchon daraus vollkommen erſehen können,
woraus der Streit zuerſt entſtanden ſey, und worauf
die Sache jeßt beruhe. In jedem Fall aber müſſe er
darauf beſtehen, daß nicht bloß Niederſächſiſche Theologen und Prediger dabey zugezogen würden "Ich weiß,
„ſagte er, was ich mir von dieſen zu verſprechen habe.
„Sie haben mich faſt durch ganz Deutſchland und über
„Deutſchland hinaus angeſchwärzt, denn wer weiß nicht,
„in welchen Eifer ſie den König von Dännemark gegen
„mich gebracht haben? Sie werden auch jeßt nicht un-
„terlaſſen, die Herrn und Städte, welche den Krays-
„Tag beſchicken, wieder mich einzunehmen. Aber es
„tritt auſſer ihrer Partheylichkeit noch ein anderer Grund
„ein, den die Zuziehung mehrerer Theologen bey der
„Entſcheidung des Handels nöthig macht. Es muß
„dabey entſchieden werden, welches der wahre Sinn und
„die ächte Meynung der Augſp. Konfeſſion in der Nacht-
„mahlslehre ſey, denn beyde ſtreitende Theile berufen ſich
„ja auf die Konfeſſion. Nun haben aber nicht nur die
„Niederſachſen, ſondern auch noch andere Länder, und
„unter ihnen mehrere der vornehmſten Stände des
„Reichs jenes Bekenntniß angenommen, daher behaupte
„ich, daß auch ſie nebſt ihren Theologen und Univerſi-
„täten darüber gefragt werden müſſen: ob gewiſſe Mey-
„nungen nach der Augſp. Konfeſſion beſtehen können;
„damit ſich niemand zu beklagen habe, daß er ausge-
„ſchloſſen ſey, und nicht ein Theil dem andern vorgreiffe,
„oder etwas beſchlieſſe, das zu einer Trennung der pro-
„teſtantiſchen Kirchen Anlaß geben könnte [345).

Mit

genug, nachdem Heßhuß, als der
neue Worthalter ſeiner Gegenparthie ſo beſtimmt erklärt hatte,

daß er nichts damit zu thun haben wolle.

345) S. Harbenbergs Bedenken

Mit rascherem Schritt eilten hingegen die Wieder-
sacher Hardenbergs ihrem Ziel zu, das sie auf dem neu
eröffneten Wege so viel näher vor sich sahen. Noch
vor dem Verlauf von 14 Tagen übergaben die Stadtprediger dem Rath ein neues von Heßhuß aufgesetztes
Bekenntniß, das sie schon fertig liegen hatten [346]);
aber übergaben ihm zugleich sieben Fragen, welche man
Hardenberg zur bestimmten Beantwortung mit einem
bloßen Ja, oder Nein, vorlegen sollte. Daraus allein,
meynten sie, würden die Kraysstände eine deutliche und
wahre Einsicht von dem Zustand des Streits und von
den Punkten bekommen, worinn Hardenberg von ihrer
Meynung abwiche, aber daraus würden sie auch diese
Einsicht unfehlbar bekommen; und allerdings waren die
Fragen so gefaßt, daß sie dazu brauchbar genug scheinen konnten, wiewohl es Hardenberg im Nothfall nicht
sehr schwehr hätte werden mögen, sich aus der Falle,
die

ßen auf der Krays-Gesandten
Receß, dem Domcapitel den 10.
Aug. 1560. zugestellt, bey Wag-
ner S. 287.

346) Wenn die Prediger das
Bekenntniß übergaben, das gleich
darauf im Druck erschien, unter
dem Titel: der Prediger zu Bremen Bekenntniß vom Nachtmahl
Jesu Christi nebst D. Tilem. Heß-
hußii Bekenntniß. Magdeburg
1560. in 4. so kann nicht gezweifelt werden, daß sie es damahls,
da sie von der Krays-Deputa-
tion zu der Uebergabe einer neuen
Konfession aufgefordert wurden,
schon fertig hatten: denn dieß
Bekenntniß ist vom 2 Aug. datirt, und der Receß der Deputation wurde erst den 4. erlassen.
Es ist auch kein Zweifel, daß
Heßhuß dieß Bekenntniß aufgesetzt hatte, wenn er schon für
gut fand, ihm noch ein besonderes unter seinem Nahmen beyzu-

fügen, und auch damahls nicht
mehr Prediger in Bremen war,
weil er bereits die Stelle in
Magdeburg angenommen hatte.
Aber diese Stelle bezog er erst
nach Michaelis, und war also
doch damahls noch in Bremen,
wo er auch das dem Rath übergebene Bekenntniß noch unter-
schrieb. Hingegen hat Löscher in
Hist. mot. Th. II. S. 222. ein
würklich verschiedenes Bekenntniß aufbewahrt, das auch bey
diesem Anlaß von den Bremischen Predigern aufgesetzt, und
von dem Rath wahrscheinlich deßwegen gefordert worden war,
weil er das zuerst übergebene
Heßhußische zu weitläufig gefunden hatte. Es bleibt daher zweifelhaft, ob das eine oder das
andere oder auch vielleicht beyde
den Krays-Ständen mitgetheilt
wurden. S. Wagner S. 289.

die ihm darinn gestellt war, sehr glücklich herauszu-
wickeln. Die verfänglichste unter diesen Fragen waren
nehmlich bloß die folgende: "Ob das gesegnete Brodt
"im Abendmahl aus Kraft der Worte und Einsetzung
"des Sohnes Gottes sey der wahre wesentliche Leib
"Jesu Christi, der für uns am Creuz gestorben ist?
"oder ob das Brodt im Sakrament sey nur ein wesent-
"licher bedeutlicher Leib? — Ob der wahre Leib Christi
"wahrhaftig und wesentlich, hienieden bey uns auf Er-
"den im Abendmahl gegenwärtig sey, und in oder mit
"dem Brodt empfangen werde? oder ob allein der Geist,
"die Würkung, die Kraft und das Verdienst Christi
"zugegen sey, und uns mitgetheilt werde? — Ob die
"Himmelfarth Christi und sein Sitzen zur rechten Hand
"Gottes auch hindere seine wahre wesentliche Gegen-
"wart im Abendmahl auf Erden? — Ob die Christen
"im heiligen Abendmahl nicht allein mit dem Glauben
"und mit dem Herzen, so auf das Wort sehen, sondern
"auch mit dem Munde, nicht allein geistlich und be-
"deutlich, sondern auch wesentlich den wahren Leib Christi
"empfangen oder essen? Ob auch die unwürdigen, d. i.
"die unbußfertige, ungläubige, falsche und böse Christen,
"die den Geist Christi nicht haben, sondern in Heuche-
"ley leben, wie Judas der Verräther, den wahren Leib
"und Blut Christi essen und trinken ihnen zum Ge-
"richt 347)?"

Dabey legten es aber die Prediger nicht nur darauf
an, daß sich Hardenberg unausweichlich als Kalvinisten verrathen müßte, sondern sie baten schon voraus
die Krayßstände, daß sie hernach doch gewiß den gottlosen Verführer und Sakramentirer im Dom abschaffen
möchten, versicherten zugleich, daß sie Gott und der
Kirche einen sonderlichen Dienst damit erzeigen würden,

und

---

347) S. diese Fragen bey Salig Th. III. S. 745.

und erboten sich voraus, es mit allem christlichen Dank
zu erkennen. Diese mehr als unziemliche [348]) Erklärung der Prediger unterstützte der Rath durch einen andern Schritt, der eben so regellos war. Er beschickte
einen Kreys = Ausschuß, welcher damahls noch in
Braunschweig um einer ganz andern Angelegenheit willen versammelt war, durch eine eigene Gesandtschaft,
und ließ ihm durch diese von der Lage der Sachen in
Bremen, von der Gährung, worinn sich alles befände,
und von den Folgen, welche daraus für den ganzen
Krays entspringen könnten, einen so schröckenden Bericht machen [349]), daß der Ausschuß sogleich auf die
Veranstaltung eines neuen Kraystages antrug, auf
welchem noch in diesem Jahr Hardenbergs Sache vorgenommen und entschieden werden müßte. Doch zu
gleicher Zeit mochte er ein Paar andere noch regellosere
Schritte im verborgenen gethan haben; denn man stößt
mit Erstaunen auf einen Brief der Krays = ausschrei-
benden Fürsten, worinn sie um diese Zeit dem Erzbischof
den Vorschlag machten, ob er nicht lieber den kürzesten
Weg zu Beylegung des Handels einschlagen, und dem
Unwesen durch die Absetzung Hardenbergs ein Ende machen wollte [350])? Unmittelbar darauf zeigten sich auch
bey

---

348) Sie war siebenfach un-
ziemlich, weil die Krays = Gesandtschaft in ihrem Receß ausdrücklich verabschiedet hatte, daß
sich beyde Theile alles Schim-
pfens und Schmähens auf einander enthalten sollten.

349) Die Gesandte berichte-
ten dem Ausschuß, daß die Deputirte, welche der Krays an
den Rath und an das Domcapitel geschickt habe, nichts frucht-
barliches ausgerichtet hätten;
man habe aber alle Ursache zu
befürchten, daß nicht allein in

der Stadt Bremen Empörung
entstehen, sondern auch Verwirrung und Elend über den ganzen Krays sich verbreiten würde,
wenn nicht das schon aufgegan-
gene und brennende Feuer noch
in Zeiten gelöscht werden könnte.
S. Burens Brief vom 23. Nov.
1560. bey Wagner S. 292.

350) S. den Brief des Erzbischofs an den Erzbischof von
Magdeburg und Herzog von
Braunschweig vom 22. Septemb.
1560. ebend. der Erzbischof antwortete den zwey Fürsten, daß
es

bey dem Erzbischof sehr merkliche Spuhren einer gegen Hardenberg veränderten Stimmung [351]), und wer kann sich der Vermuthung erwehren, daß die geheime Agenten des Raths zu dem einen und zu dem andern mitgewürkt haben durften?

Kapitel

es ihm bedenklich vorkomme, ohne Zustimmung des Kapitels und der Landstände zur Absetzung Har- denbergs zu schreiten; er ver- sprach aber einen allgemeinen Landtag, sobald möglich auszu- schreiben, und die Gesinnungen der Stände darüber zu verneh- men. Dieß mochten wahrschein- lich die Fürsten nicht abwarten wollen, daher schrieben sie jetzt sogleich den neuen Landtag aus, auf welchen der Ausschuß ange- tragen hatte: zweifelhaft mag es aber seyn, ob der Erzbischof von Bremen durch die Wendung, wel- che er seiner Antwort gab, dem Vorschlag bloß ausweichen woll- te? oder ob nicht seine verän- derte Stimmung gegen Harden- berg auch schon an dieser Ant- wort einigen Antheil hatte?

351) Die Veranlassung selbst, wobey man diese Spuhren ge- wahr wird, kündigt sehr deutlich an, daß fremder Einfluß auf den Erzbischof gewürkt haben muß- te. — Weil Hardenberg sich durch- aus nicht in die Disputation mit Heßhus einlassen wollte, so streute man überall unter dem Volk aus, daß er das Licht scheue, und seine Meynung vom Nachtmahl nur nicht an den Tag kommen lassen wolle. Um dieß elende Geschwätz zu beschämen, ließ er hierauf ein Bekenntniß seiner Lehre auf eine Tafel schreiben, und öffentlich an seine Kanzel im Dom anhän- gen, daß es von allen seinen Zu- hörern gelesen werden konnte.

In diesem Bekenntniß aber hatte er die Formel gebraucht, "daß "das Brodt und der Wein im "rechten Gebrauch des Abend- "mahls der Leib und das Blut "Christi seyen, in einem heili- "gen Sakrament verborgen." S. Gerdes hist. mot. p. 150 und diese Formel wußte man dem Erzbischof durch einen sehr schänd- lichen Kunstgriff so verdächtig zu machen, daß er im Ernst zu zweif- len anfieng, ob nicht Hardenberg würklich der Ketzer seyn möchte, den seine Gegner aus ihm mach- ten. Man spielte ihm nehmlich mit diesem Bekenntniß Hardenbergs eine von den Formeln in die Hände, in welchen ehmahls der gottlose Berengar seine ver- dammte Meynung ausgedrückt habe, und ließ ihn mit seinen eigenen Augen sehen, daß auch Berengar eben so wie Harden- berg sich des Ausdrucks bedient habe, daß das Brodt und der Wein im Nachtmahl das Sakra- ment des Leibes und Blutes Christi sey. Doch die Würkung welche sich die Gegner Harden- bergs davon versprachen, wurde ihnen bald wieder verdorben. Der Erzbischof kam zwar in eine solche Angst, daß er sogleich ei- nen seiner Räthe mit den zwey Formeln nach Bremen schickte, und durch diesen das Domcapitel auffordern ließ, sich genau zu erkundigen, ob ihr Prediger von dem Gift des Berengarischen Irr- thums angesteckt sey? in wel- chem

Kapitel XI.

Auf dem neuen Krapstage, der noch im Novemb.
dieses Jahrs 1560. zu Stand kam, wurde es aber
doch den Gegnern Hardenbergs zu ihrem grossen Aer=
ger wieder etwas ungewiß, ob sie auf dem neuen Wege,
so leicht, als sie gehofft hatten, zu ihrem Ziel kommen
würden? Die versammelte Stände äusserten nicht nur
so viel Billigkeit, oder die Freunde Hardenbergs hat=
ten in der Versammlung einen so grossen Einfluß [352],
daß sie jetzt noch nicht in der Sache sprechen zu dürfen
glaubten, sondern sie beschlossen sogar eine ganz neue
Instruktion des ganzen Processes, die für Hardenberg
höchst vortheilhaft schien. Alle bißher von beyden Par=
theyen übergebene Schriften und Bekenntnisse sollten
nach dem neuen Schluß bey Seite gelegt [353], von
beyden aber eine neue, ganz kurze, und ohne Zweydeu=
tigkeit abgefaßte Konfession übergeben, und allen Stän=
den des Krayses mitgetheilt werden. Auf dem neuen,

nach

---

dem Fall er ernstlichst angehal=
ten werden müßte, sich davon
loszusagen. Allein die Erklärun=
gen, welche Hardenberg darauf
gab, beruhigten ihn so vollstän=
dig, daß er den gegen ihn ge=
faßten Verdacht, wie sein gan=
zes folgendes Benehmen bey dem
Handel zeigte, völlig fahren ließ.
S. Kenkel brev. narr. p. 32.
Wagner S. 295. Dieser Auftrit
fiel aber in den October; denn
die Instruktion, welche der Erz=
bischof seinem Rath D. Abraham
Spengler an das Domcapitel und
an Hardenberg mitgab, ist vom
23. Oct. 1560. datirt.

352) Die Abgeordnete des
Erzbischofs und des Domcapitels
traten öffentlich als Vertheidiger.

Theil II. 2. Hälfte.

Hardenbergs auf, und behaup=
teten, daß er noch keines Irr=
thums überwiesen sey, da die
Gesandte des Bremischen Raths
darauf angetragen hatten, daß
man ohne weiteres von Seiten
des Krayses die Absetzung Har=
denbergs beschliessen möchte, weil
doch die Zwinglische und andere
ähnliche Sekten schon längst ver=
dammt seyen.

353) Man brauchte zwar die=
sen Ausdruck nicht, aber die Sa=
che lief doch darauf hinaus, denn
man übergab alle diese Schriften
den Magdeburgischen Abgeordne=
ten mit der Weisung, daß sie
denjenigen, welche Lust hätten sie
zu durchlesen, Kopien davon mit=
theilen könnten.

R

nach brey Monathen zu verſammlenden Kraystag ſollte
hernach jeder Stand einen ſeiner gelehrteſten und unver=
dächtigſten Theologen mitbringen, und von dieſen müß=
ten im Beyſeyn der Stände die eingereichten Bekenntniſſe
chriſtlicher und unpartheyiſcher Weiſe vorgenommen,
mit Hardenberg und mit den Predigern darüber gehan=
delt, und aller Fleiß zu Erzielung eines billigen Ver=
gleichs angewandt werden. Wenn aber kein Vergleich
ſich erzielen lieſſe, ſo ſollte doch weder durch die Theo=
logen, noch durch die Stände ein Ausſpruch in der Sa=
che gethan, ſondern den kraysausſchreibenden Fürſten
dem Erzbiſchof von Magdeburg und dem Herzog von
Braunſchweig die Vollmacht ertheilt werden, alle Schrif=
ten im Nahmen und auf Koſten des Krayſes an vier
proteſtantiſche Akademieen zu verſchicken, welche das
endliche Urtheil darüber zu fällen hätten, das von bey=
den Partheyen für entſcheidend erkannt werden müßte.
Dabey wurde aber dem Domcapitel und dem Rath zu
Bremen ernſtlichſt aufgegeben, ſich mit ihrem ganzen
Anſehen zu verwenden, daß in der Zwiſchenzeit von ih=
ren Predigern das gegenſeitige Eifern und Schelten ſo=
wohl in Schriften als auf der Kanzel, und überhaupt
alles unterlaſſen würde, woraus mehr Uneinigkeit und
Empörung entſtehen könnte [354].

Mit

---

354) Es wurde dabey beſon=
ders im Krayssſchluß ausgedruckt,
daß der eine Theil den Zuhörern
des andern die Sakramente in=
zwiſchen nicht verweigern, auch
ſich aller Winkelpredigten und des
Winkeltaufens enthalten ſollte.
Es iſt kein Zweifel, daß das erſte
die Stadtprediger angeben ſollte;
aber es läßt ſich ſchwehr erra=
then, auf wen das andere zie=
len konnte, da Hardenberg eben
ſo wenig taufte als das Nacht=
mahl adminiſtrirte. Vielleicht
gieng es gegen den Landprediger,
der das von dem Prediger Em=
tes bey dem Vorfall mit dem
Rathsherrn Vaßmer von der
Taufe zurückgewieſene Kind ge=
tauft hatte, welches hernach als
eine Winkeltaufe vorgeſtellt wor=
den war. S. Entſchluß des Kray=
ſes am Donnerſtag nach Catha=
rina im J. 1560 zu Halberſtadt
abgefaßt bey Wagner S. 300.

Mit welchem Auge beyde Partheyen diesen Schluß
des neuen Kraystages ansahen, dieß wurde aus der
Haltung höchst sichtbar, welche sie dabey annahmen.
Hardenberg erkannte sehr gut, daß er dadurch in Ver‐
gleichung mit den bißherigen Schlüssen, die man in sei‐
ner Sache gefaßt hatte, mehrfach begünstigt wurde;
aber er konnte sich nicht verhelen, daß es auch seinen
Gegnern durch einige nicht genug bestimmte Punkte[355])
des Abschieds noch leicht genug gemacht war, seine Un‐
terdrückung — nur etwas langsamer, aber auch dafür
scheinbar legaler — durchzusetzen. Er fühlte also die
Nothwendigkeit, sich auf alle Fälle auch dagegen zu ver‐
wahren, und erklärte deßwegen vorläufig, daß er den
Halberstädtischen Abschied weder verwerfe noch annehme,
sondern sich erst mit seinen Herren und Freunden darüber
berathen müsse; hingegen übergab er doch das neue von
ihm geforderte Bekenntniß dem Domcapitel, und über‐
ließ es diesem, ob es dem Krayßschluß gemäß seine
Verschickung an die Stände besorgen wollte, wobey er
nur protestirte, daß ihm nichts zum Präjudiz gereichen
sollte[356]). Dadurch machte er sich die Konvenienz,
daß er noch die Wendungen abwarten konnte, welche die

Sache

---

355) So war nichts darüber
bestimmt worden, an welche pro‐
testantische Akademieen die Alten
von den krays‐ausschreibenden
Fürsten verschickt werden müßten.
Wenn sie nun gerade jene vier
wählten, die er bereits rekusirt
hatte, so war Hardenberg eben
so gewiß verlohren, als wenn
man allein die Niedersächsische
Theologen über ihn hätte spre‐
chen lassen.

356. Er setzte seinem Bekennt‐
niß, das vom 17. Dec. 1560.
datirt war, folgenden Eingang
voran. Summaria doctrina mea

Alberti Hardenbergii de Ubiqui‐
tate et Coena Domini, qua nec
rejicio nec accepto. Recessum
Halberstadiensem et futurum Con‐
ventum Brunsvicensem de quo
mihi deliberandum erit cum Do‐
minis et amicis meis: sed hanc
summam trado Dominis Capitu‐
laribus, ut vel tibi servent vel
aliis transmittant, modo ne hoc
in praejudicium mihi contingat,
de quo hic quam sanctissime pro‐
testatum volo coram Deo et ho‐
minibus. S. das Bekenntniß
bey Gerdes Hist. mot. p. 151.

Sache auf dem neuen Krayſtag, auf welchen ſie ausgeſetzt war, nehmen möchte.

Das neue Bekenntniß ſelbſt, welches Harbenberg
bey dieſer Gelegenheit ausſtellte, beſtand aus vierzehn
Sätzen, in welchen er ſehr abſichtlich ſeine Meynung
von der Art der Gegenwart Chriſti im Sakrament mit
ſeinen Begriffen von der Nicht-Ubiquität ſeines menſchlichen Körpers in Verbindung brachte. Aber deſto offener legte er darinn die eine und die andere im Gegenſatz
gegen die Meynung ſeiner Gegner aus, wiewohl er ſich
eben ſo viel Mühe gab, auch das unbedeutende der Entfernung ſichtbar zu erhalten, die zwiſchen der einen und
zwiſchen der andern ſtatt fand. Dieſe Vorſicht und jene
Offenheit legt ſich am fühlbarſten in folgenden Sätzen
dar, deren Innhalt in ſeine eigene Ausdrücke gefaßt,
aber nur etwas zuſammen gedrängt iſt.

Chriſtus, der gen Himmel gefahren iſt und in ſeinem himmliſchen für uns unerforſchlichen Zuſtand zur
Rechten des Vaters ſetzt, regiert und erfüllt als Gott
und als Menſch alles in allem.

Chriſti Leib aber befindet ſich in einem gewiſſen be-
ſchränkten Raum des Himmels, wie Auguſtin und viele
andere Väter behaupten, und ich glaube, daß dieß die
wahre Meynung der Kirche ſey.

"Da aber der Zuſtand jenes verklärten Leibes Chriſti uns überhaupt ganz unbekannt, und auch in der
Schrift keine deutliche Belehrung darüber uns mitgetheilt iſt, ſo will ich darüber mit niemand ſtreiten."

"Daß aber Chriſtus als wahrer Gott und Menſch
bey uns auf Erden ſey, können und dürfen wir ſicher
behaupten, da uns die Schrift davon verſichert."

"Und wie wohl ich weiß, daß Gleichniſſe wenig
oder nichts beweiſen, und ich auch weiter nichts daraus
her-

herleiten will, so bekenne ich doch, daß mir das Gleichniß nicht mißfällt, welches mehrere alte und neue Lehrer
in dieser Sache zur Erläuterung gebraucht haben. Wie
die Sonne zwar nur an einem Ort des Himmels sichtbar und beschränkt, und dennoch mit ihren Strahlen und
mit ihrer bebenden Kraft würklich und wesentlich auf
dem ganzen Erdboden gegenwärtig ist, so ist der ganze
Christus und auch sein Leib, ob sich gleich der letzte an
einem bestimmten Ort befindet, doch durch sein Wort
und die heilige Sakramente wahrhaftig und wesentlich —
aber nicht quantitative, qualitative aut localiter — im
Abendmahl gegenwärtig, und wird uns darinn ausgetheilt.”

"Denn das Abendmahl ist nach Pauli Zeugniß die
Gemeinschaft des Leibes und Blutes Christi, wo mit
Brodt und Wein der Leib und das Blut Christi wahr-
haftig und wesentlich gereicht und empfangen werden.”

"Aber diese Gegenwart und Darreichung des Leibes
Christi findet nicht auf eine natürliche und physische Art
oder in der Maaße statt, daß der Leib dabey seinen Ort
veränderte, oder mit den sichtbaren Zeichen vermischt,
oder darein eingeschlossen würde.”

"Dennoch ist diese Gegenwart nicht erdichtet, und
nicht bloß eingebildet, sondern wahrhaftig und wesentlich, weil sie Christus verheissen hat.”

"Wenn daher ein Mensch den Worten Christi glaubt,
so kann er von der wahren Gegenwart und Mittheilung
seines Leibes eben so gewiß versichert seyn, als er mit
seinen Augen die Sonne gegenwärtig sieht. Ja wegen
der wundervollen sakramentlichen Vereinigung der sichtbaren Symbole des Brodts und des Weins mit der
Sache selbst, welche sie bezeichnen sollen, läßt sich immer sagen, daß der Leib Christi auch den Sinnen gegen-

wärtig

wärtig dargestellt, und auf seine Art mit dem Munde empfangen und genossen werde.”

"Weil aber Christus das Abendmahl nur für seine Jünger, die an ihn glaubten, einsetzte, und die ganze Stiftung nur für seine Kirche bestimmte, so halte ich es für besser von der Frage: ob auch die Gottlose den Leib Christi empfangen? vor dem Volk zu schweigen, als ihm die Vorstellung davon beyzubringen. Anders mag es sich mit den Unwürdigen verhalten, von denen 1. Kor. XI. die Rede ist.”

"Ueberhaupt bediene ich mich, wenn ich von dieser göttlichen überhimmlischen und alle Vernunft übersteigenden Dingen zu reden habe, der Ausdrücke der Schrift, der alten Kirche und der Augsp. Konfession nach der Erklärung, welche die protestantische Churfürsten und Fürsten in dem Frankfurtischen Abschied davon gemacht haben ”

"Will aber jemand diese Ausdrücke, und was ich sonst hievon geschrieben und gelehrt habe, auf eine fleischliche, räumliche und physische Gegenwart und Genießung des Leibes Christi deuten, welche eine Vermischung desselben mit den Zeichen oder eine Einschliessung in die Zeichen, oder auch eine andere irrige Vorstellung voraussetzte, von dem erkläre ich mich getrennt.”

"Will hingegen jemand diese Sätze verdammen, von dem appellire ich an alle Stände und Gelehrte der Augsp. Konfession, und vornehmlich an die vornehmste Akademien derselben, Wittenberg, Leipzig, Marburg und Heidelberg.”

Etwas anders benahm sich Hardenbergs Gegenparthie bey dieser Gelegenheit. Die Abgeordnete des Bremischen Raths auf dem Krapstage mochten wohl aus mehreren Zeichen bemerkt haben, daß für jetzt nichts weiter für sie zu erhalten sey; daher nahmen sie ohne

wei=

weitere Protestation den Abschied an, und nach ihrer
Zurückkunft wurden auch die Prediger sogleich veranlaßt,
das neue Bekenntniß ihrer Lehre ³⁵⁷), das man verlangte, aufzusetzen; dieß brachten sie in neue kurze Sätze,
in welchen die Unterscheidungs-Bestimmungen ihrer
Meynung, "daß das Brodt im Sakrament der wahre
und wesentliche Leib Christi selbst sey, daß dieser Leib
vermöge einer sakramentlichen Vereinigung in, mit und
unter dem Brodt zwar unsichtbarer weise, und ohne
räumliche Einschlüssung auf eine der Vernunft unbegreifliche Art, aber doch auch nicht bloß der Kraft und Würkung sondern dem Wesen nach gegenwärtig sey, und
daher nicht bloß mit dem Munde des Glaubens von den
Gläubigen, sondern auch ohne Glauben, mit dem leiblichen Munde von Sündern und Heuchlern empfangen
werde ³⁵⁸):" vollständig genug, und allerdings auch
unzweydeutig genug zusammengefaßt waren ³⁵⁹). Sobald aber der Magistrat dieß Bekenntniß in der Hand
hatte, fieng er im Verborgenen die Unterhandlungen an,
durch die er sich gegen das nachtheilige des letzten Krays-
Schlusses zu verwahren, und die Gemüther auf den
nächsten Kraystag besser vorzubereiten beschlossen hatte.
Man schickte das Bekenntniß an alle Stände herum;
aber schickte zugleich an alle, bey denen man nur irgend
damit anzukommen hoffen könnte, ein Schreiben herum

357) S. Bremensium Concionatorum Confessio, Statibus Saxoniae inferioris exhibita d 22. De-
cembr. 1560. bey Gerdes Hist.
mot p. 153.

358) "Intelligimus unionem
Sacramentalem, ubi sub, in, vel
cum pane visibili, invisibiliter non
tantum gratia et virtute — nec
tantum vis et societas — sed ipsum quoque essentiale corpus, pro
nobis traditum, praesens adest in

Coena — non quidem locali in-
clusione, sed modo nobis incom-
prehensibili: et illud corpus dicimus non tantum accipi ore, fidei
à fidelibus, sed etiam sine fide,
ore carnali ab hominibus hypocritis et impiis."

359) Zum Ueberfluß setzten sie
noch im letzten Satz hinzu: Eos,
qui aliter sentiunt, pro haereti-
ticis serio censemus." p. 154.

R 4

um ³⁶⁰), worinn ſie auf das bringendſte erſucht wur=
den, ſich auf dem nächſten Krahstage dafür zu verwen=
den, daß der lehdige Streit=Handel von den Ständen
ſelbſt abgethan werden möchte, ohne erſt an fremde Uni=
verſitäten verſchickt zu werden. Auch durfte man über=
all, wo man die Bitte anbrachte, auf Advokaten rech=
nen, welche ſie unaufgefordert unterſtützen würden: we=
nigſtens koſtete es gewiß nicht mehr als einen Wink,
den man nur deßwegen den Predigern geben durfte; und
dieſen konnte es unmöglich an Gelegenheit fehlen, auch
mit ihrem Einfluß dazwiſchen zu kommen. Doch dieſe
Gelegenheit machte man ihnen faſt überall ſelbſt.

Die Stände, welchen man die neue Bekenntniſſe beh=
der Parthehen zugeſchickt hatte, fanden es in der Ord=
nung, daß ſie zuerſt das Gutachten und die Urtheile ih=
rer Theologen darüber einziehen müßten. Nothwen=
dig war dieß eigentlich nicht, denn es war ja ſchon aus=
gemacht, daß ſie auf dem nächſten Krahstage nicht ſelbſt
darüber ſprechen ſollten; doch man war an dieſen Ge=
ſchäfts=Gang ſo gewöhnt, daß man ihn leicht in die=
ſem Fall, auch ohne ſich eines Zwecks dabeh bewußt zu
ſehn, beybehalten konnte. Die Urtheile der Theologen
aber fielen natürlich nur ſo aus, wie ſie der Rath von
Bremen — beſtellt oder nicht beſtellt — wünſchen
konnte.

Auf einem Konvent zu Möllen verſammelten ſich
die Prediger von Hamburg, Lübeck und Lüneburg, um
ein gemeinſchaftliches Gutachten über die Bekenntniſſe
zu entwerfen. Wäre dieß bloß dahin ausgefallen, daß
das Bekenntniß der Bremiſchen Prediger rechtglaubig,
und

---

360) Dieß Schreiben, das
man an den König von Dänne=
mark und andere Fürſten und
Städte des Krahſes erließ, iſt
datirt vom 24. Decemb. 1560.

Zu Anfang des folgenden Jahrs
erließ man noch ein zweytes an
den Magiſtrat von Hamburg im
beſondern. S. Wagner S. 305.

und das Hardenbergische kezerisch und sakramentirisch
sey, so hätte man keine Ursache zu vermuthen, daß sie
voraus darüber instruirt gewesen seyn möchten, denn
darüber durften sie nicht erst instruirt werden: wer sieht
aber nicht auf den ersten Blick aus der Form, wie aus
dem Junhalt des Bedenkens, das sie zusammentrugen,
daß es — bestellte Waare war? Dieß Bedenken [361])
lautete wörtlich folgendermaßen: "Es ist zwar zu Hal-
„berstadt beschloffen, daß man auf dem Kraystage zu
„Braunschweig einen Vergleich zwischen den streitenden
„Theilen versuchen, und wenn das nicht zu erlangen
„stünde, die Sache der Entscheidung von vier Universi-
„täten überlaffen soll: hiegegen muß in unser aller Nah-
„men auf dem neuen Kraystag förmlich protestirt wer-
„den. Denn was die Prediger zu Bremen nebst an-
„dern der Augsp. Konfession verwandten Lehrern über
„das Abendmahl bißher bekannt und vorgetragen ha-
„ben, ist allein die wahre Lehre, die mit den Worten
„Christi übereinstimmt; diese darf aber nicht von neuem
„dem Urtheil einiger Kirchen oder Schulen unterworfen,
„und als falsch oder zweifelhaft gerichtet werden. Da-
„gegen zeugen Hardenbergs Bekenntnisse und andere
„Schriften offenbar, daß er ein Sakraments-Schwär-
„mer und Verführer der Kirche zu Bremen sey: daher
„wird man die zu Braunschweig versammelte Stände
„bloß um seine Absetzung zu ersuchen haben."

Etwas anders fiel doch das Gutachten [362]) der
Prediger aus, welche die Herzoge von Braunschweig
und

361) Es steht in der Dänischen Bibliothek Th. V. p. 231.

362) S. Judicium Theologorum in Ducatu Braunsvicensi et
Luneburgensi de Propositionibus
D. Alb. Hardenbergii et Concionatorum urbis Bremae bey Löscher Th. II. S. 230. Man findet dort auch die Nahmen der
Prediger aus geschriebenen Akten
des Konvents, die in Löschers
Hände gekommen waren.

und Lüneburg den 21. Jan. 1561 zu Celle verſammelt
hatten, um ſie ebenfalls ein vorläufiges Urtheil über
die eingegangene Bekenntniſſe finden zu laſſen. Dieſe
hielten ſich genauer an ihren Auftrag, und ſtellten bloß
das von ihnen verlangte Urtheil in der Form einer Cenſur über die Hardenbergiſche Konfeſſion aus, wobey ſie
aber bloß jene Cenſur zum Grund legten, welche das
Celliſche Miniſterium bereits darüber aufgeſetzt hatte.
Darinn fanden ſie es ſchon bewieſen, daß Hardenberg
nach ſeinem neuen Bekenntniß ein ausgemachter Sakramentirer ſey, weil er ja ausdrücklich behaupte, daß der
Leib Chriſti in einem gewiſſen Raum des Himmels be-
ſchränkt ſey [363]), weil er das Gleichniß von der Sonne
zu Erläuterung der Gegenwart Chriſti im Nachtmahl
für tauglich halte, woraus ſich auf das deutlichſte ergebe, daß er aller ſeiner Erklärungen ungeachtet dennoch
keine wahre und weſentliche, ſondern nur eine würkſame Gegenwart Chriſti — praeſentiam operativam —
im Sakrament annehmen könne, weil er durch die ein-
ſchränkende Beſtimmung 'daß der Leib Chriſt *ſuo quodam modo* auch mündlich genoſſen werde" alles ungewiß
mache, und weil er endlich die Lehre von dem Genuß
der Ungläubigen gar übel traktirt habe. Dieß, meynten
ſie, verrathe den Zwinglianer auf das deutlichſte, ſo
wie ſie im Gegentheil jedes Wort in dem Bekenntniß der
Bremiſchen Prediger billigen, und beſonders die glückliche Formel approbiren müßten, daß der Leib Chriſt
im

---

[363] Sie gaben es zwar für
eine falſche Kunſt aus, daß Hardenberg auch in ſeinem neuen
Bekenntniß die Ubiquitäts Frage
einmiſcht, behaupteten aber,
daß ſich der Ketzer ſelbſt in ſeinem Widerſpruch gegen dieſe
verrathen habe. Er bekenne zwar,
ſagen ſie, daß Chriſtus als Gott
und Menſch alles in allem erfülle und regiere, indem er aber
ſeinen Leib auf einen gewiſſen
Raum im Himmel einſchränke,
ſo ſpreche er ihm das Vermögen
ab, alles in allem zu würken,
und trenne auch zugleich ſeine
Naturen.

im Sakrament in, mit und unter dem Brodt empfan=
gen werde.

Aber der Magistrat zu Bremen rechnete auch so ge=
wiß auf die Würkung dieser Vorbereitungen auf dem
bevorstehenden neuen Krahstag, daß er es ohne Be=
denken wagte, seinen Abgeordneten [364]) zu diesem eine
Instruktion mitzugeben, womit sie höchst übel angekom=
men seyn würden, wenn jene Vorbereitungen nicht ge=
würkt hätten. Sie wurden angewiesen, nur als An=
kläger des Sakramentirers Harbenberg aufzutreten, und
sich zwar dabey allenfalls zum ausführlicheren Beweiß
seiner Ketzerey zu erbieten [365]), aber zugleich gegen die
auf dem vorigen Konvent beschlossene Verschickung der
Akten an einige Universitäten feyerlich zu protestiren,
und selbst die Verweisung der Sache an eine protestan=
tische General=Synode nur unter der Bedingung zu be=
willigen [366]), daß Harbenberg biß zu dem endlichen

Aus=

364) Das Personale der Ge=
sandtschaft bestand aus dem Bur=
germeister Essig, dem Syndicus
Rollwage, den zwey Rathsherrn,
Lüder von Reden, und Dethmer
Bredeln, und dem Raths = Se=
kretarius Heinrich Tilling. Die
Instruktion hat Löscher ganz ab=
drucken lassen. Th. II. S. 231.
232.

365) Sie sollten — hieß es
in der Instruktion — bloß dar=
auf antragen "weil es aus des
„D. Alberti Schriften hell und
„klar erwiesen, daß er der Augsp.
„Konfession nicht allein nicht an=
„hänglg, sondern auch auf das
„schmählichste davon geredet, so
„sey des Raths und der Stadt
„dienstliche Bitte, man wolle
„den gefährlichen Mann vermöge
„des heiligen Römischen Reichs
„Ordnungen abschaffen." Dane=
ben möchten sie aber vermelden,
„daß auch unsere Kirchendiener

„hier vollmächtig und zugegen
„und erbötig wären, weiter zu
„probiren und darzuthun, daß
„D. Albert ein Sakramentirer
„sey." — Zum Beweiß, daß Har=
denberg schmählig von der Augsp.
Konfession geredet habe, sollten
die Gesandte dem Konvent die
Erklärung überreichen, worinn
er die ihm zugemuthete Ver=
pflichtung auf die Konfession von
sich abgelehnt hatte.

366) "Sollte dennoch ja die
Sache an einen General = Syno=
dum der Augsp. Konfessions=
Verwandten verschoben werden,
dessen man sich doch mit nichten
vermuthet, und die unsere des=
selben keinen Umgang haben kön=
nen, so möchten sie darein be=
willigen, doch nur so ferne D.
Albertus biß zu endlichem Aus=
gang der Sachen möge abgeschaft
werden."

Austrag des Handels seines Predigtamts entsetzt werden müsse. Damit würde man zuverlässig nur Hardenberg und seinen Freunden ein besseres Spiel gemacht
haben, wenn die Gemüther noch eben so, wie zu Hal-
berstadt, gestimmt gewesen wären: aber schon in den
ersten Sitzungen des neuen Konvents, der den 3. Febr.
1561. zu Braunschweig eröffnet wurde, zeigte sichs merklich genug, daß der Rath von Bremen seiner Sache gewiß war.

Man fieng mit der Berathschlagung an: ob wohl
die Sache nach der Vorschrift des letzten Krays-Schluß-
ses, oder auf eine andere Art zu behandlen seyn möchte?
und kündigte eben damit sehr deutlich an, daß man entschlossen war, jenen Krays-Schluß beyseite zu setzen.
Wahrscheinlich würde man nicht erst darüber deliberirt
haben, wenn man es Ehren halber hätte vermeiden können, da die Gesandte des Erzbischofs und des Domcapitels ausdrücklich auf die Vollziehung davon dran-
gen [367]): doch die Deliberation kostete nur eine Si-
zung, in welcher man sich noch dazu alle Debatten durch
das sehr leichte Mittel erspahrte, daß man die Abgeordnete des Domcapitels und der Ritterschaft davon aus-
schloß [368]). Die Stände erklärten durch die That
selbst, daß sie nicht an das Verfahren gebunden seyen,
über das man sich auf dem letzten Kraystag vereinigt
habe, denn sie erlaubten sich schon in der Einleitung der
ersten Handlungen eine Abweichung davon, nach welcher man sich eben so gut über alles weitere, was im

Hal-

---

367) S. Instruktion, welcher
gestalt Herrn Georgs, Erzbischofs
zu Bremen zu dem Kraystage in
Braunschweig verordnete Räthe
sich halten sollen 1561. bey Wagner S. 310.
368) Als Ursache führte man
an, weil Hardenberg, über wel-

chen ein Urtheil gefällt werden
sollte, in den Diensten des Domcapitels stünde, und weil dem
Kapitel und den Ständen überhaupt kein Sitz und keine Stimme auf dem Kraystag gebührte:
sobald der Erzbischof zugegen sey.

Halberstädtischen Abschied enthalten war, hinwegsetzen
konnte. Es wurde räthlich gefunden, daß die beschlof=
sene mündliche Unterredung zwischen Hardenberg und
seinen Gegnern vorläufig noch ausgesetzt, und dafür
von jeder Parthey eine schriftliche Erklärung über das
Bekenntniß der andern gefordert werden sollte; beyden
Theilen aber wurde zu dem Einbringen dieser Erklärung
bloß die Frist eines Tages bewilligt.

Da sich indessen für diese Aenderung manche sehr
scheinbare Gründe anführen ließen, so hielt es Harden=
berg und sein Beystand, der Burgermeister von Büren,
für das klügste, sich das Ansinnen ohne Protestation
gefallen zu lassen; daher übergab er auch schon den fol=
genden Tag die Erinnerungen, die er über das neueste
Bekenntniß der Bremischen Prediger zu machen hät=
te [369]). Er konnte ja wohl nicht viel Zeit dazu nö=
thig haben; aber sie machen doch eines der wichtigsten
Akten=Stücke in der Geschichte des ganzen Streits
aus.

Hardenberg erlaubte sich zuerst darinn, den Stän=
den bemerklich zu machen, daß er nicht den Streit vom
Nachtmahl angefangen, sondern bloß die Ubiquitäts=
Lehre bestritten, aber selbst dabey immer sorgfältig erin=
nert hätte, daß die Frage: auf welche Art Christus
überall gegenwärtig sey? mit der Lehre vom Nachtmahl
nichts zu thun habe, und gar nicht auf die Gegenwart
Christi im Nachtmahl bezogen werden dürfe. Mit Ver=
achtung dieser Erinnerung sey aber von den Stadtpre=
digern dem Rath ein Bekenntniß vom Nachtmahl über=
geben worden, welches ausdrücklich die drey Sätze ent=
halten habe, daß die Einsetzungs=Worte: das ist mein
Leib!

369) S. Hardenbergii in Confeſſionem Bremenſium cenſura
d. 5. Febr. 1561. in Rethmajers
Braunſchw. Kirchen=Hiſt. Th. III.
Beyl. zu Kap VI. Num. 5. p. 85·
und in Gerdes Hiſt. mot. p. 154·

Leib! ganz einfältig und buchſtäblich verſtanden werden
müßten, daß das Brodt und der Wein im Saframent
der wahre und weſentliche Leib und das Blut Chriſti
ſelbſt ſeyen, und daß dieſer Leib und dieſes Blut an allen Orten gegenwärtig ſey, wo das Saframent nach der
Einſetzung Chriſti gehalten werde, woraus ſich doch auf
das flarſte ergeben habe, daß ſie öffentlich und unverdeckt eine würkliche Ubiquität des menſchlichen Körpers
Chriſti behaupten wollten [370]).

Dieſe Aeuſſerung Hardenbergs iſt vorzüglich deßwegen bemerkungswerth, weil ſie einiges Licht auf einen
Umſtand wirft, durch den man allzuleicht in der Geſchichte dieſer Händel verwirrt werden kann. Wenn
der Mann immer ſo eifrig darauf drang, daß die Frage
von der Ubiquität in keiner Verbindung mit der Nachtmahls-Lehre ſtehe, und in keine Verbindung damit gebracht werden dürfe, ſo begreift man wohl leicht, daß
er damit ſagen wollte, man habe hier gar nicht darnach
zu fragen: ob Chriſtus überall gegenwärtig, ſondern
nur: ob er im Saframent gegenwärtig ſey? allein man
ſchien ja unmöglich annehmen zu können, daß Chriſtus
immer im Saframent gegenwärtig ſey, wenn man es
nicht voraus wenigſtens als denkbar annahm, daß er
überall, oder doch an mehreren Dertern zugleich ſeyn
könne; mithin ſchien dennoch die Frage von ſeiner Ubiquität im natürlichſten unzerreißbarſten Zuſammenhang mit
der Frage von ſeiner weſentlichen Gegenwart im Nachtmahl zu ſtehen. Dieß war es auch unſtreitig, was man
im Anfang des Streits mit ihm glaubte, was Timann
auf das eifrigſte behauptete, und was die Bremiſche
Prediger in ihrem erſten Bekenntniß, das nach Wittenberg geſchickt wurde, gewiß noch behaupten wollten:
allein

---

370) "Quibus utique verbis ubiquitatem corporis Chriſti palam
adſtruere conati ſunt."

allein aus dieser Erklärung Harbenbergs legt sich sehr
deutlich dar, daß er die Sache aus einem andern Gesichtspunkt betrachtete, wobey er vollkommen berechtigt
war, die Verbindung zwischen der Ubiquitäts-Lehre
und zwischen der Lehre von der wahren Gegenwart Christi im Nachtmahle für unbefugt auszugeben. So bald
man — setzte er voraus, und mit sehr gutem Grund
voraus — sobald man die Gegenwart Christi im Nachtmahl auf seine Ubiquität gründen, oder nur die letzte
zum Beweiß der ersten zu Hülfe nehmen will, so behauptet man eben damit, daß Christus auch im Sakrament gegenwärtig sey, weil er überall sey, und man
bestimmt also auch eben damit, daß er auf eben die Art
im Sakrament, wie sonst überall sey. Zu dieser Bestimmung aber hat man kein Recht. Einmahl läßt sich
überhaupt nicht von uns angeben, auf welche Art Christus im Nachtmahl gegenwärtig ist, denn wir können
nur seiner Versicherung glauben, daß er gegenwärtig
ist, aber die Art seiner Gegenwart bleibt für uns uner-
forschlich; und dann will man uns eben damit eine Art
von Gegenwart Christi im Sakrament aufdrängen, die
noch überdieß die stärkste Gründe gegen sich hat; denn
bey der neuen Ubiquitäts-Lehre behauptet man ja, daß
Christus überall nach der Substanz und nach dem Wesen seines menschlichen Körpers gegenwärtig sey, indem
man seine körperliche Gegenwart im Sakrament daraus
beweisen will. Fragte man bloß: ob Christus überall
sey? so fände kein Streit statt, denn dieß behaupte ich,
wie meine Gegner, daß Christus alles in allem erfüllet. Aber indem sie behaupten, daß er im Sakrament
wie überall, und überall wie im Sakrament der Substanz und dem Wesen nach körperlich zugegen sey, so
nehmen sie sich heraus die Art seiner Ubiquität und seiner Gegenwart im Sakrament zu bestimmen, wozu man
ihnen kein Befugniß einräumen kann. Der Streit über

die

die Ubiquität betrifft alſo eigentlich gar nicht die Frage: ob Chriſtus überall ſey? ſondern allein die Frage: auf welche Art er überall ſey [371])? und dieſe braucht man in der Nachtmahls Lehre gar nicht, denn der Leib Chriſti wird uns nicht deßwegen im Sakrament mitgetheilt, in ſo fern oder weil er überall iſt, ſondern weil es uns Chriſtus verheiſſen hat, daher darf auch nicht geſchloſſen werden, daß er eben ſo und auf eben die Art im Sacrament, wie überall iſt.

Dabey erkennt man aber doch, wie weit und in welcher Beziehung auch die Gegner Hardenbergs von der Zeit an, da Heßhuß ihr Wortführer wurde, von der Vertheidigung der Ubiquität ſich losſagen, und dennoch ohne eine allzumerkliche Inkonſequenz fortfahren konnten, ihre Meynung von einer weſentlichen körperlichen Gegenwart Chriſti im Nachtmahl zu vertheidigen, und Hardenberg wegen ihrer Verwerfung zu verketzern. Sie durften ja nur erklären, daß ſie es unentſchieden laſſen wollten, ob Chriſtus überall auf eben die Art körperlich gegenwärtig, wie im Sakrament, ſey? Sie mochten ſelbſt zugeben, daß man keine Gründe habe, es zu glauben, aber ſie konnten darauf beſtehen, daß man dieſe Art von körperlicher Gegenwart Chriſti im Sakrament um ſeiner Verſicherung willen annehmen müſſe, und wenn Hardenberg behauptete, daß dieſe Art von Gegenwart auch im Sakrament unmöglich und undenkbar ſey, ſo konnten ſie ihm immer noch ein Verbrechen daraus machen, daß er den Worten Chriſti nicht glauben wolle. Dabey hatten ſie dann bloß noch dieß zu behaupten nöthig, daß Chriſtus auf eine ſolche Art auch an mehr als einem Ort ſeyn könne, und den Beweiß dafür bot ihnen

371) Sehr bedachtſam ſetzte deßwegen Hardenberg in ſeiner Cenſur: "Semper fideliter monui, hanc diſputationem, *quomodo* Chriſtus ſit ubique? à Coena eſſe alienam. nec huc referri debere.

nen der eben so einfach als zwingendscheinende Schluß
an: Weil Christus erklärt hat, daß sein Leib im Sakrament sey, so muß er auch da seyn können, wo das
Sakrament gehalten wird: mit jener Frage hingegen:
ob er würklich überall sey? durften sie sich nichts mehr
zu thun machen. Wenn indessen auch diejenige Prediger, welche das erste Bremische Bekenntniß unterschrieben, und zuerst mit Timann gemeinschaftliche Sache gegen Hardenberg gemacht hatten, wenn auch diese jetzt
erklärten, daß sie die Ubiquitäts-Lehre auf sich beruhen
lassen, und mit niemand darüber streiten wollten, so
stand dieß würklich mit ihren früheren Aeusserungen im
Wiederspruch, und Hardenberg durfte es wenigstens
mit Recht als Thatsache bemerken, daß sich ihre Meynung unter dem Streit etwas geändert habe [372]).

Ausser dieser Bemerkung liefen die Erinnerungen,
die er über ihre neueste Konfession machte, bloß in folgenden zusammen: "Sie vertheidigen und gebrauchen
"die Formel: daß das Brodt im Sakrament der we-
"sentliche Leib Christi selbst sey: aber diese Formel [373])
"hat Christus bey der Einsetzung des Sakraments nicht
"gebraucht.

"Sie berufen sich auf die sakramentliche Vereini-
"gung, die zwischen dem Brodt und dem Leib Christi
"vorgehe, und statt finde: aber wenn man eine solche
"Vereinigung auch zugiebt und annimmt, so kann bloß
"dar-

---

372) Man konnte ihm auch
nicht die Vermuthung verwehren, daß sie jetzt nur deßwegen
mit der Ubiquitäts-Lehre nichts
mehr zu thun haben wollten, weil
sie sich indessen von ihrer Unhaltbarkeit überzeugt hätten — quia
vident, à veritate alienam esse
nec posse defendi.

Theil II. 2. Hälfte.

373) Er bemerkte noch dazu,
daß ihm diese Redensart auch
deßwegen nicht ganz schicklich
scheine, weil sie fast nothwendig
auf die Voraussetzung einer Verwandlung, Transsubstantiation
oder Konsubstantiation führe, die
mit dem Leib Christi vorgegangen seyn müßte.

S

„daraus folgen, daß das Brodt ſakramentlich — ſacra-
„mentaliter — nicht, daß es weſentlich — eſſentialiter —
„der Leib Chriſti wird [374]).“

„Sie ſetzen in ihrem vierten Satz ſelbſt die ſakrament=
„liche Vereinigung darein, daß der Leib Chriſti in, mit
„und unter dem Brodt gegenwärtig ſey. Aber darinn
„liegt etwas anders, als in der Formel: daß das Brodt
„der Leib Chriſti weſentlich ſey. Und dann iſt die
„Gegenwart in dem Brodt und unter dem Brodt
„wieder etwas anders als die Gegenwart mit dem
„Brodt und bey dem Brodt: alſo liegt ihnen der
„Beweiß ob, daß das eine wie das andere aus der
„ſakramentlichen Vereinigung flieſſe [375]).“ Die Be=
hauptung — ſagte er endlich —. daß der Leib Chriſti
nicht nur von dem Glauben vermittelſt des Mundes,
ſondern auch ohne Glauben mit dem Munde allein
genoſſen werde, ſey noch diſputirlich, und der Streit
darüber noch unentſchieden; aber er wolle eben ſo wenig
darüber, als über ſonſt einen von den Sätzen dieſer neuen
Konfeſſion mit ſeinen Gegnern diſputiren, weil er nie=
mahls die Abſicht gehabt habe, ſich über etwas anders,
als über jene Behauptungen in Streit einzulaſſen, wor=
inn ſie in ihrem erſten Bekenntniß die Gegenwart Chriſti
im Nachtmahl auf die Lehre von ſeiner Ubiquität gebaut
hätten [376]).

Dieſe

374) "Sacramentalis unio non requirit, ut panis eſſentialiter fiat corpus Chriſti, ſed potius ſacramentaliter.

375) "Quod eſſentiale corpus Chriſti fit *ſub, in* et *cum* pane, longe alia ſane oratio eſt, quàm cum dicunt, *ipſum panem eſſe eſſentiale corpus.* Deinde, non idem eſt, *ſub, in* et *cum* pane eſſe: ergo eſt officii eorum, pro-

bare, eam eſſe ſacramentalem unionem, quam ipſi hic primi, quod equidem ſciam, finxerunt.

376) "Haec et ſimilia me in propoſitionibus ipſorum poſſent offendere; at ego contra has non diſputo, ſed res mihi eſt cum prima illorum confeſſione, et ſupra dictis propoſitionibus, quas ipſi tenentur probare.

Diese Erinnerungen, auf welche sich Harbenberg
einschränkte, hätten leicht genug zu einem Vergleich den
Weg bahnen können, wenn es seinen Gegnern um einen
Vergleich zu thun gewesen wäre; aber um was es diesen zu thun war, deckten sie offener, als noch nie, in
der Schrift auf, welche sie ihrerseits den Krayeständen
unter dem Nahmen ihrer Censur über sein Bekenntniß
übergaben [377]).

Der unbilligen, gehässigen und bissigen Chikane,
welche diese Censur auszeichnet, kommt nichts gleich, als
die giftige Säure und die schneidende Schärfe der Sprache, worinn sie geschrieben ist.

Aus seinem Bekenntniß nahmen sie allein das Gleichniß heraus, welches er zu der Erläuterung der Art, wie
Christus im Abendmahl gegenwärtig sey, für tauglich
erklärt hatte, und unternahmen es, bloß aus diesem
den Beweiß zu führen, daß er der erklärteste und ent-
schiedenste Sakramentirer sey.

"Nach Harbenbergs Behauptung — sagten sie —
ist Christus im Sakrament auf eben die Art gegenwärtig, wie die Sonne mit ihren Strahlen und mit ihrem
belebenden Licht überall auf dem Erdboden gegenwärtig
ist. Wenn er also einzuräumen scheint, daß der Leib
Christi im Sakrament wahrhaftig und wesentlich zugegen sey, so versteht er das nur so, wie die Sonne
überall zugegen ist, nehmlich nicht nach der Substanz
ihres Körpers, sondern durch ihre Strahlen und durch
ihre Würksamkeit.

„Er

---

377) Declaratio Bremensum
Concionatorum, in qua probatur. D. Alberti propositiones dissentire, à nativa sententia Augustanae Confessionis de Coena Domini. Brunsvigae. d. 5. Febr.
1561. bey Rethmaier p. 87.
Gerdes p. 157.

"Er kann daher nicht annehmen, daß der Leib Chriſti ſeiner Subſtanz nach, ſondern nur annehmen, daß er durch das Wort und durch die Symbole gegenwärtig ſey, wie es die Sonne nicht ihrem Körper nach, ſondern nur durch ihre Strahlen und nach ihrer Würkſamkeit iſt.

"Es iſt mithin bloße und abſichtliche Täuſchung, wenn Harbenberg verſichert, daß er ebenfalls eine wahre und ſubſtantielle Gegenwart Chriſti im Sakrament behaupte: aber es iſt höchſt plumpe Täuſchung dazu, denn wie würde man den Menſchen nennen, der von einer wahren und ſubſtantiellen Gegenwart der Sonne auf dem ganzen Erdboden ſprechen wollte 378).

"Eben daraus erhellt, was es in der Sprache Harbenbergs heiſſen kann, wenn er zugeben will, daß der Leib Chriſti auch gewiſſermaſſen mit dem Munde genoſſen werde, denn wäre er ein ehrlicher Mann, ſo würde er ſelbſt geſtehen, daß nach ſeiner Meynung der Mund weiter nichts als das Symbol, und keineswegs die Sache empfange, welche dadurch bezeichnet wird 379).

"Weil er aber dieß läugnet, ſo ſagen wir, daß er ein Sakramentirer und ein Ketzer ſey, welchen Flecken ihm alle Waſſer des Rheins und der Elbe nicht abwaſchen werden. Daher — mit dieſem Stoß=Seufzer ſchließt ſich die Cenſur — erleuchte doch Gott ſeinen Sinn,

---

378) "Mentitur Albertus, cum fingit, ſe nihilominus veram et realem ſive ſubſtantialem praeſentiam juxta verba Chriſti aſſeverare in Coena, ſicut mentitur ille, qui dicit, praeſentiam Solis realem eſſe et ſubſtantialem: re et ſubſtantia ſolem adeſſe in terra: cum ex ipſa Alberti declaratione certum ſit, ſolem tantum radiis et vivifica luce adeſſe, atque ſic etiam corpus Chriſti verbo tantum et ſymbolis,"

379) "Scilicet ſic clare, aperte, explicate et ſine verborum praeſtigiis loqueretur Albertus, ſi vir bonus eſſet et candidus."

Sinn, oder — trete den Satan bald unter unsere Füsse [380])!

Mit dieser Censur übergaben hingegen die Prediger dem Konvent noch eine Beylage, welche die Würkung wofür sie berechnet war, noch vollständiger hervorbringen mußte; denn diese Beylage enthielt eine Deduktion, worinn nur kürzlich der Beweiß geführt, aber unbeantwortlich geführt war, daß die Augsp. Konfession in dem Sinn, in welchem sie von ihren rechten Bekennern und besonders von Luthern sein ganzes Leben hindurch genommen wurde, unstreitig keine andere, als die von ihnen vertheidigte und von Hardenberg bezweifelte Vorstellung in sich halte und halten sollte. Sie bewiesen dieß daraus, weil es ja selbst in dem zehenten Artikel der Konfession erwähnt sey, daß er die lutherische Lehre vom Nachtmahl im Gegensaß gegen die Zwinglische darlege, weil er damahls selbst von denjenigen Ständen, welche sich zu der Zwinglischen Meynung hingeneigt hatten, nicht anders verstanden, und weil es von Melanchton in der Apologie auf das bestimmteste durch die Ausdrücke von einer wahrhaftigen, wesentlichen und leiblichen Gegenwart erklärt worden sey, welche er so geflissentlich in diese aufgenommen habe. Sie beriefen sich ferner auf die Schmalcaldische Artikel, in welchen man nach der Wittenbergischen Concordie recht absichtlich die Formel gebraucht habe, "daß das Brodt und Wein im heiligen „Abendmahl sey der wahrhaftige Leib und Blut Christi, „und werde nicht allein gereicht und empfangen von From- „men, sondern auch von Bösen."

"Endlich — sagen sie — damit kein Zweifel in der „Sache gelassen werde, hat Lutherus seel. diese Mey- „nung

---

380) Dominus autem mentem ejus illuminet, aut conterat Satanam sub pedibus nostris velociter! Amen.

„nung in einer Summe kürzlich alſo erklärt in ſeiner
„letzten kurzen Bekenntniß: “Ich rechne ſie alle in einen
„Kuchen, wer ſie auch ſind, die nicht glauben wollen,
„daß des Herrn Brodt im Abendmahl ſey ſein rechter
„natürlicher Leib, welchen der Gottloſe, oder Judas
„eben ſo wohl mündlich empfahet, als Skt. Petrus
„und alle Heiligen.
„Gelüſtet es nun D. Albertum, ſo ſage er, Luthe-
„rus ſeeliger ſey nicht der Augſp. Konfeſſion auch gewe-
„ſen und von den andern Bekennern der Konfeſſion dafür
„nicht gehalten worden: Oder hieraus iſt ja gewiß,
„und zum höchſten bewieſen, daß D. Albrecht nicht dar-
„an genüget, daß er wieder Gottes Wort lehret, ſon-
„dern muß auch uns und den armen betrübten Nachkom-
„men die Augſp. Konfeſſion bößlich mit ſeinen Korrup-
„telis verfälſchen!”
Nach dieſer Cenſur der Bremiſchen Prediger richteten jetzt auch die Krays = Theologen, denen nun von dem
Konvent die Erklärungen beyder Theile vorgelegt wurden, die ihrige ein [382]); oder ſie bezogen ſich vielmehr
nur auf dieſe Cenſur, welche ſie zu der ihrigen machten.
In einem kurzen Auffſatz, welchen ſie den Ständen übergaben, legten ſie bloß den Artikel vom Abendmahl in
eben den Ausdrücken vor, in welche er in der Augſp. Konfeſſion, in der Apologie von dieſer, in den Katechiſmen
Luthers und in den Schmalkaldiſchen Artikeln gefaßt war,
und fällten darauf das allgemeine Urtheil, daß das Bekenntniß der Bremiſchen Prediger völlig damit übereinſtimme, das Hardenbergiſche aber unverkennbar davon
abweiche. Dieſe Abweichung ſollte vorzüglich darinn
ſich zeigen, weil er ja in ſeinem Bekenntniß behaupte,
daß der Leib Chriſti nur auf eben die Art im Sakrament,
wie die Sonne auf der ganzen Erde gegenwärtig ſey,
wo-

---

381) Cenſura Theologorum bey Rethmajer Nr. 7. p. 93.
Conventus Circularis Brunsvicens. Gerdes p. 161.

woburch er die wesentliche Gegenwart Christi ganz und
gar aufhebe[382]), und weil er von dem mündlichen Genuß der Unwürdigen nichts wissen wolle, welchen alle
Sakramentirer deßwegen läugneten, weil überhaupt
nach ihrer Meynung kein anderer Genuß des Leibes
Christi im Sakrament, als ein geistlicher Glaubens-
Genuß statt finden sollte. Was sie gegen die übrige
Sätze der Hardenbergischen Konfession zu erinnern hätten, dieß stimme völlig mit der Censur der Bremischen
Prediger überein. Daher hielten sie es für überflüssig,
sich ebenfalls darauf einzulassen[383]); hingegen müßten
sie noch aus hohen und schwehren Ursachen die der Hardenbergischen Schrift angehängte Appellation an auswärtige Akademieen mißbilligen, und die Krayßstände
dringend ersuchen, daß sie den Handel nicht weiter her-
umschleppen, sondern selbst durch ihren Spruch endigen möchten, damit durch die Entfernung des gottlosen Irrlehrers die reine Wahrheit erhalten, und die
Ruhe in der Bremischen Kirche wiederhergestellt
würde.

Dieß war es dann auch, was die Majorität auf
dem Konvent sogleich beschloß, oder wozu sie vielmehr
schon vorher entschlossen war, denn die Procedur, die
man jetzt noch dazwischen einschob, hatte offenbar nur
die Absicht, die Durchsetzung jenes Schlusses zu erleichtern. Die Wortführer dieser Majorität machten der
Versammlung bemerklich, daß die Abweichung Hardenbergs von der Augsp. Konfession doch gewiß auch jedem
Layen-

382) "Ea similitudo omnino tollit praesentiam substantialem corporis Christi in Coena.

283) "Scripsimus — sagen sie aber doch — etiam nos Censuram, sed quia prolixior est, et cum Bremensi prorsus consentit, ideo judicamus, non esse necessarium, ut eam simul exhiberemus. Si vero postulata adhuc fuerit, habemus eam in promtu, et parati sumus, eam exhibere.

Layen-Auge unverkennbar ſey, wenn er anders dasjenige habe ſagen wollen, was die Bremiſche Prediger
und die Krays-Theologen in ſeinen Sätzen gefunden
hätten. Es komme alſo, meynten ſie, nur darauf an,
ſich noch davon zu verſichern; aber zu der Erreichung
dieſes Zwecks ſchlugen ſie ein Mittel vor, das ja wohl
unfehlbar dazu führen mußte. Sie trugen darauf an,
und der Antrag wurde auch angenommen, daß man
Hardenberg einige Fragen vorlegen ſollte; welche ihn zu
einer offeneren und unzweydeutigeren Darlegung ſeiner
Meynung nöthigen könnten. Man überließ es den
Krays-Theologen dieſe Fragen zu entwerfen; an Hardenberg aber brachte man das Anſinnen, daß er in der
vollen Verſammlung der Stände ſogleich ſeine entſcheidende Antworten darauf zum Protokoll geben ſollte, und
nur auf ſeine höchſt ſtarke Proteſtationen gegen die Un-
billigkeit dieſes Anſinnens [384]) wurde ihm zuletzt noch
geſtattet, daß er ſie ſchriftlich einreichen möchte. Die
Fragen wurden ihm aber erſt des Abends mitgetheilt,
und dabey angekündigt, daß der Krays-Konvent ſeine
Antworten den folgenden Morgen unfehlbar erwarte.

Dieſe

---

384) "Er hätte erwartet, erklärte Hardenberg, daß man ihm
das Bedenken ſeiner Gegner
über ſein Bekenntniß mittheilen,
und ſomit Gelegenheit geben
würde, ſeine Meynung entweder
näher zu erläutern oder weiter zu
vertheidigen. Was man ihm
aber jetzt zumuthe, komme ihm
nicht allein bedenklich, ſondern
auch höchſt beſchwehrlich vor. Die
vornehmſte unter den gegenwärtigen Theologen hätten ſich längſt
als ſeine Wiederſacher durch Thaten und Schriften erwieſen; daher wären ſie ihm mit Recht verdächtig. Sollte er ihnen nun
auf verfängliche Fragen ſogleich
antworten, und ihm entführe ein
Wort, das nicht genug überlegt
und nicht behutſam gewählt wäre,
ſo würden ſie daſſelbe gewiß ver-
kehrt deuten und davon Anlaß ber-
nehmen, ihm zu ſchaden. Beſtünde
man alſo darauf, daß ihm noch Fragen vorgelegt werden ſollten; ſo
müſſe man ihm wenigſtens dieſelbige ſchriftlich mittheilen, ihm
Zeit zum Bedenken geben, und
auch geſtatten, daß er ſeine Antworten darauf ſchriftlich einreichen möchte."

Diese Fragen [385]), von denen man gern voraus glauben wird, daß sie so verfänglich als möglich gestellt waren, waren folgende:

1) Ob er eigentlich halte, daß der wahre wesentliche Leib Christi, der für uns gegeben, nicht allein wie die Sonne an einem gewissen Ort im Himmel, sondern zugleich an vielen Orten im Abendmahl, nicht allein mit seiner Kraft und Würkung, sondern mit seiner Substanz und Wesen wahrhaftiglich hier auf Erden gegenwärtig sey?

2) Ob er eigentlich halte, daß die Worte des Schmalkaldischen Artikels "daß Brodt und Wein im Abend-"mahl sey der wahrhaftige Leib und das Blut Christi, "und werde nicht allein gereicht und empfangen von from-"men, sondern auch von bösen Christen" recht seyen, und mit den Worten Christi und Pauli übereinstimmen?

3) Ob er eigentlich halte, daß die Augsp. Konfession, so wie sie im Jahr 1530. übergeben, dem Wort Gottes gemäß, und in allen und jeglichen Punkten wahr sey?

4) Ob er eigentlich halte, daß die Worte der Augsp. Konfession und des Katechißmi recht seyen, daß unter der Gestalt, oder unter dem Brodt und Wein der wahre Leib und Blut Christi gegenwärtig sey, und werde empfangen, gegessen und getrunken!

5) Ob er eigentlich halte, daß der Leib Christi nicht allein geistlich mit dem Glauben von frommen Christen,

son-

---

385) S. der Deputirten Fürsten und Stände des Niedersächsischen Krayses besondere Frage-
Stücke, darauf D. Albertus Hardenberg sich gegen hochbemeldter
Fürsten und Stände, Räthe und
Gesandten mit richtiger, unzwei-
felhaftiger Antwort ohne alle
Ambiguität resolviren und erklären soll Rethmajer Beyl. Nr. 8.
p. 93., Gerdes 164.

sondern auch mit dem Munde zugleich von frommen und auch bösen Christen empfangen werde.

Auf diese fünf Fragen erließ aber Harbenberg folgende Antworten [386]), in denen sich seine ausweichende Klugheit eben so wenig als das Verfängliche in jenen verkennen läßt.

"Die erste Frage — sagte er — ist zweydeutig, und muß nach mehreren Beziehungen beantwortet werden. „Will man meine Meynung wissen: ob der Leib Christi „oder seine menschliche Natur nicht bloß an einem gewis= „sen Ort im Himmel, sondern überall sey? so läugne „ich dieß ohne Bedenken mit Augustin, und den älteren „Vätern. Fragt man aber: ob der wahre Leib Christi, „der für uns gegeben ist, wahrhaftig im Abendmahl „gegenwärtig sey? so antworte ich, daß eben dieser Leib, „wiewohl er im Himmel ist, dennoch auch durch das „Wort und die heilige Zeichen würklich und wesentlich, „nur nicht der Quantität und dem Raum nach, im Sa= „trament gegenwärtig sey, und gereicht werde [387]).

„Auf die zweyte Frage antworte ich, daß meinem „Bekenntniß und Glauben nach das Brodt der wahre „Leib Christi sey, wenn diese Redensart nicht wörtlich „genommen, sondern auf die sakramentliche Vereinigung „des Leibes mit dem Brodt bezogen wird [388]). Was „hin=

386) Brevis et aperta ad quae= ftiones mihi à Dominis Legati set Statibus inferioris Saxoniae propo= fitas refponfio D. Alb. Harden= bergii. Rethmajer p. 94. Ger= des 165.

387) Quod — fetzte er hier hinzu — ad fimilitudinem de Sole attinet, refero me ad meas po= fitiones, quae fatis perfpicuae funt.

338) Refpondeo — me confi= teri et credere, quod panis fit ve= rum corpus Chrifti — non tamen

fimpliciter, fed in mysterio, et hanc formam praedicationis *non vulgarem*, *et naturalem*, *fed fa= cramentalem* effe judicio. Hier begünstigte offenbar die lateini= sche Sprache eine gewisse Dun= telheit, mit welcher Harbenberg gedient seyn mochte; daher ist wohl die Vermuthung nicht un= natürlich, daß er seine Antwor= ten absichtlich lateinisch verfaßte, so wie man ihm die Fragen viel= leicht auch absichtlich in deutscher Sprache vorgelegt hatte.

„hingegen die Darreichung und den Genuß des Leibes
„Christi betrifft, so unterscheide ich zwischen der sakra-
„mentlichen Darreichung und zwischen der wahren Theil-
„nehmung an dem Leib Christi. Die erste findet über-
„all statt, wo das Sakrament nach der Einsetzung
„Christi gehalten wird, und deßwegen wird dabey auch
„den unwürdigen der Leib und das Blut Christi mit den
„äusseren Zeichen würklich mitgetheilt. Sie empfangen
„ebenfalls, wie Augustin sagt, den Leib Christi, in so-
„fern er im Sakrament, oder durch die Kraft der Ein-
„setzung mit dem Brodt verbunden ist; aber die wahre
„Theilnehmung daran, und die Empfindung seiner be-
„lebenden Kraft fällt bey ihrem Unglauben durch ihre
„eigene Schuld weg.

„Auf die dritte Frage bekenne ich, daß ich die Augsp.
„Konfession nach der zu Regensburg vorgelegten Aus-
„gabe [389] dem Wort Gottes gemäß halte, wenn sie
„in dem Sinn erklärt wird, welchen die protestantische
„Fürsten in dem letzten Frankfurter Receß angenom-
„men haben, und ihr Verfasser selbst für den seinigen
„erklärt hat.

„Auf

---

389) "Augustanam Confessionem licet exemplaria in quibusdam locis variant, tamen *qualis
Ratisbonae edita* est, sacrae scripturae conformem esse judico."
Ob Hardenberg damit eine Re-
gensburgische Ausgabe — oder ob
er die Ausgabe meynte, die bey
dem Gespräch zu Regensburg von
den Protestanten vorgelegt worden war, scheint mir etwas zweifelhaft. Im J. 1561. selbst kam
zwar eine Ausgabe zu Regenspurg
heraus, die als getreuer Nachdruck der ältesten Ausgabe vom
J. 1531. angekündigt war. S.
Feyerlin. Biblioth. symb. p. 48.
und wenn sie schon im Februar
nach Bremen gekommen war, so

konnte sich Hardenberg schicklich
genug darauf berufen, denn mit
der hinzugefügten Clausel, daß
sie doch nur nach dem Frankfurter Receß erklärt werden dürfe,
konnte er auch eine ungeänderte
Ausgabe der Schrift gemäß finden: allein man findet mehrmahls, daß sich Kalvin, Joh.
von Lasco, und andere Theologen von ihrer Parthie ausdrücklich auf jene Ausgabe bezogen,
welche bey jenem Regensburgi-
schen Gespräch von den Protestanten für ächt erkannt worden
sey, und dadurch wird es sehr
wahrscheinlich, daß auch Hardenberg nur an diese gedacht haben
möchte.

„Auf die vierte generelle Frage könnte ich eben dieſe
„Antwort geben: aber ich will nicht bergen, daß ich
„die Redensart: "der Leib und das Blut Chriſti ſey
„unter der Geſtalt des Brodts und des Weins gegen=
„wärtig" nicht in der Augſp. Konfeſſion gefunden habe,
„und daß ich mich ihrer auch bißher nicht gern bey dem
„Unterricht bedient habe, weil ſie ſo leicht zu Verſteckung
„der Brodtverwandlungs = Hypotheſe benutzt werden
„kann [390]). Indeſſen überlaſſe ich jedem darüber ſein
-„Urtheil, wie auch über die Formeln, daß der Leib
„Chriſti in, mit, und unter dem Brodt empfangen
„werde, worüber ich mich ſchon in meinen übergebenen
„Sätzen deutlich erklärt habe.

„Auf die fünfte Frage antworte ich endlich: Nach
„den alten Lehrern der Kirche findet ein Unterſchied zwi=
„ſchen dem mündlichen und zwiſchen dem würklichen Eſ=
„ſen — manducatio ſacramentalis et realis — im Abend=
„mahl ſtatt. Das erſte geſchieht mit dem Mund; das
„andere, welches auch von einigen der geiſtliche Genuß
„genannt wird, geſchieht mit der Seele durch den Glau=
„ben. Die Gottloſen eſſen allein ſakramentlich; denn
„ob ſie gleich mit dem ſichtbaren Sakrament den Leib
„Chriſti empfangen, ſo können ſie doch, weil ſie den
„wahren Glauben nicht haben, mit Chriſto, dem himm=
„liſchen Brodt, nicht würklich vereinigt werden."

An dem Schluß dieſer Schrift bezeugte aber Har=
denberg noch einmahl auf das feyerlichſte, daß er in der
Nachtmahls = Lehre niemahls anders gelehrt und gedacht
habe,

---

390) "Hanc formam loquen-
di in Auguſtana confeſſione, (ut
in ea, quae in corpore doctrinae
Philippi Melauchtronis eſt, videre
licet) non reperiri exiſtimo. Ideoque, quia tranſubſtantiationem.
redolet, ego hac forma loquendi
in docendo non ſum uſui. Per-
mitto tamen hic ſuam uuicuique
judicium, modo ne depravatio
fiat ſenſus."

habe, und sich noch weniger bewußt sey, daß er in irgend einer andern Lehre nur jemahls von der allgemein
angenommenen Lehrform abgewichen wäre [391]). Er
verbarg auch sein Befremden nicht, daß man ihm solche Fragen vorgelegt habe, und gab dabey den Krayß-
Ständen zu bedenken, ob sie wohl das Verfahren, das
man gegen ihn beobachtet habe, dem letzten Halberstätti-
schen Abschied gemäß und zu der Einleitung eines fried-
lichen Vergleichs dienlich finden könnten [392])? Deßwegen erklärte er sich endlich auch zu Wiederholung der
Protestation und der Provokation auf auswärtige Akademien gedrungen, die er seinem Bekenntniß angehängt
habe. Doch er hätte sich die Wiederholung erspahren, er hätte sich selbst die ganze Antwort auf die ihm
vorgelegte Fragen erspahren können, denn wie konnte
er es nach der Art, womit man diese Antwort
von ihm verlangt hatte, noch für möglich halten, daß
seine Gegner noch zu einem Gefühl von Willigkeit —
oder nur zu einem Gefühl von Schaam über ihre Un-
billigkeit gebracht werden könnten?

Den sechsten Februar waren ihm die Fragen vorgelegt, und den folgenden Tag war dem Krayß-Kon-
vent seine Antwort überreicht worden. Am nehmlichen
Tage theilte man diese den Krayß-Theologen mit dem
Ansinnen mit, daß sie ihr Gutachten darüber stellen,
und

---

391) Testor Deum trinum et
unum, omnesque sanctos ange-
los, meam conscientiam et can-
didos Auditores meos, me de
his rebus non aliter sentire, neque unquam docuisse, neque
scire, quod in ullo alio articulo
à formis usitatis in doctrina re-
cesserim. Itaque vos, oro, ut me
à calumniis, quibus hactenus in-
nocens opprimor, pro officio vestro defendatis.

392) "Satis autem mirari non
possum, quo consilio hujusmodi
quaestiones, intricatae fere omnes et perplexae, mihi oblatae
sint — Scire etiam velim, an nihil displiceat in meorum adversa-
riorum Confessionibus toties jam
mutatis: et an Domini Legati
hanc examinandi rationem, qua
ego prae caeteris exerceor, ami-
cam collationem vocari posse, ac
recessui Halberstadiensi conformem judicent."

und es dem Konvent mündlich vortragen ſollten. Am nehmlichen Tage fanden dieſe noch Zeit, Hardenbergs Antwort zu prüfen, ihr Bedenken darüber zu verfaſſen, und es auch in die Verſammlung der Stände zu bringen. Am nehmlichen Tage wurde in der Verſammlung noch die Frage in Bewegung gebracht: ob die Sache jetzt ſchon zur Entſcheidung gereift? und für die Entſcheidung der Stände geeignet ſey? oder ob man ſich an den Halberſtädtiſchen Abſchied binden, und noch die Urtheile von Akademieen darüber einholen müſſe? Aber am nehmlichen Tage wurde auch noch dieſe Frage nach kurzen Debatten mit einer unbedeutenden Minorität in der Verſammlung entſchieden ³⁹³), der Entwurf der Sentenz, die von den Ständen gefällt werden ſollte, aufgeſetzt, von der Majorität genehmigt, und am folgenden Morgen des 8. Febr. feyerlich publicirt. Dieſe Sentenz aber ³⁹⁴) gieng dahin, “daß D. Albr. Harden„

---

393) Dieſe Minorität beſtand bloß aus den Abgeordneten von drey Ständen, welche das beſchloſſene Verfahren gegen Hardenberg mit den ſtärkſten Gründen widerriethen. Sie führten zu dieſem Ende nicht nur aus, daß es dem letzten Halberſtädtiſchem Krays-Schluß gerade entgegen ſey, ſondern zeigen auch, wie leicht es für die Ehre und für die Ruhe des ganzen Krayſes, und im beſondern für die Ruhe der Stadt Bremen höchſt nachtheilig werden könne. Aber die Vorſtellungen würkten nichts, als daß ſichs die Majorität einige Mühe koſten ließ, durch eine höchſt unnatürliche Erklärung des Halberſtädtiſchen Abſchieds ihrem Verfahren den Schein einer Uebereinſtimmung damit zu geben. In dieſem Abſchied, ſagte man, ſey freylich verfügt worden, daß

man die Akten an einige Akademieen verſchicken ſollte, wenn ſich die Theologen nicht vergleichen könnten; aber unter dieſen Theologen habe man nicht Hardenberg und ſeine Gegner, die Bremiſche Prediger, ſondern die Krays = Theologen verſtanden, alſo die Verſendung der Akten bloß in dem Fall beſchloſſen, wenn die Theologen des Krayſes ſich nicht über einen Spruch vereinigen, ſondern verſchiedener Meynung ſeyn würden. Nun hätten ſich aber dieſe ganz einſtimmig erklärt, daß ſie Hardenbergs Lehren mit der Augſp. Konfeſſion ſtreitend fänden; mithin ſey der Fall gar nicht eingetreten, für welchen man im letzten Krays-Schluß ſorgen zu müſſen geglaubt habe. S. Wagner S 330.

394) S. Auszug aus dem Krays-Abſchied, ſo die Woche nach

„benberg von dem Domcapitel zu Bremen zum fürber-
„lichsten und längsten innwendig vierzehn Tagen nach
„dato dieses Abschieds, jedoch citra infamiam et con-
„demnationem, seines Dienst und Predigtamts ent-
„lassen, und aus der Stadt Bremen fortgeschaft, als-
„dann aber auch nicht nur aus der Stadt Bremen son-
„dern aus dem ganzen Niedersächsischen Krayse, (je-
„doch ebenfalls ohne Verletzung seiner Ehre, sondern
„allein zu Verhütung fernerer Zwiespalt, Unruhe und
„Empörung) verwiesen seyn, und von keinem andern
„Stande ferner geduldet und gelitten werden, sich auch
„vor seine Person alles öffentlichen und heimlichen Pre-
„digens gänzlich enthalten sollte.”

Ueber diesen schönen Krays-Schluß mag jetzt allein
noch folgendes bemerkt werden:

Aus der Hastigkeit, womit man zuletzt zu diesem
Schluß eilte, geht es wohl am sichtbarsten hervor, daß
man voraus entschlossen war, die Sache auf diese Art
zu endigen; aber dieß kam noch aufdem Krapstage selbst
authentisch an den Tag. Unter den Debatten über den
Krapsschluß producirten die meiste der anwesenden Gesandten die Instruktionen, an welche sie von ihren Kom-
mittenten gebunden waren, und aus diesen Instruktionen ergab sich; daß man den meisten schon die Anweisung mitgegeben hatte, auf die Abschaffung und Entfernung Hardenbergs zu bringen, und sich auf keinen
andern Vorschlag zu Beylegung des Handels einzulassen [395]).

Eben daraus mag sich aber auch am deutlichsten zu
Tag legen, wie stark schon vorher der Einfluß der Prediger

nach Purificationis Anno 1561. zu   VII. p. 98. Gerdes 168.
Braunschweig aufgericht — bey   395) S. Hardenbergs Lehr-
Rethmajer Th. III. Beyl. zu Kap.   amt S. 328.

diger auch auf die weltliche Stände des Kräyses gewürkt haben mußte; denn daran wird man doch nicht zweifelen, daß die Erbitterung und der Haß gegen Hardenberg, wie der ganze blinde Eifer, den die weltliche Stände bey dem Handel zeigten, bloß durch die Prediger angefacht und gereizt war; doch wenn diese auch nicht schon vorher das ihrige gethan hätten, so thaten sie noch auf dem Krahstage selbst so viel, daß man es nicht befremdend finden könnte, wenn auch die Stände nach wenigeren vorhergegangenen Vorbereitungen jetzt erst in diesen Eifer gekommen wären. Man hatte geflissentlich die bedeutendste und angesehenste von ihnen in Braunschweig zusammengebracht. Heßhuß 396) selbst war

---

396) Die wüthende Betriebsamkeit von Heßhuß in der Verfolgung Hardenbergs legt sich in einer Schrift, die er zu Ende des Jahrs 1560. herausgab, und dem Bremschen Magistrat dedicirte, auf eine so eigene, unnatürliche und unglaubliche Art dar, daß es gewiß der Mühe werth ist, einige Proben daraus anzuführen. "Darum — so schrieb darinn Heßhuß an den Rath selbst — "darum sage ich "öffentlich, E. E. W. sind es "von Gottes wegen schuldig, den "verfluchten Lästerer im Dom "abzuschaffen und innzuhalten. "Und ist kein Zweifel, wenn E. "Erb. das ihre thäten, so würde "Gott selbst mit darein sehen, "und als ein Richter unter den "Göttern den aufrührischen Gei-"stern wehren, welches ich E. E. "zur Erinnerung will angezeigt "haben.'

"Hier weiß ich nun wohl, daß "man fürwirft, der Lügen-Geist "D. Albrecht gehöre nicht unter "eines Erb.Raths Gebiet, sondern "sey der Dompfaffen Diener. Es "will mir allhie zu lang fallen, "von der gefaubten Vermeyn-"ten Jurisdiktion der geistlosen "Pfaffen zu disputiren. Aber "wenn es gleich also wäre, daß "die Dompfaffen ihre weltliche "Jurisdiktion, ohne alle Einrede "an den und dergleichen Oertern "hätten, welches sie doch aus Got-"tes Wort nimmermehr weder "können noch sollen beweisen, und "ihnen derhalb nicht nachzu-"geben ist, so will es doch ei-"nem Erb. Rath gleichwohl Amts-"wegen gebühren, den Lästerer, "Spitzbuben und Lügen-Predi-"ger abzuschaffen, nachdem er "von den Dompfaffen auf viel-"fältiges Anhalten eines Ehrba-"ren Raths nicht entsetzt wor-"den ist.

"Denn die Bürger und Bür-"gerinnen, und die ganze Ge-"meinde, die der Rotten-Geist "so jämmerlich verführt, sind "nicht der Epicurischen Pfaffen, "sondern eines Ehrbaren Raths "Unterthanen, dafür auch ein "Erba-

war von Magdeburg gekommen, um sich an die Bremische Prediger anzuschliessen. Mörlin und Chemnitz [397] waren schon bey der Hand, denn sie standen
an

„Erbarer Rath am jüngsten
„Tage soll und muß Red und
„Antwort geben, wie sie regiert
„und mit Gottes Wort sind
„versorgt gewesen. Der Ursa-
„chen wird ein Erb. Rath zu sol-
„cher Abschaffung, als zur ge-
„bührlichen christlichen Nothwehr
„gedrungen und genöthigt."
„Gleichwie ein Hausvater schul-
„dig ist seine Kindlein wieder ei-
„nes untreuen bösen Nachbarn
„Gewalt und Boßheit zu be-
„schüzen, wenn es gleich in des
„Nachbarn Haus geschehen müßte.
„Solche necessariam defensio-
„nem würde man bald verstehen,
„und die Argumente bald finden,
„wenn leibliche Noth vorhanden
„wäre: als wenn die Dompfaf-
„fen im Dom zu Bremen woll-
„ten eine Mordgrube anrichten,
„und täglich etliche Bürger dar-
„inn würgen, oder mit der Bür-
„ger Töchtern und Weibern alle
„Unzucht und Schand üben,
„müßte nicht ein Erb. Rath amts-
„halben dem grausamen Aerger-
„niß wehren, und ihre Unter-
„thanen beym Leben und bey Eh-
„ren erhalten? oder wenn man
„aus dem Thum Feuer in die
„Stadt schiessen wollte, daß nie-
„mand in seinem Haus könnte
„still sizen, sollte da ein Erb.
„Rath auch die Hände in den
„Schooß legen, und die Dom-
„pfaffen allen Muthwillen üben
„lassen? Hier würde man bald
„schliessen, es würde ein Erb.
„Rath zur Nothwehr gedrungen,
„und hätte es von Gottes Be-
„fehl, die Unterthanen für Ge-
„walt zu schüzen Wie, daß man

Theil II. 2. Hälfte.

„denn solches in dieser allerhöch-
„sten Noth nicht kann finden noch
„verstehen, da der verfluchte
„Thumb eine geistliche Mord-
„Grube geworden ist, darinn viel
„tausend Seelen gemordet wer-
„den, darinn auch geistliche Hu-
„rerey getrieben, und daraus
„das allerschändlichste Feuer fal-
„scher Lehre, das die Seelen
„verbrennet, täglich unter die
„Bürger geworfen wird. Ist die
„keine Wehr und Widerstand
„vonnöthen?
„Eben daher erinnere und
„vermahne ich auch die durch-
„leuchtige und hochgebohrne Für-
„sten und Herrn des Niedersäch-
„schen Krayses unterthänig und
„dienstlich — sie wollen es doch
„christlich beherzigen, was sie
„in ihren Landen und Städten
„haben zu besorgen, wenn die-
„sem Jammer länger soll zuge-
„sehen werden — und deßwegen
„aus christlichem Mitleyden und
„Liebe, auch Eifer der Wahrheit,
„und ihren eigenen Unterthanen
„zum Besten — der guten Stadt
„Bremen mit Rath und Beystand
„zu Hülfe kommen, daß die fal-
„sche Lehre daselbst ausgerottet
„werde. Welches ohne Zweifel
„dem lieben Gott ein angeneh-
„mer Dienst seyn wird." Daß
Jesu Christi wahrer Leib und
Blut im heiligen Abendmahl gegenwärtig sey, wieder den Rotten - Geist zu Bremen — durch
Tilem Heßhuß. B. II. III.

397) Auch der Eifer von
Chemnitz gegen Hardenberg legte
sich leydenschaftlich genug in einer Schrift dar, die er unmit-
T telbar

an der Spitze des Braunschweigischen Ministerii: an
der Spitze der übrigen aber, die man von andern Oer‐
tern her verschrieben hatte, stand der Superintendent
der Hamburgischen Kirche, Paul von Eitzen, und Da‐
vid Chyträus von Rostock ³⁹⁸). Die leydenschaftliche
Betriebsamkeit, womit diese Menschen gegen Harden‐
berg arbeiteten, leuchtet aus jedem ihrer öffentlichen
Schritte wieder ihn, nur allzusichtbar, und leuchtet be‐
sonders aus ihrem letzten Gutachten, das sie noch am
7. Febr. der Versammlung mündlich vortragen liessen,
fast biß zum unglaublichen hervor. Sie erklärten dar‐
inn ganz unumwunden, "daß sie niemahls zu einem
„Vergleich mit Hardenberg die Hände bieten wür‐
„ben, weil es doch aus allen Aeusserungen und aus
„dem ganzen bißherigen Benehmen des gottlosen Sa‐
„kramentirers gewiß sey, daß er von seiner Schwärme‐
„rey und von seinen Irrthümern niemahls abstehen, son‐
„dern sie immer auszuschmücken und auszubreiten fort‐
„fahren würde ³⁹⁹)." Ihrerseits — setzten sie hinzu —
wür‐

telbar nach dem Braunschweigi‐
schen Kraystag unter dem Titel
herausgab: Anatome propositio‐
num Alb. Hardenbergii de S.
Coena, quas exhibuit Ordinibus
Saxoniae inferioris in Conventu
Brunsvicensi etc. Islebii. 1561.
in 8. Aber in Vergleichung mit
Heßhuß und Mörlin war frey‐
lich Chemnitz der billigste und der
gemässigste unter Hardenbergs
Gegnern.

398) Die andere waren: Wa‐
lent. Curtius, Superint. zu Lü‐
beck, Ernst Bock, Superint. von
Bardewick, Jac. Großhaus, Su‐
perint. von Goßlar, Rudolph
Moller, Superint. zu Hameln,
Leonh Schmeger, Superint. der
Grafschaft Regenstein, Friderich

Dedekind, Pastor zu Neustadt
und Bartholom. Sprockhof, Pfar‐
rer zu Wunsdorf. S. Wigand
Hist. Sacrament. f. 378. a.

399) "Ferner ist vorgebracht
„worden durch den Herrn Paul
„von Eitzen, daß man aus Hand‐
„lungen bemerkte, daß D. Alber‐
„tus erstlich ein Spötter, Ver‐
„ächter und Sublannator der
„Augsp. Konfession, sey. Zum
„andern so wäre er ein Sakra‐
„mentirer, Calvinisch‐ und Zwing‐
„lischer Lehrer. Zum dritten so
„wäre er turbator pacis publicae —
„und dahero wäre gar nicht zu
„vermuthen, da auch jetzo eine
„Vergleichung mit ihm sollte
„vorgenommen werden, daß diese
„beständiglich gehalten, und D.
„Alber‐

würden und könnten sie also niemahls auf etwas anders
als auf die Absetzung und Fortschaffung des gefährlichen
Mannes antragen; wenn man aber doch auf einem
Vergleich bestehen wolle, so fänden sie sich im Gewissen
gedrungen, die Stände daran zu erinnern, daß ehmahls
der Vergleich, den man zu Münster mit dem Schwärmer Rotmann geschlossen hätte, nichts geringeres als
die Zerstörung der ganzen Stadt zur Folge gehabt habe.
Daraus mag man aber erst schliessen, wie jeder von ihnen in seinem besonderen Cirkel, die Menschen, auf welche er würken konnte, noch weiter bearbeiten mochte!

Indessen deckt es sich doch bey einer näheren Ansicht
des Krays-Schlusses gegen Hardenberg eben so sichtbar
auf, daß man die Redaktion davon keinem Theologen
übertrug, oder das Concept des Schlusses von keinem
Theologen entwerfen ließ. Man hütete sich nehmlich
mit der vorsichtigsten Bedachtsamkeit irgend etwas darinn anzubringen, wodurch der Schluß die Form eines
rechtlichen Urtheils erhalten konnte. Man hütete sich
selbst, von der Ketzerey Hardenbergs allzubestimmt darinn zu sprechen, und erlaubte sich nicht einmahl, nur
das irrige seiner Meynungen als entschieden und ausgemacht anzunehmen. Es wurde bloß historisch in dem
Abschied erzählt, "daß zwischen Hardenberg und den
„übrigen Prädikanten in Bremen eine Religions-Spal-
„tung über der Lehre vom Abendmahl entstanden sey,
„welche leyder! so weit überhand genommen habe, daß
„dadurch nicht allein im Ministerio und Kirchenamt,
„sondern auch im weltlichen Regiment der Stadt Bre-
„men trefliche Zerrüttungen, auch unter der Bürgerschaft
„daselbst allerhand schädlich und gefährlich Mißtrauen,
„Groll

„Albertus von seiner verführeri-   „Herzen behalten würde." S. Lü-
„schen Meynung abstehen, son-   scher Th. II. S. 245.
„dern den Gift für und für im

„Groll und Verbitterung eingeführt, vieler Gutherzigen
„Gewiſſen verwirrt, und in höchſte Gefahr ihrer See-
„ligkeit geſetzt worden ſeyen, wobey man auch Urſache
„zu der Befürchtung habe, daß dadurch nicht allein das
„Erzſtift, ſondern auch der ganze Niederſächſiſche Krays,
„und andere benachbarte in äuſſerſte Noth, Gefahr und
„Beſchwerde könnten geſetzt werden, wo ſolchem bren-
„nenden und angegangenen Feuer nicht ohne Verzug ge-
„wehrt würde.” Das härteſte aber, was dabey gegen
Hardenberg und ſeine Meynung geſagt wurde, beſtand
bloß in der Aeuſſerung "daß man die von ihm überge-
„bene Konfeſſional- Artikel in etlichen Punkten obſcur
„und zweifelhaftig, auch der Augſp. Konfeſſion etlicher-
„maſſen wiedrig, hingegen das Bekenntniß der Bremi-
„ſchen Prädikanten mit der im Krays angenommenen
„Lehre durchaus einig, und der Augſp. Konfeſſion voll-
„kommen gemäß gefunden habe.” Die Abſichten dieſer
ſchonenden Mäſſigung, zu der man ſich zwang, laſſen
ſich indeſſen ſehr leicht erkennen. Der Schluß gegen
Hardenberg ſollte nicht als richterliches Erkenntniß,
ſondern bloß als Sicherheits- Maaßregel vorgeſtellt
werden, welche man wegen der Folgen, die aus dem
Handel entſtehen könnten, habe vorkehren müſſen, worinn dann zu gleicher Zeit auch dieß lag, daß ſich der
Krays nicht in den Religions- Punkt bey dem Handel,
ſondern bloß in die daraus erwachſene, den Landfrieden
betreffende Polizeyſache eingemiſcht habe. Man verwahrte ſich daher auch noch beſonders, daß man die
Verweiſung Hardenbergs aus dem Krayſe unbeſchadet
ſeiner Ehre, und bloß zu Verhütung fernerer Unruhen
verfügt habe, ſo wie man ſich voraus entſchuldigte, daß
man zu dieſem äuſſerſten habe ſchreiten müſſen, "weil
„ſich doch Hardenberg mit den übrigen Theologen des
„Krayſes nicht habe vergleichen können oder wollen, auch
„daneben öffentlich vernehmen laſſen, daß er keinen Rich-
„ter

„.ter in diesem Krayse leyden könnte, und daß ihm alle
„Theologen des Orts verdächtig seyn." Daß aber alles
dieß bloß dafür berechnet war, um sich die Vertheidigung eines Verfahrens zu erleichtern, von dem man
voraussah, daß es vielfach angetastet werden würde,
und selbst fühlte, daß es durch die stärkste Gründe angetastet werden könnte — also bloß für die gewissere Behauptung der Ungerechtigkeit, die man sich erlaubt hatte,
berechnet war — wer kann nur einen Augenblick daran
zweifeln? hingegen wird es auch eben daraus am gewissesten, daß der Krays-Schluß von keinem der anwesenden Theologen, sondern von einem Juristen in diese
Form [400]) gebracht wurde, denn von den Theologen
glaubte wohl keiner, daß das Verfahren gegen Hardenberg eine künstliche Vertheidigung bedürfen möchte, und
keiner hätte auch wohl seinen Haß gegen den Ketzer so
weit zurückhalten können, um sich zu der verstellten
Mässigung, die dazu nöthig war, zu zwingen.

Indessen läßt sich gewissermassen nicht verkennen,
daß die Gegenparthie Hardenbergs ganz vorzüglich dieser
Wendung, welche sie ihrem Verfahren gab, die Erreichung ihres Zwecks vorläufig zu danken hatte. Sehr
wahrscheinlich wurde das Domcapitel zu Bremen am
kräftigsten dadurch abgehalten, sich der Vollziehung des
Krays-Schlusses mit Gewalt zu widersetzen [401]), und
noch

400) Die Redaktion des Abschieds war der Erzbischöflich-
Magdeburgischen Krays-Gesandt-
schaft übertragen worden. S.
Löscher am a. O. S. 246.

401) Nach den Akten dieses
Kraystags bey Löscher legten zuerst die drey Gesandtschaften,
welche den Abschied in der Si-
zung des vorigen Tages wiederrathen hatten, sogleich nach sei-

ner Publikation eine Protestation
dagegen ein, worinn die Gründe,
welche sie schon mündlich dagegen vorgebracht hatten, noch weiter ausgeführt waren: doch erklärten sie zugleich, "daß sie den
„Befehl nicht hätten, sich von
„den gemeinen Ständen abzu-
„sondern, welches auch nicht ihr
„Gemüth gewesen sey, indem sie
„bloß auf den Fall, daß etwa die-
„Sa-

£ 3

noch wahrſcheinlicher ließ ſich Hardenberg ſelbſt deſto leichter dadurch beſtimmen, daß er mit einer bloſſen Proteſtation [402] den Kampfplatz verließ. und ſich noch vor dem Verfluß des Termins, der ihm geſetzt war, aus Bremen entfernte [403]. Allein wie bald ſeinen Gegnern die Freude darüber verdorben wurde, dieß wird man

---

„Sachen einen andern Ausgang „gewinnen ſollten, als jetzt zu „vermuthen, ſich hätten verwah„ren wollen." Die Abgeordnete des Kapitels und der Landſchaft ſuchten nach der Publication des Abſchieds zuerſt darum an, daß man ihnen den Geſandten des Erzbiſchofs D. Delgorten als Conſulenten zugeben möchte, „weil „ſie als junge Herrn ihren An„trag und Antwort nicht ſelbſt „thun könnten," und auf den Rath von dieſem kamen ſie darauf bloß darum an, daß man den Termin der Entlaſſung Hardenbergs weiter hinausſetzen möchte, weil nothwendig deßhalb ein General-Kapitel gehalten werden müſſe, das in einer ſo kurzen Zeit, bey der weiten Entfernung mehrerer Mitglieder nicht zu Stand gebracht werden könne. S Löſcher 248. flgd.

402) Als der Abſchied Hardenberg publicirt wurde, führte er nur kürzlich aus, worinn er ſich dadurch beſchwert glaube, und erklärte dabey bloß, daß er ſolches denen, die ihn angenommen wieder ſagen, und ihren ferneren Rath gebrauchen wolle. Doch ſetzte er hinzu, wenn man ja bey dem Spruch beharren würde, ſo müßte er ſchon leyden, was ihm aufgelegt wäre, und die Sache dem lieben Gott befehlen. Nur darum wolle er gebeten haben, dieweil auch ſchon andere um ſeinetwillen verfolgt und gehaßt würden, man möchte doch dieſe nicht ferner beſchwehren, ſondern die Bürde allein auf ihm liegen laſſen. Löſcher S. 253. Bey ſeiner Zurückkunft nach Bremen riethen ihm aber ſeine Freunde, noch eine förmliche Proteſtation gegen den Krapfſchluß einzulegen, die von ihm den 15. Febr. 1561 vor Notarien und Zeugen vollzogen, und auch den Krapsausſchreibenden Fürſten zugeſchickt wurde

403) Wahrſcheinlich koſtete ihn auch dieſe Entfernung kein groſſes Opfer, denn des Streits und der Unruhen, die er ihm bisher gemacht hatte, war er gewiß müde, und für ſein Fortkommen durfte er nicht ängſtlich ſorgen, da er auf die Unterſtützung mehrerer Freunde ſehr ſicher rechnen durfte. Sein Freund und Beſchützer, der Graf Chriſtoffer von Oldenburg nahm ihn auch ſogleich auf, und behielt ihn vier Jahre lang zu Raſtede bey ſich. Im J. 1565 wurde er zum Prediger zu Sengwarden in Oſtfriesland beſtellt, und zwey Jahre darauf nach Emden berufen, wo er im J. 1574 ſtarb. Das Bedenkliche — *non diu poſtea manſit in vivis* — wodurch Wigand hiſt. Sacr. f. 388. zu verſtehen geben wollte, daß der Ketzer durch einen frühen Tod weggerafft worden ſey, währte alſo doch noch 13 Jahre, und Hardenberg erlebte noch ein etwas höheres Alter als Luther, denn er ſtarb in ſeinem vier und ſechzigſten Jahre.

man wohl nicht ohne Theilnehmung in der Geschichte
der unerwartetsten Katastrophe sehen, welche auf einmahl den Zustand der Dinge in Bremen und zugleich den
ganzen bißherigen Gang des Streits umkehrte.

Kapitel XII.

Durch die Entfernung Hardenbergs glaubte freylich
die Parthie, welche ihn aus der Stadt gebissen hatte,
ihren Hauptzweck bereits erreicht zu haben; doch sah
sie sehr gut ein, daß damit allein noch nicht alles ausgerichtet sey. Die Freunde und Anhänger, welche Hardenberg unter der Bürgerschaft und selbst im Rath gehabt hatte, besonders der freymüthige Büren, mußten
jetzt auch noch entfernt, oder doch so weit um ihren
Einfluß gebracht werden, daß man keine Gefahr mehr
von ihnen zu befürchten hatte. Dafür mußte besonders
deßwegen gesorgt werden, weil Büren im nächsten Jahr
seiner Ordnung nach als präsidirender Burgermeister an
die Spitze der Regierung kommen sollte; allein man
hoffte doch ohne sonderliche Schwürigkeit mit ihm und
mit seiner Parthie fertig zu werden, weil man auf alle
Fälle auf den thätigsten Beystand des grösseren und
mächtigeren Theils der Krays-Stände rechnen zu dürfen glaubte. Schon auf dem Kraystage zu Braunschweig hatte man es in dieser Absicht eingeleitet, daß
Büren von den versammelten Ständen eine warnende
Weisung [404] erhielte, sich um seines eigenen Besten
willen, aller weiteren Gemeinschaft mit Hardenberg und
seinem

---

[404] Er wurde in die Krays-
Versammlung gerufen, wo ihm
der D. Ant. Freudenmann im
Nahmen der Stände ihren Unwillen zu erkennen gab, daß er
sich von dem Rath zu Bremen
abgesondert und dadurch zu so
manchen Unordnungen Anlaß gegeben habe. Auch wurde ihm
ernsthaft zu bedenken gegeben, in
welche Gefahr er sich stürzen
würde, wenn er von Hardenbergs Parthey und Beschützung
nicht abstünde. S. Löscher S. 253.

ſeinem Anhang zu entſchlagen; daher hielt es jetzt die
herrſchende Parthie in der Stadt deſto weniger für nöthig, ihn und ſeine Freunde zu ſchonen, und ſcheute ſich
ſelbſt nicht, ihn ſehen zu laſſen, daß es auch gegen ihn
auf das äuſſerſte angelegt ſey.

Am unverdeckteſten gab ſie dieß dadurch zu erkennen, indem ſie noch in dieſem Jahr den berüchtigten Simon Muſäus als Prediger nach Bremen vocirte, und
ihn ſelbſt an die Spitze des Stadt = Miniſteriums
ſtellte [405]). Ganz Deutſchland war um dieſe Zeit voll
Unwillens über die tollen Auftritte, welche Muſäus und
Flacius, Wigand und Judex zu Jena angefangen, und
wodurch ſie zuletzt ſelbſt den Weimariſchen Hof auf das
äuſſerſte wieder ſich aufgebracht hatten [405]). Wenn
man alſo gerade jetzt einen dieſer Zeloten an einem andern Ort anſtellte, ſo konnte die ganze Welt nichts anders vermuthen, als daß man ihn recht abſichtlich zum
Lärmen und Händelmachen geholt haben müßte; denn
dieß war doch entſchieden, daß man ihn nirgends, wo
man Ruhe und Frieden erhalten haben wollte, hinge-
holt haben würde [406]): doch Muſäus ſorgte bald nach
ſeiner Ankunft in Bremen dafür, daß man es nicht
mehr bloß vermuthen durfte. Er machte ſogleich Anſtalten, um ganz auf eben die Art gegen alle Anhänger
Har-

---

405) Muſäus wurde zum
Superintendenten ernannt; aber
Mörlin und Heßhuß hatten ihn
auch dem Magiſtrat auf das dringendſte empfohlen. Weil man
indeſſen ſchon zuweilen bey dieſer Gelegenheit in Erinnerung
gebracht hat, daß Heßhuß ein
Tochtermann von Muſäus war,
ſo muß hier bemerklich gemacht
werden, daß er erſt ſpäther in
dieß Verwandtſchafts = Verhältniß mit ihm kam. Erſt im J.
1566. trat Heßhuß in die zweyte

Ehe mit einer Tochter von Muſäus. S. Leuckfeld Hiſt. Heshuſii
p. 230.

405) S. Th. I. S. 610. flgd.

406) Muſäus berief ſich auch
ſelbſt in der Folge darauf, daß
man es ihm ja in ſeine Vocation
geſetzt habe, daß er die zerrüt-
tete Bremiſche Kirche wieder auf-
richten, und ſich gegen Schwärmerey und Sekten ſtattlich wehren ſollte. S. Muſaei vera narratio p. 5.

Hardenbergs zu Feld zu ziehen, womit er in Jena den
Krieg gegen Strigel und seine Freunde geführt hatte.
Er kündigte schon in seinen ersten Predigten an, daß er
sein Haupt nicht sanft legen wolle, biß die arme Stadt,
aus welcher die gottlose Rotte der Sacramentirer ein
Sodom und Gomorra gemacht hätte, wieder gereinigt
sey, wenn es auch mit Feuer und Salz geschehen
müßte [407]). Daher begnügte er sich nicht nur, von
der Kanzel herab zu erklären, daß er keinen Sakramentirer zum Sakrament lassen, und jeden, der sich un-
terstünde, den verdammten Hardenberg zu vertheidigen, schon als erklärten Sakramentirer ansehen würde,
sondern er ermahnte auch den Magistrat eben so öffentlich, daß er sein Schwerd gegen sie gebrauchen müsse.
Auf diese Ermahnung machte auch der Magistrat würklich eine Bewegung, die der vorher mit Musäus getroffenen Abrede gemäß war; aber damit that er dem
wilden Eiferer noch lange nicht genug.

Einer der Stadt-Prediger, Anton Grevenstein,
war erst nach Hardenbergs Abzug in den Verdacht gekommen, daß er unter seine heimliche Anhänger gehören möchte; aber der Verdacht gegen ihn war bloß daraus

---

407) Diese erste Predigten,
welche Musäus in Bremen hielt,
gab er in der Folge selbst unter
dem Titel heraus: vier christliche und tröstliche Sermon, von
dem hochwürdigen Sakrament
des Leibes und Blutes Christi
gehalten und gestellt zu Bremen
vor dem Aufruhr im Jahr 1561.
Durch Sim. Musäum. Ursel 1565.
Ja wohl tröstliche Sermonen!
Denn Musäus erklärte voraus
in der ersten, daß er sie in keiner andern Absicht halten wolle,
„als um etliche verführte und

„vom Teufel gefangene Perso-
„nen in der Stadt aus seinem
„Rachen zu reissen, und wieder
„turecht zu bringen, andern aber
„die schon verstockt seyen, und
„in ihrem Irrthum beharren und
„verderben wollten, alle Ent-
„schuldigungen vor Gott, auf
„ihrem Todtbette und am jüng-
„sten Tage abzuschneiden, als
„wären sie vor ihrem gefährli-
„chen, gotteslästerlichen und des
„höllischen Feuers werthen Irr-
„thum nicht genug gewarnt wor-
„den.“

T 5

aus entſtanden, weil er nicht, gleich den andern Predi=
gern, auf ſeiner Kanzel über Hardenberg ſchimpfte, und
ſich gefliſſentlich der Erwähnung ſeines Nahmens zu
enthalten ſchien. Grevenſtein hatte bißher an allen
Schritten ſeiner Kollegen gegen Hardenberg Theil ge=
nommen, und auch alle Bekenntniſſe des Bremiſchen
Miniſteriums unterſchrieben [408]), in denen es unter
dem Streit ſeine Meynung vom Abendmahl dargelegt
hatte. Man konnte auch nichts gegen ihn vorbringen,
was die Vermuthung einer in ſeiner Denkungsart vor=
gegangenen Veränderung hätte begründen mögen, als
allein ſeine Zurückhaltung, oder — wie es die übrige Pre=
diger nannten — ſeine Lauigkeit in der Verdammung
Hardenbergs, durch die er ſich allein von ihnen unter=
ſchied, und freylich vielleicht abſichtlich unterſcheiden
wollte. Damit ſchien es zwar ganz unnatürlich, wenn
man ihm bloß um deßwillen auf den Leib gehen wollte;
allein was bekümmerten ſich dieſe Menſchen um den
Schein? Sie forderten Grevenſtein vor ihren [409])
Konvent, und verlangten von ihm eine kategoriſche Ant=
wort auf die drey Fragen: "Ob er es würklich mit ih=
„nen und mit ihrem Bekenntniß vom Abendmahl wie=
„der alle Rotten und Schwärmer ohne alle Heucheley
„fleiſſig halten wolle? Ob er mit ihnen dafür halte, daß
„Hardenberg als ein falſcher, verführeriſcher Lehrer, mit
„Recht verdammt und aus der Stadt verwieſen worden
„ſey, ſo wie alle, welche es [410]) mit ihm hielten, als
„Ketzer

---

408) Man findet den Nah=
men Grevenſteins nicht nur un=
ter dem Bekenntniß, das nach
Wittenberg geſchickt wurde, ſon=
dern auch unter jenem, welches
das Bremiſche Miniſterium an
Weſtphal auf ſeine Aufforderung
geſchickt hatte. S. Weſtphal Con=
feſſio fidei Miniſtrorum Saxoniae

L. 4. Sallg, der Th. III. S. 778.
dieſen Umſtand läugnet, muß hier
wiederum nicht recht geſehen ha=
ben.
409) Dieß geſchah den 9. Jul.
1561. S. Wagner S. 353.
410) Die Frage enthielt nah=
mentlich: "Ob nicht Zwingel,
„Oekolampad. Kalvin, Laſco,
„Mar=

„Keßer verdammt und in keiner Kirche geduldet werden
„sollten? Und ob er dieß endlich auch öffentlich auf der
„Kanzel bekennen, die Leute im Predigen und bey der
„Beicht vor dem Gift der Hardenberaischen Lehren war»
„nen, und in diesem allem übereinstimmend mit ihnen
„handlen wolle?

Eine schaamlosere und empörendere Procedur konnte
wohl nicht gedacht werden; aber Musäus und der Ma»
gistrat zusammen machten sie doch noch empörender.
Auf die Weigerung Grevensteins, sich auf die Fragen
des Ministeriums einzulassen, hatte ihn dieses förmlich
bey dem Rath denuncirt, der ihm hierauf eine Verant»
wortung und ein Bekenntniß seines Glaubens vom
Abendmahl abfordern ließ. Diese Verantwortung und
dieß Bekenntniß stellte Grevenstein in einer Form aus,
welche es unmöglich machte, daß man ihm weiter bey»
kommen konnte. Er bezog sich nicht nur darauf, daß
er bißher immer mit den übrigen Predigern in Gemein»
schaft gehandelt und gelehrt, und auch noch die letzte
auf dem Kraystag zu Braunschweig von ihnen überge»
bene Artikel gebilligt und unterschrieben habe, sondern
erklärte auf das feyerlichste und bestimmteste, daß er
diese Artikel auch jetzt noch billige, und sich freue, daß
sie von den sämmtlichen Theologen des Krayses appro»
birt worden seyen, so wie er im Gegentheil die Artikel
verwerfe, welche Hardenberg übergeben habe [411]).

„Daß

„Martyr, Bullinger und Harden»
„berg, deßwegen, weil sie nicht
„lehren, daß das Brodt im Abend»
„mahl der wahre natürliche Leib
„Christi sey, welchen der Gotts»
„lose eben so wohl mündlich als
„alle heiligen empfangen, als
„Keßer verdammt zu werden
„verdienten?''
    411) ''Was Hardenberg be»
„trifft, so bekenne ich frey, daß

„ich an seinen Handlungen keinen
„Antheil nehme. Er hat auch
„mit mir niemahls Rath gepflo»
„gen. So darf ich auch frey
„versichern, daß ich seine Weise,
„die Gegenwart Christi im Abend»
„mahl durch Gleichnisse von der
„Sonne und von andern Din»
„gen zu erklären, nie gebraucht
„noch gebilligt habe.'' ebendas.

„Daß ich aber — ſetzte er hinzu — bißher nicht mit ſol-
„cher Heftigkeit wie andere gegen Hardenberg geredet
„habe, dazu habe ich meine Urſachen, die ich vor Gott
„, und auch vor gelehrten und frommen Leuten wohl zu
„verantworten mich getraue. Doch habe ich mich denen
„nicht wiederſetzt, die in dieſem Streit mehr Hitze und
„Heftigkeit als ich bewieſen haben. Denn ich weiß, daß
„die Gaben verſchieden ſind. Ich habe auch den Spruch
„nicht getadelt, der gegen Hardenberg gefällt worden iſt.
„Ich habe vielmehr meine Gemeinde ermahnt, in die-
„ſem Streit der Obrigkeit den gebührenden Gehorſam
„zu leiſten: aber mehr maße ich mir nicht an, weil ich
„ſonſt die Schranken meines Berufs zu überſchreiten
„glauben würde.” Dieſe Mäſſigung Grevenſteins
mochte nun natürlich oder erkünſtelt ſeyn, ſo konnte ihm
doch nach dieſer Erklärung kein Verbrechen mehr daraus
gemacht werden [412]. Der Rath ſelbſt war daher bereits entſchloſſen, die Sache ruhen zu laſſen; aber Muſäus belehrte ihn, daß man in allem was Gott und
die Religion betreffe, nach einer eigenen Proceß-Ord-
nung verfahren müſſe. Der neue Elias, der um eben
die Zeit in Bremen angekommen war, da Grevenſteins
Sache auf dieſem Punkt ſtand, erklärte dem [413] Magiſtrat, daß er ſein Propheten-Amt in der Stadt nicht
eher antreten würde, biß der auf beyden Seiten hin-
ſende

---

412) Man hat würklich Ur-
ſachen zu der Vermuthung, daß
die Mäſſigung, durch welche ſich
Grevenſtein verdächtig macte,
nur affektirt, und wahrſcheinlich
nicht aus den beſten Abſichten
affektirt war: aber daß man ihm
doch nach ſeiner Erklärung an
den Rath deßwegen allein mit
keinem Schein von Billigkeit beykommen konnte, dieß räumten
in der Folge die Prediger ſelbſt

ein, da ſie in ihrer nothwendigen Entſchuldigung F. 4 S. 1.
die Welt zu bereden ſuchten, daß
ſich Grevenſtein ganz anders erklärt habe. Dieß ſtarke Stück
von einem Falſo hat Wagner
durch die Grevenſteiniſche Schrift
ſelbſt aufgedeckt, die er in einer
geſchriebenen Geſchichte Hardenbergs fand. S. 355.

413) S. Bureus Brief an
Borck bey Wagner S. 357.

lenbe Grevenstein abgesetzt sey, und Grevenstein —
wurde ohne weiters abgesetzt!

Doch dieß Opfer brachte oder überließ man ihm
wohl nicht ungern, und noch gerner würde man ihm die
andere Opfer, auf welche sein Absehen gerichtet war,
die erklärte Freunde und Anhänger Harbenbergs, besonders den Burgermeister Buren zum Abschlachten
überlassen haben, wenn man ihm nur hätte zutrauen
können, daß er das Werk auch eben so gewiß mit der
Kraft des alten Elias durchsetzen würde, als er es mit
seinem Feuer-Geist anzufangen schien. Aber Musäus
fieng es mit einer Art an, die zwar auf alle Fälle ein
Feuer in der Stadt anzünden mußte, wenn auch keines
vom Himmel fallen wollte, aber gar keine Sicherheit
gewährte, daß das Feuer die gottlose Baals-Diener
allein verzehren würde, die man ausgerottet haben
wollte. Man mußte fürchten, daß die ganze Stadt in
Brand kommen könnte, und damit war den übrigen
Burgermeistern und dem Rath doch nicht gedient. Doch
sie mußten bey den Proceduren ihres neuen Propheten
des bedenklichen noch mehr finden; und zu ihrer Ehre
muß gesagt werden, daß sie es auch würklich gewahr
wurden.

Um zu seinem Zweck zu gelangen, entwarf Musäus
schon in den ersten Monathen seines Aufenthalts in Bremen den Plan zu einer ganz neuen Kirchen-Ordnung,
durch welche die Bremische Kirche auf ewige Zeiten vor
dem Einreissen neuer Ketzereyen und Irrlehren gesichert,
aber auch auf ewige Zeiten unter das Joch der härtesten
Priesterherrschaft gebracht werden sollte. Der Plan
war mit einem Wort ganz nach demjenigen angelegt,
den Musäus mit seinen Freunden zu Jena bereits zu
realisiren versucht hatte; nur mochte er hier, wie es
in der Folge an den Tag kam, noch etwas von ihm er-
weitert

weitert worden ſeyn, weil er wahrſcheinlich hoffte, daß
er ſich in einer Reichsſtadt leichter und vollſtändiger als
unter einer fürſtlichen Regierung realiſiren laſſen möchte.
Die leitende Richtpunkte des ganzen Plans giengen aber
bloß dahin, daß einerſeits alle Bremiſche Prediger in
Zukunft auf gewiſſe Symbole und Normative der rei⸗
nen Lehre, nehmlich auf die Augſp. Konfeſſion nach der
Ausgabe vom J. 1532. auf die Schmalkaldiſche Arti⸗
kel, auf die Katechißmen nebſt allen übrigen Schriften
Luthers, und auf die neue Kirchen-Ordnung feyerlich ver⸗
pflichtet, und bey der geringſten Abweichung davon aus
dem Miniſterio geſtoſſen werden ſollten, wofür ihnen
aber andererſeits der uneingeſchränkte Gebrauch ihres
Binde⸗Schlüſſels oder die ungehinderte Ausübung des
Bann⸗Rechts gegen alle Layen, die ſich einer Ketzerey
oder eines Laſters verdächtig machten, zugeſtanden wer⸗
den müßte.

Dieſen Entwurf [414]) einer neuen Kirchen⸗Ord⸗
nung legte zwar Muſäus, nachdem er die Beyſtimmung
aller ſeiner Kollegen dazu erhalten hatte, erſt dem Ma⸗
giſtrat zur Beſtätigung vor, und erkannte alſo gewiſ⸗
ſermaſſen, daß ihm nur die Sanktion von dieſem die
gehörige Geſetzkraft geben könne; allein dieſer konnte
doch nicht umhin, mit Erſtaunen zu bemerken, daß der
Entwurf gerade in den Hauptpunkten nicht in der Form
eines Geſetzes, ſondern in der Form eines bloſſen von
den

414) S. Articuli de inſtaura-
tione Miniſterii in inclyta urbe
Bremenſi à toto Miniſterio ſedulo
deliberati et unanimiter concluſi
1561. bey Wagner S. 361. Saliġ
Th. III. S. 783. Der Entwurf
enthielt 14 Artikel: 1) de ſyno-
dicis deliberationibus. 2) de cri-
teriis orthodoxae doctrinae. 3) de
ſingulorum vocationibus et labo-
ribus. 4) de ceremoniis baptiſmi.
5) de ceremoniis coenae dominicae. 6) de clavibus ligandi et
abſolvendi. 7) de diebus feſtis.
8) de diebus profeſtis. 9) de co-
pulationibus. 10) de ſepulturis.
11) de ſcholis. 12) de viſitatione
eccleſiarum in pagis. 13) de in-
ſtruendis bibliothecis. 14) de bonis eccleſiaſticis.

den Predigern selbst gefaßten Schlusses und einer gegenseitigen zwischen ihnen getroffenen Verabredung abgefaßt war. Bey dem Vorschlag wegen der neuen Verpflichtung auf gewisse symbolische Bücher, die von allen
künftigen Predigern in Bremen gefordert werden müßte,
erklärten sie, "daß sie sich anheischig machten, bestän-
„dig nach der Vorschrift dieser Bücher zu lehren, und
„zugleich beschlossen hätten, jeden, der davon abwei-
„chen würde, nicht in ihrem Kollegio zu dulden, son-
„dern als einen Ketzer und Schißmatiker auszustoßen."
Bey dem Vorschlag wegen dem Bann hingegen äusserten sie noch entschiedener "sie, die Prediger hätten als
„etwas, davon sie nie abgehen wollten, unter sich aus-
„gemacht, alle diejenige vorzufordern, die unter dem
„Verdacht oder in dem Gerücht eines Irrthums in der
„Lehre oder eines ärgerlichen Wandels stehen möchten.
„Würde denn jemand von diesen nicht erscheinen, oder
„wenn er erschiene, ihren Ermahnungen kein Gehör
„geben, so wären sie fest entschlossen, sich gegen solche
„ihres Binde-Schlüssels zu bedienen, sie nahmentlich
„von den Kanzeln herab in den Bann zu thun, und so
„lange, biß sie Buße thun würden, dem Satan zu
„übergeben." Auch wurde der Rath bey diesem Punkt
nicht ersucht, den Vorschlag zu sanktioniren, sondern
die Prediger baten nur bringend, daß man ihnen von
Seiten der Obrigkeit bey der Ausübung ihres Banns
Rechts nicht hinderlich sondern vielmehr förderlich seyn
möchte, weil es ja kein anderes Mittel gebe, wodurch
den Lastern gesteuert, und die Zwinglische Ketzerey aus
der Stadt ausgerottet werden könnte.

Dieß letzte enthielt nun freylich einen sehr verständ-
lichen Wink, daß man den neuen Bann vorzüglich gegen die Anhänger Hardenbergs brauchen wollte, und
auf diese hätte wohl auch der Magistrat die Prediger
gern

gern genug losgelaſſen: allein auch auf dieſe durfte man ſie doch nicht mit ſo blindem Ungeſtüm losgehen laſſen, weil die Ruhe der Stadt dabey in Gefahr kam. Der Rath hielt es daher für nöthig, ihnen beßwegen einen Wink zu geben, und gab ihnen zu bedenken, wie leicht bey der Menge der Katholiken und der Anhänger Harbenbergs, die ſich in der Stadt befänden, ein allzuraſches Verfahren von ihrer Seite gefährliche Folgen nach ſich ziehen könnte: zugleich aber verlangte er, daß ſie ihm doch erſt noch weitere Erläuterungen über einige Fragen geben möchten, die er ihnen ſchriftlich vorlegen ließ [415]. Aus dieſen Fragen muß man ſchlieſſen, daß der Magiſtrat jetzt ſchon einigen Verdacht gefaßt hatte, daß die Abſichten der Prediger weiter gehen möchten; denn er wollte jetzt voraus genauer beſtimmt haben: gegen wen ſie ihren Bann zu brauchen gedächten? und welche Würkungen ſie ihm beyzulegen gemeynt ſeyen [416]? aber dieß hatte er gewiß nicht erwartet, daß ſie ihm ſo offenherzig ihren ganzen Plan aufdecken würden, als es in ihrer Antwort auf dieſe Fragen geſchah.

In dieſer Antwort [417], die mit den folgenden dadurch veranlaßten Schriften eines der merkwürdigſten Aktenſtücke in der Bildungsgeſchichte des proteſtantiſchen Kirchenrechts ausmacht, nahmen es die Prediger gar hoch auf, daß der Magiſtrat nur die Abſicht zu haben ſcheine, ſie bey dem Gebrauch des Bannrechts einſchrän-
ten

---

415) S. Wagner S. 364.

416) Die zweyte Frage des Raths gieng dahin: Wie ſie es mit der Taufe von unehlichen Kindern, und mit der Taufe von ſolchen, deren Eltern katholiſch oder ſakramentiriſch ſeyen, und mit der Zulaſſung katholiſcher und ſakramentiriſcher Tauf-

zeugen zu halten geſonnen ſeyen?

417) Reſolutio und Erklärung etlicher Fragen, de ein ehrbar. Rath to Bremen eren Kerken-dinern, up de geſtellte unde avergegebene Kerkenordeninge vorgelegt heft. S. ebend. S. 365.

ten zu wollen; denn sie setzten voraus, daß die ihnen
vorgelegte Fragen zuletzt dahin führen sollten, und hielten es deßwegen für nöthig, ihre Ansprüche daranf zu
deduciren, noch ehe sie in die Beantwortung der Fragen
sich einliessen. "Wie — fragten sie — wie kann sich
„der Magistrat einfallen lassen, uns den Binde-Schlüs-
„sel nehmen zu wollen, da er uns ben Lös-Schlüssel
„lassen muß. Beyde gehören zusammen. Dünket ihm
„das zu hoch, so mag er es mit Gott ausmachen, der
„uns damit privilegirt, uns zu seinen Gesandten und
„Haushaltern über seine Geheimnisse gesetzt, und bey
„Vermeidung seiner Ungnade das ganze Predigtamt in
„allen Stücken zu üben, ernstlich befohlen hat. Wir
„dürfen und können uns daher die Ehre und Macht,
„die uns Gott gegeben hat, nicht nehmen lassen. Wir
„wollen ein ganzes und kein halbirtes Amt haben, und
„nicht in die Strafen fallen, welche den falschen Pro-
„pheten gedroht sind.

„Deßwegen mag sich aber auch der Rath wohl vor-
„sehen, daß er nicht seinerseits über das ihm von Gott
„gesetzte Ziel schreite, und in ein fremdes Amt greiffe.
„Der Obrigkeit hat Gott das weltliche Regiment gege-
„ben, aber die Kirche hat er durch das Predigtamt zu
„regieren, ihm vorbehalten. Wie es nun ein verdamm-
„licher Aufruhr, und eine Zerstörung des weltlichen Re-
„giments seyn würde, wenn die Lehrer der Kirche un-
„ter dem Schein einer geistlichen Würde sich in Dinge
„mischen wollen, die der Obrigkeit zustehen, so ist es
„ein weit mehr verdammlicher uno unleidlicher
„Aufruhr, und eine Zerstörung des geistlichen Regi-
„ments, die Gott nicht ungestraft lassen kann, wenn
„die Obrigkeit unter dem Vorwand der weltlichen Würde
„ihren Fuß in die Kirche setzt, und den Lehrern vor-
„schreibt, was sie für eine Kirchen-Ordnung

Theil II. 2. Hälfte.　　　U　　　„stellen?

„ſtellen? ob ſie ſcharf oder gelinde predigen ſollen? und
„wenn ſie ihnen in das Amt der Schlüſſel greift, daß
„ſelbe als eine Urſache des Aufruhrs verbietet, und
„Sünder und Läſterer öffentlich dagegen ſchützet.

„Auch liegt ja am Tage, daß die groſſe Noth der
„Bremiſchen Kirche mehr als jemahls eine ſtrenge Kir-
„chenzucht erfordert. Da ſind ſo viele hunderte ver-
„führter Seelen, von denen täglich einige in die Ewig-
„keit übergehen, und in ihrem Irrthum verderben, de-
„nen durch die Arzney des Banns hätte geholfen werden
„können. Iſt es recht, daß man dieſe lieber ewig ver-
„lohren gehen läßt, als daß man ſie mit dem Bann
„zeitlich betrüben, und zu ihrem Heyl bemüthigen will?
„Wie will man die grauſamen Läſterungen des Teſta-
„ments Chriſti verantworten, die in dieſer Stadt von
„den Sakramentirern täglich gen Himmel ſteigen, und
„weil ſie durch gebührliche von Gott geordnete Mittel
„des Banns und der weltlichen Acht nicht gehindert und
„geſtraft werden, um Rache über uns zu Gott ſchreyen?
„Viel eher iſt es daher zu befürchten, daß Gott einen
„Aufruhr über die Stadt verhängen werde, wenn man
„ſeiner Ordnung nicht folgt, als wenn man ihr nach-
„lebt?

„Zudem müſſen wir auch den Rath an ſeine eigene
„Zuſagen erinnern, wodurch er ſich verpflichtet hat, die
„Sakramentirer nicht zu dulden, und die alle gebrochen
„würden, wenn der chriſtliche Bann gegen ſie gehin-
„dert werden ſollte. Und wo bliebe die alte, vom Rath
„beſtätigte Kirchen-Ordnung, worinn der Bann aus-
„drücklich feſtgeſetzt iſt? und das chriſtliche Mandat,
„worinn den Sakramentirern gedroht wird, daß ſie an
„demſelben Tage, da man ſie entdeckt, aus der Stadt
„verwieſen werden ſollen? Und was würden Auswär-
„tige dazu ſagen, wenn ſie hören ſollten, daß dem Rath

„an

„an den verſtockten Sakramentirern ſo viel gelegen ſey,
„daß er, um ihrer zu ſchonen, den Bann gehindert
„hätte? Ob dieß nicht der ganzen Chriſtenheit ein gräu=
„liches Aergerniß geben, die Sakramentiriſche Sekten
„ſtärken, auch die Gunſt und die Fürbitten aller Gut=
„herzigen für dieſe Stadt abſchneiden würde, kann ein
„jeder leicht erachten. — Wir zweiflen alſo nicht, wenn
„der Rath Gott mehr als Menſchen fürchtet, ſo werde
„er unſere übergebene Kirchen=Ordnung mit Dank an=
„nehmen, beſtätigen, und uns bey der Ausübung des
„Banns gebührlich und väterlich ſchützen.”

Nach dieſem Eingang warfen ſie erſt dem Magi=
ſtrat ihre Antworten auf ſeine Fragen hin, denn ſie
warfen ihm jede mit einer trotzigen Kürze hin, die ihm
zugleich ſagen ſollte, daß er nicht nöthig gehabt hätte,
ſie mit ſeinen Fragen zu bemühen, weil ſich die Ant=
wort darauf von ſelbſt verſtünde.

Er hatte zuerſt gefragt: gegen wen? und bey wel=
chen Vergehungen ſie den Bann zu gebrauchen geſonnen
ſeyen? Darauf erklärten ſie, daß ſie damit gegen alle
ſo wohl in der Lehre irrende als ruchlos lebende in ihren
Kirchſpielen verfahren wollten, wobey ſie jedoch keine
päbſtliche Weiſe oder Affekten zu gebrauchen gedächten?

Die zweyte Frage des Magiſtrats war dahin ge=
gangen: ob ſie auch wohl mit ihrem Bann bürgerliche
nachtheilige Folgen verknüpft haben wollten? und be=
ſonders, ob ſie allenfals erwarteten, daß Perſonen, die
in weltlichen Aemtern ſtünden, durch ihren Bann auch
dieſer Aemter verluſtig werden ſollten? — Darauf äuſ=
ſerten ſie zuerſt mit ſcheinbarer Beſcheidenheit, daß ſie
den Bann, der allein dem Predigtamt, und die Acht,
die allein der Obrigkeit zuſtehe, eben ſo wenig als das
geiſtliche und weltliche Regiment vermiſchen wollten.

U 2   Sie

Sie könnten und wollten also durch ihren Bann weiter nichts ausrichten, als daß die Gottlosen aus der Gemeinschaft der Kirche ausgeschlossen und dem Teufel übergeben würden; die Acht aber und den grossen Bann müßten sie dem weltlichen Regiment überlassen, hingegen — setzten sie hinzu — müßten sie auch dem Rath sagen, daß er nach göttlichem und menschlichem Recht verpflichtet sey, gegen alle diejenige, gegen welche sie den Bann gebrauchen müßten, auch mit der Acht vorzufahren. Nach dem ausdrücklichen Befehl Gottes müßten alle Sünden eben sowohl leiblich als geistlich gestraft werden, und überdieß habe sich der Rath durch sein Mandat vom J. 1534. verbindlich gemacht, gegen alle Uebertreter der ersten Tafel unausbleiblich mit der Acht vorzugehen, also dürfe wenigstens wegen der Sakramentirer nicht erst gefragt werden, ob sie auch ihrer Aemter entsetzt werden müßten?

Auf die dritte Frage: wie sie es mit dem Begräbniß derjenigen halten wollten, welche vielleicht in ihrem Bann sterben würden? antworteten sie endlich am kürzesten; es verstehe sich von selbst, daß ein Verbannter nicht auf dem Kirchhof begraben, sondern ohne Klang und Gesang, ohne Begleitung und ohne eine andere Feyerlichkeit nur auf dem Felde, wie ein Vieh, eingescharrt werden dürfe [418]). Aber daraus, — setzten sie jetzt

---

418) Sie führten dabey den alten barbarischen Spruch an: Sicut vixit, ita morixit, sine lux, sine crux, sine Deus. Aber es ist der Mühe werth, auch ihre Erklärungen über die Fragen wegen der Taufe wenigstens in der Note hier anzuführen. Diese giengen kürzlich dahin, daß sie zwar weder unehlichen Kindern noch solchen, die von papistischen oder sakramentirischen Eltern gebohren seyen, die Taufe versagen wollten, aber dafür fest entschlossen seyen, weder Papisten noch Sakramentirer als Gevattern zuzulassen. Leute dieser Art könnten ja weder beyen noch zeugen, noch die Kinder im Katechißmus unterrichten; daher würden sie unfehlbar jeden Papisten und Sakramentirer zurückweisen, und lieber

jetzt zum Schluß hinzu — erhellt am deutlichsten, wie
„geringschätzig überhaupt die vorgelegte Fragen und
„Scrupel sind. Und doch wird deßwegen ein so nöthi=
„ges und christliches Werk, als der Bann ist, gehin=
„dert, und damit die Ehre einiger gottlosen Leute ge=
„schont werde, will man mit dem Amt der Schlüssel
„Gottes Ehre schänden, und von den Sakramentirern
„mit Füssen treten lassen. Meynt der Rath, dadurch
„Friede zu erhalten, so wird ihm das gewiß nicht ge=
„lingen, sondern es wird ihm gehen, wie dem König
„Ahab I. Reg. XX. und Gott wird Krieg, Aufruhr
„und alles Unglück über die Stadt bringen. Solches
„Uebel aber dürfen wir Lehrer des Worts durch unser
„Betragen nicht fördern helfen. Will uns daher der
„Rath bey der Ausübung unseres Amts nicht schützen,
„so müssen wir doch zu Rettung unseres Gewissens ohne
„weiteren Verzug thun, was recht ist. Wird uns
„aber das Amt darüber genommen, so schüttlen wir den
„Staub von unseren Füssen, und ziehen davon.”

Diese Antwort mußte dem Rath vollends die Augen
öffnen, denn es wurde daraus gar zu merklich, worauf
es die Prediger angelegt hatten. Zunächst schien zwar —
und dieß mochte man auch wahrscheinlich den vertrau=
teren Gliedern des Raths im Vertrauen eröffnet haben—
ihr ganzer Plan nur darauf berechnet, die Anhänger
Har=

lieber selbst bey allen Kindern
die Pathen=Stelle übernehmen.
Könnten sie nicht viel Pathen=
Geld geben, so wollten sie desto
eifriger für den Täufling beten,
womit ihm wohl mehr als mit
dem Geld gedient seyn sollte.
Wollten aber deßwegen papisti=
sche oder sakramentirische Eltern
ihre Kinder ungetauft aus der

Kirche tragen lassen, so wollten
sie es dem Rath anzeigen, der
darauf Anstalten machen müßte,
daß sie von Amtswegen zur
Taufe gebracht würden. Wenn
sich aber der Rath nicht darauf
einlassen wollte, so bliebe ihnen
nichts übrig, als zu protestiren
und ihre Unschuld zu bezeugen.

Hardenbergs, die noch in öffentlichen Aemtern ſtanden, aus dieſen zu verdrängen. Er mochte wohl vorzüglich auf den Bürgermeiſter von Büren gemünzt ſeyn, den die Prediger zuerſt in den Bann thun wollten, damit er wenigſtens von der Regierung, an welche er im nächſten Jahr kommen ſollte, ausgeſchloſſen werden könnte; allein ſo ſehr auch dem gröſſeren Theil des Raths damit gedient war, und ſo entſchloſſen er damahls ſchon ſeyn mochte, die Ausſchlieſſung Bürens auf irgend eine Art einzuleiten, ſo fand er doch, daß man auf dieſem Weſ= ge mehr als auf jedem andern dabey wagen würde. Man ließ daher dem Miniſterio eine Reſolution [419]) zugehen, worinn ihm zwar der Rath mit ſehr viel Sanftmuth und Herablaſſung, aber auch mit ſehr de= terminirter Feſtigkeit die Beſtätigung ſeiner neuen Kir= chenordnung in Beziehung auf die neue Kirchenzucht verweigerte, die dadurch in Bremen eingeführt werden ſollte. Es ſey ihm, ſagte der Magiſtrat, nicht bekannt, daß D. Luther, durch den doch zuerſt gute Ordnung in die Kirche eingeführt worden ſey, eine ſolche ſtrenge Zucht in den Fällen, worinn ſie die Prediger ausgeübt haben wollten, und viel weniger an einer ganzen Menge ausgeübt hätte, wiewohl er doch in Wittenberg auch genug Mängel und Gebrechen angetroffen habe. Sie wüßten auch nicht, daß von Anfang der Reformation an biß jetzt den Pre= digern dergleichen Gewalt in einem Lande eingeräumt, oder eine ſolche Härte in Gebrauch gekommen wäre, we= nigſtens habe ſie in Bremen und in den benachbarten Städten niemahls Platz gehabt. Es würde ſich alſo auch keineswegs ſchicken, daß Bremen allein vor allen andern Bekennern der Augſp. Konfeſſion eine ſolche un= gewöhnliche ſcharfe Diſciplin ohne ihrer Nachbarn und

Freunde

---

419) Endlicher Beſcheed des
Erbaren Rades to Bremen üp
örer Kerkendener avergevene Kers=
kenordninge und Reſolution. S.
Wagner 371.

Freunde Vorwiſſen, Rath und Zuſtimmen haben ſollte,
denn falls unangenehme Folgen daraus entſtünden, würde
man ihnen gewiß Einfalt und Vermeſſenheit vorrücken,
und ſchwehrlich möchten ſie ſich hernach gegen dieſe Vorwürfe ſattſam zu verantworten im Stand ſeyn. In
Anſehung des Binde-Schlüſſels könne alſo der Rath
den Predigern nicht mehr bewilligen, als daß ſie, wie
bißher, die Freyheit haben ſollten, Sünden zu ſtrafen
und Irrthümer zu widerlegen. Sie möchten auch diejenige, welche nicht freywillig zur Beichte und Abſolution, oder zum chriſtlichen Unterricht kommen wollten,
insgemein ohne Benennung der Perſonen zu Folge der
alten Kirchen-Ordnung als abgeſchnittene Glieder der
Kirche erklären, und ſie als ſolche halten, biß ſie ſich
bekehren. Auch wolle der Rath mit dem Miniſterio
gern darüber halten, daß inskünftige niemand zum Abendmahl gelaſſen werde, er habe ſich denn zuvor bey einem
Prediger gemeldet und gebeichtet. Finde hernach dieſer
ihn unwürdig, ſo möge er ihm die Abſolution verſagen,
und ihn vom Abendmahl ausſchlieſſen, biß er ſich ge-
beſſert oder ſo erklärt habe, daß man damit zufrieden
ſeyn könne; dieß ſey aber auch das äuſſerſte, was der
Rath den Predigern einräumen könne [420]. "Und wie
„wohl wir dann hoffen — ſo ſchloß ſich der Beſcheid —
„es werde der Herr Superintendent ſich damit beruh-
„gen,

---

420) Die Abweiſung papiſtiſcher und ſakramentiriſcher Gevattern fand der Rath eben ſo
bedenklich, und "ermahnte da-
„her den Herrn Superintenden-
„ten und ſeine übrige liebe Pa-
„ſtores und Prediger inſtändigen
„Fleiſſes, chriſtlich, freundlich
„und ganz dienſtlich, ſie möchten
„doch ſolche Gevattern nicht ab-
„weiſen, ſondern vorher die
„Leute in ihren Predigten beleh-

„ren, was ſie für Gevattern
„nehmen ſollten, ſo würde man
„ſich allmählig ſchon darnach rich-
„ten. Würde ſich aber jemand
„doch nicht belehren laſſen, ſo ſeyen
„ſie ja hernach in ihrem Gewiſ-
„ſen und vor der Gemeinde von
„aller Schuld rein, und könnten
„es nun einem jeden zur eige-
„nen Verantwortung überlaſſen."
S. Salig S. 786.

„gen, ſo bitten wir doch auch ernſtlich und freundlich,
„den ehrwürdigen unſeren lieben Vater und Senior
„Herrn Jacob Probſt, als einen, der dieſer Kirche mit
„aller Treue lange gedient, mit uns aufgewachſen, viel
„gutes und quabes mit uns ausgeſtanden, und dieſer
„Stadt Beſchaffenheit und die Gemüthsart der Einwoh-
„ner viel beſſer kennt, als der Herr Superintendent, der
„erſt neulich hiehergekommen iſt, er wolle doch denſel-
„ben davon unterrichten, ihm den groſſen Unterſchied
„zwiſchen dieſer Stadt und Gemeine, und den Oertern,
„wo er bißher gelebt hat, begreiflich machen, und ihn
„vor den Gefahren warnen, worein er ſich und ſie alle
„durch ſein vorhabendes Betragen ſtürzen würde. Wäre
„es aber, daß er ihm hierinn nicht folgen wollte, ſo
„ermahnen wir ihn und die ſämmtliche Prediger chriſt-
„lich und ernſtlich, daß ein jeder für ſeine Perſon nicht
„in Vergeſſenheit ſtelle, wozu er dem Rath und ſeiner
„Gemeine verpflichtet iſt.”

Daburch erhielt auch der Magiſtrat wenigſtens ſo
viel, daß die Prediger darein willigten, ſich um ſeiner
Kleinmüthigkeit willen ihres Banns-Rechts noch eine
Zeitlang zu enthalten; aber ſie erklärten ihm dieſen Entſchluß mit einer Inſolenz, die am bedenklichſten für ihn
ſeyn mußte, denn ſie kündigte am deutlichſten an, wie
gut ſie es wußten, und wie gewiß ſie darauf zählten,
daß er ſich in ſeiner gegenwärtigen Lage nicht mit ihnen
abwerfen dürfte. "Leyder! — antworteten ſie[421] —
„hätten ſie aus ſeinem Beſcheid erſehen, was ſchon vor-
„her allenthalben ſtadtkundig geweſen ſey, daß der Bre-
„miſche Magiſtrat die Sakramentirer ſchüzte, und den
„Predigern das Eifern gegen dieſelbe verbieten wollte.

„Das

421) S. Antwort der Ker-
tendener to Bremen up des ehrbaren Rades to Bremen entlü-
len Geſchedt van erer avergege-
vene Kerkenordeninge und Reſolution bey Wagner S. 375.

„Damit hätte er nun seinen Aufruhr gegen das geistliche
„Regiment öffentlich erklärt, der Gott dem Herrn am
„unleydlichsten sey; aber eben dadurch würden die Pre-
„diger desto stärker gedrungen, ihm zu sagen, daß sie
„in ihrem Amt keiner menschlichen Gewalt weichen dürf-
„ten, und ihn vor den Folgen zu warnen, denen er
„sich aussetzte. Jetzt hätten wohl dem Ansehen nach
„die Herren des Bremischen Raths ein sehr weites Ge-
„wissen; aber wie würden sie in ein Mäuseloch kriechen,
„wenn einst Christus, als Richter sie fragen würde:
„Wer hat euch befohlen, meinen Kirchendienern in ihr
„Amt zu greifen, das heilige Ministerium zu stümm-
„len, und den gotteslästerlichen Sakramentirern den
„Rücken zu halten? O wehe! lieben Herrn! wie wird
„es da gehen? — Wollte man ihnen D. Luthers Exem-
„pel vorhalten? — Der hätte, wie Simon Musäus
„während seines Aufenthalts in Wittenberg selbst er-
„lebt, den Hauptmann zu Wittenberg Hans Metschen,
„wegen Unzucht, einen Barbier wegen einer Magd,
„Lemnium wegen seiner schändlichen Verse, den Herzog
„Georgen, den Erzbischof von Maynz und andere mit
„Nahmen auf der Kanzel verbannt und dem Teufel über-
„geben, und weil der Rath das Studenten-Gassiren
„in der Nacht und das Umdrehen im Tanz nicht weh-
„ren wollen, so sey er gar eine Zeitlang von Wittenberg
„gewichen, und schelte in seinen Büchern die Obrigkei-
„ten für mancipia Satanae, die den Bind-Schlüssel hin-
„derten. Wollte sich der Rath nach andern Ländern
„und Städten richten, so möchte er nur fragen, wie
„stattlich die Excommunikation in den Fürstenthümern
„Schleßwig und Holstein, in Dännemark, in der Graf-
„schaft Mansfeld, im Anhaltischen, im Hoyischen, und
„in den Städten Magdeburg und Braunschweig im
„Schwang erhalten würde. Dieß hingegen müßte und
„dürfte man gar nicht achten, wenn Gefahr, Lärm und

U 5 „Tumult

„Tumult aus dem Bann entſtünden, oder wenn Freunde,
„Schwäger, Vettern durch die Exkommunikation in
„Verachtung kämen.　Genug, wenn nur die Seelen
„aus des Teufels Rachen gerettet würden! So hätte
„der Prophet Jonas die ganze Stadt Ninive exkommu-
, nicirt, und dieſe hätte darauf Buße gethan; ihre Ab-
„ſicht aber gehe nicht einmahl ſo weit, daß ihr Bann
, alle Verführte und Gottloſe in der Stadt, ſondern
„nur die Hauptleute und Fähndriche treffen ſollte, da-
„mit ſich die andere daran ſpieglen könnten.　Dabey
„aber würden ſie ihren Herrn Superintendenten nie-
„mahls fallen laſſen, ſondern ſämmtlich bey ihm ſtehen
„und ihm gehorchen, denn ſie ſeyen keine Wetterhahnen,
„keine wankende Röhre, und keine Jaherrn, und wür-
„den eben daher auch niemahls zugeben, daß ihnen der
„Rath vorſchreiben dürfe, wie ſie ihr Amt zu verwal-
„ten hätten [422].　"Da es aber — ſo ſchloß ſich endlich ihre Antwort — "da es jedoch ſcheint, daß der Rath
„in unſere Einſichten und Urtheile nicht viel Zutrauen
„ſetzt, ſondern uns für junge, unerfahrne und hitzige
„Köpfe hält, ſo ſind wir zufrieden, daß die Ausſchlieſ-
„ſung von der Kirchengemeinſchaft ſo lange aufgeſchoben
„bleibe, biß man der benachbarten Kirchen und Theo-
„logen Urtheile eingeholt hat.　Und weil wir zu dieſer
„Zeit in der Nähe keine Gottesgelehrte kennen, die dieſe
„Sachen beſſer verſtehen und von den Mängeln der Bre-
„miſchen Kirche genauer unterrichtet ſind, als Mörlin
„und Heßhuß; ſo achten wir es zuträglich, und bitten
„daß

---

422) Am ungebärdigſten ſtellten ſie ſich darüber, daß man
ihnen die Abweiſung papiſtiſcher
und ſakramentiriſcher Gevattern
verwehren wollte.　"Daraus ſe-
„ben wir — ſagten ſie — daß uns
„der Rath immer mehr in un-
„ſer Amt greift, und uns auch
„das nehmen will, was wir biß-

„her ungehindert beſeſſen haben.
„Aber eher wollen wir alles ley-
„den, was über uns verhängt
„ſeyn may, dabey erklären wir
„dem Rath, daß wir fortan un-
„ſere Macht gegen die gottloſe
„Gevattern noch viel ſchärfer ge-
„brauchen werden, als bißher
„geſchehen iſt.

„daß der Rath, wie auch wir thun werden, an diese
„beyden schreibe, und ihr Gutachten darüber verlange:
„ob der Bann allhier ohne Schaden der Kirche, und
„ohne Verletzung des Gewissens gänzlich aufgehoben,
„oder auch nur eine Zeitlang aufgeschoben werden dürfe.
„Was sie uns dann aus Gottes Wort, beyderseits zur
„Antwort geben und rathen, das wollen wir unweiger-
„lich erfüllen. Mittlerzeit gedenken wir die anderen Ar-
„tikel unserer neuen Kirchen-Ordnung auf nächstkünfti-
„gen Sonntag zu publiciren, und dabey zu vermelden,
„daß E. E. Rath darob halten wolle.”

In dieser Provokation auf das Urtheil von Mörlin
und Heßhuß lag wohl zugleich die offenste Ankündigung,
daß die Prediger nichts weniger als geneigt seyen, ihre
Prätensionen auf das Bann-Recht würklich aufzugeben;
denn wie Mörlin und Heßhuß sprechen würden, dieß
wußte der Rath eben so gewiß, als die Prediger voraus. Doch bey dem Gang, in welchen er jetzt die Sachen einzuleiten beschlossen hatte, begnügte er sich, sie
nur dahin gebracht zu haben, daß sie ihm vor der Hand
durch ihr Zufahren nicht allzuviel verderben konnten,
und behielt sich wahrscheinlich vor, zu einer gelegneren
Zeit wegen des weiteren mit ihnen abzurechnen: allein
das Geschäft dieser Abrechnung kam bald — in andere
Hände, durch welche es nur desto besser betrieben
wurde.

Man darf nicht zweiflen, daß das Absehen der herrschenden Parthie im Rath eben so wie das Absehen der
Prediger zunächst [423]) auf den Burgermeister von Büren

423) Die Prediger verhelten
es ihrerseits gar nicht, denn Musculus sprach in allen seinen Predigten davon, daß man Ketzer
und Schwärmer nicht an das Regiment kommen lassen dürfe. Ein-

mahl fuhr er selbst in Bürens
Gegenwart heraus: "Heisset es
„in der Schrift: Wehe dem Lan-
„de, dessen Fürst ein Kind oder
„ein Unerfahrner ist! wie viel
„grösser ist die Gefahr, wo das
„Ober-

ren gerichtet war. Es war dieser Parthie fast noch mehr als den Predigern daran gelegen, ihn von der Regierung, an die er im nächsten Jahr kommen sollte, zu verdrängen, aber sie besorgte mit Recht, daß die eben so neue als gewaltsame Procedur, durch welche die Prediger es durchsetzen wollten, wo nicht ihren Zweck völlig verfehlen, doch eine Bewegung in der Stadt veranlassen könnte, deren Folgen sich nicht absehen liessen. Man beschloß daher von Seiten des Magistrats eine andere Vorkehrung dagegen zu treffen, und ließ in dieser Absicht den 3. Jan. 1562. ein neues Religions-Edikt [424]) öffentlich anschlagen, das mit weniger Gefahr gegen Büren gebraucht werden konnte.

In diesem Edikt kündigte der Rath der Bürgerschaft an, daß er der Schonung ein Ziel setzen müsse, womit er bißher die sakramentschänderische Anhänger Hardenbergs aus christlichem Mitleyd und in der Hoffnung ihrer Besserung in der Stadt geduldet habe. Da nehmlich Hardenbergs Lehre auf dem Krayßtage zu Braunschweig von den anwesenden Theologen als irrig erkannt, und er selbst als ein Sakraments-Schwärmer und Ketzer erklärt und aus dem ganzen Krayße verwiesen worden sey, da ferner einige Sonntage her seine Irrthümer von allen Kanzeln der Stadt zur Genüge widerlegt worden [425]), und da ein jeder, der noch weiteren Unterricht darüber verlange, ihn von den Predigern erhalten könne, so wolle es jetzt der Obrigkeit gebühren, sol-

dem

„Oberhaupt ein Gotteslästerer „ist.” S. Nothwendige Verantwortung D. 3.

424) Das Edikt ist gedruckt in der nothwendigen Verantwortung Beyl. Q. und in Grevens Memoria Eizenii Nr. 28

425) Musäus hatte sich mit den übrigen Predigern und wahr-

scheinlich auch mit dem Rath verabredet, daß sie vier Sonntage nach einander in allen Kirchen der Stadt vom Abendmahl predigen, Hardenbergs Irrthümer wiederlegen, und mit Nennung seines Nahmens jedermann vor seinen Meynungen warnen wollten.

chem schädlichen Unwesen nicht länger Raum zu geben,
sondern daffelbe nach äufferstem Vermögen zu dämpfen
und zu hindern, damit sie nicht Gottes Zorn, Leibes=
und Seelen=Verderben, und des Reichs Ungnade auf
sich und auf die Stadt lade. Damit aber der Rath
zeige, wie christlich und väterlich er gegen seine Bürger
gesinnt sey, so erkläre er zugleich, daß er denen, welche
ihren gefaßten Irrthum und was sie sonst vielleicht in
der Sache zu viel gethan, forthin nicht weiter verthei=
digen wollen, das Geschehene vergeben, und in Hoff=
nung ihrer Befferung sie noch eine Zeitlang in der Stadt
dulden und leyden wolle, jedoch nur unter dem Beding;
daß sich keiner von diesem Tage an mehr unterstehe.
Hardenbergs Person oder Lehre im Artikel vom Abend=
mahl heimlich oder öffentlich zu vertheidigen, und an=
dere darinn zu bestärken. Alle diejenige hingegen, die
sich nicht nach dieser Erklärung halten würden, sollten
nach dem Edikt vom J. 1534. behandelt werden.

Dieß Edikt vom J. 1534. [426) war aber zunächst
durch die Wiedertäufer und durch die Münsterische Auf=
tritte veranlaßt worden, welche um diese Zeit ausgebro=
chen waren. Im ersten Schrecken und Unwillen über diese
hielt man es nicht nur für sehr nothwendig, sondern
auch noch für sehr menschlich und schonend, wenn man
sich nur begnügte, sie überall zu verjagen; daher
machte man es auch in Bremen durch dieß Edikt zum
Gesetz, daß jeder, der sich in Worten oder Schriften
merken liesse, daß er von einem Irrthum der Wieder=
täufer angesteckt sey, noch an demselbigen Tage aus
der Stadt gebracht, und auf ewig aus ihren Mauren

und

---

426) Dieß Edikt ist der ersten, in der Bremischen und Verdi=
von Joh. Timann verfaßten Bre= schen Bibliothek B. 1. Stück 2.
mischen Kirchen=Ordnung ange= p. 44.
hängt; aber es findet sich auch

und aus ihrem Gebiet verwieſen werden ſollte. Aber mit den Wiedertäuſern hatte man damahls in dem Edikt — vielleicht ohne eine beſondere Veranlaſſung, ſondern bloß aus Gewohnheit — auch die Sakramenti= rer zuſammengeſeßt, und dieß glaubte man jeßt eben ſo leicht als ſcheinbar benußen, und doch dabey noch das Anſehen der gröſten Mäſſigung behalten zu können. Allem Anſehen nach hatte man ſich nehmlich bloß vor= geſeßt, es allein gegen Büren und die wenige ^{427}) Rathsglieder, die noch zu ſeiner Parthie gehörten, und nicht einmahl gegen dieſe nach ſeiner ganzen Strenge, ſondern nur ſo weit anzuwenden, als zu ihrer Aus= ſchlieſſung von der Regierung nöthig war. Wenigſtens machte man den Verſuch nur ſo weit: aber er gelang nicht einmahl ſo weit, und veränderte durch ſein Miß= lingen in einem Augenblick die ganze Lage der Partheyen mit dem ganzen Zuſtand der Stadt.

Acht Tage nach der Publikation des neuen Reli= gions = Edikts, den 11. Jan. ſollte der Regiments= Wechſel, oder die Raths= Aenderung vor ſich gehen; Büren ſelbſt aber hatte ſchon dafür geſorgt, daß man dabey von dem Edikt keinen Gebrauch gegen ihn machen konnte, denn er hatte eine ſtarke Proteſtation dagegen eingelegt, worinn er den Freund und den Anhänger Har= denbergs gar nicht verläugnete ^{428}). Dieß benußte man

---

427) Auſſer Büren gehörten nur noch zwey Raths Glieder zu Hardenbergs Parthie, denn von den fünfen, die ehmahls dazu gehört hatten, war einer geſtor= ben, und der Rathsherr Vas= mer war wegen des Proceſſes, den man ihm wegen des von ihm mißhandelten Predigers ma= chen wollte, auf einige Zeit aus der Stadt gewichen.

428) Das Edikt war von der Majorität des Raths ſo einſeitig entworfen worden, daß Büren und ſeine Freunde nicht eher et= was davon erfuhren, biß es den 3. Jan. in der Raths= Verſamm= lung vorgeleſen wurde. Sie ba= ren darauf zuerſt nur, daß man ihnen eine Abſchrift davon mit= theilen, und den Beſchluß darü= ber einige Tage aufſchieben möch=

man aber nur als Vorwand zu einem Antrag, der das
Ansehen der höchsten Billigkeit hatte, denn man erbot
sich, ihn und seine Freunde zum Regiment zu lassen,
wenn sie sich nur verpflichten würden, alle Religions-
Sachen dem ganzen Rath zu überlassen, so lange sie sich
nicht von Hardenberg und von der Anhänglichkeit an
seine Meynungen lossagen wollten [429]). Doch es war
leicht vorauszusehen, daß Büren diesen beschimpfenden
Vergleich nicht eingehen, sondern darauf bringen würde,
daß ihm das Amt mit allen verfassungsmässigen Rechten, und mit der ganzen Gewalt übergeben werden
müsse, welche die Gesetze dem präsidirenden Bürgermeister einräumten. Dieß war es auch was er that, indem er sich darauf berief, daß man sich ehmahls nicht
geweigert habe, selbst katholische Raths-Glieder ohne
Bedingung zum Regiment zu lassen, so oft es ihnen der
Ordnung nach zugekommen sey; da aber die andere
Parthie eben so hartnäckig [430]) auf ihrer Bedingung
bestand, und auch die sehr billige Vergleichs-Vor-
schläge, die ihr vom Erzbischof und von dem Domcapitel
vorgelegt wurden, trotzig verwarf [431]), so würde freylich

te, und erst nachdem ihnen dieß
verweigert wurde, legten sie ihre
Protestation dagegen ein. S.
Wagner S. 379.

429) Man verlangte von ihm
einen Revers, daß er sich der
Kirchen-Administration und aller das Predigtamt betreffenden
Sachen gänzlich begeben, und
mit der Regierung in bürgerlichen und politischen Sachen zufrieden seyn sollte.

430) Die andere Parthie behauptete, daß es sich mit jenen
katholischen Raths-Gliedern ganz
anders verhalten habe, denn bey
diesen hätte man die Hoffnung
gehabt, daß sie allmählig zu der

Erkenntniß der Wahrheit kommen dürften, wie es auch würklich geschehen sey; jetzt aber sollte
das Regiment an Leute übergeben werden, die von der erkannten Wahrheit wieder abgefallen
seyen.

431) Eine Erzbischöfliche Gesandtschaft und eine Deputation
von den Landständen war gerade
damahls in der Stadt, um mit
dem Magistrat wegen einer andern Angelegenheit zu unterhandlen; da aber dieser Handel dazwischen kam, so setzten sie jene
sogleich beiseit, um zwischen Büren und dem Rath zu mitteln.
Sie machten diesem den Vorschlag,

lich ſeine von ihr abgezweckte gänzliche Ausſchlieſſung
durchgeſetzt worden ſeyn, wenn er ſich jetzt nicht den Gebrauch anderer Mittel zu Behauptung ſeiner Rechte
erlaubt hätte. Allein den 19. Jan. ließ ſich Büren mit
einem Gefolge von der Bürgerſchaft auf das Rathhaus
begleiten, das in wenigen Augenblicken dem Rath ſeine
Einwilligung zu ſeiner unbedingten Zulaſſung abzwang,
und brey Tage darauf fand er es nicht ſchwehrer, ihm
auf die nehmliche Art auch die förmliche Beſtätigung eines Vertrags abzudrängen, durch welchen das Verfahren, das in der Religions-Sache beobachtet werden
ſollte, regulirt wurde.

Man wird gern glauben, daß dabey von Seiten
Bürens und ſeiner Freunde etwas mehr als bloße Ue-
berredung gebraucht wurde: man hat aber auch um ſo
weniger nöthig zu läugnen, daß etwas von Zwang und
Kompulſion mit unterlief, da ſich immer noch ſehr ſcheinbar zweiflen läßt, ob dieſe Kompulſion, an welcher offenbar die Majorität der Bürgerſchaft Antheil nahm,
unter den vorliegenden Umſtänden verfaſſungswi-
drig 432) war. Ueberdieß kam es doch zu keiner ge-
walt-

ſchlag, daß man Büren das Regiment unbedingt übergeben ſollte,
wobey ſich aber der Erzbiſchof
und das Domcapitel verbürgen
wollten, daß er in Religions-
Sachen nichts ändern ſollte, wenn
nur die Prediger ihr Schimpfen
über ihn und Hardenberg bleiben
lieſſen. Auf ihr Zureden wollte
ſich zuletzt Büren ſogar zu der
bedingten Annahme des Regi-
ments verſtehen, wenn nur das
letzte illegale Edikt vom 3. Jan.
wieder aufgehoben, oder ſeine
Vollziehung wenigſtens biß auf
ein weiteres Erkenntniß der
Stände Augſp. Konfeſſion aus-

geſetzt würde. Allein der Rath
verwarf alle dieſe Erbietungen,
und ſeine Deputirte verhielten es
nicht einmahl, daß alles bloß
auf die Ausſchlieſſung Bürens
angelegt worden ſey; denn der
Burgermeiſter Eſſig ſagte es öffentlich in der Verſammlung der
mittlenden Geſandten, daß es ihnen gar zu beſchwerlich falle, mit
ihren Feinden in Rathſchlägen
zu ſitzen. S. Nothwendige Verantwortung §. 4.

432) Nach den Berichten der
Raths-Parthie waren es mehr
als 4000 Bürger, welche Büren
auf das Rathhaus begleitet, und
dieſes

●altsamen 433) Handlung; daher konnte man auch in der Folge sehr scheinbar vorgeben, daß der Rath bloß durch die etwas starke Erklärung von dem fast einstimmigen Willen der Bürgerschaft zum Nachgeben bewogen worden sey 434). Indessen wird man doch nicht irren,

dieses zum Theil besetzt hatten. Diesen Umstand läugneten auch die Freunde Bürens nicht ab; aber sie behaupteten dabey, daß weder Büren noch die Bürgerschaft einigen Ungestüm, Bedrängung oder Dräu=Worte sich erlaubt hätten, und noch weniger mit einigen Waffen auf das Rathhaus gekommen seyen. Von Waffen wird auch in den Gegenberichten nichts erwähnt, doch wozu hätten sie auch bey ihrer Anzahl Waffen bedurft? In einem Notariats=Instrument, das Löscher vor sich hatte, wird zwar erzählt, "daß der mit Beilen „und Büchsen bewaffnete Pöbel „mit unnützen Worten weydlich „um sich geworfen, und den Raths= „herrn gedroht habe, wenn sie „sich nicht mit Büren verglei= „chen wollten, so sollten sie ihre „Füße nicht lebendig vom Rath= „haus tragen, sondern man woll= „te sie in Stücken hauen, und „zum Fenster herauswerfen." allein dieß Akten=Stück sieht gerade so aus, als ob es von dem ehrlichen Notar herrührte, der das schöne Instrument über die wiedertäuferische Predigt Hardenbergs aufgesetzt hatte. Daß sich indessen die Bürger auch hin und wieder etwas entfallen lassen mochten, das auf die Rathsherrn mehr Eindruck machte, als Bürens Vorstellungen — läßt sich leicht glauben. S. Löscher Th. II. S. 259.

Theil II. 2. Hälfte.

433) Es kam zu keiner gewaltsamen Handlung gegen den Rath; aber der Prediger Bockheister, der zufällig oder absichtlich in den unter dem Rathhaus versammelten Haufen hineinkam, wurde mit einem Koth= und Stein=Regen bewillkommt, und seine Frau, die vielleicht ihre Zunge allzu unbedachtsam gebrauchte, bekam auch etwas ab. Doch Löschers Notar erzählt selbst, daß nur die zusammengelaufene Weiber und Kinder, und nicht die Bürger, daran Theil gehabt hätten: Bockheister aber war unter allen Bremischen Predigern derjenige, der es mit Schimpfen und Toben über Hardenberg und seine Anhänger am wildesten getrieben hatte.

434) Nach den eigenen Berichten der Gegenparthie muß man den Schluß machen, daß kaum 300 Bürger gegen Büren und Hardenberg waren, und die übrigen alle das Verfahren, das man gegen sie beobachtet hatte, für ungerecht und verfassungswidrig hielten. Diese überwiegende Majorität gab würklich der Sache ein weniger illegales Ansehen, aber alles, was von dieser Art dabey war, schien vollends durch die Art verdeckt zu werden, womit sich zuletzt die Gegenparthie zum Nachgeben verstand So bald man ihr den Schluß abgedrungen hatte, daß Büren zur Regierung gelassen werden sollte,

X

gab

irren, wenn man dem Bewußtseyn, das Büren selbst von dem etwas regellosen Gang der Sache hatte, auch einen Antheil an der höchst-vorsichtigen und musterhaft-klugen Mässigung zuschreibt, die er in allen seinen weiteren Bewegungen blicken ließ. Doch aus welcher Quelle auch diese bey ihm entsprungen seyn mochte, so war sie in Beziehung auf mehrere der Menschen, gegen welche er sie äusserte, noch eben so gewiß höchst verdienstlich, als sie bey ihnen fruchtlos verschwendet war.

Einer der ersten Artikel des Vergleichs, zu welchem Büren den Magistrat nöthigte, betraf zwar die Abschaffung des neuen Religions-Edikts; aber er betrieb seine Abschaffung aus einem Grund, der sie weniger bedenklich machte, weil doch das alte Religions-Edikt vom J. 1534. dabey in seiner Kraft bleiben konnte und sollte. Er wollte nichts dagegen haben, daß man alle Wiedertäufer und Sakramentirer nach diesem Edikt aus der Stadt schaffen möchte, wenn sich welche darinn fänden; aber er behauptete, daß der Rath nicht das Recht gehabt habe, in seinem neuen Edikt Hardenberg und seine Freunde für Sakramentirer zu erklären, und am wenigsten durch den Schluß des letzten Krayßtags zu Braunschweig ein Recht dazu erlangt habe. Hardenberg — behauptete er, und die Behauptung war unabstreitbar — sey ja in diesem Krays-Schluß nicht verdammt, und nicht für einen Ketzer erklärt, sondern seine Entfernung aus der Stadt sey nur zu Verhütung weiterer

gab man einander die Hände, versprach sich gegenseitige Vergessenheit des Vergangenen, und gieng so ruhig auseinander, wie aus einer gewöhnlichen Raths-Sitzung. Die Ruhe in der Stadt wurde auch nachher durch nichts gestört, da Büren die vorsich-

tigste Maaßregeln zu ihrer Erhaltung getroffen hatte. Drey Tage darauf aber wurde der geschlossene Vergleich so feyerlich, als es Büren verlangte, von dem gesammten Rath und von einem Ausschuß der Bürgerschaft bestätigt und publicirt.

terer Unruhen räthlich gefunden worden; also habe sich
der Rath in seinem neuen Edikt mehr als die Krays-
Stände herausgenommen, und schon dadurch eine Nul-
lität hineingebracht, welche einen mehr als hinreichen-
den Grund zu der gerechtesten und gültigsten Protestation dagegen gegeben habe. Eben damit konnte Büren
auch einen zweyten Artikel des Vergleichs vollkommen
rechtfertigen, nach welchem den Predigern bey ernstlicher Strafe befohlen werden sollte, daß sie sich in Zukunft auf ihren Canzeln des Scheltens und Schmähens
über Hardenberg zu enthalten hätten. Auch die Forderung, daß Anton Grevenstein in sein Amt wieder eingesetzt werden sollte, konnte man bey den Umständen,
unter welchen seine Absetzung erfolgt war, nicht unbillig finden. Nur daran mochte vielleicht auch Leydenschaft einigen Antheil haben, daß er dafür auf die Entlassung von Musäus, und von einem andern Prediger
M. Vockheister bestand, den man auch erst kürlich von
Hildesheim nach Bremen geholt hatte. Doch wenn
man würklich Ruhe in der Stadt haben wollte, so mußte
man ja schlechterdings die Lärmer hinausschaffen; hingegen machte es Büren in einem eigenen Artikel des
Vergleichs selbst zum Gesetz, daß in Zukunft in Reli-
gionssachen nichts mehr ohne Einwilligung und Beystimmung der Bürgerschaft gehandelt und beschlossen
werden sollte [435]).

Mit gleicher Mässigung gebrauchte er aber auch die
Gewalt selbst, die in seine Hände gekommen war, sobald

---

435) Ausser diesen Artikeln
verlangte er nur noch, daß man
den wegen seines Handels mit
einem Prediger aus der Stadt
gewichenen Rathsherrn Waßmer
wieder zu dem seinigen kommen
lassen sollte; doch bestand er nicht

darauf, daß der Proceß gegen
ihn niedergeschlagen, sondern nur,
daß er ordnungsmäßig vor der
Appellations-Instanz an die er
ihn gebracht hatte, geführt werden müsse.

bald es die Noth erforderte, daß Gebrauch davon ge=
macht werden mußte. Dazu nöthigten ihn zuerſt die
Prediger, ſobald ſie ſich von der Betäubung, in welche
ſie durch die unerwartete Kataſtrophe verſetzt worden
waren, etwas erholt hatten. Im Zuſtand dieſer Be=
täubung hatten ſie bloß mit ſtarrem und ſtummem Aer=
ger der Volksbewegung in der Stadt zugeſehen. Ei=
nige Auftritte, die dabey vorfielen, mochten auch dem
Aerger etwas von Schrecken beygemiſcht haben, und
dieſer letzte, der wohl vorſchlagen mochte, zog die Folge
nach ſich, daß Muſäus und Bockheiſter, daß der neue
Elias oder Eliſa mit ſeinem Gehaſi in aller Stille die
Stadt räumten, ohne die Rotte Bürens durch Feuer
vom Himmel, oder durch Bären aus dem Walde ver=
zehren zu laſſen. Die übrige Prediger ſahen auch ihrem
Abzug noch ſtillſchweigend zu [436]), und fanden erſt
ihre Sprache wieder, nachdem der neue Zuſtand der
Dinge einige Zeit in der Stadt ſich befeſtigt hatte, ſo
wie ſich der entflohene Elias = Geiſt bey Muſäus und
Bockheiſter nicht eher wieder einfand, biß ſie aus dem
Stadt = Gebiet gekommen waren. Aber mit eben ſo viel
Klugheit als Feſtigkeit ſorgte Büren dafür, daß die eine
und die andere nichts mehr verderben konnten, wobey
er jedoch nicht einen Schritt weiter gieng, als die Noth
erforderte. Sobald die Prediger in der Stadt von ih=
rer wiedergefundenen Sprache Gebrauch machten, über
die

---

436) Nach dem Schluß des
Vertrags mit Büren und ſeiner
Parthie hatte man auch die Pre=
diger auf das Rathhaus gefor=
dert, und ihnen angedeutet, daß
ſie ſich entweder des Scheltens
und Schmähens über Hardenberg
und ſeine Meynungen, oder des
Predigt = Stuhls biß auf weite=
ren Beſcheid enthalten müßten.
Da man auf ihre Erklärung über
dieſe Alternative drang, ſo wähl=
ten ſie das letzte, wahrſcheinlich
in der Hoffnung, daß die tem=
poräre Suspenſion des Gottes=
dienſts einen Eindruck auf die
Bürgerſchaft und auf das Volk
machen ſollte, der zu ihrem Vor=
theil benutzt werden möchte; als
ſie ſich aber in dieſer Hoffnung
getäuſcht ſahen, fiengen ſie deſto
unbändiger über die vorgefallene
Auftritte zu toben an. S. Bre=
miſcher Gegenbericht S. 2.

die vorgegangene Veränderung zu schimpfen, so ließ ihnen der Rath vorläufig das Predigen verbieten, und als darauf zwölf von ihnen auf einmahl ihre Entlassung forderten, so nahm man sie sogleich bey ihrem Wort, zahlte ihnen ihre Besoldung, und gab jedem noch zum Reisegeld ein Geschenk auf den Weg.

Doch die Klugheit und Entschlossenheit Bürens siegte auch in dem schwehreren Kampf, den er jetzt noch zu bestehen, und sechs Jahre lang durchzufechten hatte. Da die Häupter der von ihm machtlos gemachten Parthie im Magistrat sich nach und nach überzeugt, und besonders aus der ganz ruhig gebliebenen Fassung des Volks bey dem Abzug der Prediger sich überzeugt hatten, daß sie in der Stadt nichts mehr ausrichten könnten, so faßten sie den schändlichen Entschluß, lieber die ganze Stadt der Gefahr ihres gänzlichen Untergangs auszusetzen, als die neue Ordnung der Dinge bestehen zu lassen. Die Mitglieder des Raths, welche zu dieser Parthie gehörten, entwichen nach dem Verfluß von drey Monathen, in welchen sie den Vertrag in der Hoffnung, ihn wieder umstürzen zu können, gehalten hatten, ohne eine weitere Veranlassung aus Bremen [437]), vertheilten

---

437) "Da alles — heißt es in dem Gegenbericht — "verglichen "und vertragen, und kein Theil "zu dem andern sich ichtes un= "gütliches zu befahren gehabt, "so sind die gewesene des Raths, "in der Palm= und Oster=Woche "einer nach dem andern, ohne "einiges, denn ihres eigenen ver= "letzten Gewissens Drangsal und "erheblicher Ursache, aus lauter "verbitterter Bosheit und "Anreizung ihrer Prädikanten "und Weiber, unversehens aus= "getreten, ihre Eyde, befohlene

"Aemter und Bürgerschaft selbst= "müthig verlaufen und verlassen, "und in solchem ihrem wieder= "rechtlichen verdächtigen Austritt "zu denen sich begeben, so mit "der Stadt Bremen ihrer vor= "nehmsten Privilegien halber in "rechtliche Kontradiktion und be= "sorgliche Weiterung gerathen, "und mit diesen sich eingelassen." Die vornehmste der ausgetrete= nen waren die drey Bürgermei= ster Lüder von Belmer, Deth= mar Künkel, und Johann Essig. Aber das schlimmste war, daß

X 3   einige

theilten ſich im Krayſe umher, und arbeiteten mit dem
raſtloſeſten Eifer, um dieſen gegen die Stadt in Bewe=
gung zu bringen. Es gelang ihnen auch bald — denn
ſie fanden an mehreren Oertern eifrige Gehülfen, und
die ausgetretene Prediger hatten ihnen ſchon überall vor=
gearbeitet — ein Ungewitter über die Stadt zuſammen
zuziehen, das ſie würklich an den Rand des Verderbens
brachte. Man ſprach laut von einem Kreuzzuge, der
jetzt eben ſo gegen das ſakramentiriſche Bremen, wie
ehmahls gegen das wiedertäufferiſche Münſter vorge=
nommen werden müſſe, und man machte auf mehreren
Seiten ernſthafte Anſtalten, dieſen Kreuzzug zu Stande zu
bringen. Die Hanſee=Städte, Hamburg und Lübeck
kündigten den Bremern alle Handels=Verbindungen auf.
Die Stadt Danzig belegte alle Bremiſche Schiffe, Kauf=
manns=Güter und Kaufmanns=Schulden mit Arreſt,
und mehrere andere Stände des Niederſächſiſchen und
Weſtphäliſchen Krayſes ſperrten allen Bremiſchen Bür=
gern ihr Gebiet, und ſchnitten, ſo weit ſie konnten, der
Stadt alle Zufuhr von Lebens=Mitteln und Proviant
ab. Dieſem Sturm ſetzte aber Büren und die mit ihm
verbundene Bürgerſchaft eine bewundeswürdige Stand=
haftigkeit entgegen, die von der allgemeineren Stim=
mung der letzten in der Religions=Sache ein eben ſo
unzweydeutiges, als rühmliches Zeugniß gab. Da=
durch wurden alle Unruhen im innern der Stadt verhin=
dert; die Gefahr hingegen, die ihr von auſſen drohte,
leitete ſich allmählig in den ordentlichen Rechts=Gang
eines Proceſſes ab, in welchen Büren die Sache bey den
Reichs=

---

einige von ihnen aus den Stadt=
Caſſen, die ihnen anvertraut wa=
ren, Gelder, und andere aus
dem Archiv Dokumente mit ſich
nahmen; denn bey dem Aus=
gang des Streits mußten ſie ſich
durch einen eigenen Artikel anhei=

ſchig machen, daß ſie den Reſt der
mitgenommenen Stadt=Gelder
mit eintauſend Bremer Mark,
wie auch alle mitgenommene
Briefe und Siegel, Bücher und
Regiſter der Stadt und Kirchen
treulich erſtatten wollten.

Reichs-Gerichten gebracht hatte, und dieser Proceß en-
digte sich im J. 1568. durch einen Vergleich, den seine
Gegner anzunehmen gezwungen wurden. Sie sahen
sich dabey genöthigt, auf den Wieder-Eintritt in ihre
Stellen und Aemter, welche sie verlassen hatten, Verzicht zu thun, um nur wieder die Aufnahme in die Stadt
zu erhalten [438]); in Betreff des Religions-Punkts
aber mußten sie sich mit der Declaration begnügen, welche die Burgermeister und der Rath der Kayserlichen
Kommission ausstellten, daß die Stadt bißher bey der
Augsp. Konfession und ihrer Apologie, bey der Bremischen Kirchen-Ordnung und bey dem Frankfurter Receß
verblieben sey, und noch ferner verbleiben wolle [439]).

Dieß

---

438) Wenn man den ausge-
tretenen Rathsgliedern die Re-
stitution ihrer Aemter bewilligt
hätte, so würden sie sich herzlich
gern viel früher zum Ziel gelegt,
und auch mit Aufopferung ihres
Religions-Edikts zum Ziel gelegt haben. Aber man hätte alsdann diejenige wieder absetzen
müssen, welche man an ihre Stellen gewählt hatte, und dazu
konnte sich die Bürgerschaft desto
weniger bewegen lassen, je länger sie mit der Wiederbesetzung
dieser Stellen gezögert hatte.
Sie mußten sich also ihrer bür-
germeisterlichen und rathsherrli-
chen Würden begeben, und erhielten mit der Freyheit, wieder
in die Stadt zu kommen, nur
die Versicherung, daß ihrer sonstigen bürgerlichen Ehre und Rechten kein Nachtheil daraus erwachsen sollte. Doch wurden zwey
von den ausgetretenen Raths-
gliedern, Hans von Hildesheim
und Joachim Louwen davon ausgenommen, weil der Rath erklärte, daß er sich nicht getraute,

sie gegen den Haß des Volks und
die Gewalt des Pöbels zu schützen, wobey ihnen aber alle ihre
Güter mit der Freyheit, sie zu
behalten oder zu verkaufen gelassen wurden; und diejenige von
den Ausgetretenen, welche in die
Stadt zurückkehren wollten, mußten sich der Demüthigung unterziehen, einen neuen Bürger-Eyd
in die Hände des regierenden
Burgermeisters abzulegen.

439) Schon in einem Bericht
an die erste von dem Kayser ernannte Kommission vom 1. Jul.
1562. hatten sich der Rath und
die Bürgerschaft darauf berufen,
daß ja seit dem Abzug Hardenbergs nicht das mindeste in Religions-Sachen von ihnen geändert worden sey. Die nehmliche Erklärung wiederholten sie
im J. 1563. vor einer andern
Kayserl. Kommission zu Goßlar
mit der Versicherung, daß auch
in Zukunft nichts geändert werden sollte. Zur Bestätigung dieser Versicherung erließ auch der
Rath unter dem 25. Jul. 1563.

X 4   ein

Dieß war der vorläufige Ausgang des besonderen Bremischen Sakraments-Streits, aber dieß war nur der Ausgang, den der Streit in Bremen erhielt; denn daß er auffer Bremen desto heftiger dadurch entflammt wurde, dieß wird man gewiß nicht unerwartet, und somit auch keinen der neuen Auftritte unerwartet finden, auf die man im nächsten Buch stossen wird.

ein neues Religions-Mandat, nach welchem er beständig bey der Lehre der Evangelischen und Apostolischen Schriften, bey der Augsspurg. Konfession, bey der Bremischen Kirchen-Ordnung vom J. 1534. bey dem Frankfurtischen Abschied bleiben und beharren, und dagegen keine Sekten gestatten noch dulden wolle, auch niemahls zu dulden geneigt gewesen sey. Allen Prädikanten in und auffer der Stadt wurde daher ernstlich aufgegeben, sich in Predigten und Ceremonien solchen symbolischen Schriften gemäß zu halten und überall keine Neuerung einzuräumen, jedoch auch des unnöthigen Disputirens, Lästerns und Condemnirens desjenigen, so noch keines Irrthums überzeugt, sich auf ihren Canzeln zu enthalten, als wodurch die Gemeinde Gottes mehr geärgert als erbaut würde. Die ausgetretene Raths-Glieder konnten auch in allen den öffentlichen und Privat-Schriften, welche sie um diese Zeit in ganz Deutschland

wider ihre Gegner verbreiteten, keine einzige Thatsache aufbringen, woraus sich nur der Verdacht, daß man in Bremen mit einer Veränderung des bisherigen Religions-Zustands umgebe, hätte beglaubigen lassen. Warum aber die letzte Kayserliche Kommissarien, durch welche endlich die Sache geschlichtet wurde, mit der Erklärung des Bremischen Raths, daß er bey der Augsp. Konfession und bey dem Frankfurter Receß bleiben wolle, sich so leicht begnügten, und sie zu der Sicherstellung des Religions-Zustands in der Stadt für völlig hinreichend hielten, dieß läßt sich am besten begreiffen. Die Kommission war ja mit dem Herzog von Braunschweig, auch dem Landgrafen von Hessen und den Churfürsten von Sachsen und Brandenburg aufgetragen, also gerade denjenigen von den protestantischen Fürsten aufgetragen, die an dem Schluß des Frankfurter Recesses den größten Antheil gehabt hatten.

Geschichte
der
proteſtantiſchen Theologie
von Luthers Tode biß zu Abfaſſung der
Konkordien-Formel.

Siebentes Buch.

Kapitel I.

An der Würkung, welche der Ausgang der Bremiſch-Hardenbergiſchen Händel hervorbrachte, hatten ein Paar andere mit jenen Händeln gewiſſermaſſen gleichzeitige Ereigniſſe einen ſo groſſen Antheil, daß ſie nicht übergangen werden dürfen, wenn die Würkung ſelbſt in ihr gehöriges Licht geſetzt werden ſoll. Beyde traten im J. 1559. ein; denn das erſte dieſer Ereigniſſe war die Streitigkeit, welche die Verjagung Heßhuſens aus der Pfalz nach ſich zog, und das andere war eine feyerliche Erklärung der Würtenbergiſchen Geiſtlichkeit auf einer Synode zu Stuttgardt, wodurch ſie die Ubiquitäts-Lehre für die Kirchen des Herzogthums ſymboliſch machte: Die Geſchichte von beyden kann aber kurz genug erzählt werden.

Im J. 1558. war Heßhuß [1]) von dem Churfürſten Otto Heinrich von der Pfalz auf die Empfehlung
von

---

1) Tilemann Heßhuß gebohren zu Weſel den 3. Nov. 1527.
S. Joh. Ge. Leuckfeld Hiſtoria Heshuſiana oder: hiſtoriſche Nach-

richt

von Melanchton und Chyträus [2]) als erster Professor
der Theologie zu Heydelberg und General-Superinten-
dent der Pfälzischen Kirchen angestellt worden; aber er
hatte noch kein halbes Jahr in Heydelberg gelebt, als
er sich schon auch hier wie an allen Oertern, wo er bißher gewesen war [3]), eine Menge von Feinden gemacht
hatte. Vielleicht darf zwar die Schuld davon nicht allein
ihm beygelegt, oder in seinem Betragen gesucht werden,
denn es ist sehr wahrscheinlich, daß es die Pfälzer auch
ihrerseits darauf anlegen mochten, mit dem Fremdling,
der als junger Mann von 31 Jahren die erste geistliche
Stelle im Lande davon getragen hatte, Händel zu bekommen; doch ist es dabey noch gewisser, daß er ihnen
durch mehrere Neuerungen, die er bey ihnen anfieng,
und noch mehr durch die stürmische, und insolente Art,
womit er sie anfieng, so wie durch seinen Uebermuth
überhaupt [4]) mehr Reizung und Anlaß dazu gab, als
sie

---

richt von dem Leben, Bedienun-
gen und Schriften Tilemanni
Heshusii etc. Quedlinb. 1716. in 4.
Adami Vitae Theologor. German.
p. 621.

2) Melanchton empfahl ihn
an Minkwiz, den Kanzler des
Churfürsten; Chyträus aber setzte
Marbach in Straßburg für ihn
in Bewegung. S. Fecht Thesaur-
epistol. P. II. p. 72. 78.

3) Im J. 1552. war er zu-
erst in Goßlar als Prediger angestellt worden, aber im J. 1556.
sah sich der Magistrat gezwungen,
ihn aus der Stadt zu schaffen,
weil er durch den wilden Ungestüm, womit er die Reformation
der noch in Goßlar vorhandenen
Kollegiat-Stifter und Nonnen-
Klöster durchsetzen wollte, die be-
deutlichste Bewegungen veranlaßt
hatte. In Rostock, wohin er jetzt
als Prediger an die Jacobs-Kir-

che vocirt wurde, hielt er sich
nicht einmahl ein ganzes Jahr,
denn hier wollte er es mit gleicher Gewalt durchsetzen, daß am
Sonntag keine Hochzeiten und
Gelage mehr gehalten werden
dürsten, und bekam darüber Händel mit dem Magistrat, unter
denen er die Frechheit so weit
trieb, daß er den regierenden
Burgermeister nahmentlich und
öffentlich in den Bann thät. Diese
Frechheit zog aber sogleich seine
Absetzung und Verweisung aus
der Stadt nach sich. S. Hei-
neccii Antiquitat. Goslariens. p.
502. Hamelmanni Opera Historica p 872. Grape Evangelisches
Rostock p. 529.

4) Die Beweise und Proben
dieses Uebermuths, welche sein
Gegner Klebiz in der Haupt-
schrift, die er in der Folge
herausgab, der Welt vorlegte,
mögen

sie gewünscht haben mochten. Daburch wurde vorzüglich der vielleicht nicht geringere Stolz eines bamahligen Heydelbergischen Diakonüs, Wilhelm Klebiz [5]) so heftig aufgebracht, daß er sich bey mehr als einer Gelegenheit bem Superintendenten in den Weg stellte; Heßhuß aber ließ sich burch seine gekränkte Eitelkeit biß zur Wuth fortreissen, ba es ihm nicht so leicht, als er gehofft hatte, gelingen wollte, den Diakonuß durch sein blosses Ansehen zu erbrücken. Man kann sich also vorstellen, was die Händel, die zwischen ihnen ausbrachen, für einen Gang nahmen: den Vorwanb dieser Händel nahm aber Heßhuß von der Nachtmahls-Lehre her, in welcher er ben Diakonus einer Abweichung von der ächten lutherischen Lehre, und des Abfalls zum Kalvinißmus beschulbigte. War es doch um die nehmliche Zeit bem Prediger

mögen allerbings etwas übertrieben, unb die Neuerungen, die er ihm schulb gab, von der gehässigsten Seite bargestellt seyn; wenn man aber auch noch so viel abrechnet, unb sich nur an die simple Facta hält, so bleibt immer noch genug zurück, wobey Heßhuß als der insolenteste lutherische Pabst erscheint. Doch von dem Mann, der sich selbst den Titel eines Generalissimus aller Superintendenten in der Pfalz beylegte, kann man wohl erwarten, daß er sich auch alles, was ihm sein Gegner in der folgenden Stelle ins Gesicht sagt, würklich erlaubt haben mag. "Tu, „ut Papatum tuum erigeres, man„datum publicari curasti, ne ulli „Superintendenti speciali potestas „esset, ministrum vel recipiendi „vel dimittendi, sed hoc totum „tuae Sanctitati, et tibi, ut Ge„nerali, deferri voluisti. Quic„quid agebant speciales, non „Cancellariae ab illis, sed tibi „soli, ut supremo Pontifici vole

„bas referri et indicari. Res à „Superintendentibus judicatas so„lus et non cum Collegio congre„gato determinare voluisti. Quo„ties collegium fuit congregatum, „Papa supra Concilium esse. Quo„tiis ministri essent examinandi, „solus examinator, ac nos tan„tum Auditores et spectatores „esse voluisti. Cum homo juve„nis esses, et nullius experien„tiae, unum Soloecismum post „alium commisisti!" — S. Wilhelmi Clebitii Victoria Veritatis, et ruina Papatus Saxonici: sive responsio necessaria ad argumenta D. Tilemanni Heshusii etc. Friburgi. 1561. 4.

5) Daß auch Klebiz ein ehrgeiziger und unruhiger Kopf war, der sich nicht wohl befand, wenn er nicht in irgend einen Handel verwickelt war, dieß konnten und wollten selbst seine Freunde nicht ldugnen. So schilberte ja Zanchius selbst das ingenium Clebitianum Epist. P. l. p. 342.

ger Timann gelungen, seinen ungleich bedeutenderen
Kollegen Hardenberg durch diese Beschuldigung in den
schlimmsten Ketzer=Geruch zu bringen, was durfte also
nicht der Superintendent gegen den Diakonus damit aus=
zurichten hoffen?

Wenn den Angaben von Klebiz in seinen Streit=
schriften gegen Heßhuß einige Glaubwürdigkeit beyge=
legt werden dürfte, so würde herauskommen, daß Heß=
huß gegen seine bißherige Ueberzeugung bloß deßwegen
den Zeloten für die reine lutherische Nachtmahls=Lehre
zu spielen angefangen hätte, um Klebiz verketzern zu
können, mithin seinen Eifer dafür bloß geheuchelt hätte,
um einen Anlaß zu seiner Verfolgung zu bekommen.
Klebiz berichtet, daß er sich in der ersten Zeit seines
Aufenthalts in Heydelberg mehrere Aeusserungen habe
entfallen, und zwar öffentlich entfallen lassen, aus wel=
chen sich höchst deutlich ergab, daß er wenigstens der
lutherischen Unterscheidungs=Bestimmung von einer
würklichen Gegenwart des Leibes Christi unter dem
Brodt nicht allzugeneigt sey [6]), wodurch man auch Ur=
sache genug zu der Vermuthung bekam, daß er wohl
über den ganzen Streit=Punkt in dieser Lehre die ge=
mässigte neuere Vorstellung Melanchtons und der Wit=
tenberger aufgefaßt haben möchte. So empörend schänd=
lich auch das Licht ist, in welchem dabey der Charakter
von Heßhuß erscheint, so läßt sich doch nicht verhelen,
daß die Beschuldigung noch durch andere Anzeigen sehr
viel

---

6) "Heshusius Heidelbergae
publice coram ecclesia et privatim quoque condemnavit hanc
phrasin: *sub specie panis*: papisti-
cam eam penitus esse acclamans.
Simili modo et Apologiam in
Articulo Goenao docuit esse Pa-
pisticam, nam Canonem Grae-
cum transsubstantiationem asse-
rere aliquoties confessus est. Idem
die 4. Aug. 1559. hora secunda à
meridie in aedibus Comitis Eber-
hardi ab Erpach coram pluribus
damnavit phrasin ac propositio-
nem hanc: *Panis est essentiale
corpus Christi.*" S. die ange=
führte Schrift von Klebiz J. a. l.

viel wahrscheinliches erhält. Heßhuß hatte vor seiner
Ankunft in Heydelberg seine Gesinnungen in der Nachtmahls-Lehre noch niemahls öffentlich ausgelegt, aber
Heßhuß war unmittelbar von Wittenberg aus nach Heydelberg gekommen [7]), und durch die Verwendung Melanchtons dahin gebracht worden. Melanchton würde
ihn aber — dieß darf man sicherlich glauben — dem
Churfürsten von der Pfalz gewiß nicht empfohlen haben, wenn er ihn als Zeloten in der Nachtmahls-Lehre
gekannt hätte, denn bey der Kenntniß, die er sonst einerseits von dem feurigen, unruhigen und emporstreben-
den Geist des Mannes, und andererseits von den Gesinnungen der meisten Pfälzischen Theologen hatte,
mußte er ja in diesem Fall auf das gewisseste voraussehen, daß er die ganze Pfalz in Flammen setzen würde.
Man ist also beynahe zu der für Heßhuß gleich nachtheiligen Alternative gezwungen, entweder vorauszusetzen,
daß er bey seinem Aufenthalt in Wittenberg seine wahre
Gesinnungen über den streitigen Punkt in der Nachtmahls-Lehre gegen Melanchton verstellt, und ihm eine
gemäß

---

7) Nach seiner Vertreibung
von Rostock hatte sich Heßhuß in
Wittenberg aufgehalten, biß er
den Ruf nach Heydelberg durch
die Verwendung von Melanchton und Chyträus erhielt. Aber
er war schon vorher in mehrfa-
chen Verbindungen mit Wittenberg gestanden; denn im J. 1550.
war er daselbst Magister, und
im J. 1553. war ihm von D.
Major, als damahligen Decan,
das Doktorat der Theologie ertheilt worden. Wegen des letzten
bekannte er in der Folge in einer öffentlichen Schrift, "daß er
„sich durch die Empfangung des
„Doktorats von dem Ketzer, und
„Lügen-Geist D. Major schwer-
„lich versündigt habe, und es ihm

„herzlich leyd sey, daß er sich von
„jenem Schandfleck der Theolo-
„gen diese Würde habe aufdra-
„gen lassen", dabey führte er
aber zu seiner Entschuldigung an,
daß "er damahls, als ein fast
„junger Mensch, in den Kon-
„troversen nicht genug berichtet,
„mit der Prosopolepsia der gros-
„sen ansehnlichen Leute in Wit-
„tenberg noch sehr geblendet, und
„besonders für Philippum sehr
„eingenommen gewesen sey." Damit gestand also Heßhuß selbst,
daß die Autorität Melanchtons
auch für ihn einmahl ein grosses
Gewicht gehabt habe. S. Heß-
husii Antwort auf der Maade-
burgischen Prediger Apologie
(1564. in 4.) F. 1. 4.

gemäßigte Denkungs-Art darüber vorgeheuchelt, oder anzunehmen, daß er hernach in der Pfalz würklich nur den Eiferer für die lutherische Orthodoxie gespielt habe, weil er diese Maßke für seine Absichten am konvenientesten fand. Dieß läßt sich nehmlich am wenigsten denken, daß Heßhuß die Verschiedenheit der Denkungs-Art Melanchtons von der Denkungs-Art der Niedersächsischen Zeloten selbst nicht gekannt, an seiner ächt-lutherischen Rechtgläubigkeit gar nicht gezweifelt, oder auch an dem erneuerte Streit über die Nachtmahls-Lehre noch allzuwenig Antheil genommen, und es deßwegen für unnöthig gehalten haben sollte, sich gegen Melanchton darüber zu äussern. Westphal hatte ja damahls schon sechs Jahre lang Lärm geschlagen, und in der Nähe von Heßhuß, der im J. 1556 nach Rostock gekommen war, Lärm geschlagen. Das Geschrey über die Kalvinisten in Bremen dauerte auch schon ein Jahr fort, und der Nahme seines Freundes Melanchton war nur allzuoft dabey genannt worden; wie ist es also denkbar, daß sich Heßhuß jeder Theilnehmung an dem Streit gänzlich hatte entschlagen, oder daß er sich unter diesen Umständen ein Paar Monathe in Wittenberg hätte aufhalten können, ohne Melanchton merken zu lassen, welche Parthie er genommen habe?

Doch es kann noch ein dritter Fall als möglich gedacht werden, und aus Billigkeit gegen Heßhuß mag man immer glauben, daß er würklich eingetreten war, weil der Mann dabey am wenigsten verliehrt. Er konnte vor seiner Ankunft in Heydelberg, er konnte besonders, so lang er sich in Wittenberg und in der Atmosphäre Melanchtons befand, sehr aufrichtig glauben, daß diejenige Bestimmung der lutherischen Nachtmahls-Theorie, für welche die Niedersächsische Theologen kämpften, gar nicht wesentlich zu dem protestantischen

Kir-

Kirchen-Glauben gehöre, und daß man also auch die Theologen, welche sie aufgegeben hätten, keines Abfalls von diesem, sondern höchstens einer Abweichung von Luthers Privat-Meynung beschuldigen dürfe. Er konnte selbst dieser Bestimmung etwas abgeneigt seyn, und auch die Abneigung davor noch mit sich nach Heydelberg gebracht haben; aber hier konnte sich doch auch sein Urtheil würklich verändern; und die Meynung, die ihm bisher gleichgültig und anstössig gewesen war, konnte ihm im Ernst so wichtig und theuer werden, daß es jetzt wahre Ueberzeugung war, was ihn zum Eiferer dafür machte. Wenn diese Aenderung bey Heßhuß würklich erfolgte, so darf man zwar gewiß annehmen, daß seine Leydenschaft weit mehr Antheil daran hatte, als seine Vernunft. Der neue Abscheu, der sich in seiner Seele gegen jede andere Vorstellung über den streitigen Punkt in der Nachtmahls-Lehre ansetzte, die von der ächt-lutherischen abwich, entsprang nicht aus einer neuen Einsicht, die er von der ausschliessenden Wahrheit oder von der besondern Wichtigkeit der lutherischen bekommen hätte; sondern er floß zunächst aus dem persönlichen Haß, der sich in seiner Seele gegen einige von den Vertheidigern einer andern Vorstellung angesetzt hatte; aber bey den Aeusserungen dieses Abscheus trat dann von seiner Seite gar keine Verstellung ein. Er stellte sich nicht bloß, als ob er die Meynung von Klebitz höchst irrig und gottlos fände; um ihn deßwegen verketzern zu können, sondern er verketzerte ihn, weil ihm würklich sein Haß gegen ihn auch seine Meynung äusserst verhaßt gemacht hatte. Daß aber die Aenderung bey Heßhuß würklich auf diese Art erfolgte, dieß wird auch aus der Geschichte der besondern Veranlassungen höchst wahrscheinlich, wobey sie zuerst sich äusserte.

Im

Im März des J. 1559. hatte sich ein gewisser Stephan Sylvius [8]) bey der Universität zu Heydelberg als
Kandidaten der theologischen Doktor-Würde angegeben,
und sich der Ordnung nach zuerst bey Heßhuß, als damahligen Decan der Facultät deßhalb gemeldet. Zwischen beyden mochte wohl vorher schon einiges vorgegangen seyn, das wenigstens bey Heßhuß böses Blut gemacht hatte, denn er wieß ihn geradezu [9]) mit seinem
Gesuch ab, und wieß ihn aus Gründen ab, die nur
sein persönlicher Unwille aus der Luft gegriffen haben
konnte, weil ihre Zusammensetzung ganz unnatürlich
war. Er beschuldigte ihn, daß er zu gleicher Zeit ein
Zwinglianer und ein heimlicher Papist sey; Sylvius
aber, und die Freunde, welche er unter den übrigen
Lehrern der Universität hatte, wandten sich hierauf an
die Regierung, und würkten die Erlaubniß zu seiner
Promotion desto leichter von dieser aus, je sichtbarer
gehässig die Protestation und die Gründe der Protestation waren, welche Heßhuß dagegen eingelegt hatte.
Sylvius erhielt also doch die verlangte Würde, und als
Heßhuß seinen Unwillen darüber in Schmähungen gegen die ganze Universität ausließ, so wurde er durch
einen Spruch des Churfürsten so lange vom akademi-
schen Senat ausgeschlossen, biß er diesem die gehörige

Ge-

---

8) Stephan Sylvius war
von Gröningen gebürtig, war
auch daselbst Magister geworden,
und hatte schon seit einiger Zeit
in der dortigen Gegend und in
Leuwarden das Evangelium gelehrt, wie wohl er nicht als Prediger angestellt war. S. Struve.
ausführlicher Bericht der Pfälzischen Kirchen-Historie S. 77.
9) Er machte ihm wenigstens
eine Bedingung, die für eine
direkte Abweisung gelten konnte,

denn er bestand darauf, daß er
vorher über Sätze, die er ihm
selbst vorschreiben wollte, disputiren müßte. Dieß war nicht
nur beschimpfend für den Kandidaten, sondern auch gegen die
Statuten der Universität. S. den
Brief von Thomas Erastus, der
damahls Rektor der Akademie
war, an Hardenberg in Mieg's
Monumentis pietatis et literariis
p. 345.

Genugthuung gegeben haben würde ¹⁰). Ehe sich aber sein Grimm über diese Demüthigung und sein Aerger über diesen Vorfall etwas gesetzt hatte, kam noch ein zweyter hinzu, der noch weit empfindlicher für ihn war.

Während einer Reyse, die er unmittelbar nach dem Handel mit Sylvius ¹¹) in seine Vaterstadt gemacht hatte, bewarb sich der Diakonus Klebiz um die akademische Würde eines Baccalaureus der Theologie, und erhielt sie auch ohne Schwürigkeit von der Facultät, nachdem er durch die öffentliche Vertheidigung einiger Thesen alle statutenmässige Erfordernisse erfüllt hatte. Dieser Klebiz war aber seit seiner Ankunft in Heydelberg sein Pfahl im Fleisch oder sein Satans-Engel gewesen, denn er, der blosse Diakonus, hatte sich bey jeder Gelegenheit gegen den Generalissimus aller Superintendenten in der Pfalz aufgelehnt ¹²). Er haßte ihn,

---

10) "Cum ego — schreibt Erast in dem angeführten Brief — juxta leges eum promovendum censerem, Heshusio vero aliter videretur, et à Senatu, qui pro Sylvio sententiam tulerat, ad Illustriss. Principem provocaretur, scriptoque eum apud Consiliarios acerbe admodum et impotenter accusaret, hoc lucri fecit, ut post illud tempus nunquam, nisi prius satisfecisset, in Senatum vocandus judicaretur."

11) Nach der Angabe des Fortsetzers von Sleidans Kommentarien wäre auch diese Promotion von Sylvius während der Reyse von Heßhuß und in der Zeit seiner Abwesenheit von Heydelberg erfolgt. S. Sleidan contin. P. I. L. I. p. 175 Dieß schrieb ihm auch Löscher nach: Hist. mot. Th. II. 158. aber die auffallende Unrichtigkeit dieser Angabe macht Theil II. 2. Hälfte.

seine Versicherung desto auffallender, daß man in der Geschichte dieser Heydelbergisch Heßhusischen Händel keinem besseren und zuverlässigeren Führer, als diesem Fortsetzer Sleidans folgen könne.

12) Der für Heßhuß ärgerliche Auftritt zwischen ihm und Klebiz war nicht lange vorher aus Veranlassung eines schwärmerischen Schulmeisters, Bernhard Herramer erfolgt, den Heßhuß zum Ketzer gemacht hatte. Klebiz hatte sich nehmlich nicht nur geweigert, den Bericht zu unterschreiben, welchen Heßhuß in dieser Sache an den Churfürsten entworfen hatte, sondern er unterstand sich, ihm in einem besonderen Brief Vorstellungen gegen diesen Bericht zu machen, worinn er mehrere Unrichtigkeiten rügte, die dem Herrn Superin-

Y

ihn, wo möglich, noch herzlicher als vorher, ſeit dem Vorfall mit Sylvius, weil Klebiz, ſo viel er nur konnte, ſich für dieſen verwandt, und zu ſeinem Vortheil gear=beitet hatte. Es war dabey nicht ſchwer zu errathen, daß man ſeine Abweſenheit gefliſſentlich zu der neuen Promotion des Diakonus benutzt hatte, um es ihm un=möglich zu machen, daß er ihr durch ſeine Chikanen ein Hinderniß in den Weg legen könnte: aber es war noch leichter zu errathen — und wenn Heßhuß ja nicht von ſelbſt darauf verfiel, ſo machte Klebiz kein Geheimniß daraus — daß er ſich um die akademiſche Würde bloß in der Abſicht beworben habe, um dadurch in ein Ver=hältniß und in eine Verbindung mit der Univerſität zu kommen, wodurch er ſich im Nothfall gegen die Necke=reyen des Superintendenten ſicherer, als bißher, ſtellen könnte [12]). Alles dieß zuſammen mußte den Aerger, den

---

perintendenten entweder aus Ue=bereilung, oder aus Unwiſſenheit, oder aus einer ſchlimmeren Ur=ſache darinn entfallen ſeyen. Bey dieſer Gelegenheit hatte ihm Kle=biz auch nicht ohne Bitterkeit die ſtolze Vorliebe vorgeworfen, die er bey jeder Gelegenheit für die Sächſiſche Kirchen mit Verach=tung aller andern äuſſerte, und auch zum größten Verdruß der Pfälzer dadurch äuſſerte, daß er überall Sachſen und Sächſiſche Magiſter anzubringen ſuchte, durch die er ſich eben ſo viele Kreatu=ren zu machen hoffte. "Cum Saxonicum tuum Papatum ſtabi=lire ſtuderes, Magiſtros Saxoni=cos magnis pecuniis ab Electore vocari voluiſti, ac viros doctiſſi=mos, Palatinae regionis incolas, bene de eccleſia meritos, et adhuc indies bene merentes, tanquam indoctos neglexiſti. Magiſtri Saxo=nici aliis praelati ſunt, quia illi

erant primogenii. Reliqui om=nes tanquam gregarii milites, vel Sacramentarii ſunt praeteriti. Ma=giſtri vero Wittebergenſes magnis hiſce titulis Cancellariae ſunt commendati: Ecce, hic eſt ſin=cerus. Novit locos communes Philippi! Examen didicit ad un=guem! Huic numerate pecu=nias!" S. Salig Th. III. p. 444. 13) "Gradum — ſo erklärte ſich Klebiz ſelbſt in ſeiner Schrift gegen Heßhuß G. 3. a. "petii non propter honorem, ſed quin=que hiſce de cauſis: I) ut ede=rem confeſſionem meae fidei, quia publice haereſeos macula mihi fuit aſperſa. 2) ut magis incor=porarer Academiae. 3) ut Acade=miae magis unitus plus ab ea defenſionis contra tuam tyranni=dem haberem. 4) ut eſſet mihi facultas publice legendi. 5) ut contra te munitus eſſem ſigillo tuae facultatis." Ueberdieß geſteht Struve

den Heßhuß darüber empfand, auf den äuſſerſten Grad
treiben; aber er konnte ihn unter keinem oſtenſiblen Vorwand äuſſern, wenn er nicht in der von Klebiz vertheidigten Streitſchrift etwas entdeckte, wodurch ſeine Orthodoxie und damit auch die Legalität ſeiner Promotion
zweifelhaft gemacht werden konnte, und er fand nichts
darinn, als einige Aeuſſerungen über den ſtreitigen Punkt
in der Nachtmahls-Lehre, aus denen ſich folgern ließ,
daß Klebiz der Kalviniſchen Vorſtellung von der Art der
Gegenwart Chriſti im Sakrament geneigter als der ächt-
Lutheriſchen ſeyn möchte. Konnte es nun unter dieſen
Umſtänden nicht höchſt natürlich zugehen, wenn ſich die
Ueberzeugung des Mannes von dieſem Augenblick an
würklich veränderte, und wenn er darüber in kurzer Zeit
ſelbſt vergaß, wie er vorher gedacht hatte?

Jn den Theſen [14]), welche Klebiz ausgeſtellt hatte,
war die Annäherung zu der Kalviniſchen Vorſtellung
allerdings unverkennbar. Jn dem erſten Saß hatte er
ja behauptet, daß man die Einſeßungs-Worte des
Nachtmahls durchaus nicht wörtlich und eigentlich erklären dürfe. Jn den zwey nächſtfolgenden konnte man
zwar den Lutheraner zu hören glauben, wenn er darauf
brang,

Struve, daß der ganze Schritt
von Klebiz ſehr ungewöhnlich geweſen ſey, und auch Alting meynt,
daß ihn Klebiz gar nicht gethan
haben würde, wenn er nicht auf
den Zwiſt gerechnet hätte, der
damahls zwiſchen Heßhuß und
dem akademiſchen Senat ſtatt
fand. "Si non inter Heshuſium
et Senatum irae interceſſiſſent,
petiturus non videbatur Clebitius,
quia ſo impetraturum non crede-
ret." p. 176.
14) Sie erſchienen im folgenden Jahr unter dem Titel:

Theſes, quae veram de Coena
Domini ſententiam juxta prophe-
tica et apoſtolica ſcripta, erudi-
tae ac piae antiquitatis Conſenſum, Auguſtanae Confeſſionis
formulam, ſummatim continent
ad diſputandum in Heidelber-
genſi Academia propoſitae. Ac-
ceſſit brevis earundem exegeſis,
ad Cenſoris cujusdam Anonymi
depellendam calumniam 1560.
Man findet aber die Theſes auch
bey Struve in der Pfälz. Kirch.
Geſch. p. 78.

drang, daß man im Sakrament eine gedoppelte Mate⸗
rie, nehmlich eine irrdiſche und eine himmliſche unter⸗
ſcheiden müſſe, und daß die erſte das Brodt und der
Wein, hingegen die andere die Gemeinſchaft des Leibes
Chriſti ſey, aber wenn er im vierten Saß ausdrücklich
beyfügte, daß nur die irrdiſche Materie mit dem Munde
des Leibes, und die himmliſche nur mit dem Munde des
Geiſtes oder der Seele genoſſen werde, und werden könne,
ſo lag darinn ein offenbarer Widerſpruch gegen die Un⸗
terſcheidungs⸗Idee der ächt⸗lutheriſchen Theorie. Wer
einmahl annahm, daß der Leib Chriſti nicht mit dem
Munde genoſſen werde, für den war kein Genuß des
Leibes unter dem Brodt, ſondern höchſtens ein gleich⸗
zeitiger geiſtiger Genuß mit dem Brodt noch gedenkbar;
und daraus ließ ſich ſchon ſchlieſſen, daß er auch keinen
Genuß der Unglaubigen zugeben würde. Doch Klebiz
erſpahrte Heßhuß die Mühe, dieß herauszufolgern,
denn er erklärte ſelbſt, daß jener Mund des Geiſtes,
mit welchem der Leib Chriſti allein genoſſen werden könne,
nichts anders als der Glaube ſey[15]), und darinn lag
wörtlich, daß kein Unglaubiger zu dem Genuß fähig
ſey, weil ihm ja das Organ dazu fehle. Aus dieſer
Offenherzigkeit, womit Klebiz ſeine Abweichung von
einigen lutheriſchen Ideen aufceckte, dürfte ſich vielleicht
eine weitere Vermuthung ziehen laſſen, daß ſich Heß⸗
huß bißher in Anſehung dieſer Ideen wenigſtens neutral
erklärt haben mochte. Es iſt nicht wahrſcheinlich, daß
ihm Klebiz bey dieſer Gelegenheit wiſſentlich und vor⸗
ſetzlich einen Zank⸗Apfel hätte hinwerfen wollen, denn
je gewiſſer er vorausſah, daß er über ſeine Promotion
auffahren würde, deſto mehr mußte er ſich hüten, ihm
keinen ſcheinbaren Vorwand dazu zu geben. Dabey hieng
es ja von ihm ab, über welche Materie er diſputiren
wollte;

---

15) Theſ. IV. "Res terrena ore corporis, cœleſtis, ore animae,
hoc eſt fide percipitur.

wollte; also möchte man sehr natürlich annehmen, daß
er diese auch deßwegen wählte, weil er Ursachen hatte
zu glauben, daß ihn die Darlegung seiner Meynung
darüber in keinen Wiederspruch mit Heßhuß verwickeln
würde [16]). Doch die Vermuthung, daß ihm Heßhuß
einige Ursachen dazu vorher gegeben haben mochte, würde
zur. volleſten Gewißheit, wenn man die Erzählung ſeines Gegners von der Art, womit ſich jetzt Heßhuß gegen ihn benahm, für buchſtäblich wahr halten dürfte.

Nach dieſer Erzählung fieng zwar Heßhuß ſogleich
nach der Zurückkunft von ſeiner Reyſe über den gottloſen Zwinglianer, der ſich ſelbſt entlarvt habe [17]), und
über

16) Aus dem angeführten
Brief, den Klebiz in der Her-
zameriſchen Sache an Heßhuß
ſchrieb, ergiebt ſich zwar, daß er
ſchon vorher darüber mit ihm in
Wiederſpruch gekommen war;
denn in dieſem Brief rügte er
es als unrichtig, daß Heßhuß in
ſeinem Bericht in dieſer Sache
behauptet habe, "es ſey Lehre
der Augſp. Konf. daß der Leib
Chriſti auch von den Gottloſen
genoſſen werde, und an mehreren Orten zugleich ſey. Allein es
iſt unbekannt, wenn dieſer Brief
von Klebiz geſchrieben wurde,
und dann wäre es auch möglich,
daß ihn Klebiz nicht wegen der
Meynung von dem Genuß der
Unglaubigen ſelbſt, ſondern nur
wegen dem Umſtand zurechtwei-
ſen zu müſſen glaubte, daß dieſe
Meynung in der Augſp. Konfeſſion ſanktionirt ſey. Doch es
iſt in der That wahrſcheinlicher,
daß Heßhuß ſchon bey dem Her-
zameriſchen Handel für ganz gefunden hatte, auch jene Meynung
ſelbſt in Schutz zu nehmen, und

daß alſo auch Klebiz voraus wußte,
daß er bey ihrer Beſtreitung in
Widerſpruch mit ihm kommen
würde. Wenigſtens konnte es
ihm nicht unbekannt ſeyn, wie
ſie Heßhuß in dem reſponſo über
die Herzameriſche Meynung
vertheidigt hatte, denn dieß reſponſum wurde ſchon am Andre-
astage 1558. von ihm ausgeſtellt.
S. Salig 443. Aber in dieſem
Fall wollte ihn vielleicht Klebiz
deßwegen zum Widerſpruch reizen, weil er hoffte, ihn in einen
Widerſpruch mit ſich ſelbſt verwickeln zu können; denn es war
würklich ſchwehr zu begreiffen,
wie er den Genuß der Unglaubigen vertheidigen konnte, da er
ſich ſchon mehrmahls nach der
Angabe von Klebiz gegen die
Formel erklärt hatte, daß der
Leib Chriſti unter dem Brodt
empfangen werde.
17) In einer Predigt nannte
er ihn einen neuen Teufel, und
einen neuen Arius, der die Pfalz
und ganz Deutſchland verführen
würde. Salig 448.

Y 3

über alle ſeine Freunde und Beförderer auf das unbän=
digſte zu toben an. Er nahm ſelbſt den Diakonus we=
gen ſeiner ketzeriſchen Sätze vor, und forderte von ihm,
daß er die Irrthümer, welche ſie enthielten, wiederru=
fen ſollte; aber durch alles Andringen von Klebitz ließ
er ſich nicht bewegen, ihm die beſondere Stellen zu be=
zeichnen, in welchen dieſe Irrthümer liegen ſollten, ſon=
dern ſchickte die Klebiziſche Theſes nach Thüringen an
Mörlin und Stöſſel, um ſie von dieſen verdammen zu
laſſen. Er wollte ſich alſo nicht ſelbſt in die Diſcuſſion
darüber einlaſſen, und dieß konnte er wohl nur deßwe=
gen zu vermeiden wünſchen, weil er von ſeinem Gegner
daran erinnert zu werden fürchtete, daß er ſelbſt ein=
mahl anders darüber gedacht habe. Allein der Erzäh=
lung des Gegners darf und kann [18]) man es in der
That nicht allein glauben, daß es Heßhuß vermeiden
wollte, ſich ſelbſt einzulaſſen, denn es iſt nach ſeinem ſon=
ſtigen Charakter ſehr unwahrſcheinlich; nur darf man
nicht gerade von ſeinem folgenden Betragen einen Grund
hernehmen, daran zu zweiflen, denn bey dieſem ſetzte
er ſich in der wildeſten Hitze der gereizteſten, und durch
den Widerſtand, den er antraf, biß zur Wuth erhöh=
ten

---

18) Es kann übrigens noch
ein Zeuge dafür angeführt wer=
den, nehmlich Craſt in ſeinem
angeführten Brief an Harden=
berg bey Mieg. p. 375. "Clebi=
tius — ſchreibt dieſer — ſcire cu=
piens, quid in ſuis propoſitioni=
bus reprehenderet, orat eum, ut
errores explicet, melioraque do=
ceat; id ſi feciſſet, fore ſibi gra=
tiſſimum. Et quo minus eſſet,
in tota re ambiguitatis, addit
alias plurimas, quibus priores ex=
plicaret, iterumque, ut ante fe=
cit, demiſſe orat, ut perlegeret,
errores notaret, cauſasque ex=

poneret. Tametſi vero ſaepe
collationem aut publicam aut pri=
vatam ſive ore ſive ſcripto peteret
Clebitius, nihilo tamen plus im=
petrare potuit à Tilemanno, quam
Theſes Zwinglianas eſſe. Doch
die Thatſache ſelbſt, daß ſich Heß=
huß zuerſt in keine beſondere
Diſcuſſion mit Klebitz einlaſſen
wollte, wird durch einen andern
Umſtand noch mehr auſſer Zwei=
fel geſetzt, denn in der Folge
wurde ihm ja durch einen Be=
fehl der Regierung aufgegeben,
daß er die Schriften ſeines Geg=
ners beantworten ſollte.

ten Leydenschaft über jede Rückssicht und über jede Betrachtung hinweg.

Heßhuß hatte den Streit zu gleicher Zeit, da er
auswärtige Theologen hineinzumischen [19]) suchte, auch
auf seine Kanzel gebracht, und in jeder Predigt, die
er nach seiner Zurückkunft hielt, den neuen Arius aus-
geschändet, der in der Heydelbergischen Kirche aufgestan-
den sey. Gewöhnlich bekamen bie Herrn von der Universität und vom Stadt-Magistrat auch dabey etwas
ab, denn er warf ihnen vor, daß sie alle von seinem
Gift angesteckt seyen. Die nehmliche Sprache führten
einige von den Speichelleckern des Superintendenten unter den übrigen Predigern der Stadt, und führten sie
zum Theil noch wilder und gröber [20]), weil sie nur die
niedrige Absicht dabey hatten, sich bey Heßhuß einzu-
schmeichlen. Auf der andern Seite schwieg aber auch
der Diakonus nicht, sondern vertheidigte sich eben so
öffentlich und eben so hitzig als er angegriffen wurde,
und daraus entstand ein Lärm und eine Gährung in der
Stadt, welche bald die Einmischung der Regierung
nothwendig machten. Der Graf Georg von Erbach,
den der abwesende Churfürst zum Stadthalter ernannt
hatte, wurde noch überdieß durch die Klagen der Universität auf das bringendste dazu aufgefordert, und
konnte auch deßwegen nicht umhin, dazwischen zu treten;
doch that er nicht mehr, als er in seiner Lage nothwendig hätte thun müssen, wenn er auch der eifrigste Beschützer

19) Klebiz spricht F. 4. b. noch
von mehreren auswärtigen Theologen, wiewohl er nur Maximil.
Mörlin von Koburg und Joh.
Stössein von Heldburg nennt, an
welche Heßbuß seine Sätze — jedoch, wie er ihn noch dazu beschuldigt, verfälscht und verstümmelt herumgeschickt habe. Dieß
letzte war höchst wahrscheinlich
Zusatz des Gegners, denn wozu
hätte es Heßhuß nöthig gehabt.

20) Vorzüglich der Prediger
Pantaleon, der Pfarrer Cunius,
und sein Diakonus M. Caspar
Reser.

ſchützer und Gönner von Heßhuß geweſen wäre. Er
entſchied ſo wenig für dieſen, als für ſeinen Gegner,
ſondern gab beyden die Weiſung, daß ſie ihren Zwiſt,
ohne ihn vor das Volk, oder vor die Studenten zu bringen, als gelehrte Streitigkeit behandlen, und vor der
Hand in der Abweſenheit des Churfürſten ſo einleiten
ſollten, daß er nach der Ankunft von dieſem durch die
Theologen im Lande geſchlichtet werden könnte. Er befahl daher Heßhuß im beſondern, daß er die Schriften
ſeines Gegners auch nicht auſſer der Pfalz herumſchicken,
und auswärtige Urtheile darüber einholen, ſondern
ſelbſt und ebenfalls ſchriftlich darauf antworten ſollte,
an Klebiz hingegen ergieng ein Verbot, daß er nichts
weiter ſchreiben ſollte, biß Heßhuß ſeine Erinnerungen
gegen ſeine Säße und gegen die von ihm übergebene Declaration ſeiner Säße ſchriftlich eingebracht haben würde.
Zu gleicher Zeit verſuchte noch der Graf, ob gütliche
Vorſtellungen etwas ausrichten möchten? indem er das
ganze Stadt-Miniſterium zu ſich kommen ließ, und
die ſämmtliche Prediger auf das beweglichſte zur Eintracht und zum Frieden ermahnte [21]; aber gerade dadurch verdarb er ſich wahrſcheinlich ſeinen Zweck. Heßhuß zog den Schluß daraus, daß der gute alte Graf,
den er wahrſcheinlich ſchon vorher als etwas ſchwachen
Mann kennen mochte, ſich bey dem Handel zu fürchten
anfange, und legte es daher gefliſſentlich darauf an, ihn
noch mehr in Schrecken zu ſehen. Er begnügte ſich nicht,
ihm bloß zu trohen, ſondern griff ihn ſelbſt an, und
                                                      trieb

---

21) "Magiſter aulae — erzählt
Klebiz D. 1. b. — "nos inſuper non
„ſine lacrymis, ut infirmae ac
„tenerae eccleſiae rationem ha-
„beremus rogavit. Cui — ſetzt er
mit einer Apoſtrophe an Heßhuß,
hinzu — "chriſtianiſſimam hanc
„petitionem proponenti tu qui-

„dem, genua flectens contume-
„lioſe illuſiſti!" Dieß letzte überſetzt Salig S. 450. "Heßbuß
„hätte dem ſo beweglich vermah-
„nenden Grafen nur Männichen
„zugemacht, welches einem Ge-
„neral-Superintendenten gar
„unanſtändig geweſen.

trieb die Frechheit — was man kaum glauben kann —
so weit, daß er ihn als Ketzer-Beschützer und deßwegen selbst der Ketzerey verdächtig feyerlich in den Bann
that [22]).

Nach diesem Schritt von Heßhuß kann man sich
leicht vorstellen, wie hoch die Erbitterung unter den Partheyen, und die Verwirrung, welche sie in der Stadt
anrichtete, so wie das Aergerniß, das daraus entsprang,
allmählig steigen mochte: doch wurde das eine und die
andere noch grösser, nachdem sich der neue Churfürst
Friedrich III. der indessen zu der Regierung gelangt
war [23]), in die Sache gelegt hatte. Heßhuß mochte
erfahren haben, daß die gemässigte Denkungs-Art des
neuen Churfürsten ihn von jeher für die gelindere Meynung in der Nachtmahls-Lehre gestimmt hatte, und
betrug sich daher, weil er voraussah, daß er schwehrlich seine Parthie nehmen würde, im eigentlichen Verstand wie ein rasender Mensch, wiewohl der Churfürst
bey den ersten Schritten, die er in der Sache that, auch
noch die äusserste Mässigung zeigte. Er ließ zwar an
Heßhuß und Klebiz einen ernstlicheren Befehl ergehen,
daß beyde von ihrem Streit auf der Kanzel schweigen
und sich des gegenseitigen Schmähens auf einander enthalten sollten, forderte aber zugleich von jedem ein besonderes Bekenntniß seiner Meynung vom Nachtmahl,
worauf er das weitere zu der Entscheidung oder Beylegung

---

22) Es ist ebenfalls Klebiz,
der dieß erzählt, aber mit Umständen erzählt, die keinem Zweifel dabey Raum lassen. Nonne
Comes à Te et collegis tuis fuit
excommunicatus, à collegis autem iterum absolutus, cum confessionem christianam obtulisset,
quae in Conventu Wormatiensi

à Philippo et Brentio fuerat approbata. Tu vero Comitem ob
solam illius doctrinae confessionem
exclusisti, quae legitima et chri-
stiana in Synodo Wormatiensi
fuerat dijudicata. D. I a.

23) Der Churfürst Otto Heinrich war im Februar 1559. gestorben.

gung ihres Zwiſts einzuleiten übernahm. Doch dazwi=
ſchen hinein arbeitete er ſelbſt ſchon vorläufig an dem
letzten, denn er machte Heßhuſen ſelbſt Vergleichs=
Vorſchläge, die eben ſo ſichtbar für die ſchleunigſte als
für die billigſte Beylegung des Zwiſts berechnet waren.

Der Streit hatte ſich nehmlich zuletzt allein auf die
Frage hingedreht: ob der Leib Chriſti im Sakrament
in, mit, und unter dem Brodt gegenwärtig ſey und
empfangen werde? oder vielmehr: ob die ächte lutheri=
ſche Vorſtellung von der Gegenwart Chriſti im Nacht=
mahl nur durch die Verbindung dieſer drey Partikeln
in, mit, und unter erſchöpft werde? Heßhuß und ſeine
Spießträger beſtanden darauf, daß ſie verbunden wer=
den müßten, und behaupteten, daß nach der ächten lu=
theriſchen Theorie der Leib Chriſti nur in ſo fern mit
dem Brodt ausgetheilt werde, als er auch in und un=
ter dem Brodt ſey. Klebitz hingegen wollte nur den
Pauliniſchen Ausdruck gebraucht haben, "daß das Brodt
die Gemeinſchaft des Leibes Chriſti ſey, und ſich weder
die Beſtimmung, daß er in und unter, noch die Be=
ſtimmung, daß er mit dem Brodt ausgetheilt werde,
aufzwingen laſſen. Davon nahm dann der Churfürſt
die Veranlaſſung zu dem Vorſchlag, daß ſich beyde Theile
vereinigen ſollten, ſich mit der Formel der Augſp. Kon=
feſſion "daß der Leib Chriſti mit dem Brodt dargereicht
werde" zu begnügen, und einander keine weitere Erklä=
rung über die Natur und über den Grund ſeiner Ver=
bindung mit dem Brodt abzufragen. Freylich lag in
in dieſem Vorſchlag zugleich die Forderung, daß es Heß=
huß auch ſeinem Gegner und jedem andern frey laſſen
müßte, ſich zwiſchen dem Genuß des Brodtes und des
Leibes Chriſti im Sakrament keine andere als eine Zeit=
Verbindung zu denken, nach welcher dieſer Leib nur zu
gleicher Zeit mit dem Brodt, aber nicht in und unter
                                                    dem

dem Brodt, empfangen werde, es lag in dem Vorschlag, daß es auch den Kalvinisten freygelaſſen werden müßte, jene Formel der Augsp. Konfeſſion in ihrem Sinn zu gebrauchen, aber es lag doch zugleich das Erbieten dar- inn, daß es auch Heßhuß und jedem andern frey ſtehen ſollte, ſich ihrerſeits vorzuſtellen, daß der Leib Chriſti deßwegen mit dem Brodt empfangen werde, weil er in und unter dem Brodt ſey. Dieß Erbieten ſchien gewiß billig genug, und wie konnte man die Forderung unbillig finden, da ſie doch nichts mehr enthielt, als daß ſich Heßhuß mit demjenigen begnügen ſollte, womit man ſich in der Augsp. Konfeſſion begnügt hatte? Doch von dieſer Begnügſamkeit war bey Heßhuß nicht die Rede.

Auf den Vorſchlag des Churfürſten antwortete er trotzig, daß die Formel, "der Leib Chriſti werde mit dem Brodt ausgetheilt" allein in der geänderten Augsp. Konfeſſion ſich finde, da in dem Original und in den ungeänderten Ausgaben der Ausdruck gebraucht ſey, daß er unter der Geſtalt des Brodts dargereicht werde. Hingegen nahm er eine Veranlaſſung davon her, ſich in der nächſten Predigt, die er hielt, öffentlich über die Augsp. Konfeſſion auf eine ſehr neue und eigene Art zu erklären. Aus dieſer Konfeſſion, ſagte er, könne man freylich nicht gewiß werden, was man in der Lehre vom Nachtmahl glauben müſſe, denn dieſe ſey ja mehr als ſechsmahl geändert, und dadurch zu einem Pohlniſchen Stiefel und zu einem weiten Mantel geworden, hinter welchem ſich der Herr Chriſtus und der Teufel gar be- quem verbergen könnten [24]). Man müſſe alſo erſt wieder

24) Dieſe Aeuſſerungen von Heßhuß über die Augsp. Konfeſ- ſion und die damit vorgenom- mene Aenderungen, ſo wie ſie auch Salig S. 455. aus der Kle-

biziſchen Schrift anführt, ſind deßwegen beſonders merkwürdig, weil ſich ein Umſtand daraus be- richtigen läßt, über welchen zu- erſt Salig ſelbſt einen Irrthum ver-

wieder auf einer Synode ausmachen, wie ſie zu verſte
hen ſey, und ſich an die Schmalkaldiſche Artikel indeſ
ſen halten, in denen Luthers ächte Lehre von ihm ſelbſt
dargelegt worden ſey.

Dieß that er auch für ſich ſelbſt in der Konfeſ
ſion ²⁵), welche er dem Churfürſten ſeinerſeits übergab,
denn in dieſer verwahrte er ſich bey der Anführung des
zehnten Artikels der Augspurgiſchen förmlich mit der
Clauſel, daß er ihn nur in dem Sinn Lutheri und der
Schmalkaldiſchen Artikel angezogen haben wolle ²⁶);
wiewohl er ſich ſonſt darinn über ſeine Meynung
und über die Gegenmeynung mit einer Beſtimmt
heit erklärt hatte, welche die Verwahrung ſehr über
flüſſig machte. Heßhuß ſagte wörtlich in dieſem Be
kenntniß, daß er alle diejenige für verfluchte Zwinglia
ner halte, welche nicht annehmen wollten, daß der Leib
Chriſti deßwegen mit dem Brodt empfangen werde, weil
er

veranlaßte. Er meynte, daß Flacius unter den lutheriſchen Theologen der erſte geweſen ſey, der
im J. 1560. unter dem Geſpräch
zu Weimar den Unterſchied zwiſchen der geänderten und der
ungeänderten Konfeſſion mit einer gegen Melanchton feind-
ſeligen Abſicht bemerklich gemacht
habe; und auch Strobel in ſeiner ApologieMelanchtons S. 100.
ſchrieb dieſe Meynung noch nach:
aber — ſuum cuique. Heßhuß
brachte, wie man hier erſieht,
die Sache ſchon ein Jahr früher
ſogar auf die Kanzel.

25) Dieſe Konfeſſion ließ Heßhuß im folgenden Jahr 1560.
zugleich mit dem Bekenntniß der
Bremiſchen Prediger zu Magdeburg drucken. D. Tllem. Heßhu-
ſii Bekenntniß vom Nachtmahl.
4 und 1 halben Bogen in 4.

26) Doch führte er den Artikel aus einer geänderten Ausgabe der Konfeſſion au D. 4. b.
wiewohl er ſich dabey auf das
Exemplar beruft, das auf dem
Reichstag zu Augspurg vom J.
1530 dem Kayſer übergeben worden ſey. Dieß glaubt Salig nur
durch die Vermuthung erklären
zu können, daß Heßhuß keine ungeänderte Ausgabe bey der Hand
gehabt habe, aber man kann vielleicht mit einer weniger unwahr-
ſcheinlichen abkommen. Heßhuß
wollte den Artikel aus der ungeänderten Ausgabe citiren, war
aber, wie alle übrige Theologen,
ſo ſehr an die Ausdrücke der geänderten gewohnt, daß ſie ihm
unwillkührlich, anſtatt der andern in die Feder kamen.

er auch in bem Brobt fep. Mit bem Brobt — behaup=
tete er — habe in Luthers Sprache iinmer so viel ge=
golten als: in bem Brobt: benn Luther habe nur dieß
bamit sagen wollen, baß ber Leib unb bas Blut Christi
nicht bloß allegorisch, metonymisch, unb geistlicher weise,
sonbern auch leiblich unb wesentlich mit bem Munbe ge=
nossen werbe. Er gab es baher für ein eben so sicheres
Zeichen ber Kalvinisterey aus, wenn jemanb bie For=
mel: in bem Brobt: mißbilligen ober zu gebrauchen sich
weigere, als wenn er bie Ausbrücke von einer wesent=
lichen unb leiblichen Gegenwart Christi verwerfen, ober
läugnen wollte, baß sein Leib auch von ben Ungläubi=
gen genossen werbe. Aber er vertheidigte auch bie Ge=
genwart bes Leibes in bem Brobt, besonbers gegen ben
Einwurf, ben bie Kalvinisten am stärksten bagegen neu=
erlich urgirt hatten, baß ber Leib Christi beßwegen nicht
in bem Brobt seyn könne, weil man ja sonst annel=
men müßte, baß er an mehreren Oertern zugleich sey;
benn Heßhuß übernahm würklich auch ben Beweiß, baß
man ohne Herabsetzung ber Allmacht Gottes, ohne Ver=
letzung ber Wahrhaftigkeit Christi, unb ohne Verachtung
ber Schrift jene Gegenwart bes Leibes Christi an mehre=
ren Orten zugleich gar nicht bezweifelen könne [27]).

Damit

27) Zwey Umstände verbie=
nen aber babey eine besondere
Bemerkung, weil in ber Folge
wieder baran erinnert werben
muß. Einmahl erklärte Heßhuß
ausbrücklich, baß er seinen Haupt=
beweiß nur auf bie Einsetzungs=
Worte bes Nachtmahls bauen
wolle, "benn — sagte er — wenn
„aller Schwärmer, Zwinglii, Kal=
„vini unb aller Rotten=Geister
„Kunst, Witz unb Sophisterey
„auf einen Haufen geschmolzen
„unb in einen Kopf zusammen=
„gegossen wäre, so weiß ich boch

„gewiß, baß sie mir bieß Zeug=
„niß nicht werben umstoßen"
Dabey schränkt er aber boch auch
seinen Beweiß sehr vorsichtig ein,
benn er wollte nicht behaupten,
baß ber Leib Christi überall unb
an allen Oertern zu gleicher Zeit
sey, er wollte noch weniger be=
haupten, baß er wegen ber Ver=
einigung seiner Menschheit mit
ber Gottheit überall zu gleicher
Zeit seyn müsse, sonbern er
wollte nur bieß erhalten, baß
er an mehreren Oertern zugleich
seyn könne, also keine eigentli=

ge

Damit hatte er die Forderung des Churfürſten, ſich über ſeine Meynung zu erklären, pünktlicher, als dieſer gewünſcht haben mochte, erfüllt; aber deſto frecher ſetzte er ſich jetzt über ſeinen Befehl, daß er den Streit nicht mehr auf die Kanzel bringen ſollte, hinweg. Zu eben der Zeit, da er dem Churfürſten ſein Bekenntniß übergab, erhielt dieſer auch die Nachricht von einer wütthenden Predigt, die er zwey Tage vorher [28] gehalten, und worinn er Klebiz nicht nur öffentlich genannt, ſondern ihn von der Kanzel herab von ſeinem Amt ſuſpendirt, und ihm als ſein Vorgeſetzter befohlen hatte, daß er ſich aller Amts = Verrichtungen enthalten ſollte. Doch bey dieſer Impertinenz ließ er es nicht bewenden, ſondern da Klebiz die unbefugte Suſpenſion natürlich nicht geachtet, und ſich in einer Wochen = Predigt gegen ſeine Vorwürfe vertheidigt hatte, ſo that er ihn am nächſten Sonntag von der Kanzel herab feyerlich in den Bann, gab es der weltlichen Obrig=

---

die Ubiquität, ſondern nur eine auch auſſer dem Nachtmahl mögliche, und im Nachtmahl würckliche eintretende Multiquität des Leibes Chriſti erhalten. Die Gewißheit der letzten baute er dann allein auf die Einſetzungs= Worte, wegen der Möglichkeit aber, daß der Leib Chriſti noch an mehreren Orten ſeyn könne, berief er ſich nur auf die Allmacht Gottes, und auf einige Bey= ſpiele aus der Schrift, beſonders auf die Geſchichte Act. IX. Nach dieſer Geſchichte, ſagt er, ſey ja Chriſtus Paulo erſchienen, und würcklich von ihm geſehen wor= den. Da ſich nun nicht denken laſſe, daß Chriſtus von der Rech= ten ſeines Vaters herniederge= ſtiegen, oder daß Paulus mit ſei= nem Leibe zur Rechten Gottes

über alle Himmel hinaufgekom= men ſey, ſo müſſe folgen, "daß „der zur Rechten des Vaters „ſitzende Chriſtus auch allhier auf „Erden mit ſeinem Leibe ſeyn „könne, und bleibe doch auch im „Himmel." Uebrigens ſchloß er die ganze Schrift mit dem Trumpf: "Ich halte es nicht mit „Clemente Alexandrino, nicht mit „Origene, Berengario, Carlſta= „dio, Oecolampadio, Zwinglio, „Bullingero, Kalvino, Petro „Martyre, Johanne à Laſco, „Wilhelmo Klebiz, und wer „mehr dieſer Sekten anhängig „iſt, ſondern mit Chriſto und „Paulo will ichs halten."
28) Heßhuß übergab ſeine Konfeſſion den 1. Sept. und den 29. Aug. hatte er die erwähnte Predigt gehalten.

Obrigkeit auf das Gewissen, daß sie ihn aus der Stadt und aus dem Land jagen müßte, wenn sie nicht die schwehrste göttliche Gerichte der ganzen Pfalz zuziehen wolle, und befahl jedermann, sich aller Gemeinschaft mit dem verdammten und dem Teufel übergebenen Ketzer zu entschlagen [29]).

Hätte der Churfürst nach dieser Predigt den Superintendenten unmittelbar von der Kirche aus über die Gränze bringen lassen, so würde man wenigstens jetzt die Procedur gewiß nicht zu rasch finden; daher fühlt man sich auch zuerst geneigt, die Mässigung, die er selbst jetzt noch zeigte, für übertrieben zu halten. Er schien es nehmlich jetzt noch für möglich zu halten, daß sanfte und vernünftige Vorstellungen bey ihm würken könnten. Drey Tage nach dem letzten tollen Auftritt, den Heßhuß gespielt hatte, versammelte daher der Churfürst alle Professoren der Universität und alle Prediger der Stadt, und ermahnte sie persönlich mit dem rührendsten Ernst, der sich selbst zu einer dringenden Bitte herabließ, daß sie doch das unnütze Zanken und Disputiren über die unnöthige Fragen und Redensarten, unterlassen möchten, durch welche keine Erbauung und kein Nutzen geschaft werden könnte [30]). Nach dieser Anrede

---

29) Niemand — kündigte er an — sollte sich mehr unterstehen, in eine Predigt von Klebiz zu gehen, ein Kind von ihm taufen zu lassen, das Abendmahl von ihm zu empfangen, oder ihn auch nur zu einem Kranken zu rufen. An diesem, oder vielleicht schon am vorhergehenden Sonntag, an welchem Heßhuß die Suspension von Klebiz angekündigt hatte, mochte auch wahrscheinlich der scandalöse Auftritt in der Kirche vorgefallen seyn, wobey die Prediger unter der Austheilung des Nachtmahls fast Handgemein geworden wären, weil Heßhuß einem Diaconus befohlen hatte, daß er Klebiz, welcher der Ordnung nach den Kelch administrirte, diesen mit Gewalt aus der Hand reissen sollte. S. Alting p. 176. Hospinian f. 260.

30) Sie sollten vielmehr, ermahnte er sie, ihre vornehmste Sorge dahin richten, wie sie aus bösen Menschen wahre Christen machen, im gläubigen Herzen die

Anrede aber ließ er ihnen auch einige Punkte vorleſen, die er von allen beobachtet haben wollte. Sie liefen dar- inn zuſammen, daß bey dem öffentlichen Unterricht die Formeln: in und unter dem Brobt nicht mehr ge- braucht, ſondern nur gelehrt werden ſollte, daß der Leib Chriſti mit dem Brobt empfangen werde: Auch ſollte hiemit der Bann kaſſirt ſeyn, welchen Heßhuß über Kle- biz ausgeſprochen habe, aber zugleich ſollte auch beyden alles vergeben und erlaſſen ſeyn, worinn ſie ſich bißher vergangen hätten, und überdieß verſprach der Churfürſt noch eine Synode zu veranſtalten, auf welcher die zwi- ſchen ihnen ſtreitig gewordene Fragen weiter unterſucht und entſchieden werden könnten [31]).

Bey dieſem letzten Verſuch der Güte hatte er indeſ- ſen doch ſeinen Entſchluß auch ſchon auf den Fall eines fruchtloſen Erfolgs gefaßt, ja aus dem Verfolg läßt ſich ſehr wahrſcheinlich ſchlieſſen, daß er den Verſuch bloß deßwegen noch anſtellte, weil er doch vorausſah, daß nichts herauskommen würde. Aus dem bißheri- gen Benehmen von Heßhuß war es mehr als gewiß, daß man auf keine Ruhe im Lande rechnen dürfte, ſo lange der Braußkopf noch darinn bleiben würde. Es war alſo auch leicht zu ermeſſen, daß man ihn doch über
kurz

---

die wahre Gemeinſchaft des Lei- bes Chriſti bewahren, und es dahin bringen könnten, daß alle Gottloſe frömmer, und lauter würdige Gäſte zu dem Nacht- mahl des Herrn eingeladen wür- den. S. Klebiz D. 2 b.

31) Um dieſe Sache recht fey- erlich zu machen, ließ der Chur- fürſt den folgenden Tag, den 10. Sept. durch ſeinen Hofpre- diger, Michael Diller, die ganze Verhandlung von der Kanzel her- ab publiciren, und der Gemeinde ankündigen, daß man ſich nun-

mehr über die Redensart, „daß der Leib Chriſti mit dem Brobt empfangen werde, einverſtanden, alle Unruhen beygelegt, und die Eintracht zwiſchen Heßhuß und Klebiz wieder hergeſtellt habe, indem die Entſcheidung der Haupt- Kontrovers auf eine nächſtens zu haltende Synode ausgeſetzt wor- den ſey. Der Churfürſt ſelbſt gieng hierauf mit ſeinem ganzen Hofe öffentlich zum Nachtmahl, wobey Diller das Brobt, und Klebiz den Kelch reichte. S. Al- ting p. 178.

kurz oder lang würde fortschaffen müssen; und eben deß=
wegen kam es dem Churfürsten nicht darauf an, et=
was mehr Gedult an ihn zu verschwenden, wodurch die
letzte Proceduren, die man mit ihm vorzunehmen gezwun=
gen war, fast jeden Schein von Härte verliehren muß=
ten. Dieß planmässige in seinem Verfahren gegen Heß=
huß erhellt am sichtbarsten aus der Schnelligkeit, wo=
mit er nun den beschlossenen letzten Schlag nach der er=
sten vorausgesehenen Bewegung, welche der Mann
machte, auf ihn fallen ließ. Das nächstemahl, da
Heßhuß seine Kanzel wieder betrat, fieng er richtig —
wie er auch erklärt hatte — über den gottlosen Vertrag,
den man erzwingen wolle, zu eifern, und über Klebiz
auf das neue zu schimpfen an [32]. Ein Paar andere
von seinen Waffenträgern unter den Stadt=Predigern
glaubten sich auch erlauben zu dürfen, was der Super=
intendent sich erlaubte, und fielen desto lauter ein, da
sie sich vielleicht vorausvorstellten, daß es doch auf seine
Rechnung kommen würde [33]. Klebiz hielt sich dann
auch seinerseits von dem Stillschweigen, das ihm aufe=
gelegt war, dispensirt [34]; aber auf die erste Nachricht
welche

---

32) Dieß geschah den 13.
Sept. Der Churfürst bekam da=
bey fast noch mehr ab, als Kle=
biz, denn Heßhuß warf ihm und
seinen Räthen ganz unverdeckt
vor, daß sie von der Augsp. Kon=
fession abgefallen seyen. ebend.

33) Sie verdienten indessen
weniger Entschuldigung, denn sie
hatten sich in Gegenwart des
Churfürsten mit dem Antrag, der
ihnen gemacht worden war, ganz
zufrieden gestellt, da hingegen
Heßhuß sogleich geäussert hatte,
daß sein Gewissen dadurch be=
schwehrt werde. Aber an eben
dem Tage, an welchem der Hof=

Prediger Diller den Vertrag von
der Kanzel publicirt hatte, nannte
Pantaleon in der Mittags=Pre=
digt Klebizen einen falschen Pro=
pheten, der eigentlich verdient
hätte seines Amts entsetzt zu
werden, und einige Tage darauf
wiederholte dieß der Diaconus
Casp. Neeser in noch bitterem
Ausdrücken.

34) Der hitzige Klebiz ließ
es aber nicht bloß bey dem Ant=
worten bewenden, sondern er
packte Neesern, als er von der
Kanzel kam, und schien jetzt den
Streit mit der Faust ausmachen
zu wollen.

welche der Churfürst davon erhielt, ließ er ohne weitere
Untersuchung Heßhuß und Klebiz die Entlassung von
ihren Aemtern ankündigen [35]). Die andere Schreyer
ließ man in Ruhe, weil man gewiß darauf zählen konnte,
daß sie nun von selbst schweigen würden, und da sie
würklich auch schwiegen; so wurde damit die Ruhe in
der Pfälzischen Kirche bald genug wieder hergestellt.

Kapitel II.

Eben damit war aber auch der Uebertritt der ganzen Pfälzischen Kirche zum Kalvinißmus jetzt schon eingeleitet, und gewissermassen jetzt schon erklärt, wozu es
vielleicht ohne diese Heßhusische Bewegungen niemahls
gekommen seyn würde. Wenigstens zu der öffentlichen
Erklärung würde es ohne diese schwehrlich gekommen,
und wenn sich nur die Erklärung hätte verhüten lassen,
so möchte es wohl auch nie zu einem allgemeinen Uebertritt der ganzen Pfälzischen Kirche auf diese Seite
gekommen seyn: hingegen mit dem einen und mit dem
andern gieng es jetzt so natürlich zu, daß man bey der
ganzen Veränderung durch nichts überrascht wird. Um
sie unbefangen beobachten zu können, muß man sich aber
die bißherige Stellung und Stimmung der Partheyen
und

---

35) Dieß geschah den 16. Sept.
und dieß Datum ist merkwürdig,
weil es eine sehr grobe Lüge widerlegt, welche sich Leuckfeld in
seiner Hist. Heshusiana. p. 15. —
vielleicht wohl nicht absichtlich
erlaubte, aber doch mit einer un-
entschuldbaren Nachlässigkeit zu
schulden kommen ließ. Er erzählt nehmlich, die Absetzung von
Heßhuß sey erst auf das bekannte
Responsum erfolgt, welches der
Churfürst von Melancton in der
Sache stellen ließ, weil Melanchton darinn den Wunsch geäussert
habe, daß die Zänker beyderseits
abgesetzt werden möchten. Aber
dieß Responsum wurde von Melanchton erst den 23. Octobr. ausgefertigt, und es enthielt auch
nicht einmahl jenen Wunsch.
Doch allem Ansehen nach schrieb
und log Leuckfeld bloß Wigand
nach, De Schismate Sacrament.
f. 361. und von Wigand kann
man fast nicht anders vermuthen,
als daß er sich die Lüge wissentlich erlaubte.

und der Meynungen über die Nachtmahls-Lehre unter
den Lutheranern selbst sorgfältig im Gedächtniß erhalten, und am wenigsten darf man vergessen, daß diese
Stellung und Stimmung in Oberdeutschland seit der
Wittenbergischen Konkordie noch allgemeiner und merk-
licher als in Niedersachsen die herrschende gewesen
war.

Es ist wahrscheinlich genug, daß der neue Churfürst von der Pfalz von der Zeit an, da er den Protestanten beygetreten war, keine andere als die gelindere
Oberländische und Kalvinische Vorstellung von dem streitigen Punkt in der Nachtmahls Lehre gehabt, doch ist
es dabey noch weit wahrscheinlicher, daß er sie weder
unter diesem noch unter einem andern Parthie-Nahmen,
sondern bloß unter dem allgemeinen Nahmen der protestantischen Vorstellung gekannt hatte. Wenigstens
glaubte er allem Ansehen nach sehr redlich, daß es die
Vorstellung sey, zu der man sich in der Augsp. Konfession bekannt habe, und wenn er auch etwas davon
gehört haben mochte, daß einst Luther eine etwas härtere Meynung vertheidigt habe, so konnte er sich leicht
bereden, daß man wieder allgemein davon abgekommen
sey, ja in diesem Wahn konnte er auch noch zu Anfang
des J. 1559. stehen, denn es läßt sich sehr leicht denken, daß
ihm von den Händeln, welche Westphal und die Niedersachsen seit einigen Jahren mit Kalvin darüber geführt
hatten, nicht viel zur Notiz gekommen war.

Nun kann man freylich nicht annehmen, daß dieß
letzte auch bey den Pfälzischen Gelehrten und Theologen
eingetreten wäre, aber desto gewisser darf man auch bey
den meisten von ihnen, besonders bey den Heydelbergischen Gelehrten das erste voraussetzen. Zwischen Heydelberg und Straßburg hatte immer eine mehrfache,
schon durch die Nachbarschaft und durch andere äussere

Ver-

Verhältniſſe geknüpfte Verbindung, alſo zwiſchen den
Heydelbergiſchen Theologen und zwiſchen Bucer, Petrus Martyr, Kalvin, auch eine mehrfache Kommu-
nikation ſtatt gefunden, welche unvermeidlich mit der
Zeit auch eine gewiſſe Harmonie der Denkungsart bewürken mußte. Es waren ſelbſt nach und nach mehrere
in der Schule jener Straßburgiſchen Gelehrten gebildete
Theologen zu Heydelberg angeſtellt worden, alſo war
nichts natürlicher, als daß ſich allmählig unter der Pfälziſchen Geiſtlichkeit auch eine Vorliebe für die Straßbur-
giſche Meynung in der Nachtmahls-Lehre befeſtigte,
welcher man ſich mit deſto weniger Bedenken überließ,
je ſichtbarer ſich ſelbſt Melanchton dazu hinzuneigen
ſchien, deſſen Nahme in der Pfalz noch in größerer Achtung als ſonſt irgendwo ſtand, weil er ſelbſt als Pfälzer betrachtet wurde. Um dieſes Umſtands willen mochten vielleicht auch mehrere einzelne Gelehrte und Prediger in der Pfalz, deren Bildungs-Zeit in die Periode
des zehnjährigen Waffenſtillſtands der über die Nachtmahls-Lehre ſtreitenden Partheyen hineingefallen war —
ſie mochten vielleicht würklich einige Zeit hindurch nicht
gewußt haben, daß unter den lutheriſchen Theologen
noch eine Verſchiedenheit der Meynungen darüber ſtatt
finde; als ſie aber durch das Geſchrey, das man in
Niederſachſen über den Zürcher Conſens erhoben hatte,
darüber belehrt, und aus den dabey gewechſelten Schriften mit den Divergenz-Punkten der verſchiedenen Meynungen näher bekannt wurden, ſo konnten ſie ſich doch nicht
ſo leicht geneigt fühlen, diejenige, welche ſie bißher ſelbſt
gehabt hatten, ſogleich aufzugeben, und auch ſelbſt durch
die Ueberzeugung, daß es nicht die ganz ächte lutheriſche
Meynung ſey, nicht ſo ſchnell dazu geneigt gemacht werden. Daher kam es, daß Heßhuß, da er den Streit
darüber in der Pfalz ſelbſt in Bewegung brachte, mit
der äuſſerſten Anſtrengung des wildeſten Eifers nicht

ein-

einmahl eine wahre Bewegung veranlassen konnte, denn
die allgemeinere Stimmung würkte ihm mit einer un-
sichtbaren Gewalt entgegen, welche die Kraft des offenen Wiederstands, gegen den er allein kämpfen zu müssen glaubte, noch unendlich übertraf. Die angesehenste
Mitglieder der Universität und die bedeutendste Männer
in den Kollegien der Kanzley waren so fest entschlossen,
ihre bißherige Vorstellung zu behalten, daß sie es nicht
einmahl zu einem Streit darüber kommen lassen wollten,
also war es sehr natürlich, daß Heßhuß nichts aus-
richtete, und nichts ausrichten konnte.

Nimmt man aber jetzt an, daß einerseits der neue
Churfürst wahrscheinlich erst bey seiner Ankunft in Heydelberg aus Veranlassung der Heßhusischen Händel die
erste nähere Kenntniß davon erhielt, daß und worüber
die lutherische Theologen in der Nachtmahls-Lehre noch
uneinig seyen, und andererseits sogleich dabey bemerken
mußte, wohin die Meynung des grösseren Theils von
der Pfälzischen Geistlichkeit und auch von dem gebildete-
ren Publiko des Landes sich hinneigte, so kann man gewiß nicht umhin, den Plan und die Maaßregeln, zu
denen er sich entschloß, noch natürlicher, und überdieß —
höchstweise zu finden. Dem blossen Menschen-Verstand
des Layen, der sich bißher mit dem Glauben begnügt
hatte, daß der Leib Christi im Sakrament wahrhaftig
mit dem Brodt empfangen werde, konnte sich unmöglich, wenn er auch noch so viel Ehrfurcht vor Luthers
Nahmen hatte, die Vorstellung empfehlen, für welche
man jetzt, als für die einzige ächt-lutherische eiferte.
Wenn er sich auch bißher, was leicht möglich war, bey
der Formel "daß der Leib Christi mit dem Brodt empfangen werde" nur das nehmliche dunkel gedacht hatte,
was die Eiferer mit ihrer Formel "daß er in und unter
dem Brodt empfangen werde" sagen wollten, so mochte

B 3 er

er ſich wohl eher geneigt fühlen, ihnen für die Beleh=
rung zu danken, daß er ſich noch etwas anders bey ſei=
ner Formel denken könne, als die ihrige anzunehmen,
alſo geneigt fühlen, jetzt erſt mit vollem Bewußtſeyn
von der lutheriſchen Meynung abzuweichen, die er biß=
her noch zu haben geglaubt, und würklich gehabt hatte.
Wo aber auch dieſe Würkung nicht eintrat, da konnte
doch dem bloſſen Menſchen=Verſtand des unbefangenen
Layen das Moment, das die Eiferer auf ihre Beſtim=
mungen ſetzten, nicht leicht fühlbar werden, denn er
konnte es nicht begreifen, daß es ſo viel austragen
ſollte, ob man glaube, daß der Leib Chriſti allein mit
dem Brodt — oder noch dazu glaube, daß er auch zu=
gleich unter dem Brodt empfangen werde. Der Streit
darüber mußte ihm alſo auf alle Fälle völlig nutzlos und
zwecklos erſcheinen, und dieß war wohl hinreichend, den
Churfürſten zu dem Entſchluß zu beſtimmen, ſeine wei=
tere Fortſetzung in ſeinem Gebiet durch die Dazwiſchen=
kunft ſeines Anſehens zu verhindern. Das Mittel hin=
gegen, wodurch er ſeiner künftigen Erneuerung am ge=
wiſſeſten vorbeugen konnte, bot ihm die Kenntniß an,
die er von den Geſinnungen des gröſſeren und bedeuten=
deren Theils ſeiner Gelehrten, und ſeiner Geiſtlichkeit
hatte. Doch brachte er dieß Mittel nicht eher in An=
wendung, biß er ſich noch weiter verſichert hatte, daß
es unbedenklich angewandt werden dürfe.

Erſt nach der Fortſchaffung von Heßhuß und Kle=
biz wandte ſich der Churfürſt an Melanchton, indem er
ſeinen Sekretär, Stephan Eirler nach Wittenberg ſchickte,
ihm durch dieſen die von beyden übergebene Bekenntniſſe
kommuniciren, und ſich darauf ſein Urtheil über den ſtrei=
tigen Lehrpunkt ausbitten ließ. Daraus legt ſich auf
das klarſte zu Tag, daß weder Heßhuß noch Klebiz um
der Meynung ſelbſt willen, welche jeder vertheidigte,

von

von ihm fortgeschaft worden war, denn sonst würde er
nicht jetzt erst eine Belehrung darüber verlangt, und
auch nicht beyde zugleich fortgeschaft haben; worüber er
aber vorzüglich Belehrung verlangt hatte, dieß läßt
der Innhalt des Bedenkens, das er von Melanchton
erhielt, deutlich genug erkennen.

In diesem berufenen Responso ³⁶) deckte Melanchton endlich einmahl seine wahre Gesinnung über die Fragen in der Nachtmahls-Lehre, über welche der Streit
erneuert worden war, mit einer Offenheit auf, welche
für alle Partheyen nach seiner bißherigen Zurückhaltung
sehr überraschend seyn mußte. Was ihn dazu bestimmte,
diese Zurückhaltung einmahl aufzugeben, kann sehr
leicht errathen werden. Einigen Antheil mochte vielleicht
auch die Art der Aufforderung daran haben, die der
Churfürst an ihn ergehen ließ; doch gewiß nur in so
fern, als nur noch ein ganz leichter Anstoß nöthig war,
um das schon biß an den Rand volle Gefäß zum Ueber-
fliessen zu bringen. Sein Verdruß über den unseeligen
Streit und sein Unwille über die Menschen, die ihn erneuert hatten, war so eben durch die in Bremen dadurch
veranlaßte Händel auf den höchsten Grad getrieben worden. Er hatte unter diesen Händeln auch auf das neue
die Erfahrung gemacht, daß ihn seine Mässigung und
Zurückhaltung doch nicht gegen die Ausfälle der Westphale und Mörlins sichern konnten, die es auf das sicht-
barste darauf angelegt hatten, ihn so lange zu reizen,

biß

36) Das Responsum findet
sich in Pezels Consiliis latinis
Melancht. P. II. p. 378. bey Hospinian f. 260. bey Struve p. 85.
und noch an mehreren Oertern.
Publicirt wurde es zuerst unter
dem Titel: Judicium D. Philippi
Melanchtonis de controversia Coenae Domini ad Illustrißim. principem ac D. D Fridericum etc.
Heidelbergae excudebat Ludovic.
Lucius anno 1560. mense Septem-
bri in 4.

biß er sich selbst in den Streit einlassen würde [37]). Er hatte sich eben deßwegen schon in der Hardenbergischen Sache zu dem Entschluß ermannt, öffentlich gegen sie aufzutreten, da er zugleich überzeugt worden war, daß sich auf keiner Seite mehr durch seine Mässigung oder Zurückhaltung etwas gut machen lasse: aber es ist sehr glaublich, daß sich seine Seele durch einen andern Umstand noch mächtiger zu diesem Entschluß ermuntert und gedrungen, fühlte. Melanchton sah schon um diese Zeit seinem nahen, und sechs Monathe darauf auch würklich erfolgten Tode entgegen, und durch das Vorgefühl, das er davon hatte, wurden auch schon die Bande loser gemacht, die seinen Geist in seinem bißherigen Würkungs-Krays gefesselt hatten. In der Nähe seines Grabes, nach dem er sich schon lange gesehnt hatte, empfand er es stärker als vorher, daß er es sich selbst und seiner Ueberzeugung, und der Sache, die er für die gerechtere hielt, schuldig sey, seine Gesinnungen darüber noch einmahl ganz offen und unumwunden vor seinem Tode zu erklären; in dieser Nähe aber empfand er noch lebhafter dazu, wie wenig es der Mühe werth sey, sich noch vor den Mißhandlungen zu fürchten, die ihm eine solche Erklärung zuziehen dürfte [38]), da sie ihn doch

---

37) Die Verfasser der Historie des Sakrament-Streits mögen also richtig genug gerathen haben, wenn sie vermuthen, daß „Philippus bey der Abfassung „dieses Bedenkens auch von Privat-Zorn und Ungedult über „Mörlin, Westphal und andere „re Niedersächsische Prädikanten „übernommen und übereilt worden sey." S. 615. aber der bloße Unwille über die persönliche Kränkungen, welche sie ihm selbst zugefügt hatten, würde ihn sicherlich niemahls übernommen haben, wenn er nicht einen weit stärkeren über ihr ganzes Verfahren bey dem neuen Streit, über die Ungerechtigkeiten, zu denen sie sich dabey durch den blindesten Eifer hinreissen liessen, über die Schmach, welche sie der Religion, und über den Schaden, welchen sie der ganzen protestantischen Kirche dadurch zuzogen, empfunden hätte.

38) Wie gewiß Melanchton auf diese Mißhandlungen rechnete, sieht man aus dem Anfang seines Gutachtens selbst, das er

doch kaum mehr, oder höchstens nur auf ein Paar. Augenblicke treffen könnten. Gewiß war es wenigstens
diese Betrachtung, die ihm den Muth gab, einige der
Menschen, von denen er am meisten zu fürchten hatte,
bey dieser Gelegenheit nahmentlich zu reißen: denn darauf rechnete er zuverläſſig nur wenig, daß ihnen sein
Bedenken verborgen bleiben könnte [39]).

Der Rath selbst, den Melanchton darinn dem Churfürsten gab, lief darinn zusammen, daß er seinen Theologen und Predigern schlechterdings das Streiten und
Disputiren über die in Bewegung gekommene Frage von
der Art der Gegenwart Christi im Nachtmahl verwehren, und sie zugleich anhalten sollte, sich bey dem öffentlichen Vortrag der Lehre einer gleichförmigen Sprache
und gleichförmiger Ausdrücke zu bedienen [40]). Er
selbst

er mit dem Seufzer eröffnete:
Non difficile eſt respondere, sed
periculosum.

39) Man mag gern glauben,
daß Melanchton dem Unterhändler, den der Churfürst an ihn
geschickt hatte, auch den Wunsch
geäussert haben mochte, daß sein
Bedenken geheim gehalten werden möchte, und man kann auch
vermuthen, daß es ihm würklich versprochen worden war, weil
es doch der Churfürst nicht eher
als nach seinem Tode publiciren
ließ; allein nach den vielen Er-
fahrungen, welche Melanchton
von der Aufmerksamkeit seiner
Gegner auf seine geheimste Briefe,
und von der Geschicklichkeit bekommen hatte, womit sie ihnen
auch an den verborgensten Oertern auf die Spuhr zu kommen
wußten, hoffte er gewiß nicht,
daß dießmahl das Geheimniß
besser bewahrt werden dürfte.

40) "Probo primum conſilium
Illuſtriſſimi Electoris, quod rixan-
tibus utrinque mandavit ſilentium — et optarem rixatores in
utraque parte abeſſe. (Am Schluß
des Bedenkens wiederholt er noch
einmahl. "Maneo in hac ſententia, contentiones utrinque pro-
hibendas eſſe.") Secundo autem,
remotis contentioſis, prodeſt reliquos de una forma verborum
convenire. Darinn fand Wigand
und fanden die Verfaſſer der
Hiſt. des Sakr. Streits auch den
Rath, daß der Churfürst die Urheber des Streits abſetzen und
fortſchaffen ſollte; allein da Melanchton bey der Abfaſſung des
Gutachtens ſchon wußte, daß ſie
fortgeſchaft waren, ſo iſt es doch
natürlicher ſein, "remotis contentioſis," auf das, was bereits
geſchehen war, als auf etwas,
das erſt geſchehen ſollte, zu beziehen. In ſeinem "optarem rixatores

B 5

selbst schlug dabey eine solche Formel vor, welche sich alle am unbedenklichsten gefallen lassen könnten, nehmlich die von dem Apostel Paulo gebrauchte, nach welcher man sich zu sagen begünstigen sollte, daß das Brodt die Gemeinschaft des Leibes Christi sey. Damit meynte er zwar nicht, daß man sich in der Lehre vom Nachtmahl überhaupt keines andern Ausbrucks bedienen dürfte. Am wenigsten kam ihm der Unsinn in den Sinn, den ihm die Verfasser der Historie des Sakrament-Streits aufzubürden für gut fanden [41], daß er die von Christo selbst bey der Einsetzung des Nachtmahls gebrauchte Formel: das ist mein Leib! aus dem Gebrauch hätte verdrängen wollen, sondern sein Vorschlag gieng offenbar allein dahin, daß man sich vereinigen sollte, dasjenige, was Christus mit den Worten: das ist mein Leib! habe sagen wollen, oder die Art, wie der Leib das Brodt sey? nur durch jene Paulinische Formel zu erklären. Gerade damit kündigte er auch deutlich genug an, daß doch dabey seinethalben jede der Partheyen, welche über diese Art in Streit gekommen waren, ihre eigene Meynung darüber für sich behalten könnte [42], denn welche andere Formel ließ sich vorschla-

---

tores utraque in parte abesse" mag man indessen allerdings auch eine Billigung des Verfahrens, das der Churfürst gegen Heßhuß und Klebiz beobachtete, und wenn man will, auch einen Wunsch finden, daß er in Zukunft mit ähnlichen Zänkern eben so verfahren möchte; aber wenn er auch dem Wunsch die bestimmte Form eines Raths gegeben hätte, so zeigte er doch wenigstens keine Partheylichkeit. Er wollte ja die Zänker von beyden Partheyen fortgeschaft haben.
41) S. Historie des Sakram. Streits. S. 608.

42) Dieß schlossen auch die Verf. der Hist. des Sakr. Streits sehr richtig aus seinen Vorschlägen. "Diese Worte Philippi — sagen sie — "lauten fast dahin, "sind auch von den Kalvinisten "also aufgenommen und verstan-"den worden, als müßte man "eine neue Art und Weise, die "Kirchenstreit beyzulegen, vor-"hin in der Kirchen Gottes zu "derselbigen Erbauung unge-"bräuchlich, fürnehmen, daß man "nehmlich auf die res ipsas, oder "auf die Sachen an ihnen selbst "mit beständigem Ja und Nein "sich nicht erklären dürfe, son-"dern

schlagen, worinn jede von jenen Partheyen ihre eigene
Meynung so bequem hineinlegen konnte, als diese Paulinische.[43]). Aber dabey verhelte er doch auch nicht,
daß ihm seiner Ueberzeugung nach jene andere erklärende Formeln, welche man jetzt der ganzen protestantischen Kirche als die einzige ächt-lutherische aufbrängen
wolle, theils nicht begründet genug, theils nach andern
Hinsichten bedenklich und unannehmlich scheinen. Paulus — sagte er — habe nicht gesetzt, daß das Brobt
der wesentliche Leib Christi sey, wie es jetzt die Bremer
mit Gewalt gesetzt haben wollten. Der Apostel habe
auch nicht wie Heßhuß darauf gedrungen, daß das Brobt
der wahre Leib Christi sey, daher könne er sich auch
nicht verbunden halten, sich diese Redensarten aufzwingen zu lassen [44]), die nur allzuleicht zu der irrigen

Vor-

„dern daß man nur einerley Form
„zu reden sich vergliche, darun-
„ter wohl beyde Theil, lutheri-
„sche und Kalvinische ihre Mey-
„nung und Verstand haben und
„behalten könnten.” Allerdings
wollte Melanchton diese neue
Art und Weise, die Kirchen-
Streit beyzulegen, die freylich
und leyder! in der Kirchen Gottes bißher fast ungebräuchlich gewesen war, in dem Sakraments-
Streit angewandt haben, aber
er wollte sie nur deßwegen dabey
angewandt haben, weil er überzeugt war, daß es völlig nutzlo-
ser und zwecklofer Streit sey, und
daß keine der Fragen und Meynungen, über welche er geführt
würde, zur Erbauung der Kirche
gereichen könnte.

43) Melanchton erklärte auch
noch in dem Bedenken selbst sehr
stark, daß er jedem seine Meynung frey lassen wollte, denn er
wollte ja, daß man auch denje-

nigen, die sich an der von ihm
vorgeschlagenen Duldung ärgern,
und sich darüber von der Kirche
absondern würden, ihr unduld-
sames Urtheil frey lassen sollte,
wenn sie nur sonst keine Verwirrung anrichten. "Si quibus haec
„non placent, nec volunt ad com-
„munionem accedere, his per-
„mittatur, ut suo judicio utan-
„tur, modo non faciant distractio-
„nes in populo.

44) "Etiam vocabulum: κοινωνια: declarandum est. Sed
non dicit, mutari panem, ut Pa-
pistae dicunt. Non dicit, ut Bremenses, panem esse substantiale
corpus Christi. Non dicit, ut
Heshusius panem esse verum corpus Christi, sed esse κοινωνιαν,
id est hoc, quo fit consociatio
cum corpore Christi, quae fit in
usu. Dabey wußte es Melanchton gewiß eben so gut als Wigand, daß auch Luther zuweilen
jene

Vorstellung der Papisten führen könnten, daß der Leib Christi auch ausser dem sakramentlichen Gebrauch in das Brodt eingeschlossen sey [45]). Darinn lag nun aber auch

jene Ausdrücke gebraucht, und in den Schmalkaldischen Artikeln, wie in seinem kleinem Bekenntniß vom Nachtmahl recht absichtlich die Formel gewählt hatte, daß das Brodt der wahre, ja der rechte natürliche Leib Christi sey. Aber theils ergiebt sich auf das klarste, daß Melancton diese Formeln nicht absolut verwerfen, sondern nur ihren ausschliessenden und aufgedrungenen Gebrauch mißbilligen wollte, theils hatte er wohl nichts dagegen, wenn man daraus schliessen wollte, daß er ihn so weit auch an Luthern mißbilligte. Wenn hingegen Wiegand und die Historie des Sakr. Streits seine Erklärung des Worts κοινωνια nicht nur unausdrücklich sondern auch bedenklich fanden, so liessen sie sich durch den Geist des Widerspruchs über ihren eigenen Vortheil verblenden, denn aus dieser Erklärung heraus hätten sie höchst scheinbar schliessen können, daß Melancton in der Hauptsache einstimmig mit ihnen sey. Wenn das Wort κοινωνια dasjenige ausdrücken sollte, per quod fit consociatio cum corpore Christi, wenn also das Brodt im Sakrament nach der Vorstellung Pauli das Instrument oder das Medium seyn sollte, durch welches der Leib Christi uns mitgetheilt werde, so lag würklich darinn, daß dieser Leib nicht nur zu gleicher Zeit mit dem Brodt empfangen, sondern auch auf eine gewisse Art in dem Brodt und unter dem Brodt empfangen werde. Dieß aber war ja im Grund die einzige Haupt-

Bestimmung, über welche gestritten wurde.

45) Melancton wollte wohl nicht sagen, daß man es würklich darauf angelegt habe, jene papistische Lehre von einer Einschliessung des Leibes Christi in das Brodt auch ausser dem sakramentlichen Gebrauch, in die protestantische Kirche einzuführen; aber es ist unläugbar, daß man in der Art, und in den Wendungen, womit er es sagte, diesen Vorwurf finden konnte, der zugleich desto empfindlicher für diejenige werden mußte, die dadurch getroffen werden sollten, weil sie nahmentlich ausgezeichnet waren. "Acerrime pugnant Papittae, et eorum fimiles, ut dicatur, cerpus Christi extra fumsionem inclufum effe fpeciebus panis, aut pani, et pottulant adorationem: ficut Mörlinus Brunsvigae dixit: du mußt nicht fagen: Mum! Mum! fondern du mußt fagen, was diefes ist, das der Priester in der Hand hat? Sarcerius jubet delapfas particulas colligi, et erafa terra comburi.— Ita poftulant etiam dici: an fit corpus in pane, aut in fpeciebus panis? quafi vero Sacramentum propter pauem, et illam papifticam adorationem inftitutum fit. Poftea fingunt, quomodo includant pani: alii couverfionem, alii transfubftantiationem, alii ubiquitatem excogitarunt." Ueber dasjenige was hier Melancton von Mörlin anführte, bemerkten die Verfasser der Hist. des Sakr. Str. mit einem schweren Seufzer "es "seyen viele gute fromme Leute gar "sehr

auch sehr verstäublich, daß man seiner Meynung nach
gar nicht darnach fragen und davon sprechen sollte, ob
der Leib Christi auch unter dem Brobt empfangen
werde [46]? indem man sich bey der Gewißheit, daß er
mit dem Brobt empfangen werde, mehr als begnügen
könnte. Doch Melanchton scheute sich ja selbst nicht,
sehr deutlich zu verstehen zu geben, daß man auch recht
gut bey der Sprache und bey den Ausdrücken der älteren Väter hätte bleiben können und noch bleiben könnte,
welche aus dem Brobt und aus dem Wein im Sakrament Symbole und Zeichen des Leibes und Blutes Christi
gemacht hätten, indem er nicht absehe, warum und wodurch die Autorität eines Mörlins oder Heßhuß das
Ansehen dieser Väter und des ganzen gelehrten christlichen Alterthums überwiegen sollte [47]?

So

„sehr dadurch bestürzt worden,
„denn hiemit niemand anders,
„als D. Luther gemeynt sey,
„welcher in seiner Epistel an den
„Rath zu Frankfurt vom J. 1533.
„eben diese Worte geführt habe,
„woraus sie nur von Herrn Mör-
„linus entlehnt worden seyen.
S. 610. Aber schon Salig hat
dagegen Th. III. S. 463. sehr
richtig bemerkt, daß Mörlin jenen Kraft-Spruch von Luther
verdorben, und daß Melanctons
Tadel gerade nur dasjenige traf,
was er daran verdorben hatte.
In jenem Brief Luthers an den
Rath zu Frankfurt kam allerdings
die Stelle vor: „Es gilt hier
„nicht, den Brey im Maul wäl-
„zen, und Mum Mum sagen,
„sondern den Brey ausspeyen,
„und das mummen lassen, und
„frey dürr herausfagen, was
„Brobt und Wein sey im Sa-
„krament.‟ Mörlin aber hatte
gesagt: "du must erklären, was
„das ist, das der Priester in der

„Hand hat?‟ und gerade dieß
war es, was Melanchton tadelte,
daß man auch schon das, was
der Priester in der Hand hat,
daß man das Brobt und den
Wein auch ausser dem Genuß
den Leib und das Blut Christi
genannt haben wollte.

46) "Talibus prodigiosis quae-
stionibus rejectis, utilius est, retinere formam verborum Pauli,
et de fructu Sacramenti recte doceri homines."

47) "Negat Heshusius, se
assentiri Origeni, qui nominat
panem et vinum symbola corporis et sanguinis. Rejicit contu-
meliose Clementem Alexandri-
num. Pronunciabit eodem modo
de Augustino, Ambrosio, Pro-
pero, Tertulliano, Beda, Basilio,
Nasianzeno, Theodoreto, qui no-
minant ἀντίτυπον σῶμα. Quae
est vero tanta autoritas Heshusii,
ut ipsi potius credamus, quam tot
probatis veterum Scriptoribus?

So erklärte es Melanchton in dieſem Gutachten nicht nur für höchſt unnöthig und unweiſe, daß man den Streit über jene beſondere Beſtimmungen, die einſt zu der Privat = Vorſtellung Luthers über die Gegenwart Chriſti im Saframent gehört hatten, wieder erneuert habe, ſondern er erklärte auch, daß man ſeiner Mey=nung nach nicht befugt ſey, dieſe Beſtimmungen jemand aufzudrängen, oder ſie zum Wahrzeichen der allgemei=nen proteſtantiſchen Orthodoxie in dieſer Lehre zu ma=chen, und damit war es dann auch ſehr authentiſch er=klärt, daß er ſie niemahls in die Augſp. Konfeſſion habe legen wollen, oder die Aenderungen in den ſpäteren Ausgaben von dieſer nur in der Abſicht angebracht habe, um ſie wieder herauszubringen[48]). Dieß war es aber, worüber der Churfürſt belehrt ſeyn wollte, oder dieß war

48) Wenn es ſich nur mög=licher weiſe hätte verbergen laſ=ſen, ſo würde man es in der Folge gar zu gern gethan haben. Die Verfaſſer der Hiſtorie des Saf. Streits drehten und wan=den ſich beſonders auf eine er=bärmliche Art, um nur nicht al=les zu verſtehen, was ſogar ver=ſtändlich darinn lag, und brach=ten auch bey einigen der anſtöſ=ſigſten Stellen des Gutachtens glücklich heraus, daß ſie allein gegen die Papiſten gerichtet ſeyen. „Auch erfinde ſich doch — mey=nten ſie — daß Philippus in ſol=„chem ſeinem Rathſchlag gleich=„wohl nirgends ausdrücklich ſa=„get, daß der Leib Chriſti auf „einmahl und zu einer Zeit nicht „könne oder vermöge an mehreren „Oertern zugleich zu ſeyn. Auch „ſaget er nicht, daß Chriſtus mit „ſeinem Fleiſch und Blut von „dem Brodt und Wein im Abend=„mahl und von uns, die wir „allhier auf Erden ſein Abend=

„mahl halten, ſo weit und ferne „ab ſey, als der Himmel von „der Erden iſt.‟ Dabey wollen ſie doch nicht läugnen, daß ſich „Philippus in dieſem Bedenken „gar zu weit auf die Kalviniſten „Seiten gewandt und von der „rechten Bahn habe abführen „laſſen, als welches ſie mit Seuf=„zern und herzlichen Thränen zu „geſtehen nicht vorgeben können, „wie dann auch viele trefliche „Leute, hohen und niedern Stan=„des, gelehrte und Layen in un=„ſerer Kirchen ſich darüber ent=„ſetzt und heftig erſchrocken ſeyen, allein auch dabey wollen ſie es doch noch zweifelhaft laſſen, „ob „man nicht den gröſten Antheil „daran nur der allzugroſſen Gut=„willigkeit beyzumeſſen habe, wel=„che er gegen diejenige gebraucht, „die ihm ſtets auf und über dem „Hals gelegen, und bey ihm „um ſolche Erklärung auch wohl „mit Ungeſtüm angehalten ha=„ben mögen.‟

war vielmehr, wie man vielleicht ohne Bedenken sagen darf, gerade die Belehrung, welche er erwartet hatte: denn sie war vollkommen hinreichend, ihn wegen der Rechtmäßigkeit aller der Maaßregeln zu beruhigen, die er ohne Zweifel schon auf den Fall beschlossen hatte, wenn das Gutachten Melanchtons nach seiner Erwartung ausfallen sollte. Indessen mag es immer noch gewisser seyn, daß Melanchton sein Gutachten anders eingerichtet haben würde, wenn er vorausgesehen hätte, wie weit der Churfürst die Folgen, die er daraus ziehen durfte, realisiren würde; wenigstens würde er ihm zu den Maaßregeln, zu denen er ihn dadurch berechtigte, gewiß nie gerathen haben.

Der Churfürst machte nehmlich nicht bloß Anstalten, seinen Theologen und Predigern das Streiten über die Nachtmahls-Lehre zu verwehren — denn dafür hatte er schon vorher gesorgt — sondern er legte es jetzt ganz unverdeckt darauf an, auch ihre Meynungen darüber, wie ihre Sprache und ihre Lehr-Form allmählig gleichförmig und übereinstimmend zu machen. Er urtheilte sehr richtig, daß alle seine Verbote gegen das Streiten nichts helfen würden, so lange unter seinen Leuten eine Verschiedenheit der Vorstellungen statt fände; daher beschloß er, es dahin einzuleiten, daß in kurzer Zeit eine von diesen Vorstellungen, über die man bißher gestritten hatte, die allgemeine und die herrschende in seinem Gebiet werden sollte. Aber dabey entschied er sich für die gelindere Vorstellung, nach welcher man sich in der Lehre vom Nachtmahl keine weitere Bestimmung erlauben dürfte, als daß der Leib Christi mit dem Brodt empfangen werde, er entschied sich also für die Vorstellung, zu der sich neuerlich Kalvin und die Schweizer im Consensus Tigurinus bekannt hatten, theils weil sie ihm selbst die wahrere schien, theils weil er schon

den

den grösseren Theil seiner Leute dafür gestimmt sah, und somit beschloß er dann freylich zum unbeschreiblichen Aerger aller lutherischen Zeloten nichts geringeres, als die Sachen dahin einzuleiten, daß die ganze Pfälzische Kirche ihrem Ausdruck nach kalvinisch werden sollte.

Dabey deckt sich wohl von selbst auf, in wiefern und wie weit sich der Churfürst nicht nur durch das Gntach-ten Melanchtons dazu befugt glauben konnte, sondern auch würklich dazu berechtigt wurde. Wenn der erste und angesehenste unter allen protestantischen Theologen, wenn der Verfasser der Augsp. Konfession selbst in ei-nem von einem Fürsten ihm abgeforderten Bedenken er-klärte, daß man eine theologische Meynung ohne Ab-weichung von der Schrift-Lehre und ohne Abweichung ron der Augsp. Konfession annehmen könne — und dieß war das wenigste, was in dem Gutachten Melanchtons in Beziehung auf die Kalvinische Vorstellung lag — so durfte sich der Laye von einem Fürsten von Seiten des Gewissens und von Seiten der Klugheit vollkommen le-gitimirt halten, nicht nur jene Meynung in seinem Ge-biet freyzulassen, sondern es auch dahin einzuleiten, daß in den Kirchen seines Gebiets keine andere als diese mehr gelehrt wurde, so bald er dieß letzte ohne Gewissens-Zwang durchsetzen konnte. Ob es nun aber der Chur-fürst würklich auf eine solche Art durchsetzte, dieß ist al-lerdings schon mehrmahls bezweifelt, und selbst schon sehr bestimmt geläugnet worden; doch ist es nicht schwer, sein Verfahren auch gegen alle Vorwürfe, die ihm von dieser Seite her gemacht wurden, hinreichend zu recht-fertigen.

So gewiß der grössere Theil der Pfälzischen Gelehr-ten und Prediger mehr für die oberländisch-kalvinische als für die niedersächsisch-lutherische Vorstellung einge-

nom-

nommen war, so hatte doch die letzte, wie man sich leicht vorstellen kann, auch eine Parthie unter ihnen, die sich ohne Zweifel unter den Heßhusischen Händeln noch mehr verstärkt hatte. Manche mochten wohl erst unter diesen vielleicht nicht gerade aus Ueberzeugung dazu übergangen seyn; aber der Antheil, den sie an diesen genommen, oder die Hitze, in welche sie sich dabey hineingestritten hatten, ließ ihnen nicht zu, sich sogleich zurück zuziehen, und die Parthie wieder zu wechseln, so wie diejenige, die schon vorher irgendwo einigen Parthie-Eifer für die ächt-lutherische Meynung aufgefaßt hatten, ohne Zweifel durch die Händel noch mehr in ihrem Eifer bestärkt worden waren, und jetzt durch die Wendung, welche sie genommen hatten, noch mehr darinn bestärkt wurden. Dieß letzte mochte besonders bey einigen der angesehensten weltlichen Räthe und Diener des Churfürsten, wie bey dem Canzler Minkwitz, und bey dem Hofrichter Erasmus von Venningen der Fall [49]) seyn; das erste hingegen trat gewiß

---

49) Die Redlichkeit des Eifers, mit welchem der gute Venningen an der ächt-lutherischen Vorstellung hieng, zeigt sich selbst in der Heftigkeit, womit er sich in den Klagbriefen an seinen Gevatter Marbach in Straßburg über die Veränderungen ausließ, denen er in Heydelberg zusehen mußte. So schrieb er schon unter dem 5 Nov. 1559. "Unsere „Kirche allhie hat durch die Ver- „hängniß Gottes und Anreizen „des Satans ein wenig einen „Stoß erlitten, so mir herzlich „leyd. Der barmherzige Gott „wolle uns wieder aufhelfen, und „nicht gänzlich fallen lassen!" Aber viel heftiger dusserte er sich in einem spätheren Brief. "Bey „uns — schreibt er in diesem — „gebt es in etlichen Orten zu, „daß es ja wohl besser taugte,

„denn wir thun ja selbst durch „öffentlichen Druck unsere eigene „Schande scheinbarlicher und hel- „ler an den Tag, denn die helle „Sonne ist, alles darum, die „arme Gewissen zu türbiren, und „des Teufels Reich zu mehren. „Ist eine Schande und dem gnä- „digen Gott ein höchlich Miß- „fallen, daß wir alle dabey stumm „sind, nichts dawider schreiben, „und dem Teufel seinen Willen „gestatten. Da ist nirgends kein „Kalvinischer Schußer, oder es „macht ein eigenes Büchlein, will „der Juristen und Mediciner ge- „schweigen, die das ihrige auch „dazu thun, stillschweigend und „ohne, oder mit erdichtetem ver- „logenen Nahmen. Das Erd- „reich sollte sich aufthun, und „solche Teufel verschlingen, und „die andern, so Christen sind,

gewiß bey einigen der Heydelbergischen Prediger ein, wie
wohl sie jetzt auch von der Wahrheit der Meynung, für
welche sie in Gemeinschaft mit Heßhuß geeifert hatten,
redlich überzeugt seyn mochten. Doch wie es sich damit
verhielt, so zog ihnen die Standhaftigkeit, mit welcher
sie bey dieser Ueberzeugung beharrten, bald das Schicksal von Heßhuß zu, denn sie wurden ebenfalls ihrer Aemter
entsetzt [50]), und an ihre Stellen Männer berufen, deren Anhänglichkeit an die Gegenmeynung bekannt war:
und diese Prozedur, so zweckmässig sie sonst nach dem
Plan des Churfürsten seyn mochte, schien doch wahrhaftig auf eine Art von Gewissens-Zwang hinauszu-
laufen. Wenigstens die Prediger hätten gewiß über
Zwang klagen dürfen, wenn man ihnen bloß die freye
Wahl gelassen hätte, ob sie ihre Aemter oder ihre Meynung aufgeben wollten? allein es ist falsch, daß man
ihnen bloß diese Wahl gelassen hätte, sondern der wahre
Hergang der Sache, bey welchem das Verfahren des
Churfürsten in einem ganz andern Licht erscheint, war
dieser.

Nach der Entlassung von Heßhuß hatte Friedrich
unter dem Nahmen eines Kirchenraths ein ganz neues
Kollegium eingerichtet, welchem die Oberaufsicht über
alle Kirchen, und die Besorgung aller kirchlichen Ange-
legen-

„welche solche Irrthum wissen
„und gestatten, ernstlich strafen.
„Wollte Gott, ich hätte die Gnad
„darwider zu schreiben, ich wollts
„mit Freuden thun, und sollt es
„mir den Kopf gelten. Es ist
„ein Mord über alle Mord, sol-
„ches zu gestatten.” S. Fechr.
Epist. Theolog. P. II. ep. 78. p. 99.
P. III. ep. 28. p. 140.

50) Zu Heydelberg traf dieß
Schicksal die vier Prediger Ge-
org Kuhn, Heinrich Greiner,
Casp. Reser, und Michael Kon-

rad. S. Sleidan. cont. p. 206.
Nach einem Brief von Venningen war Pantaleon schon vorher
seines Amts, und bald nach der
Fortschaffung von Heßhuß und
Klebiz, aber dem Ansehen nach
nicht allein wegen seiner Beharrlichkeit bey seinen Meynungen
entsetzt worden. Venningen scheint
ihn wenigstens nicht zu bedau-
ren, denn er wünscht in seinem
Brief, daß sein Nachfolger nicht
auch ein Wolf seyn möge. S.
Fecht P. III. ep. 11. p. 120.

legenheiten des Landes von ihm übertragen, alle Super=
intenbenten aber, und alle Prediger subordinirt wur=
den. Sobald nun das Responsum von Melanchton
eingelaufen war, so schickte er es dem neuen Kirchen=
rath mit dem Befehl zu, daß er darüber halten, und
die Prediger anweisen sollte, sich aller jener Redensar=
ten, worüber bißher in der Lehre vom Nachtmahl ge=
stritten worden sey, zu enthalten. Dieser Befehl wurde
hierauf von dem Kirchenrath an die Prediger ausge=
schrieben, benen wahrscheinlich dabey auch das Respon=
sum Melanchtons mitgetheilt wurde, das der Churfürst
nach seinem Tode publiciren ließ. Besonders ergieng
vielleicht der Befehl an diejenige Prediger zu Heydel=
berg, die sich im Heßhusischen Kriege als die größte Ei=
ferer ausgezeichnet hatten, so wie man auch auf sie und
auf diejenige, die sonst hin und her im Lande durch Heß=
huß angestellt worden waren, am aufmerksamsten seyn
mochte, ob sie der erhaltenen Weisung gehorchen wür=
den? allein mehrere von ihnen ersparhten dem Kirchen=
rath und dem Churfürsten die Mühe dieser Aufmerk=
samkeit. Vier von den Heydelbergischen Predigern ka=
men mit der Erklärung ein, daß sie ohne Verletzung
der Wahrheit und ihres Gewissens die Redensart "daß
der Leib Christi im Sakrament in und unter dem Brodt
empfangen werde" nimmermehr fahren lassen könnten,
weil sie nach ihrer Ueberzeugung dem Wort Gottes voll=
kommen gemäß sey. Einige Landprediger führten eben
diese Sprache, und hierauf erhielten sie dann freylich
die Antwort, daß sie sich zu Räumung ihrer Aemter
verstehen müßten, wenn sie dem churfürstlichen Befehl
nicht gehorchen zu dürfen glaubten. Dazu kam es würk=
lich bey mehreren; und allerdings wurden jetzt auch ihre
Stellen mit Nachfolgern besetzt, auf deren Folgsamkeit
man sich verlassen konnte [51]): aber worinn bestand hier

der

---

51) S. Struve Pfälz. Kirchenhist. S. 87.

der Gewiſſenszwang, oder wo lag nur das gewaltſame,
über das ſich die Jeßhuſianer ⁵²) ſo unbändig zu ſchrey-
en erlaubten?

Wer verlangte dann von dieſen Menſchen, daß ſie
ihre Meynung aufgeben, oder ihrer bißherigen Ueber:
zeugung ungetreu werden ſollten? Weder der Churfürſt
noch der Kirchen-Rath wollte ihnen ja verwehren, daß
ſie nach wie vor glauben möchten, der Leib Chriſti werde
nicht nur mit dem Brobt ſondern auch in und unter dem
Brobt empfangen. Weder der Churfürſt noch der Kirchen-Rath forderte von ihnen, daß ſie dieſem Glauben entſagen, ſondern nur dieß forderte man, daß ſie
andere, welche es nicht glaubten, nicht verdammen, und
das Volck nicht auf die Vorſtellung bringen ſollten, daß
der Glaube daran zur Seeligkeit nothwendig ſey. Dieß
lag allein in dem Anſinnen, daß ſie ſich bey dem öffentlichen Unterricht der ſtreitigen Partikeln in und unter
enthalten, und dafür die von Melanchton vorgeſchla-
gene Pauliniſche Formel, oder das mit der Augſp. Konfeſſion gebrauchen möchten, denn die Formel des Apo-
ſtels und der Ausdruck der Konfeſſion ſtand ja auch mit
ihrer Meynung in keinem Widerſpruch, und kein Menſch
wollte ſie hindern, ſich dabey eine ſolche Gemeinſchaft
des Leibes mit dem Brobt oder einen ſolchen Genuß des
Leibes mit dem Brobt vorzuſtellen, wobey der Leib auch
zugleich in und unter dem Brobt ſey. Doch in jenem
Anſinnen lag ja zugleich das Erbieten, daß man auch
ihre Meynung nicht verdammen, und auch die Gegenmeynung niemand aufdrängen oder als nothwendig zur
Seeligkeit vorſtellen wollte; und wer kann jeßt in der
Alternative, die ihnen vorgelegt wurde, ſich entweder
darein zu fügen, oder ihre Aemter zu räumen, noch eine
unbillige Gewalt ſehen? Immer mochten einige von ihnen

52) S. Fecht P. II. ep. 80. p. 102.

nen nicht nur von der ausschließenden Wahrheit, sondern auch von der Wichtigkeit und von der Nothwendigkeit ihrer Meynung so fest überzeugt seyn, daß sie sich
verbunden glaubten, eher ihre Aemter zu räumen, als
die Verdammung der Gegenmeynung zu unterlassen,
aber da der Churfürst eben so fest überzeugt war, daß
diese Gegenmeynung mehr für sich habe als die ihrige,
und noch fester überzeugt war, daß sie in jedem Fall
unschädlich, und der Streit darüber höchst nußlos sey,
da er dabey die Autorität des ersten protestantischen
Theologen für sich hatte, und da er noch dazu wußte,
daß sie bereits mehr Anhänger im Lande habe, als die
ihrige — nach welchem Recht konnten sie fordern, daß
er ihnen dennoch die Verdammung dieser Meynung gestatten sollte? und wenn sie dazu kein Recht hatten, was
konnte ungerechtes oder nur unbilliges in seiner Alternative seyn?

Wie fest aber der Churfürst in der Ueberzeugung
war, nach welcher er dabey handelte — oder auch wenn
man will, wie sehr es ihm darum zu thun war, in seiner Ueberzeugung recht fest zu werden, dieß beweißt die
Bereitwilligkeit, womit er sie noch einem eigenen Kampf
aussetzte, zu welchem er aufgefordert wurde. Diese
Aufforderung rührte von seinem Schwiegersohn, dem
Herzog Johann Friedrich dem Mittleren von Sachsen
her, der nicht sobald erfahren hatte, daß sein Schwiegervater in die Stricke des Kalvinißmus gerathen sey,
als er nach Heydelberg eilte, um ihn wo möglich, wieder herauszuziehen. Der orthodoxe Johann Friedrich
hatte in dieser Absicht ein Paar seiner rüstigsten Polemiker, Mörlin und Stößel mitgebracht, die so eben in
dem neuen Sächsischen Konfutations-Buch auch die
Rotte der Kalvinisten zu Boden geschlagen hatten, und
zweifelte nicht, daß sie jetzt auch zu Heydelberg eben so

leicht

leicht als in Jena damit zu Stand kommen ſollten. Zu
dieſem Ende machte er dem Churfürſten den Vorſchlag,
daß er einige ſeiner geſchickteſten Theologen auswählen
möchte, die mit Mörlin und Stöſſel über die ſtreitige
Fragen in der Nachtmahls-Lehre öffentlich in ihrer Gegenwart diſputiren ſollten, wobey er von der Stärke
und von der Schwäche jeder Meynung am beſten belehrt
werden könnte: der Churfürſt aber nahm den Vorſchlag
ſogleich an, veranſtaltete alles zu dem theologiſchen
Kampf-Spiel, und gab fünf volle Tage lang einen
eben ſo aufmerkſamen als gedultigen Zuhörer dabey ab.

Den 3. Jun. 1560. wurde die Diſputation eröfnet,
wobey es der erſte der dbamahligen Heydelbergiſchen Theologen, Peter Bocquin zuerſt allein mit den beyden Thü-
ringiſchen aufnahm. Es war dabey ausgemacht worden, daß beyde Partheyen in der Rolle der Oppo-
nenten und der Reſpondenten abwechſlen ſollten; daher
übernahm es Bocquin in den drey erſten Tagen ihnen
auf die Einwürfe zu antworten, welche ſie gegen einige
Sätze vorbringen möchten, in die er die Vorſtellung,
die er ſich zu vertheidigen getraute, gefaßt hatte. In
den zwey letzten Tagen griff er hingegen ſeinerſeits die
Meynung an, welche ſie ihrerſeits zu vertheidigen übernommen hatten, wobey aber Stöſſel allein das Wort
führte. Boquin hatte dabey für gut gefunden, ſich
nur jene Sätze zuzueignen, welche ſchon von Klebiz bey
ſeinem Baccalaureat defendirt worden waren [53]), und
die

---

53) Mit dieſen Sätzen, welche Boquin zu vertheidigen übernahm, hat es noch irgendwo einigen Anſtand. Noch in dieſem
Jahr 1560. erſchienen die Theſes
der Sächſiſchen Theologen zu Erfurt im Druck unter dem Titel:
Propoſitiones, in quibus vera de
Coena Domini Doctrina juxta A.
C. adverſus quorundam Sacramentariorum certamina adſeritur
ad diſputandum in Academia Heidelberg. d. 3. et 4. Jun. propoſitae. Dieſen aber waren zugleich
die

die Händel zwischen Heßhuß und ihm zum letzten Ausbruch gebracht hatten: die zwey Sächsische Theologen
aber hatten die Meynung, für welche sie kämpfen wollten,
in 24 eigenen Sätzen [54] sehr ausführlich dargelegt.

Dafür

die impia Sacramentariorum themata Heidelbergae disputata angehängt, und zwar unter den
Nahmen, D. Petr. Boquini, Facultatis Theologicae Decani. Von
dieser Zeit an wurden die Sätze
mehrmahls Boquin zugeschrieben,
auch noch von Struve S. 94. und
Löscher S. 164. biß Salig die
Entdeckung machte, daß es Wort
für Wort die nehmliche sieben
Theses waren, welche Klebiz im
vorigen Jahr vertheidigt, und
in diesem herausgegeben hatte.
Zu der Entdeckung gehörte nichts
als ein Paar Augen, und es ist
ganz unbegreiflich; wie sie Struve entgehen konnte, der S. 78.
die nehmliche Theses unter dem
Nahmen von Klebiz in seine Geschichte eingerückt hatte, die er
S. 98. unter dem Nahmen von
Boquin abdrucken ließ. Man begreift auch sehr leicht, wie und
warum es Boquin sehr schicklich
finden konnte, die Vertheidigung
dieser Klebizischen Sätze gegen
Stössel und Mörlin zu übernehm-
men, wenn man sich nur erinnert, daß schon Heßhuß über eben
diese Sätze ein Responsum von
ihnen verlangt, und ohne Zweifel ein verdammendes erhalten
hatte. Allein es wäre doch möglich, daß man sich bißher mit
diesen Sätzen getäuscht hätte,
wenn man sie für diejenige hielt,
die Boquin bey dieser Gelegenheit vorgelegt haben sollte, denn
aus einigen Aeusserungen des
Mannes bey der Disputation
selbst in den Actis Colloquii Hei-

delbergens. bey Wigand f. 440.
muß man fast vermuthen, daß
er andere übergeben hatte. Auf
die Frage von Stössel: ob die
Sätze nur sein Bekenntniß oder
das Bekenntniß der ganzen Heidelbergischen Facultät enthielten?
antwortete er nehmlich höchst bestimmt: Est mea Confessio. Theses hae meae sunt! und dieß
möchte er doch nicht in dieser Form
gesagt haben, wenn es bloß die
Klebizische gewesen wären, von
denen er noch dazu versicherte
"non ego, ut à quibusdam dif-
famatus sum, eas composui, sed
me absente factae sunt. Aber
auch Stössel bemerkte ja, daß sie
den Klebizischen ähnlich seyen,
mithin konnte er sie doch nicht
ganz für die nehmliche erkannt
haben. Es ist also wahrscheinlich,
daß die von Boquin übergebene
Sätze würklich von den Klebizischen etwas verschieden waren,
und dieß mochte auch Wigand
wissen, denn sonst würde er in
seine Akten von dieser Disputation lieber die Klebizische damahls
schon unter Boquins Nahmen
gedruckte Theses aufgenommen,
als sich bloß zu sagen begnügt
haben: Boquinus similiter propositiones quasdam exhibuit, sed
eas in praesentia habere non
possumus. ebendas. f. 439. b.

54) Diese Theses der Sächsischen Theologen hat man auch
bey Hospinian f. 267. in der Historie des Sakrament-Streits. p.
622. und bey Struve p. 94.

Aa 4

Dafür hatten sie aber auch — dieß muß man ihnen zum Ruhm nachsagen — alle Unterscheidungs=Bestimmungen der lutherischen Nachtmahls=Theorie, welche den eigentlichen Gegenstand des Streits ausmachten, eben so präciß als vollständig darinn aufgefaßt. So wollten sie nach ihrem ersten Satz bekannt und geglaubt haben, daß im Abendmahl des Herrn der wahre Leib und das wahre Blut Christi mit, in oder unter dem Brodt wahrhaftiglich und wesentlich gegenwärtig sey, ausgetheilt, gereicht und genossen werde; und nach ihrem zweyten nicht nur alle diejenige verdammt haben, welche durch den Leib und das Blut Christi blosse Zeichen und Bilder des abwesenden Leibes und Blutes verstehen, sondern auch diejenige, welche im Abendmahl allein die Kraft und Würkung des Leibes Christi, und nicht auch die Substanz oder das Wesen des Leibes Christi selbst lehren und setzen. Als nothwendige Folge daraus leiteten sie alsdann noch die zwey Bestimmungen ab, daß der Leib Christi im Sakrament einerseits nicht bloß geistlich mit dem Glauben, sondern auch leiblich mit dem Munde genossen und empfangen werde, und zwar wegen der sakramentlichen Vereinigung des Leibes und Blutes mit dem Brodt und mit dem Wein — und daß er andererseits nicht allein von Frommen und Würdigen, sondern auch von Gottlosen, Heuchlern und Unglaubigen, jedoch von diesen allein mit dem Munde empfangen werde.

In den übrigen zwanzig Sätzen waren mit unter theils die Gründe, auf welchen diese Theorie ruhen sollte, theils Antworten auf die Einwürfe, durch welche sie am stärksten getroffen wurde, theils Gegenvorwürfe eingemischt, welche wider die Gegen=Meynung ein ungünstiges Vorurtheil erregen sollten, allein die eine und die andere hätten sie sich füglich ersparen können, denn sie

dien=

dienten zu nichts, als ihren Gegner zu versichern, daß
sie weder neue Waffen zum Angriff noch zur Vertheidigung auf den Kampfplatz bringen würden. Ihre
Hauptgründe liefen alle nur in dem schon tausendmahl
vorgebrachten zusammen, daß ja die Worte Christi:
das ist mein Leib! so deutlich und klar, wie die Sonne
am hellen Mittag seyen, mithin eine uneigentliche Erklärung weder zuliessen noch erforderten ⁵⁵); bey allen
ihren Antworten auf die Einwürfe, die man schon dagegen vorgebracht hatte, räumten sie auch voraus ein,
daß sich die Vernunft allerdings daran stossen müsse,
und bestanden nur darauf ⁵⁶), "daß die Vernunft gar
„nicht darüber urtheilen dürfe, und daß es in Erfor-
„schung göttlicher Geheimnisse der Christen höchste Weis-
„heit sey, wenn sie das Urtheil ihrer Vernunft im Zaum
„halten, und alles was ihnen im Weg steht, und ih-
„rer Natur oder Vernunft seltsam und ungereimt dün-
„ket, allein durch den Glauben überwinden." Durch
die Gegenvorwürfe, welche sie einmischten, konnten sie
ihren Zweck am wenigsten erreichen, denn es war unmöglich, daß ihre handgreifliche Ungerechtigkeit etwas
anders als Unwillen über sie selbst — und ihre giftige
aber bey dieser Gelegenheit ganz würkungslose Bußheit
etwas anders als Verachtung gegen sie selbst erregen
konnte ⁵⁷).

Damit

55) Thes. XI. "Verba Christi
plana sunt et perspicua: Accipite!
Comedite! Hoc est corpus meum.
Ac ne quis Tropum non necessarium affingeret, additur interpretatio: quod pro vobis datur.
56) Thes. XXI. ':Tenenda hic
sunt axiomata quaedam, ut contra Sacramentariorum speciosas
corruptelas et plausibiles depra-
vationes Testamenti Christi rectius
nos munire et confirmare possi-

mur." Unter diesen Axiomen
stand aber das angeführte voran.
57) Schon das affektirte Ge-
wimmer, womit sie diese Vorwürfe ganz ohne Noth heraus-
stöhnten, mußte den bittersten
Unwillen gegen sie erregen. "Me-
minerimus etiam Christi illud:
Ex fructibus eorum cognoscetis
eos! Egregios autem fructus, quos
gignit haec Sacramentariorum
secta omnes pii, ubique locorum,
non

Damit thaten aber doch, wie man ſieht, die fremde
Theologen alles, was ſie konnten, um den Churfürſten
wieder auf den rechten Weg der ächt-lutheriſchen reinen
Lehre zu bringen, denn ſie lieſſen es an keinem der Mit=
tel fehlen, wodurch er zur Erkenntniß des Irrwegs ge=
bracht werden konnte, auf den er gerathen war. Auch
bey der Diſputation ſelbſt [58]) that noch Stöffel ſein
möglichſtes, um wenigſtens durch das kräftige der luthe=
riſchen Polemik den Churfürſten zu überzeugen, daß
man bey keiner Vorſtellung ſeiner Sache ſo gewiß ſeyn
könne, als bey der lutheriſchen; allein die Mühe war
leyder! fruchtlos aufgewandt, denn der Churfürſt war —
ſo verſtockt, daß er ſich die ſeinige nicht wegdiſputiren,
ja noch eher durch die Diſputation in der ſeinigen ſich
beſtärken ließ. Doch mit dieſer Verſtockung gieng es ſo
natürlich zu, daß man den Erfolg ſehr leicht hätte vor=
ausſehen können. Die Diſputation mußte ſich noth=
wendig zuerſt auf die Frage hinziehen, und auch am
längſten bey der Frage verweilen: ob die Einſetzungs=
Worte

---

non ſine lacrymis agnoscunt et
deplorant. Solcher Früchte zähl=
ten ſie aber ſieben auf, und Wun=
ders halber höre man nur, wel=
che? 1) Rumpit conſenſum Auguſtanae Confeſſ. et eam adverſariis exagitandam turpiter pro-
ſtituit. 2) Perturbat eccleſias
abrogando et convellendo pias de
Coena Domini inſtitutiones, et in-
ſtituendo ad ſenſum et opinionem
Zwinglianorum. 3) Abducit homines ab ſenſu et reverentia non
tantum coenae Domini, et totius
miniſterii, ſed praecipuam turbatis conſcientiis conſolationem
eripit. 4) Fax eſt eccleſiaſticorum
et civilium motuum. 5) Detra-
hit Chriſto laudem virtutis et omnipotentiae. 6) Exemplum indu-
cit ſimili petulantia et audacia
ludendi in aliis doctrinae articulis. 7) Denique ex Aug. Confeſſ.
Doctrinae verae cum lectis con-
fuſionem, et meros Cothurnos
efficit.

58) Die Akten der Diſputa=
tion hat Wigand in ſeinem Werk
De Sacramentariſmo f. 440-470.
der Welt aufgehoben. Wie es
dazu kam, iſt unbekannt, aber
mehrere innre Merkmahle be=
glaubigen ihre Zuverläſſigkeit.
Sie ſind nicht ganz komplet;
denn es fehlen einige dazu ge=
hörige Stücke, welche Wigand
nicht auftreiben konnte; was es
hingegen lieferte, ſcheint aus ei=
nem über die Verhandlung ge=
führten Protocoll genommen zu
ſeyn.

Worte des Nachtmahls durchaus eigentlich genommen werden müßten? oder ob auch eine uneigentliche Erklärung davon zuläſſig ſey? Dabey konnte Stöſſel nur mit abgenutzten Machtsprüchen kämpfen [59]), die ihr Pathos ſchon in Luthers Munde verlohren hatten, weil ſie zu oft von ihm wiederholt worden waren. Der Churfürſt ſelbſt, der ſich ſeit einiger Zeit in den Streitſchriften umgeſetzen hatte, welche zwiſchen den Vertheidigern der lutheriſchen und der kalviniſchen Meynung neuerlich gewechſelt worden waren, hätte das nichts beweiſende davon aufdecken können, wenn auch Boquin dadurch verwirrt oder geſchröckt worden wäre. Als ſich aber hernach der Streit auf die beſondere Fragen von dem mündlichen Genuß des Leibes Chriſti im Sakrament, und von dem Genuß der Ungläubigen hinzog, ſo nahm er bald eine Wendung, welche der Abſicht, den Churfürſten zu der lutheriſchen Meynung zu bekehren, am nachtheiligſten war. Der Streit darüber wurde nehmlich auf eine ſolche Art durchgeführt [60]), daß Stöſſel ſelbſt nicht läugnen konnte,

der

---

59) Z. B. mit Sentenzen, wie die folgende: Chriſtus ipſe dicit: Hoc eſt corpus meum! — Si metonymice intelligis, quale corpus te redemit? — Inſiſto perſpicuis Chriſti verbis. — Proceſſus phyſicus eſt, procedere ab experientia ad cognitionem, ſed proceſſus theologicus eſt, ut à fide procedamus ad cognitionem." 441. 442.

60) So lange die Diſputation bey dieſen Fragen verweilte, miſchte ſich der ebenfalls anweſende Kirchenrath und Leibmedicus des Churfürſten, Thomas Eraſt einigemahl ein, indem er anſtatt Boquins einige Einwürfe Stöſſels beantwortete. Der Scharfſinn und die Präciſion ſeiner Antworten kündigten gar keinen Layen, ſondern einen zum Mitſprechen höchſt befugten Gelehrten an, der eben ſo gut, als irgend einer der anweſenden Theologen mit der Materie, über welche geſtritten wurde, vertraut war: deſto unglücklicher war das her der trockene Spaß angebracht, mit welchem ſich Stöſſel dabey zu bemerken erlaubte, daß es mit der Sache ſeiner Gegner gar übel ſtehen müſſe, weil ſie die Hülfe eines Arztes bedürfe. In den Akten bey Wigand findet ſich übrigens der Spaß nicht, ſondern nach dieſen äuſſerte Stöſſel nur einmahl den Wunſch, daß ſein eigentlicher Gegner Boquin wieder das Wort nehmen möchte, indem er zugleich zu Eraſt ſagte; Tu Medicus es. et non habes voca-

ter Leib Christi werde doch nach der Meynung seiner
Gegner [61]) auch wahrhaftig mit dem Brodt von den
Glaubigen, wenn schon nicht in und unter dem Brodt
ausgetheilt: so wie er auf der andern Seite gestehen
mußte, daß von dem mündlichen Genuß allein, für
welchen er stritt, auch für die Glaubige kein besonderer
Nutzen ausfliesse, und für die Ungläubige ohnehin keiner ausfliessen könne [62]). Dabey konnte es dann nicht
anders kommen, als daß der Churfürst einerseits in seiner Vorstellung von dem zweck- und nuzlosen der Bestimmungen, für welche die lutherische Eiferer kämpften,
noch mehr bestärkt, und andererseits noch fester als vorher überzeugt würde, daß man diesen Bestimmungen
entsagen könne, ohne dabey von der Augsp. Konfession
und von der Meynung abzuweichen, welche darinn die
lutherische Kirchen als ihre Unterscheidungs-Lehre auf-
stellen wollten — also die Würkung, welche die Disputation im Ganzen hatte, war nur diese, daß der Churfürst in seinem Entschluß, sich an die Kalvinische Vorstellung zu halten und sie in den Kirchen seines Gebiets
zur herrschenden zu machen, noch mehr als vorher befestigt wurde.

Diese

vocationem, hic mecum confe-
rendi. Als aber dieser darauf
erwiederte: Sum tamen Christianus, et volo omnibus notam esse
meam fidem: so erklärte er sich
bereit, nach der geendigten Disputation mit Bocquin einen eigenen Gang mit ihm zu machen,
womit auch Crast zufrieden war.
S. Wigand 451.

61) Boquin hatte ihm nicht
nur zugegeben, quod corpus por-
rigatur cum pane, sondern auch
zugegeben, quod veri corporis
vera substantia percipiatur à fide-

libus; und unbeantwortlich dabey
dargethan, daß man dieß annehmen könne, ohne dabey einen
mündlichen Genuß anzunehmen,
oder zu behaupten, daß der Leib
in dem Brodt oder unter dem
Brodt enthalten sey und dargereicht werde. Act. 451. a.

62) Auf die letzte Frage Boquins: "Quae est utilitas, ut ore
accipiatur? konnte Stössel keine
andere Antwort mehr finden, als
diese: "Ut Christo tribuatur veritas et omnipotentia." ebend.

Diese Würkung zeigte sich nur allzubald dadurch, weil der Churfürst einerseits jetzt erst die würkliche Entlassung der Prediger einleiten ließ, die sich nicht zu der Neutralität, welche er von ihnen forderte, verstehen wollten [63], und andererseits von jetzt an es noch unverholener als vorher, darauf anlegte, selbst zum Theil durch einige Veränderungen im äusseren des Pfälzischen Kirchen Wesens darauf anlegte, den Kalvinischen Glauben, in der Nachtmahls-Lehre zum allgemeinen Volks-Glauben in der Pfalz, wie zum autorisirten Kirchen-Glauben zu machen [64]. Aber aus dem einen wie aus dem andern ergab sich deßwegen auch eben so sichtbar, daß der Eifer des Churfürsten für diesen Glauben aus keiner andern

---

63) Erst den 12. Aug. 1560.— Dieß darf nicht unbemerkt gelassen werden — also erst zwey Monathe nach dieser Disputation erhielten die oben erwähnte Heydelbergische Prediger ihre Entlassung, und zwar deßwegen, weil sie sich nach dem Frankfurtischen Abschied — so hieß es in ihrem Dekret — nicht richten wollten. S. Sleidan cont. p. 209. Aus der Geschichte dieses Abschieds wird es sich in der Folge ergeben, daß einmahl die Weigerung der Prediger, die churfürstliche Neutralitäts-Formel anzunehmen, dem Abschied würklich entgegen war, und daß auch eben dadurch ihre Absetzung die vollkommenste Legalität erhielt.

64) Zu den äusseren Veränderungen, welche der Churfürst in dieser Absicht vornahm, gehörte vorzüglich diese, daß er die Altäre aus mehreren Kirchen schaffen, und bey dem Abendmahl den Ritus des Brodbrechens einführen ließ; wobey er offenbar darauf rechnete, daß die äussere Gleichförmigkeit, welche dadurch der Kultus seiner Kirchen mit dem Kultus der Kalvinischen erhielt, die Gleichförmigkeit der Meynungen in der kürzesten Zeit allgemein machen würde. Unmittelbar für diesen Zweck war hingegen die Besetzung der Heydelbergischen Universität mit lauter erklärten Kalvinisten, wie Petrus Dathen, Casp. Olevianus und Zachar. Ursinus, und noch mehr die Einführung des neuen, unter dem Nahmen des Heydelbergischen so berühmt gewordenen Landes-Katechismus berechnet: aber bey allen diesen Veränderungen verhelte es auch der Churfürst gar nicht, daß es ihm nur um die Erreichung jenes Zwecks dabey zu thun sey. Hatte er doch selbst in die Schweiz geschrieben, daß man ihm Peter Martyr von Zürch und Wolfg. Musculus von Bern schicken möchte, damit sie ihm bey der neuen Reformation seiner Kirchen helfen könnten. S. Struve S. 105. 106.

andern Quelle, als aus der Ueberzeugung, die er von
ſeiner Wahrheit hatte ⁶⁵), entſprungen war.

Kapitel III.

Die Senſation; welche dieſe Pfälziſche Auftritte
und die daraus entſprungene Veränderungen in der übri=
gen lutheriſchen Welt und zunächſt unter den lutheriſchen
Zeloten hervorbrachten, läßt ſich ſchwehrlich beſchreiben.
Heßhuß ⁶⁶) hatte ſogleich nach ſeiner Verjagung von
Heydel=

---

65) Dieſe Ueberzeugung des
Churfürſten ſcheint auf eine ſehr
anziehende Art in jeder Sylbe
der Antworten durch, welche er
ſeinem Tochtermann dem Herzog
Johann Friederich von Gotha,
und ſeinem Gevatter, dem Her=
zog Chriſtoph von Würtenberg
auf die Ermahnungsbriefe ſchickte,
in welchen ſie ihm das Gewiſſen
wegen ſeinem bedenklichen Abfall
zum Kalvinißmus geſchärft hat=
ten. S. Monumenta pietat. et
literar. Palat. p. 303. 306.
66) Zu Anfang des J. 1560.
war von Heßhuß eine Schrift
unter dem Titel erſchienen: De
praeſentia corporis Chriſti in S.
Coena contra Sacramentarios.
Jenae 1560. in 4. deren Vorrede
eine bittere Klage enthielt, daß
der Irrthum Zwinglins und Kal=
vins nicht nur unter dem gemei=
nen Mann, ſondern auch unter
den Hohen in der Welt ſo viel
Eingang gefunden habe. Sobald
das Reſponſum Melanchtons in
der Sache im Druck erſchien war,
gab er ſeinerſeits eine noch weit
heftigere Vertheidigung heraus:
Reſponſio Tilem. Heshuſii ad praejudicium Philippi Melanchtonis
de Controverſia Coenae Domini

1560. in 4. worinn der todte
Melanchton auf das unwürdigſte
von ihm behandelt, und gelegen=
heitlich die Apoſtaſie des Chur=
fürſten von der Augſp. Konfeſ=
ſion der ganzen lutheriſchen Kir=
che denuncirt wurde. Eben dieß
geſchah in einer Schrift von Mör=
lin: Auf den Bericht und Rath=
ſchlag, ſo unter dem Nahmen
Herrn Philippi Melanchtonis zu
Heydelberg gedruckt und ausge=
gangen iſt, Antwort und Bericht
D. Joach. Mörlins 1560. in 4.
und noch ſtärker war es in einer
Cenſur geſchehen, welche man den
zu Erfurt herausgegebenen Sät=
zen beygefügt hatte, über welche
zu Heydelberg zwiſchen Stöſſel
und Boquin diſputirt worden
war. Der Lärm wurde natür=
lich noch größer, da Kalvin und
Beza ſelbſt durch die giftige Bit=
terkeit der erſten Heßhuſiſchen
Schrift ſich reizen lieſſen, den
Streit mit ihm anzunehmen.
Dieß geſchah von Kalvin in ei=
ner Schrift: Dilucida explicatio
ſanae doctrinae de vera participatione carnis et ſanguinis Chriſti
in Coena Domini, ad diſcutien-
das Heshuſii nebulas. Genevae.
1561. in 8. Zu gleicher Zeit er=
ſchien

Heydelberg das jämmerlichste Geschrey über die Apostasie des Churfürsten von der Augsp Konfession erhoben,
und die Westphals, Wigands und Mörlins hatten
schon in Niedersachsen das Geschrey hundertfach wiederholt, ohne sichs nur träumen zu lassen, daß es noch
schlimmer kommen könnte. Als man aber erst die Nachrichten von den weiteren Veränderungen in der Pfalz,
von der vergeblichen Bekehrungs-Reyse des Herzogs
Johann Friderich zu seinem Schwiegervater, von dem
fruchtlosen Kolloquio zu Heydelberg, von der Absetzung
so mancher lutherischen Prediger und von der Anstellung
so mancher erklärten Kalvinisten in den Pfälzischen Kirchen erfuhr, so gerieth man fast überall in ein starres
Erstaunen, das selbst auf einige Zeit die Aeusserungen
des Unwillens darüber zurückhielt. Doch ehe die Folgen davon sich gehörig darstellen lassen, muß man erst
mit einer andern völlig gleichzeitigen, aber sonst völlig
entgegengesetzten Veränderung bekannt werden, welche
sich, während diese in der Pfalz vorgieng, in einer andern benachbarten Provinz ereignete. Im Herzogthum
Würtenberg wurden die Unterscheidungs-Ideen der
ächt-lutherischen Nachtmahls-Theorie zu eben der Zeit
auf das feyerlichste symbolisch gemacht, da sie in der
Pfalz abrogirt wurden.

Der Urheber oder doch der Haupt-Beförderer dieser
Veränderung war Joh. Brenz, damahls der erste unter

schien von Beza seine: Κρεωφα-
για, sive Cyclops ονος συλλο-
γιζομενος, sive Sophista. Dialogi duo de vera communicatione
corporis et sanguinis Domini, adversus Tilem. Heshusii somnia —
cum abstersione calumniarum quibus adspersus est Johann. Calvinus ab eodem Heshusio. Genevae
1561. 8. Auch von Petr. Bocquin erschien: Examen libri, quem
Tilem. Heshusius nuper scripsit
de praesentia corporis Christi in
Coena Domini. Basileae. 1561. 8.
und Klebiz gab seine Victoriam
Veritatis heraus.

ter ben Würtenbergiſchen Theologen 67), und einer
der wenigen, die noch von dem erſten Saß der eigentlichen Reformatoren übrig geblieben waren 68). Dieſer
Umſtand ſelbſt verſchafte ihm ſchon unter der neuen Ge-
neration kein unbedeutendes Anſehen, das man ihm
aber noch wegen anderer Umſtände, wegen der bekannten vertrauten Verbindung, worinn er immer mit Luther
und Melanchton geſtanden war, wegen dem Antheil,
den er an mehreren die ganze Parthie betreffenden Verhandlungen gehabt, auch wegen der ausgezeichneten
Verfolgung, die er unter den Interims-Unruhen erfahren hatte 69), und noch mehr wegen ſeiner Gelehrſamkeit, ſeiner erprobten Klugheit, ſeiner Mäſſigung, und
ſeines ganzen Charakters 70) deſto gerner bewilligte.
Es

67) Das Anſehen, in wel-
chem er bey dem Herzog ſtand,
und das unbeſchränkte Vertrau-
en, das er von dieſem genoß,
verſchafte ihm noch mehr Einfluß,
als ſeine Aemter. Die hämiſche
Bemerkung, welche Gottfr. Ar-
nold in ſeiner Ketzergeſchichte
P. II. B. XVI. Kap. 15. §. 10.
über dieſe Brenziſche Aemter aus
Veranlaſſung des Titels eines
intimus Conſiliarius machte, den
ihm Luc. Oſiander Hiſt. eccl Cent.
XVI. p. 819. beygelegt hatte,
verdiente daher gar nicht die
Mühe der Wiberlegung, welche
Fiſchlin in ſeinem Supplemento
ad Memorias Theologor. Wür-
tenbergens. p. 79. darauf verwandte.

68) Sehr alt war doch der
Mann noch nicht, denn er war
im J. 1499. gebohren.

69) S. das Leben von Brenz
in den angeführten Memoriis
Theologorum Würtenberg. von
Leonh. Melchior Fiſchlin P. I.
p. 23.

70) Wie hoch Luther ſelbſt
von ihm gedacht hatte, belegten
die Herausgeber der Brenziſchen
Werke, die von 1576-1590. in
acht Folianten zu Tübingen gedruckt wurden, mit einem Dokument, das für ihn höchſt eh-
renvoll war, nehmlich mit dem
folgenden Auszug aus einem Brief,
den ihm Luther aus Veranlaſſung
einer ſeiner Schriften geſchrieben
hatte. "Non adulor, neque fingo;
ſed neque ludo, neque fallor.
Non Brentium, ſed ſpiritum prae-
dico, qui in te ſuavior, placidior,
quietior eſt. Deinde dicendi artibus inſtructus, pu ius, lucidius
et nitidius fluit, itaque magis
afficit et delectat. Meus vero,
praeterquam, quod artibus dicendi imperitus et incultus, nihil niſi ſylvam et chaos verborum
evomit, tum eo etiam fato agitur, ut turbulentus et impetuo-
ſus, et veluti inActator cum mon-
ſtris infinitis ſemper congredi co-
gatur. Itaque, ſi parvis licet componere magua, mihi de quadru-
plici

Es war also ein Mann, dessen Stimme in allen Fällen von Gewicht war; dem man aber im SakramenteStreit eine gedoppelte einzuräumen geneigt war, weil er sich schon bey dem ersten darüber geführten Kriege gegen die Schweizer als einen der eifrigsten Vertheidiger der lutherischen Vorstellung durch das Schwäbische Syngramma ausgezeichnet hatte. Man war daher auch auf die Haltung, die er bey dem erneuerten Kriege annehmen würde, doppelt aufmerksam, und diese Aufmerksamkeit wurde noch mehr dadurch gespannt, weil er es doch durch seine bißherige etwas zweifelhaft und ungewiß gemacht hatte.

Brenz hatte sich nicht nur, wie bereits erwähnt worden ist, aus dem ersten Streit bald genug zurückgezogen, sondern auch den durch die Wittenbergische Concordie geschlossenen Waffenstillstand mit einer Genauigkeit beobachtet, die irgend eine in seiner eigenen DenkungsArt vorgegangene Veränderung höchst wahrscheinlich vermuthen ließ Sein schnelles Zurücktreten hinter die Linie, aus welcher er sich zuerst so hitzig hervorgedrängt hatte, konnte sehr natürlich durch seinen Verdruß und durch seine Schaam über die etwas mehr als unsanfte Art veranlaßt worden seyn, womit er von Zwinglin und Oekolampad mit seinem Syngramma [71]) empfangen

---

plici Spiritu Eliae ventus, motus et ignis, qui montes subvertit et petras conterit, tibi autem et tui similibus sibilus ille blandus aurae tenuis, qui refrigeret, obtigit."

71) Unsanft waren ja wohl die Antworten, welche Zwinglin und Oekolampad dem Syngramma entgegensetzten; aber das unsanfteste für Brenz mußte dabey dieß seyn, daß er sich selbst nicht

vertheilen konnte, die unsanfte Behandlung vielfach verdient zu haben. Zuverlässig dachte er selbst darüber anders als Fischlin, der von diesem Syngramma zu sagen wagte: "illud scriptum publicum Oecolampadio missum, multoties recusum, ab ipsoZwinglio allatratum, ab Oecolampadio oriosum, à Ioanne Sapido irrisum, sed a nemine confutatum est Supplem. p. 3.

gen wurde: aber je. tiefer und länger er die Kränkung
fühlen mochte, die er bey dieſer Gelegenheit erfahren
hatte, deſto weniger kann man es natürlich finden, daß
Brenz volle zwanzig Jahre hindurch kein Zeichen von
Empfindlichkeit geäuſſert haben ſollte, wenn man nicht
annimmt, daß ſich dabey in ſeinen Ueberzeugungen, oder in ſeinen Empfindungen, in ſeinem Kopf
oder in ſeinem Herzen etwas gedreht habe. Dieß
muß man um ſo mehr annehmen, da es ſich gar nicht
denken läßt, daß ſich ein Mann von ſeinen Einſichten
über das wahre Verhältniß, in welches die ſtreitende
Partheyen durch die Wittenbergiſche Konkordie gekommen waren, ſo lange getäuſcht, und erſt ſeit der
Erſcheinung des Zürchiſchen Conſenſus die Exiſtenz einer Parthie erfahren haben ſollte ⁷²), die bißher
unter den Ausdrücken der Augſp. Konfeſſion eine von
der lutheriſchen mehrfach verſchiedene Meynung zu
verſtecken gewußt habe. Doch dieß darf man auch um
ſo mehr annehmen, da man nicht nur die Veränderung,
welche würklich in ſeiner Stimmung vorgegangen war,
noch aus mehreren Zeichen vermuthen, ſondern ſelbſt
aus einigen ſeiner Briefe, die uns ein Zufall erhalten
hat, dokumentiren kann. Aus dieſen Briefen aber —
und dieß macht ſie doppelt ſchätzbar — läßt ſich auch
ſehr genau erkennen, wie weit die Veränderung bey ihm
gekommen, und wo ſie ſtill geſtanden war?

Im J. 1544. — alſo in eben dem Jahr, in welchem Luther den Streit über die Nachtmahls-Lehre ſo
hitzig zu erneuern geſucht hatte, ſchrieb Brenz an den
Hofprediger des damahls noch in Mömpelgardt reſidi-
renden Herzogs Chriſtoph, Johann Engelmann, um
zwiſchen

---

72) Dieß läßt ſich deſto weniger denken, da Brenz in der
Zwiſchenzeit mit den Häuptern
dieſer Parthie, nehmlich mit Bu-
tern und Kalvin mehrmahls, auch
bey öffentlichen Gelegenheiten,
wie bey den Geſprächen zu Hagenau, zu Worms und zu
Regenſpurg zuſammengekommen
war.

zwischen ihm und einem andern Mömpelgardtischen Prediger Pet. Toffanus zu mittlen, mit welchem er wegen
der Frage von dem Genuß der Ungläubigen, den Toffanus läugnete, in Streit gekommen war.   Zu gleicher
Zeit schrieb er wegen eben dieser Sache auch an
Schnepf [73]), dem er mit der Offenheit, die den vertrauteren Freund auszeichnete, seine Gesinnungen darüber ganz unverdeckt darlegte; und so ergiebt sich aus
der Vergleichung dieser Briefe wenigstens folgendes mit
der vollesten Gewißheit.

Die eigene Vorstellung des Mannes hatte sich allerdings in der Zwischenzeit nicht verändert, und von
keiner der Bestimmungen abgedreht, welche zum unter-
scheidenden der lutherischen Nachtmahls-Theorie gehörten.   Er schrieb an Engelmann, daß in seiner eigenen
Ueberzeugung kein Zweifel darüber statt finde, ob der
Leib Christi im Sakrament auch von den Gottlosen und
Ungläubigen würklich empfangen werde [74]); so lang
ihm

---

73) Diese beyde Briefe hat
Fischlin, in Manuscripto, wie
er sagt, repertas, in seinem
Supplement aufbewahrt p. 31-
34. Der Brief an Schnepf ist
vom 7. Nov 1544. datirt. Der
Brief an Engelmann aber, welchen Brenz in der Aufschrift Ioann. Angelandrum, Ecclesiasten
Ducis Christophori à Wirtemberg.
nennt, mochte kaum ein Paar
Tage früher geschrieben seyn;
denn Brenz schickte entweder eine
Abschrift davon an Schnepf, der
sich damals in Tübingen aufhielt, oder er schickte ihm den
Brief offen, um ihn nach Mömpelgardt zu befördern. Erhard
Schnepf war der vertrauteste von
seinen Jugend-Freunden, den
von Heydelberg aus, wo sie mit
einander studirt hatten, immer
in Verbindung mit ihm geblieben war.

74) "Intellexi ex Buceri literis, coortam esse controversiam
inter te et Toffanum collegam
tuum de manducatione indigno-
rum in Coena Dominica, quoniam ille non ingenue fatetur,
etiam indignos edere corpus Domini. — Ego autem sentio, non
dignos tantum esse etiam indignos
coena Dominica utentes sumere
in ea verum corpus et veram
sanguinem Christi, illos quidem
ad salutem, hos autem in judicium."

ihm aber bleß nicht zweifelhaft war, so konnte es ihm auch keine andere von den Ideen Luthers geworden seyn.

Aber auch der Haß gegen die Schweizer und gegen die Schweizerische Vorstellung hatte sich nicht ganz in der Seele von Brenz verlohren, wenn er schon durch die natürliche Würkung der Zeit etwas gemildert worden seyn mochte. Er ließ es sehr deutlich in dem Brief an Engelmann merken, daß er ihn gewiß nicht ermahnen würde, den Streit mit Tossanus aufzugeben, wenn dieser ein erklärter Zwinglianer wäre, und den Genuß der Ungläubigen im Sakrament nicht nur bezweifelte, sondern aus eben den Gründen, wie die Zwinglianer verwärfe [75]. In dem Brief an Schnepf scheint seine Bitterkeit gegen die Schweizer noch sichtbarer durch; ja dem alten Freund konnte und wollte er es nicht verhelen, daß ein Ueberrest davon wohl noch von dem Verdruß herrühren möchte, den sie ihm selbst einmahl gemacht hätten [76].

Hinge-

75) Er setzte voraus, daß Tossanus, der doch die Augsp. Konfession angenommen habe, den Genuß der Unglaubigen und Unwürdigen nicht geradezu verwerfen, sondern nur, als etwas noch unentschiedenes, oder als etwas, wovon er sich biß jetzt noch nicht überzeugen könne, auf sich beruhen lassen wolle. "Quia intelligo, Tossanum adscribere se in doctrina Coenae Dominicae Augustanae Confessioni, et non negare, indignum sumere in Coena Corpus Domini, sed rejicere hoc ad judicium piorum et doctorum Virorum, non puto eum ob hanc causam esse damnandum, et à Communione rejiciendum." Daraus lag dann, daß er anders gesprochen haben

würde, wenn sich Tossan einen bestimmten Widerspruch gegen den Genuß der Unglaubigen erlaubt hätte. Aber daß Brenz selbst bey dieser milderen Auslegung, welche er von den bescheidenen Aeusserungen machte, womit sich Tossan über die streitige Frage erklärt haben mochte, dennoch seinen Gesinnungen nicht ganz traute, dieß ließ er in seinem Brief an Schnepf deutlicher merken. "Quod — schrieb er diesem — ad causam Coenae Dominicae attinet, etsi video Tossanum esse doctum et pium Virum, tamen non puto eum omnino abesse à sententia Cinglianorum."

76) "Video eos, qui semel se addixerunt dogmati Cingliano, prope esse insanabiles. Et quantum

Hingegen legt sich auch auf das offenste in diesen Briefen dar, daß Brenz unter dem Nahmen der Schweizerisch-Zwinglischen nur eine Meynung haßte, welche von den Schweizern niemahls als die ihrige erkannt worden war, und wenigstens um diese Zeit auch gewiß nicht mehr die ihrige war. Brenz war immer dabey geblieben, und blieb noch jetzt dabey, daß Zwinglin und Oekolampad und alle ihre Anhänger keine andere Gegenwart Christi im Abendmahl als eine bloß symbolische und figürliche angenommen hätten, durch welche er nur der Einbildungskraft oder dem Glauben vergegenwärtigt würde. Er hatte immer in ihre Seele hinein erklärt — und in seinem Brief an Schnepf that er es jetzt noch [77]) — daß sie unter dem geistlichen und glaubigen Genuß des Leibes Christi im Sakrament nichts anders bezeichneten und bezeichnen wollten, als die glaubige Erinnerung an

das

---

tum mihi est judicii, quae docent, magis faciunt ad ostentationem, et si multam, ad civilem quandam honestatem, quam ad veram pietatem, quae est in Christo, filio Dei. Scis etiam, quantum negotii et molestiarum mihi exhibuerit olim haec factio."

77) "Fatentur — schreibt er an Schnepf — in Coena sumi corpus et sanguinem Christi à piis; sed quomodo hoc negarent, cum manifestum sit, ex eorum sententia corpus et sanguinem Christi sumi semper à piis, etiam sine Coena Dominica? Er setzte also voraus, daß sie keinen andern Genuß des Leibes Christi im Sakrament einräumten, als einen solchen, der auch außer dem Sakrament statt fände, nehmlich bloß einen Genuß des Glaubens; daher fügte er auch noch bey: "Itaque non potest certius extorqueri, quid lateat in eorum animo, quam

proposita hac quaestione de manducatione impiorum. Doch in einer Nachschrift zu dem Brief erkennt man noch deutlicher, wie die Zwinglisch-Schweizerische Theorie in seiner Vorstellung aussah." Cingliani — sagt er hier — sentiunt, panem esse panem; sed cum sumunt panem, credunt corpus Christi pro se traditum. Itaque dicunt, se sumere corpus Christi cum pane, quia sumunt illud spiritualiter, hoc est, credunt, quod pro ipsis sit datum. Si ad hunc modum sentiunt, ut ego quidem judico, annon sunt egregii impostores? Nam hoc modo editur corpus Christi etiam cum quispiam pius vescitur pyro vel pulte. Vescendo enim pyro, credit interim in Christum, quod is tradiderit corpus suum pro ipso in mortem: ergo vescitur etiam corpore Christi cum pyro aut pulte.

das Opfer dieses Leibes, das Christus am Kreuz zu
unserer Erlösung dargebracht habe, und diese Vorstellung war es allein, welcher sein Haß galt.

Eben dadurch wurde aber Brenz — und darinn bestand vorzüglich die Veränderung, die in seiner Denkungsart vorgegangen war — er wurde dadurch allmählig und unmerklich geneigt gemacht, weniger Werth
auf die einzelne Bestimmungen der besonderen lutherischen Theorie zu setzen, und den Streit darüber für
weniger nöthig zu halten, als er wohl zuerst gethan
haben mochte. Je verhaßter ihm die Vorstellung war,
welche gar keine würkliche, sondern nur eine symbolische
Gegenwart Christi im Sakrament annahm, und je
gewisser er diese den immer noch von ihm gehaßten Schweizern zuschrieb, desto leichter ließ er sich nach und nach zu
der Duldung jeder Vorstellung stimmen, die nur den
Hauptbegriff einer würklichen Gegenwart Christi, wenn
schon nicht mit allen lutherischen Neben-Ideen und nicht
ganz in der lutherischen Form annahm. Er wollte sich
begnügen, wenn man sich nur darinn von den Schweizern entfernte, daß man eine wahre Gegenwart des Leibes und Blutes Christi im Abendmahl zugab. Er wollte
mit niemand darüber streiten, ob der Leib Christi auch
in und unter dem Brodt empfangen werde? sobald man
ihm nur in den Ausdrücken der veränderten Augsp. Kon-
session einräumte, daß er mit dem Brodt — aber wahrhaftig mit diesem empfangen werde. Er wollte keinem
Menschen, der es mit Redlichkeit glaubte, daß der Leib
Christi wahrhaftig von den Gläubigen im Sakrament
genossen werde, noch den Glauben dazu aufdrängen, daß
er auch gottlosen und unwürdigen Kommunikanten würklich zu Theil werde. Er dachte mit einem Wort über
den Werth dieser besondern Bestimmungen eben so wie
Melanchton, wie wohl sonst zwischen seiner und zwischen

ſchen Melanchtons Ueberzeugung noch ein mehrfacher
Unterſchied ſtatt finden mochte. In der Privat=Ueber=
zeugung von Brenz hatten dieſe Beſtimmungen nur ihr
Moment, und nicht ihre Wahrheit — in der Ueber=
zeugung Melanchtons hatten ſie wahrſcheinlich beydes
verlohren. Brenz glaubte immer noch für ſich ſelbſt,
daß der Leib Chriſti nicht nur mit dem Brodt, ſondern
auch unter dem Brodt, und eben deßwegen auch nicht
nur von Glaubigen, ſondern ebenfalls von Unglaubigen
empfangen werde; nur hielt er es nicht mehr für der
Mühe werth, mit jemand darüber zu ſtreiten, der ſonſt
in dem Begriff der wahren Gegenwart mit ihm über=
einſtimmte; Melanchton hingegen glaubte wahrſcheinlich
auch ſelbſt nicht mehr an jene Beſtimmungen, und
wünſchte deßwegen aus einem gedoppelten Grund, den
Streit darüber in Vergeſſenheit zu bringen. So konnte
alſo die Vorſtellung von Brenz noch ſehr verſchieden von
der ſeinigen ſeyn: aber daß er über die Unwichtigkeit je=
ner Nebenbeſtimmungen gleich mit ihm dachte, dieß legte
ſich ganz unverkennbar aus ſeinem Brief an Engelmann
dar [78]).

Doch aus dem Brief an Schnepf bekommt man ſo
gar Gründe zu der Vermuthung, daß der gute Brenz
bey aller Bitterkeit, die er noch gegen die Schweizer
fühlte,

78) "Quaeſo à Te, ſchrieb er
ja dieſem, conſidera Tecum cau=
ſam ipſam hujus controverſiae.
De manducatione impiorum liti=
gatur. Quid? Annon foedum
eſt, plos ſuicipere, mutuum in=
ter ſe bellum propter manduca=
tionem impiorum? Excitabone
diſcordiam in eccleſia, et perdam
eccleſiam propter eos, qui non
ſunt de eccleſia aut ſunt fiſta ec=
cleſiae membra? Quid ad me,
inquit Paulus, vel de his, qui fo=
ris ſunt, judicare? Quare, ami=
ciſſime Engelmanne! rogo te per
Chriſtum, da hoc tranquillitati
eccleſiae, da Chriſto ipſi, Serva=
tori Tuo, ut ſi Toſſanus pia do=
cet et honeſte vivit, quemadmo=
dum ex amicorum literis intelligo,
non rumpas ob unam hanc cau=
ſam vinculum pacis, ſed ambu=
les cum eo concordi amicitia et
charitate in domo Domini.

Bb 4

fühlte, und bey der volleſten Ueberzeugung, die er von
der Falſchheit der Vorſtellung hatte, welche er ihnen
zuſchrieb — daß er doch dabey ungewiß geworden war,
ob es nicht beſſer ſeyn würde, auch ſie mit dieſer Vorſtellung ihrem eigenen Gewiſſen zu überlaſſen, als den
leydigen Streit darüber wieder zu erneuern. Er erwähnte nehmlich das neue Bekenntniß Luthers, das
in dieſem Jahr erſchienen war, und eine neue ſo wüthende Kriegs-Erklärung gegen die Schweizer in ſich
hielt, aber ſelbſt in einem Brief an den vertrauteſten
ſeiner Freunde, ja was noch mehr iſt, ſelbſt in einem
Augenblick, in welchem er nicht ganz verhelen konnte,
wie gern er ſonſt den gottloſen Schweizern die neue Lauge
gönnte, womit ſie Luther abgerieben habe, ſelbſt jetzt
getraute ſich Brenz nicht, den Angriff eigentlich zu billigen. Er äuſſerte nur den Wunſch, daß er zur Ehre
Gottes und zum Nutzen der Kirche ausſchlagen möchte,
aber ermunterte dabey ſeinen Freund, daß er ſich mit
ihm vereinigen möchte, die Sache der Religion auf eine
andere Art, als durch nutzloſes Streiten zu befördern [79]).

Aus dieſer Stimmung des Mannes, welche ſich
in dieſen zwey Briefen ſo unverkennbar ausdrückte, erklärt ſich die ruhige Neutralität höchſt natürlich, welche
er von der Wittenbergiſchen Konkordie an biß über das
J. 1550. hinaus ſo gewiſſenhaft in Anſehung der Fragen hielt, über welche die Meynungen in der Nachtmahls-
Lehre noch immer, wie er gewiß wußte, verſchieden
was

<hr>

79) Legi his diebus libellum
D. Lutheri, de quo *nihil aliud
dicere poſſum*, quam quod orem
Dominum, ut quod agitur, in
gloriam Chriſti et utilitatem eccleſiae cedat. Videbitur fortaſſis
D. Lutherus nimis vehemens et
durus: ſed quid faciat? Hoc me-
rentur iſti, qui non agunt, ut
Chriſtus illuſtretur. ſed ut veteres errores et jam propemodum
bene conditi diffundantur, et iterum vulgando pro veritate agno-
cantur. Nos vero *poſthabitis his
nugis, et injucundis rixis curabi-
mus, quae verae ſunt pietatis*.

waren. So wenig es ihm unbekannt war, daß Kalvin, und Bucer, und Petrus Martyr, nnd Wolfgang
Musculus und Blaurer und noch mehrere der Oberländischen Theologen doch nicht die ganze lutherische Vorstellung von einer Gegenwart Christi unter dem Brodt
des Sakraments angenommen hatten, so geneigt war
er, sie mit ihrer Meynung im Frieden zu lassen, weil
er gern glaubte, daß sie doch den Unterscheidungs-Be-
griff der lutherischen Vorstellung im Gegensatz gegen
die Zwinglische, den Begriff einer wahren nicht bloß
symbolischen Gegenwart Christi annähmen. Wenn ja
zuweilen ein Zweifel darüber bey ihm aufstieg, ob dieß
auch würklich der Fall seyn möchte, so hielt er es doch
in der Erinnerung an das Unheil, das der leydige Streit
angerichtet hatte, für besser und räthlicher, sich bey ihrer
Versicherung darüber und bey ihrem Beytritt zu der
Augsp. Konfession auch auf die Gefahr einer Täuschung
zu beruhigen 80), als den Streit zu erneuern. Deßwegen schloß er sich bey jeder Gelegenheit an Melanchton an, dessen gleichförmige Denkungsart über diesen
Punkt ihm am gewissesten bekannt war. Deßwegen
billigte er die Aenderungen, welche dieser in der Augsp.
Konfession vorgenommen hatte, um den Theologen dieser Parthie ihre Annahme ohne Nachtheil des darinn
behaup-

80) Auch dieß führte er in
dem Brief an Engelmann mit
einigen sehr treffenden Gründen
aus. "Fieri quidem potest —
schrieb er diesem — ut isti, cum
quibus tibi est negotium, verbis
Confessionis suae celent sententiam Cinglianorum, et aliud sen-
tiant aliud loquantur. Sed si
verba fuerint pia, malo juxta
charitatem christianam meliora
credere, quam ex suspicionibus
verius judicare: praesertim cum

Dominus non jubeat me esse cor-
dium scrutatorem. Summa seve-
ritas summa saepe iniquitas esse
solet, et qui nimium mungit,
inquit Salomon, elicit sanguinem·
Finge istos me fallere, non certe
me, sed Christum, filium Dei,
fallunt, cui etiam sine dubio
poenas dabunt. — Si quis ergo
istorum celat occultam impieta-
tem, viderit hoc Dominus. Nostri certe officii est, malum bene
conditum non movere."

Bb 5

behaupteten Grundbegriffs von einer würklichen Gegen
wart Chriſti im Sakrament zu erleichtern. Deßwegen
blieb er ſelbſt mit mehreren von ihnen in einem beſtän
digen freundſchaftlichen Verkehr, und deßwegen ſuchte
er noch zu eben der Zeit den Streit, der in Mömpel
gardt wieder ausbrechen wollte, zu erſticken, da ihn Lu
ther ſelbſt bereits auf das neue mit der leydenſchaftlich
ſten Heftigkeit aufgenommen hatte.

Aber aus dieſer Stimmung, in welcher ſich Brenz
zwanzig Jahre lang erhielt, erklärt ſich dennoch auch
eben ſo gut, wie es kam und kommen konnte, daß ſich der
Mann nicht nur in den erneuerten Streit wieder einließ,
ſondern auch wieder zu einer Hauptrolle im Streit her
vordrängte, durch die er leyder! unendlich mehr Unheyl
als durch ſeine erſte Einmiſchung anrichtete.

Gegen die eigentliche Schweizer hatte nicht nur der
gute Mann ſeinen Groll, und gegen die Meynung, die
er ihnen zuſchrieb, ſeinen alten Haß immer behalten,
ſondern dieſer Haß ſelbſt hatte ihn vorzüglich gegen jene
Mittel-Meynung, die er Kalvin und Bucern und die
ſer Parthie zuſchrieb, bißher ſo bulbſam gemacht. Er
vergab ihnen nur deßwegen ſo gern, daß ſie nicht ganz
mit Luthern übereinſtimmten, weil ſie ſich doch von den
Schweizern noch weiter entfernt zu haben ſchienen: aber
ſein Groll gegen dieſe hatte ihn doch oft zweifelhaft ge
macht, ob ihre Entfernung von ihnen nicht bloß ſchein
bar ſeyn möchte, und die bloſſe Vorſtellung der Mög
lichkeit, daß ſie doch im Herzen vielleicht Zwingliſch
ſchweizeriſch denken könnten, hatte niemahls volles Zu
trauen zu ihnen in ſeiner Seele aufkommen laſſen [81]).

Nun

---

81) "Hoc genus hominum — eſt noſtris verbis ſuam ſententiam
ſchrieb er an Schnepf — edoctum eclare. Und in der Nachſchrift:
"Poſt-

Nun urtheile man, was der Zürchische Konsens für
Eindrücke auf Brenz machen mußte, in welchem Kal‑
vin der ganzen Welt erklärte, daß zwischen ihm und den
Schweizern eine vollkommene Harmonie der Meynun‑
gen statt finde, und immer statt gefunden habe!

Allerdings hätte sich Brenz aus dieser Vergleichs‑
Formel zwischen Kalvin und den Schweizern auch leicht
überzeugen, er hätte sich noch leichter aus den Streit‑
Schriften, die zwischen Kalvin und Westphal darüber
gewechselt wurden, die volle Gewißheit verschaffen kön‑
nen, daß doch Kalvin würklich in der Nachtmahls‑Lehre
keine andere Vorstellung als diejenige habe und gehabt
habe, die ihm Brenz bißher immer in seinen guten Au‑
genblicken zugetraut hatte. In jenen Schriften lag es
ja sonnenklar für jedes unverblendete Auge, daß Kal‑
vin nicht bloß eine symbolische und eingebildete, sondern
eine wahre und würkliche, wenn schon nicht die ganz‑
lutherische Gegenwart Christi im Sakrament behauptete.
Es lag also sonnenklar darinn, daß er niemahls die
Meynung vertheidigt hatte, welche für Brenz unter
dem Nahmen der Zwinglisch‑Schweizerischen so ver‑
haßt war: und eben daraus hatte er dann schliessen kön‑
nen, daß jetzt auch die Schweizer dieser Meynung ent‑
sagt, oder daß er auch diesen bißher Unrecht gethan ha‑
ben könnte. Aber war es unnatürlich, daß eine alte
Leydenschaft und ein lange genährter Argwohn das Auge
des Mannes bey dieser Gelegenheit trübte?

Sehr wahrscheinlich war sich Brenz zuerst keiner
andern Empfindung deutlich dabey bewußt, als eines un‑
unterdrückbaren Aergers, der über die erklärte Koali‑
tion

„Postquam has literas scripsi, re‑
vocavi iterum in mentem, quod
Bucerus de manducatione impii
scribit — ex quo suspicor, cum
habere eandem phantasiam, quam
videntur Cingliani habere. In
Coena.

tion Kalvins mit den verhaßten Schweizern bey ihm
aufstieg. Als aber Westphal mit den Niedersächsischen
Theologen so gewaltig auffuhr, als sich die Bewegung,
welche über Johann von Lasco und seinen Englischen
Exulanten entstanden war, biß nach Frankfurt heraus
verbreitet hatte, als Brenz einerseits dadurch überzeugt
wurde, daß es doch auch noch eine Parthie von ächt-
lutherischen Theologen gebe, die so unverrückt, als er
selbst, bey der ganzen lutherischen Vorstellung geblieben waren, und als er andererseits zusehen mußte,
mit welcher Bitterkeit und mit welchem Hohn Kalvin und Beza, Bullinger und Lasco über diese Parthie herfielen, da mischten sich auch bey ihm noch andere Empfindungen ein. Ihm drängte sich jetzt un-
wiederstehlich der Gedanke auf, daß doch die Ideen,
gegen die sich jetzt Kalvin so offen und unverdeckt erklärte, bißher auch die seinige gewesen und immer geblieben seyen, und daß also die Vorwürfe des Unver-
stands und der Schwärmerey auch ihn träfen, die Kalvin den Vertheidigern der leiblichen Gegenwart unter
dem Brodt, und des mündlichen Genusses von dem Leib
Christi gemacht hatte. Er vergaß darüber, daß man
Kalvin diese Vorwürfe abgezwungen hatte. Er vergaß
selbst, daß er zwanzig Jahre lang diesen Ideen zwar
treu geblieben war, aber sie doch nur als Nebenbestim-
mungen der lutherischen Vorstellung angesehen hatte,
worüber man die Meynungen frey lassen könnte. Das
zwischen hinein konnte es nicht anders kommen, als daß
sich auch der alte so lang genährte Argwohn wieder bey
ihm regen mußte, alle neuere Protestationen Kalvins
und der Schweizer gegen die bloß symbolische und figürliche Gegenwart Zwinglins möchten bloß täuschend seyn,
denn Westphal und die Niedersachsen sagten ihnen ja
dieß auf den Kopf zu; durch dieß alles zusammen aber
kam es dann gewiß natürlich genug, daß er nicht län-

ger

ger schweigen konnte. Er gab nun seine Homilien vom Abendmahl heraus, und kündigte vorläufig in der Vorrede [82]) zu der ersten Streitschrift von Andreä der Welt an, daß er im Nothfall auch noch seine Stimme erheben könnte.

Doch die Zurückhaltung, zu welcher sich Brenz jetzt noch dabey zwang, kündigte sehr deutlich an, daß er bey sich selbst noch nicht ganz gewiß, und mit sich selbst noch nicht ganz einig war, ob er dem neuen Drang, der ihn gegen eine Ueberzeugung von zwanzig Jahren wieder in den Streit hineinriß, auch unbedenklich folgen dürfe? Es ist möglich, daß ihm auch ein dunkles Gefühl von Schaam diese Mäffigung abzwang, und es ist noch glaublicher, daß Rückficht auf Melanchton auf ihn würkte, da er gewiß voraussah, daß jede feindseelige Erklärung gegen Kalvin auch diesen treffen, und auf das empfindlichste kränken müßte. Diese Rückficht auf Melanchton oder der Einfluß Melanchtons auf Brenz schien sogar seine Gesinnungen noch einmahl umzustimmen; wenigstens auf dem Kolloquio zu Worms, auf welchem er im J. 1557. noch einmahl mit ihm zusammen kam, und gemeinschaftlich mit ihm zu handlen hatte, schloß er sich auf das engste an ihn an, und würkte mit dem thätigsten Eifer zu der Einleitung der Maaßregeln mit, welche Melanchton zu der Wiederherstellung des Friedens unter den theologischen Partheyen vorgeschlagen hatte. Allein die Heydelbergischen Auftritte und die Veränderung in der Pfalz, die so bald darauf erfolgte, warfen ihn nach dem Tode Melanchtons sogleich wieder aus dieser Stimmung und zwar höchst gewaltsam heraus. Zu der Duldung der Kalvinischen Parthie hätte er vielleicht jetzt noch sich entschliessen und jetzt noch seine Stimme geben mögen. Aber daß ihre Vorstellung vor der ächt-lutherischen jemahls in Deutsch-

lanb

82) S. oben.

land öffentlich begünſtigt, daß der Brenziſch-luther-
ſche Katechißmus irgendwo durch einen heydelbergiſch-
kalviniſchen förmlich und gänzlich verdrängt, daß der
Kalvinißmus in einem bißher lutheriſchen Lande der herrſchende, und der lutheriſche Glaube bloß der gedulbete
werden ſollte — dieß hatte er nie zu erleben befürchtet;
daher war es ihm unmöglich, ſich darein zu ergeben.
Es war ihm deſto weniger möglich, weil es in einem
benachbarten Lande geſchah, in welchem bißher auch ſein
Nahme nicht wenig gegolten hatte; denn dieſer Umſtand
mußte oder konnte doch auch mehr als eine perſönliche
Leydenſchaft bey ihm zum Spiel bringen: nur würde er
gewiß auch ohne das Zwiſchenſpiel von dieſen in Bewegung gekommen ſeyn. Sein alter Haß gegen die Schweizer, ſein niemahls völlig erſtikter Argwohn gegen die
Kalviniſten, und ſeine niemahls verläugnete Vorliebe
für die rein-lutheriſche Vorſtellung würkten ſchon allein
ſtark genug, ſobald ſie nur durch den Anblick des Tri-
umphs, den der Kalvinißmus in der Pfalz errungen
hatte, wieder in ſeiner Seele aufgeregt worden waren.
Sie würkten ſo ſtark, daß ſich jetzt der alte Mann mit
einer noch unſeeligeren Hitze, als in ſeiner Jugend, in
den Streit hineinſtürzte, indem er ſich zu einem Schritt
hinreiſſen ließ, von dem ſich in der Lage und in den Verhältniſſen, in welchen er ſtand, die unglücklichſte Folgen vorausſehen lieſſen.

Im erſten Grimm über die Pfälziſche Auftritte faßte
Brenz den Entſchluß, ſein ganzes Anſehen und ſeinen
ganzen Einfluß dafür zu verwenden, daß die lutheriſche
Unterſcheidungs-Lehre vom Nachtmahl mit allen ihren
eigenthümlichen Beſtimmungen zu eben der Zeit für die
Würtenbergiſche Kirchen die Auctorität einer ſymboliſchen Normal-Lehre durch die ſeyerlichſte Sanktion erhalten ſollte, da ſie in den Pfälziſchen Kirchen gewiſſermaſſen

maßen abrogirt worden war. Dieß schien ihm allein
angemeßene Genugthuung für die Beschimpfung, die
man ihr in der Pfalz zugefügt hatte, und würklich war
es mehr als Genugthuung, was er ihr dadurch ver-
schaffte, denn die Art, womit er dabey die kalvinische
Unterscheidungs-Vorstellung behandelte, hatte weit
mehr beschimpfendes als jene, womit die lutherische in
der Pfalz behandelt worden war. Eine Erklärung, wodurch der letzten das ausschließende Prädikat der Rechtglaubigkeit beygelegt wurde, schloß eine förmliche Verdammung der ersten in sich, und dazu war es doch in
der Pfalz in Ansehung der lutherischen Meynung nicht
gekommen. Die Kalvinisten mußten sich also auch stärker dadurch gereizt und empfindlicher beleidigt fühlen;
ja Brenz durfte darauf zählen, daß er ihnen durch keinen andern Schritt so viel Verdruß machen könnte, als
durch diesen; allein zum Unglück that er ihn mit einer
Wendung, durch welche das anstößige davon in einem
hohen Grad vermehrt wurde. Dieß kam zum Theil
auch von dem äusseren Umstand her, der ihm die nächste
Veranlaßung dazu gab.

Ein Prediger auf dem Lande, Bartholomäus Hagen, war bey Brenz und bey dem Herzog seinem Herrn
als ein Anhänger der kalvinischen Meynung denuncirt
worden, die er schon öffentlich in mehreren Predigten
vorgetragen und vertheidigt haben sollte. Weil der
Mann Prediger in der Nähe des Orts [83]) war, in
welchem die verwittwete Herzogin ihren Sitz hatte, und
bey dieser dem Ansehen nach in einiger Achtung stand,
so fand oder machte Brenz die Sache doppelt bedenklich; denn man lief ja dabey auch Gefahr, daß die alte
Dame

---

83) Der Wittwensitz der Herzogin war in Nürtingen, einer
der beträchtlicheren Landstädte des
Herzogthums; Hagen aber war
Prediger in einem nicht weit entfernten Dorf.

Dame mit dem kalviniſchen Gift von ihm angeſteckt werben könnte; daher ergriff man auch ſogleich die würkſamſte Maaßregeln, dem Uebel ein Ziel zu ſtecken. Hagen erhielt den Befehl, daß er eine deutliche und offene
Konfeſſion vom Nachtmahl einſchicken ſollte, welche er
bißher geprebigt habe. Seine Konfeſſion wurde hierauf allen Superintendenten in dem Herzogthum zur
Cenſur zugeſchickt, und nachdem ihre Urtheile darüber
eingegangen waren, ſo berief man noch die vornehmſte
und bebeutendſte von ihnen nebſt den Theologen der
Landesakademie auf eine Synode nach Stuttgardt [84]),
auf welcher Brenz ſeinen weiteren Plan durchſetzen wollte,
zu welchem ihm dieſe Gelegenheit eben ſo günſtig als
ſchicklich ſchien.

Bey dem Herumſchicken der Hagenſchen Konfeſſion
an die Superintendenten im Lande hatte man, wie ſich
leicht denken läßt, von Seiten des Hofes und des Kon-
ſiſtorii nicht die Abſicht gehabt, ſich aus ihren Urtheilen zu belehren, ſondern man wollte dabey ſondiren, ob
ſonſt kein unreiner unter ihnen ſey, welches man bey
dieſem Anlaß am gewiſſeſten erfahren zu können hoffte.
Je gewiſſer aber Brenz, ohne Zweifel zu ſeiner groſſen
Freude aus ihren Cenſuren erfuhr, daß ſeine Leute faſt
alle rein ſeyen [85]), deſto weniger hätte er noch die Verſammlung einer Synode nöthig finden [86]) können, wenn
ſein

84) Dieſe Umſtände finden
ſich in Joh. Val. Andreä Vita
Jacobi Andreae in ſeiner Fama
Andreana reflorescens p. 94. 95.
Aus dieſer nahm ſie Fiſchlin in
ſein Supplement p. 90 auf, und
mehrere wußte auch Pfaff in ſeinem Commentar. de Actis et
scriptis publicis ecclesiae Wür-
tenbergicae nicht anzubringen.

85) Andreä ſagt, daß Brenz
und der Herzog aus den einge-

gangenen Cenſuren omnium et
ſingulorum pium conſenſum in
veritatis doctrina conspexerint."

86) Heerbrand in ſeiner Ora-
tione funebri auf Andreä, die
ſeinem Leben beygefügt iſt, giebt
zwar zu verſtehen, daß die Synode vorzüglich um Hagens willen verſammelt worden ſey, "ut
„convictus erroris et confuſus in
„viam miſer reduceretur: allein
dazu war wohl die Synode am
wenig-

image
not
available

Händeln der theologischen Partheyen ja nicht allzuviel herumrühren, und sich da, wo noch ein Schein von Einigkeit vorhanden sey, vor der Hand mit dem Schein begnügen sollte [88]). Er hatte ausserdem durch die eingelaufene Urtheile über das Bekenntniß von Hagen die Gewißheit erhalten, daß man keine neue Anstalten nöthig habe, um die reine lutherische Nachtmahls-Lehre in der Würtenbergischen Kirche zu erhalten: was kann also sichtbarer seyn, als daß die neue Anstalten, die er demungeachtet traf, bloß durch seinen Aerger über die neue

Nach dem andern Vorschlag aber sollten sich nur zuerst die Pfälzische und Würtenbergische Theologen auf einer besondern Synode über alle streitig gewordene Punkte völlig vergleichen und verständigen, damit sie hernach mit desto mehr Nachdruck und Autorität zwischen den streitenden Partheyen in Sachsen gemeinschaftlich mitteln könnten. Zu einem sehr weisen Gutachten machte hingegen Brenz seinem Herrn höchst fühlbar, daß beyde Vorschläge nichts taugten, weil sie wahrscheinlich weit mehr verderben als gut machen würden; und über den vorgeschlagenen Vereinigungs-Versuch der Pfälzischen und Würtenbergischen Theologen auf einer Special-Synode äusserte er sich im besondern auf die folgende Art: "bin „auch nicht dafür, daß ein spe-„cialis Synodus des Churfürsten „Pfalz-Grafen und Würtenberg „veranstaltet werden mag., denn „( ) Quid prodesset? Ist doch unter „den Theologis in denselben Kir-„chen kein öffentlicher Streit, „und möcht durch einen solchen „Conventum allererst ein Haber „erweckt werden."
2) So würden die Sächsische Theologen sich cognitioni dieser

Theologen nicht unterwürfig machen.
3) Ja nicht allein sich nicht unterwerfen, sondern vielmehr dawider legen und kalumniren, wie sie dem Frankfurtischen Abschied gethan.
4) Wer will auch in diesem speciali conventu so sich ein gefährlicher Haber zutrüge, Constantinus und Lutherus seyn? S. das vom 18. May 1559. darüber Gutachten in Sattlers Würtenberg. Geschichte unter den Herzogen Th. IV. Beylage Nr. 54. S. 157.
88) Dahin geht der vortreffliche Schluß des ganzen Gutachtens: "Quid ergo faciendum? — „Luge ein jeglicher Fuchs seines „Balgs! Hab ein jeder Fürst auf „sein Fürstenthum und Kirchen „acht, daß darinn friedlich re-„glert und gelehrt werde! Er-„biete sich gegen den andern sei-„nes möglichen Dienst, und be-„fehle die Sache Gott juxta illud: „Commenda Deo viam tuam, et „ipse faciet! — Observandi sunt „etiam hi versiculi:
„Curando quaedam fieri pejojora videmus
Vulnera, quae melius non tetigisse juvat."

neue Pfälzische Auftritte motivirt waren, und daß seine
nächste Absicht dabey bloß diese war, den Kalvinisten
die Freude etwas zu verbittern, welcher sie sich sonst
über den in der Pfalz erhaltenen Triumpf hätten überlassen mögen?

Dieß war es auch ohne Zweifel, was ihn vorzüglich veranlaßte, sein neues Bekenntniß vom Nachtmahl,
das in Zukunft die Würtenbergische Orthodoxie reguli-
ren sollte, mit so ausstudirter Sorgfalt abzuzirkeln, daß
keine einzige von den Unterscheidungs-Bestimmungen
der ächt-lutherischen Orthodoxie darinn unberührt
blieb [89]). Er hütete sich zwar geflissentlich, eine von
den Formeln, welche neuerlich in Streit gekommen waren, darinn anzubringen. Er enthielt sich der Redensart, daß das Brodt im Sakrament der wahre oder der
wesentliche Leib Christi sey. Er brauchte weder den Ausdruck, daß der Leib Christi unter dem Brodt, noch,
daß er in dem Brodt empfangen werde, sondern er bediente sich in der ganzen Konfession der gewöhnlicher gewordenen Sprache, nach welcher er nur dem Brodt ausgetheilt und genossen werden sollte. Allein durch die Erklärungen, die er hinzufügte, wurde der einzige ächt-
lutherische Sinn so fest in diese Sprache hineingepreßt,
daß sie keinen andern mehr zuließ. Der Leib und das
Blut Christi — erklärte Brenz in seinem Bekenntniß —
werde in der Maaße mit dem Brodt und mit
dem Wein im Sakrament ausgetheilt, "daß zu-
"gleich, wie solche mit der Hand des Kirchen-
"die-

89) S. Bekenntniß und Be-
richt der Theologen und Kirchendiener im Fürstenthum Würtenberg von der wahrhaftigen Gegenwärtigkeit des Leibes und Blutes Christi im heiligen Nachtmahl.
Magdeburg bey Wolf Kirchner

1560. in 4. Unter diesem Titel
wurde die Konfession im folgenden Jahr gedruckt, und dann auch
von Pfaff seinen Acti- et Scriptis
publicis ecclef Würtemberg. ein-
verleibt. S. 334 - 339.

„dieners gereicht, alſo auch mit dem Munde
„deejenigen, der es iſſet und trinket, empfan=
„gen werden. Er erklärte ferner, daß die Sub=
„ſtanz oder das Weſen des Leibes und Blutes
„Chriſti auf eben die Weiſe im Abendmahl ge=
„genwärtig ſey, wie die Subſtanz und das We=
„ſen des Brodts und des Weines darinn zugegen
„ſey.‟ Und er leitete es endlich auch ausdrücklich als
nothwendige Folgerung daraus ab, ‟daß man glauben
„und bekennen müſſe, daß in dem Nachtmahl des Herrn
„der Leib und das Blut Chriſti nicht allein von den Gott=
„ſeligen und Würdigen, ſondern auch von den Gottloſen,
„Unglaubigen und Gleißnern empfangen werde, indem
„Chriſtus darinn ſowohl den Gottloſen und Unglaubi=
„gen, als ſeinen auserwählten Gliedern, den Glaubi=
„gen gegenwärtig ſey.‟

Durch dieſe Beſtimmungen wurde wenigſtens der
neue Würtenbergiſche Kirchen=Glaube mit der kalvini=
ſchen Theorie, nach welcher der Leib Chriſti von den
Glaubigen nur zu gleicher Zeit mit dem Brodt
empfangen werden ſollte, in einen eben ſo birekten Wi=
berſpruch gebracht, als es nur immer durch die Formeln,
„daß er in dem Brodt, oder unter dem Brodt empfan=
„gen werde, hätte geſchehen können. Durch ihre Weg=
laſſung verlohr alſo Brenz nichts für ſeine Abſicht; aber
vollſtändiger, als er ſelbſt vielleicht gewünſcht haben
mochte, erreichte er ſie durch eine andere Beſtimmung,
die er in ſeine neue Konfeſſion, zwar gewiß auch um
der Kalviniſten willen, doch wahrſcheinlich zugleich durch
eine nähere Veranlaſſung gedrungen, einrücken zu müſ=
ſen glaubte.

Hagen mochte es vermuthlich in ſeiner kalviniſchen
Konfeſſion, welcher man die neue zunächſt entgegenſtellte,
auch

auch als Einwurf gegen die lutherische substantielle Ge=
genwart Christi im Sakrament vorgebracht haben, daß
sie eine undenkbare Ubiquität des Leibes Christi voraus=
setze, die mit der Schrift in einem eben so offenbaren
Widerspruch als mit der Vernunft stehe. Sein Auf=
satz ist nicht mehr vorhanden; mithin kann es nur ver=
muthet werden [90]); doch wächst der Vermuthung auch
aus demjenigen, was man sonst von der Verhandlung
mit Hagen weiß, einige Wahrscheinlichkeit zu. Es
wurde noch auf der Synode zu Stuttgardt selbst mit
ihm disputirt, und Jacob Andreä, damahls noch Su=
perintendent in Göppingen, erhielt den besondern Auftrag,
sich mit ihm auf die Zweifel einzulassen, durch welche er
von der lutherischen Vorstellung entfernt worden war [91]).
Diese Zweifel sollten aber größtentheils aus den Schrif=
ten Kalvins und der Schweizer von ihm geschöpft wor=
den seyn; also ist es gewiß glaublich genug, daß man
dabey auch über jene Einwürfe zur Sprache kam, wel=
che Kalvin und seine Freunde erst neuerlich gegen die aus
der lutherischen Meynung fließende Ubiquität des Leibes
Chri=

---

90) Andreä erzählt wenig=
stens von ihm: "ne cuiquam vi-
„deretur, sine judicio se in hanc
„opinionem deveniße, argumenta
„sua, quae illi scripta Calvinia-
„norum et Zwinglianorum suppe-
„ditaverant, profert." p. 97.

91) "D. Jacobus eum voca-
tus eßet, voluntate et jußu Ducis Christophori ei injungitur, ut
coram congregatis Theologis et
Consiliariis politicis, quos Celsi-
tudo ejus colloquio quoque adhi-
buit, collationem de Coena Dominica cum Hagenio instituat.
Etsi vero diu reluctaretur D. Jacobus, quod non modo D. Brentius, verum etiam Tubingenses
Theologi Professores id melius

praestare poßet, nihil tamen effi-
cere, neque hunc laborem in alium derivare potuit." Ille vero —
setzt sein Geschichtschreiber hinzu,
und die Anekdote ist nicht un=
merkwürdig — veram hujus con-
silii rationem tunc ignoravit, quae
postea illi revelata fuit. Cum
enim jam inde a pueritia M. Hagenio conjunctus eßet, in suspicionem apud Principem Christo-
phorum ipse quoque venerat, quod
in doctrina de Coena Domini ipsi
quoque faveret. Qua ratione non
tam Hagenius, quam ipse etiam
D. Jacobus, quae ejus doctrina
et Confeßio eßet, fuit explora-
tus." p. 96.

Cc 3

Christi mit solcher Stärke urgirt hatten. Davon aber nahm Brenz, den die Handlung mit Hagen selbst polemischer, dieß heißt, bitterer und rechthaberischer gemacht haben mochte, weil einiges dabey vorgekommen war, durch das er sich persönlich gereizt fühlte [92]) — davon nahm Brenz allem Ansehen nach die nächste Veranlassung her, sich in seiner Konfession auch über die Ubiquität zu erklären, und in dieser rechthaberischen Stimmung

---

[92] Hagen hatte sich nehmlich — wahrscheinlich weil die Leute allzu ungestüm über ihn herfielen — zuletzt entfallen lassen, daß sich auch Brenz selbst in seinen früheren Schriften für die Meynung erklärt habe, nach welcher im Sakrament kein mündlicher Genuß des Leibes Christi, sondern nur ein Glaubens-Genuß statt finde. Er führte dabey aus seiner Eregese des Evangelii Johannis eine Stelle an, in welcher ja wörtlich von ihm behauptet worden sey. "Os corporis accipere panem, os fidei accipere corpus Christi" darüber kam aber Brenz so in Eifer, daß er ihn im Zorn den unverschämtesten Gesellen nannte, den er in seinem Leben gesehen habe "quod „impudentiorem hominem vix vi„derit, qui audeat viventi Bren„tio errorem tribuere, quem jam „inde ab exordio hujus contro„versiae execratus sit, et plurimis „publicis scriptis refutaverit." Doch der gute Brenz bekam in der Folge noch öfter Gelegenheit, sich über diesen Vorwurf zu ärgern, denn er wurde ihm bey seinem Leben noch mehrmahls, und noch von mehreren Seiten her, und auch noch mit mehr Bitterkeit als von Hagen gemacht. Im J. 1562. schrieb es auch der Churfürst von der Pfalz an den Herzog von Württenberg, daß

ja sein Brenz ehmahls völlig gleich mit ihnen gelehrt habe, wobey er eben die Stelle von ihm anführte, auf welche sich schon Hagen berufen hatte; der Herzog aber wurde so darüber betreten, daß er ihm sogleich in einem ernsthaften Befehl seine Verantwortung darüber abforderte, die sich in Fischlins Supplement S. 73. findet. In dieser Verantwortung bewieß er auch, und zwar unbeantwortlich, daß man aus dieser Stelle den Vorwurf gegen ihn unmöglich herauspressen könne, ohne sich eine sehr unredliche Verdrehung ihres wahren, durch den Zusammenhang höchst deutlich bestimmten Sinnes zu erlauben; allein dafür bewiesen ihm andere seiner Gegner eben so unbeantwortlich, daß er nach andern Aeusserungen in seinen früheren Schriften, und besonders nach der ganzen in seinem Schwäbischen Syngramma herrschenden Vorstellung von der eigentlich kalvinischen Unterscheidungs-Idee doch nicht sehr weit entfernt gewesen sey. Höchstwahrscheinlich schwebte auch ein dunkles Bewußtseyn davon in seiner eigenen Seele, mit dessen Aufklärung ihm nicht gedient war; daher fuhr er auch so heftig auf, da Hagen zuerst diese Saite berührte.

mung erklärte er sich auch darüber mit einer Bestimmtheit, welche, leyder! eben so wenig einer Milderung,
als — einer Entschuldigung Raum ließ.

"Weil von denjenigen — sagte er — welche die
„wahrhaftige Gegenwärtigkeit des Leibes und Blutes
„Christi im Nachtmahl läugnen oder verneinen, immer
„der Artikel des Glaubens von der Himmelfahrt Christi
„und von seinem Sitzen zu der Rechten Gottes seines
„Vaters vorgewandt, und uns daraus entgegengehalten
„wird, daß Christus beßwegen nicht im Abendmahl
„seyn könne, weil er ja nach diesem Artikel im Himmel
„ist, so halten wir es für nöthig, auch über diese Lehre
„von der Himmelfarth Christi unsere Meynung einfäl-
„tig vorzulegen." Er hielt es also nur für nöthig, jenem Einwurf zu begegnen, nach welchem die Kalvinisten die leibliche Gegenwart Christi im Nachtmahl als
unvereinbar mit der Schrift-Lehre von seiner Himmelfahrt und von seinem Sitzen zur Rechten Gottes ausgegeben hatten; aber diesem Einwurf glaubte er am besten durch eine neue Vorstellung von demjenigen begegnen zu können, was man sich unter der Himmelfahrt
Christi und unter seinem Sitzen zur Rechten Gottes zu
denken habe. In Beziehung auf ein Paar Stellen
Pauli Eph. I. 21. IV. 10. behauptete Brenz, daß in
der Schrift-Sprache durch die Himmelfahrt Christi
und durch sein Sitzen zur Rechten Gottes nichts anders
bezeichnet werde [93], "als der völlige Eintritt des
„Men-

---

93) Dieß folgerte Brenz aus
den Worten Pauli Eph. IV. 10.
"Der hinabgefahren ist, eben der,
selbige ists, der auch aufgefahren ist über alle Himmel, auf,
daß er alles erfülle. Darinn,
liege, sagt er, "daß Christus
„nicht allein hoch in die Luft, in

„das Firmament und Gestirn ge-
„fahren sey, daß er daselbst eine
„gesperrt oder angeheftet werde,
„sondern er ist auch in die Ma-
„jestät und Herrlichkeit eingegan-
„gen, welche, wie Paulus Eph.
„I. 21. zeuget, alles übertrift, was
„genannt mag werden, nicht allein

„Menſchen Chriſti in die Majeſtät und Herrlichkeit
„Gottes, kraft deſſen er jetzt nicht nur nach ſeiner gött=
„lichen Natur, ſondern auch als Menſch alles auf eine
„himmliſche Weiſe erfüllet, ſo daß er nun in der Herr=
„lichkeit ſeines Vaters allen Dingen gegenwärtig iſt, und
„hinwiederum alle Dinge auch ihm gegenwärtig ſind:
„woraus ſich dann ergebe, daß uns durch dieſe Maje=
„ſtät des Menſchen Chriſti die wahrhaftige Gegenwart
„ſeines Leibes und Blutes im Nachtmahl nicht allein
„nicht entzogen, ſondern vielmehr bekräftigt und beſtä=
„tigt werde.”

Damit wurde dem Menſchen Chriſtus nicht nur eine
wahre und abſolute Ubiquität von Brenz, wie es ſchien,
zugeſchrieben, ſondern auch aus einem Grund zugeſchrie=
ben, auf welchen noch keiner ihrer bißherigen Verthei=
diger verfallen war. Von den meiſten unter dieſen war
ſie bißher bloß aus der Vereinigung ſeiner menſchlichen
Natur mit ſeiner göttlichen abgeleitet, oder als eine Fol=
ge dieſer Vereinigung dargeſtellt worden: jetzt aber
ſchien ſie Brenz zur Folge einer Veränderung zu ma=
chen, die mit der Menſchheit Chriſti erſt nach ſeiner Auf=
erſtehung vorgegangen ſey, und in der Schrift durch
den Ausdruck von ſeiner Himmelfarth und ſeiner Erhe=
bung zur Rechten Gottes bezeichnet werde. Vielleicht
hatte zwar dieſe neue Hypotheſe, wenn ſie genauer be=
leuchtet wurde, weniger Verwirrendes als die ächtere,
und dieß war es ohne Zweifel, wodurch Brenz darauf
gebracht wurde, aber auſſer ihrer Neuheit mußte ſie
ſchon dadurch Anſtoß erregen, weil ſie auf den erſten
An=

„lein in dieſer, ſondern auch in
„der künftigen Welt. Derohal=
„ben ſo halten und glauben wir
„nicht, daß die menſchliche Na=
„tur in Chriſto durch dieſe Him=
„melfahrt ausgedehnt, oder ſeine
„Glieder auf eine grobe fleiſch=
„liche Weiſe ausgeſpannt wor=

„den ſeyn, ſondern wir erklären
„damit, die Majeſtät und Herr=
„lichkeit des Menſchen Chriſti,
„welcher jetzt nicht nur nach ſei=
„ner Gottheit, ſondern auch als
„Menſch alles auf eine himmli=
„ſche Weiſe erfüllet.”

Anblick so viel ähnliches mit der schwärmerischen Grille
Schwenkfelds von einer bey der Himmelfahrt Christi
erfolgten Glorifikation und völligen Vergottung seines
menschlichen Fleisches zu haben schien; und dieser Anstoß wurde auch nicht sehr dadurch vermindert, weil sich
doch Brenz dabey noch hütete, die wesentliche Gegenwart des Leibes Christi im Nachtmahl von der Ubiquität, die er ihm damit zugeschrieben hatte, allein abzuleiten. Er gab nehmlich — und dieß that er sehr geflissentlich — er gab nicht undeutlich zu verstehen, daß man
Christum nicht gerade deßwegen im Abendmahl suchen
müsse, weil er überall sey, indem man zum Beweiß seiner Gegenwart in diesem weiter nichts als die Einsetzungs-Worte des Sakraments nöthig habe: aber er
wollte dabey immer noch geglaubt haben, daß man ihn
auch im Abendmahl deßwegen suchen dürfe und könne,
weil er überall sey. Durch die Einsetzungs-Worte —
sagte er — werde uns nur nachgewiesen, "wo wir den
„Leib und das Blut Christi zu unserem Heyl empfan-
„gen sollen" und darinn sollte seiner Absicht nach dieß
liegen, daß wir zwar durch die Einsetzungs-Worte allein
die Versicherung erhielten, daß uns der Leib Christi im
Abendmahl auf eine besondere Art zu unserem Heyl
mitgetheilt werde, wovon wir ohne diese durch die Ubiquität noch keine Gewißheit erlangen könnten, und daß
deßwegen auch in der Nachtmahls-Lehre alles von den
Einsetzungs-Worten abhänge, weil es ja in dem Sakrament nicht bloß um die wahre Gegenwart, sondern
auch um den würklichen heilsamen Genuß des Leibes
Christi zu thun sey, daß aber die blosse Gegenwart seines Leibes darinn auch in der That schon aus seiner Ubiquität gefolgert werden könnte [94]). Selbst durch diese
Ein-

---

94) Nur dieß konnte Brenz   daß uns durch diese Majestät des
 erwiedern, wenn er behauptete,   Menschen Christus, nach welcher
                Ee 5   er

Einſchränkung des Gebrauchs, der in der Nachtmahls-
Lehre davon gemacht werden dürfe, gab er alſo doch zu
erkennen, daß es eine wahre und uneingeſchränkte Ubiquität ſey, welche er auch dem Körper Chriſti beygelegt
haben wollte, und mit dieſer lieſſen ſich ihre bißherige
Gegner gewiß auch durch die Demuth nicht ausſöhnen,
womit er ihnen noch einräumen wollte, daß die himmliſche Weiſe, mit welcher der Menſch Chriſtus kraft
ſeiner Ubiquität alles erfülle, ein der Vernunft unerforſch-
liches Geheimniß ſey.

Dieſer Artikel wurde aber ebenfalls von allen auf
der Synode anweſenden Würtenbergiſchen Theologen gebilligt, er wurde zuletzt auch von Barthol. Hagen, der
ſich völlig von Brenz bekehren 95) ließ, angenommen,
er wurde mit der Einſtimmung von allen der neuen Konfeſſion eingerückt, die in Zukunft als das Normativ
der Würtenbergiſchen Kirchen-Lehre erkannt, und auf
welche von jetzt an alle Prediger und alle Kandidaten
des Predigtamts im Herzogthum verpflichtet werden
ſollten, und ſo war alſo die Würtenbergiſche Kirche die
erſte, in welcher und für welche die Ubiquitäts-Lehre,
als eine zu der orthodoxen lutheriſchen Nachtmahls-
Lehre weſentlich gehörige Beſtimmung eine wahre ſymboliſche Autorität erhielt 96). Im folgenden Jahr
1560.

---

er alles erfülle, ſeine wahre Gegenwärtigkeit auch im heiligen
Abendmahl bekräftigt und be-
ſtätiget werde.

95) Nach der Erzählung von
Andreä benahm ſich Hagen dabey
mit einer nicht unfeinen Politik.
Von ſeinem Freund, Jakob, der
mit ihm diſputiren mußte, ließ
er ſich nicht bekehren, aber nach
der Diſputation bat er ſich eine

Privat-Unterredung mit Brenz
aus: quod cum ipſi non eſſet
denegatum, in eo quoque erroris convictus, et, ut veritati ce-
deret, admonitus, tandem errorem ſuum in Coueſſu omnium
Conſiliariorum et Theologorum
confeſſus et deprecatus eſt. p. 98.

96) Die Konfeſſion wurde
von dem Herzog ſelbſt und von
allen anweſenden Theologen un-
terſchrie-

1560. erließ der Herzog in Beziehung auf das neue
Symbol auch ein neues Mandat gegen die Zwinglianer
und Sakramentirer [97]); doch dieß erregte kein weiteres
Aufsehen, denn die Auftritte, die vorhergegangen waren, hatten schon jederman in ein Erstaunen versetzt,
durch das man mehr als vorbereitet darauf geworden
war.

Kapitel IV.

Die natürlichste Folge der Brenzischen Synodal-
Erklärung war wohl diese, daß die Erbitterung der kalvinischen Parthie gegen die neue Zeloten für die alt-lu-
therische Nachtmahls-Theorie auf den höchsten Grad
dadurch getrieben wurde. Es läßt sich auch leicht einsehen, warum sie sich dadurch empfindlicher als durch
alles andere gekränkt fühlte, was man sich sonst in den
letzten acht Jahren gegen sie erlaubt hatte. Die theologische Hanse, in welche auf Westphals Anstiften die
meiste Ministerien der Niedersächschen Städte wider sie
zusammengetreten waren, hatte sich zwar schon öffentlich als ihre Gegenparthie konstituirt, und schien es auf
einen wahren Krieg auf Leben und Tod mit ihr angelegt
zu haben; allein bey den Häuptern der kalvinischen Parthie hatte sich in den Unwillen, den sie über die Angriffe
dieser Gegner empfanden, von Anfang an so viel Verachtung eingemischt, daß er zu keinem sehr hohen Grad
von Bitterkeit hatte steigen können. Sie konnten es
nicht glauben, daß ihnen solche Feinde jemahls furcht-
bar, und der Krieg mit ihnen etwas anders als kleiner
Krieg

---

terschrieben. Nec quisquam —
setzt Andres hinzu — ad Ministerium docendi in ecclesia nostra
admittitur, nisi prius lectam et
approbatam sua manu subscripse-
rit. p. 99.

97) Lavater in seiner Hist.
Sacram. p. 193. führt dieß Mandat an, von welchem Sattler
nichts erwähnt.

Krieg für sie werden könnte, denn sie stellten sich unter
den meisten von ihnen nur obskure und unbedeutende
Menschen vor, die sich schwehrlich jemahls in der gelehrten theologischen Welt eine entscheidende Stimme
würden erschreyen können. Auch waren ja bißher alle
Versuche, welche diese Zeloten irgendwo zur würklichen
Unterbrückung des Kalvinißmus gemacht hatten, zu ihrer sehr grossen Beschämung vereitelt worden. In Bremen hatte er sich gegen ihre wüthendste Angriffe und
nach den angestrengtesten Bemühungen, welche sie zu
seiner Vertilgung aufgewandt hatten, dennoch erhalten.
In der Pfalz hatten sie ihm sogar das Feld räumen
müssen. Es war also kein Wunder, wenn die Kalvinisten unter diesen Umständen ihre Gegner noch nicht so
herzlich haßten, als sie von ihnen gehaßt wurden, und
es war daher auch kein Verdienst, das ihrer Mäßigung
angerechnet werden dürfte: aber eben deßwegen brachten
hier die Würtenbergische Vorfälle so plötzlich alles ins
Gleiche. Es waren nicht bloß die Pfarrer und Prediger einiger einzelnen Städte, sondern es war die gesammte Geistlichkeit eines ganzen beträchtlichen Landes,
welche sich hier auf das feyerlichste an ihre Gegenparthie anschloß. Es war einer der geachtetsten Theologen, der an ihrer Spitze stand, und zugleich die ganze
Landes-Universität, die darunter begriffen war. Es
war hier überdieß nicht bloß bey einer Erklärung gegen
sie geblieben, sondern durch den Beytritt der Obrigkeit
und der weltlichen Macht war der Krieg mit ihnen durch
eine öffentliche und thätliche Beschimpfung eröffnet worden. Dieß mußte bey Kalvin und bey allen seinen
Freunden in Deutschland und ausser Deutschland tiefer
einschneiden, als alle übrige Kränkungen zusammen, die
man ihnen bißher zugefügt hatte. Es mußte besonders
die neue kalvinische Theologen in der Pfalz biß zum tödt-
lichsten Haß gegen die Würtenbergische aufbringen, weil

sie

sie sich unmöglich verbergen konnten, daß der beschim-
pfende Schlag zunächst ihnen zugedacht war. Das eine
und das andere äusserte sich auch von jetzt an nur allzusichtbar in der neuen höchst ärgerlichen Lebhaftigkeit, die
der Streit der Partheyen im allgemeinen und im besonderen erhielt, wie in jeder der neuen Wendungen, welche er nahm: aber doch war dieß bey weitem noch nicht
die unseeligste Folge, die aus diesen Würtenbergischen
Auftritten entsprang.

Durch die Annahme der neuen Brenzischen Konfession hatte sich die Würtenbergische Kirche — dieß war
das schlimmere Uebel, das davon ausfloß — sie hatte
sich dadurch auch als erklärte und öffentliche Gegenparthie aller der neutralen und gemässigten Theologen konstituirt, die sich bißher in Deutschland selbst zwischen
dem Kalvinißmus und zwischen der alt-lutherischen
Nachtmahls-Lehre so weit in der Mitte gehalten hatten, daß sie ohne der letzten entsagt zu haben, doch auch
jenen nicht verdammt haben wollten. Die Theologen,
welche zu dieser neutralen Parthie gehörten, hatten alle
die Ueberzeugung mit einander gemein, daß die Bestimmungen, welche den Unterschied zwischen der kalvinischen
und der ächt-lutherischen Vorstellung ausmachten, bey
weitem nicht Moment genug hätten, um einen Streit
zu verdienen oder zu rechtfertigen, daß sehr wenig daran
gelegen sey, ob man mit Kalvin annehme, daß der Leib
Christi im Sakrament allein mit dem Brodt empfangen
werde, oder mit Luthern annehme, daß er auch in und
unter dem Brodt empfangen werde, so lange man nur
überhaupt annehme, daß er wahrhaftig empfangen
werde, und daß man deßwegen den Kalvinisten die Weg-
werfung dieser lutherischen Bestimmungen um so weniger
zum Verbrechen anrechnen dürfte, da sie doch die Haupt-
Bestimmung noch in den Ausdrücken der Augsp. Konfession

feſſion ſelbſt anzunehmen bereit ſeyen. Einige und die
meiſte dieſer Theologen mochten zwar ſchon auch für ſich
ſelbſt dieſe Beſtimmungen weggeworfen, und ſich von
ihrer Unhaltbarkeit überzeugt haben; doch gab es gewiß
auch manche, welche ſie noch würklich und aufrichtig
behalten hatten, und auch zum Theil bloß deßwegen
behalten hatten, weil ſie ihnen gleichgültig geworden waren; allein auch die erſte hatten es doch bißher nicht nöthig gefunden, ſich dagegen zu erklären, und bey dieſen
Geſinnungen hatten ſie dann auch nicht nöthig gehabt,
an dem erneuerten Streit darüber einen eigenen Antheil,
oder in dieſem Streit ſelbſt eine Parthie zu nehmen.
Mit Unwillen und Betrübniß hatten ſie dieſem Streit
indeſſen zugeſehen. Die Weſtphals und Mörlins hatten auch ſchon alles mögliche gethan, um ſie hineinzuziehen, denn ſie hatten ihnen ſchon laut genug den Vorwurf gemacht, daß ſie durch ihre Neutralität die Sache der Wahrheit verriethen; doch hatten ſie es bißher
um ihrer ſelbſt willen noch nicht gewagt, die Behauptung öffentlich aufzuſtellen, daß alle neutrale Theologen von der reinen lutheriſchen Lehre abgefallen ſeyen.
Dieß aber war es, was jetzt die Würtenbergiſche Kirche that.

Indem ſie in ihrer neuen Konfeſſion alle ihre Lehrer
auf die Beſtimmungen verpflichtete, durch deren Verwerfung ſich die Kalviniſten unterſchieden, ſo erklärte
ſie ja eben damit, daß ſie keinen Lehrer, der ſich nicht
dazu bekenne, für rechtgläubig halte, und damit war
auch das Urtheil über die neutrale Parthie geſprochen.
Es lag nehmlich deutlich darinn, daß nicht nur jeder,
der dieſe Beſtimmungen nicht annehme, ſondern auch
ſchon jeder, der ſie nur nicht für weſentlich halte, von
dem wahren Lehrbegriff der lutheriſch-proteſtantiſchen
Kirche abgewichen ſey, denn dieß mußte man vorausſetzen,

ſetzen, wenn man ſich befugt halten konnte, den Glauben eines ganzen Landes auf eine förmliche Art daran
zu binden. Dieſem Urtheil einer ganzen Kirche, das noch
dazu von dem Staat, zu welchem die Kirche gehörte,
ſanktionirt wurde, durfte aber die neutrale Parthie nicht
bloß das Stillſchweigen entgegenſetzen, mit welchem ſie
bißher ähnliche Privat = Urtheile einzelner Eiferer über-
hört hatte. Nicht nur Rückſicht auf ſich ſelbſt und auf
ihre Ruhe, ſondern auch Rückſicht auf das Ganze und
auf dasjenige, was ſie mit der innigſten Ueberzeugung
für Wahrheit und Recht hielt, zwang ſie zu ihrer Vertheidigung aufzuſtehen; und wie ſie auch dieſe Vertheidigung führen mochte, ſo ließ ſich mit der höchſten
Gewißheit vorausſehen, daß der ſchon ſo böß gewordene Handel noch unendlich ſchlimmer dadurch werden
würde.

Entweder mußten nehmlich dieſe neutrale Theologen jetzt der ganzen proteſtantiſchen Kirche erklären, daß
und warum ſie ſich ſelbſt von jenen Beſtimmungen der
lutheriſchen Nachtmahls = Lehre, für welche die Eiferer
kämpften, abzuweichen erlaubt hätten, und dieß hieß
eben ſo viel als erklären, daß ſie ſchon längſt ohne es
ſcheinen zu wollen, Kalviniſten geweſen ſeyen. Oder
ſie mußten zu der Vertheidigung ihres bißherigen Be-
tragens wenigſtens den Beweiß führen, daß man kein
Recht habe, dieſe Beſtimmungen für weſentliche Grund-
Ideen der proteſtantiſchen durch die Augſp. Konfeſſion
beſtimmten Orthodoxie auszugeben, alſo auch kein Recht
habe, diejenige, welche davon abweichen, einer Abweichung von dieſer Orthodoxie zu beſchuldigen. Bey der wüthenden Erbitterung, in welche ſich die Eiferer ſchon hin-
eingeſtritten hatten, mußten ſie durch das eine und durch
das andere faſt in gleichem Grad aufgebracht werden,
aber einen ungeheuren Zuwachs mußte ihr Grimm erſt
durch die perſönliche Rückſicht auf die Menſchen bekommen,

men, die sich ihnen mit einer solchen Erklärung entge=
genzustellen gezwungen sahen. Es war ja Melanchton,
und es waren die sämmtliche Theologen zu Wittenberg,
welche dazu genöthigt wurden!

Diese Einmischung Melanchtons und der Churfäch=
sischen Theologen in den Streit darf man mit Recht für
das unglücklichste Ereigniß ausgeben, auf das man in
der ganzen theologischen Geschichte dieses Zeitraums
stoßt; aber sie ist zugleich das Haupt=Ereigniß, das
nicht nur den ganzen folgenden Gang des Sakraments=
Handels bestimmte, sondern auch auf den Ausgang des
Handels und zugleich auf den Ausgang der meisten übri=
gen Händel, die noch in Bewegung waren, und somit
auf die letzte Bildung unserer Theologie den entscheidend=
sten Einfluß hatte. Die Rolle, welche sie dabey spiel=
ten, muß also von jetzt an, als die Hauptparthie des
Stücks, vorzüglich ins Licht gesetzt werden; um aber
ein unpartheyisches Urtheil über die mehrfach zweydeu=
tige Haltung möglich zu machen, in welcher man sie zu=
weilen dabey erblicken wird, so ist es unumgänglich nö=
thig, noch einiges über die Rolle, welche sie bißher ge=
spielt hatten, und über die Umstände vorauszuschicken,
durch welche sie theils zu der Annahme der neuen ge=
zwungen, theils bey ihrem erzwungenen Spiel auf die
vielfach=beschwehrlichste Art eingeschränkt und genirt
wurden.

Ueber das erste darf hier nach demjenigen, was be=
reits von den Gesinnungen Melanchtons vorgekommen
ist, nur kürzlich bemerkt werden, daß er vom J. 1552.
in welchem der Lärm wieder angieng, biß zum J. 1559.
in welchem er das berufene Heydelbergische Responsum
ausstellte, sehr gleichförmig nach einem gewiß überdach=
ten Plane gehandelt hatte, der nur für die allmählige
Dämpfung der neuen Erbitterung, welche der Sakra=
ments=

ments-Handel erregt hatte, berechnet war. Dieser
Plan gieng bloß dahin, das neue Feuer, das doch uns
möglich mehr erstickt werden konnte, brennen zu laffen,
unter der Hand nur zu verhindern, daß es nicht allzu
viel Schaden anrichten könnte, und dadurch zu bewürken, daß es sich allmählig von selbst aufzehren
sollte.

Um dieß möglich zu machen, beschloß Melanchton,
durch seine öffentliche Erklärungen zwar niemahls Anlaß zu dem Vorwurf zu geben, daß er selbst von jenen
Beftimmungen der lutherischen Nachtmahls-Lehre, über
welche auf das neue geftritten wurde, abgewichen fey,
und noch weniger Anlaß zu dem Verdacht zu geben, daß
er fie aus dem proteftantischen Kirchen-Glauben völlig
zu verdrängen wünschte, aber zugleich bey jeder Gelegenheit durch die Verwendung seines ganzen Anfehens
zu verhindern, daß nicht der öffentliche Kirchenglaube
irgendwo auf eine Art beftimmt wurde, welche von der
einen der ftreitenden Partheyen zu Verdammung der
andern benußt werden konnte; und überhaupt diefem
gegenseitigen Verdammen wo, und wie er nur konnte,
zuvorzukommen. — Er urtheilte sehr richtig, daß alle
seine Bemühungen, das leßte zu verhindern, unwürksam seyn würden, wenn sich jemahls ein allgemeiner
Verdacht wegen des erften gegen ihn erheben sollte; es
konnte ihn aber weniger koften, diesen Verdacht zu vermeiden, da er sich dabey zu keiner Verftellung seiner
wahren Gesinnungen, sondern nur zu einiger Zurückhaltung zwingen durfte. Allerdings mochte er für sich
selbft von jenen Beftimmungen der lutherischen Nachtmahls-Lehre schon ganz abgewichen seyn, doch deßwegen wünschte er gewiß nicht, daß man fie jemand nehmen sollte, der noch Luft hatte, fie zu behalten, denn
noch fefter als von ihrer Grundlosigkeit war er davon

überzeugt, daß man ſie ohne Schaden behalten und aufgeben könne.

Dieſen Entſchlüſſen zufolge ließ ſich Melanchton einerſeits durch nichts bewegen, in dem Streit zwiſchen
Kalvin und den Niederſächſiſchen Theologen ſo weit
Parthie zu nehmen, daß er ſich über die Fragen ſelbſt,
welche den Gegenſtand des Streits ausmachten, nur
einigermaßen entſcheidend geäuſſert hätte. Beyde Theile
lieſſen nichts unverſucht, ihm eine ſolche Aeuſſerung abzudrängen. Beyde Theile beriefen ſich nicht nur mehrmahls auf ſeine Entſcheidung und auf ſeine Autorität,
ſondern jede Parthie ſetzte ſeine Autorität der andern entgegen, und forderte ihn mit der äuſſerſten Indiſkretion
auf, ihr Wort gleichſam gut zu machen [98]). Gewiß
darf man auch annehmen, daß es ihm in einzelnen Augenblicken ſchwehr genug wurde, dem Drang ſeiner eigenen Empfindungen und Ueberzeugungen, dem Drang
ſeines Unwillens über das Verfahren der einen Parthie
und ſeiner Neigung zu der Meynung der andern zu widerſtehen [99]), aber mit männlicher Feſtigkeit widerſtand

---

98) Wie ihm beyde Theile
öffentlich deßhalb zuſetzten, iſt
ſchon erwähnt worden. Weſtphal und Gallus ſammelten ja
alle Stellen aus ſeinen Schriften, worin er ſich über die Nachtmahls-Lehre jemahls erklärt
hatte, und gaben ſie zuſammen
unter dem Titel: Sententiae Melanchtonis de Coena heraus. Kalvin wurde eben dadurch gezwungen, ſich gleichfalls öffentlich auf
ihn zu berufen, und that es ſo
ſtark, daß er in ſeiner Defenſ. II.
ſagte: "Si Philippus verbo de-
claret, me à ſua mente deflecte-
re, protinus deſiſtam." und in
ſeiner Admon. ult. wiederholte:

"Si temere comperiar, Philippi
nomine abuſus, nullas ignominiae notas recuſo.

99) Am ſchwehrſten mochte
es ihm werden, wenn er zuweilen Privat-Aufforderungen, wie
die folgende von Kalvin erhielt.
"Ecce nunc — ſchrieb ihm dieſer
unter dem 24. Aug. 1554. —
homines indocti et turbulenti bellum Sacramentarium à veſtra parte
renovant, quos etiam ipſos tua
taciturnitate foveri, boni omnes
gemunt et queruntur. Quantam-
vis enim audax ſit inſcitia, nemo
tamen dubitat, ſi liberius profiteri, quod ſentis, in animum
inducas, quin tibi facile ſit eorum

ſtand er auch dieſem, weil er mit der lebhafteſten Gewißheit vorausſah, daß eine offene Darlegung ſeiner
Geſinnungen ſeinem edleren Zweck unfehlbar ſchaden
würde.

Dabey fuhr Melanchton nicht nur fort, ſich bey jeder Gelegenheit, wo er über die Nachtmahls-Lehre ſich
erklären mußte, ſolcher Ausdrücke zu bedienen, welche
ohne den mindeſten Zwang auch die ächt-lutheriſche
Vorſtellung mit allen ihren Nebenbeſtimmungen in ſich
faſſen konnten, ſondern er trug auch kein Bedenken, ſich
dabey im allgemeinen auf die Augſp. Konfeſſion, auf
ihre Apologie, auf die Schmalkaldiſche Artikel zu berufen, und ſich ſehr beſtimmt zu der Vorſtellung zu bekennen, welche in dieſen Schriften als die Lehre der
ganzen proteſtantiſchen Kirche aufgeſtellt ſey. Er behielt vorzüglich die ſcheinbare Unterſcheidungs-Formel
der lutheriſchen Theorie, den Ausdruck von einer ſubſtantiellen und weſentlichen Gegenwart Chriſti beſtändig
bey, und drang ſogar bey mehreren Veranlaſſungen
darauf, daß man eine ſolche weſentliche Gegenwart annehmen müſſe. In der ſogenannten Repetition der
Augſp. Konfeſſion, oder in der ſogenannten Sächſiſchen
Konfeſſion, die im J. 1551. der Synode zu Trident
über-

---

rum intemperiem aliqua ſaltem
ex parte ſedare. — Sed nihil tanti
eſt, ut furioſis hominibus tua
diſſimulatio ad turbandas et diſſi-
pandas eccleſias frenum laxet.
Quid? an hodie ignoras, pluri-
mos ab ambigua illa, in qua
te nimium timide contines, docendi forma dubios pendere?
Quodſi tibi ſincere ſolideque te-
ſtari, quod eſſet utile cognitu,
liberum non eſt, ſaltem danda
opera erat, ut frenares iſtorum
intemperiem, qui de nihilo im-

portune tumultuantur. Und in
einem ſpätern Brief vom J.
1557. "Jure optimo conqueri de
tua cunctatione licet. Etſi à tur-
bulentis certaminibus abhorres,
ſcis tamen, quid ſuo exemplo
Paulus omnibus Chriſti ſervi præ-
ſcribat. — Ac tibi omnino jam
videndum eſt quidem mature, ne
tibi apud poſteros dedecori ſit
nimia taciturnitas! — Quid ſi
mors occupet? — S. Calv. Epiſt.
p. 134-185.

Dd 2

übergeben werden ſollte, brachte er ſorgfältig dieſe
wahre und weſentliche Gegenwart an ¹⁰⁰). In einer
Vergleichs - Formel, welche bey dem Kolloquio zu
Worms im J. 1557. von ihm aufgeſetzt wurde, ſtellte
er es wieder als Hauptidee in der Nachtmahls = Lehre
auf, "daß Chriſtus weſentlich im Abendmahl gegen-
„wärtig ſey" ¹⁰¹). In dem theologiſchen Pacifikations-
Projekt, zu welchem ſich im folgenden J. 1558. mehrere proteſtantiſche Fürſten unter dem Nahmen des
Frankfurter Receſſes vereinigten, eröfnete ſich der Artikel vom Nachtmahl mit den Worten: "von dem Sa-
„krament des Nachtmahls ſoll gelehrt werden, daß
„Chriſtus, wahrhaftig, lebendig und weſentlich
„darinn zugegen ſey ¹⁰²). In einem Bedenken, das
er in eben dieſem Jahr im Nahmen der Wittenbergiſchen Fakultät auf das Verlangen der Prediger in Siebenbürgen über den Nachtmahls = Streit auszuſtellen
hatte, ſchien er ſich ſelbſt mit merklichem Eifer für dieſen Begriff einer weſentlichen Gegenwart Chriſti zu erklären ¹⁰³): in dem deutſchen Examen ¹⁰⁴) aber, das
er

---

100) Dieſe Konfeſſion S.
Melancht. Opp. T. I. f. 121. ſqb.
Sie iſt auch beſonders gedruckt
unter dem Titel: Confeſſio doctrinae Saxonicarum eccleſiarum
ſcripta anno Dom. 1551, ut Synodo Tridentinae exhiberetur.
Witteb. 1572. in 8 Der Artikel
vom Nachtmahl iſt darinn folgendermaſſen gefaßt: Docentur
homines, in uſu inſtituto in hac
communione vere et ſubſtantialiter adeſſe Chriſtum, et vere ad-
hiberi ſumentibus corpus et ſanguinem Chriſti.
101) "De Coena Domini re-
tinemus Auguſtanam Confeſſionem et Apologiam. Nec dubium
eſt, filium Dei adeſſe in ſuo Miniſterio, quod inſtituit — et qui-

dem vere ac ſubſtantialiter adeſſe,
et per illud efficacem eſſe. S.
Mel. Opp. T. IV. p. 811.
102) S. Hiſt. des Salk. Str.
S. 573 und den Frankfurter Receß ſelbſt in Wolfs Hiſtor. der
Augſp. Konfeſſion p. 151. und
in Lünigs Reichs-Archiv Contin I. Part. Gener. f. 43.
103) "De inſtituto uſu Coenae Dominicae in vera ecclefia
affirmo prorſus, filium Dei vere
et ſubſtantialiter adeſſe praeſen-
tem in Miniſterio inſtituto." S.
Judicium De controverſia Coenae
Dontini perſcriptum ad Tranſyl-
vaniae eccleſias — auch bey Hoſ-
ſpinian f. 253. b
104) Der Ordinanden Exa-
men, wie es in der Mellenbur-
giſchen

er in eben diesem Jahr herausgab, schloß er sogar seine
Erklärung über diesen Artikel mit der folgenden Versi=
cherung: "Unser Gemüth ist nicht, eine andere Lehre an=
„zunehmen oder fürzugeben, denn allein die einige, ewige
„Lehre, die Gott seiner Kirche durch seinen eingebohr=
„nen Sohn geoffenbaret hat, die in der Propheten und
„Aposteln Schriften verfaßt ist, — mit welchen gleich=
„stimmen Lutheri Katechismus, und die Konfession dem
„Kayser zu Augspurg Anno 1530. übergeben. Und
„wie diese Lehre durch Gottes Gnade einmüthiglich in
„den Kirchen der Sächsischen Lande, als zu Lübeck,
„Hamburg, Lüneburg und andern dergleichen geprediigt
„wird, mit welchen wir Gott zu Ehren, und zu vieler
„Menschen Seeligkeit Einträchtigkeit begehren zu hal=
„ten."

Aus diesen Aeusserungen Melanchtons konnte nun
freylich noch nicht geschlossen werden, daß er die ganze
lutherische Nachtmahls=Theorie mit allen ihren Be=
stimmungen behalten habe, aber man bekam doch auch
dadurch keine Veranlassung ihm den Vorwurf zu machen,
daß er davon abgewichen sey, und der Verdacht konnte
dabey gar nicht aufkommen, daß er damit umgehen
könnte, dieser lutherischen Theorie unvermerkt eine an=
dere unterzuschieben. So lang er eine wesentliche Ge=
genwart Christi im Sakrament annahm, und selbst,
wie im Frankfurter Receß, darauf drang, daß sie an=
genommen werden müsse, so lange konnte man ihm auch
unmöglich aufbürden, daß er jemand um seinen Glau=
ben an die lutherische Gegenwart unter dem Brodt brin=
gen wolle, denn die Vorstellung von dieser konnte ja
immer eben so leicht und eben so natürlich als die Vor=
stellung

---

gischen Kirchen=Ordnung ver=   J. 1554. aufgesetzt, und auch da=
faßt ist. Wittenberg 1558 in 8.   mahls schon gedruckt worden.
Diese Schrift war aber schon im

Dd 3

stellung der kalvinischen Gegenwart mit dem Brodt in
den Ausdruck: wesentliche Gegenwart: hineingelegt, oder
an die Idee von dieser angeknüpft werden. Wenn also
Melanchton darauf antrug, daß man es in der Nachtmahls-Lehre zur symbolischen Formel machen sollte:
"Christus sey wesentlich im Sakrament gegenwärtig,"
so konnte auch bey dem eifrigsten Anhänger der lutherischen Vorstellung kein Argwohn darüber aufsteigen, daß
man ihm etwas davon nehmen wolle, und daher kam
es auch, daß die protestantische Fürsten, die sich zu
dem Frankfurter Receß vereinigten, jene Formel vollkommen befriedigend fanden, so ernsthaft es auch einigen unter ihnen darum zu thun war, recht ächt-lutherisch zu bleiben.

Dafür mußte es hingegen Melanchton mit eben so
geflissentlicher Sorgfalt zu verhüten, daß auch keine seiner Aeusserungen zu einer Verdammung der Kalvinisten
und ihrer Vorstellung benutzt werden konnte, und noch
weniger ließ er sich selbst jemahls ein verdammendes Urtheil über sie abbrängen, so stark ihm auch zuweilen deßhalb zugesetzt wurde.

In allen während dieses Zeitraums von ihm aufgesetzten Formeln und Bekenntnissen war die wahre und
wesentliche Gegenwart Christi im Sakrament immer
auf eine solche Art angebracht, daß die Anhänger der
kalvinischen Theorie eben so gut und eben so ungehindert
ihre Gegenwart mit und bey dem Brodt, als die Lutheraner ihre Gegenwart unter dem Brodt dadurch bezeichnen oder dabey behalten konnten. Kalvin und seine
Freunde weigerten sich gar nicht, auch eine wesentliche
Gegenwart Christi im Sakrament anzunehmen; und sie
hatten schon mehrmahls erklärt, daß sie gar nichts gegen den Ausdruck hätten, aber auch dabey erklärt, wel-

che

che Beziehungen sie ihm gäben. In der Formel, welche
sie den lutherischen Theologen auf dem Konvent zu
Worms im J. 1557. übergaben, bekannten sie daher
auch zuerst, daß Christus wesentlich im Sakrament
sey [105]); hingegen in der Vergleichs-Formel, welche
Melanchton damahls aufsetzte, rückte er auch seinerseits
einige Bestimmungen ein, nach welchen es wieder uns
entschieden blieb [106]), ob der Leib Christi unter dem
Brodt, oder ob er nur zu gleicher Zeit mit dem Brodt
genossen werde. Eben dieß hatte er schon in der Sächsischen

---

105) In der Konfession, welche Farellus, Beza und andere
kalvinische Theologen auf dem
Konvent zu Worms den protestantischen übergaben, war der
Artikel vom Nachtmahl folgendermaffen gefaßt: "Wir beken-
„nen, daß im Abendmahl des
„Herrn nicht allein alle Wohl-
„thaten Christi, sondern auch die
„Substanz und das Wesen selbst
„des Menschen Sohns, das ist,
„das wahre Fleisch, welches das
„Wort in die ewige Einigkeit sei-
„ner Person aufgenommen hat,
„und in welchem Fleisch er ge-
„bohren ist, gelitten hat, aufer-
„standen und gen Himmel gefah-
„ren ist, und das wahre Blut,
„das er für uns vergoffen hat,
„nicht schlecht bedeutet, oder als
„durch Wahrzeichen, Figuren und
„Bilder, oder nur als ein Ge-
„dächtniß eines abwesenden Dings
„vorgelegt werden, sondern daß
„es wahrhaftig und gewiß dar-
„gestellt gegeben, zugeeignet und
„dargeboten werde, durch die
„Wahrzeichen Brodt und Wein,
„die nicht bloße Zeichen sind, son-
„dern die allzeit das was Gott
„verheißt und dargiebt wahrhaf-
„tig und gewißlich in und mit

„sich haben, es werde gleich den
„Gläubigen oder den Ungläubi-
„gen vorgelegt — daraus scheint,
„daß wir die Gegenwärtigkeit des
„Leibes und Blutes Christi im
„Abendmahl behalten und ver-
„theidigen, und so noch mit from-
„men und gelehrten Brüdern
„eine Controversia oder übriger
„Streit vorhanden ist, so ist der-
„selbige nicht von der Sache selbst,
„sondern allein von der Weise
„der Gegenwärtigkeit, welche
„Gott allein bekannt ist, und das
„von wir achten, daß man fürs
„nehmlich jetzt streite." S. Hist.
des Satr. Streits S. 561. Hospinian T. II. f. 252. Melancht. Conf.
Lat. P. II. p. 300.

106) "Sic — sagte er in dieser Formel — adest Christus substantialiter, ut communione corporis et sanguinis sui nos membra faciat sui corporis et testetur,
se nobis applicare sua beneficia,
et velle se in nobis efficacem esse,
et nostram miseram massam sibi
insertam velle servare, et vivifi-
care. — Hoc vero, bemerkte Hutter in Concord. conc. p. 338. sehr
richtig dabey, quivis Sacramentarius ultro admiserit."

Db 4

sischen Konfession gethan, und dieß that er wieder im
Frankfurtischen Receß; mithin konnte auch dieser und
jene von Kalvinisten angenommen, und keine dieser drey
Formeln für entscheidend gegen ihre Vorstellung gehalten werden [107]).

Noch weniger ließ sich Melanchton jemahls bewegen, die kalvinische Vorstellung selbst für irrig zu erklären, vielmehr gab er bey einigen Gelegenheiten sehr
deutlich zu verstehen, daß man sie wenigstens immer,
wie man auch davon denken möchte, recht füglich dulden
könnte. Dieß äusserte er ganz unverholen im J. 1556.
in einem Bedenken, das der Magistrat zu Wesel wegen
der Englischen Exulanten von ihm verlangt hatte [108]).
Als man es ihm aber im J. 1557. bey den Vergleichs-
Handlungen, welche unter der Vermittlung einiger Niedersächsischen Theologen zwischen ihm und den Flacianern angestellt wurden, als eine der ersten Bedingun-
gungen des Friedens vorlegte, daß er sich bestimmt gegen Kalvin erklären müßte, so wieß er eben dadurch
das Ansinnen auf das bestimmteste ab, indem er sich
zu weiter nichts als zu einer allgemeinen Verdammung
der sakramentirischen Irrthümer in der Nachtmahls-
Lehre verstehen wollte [109]). Auch auf dem Konvent
zu

107) In der Sächsischen Konfession hatte er schon eben so bedachtsam eine ähnliche Erklärung
hinzugesetzt. "Docentur homines — vere et substantialiter adesse — atque exhiberi corpus et
sanguinem — *hoc est* — Christum
testari, quod sit in eis, et faciat
eos sibi membra, et quod ablue-
rit eos sanguine suo." Fast eben
so hieß es im Frankfurter Receß:
„Christus bezeuget damit, daß
„wir seine Glieder sind, appli-
„ciret oder schenket uns sich selbst,

„und seine gnädige Verheissung
„würket in uns." Eben so in
dem Bedenken an die Siebenbürgische Prediger: "Filius Dei vere
„adest et substantialiter — et est
„efficax, et communicatione cor-
„poris et sanguinis sui facit nos
„sibi membra, et sese ac benefi-
„cia sua nobis applicat." S. an
den ang. Ort.

108) S. Melancht. Conf. T. II.
p. 251.

109) Die Ablehnung des An-
sinnens lag desto sichtbarer in dieser

zu Worms ließ er sich nichts weiter abbringen [110]; nur in den Frankfurter Receß rückte er eine nahmentliche [111] Verdammung des Zwinglischen Irrthums ein, aber bezeichnete nur dadurch die sakramentirische Irrthümer genauer, die er zu verwerfen bereit sey, denn er erklärte ausdrücklich, daß er unter dem Zwinglischen Irrthum bloß die Meynung verstehe, nach welcher Chri-

fer allgemeinen Erklärung Melanchtons, je bestimmter das Ansinnen gewesen war, das man an ihn gemacht hatte, "daß sich "doch der Herr Philippus Gott "zu Ehren und der Kirche Christi "zum besten vermöge seines Be-"rufs, Nahmens und Gewissens "gegen Kalvin erklären wolle, "weil sich dieser nicht allein pri-"vatim bey vielen Leuten, son-"dern auch in öffentlichem Druck "auf Herrn Philippum berufen "habe, als ob er einer Meynung ";mit ihm wäre." Wenn nun Melanchton darauf dusserte, daß er sich nur im allgemeinen zu einer Verwerfung der sakramentirischen Irrthümer verstehen könne, so hieß dieß doch gewiß auf eine jedem Theologen damahls höchst verständliche Art gesagt, daß er über Kalvin im besondern nicht absprechen wolle; mithin konnte niemand an einen Betrug oder an eine Falschheit dabey denken, worüber sich die Verf. der Hist. des Sakr. Streits zu seufzen unterstehen. S. 559 Doch es dachte auch niemand daran, denn eben deßwegen war man ja mit der Erklärung Melanchtons nicht zufrieden, weil man ihren Sinn so gut verstand, aber wie hätte auch nach einer andern Erklärung, die er zu gleicher Zeit bey dieser Gelegenheit ausstellte, ein Mißverstand nur möglicher-

weise eintreten können. Man hatte ihm nehmlich den Antrag gemacht, daß er sich über die Nachtmahls-Lehre auf eine Art erklären sollte, welche eine mittelbare Verdammung der kalvinischen Vorstellung enthalten haben würde, denn er sollte bekennen "in S. Coena substantiale "corpus Christi dari, et verba in-"stitutionis proprie, sicut sonant, "intelligenda esse." Aber Melanchton dusserte darauf mit uns verholenem Unwillen, daß er sich niemahls so hart einschränken lassen würde. S. Löscher. Hist. mot. P. II. p. 177.

110) Er schrieb selbst von Worms aus an Bullinger in Zürch. — "Nostri collegae non perficere potuerunt condemnationem vestrarum ecclesiarum." S. Hospinian f. 250. b.

111) Auch in dem Receß selbst kamen die Zwinglische Irrthümer nicht nahmentlich vor; aber nach der Geschichte des Sakr. Str. S. 574. hatte Melanchton in einem besondern Neben-Schreiben den den Churfürsten und Fürsten, denen der Receß zugeschickt wurde, die Anzeige gemacht, daß er unter dem Irrthum, der im letzten Punkt des Artikels vom Nachtmahl in dem Receß verdammt sey, keinen andern als den Zwinglischen verstanden habe.

Db 5

Chriſtus im Sakrament gar nicht gegenwärtig ſeyn
ſollte [112]).

Kapitel V.

Was nun Melanchton bey dieſem ſo vorſichtig ab-
gemeſſenen Benehmen abzweckte, dieß kann ſchon beßwegen nicht verkannt werden, weil er ſich ſelbſt ver-
nünftigerweiſe nur eine einzige beſtimmte Würkung davon verſprechen konnte. Für ſeinen Vortheil und für
ſeine Ruhe konnte es wahrhaftig nicht berechnet ſeyn,
denn Melanchton mußte mit der höchſten Gewißheit vorausſehen, daß er ſich nur den Unwillen von beyden ſtreitenden Partheyen dadurch zuziehen, und damit in eine
ſchlimmere Lage kommen würde, als wenn er ſich öffentlich für eine von beyden erklärte. Man kann es ſich
deßwegen auch nicht als möglich denken, daß ihn bloß
eine ſchwache Furcht vor der einen abgehalten hätte, ſich
an die andere anzuſchlieſſen, denn da ſich unſtreitig ſeine
eigene Ueberzeugung auf die kalviniſche Seite hinneigte,
ſo müßte man nur annehmen, daß er ſich vor den lutheriſchen Eiferern ſo unmännlich gefürchtet habe [113]);

aber

---

112) Der Artikel, der die
Verdammung des Zwingliſchen
Irrthums enthielt, lautete nehmlich folgendermaſſen: "daß auch
"etliche allein dieſes ſagen, daß
"der Herr Chriſtus nicht weſent-
"lich da ſey, und daß dieſes Zei-
"chen allein ein äuſſerliches Zei-
"chen ſey, dabey die Chriſten ihr
"Bekenntniß thun, und zu ken-
"nen ſind — dieſe Reden ſind
"unrecht."

113) Wenn Löſcher aus chriſtlicher Liebe annimmt, daß es
Melanchton in dieſer Sache nur
an rechter Glaubens-Freudigkeit
gefehlt habe P. II. p. 178. ſo

wollte er wohl damit zu verſtehen geben, daß er ſich geſcheut
habe, es mit den Kalviniſten
ganz zu verderben; allein dabey
mußte er vorausſetzen, daß er
ſich doch im Herzen mehr auf die
lutheriſche als auf die kalviniſche
Seite geneigt habe, und die
Richtigkeit dieſer Vorausſetzung
hätte gewiß Löſcher ſelbſt am wenigſten verbürgen mögen. Wohl
bedächtlich ſetzte er daher hinzu,
daß es ihm auch an der Wiſſen-
ſchaft eines ſicheren Grundes
in der Nachtmahls-Lehre gefehlt
haben könne, denn es ſey doch
beſſer, meynte er, die groſſe und

bejam-

aber kann man Melanchton für so kurzsichtig, oder kann man es für möglich halten, daß er seine Leute so wenig gekannt haben sollte, um sich auch nur einen Augen-blick lang durch die Furcht vor ihnen zu der Hoffnung verführen zu lassen, daß sie sich mit seiner Neutralität begnügen würden. Sobald er sich zu dieser entschloß, so ergriff er eben damit die für ihn selbst gefährlichste Parthie, daher gehörte zuverläßig zu diesem Entschluß mehr Geistes-Stärke als jeder andere, den er fassen konnte, erfordert haben würde.

Dieß hingegen konnte er durch seine Neutralität und durch seine Zurückhaltung zu verhindern hoffen, daß es keiner von den streitenden Partheyen gelingen sollte, die andere mit Gewalt zu unterdrücken: dieß war es allein, was er zu bewürken hoffen konnte, also ist man auch vollkommen anzunehmen berechtigt, daß es dieß allein war, was er bewürken wollte. Er wollte es dahin bringen, daß jede Parthie die andere dulden, oder der andern ihre Vorstellung frey lassen müßte; also dahin bringen, daß man von Seiten der deutschen protestantischen Kirchen eben so wenig die Anhänger der kalvinischen Meynung, als von Seiten der schweizerisch-kalvinischen Kirchen die Anhänger der lutherischen Unterscheidungs-Lehre ver-dammen sollte. Er wollte eben so wenig Lutheraner von Kalvinisten, als Kalvinisten von Lutheranern ver-drängen lassen; aber dieß konnte er würklich durch die Neutralität, die er annahm, zu verhindern hoffen. Von Seiten Kalvins und seiner Freunde war er gewiß genug, daß sie zu einer gegenseitigen Duldung sich gern verste-hen würden; bey der deutschen protestantischen Kirche aber

bejammernswürdige Fehler, die er durch seine gottlose Neutrali-tät begangen habe, jeder andern Ursache als einer Vorliebe für die kalvinische Meynung zuzu-schreiben, weil man ihm ja sonst einen völligen Abfall von der eh-mahls erkannten Wahrheit zur Last legen müßte.

aber dürfte er ſeinem Anſehen und ſeinem Einfluß wohl
noch ſo viel Gewicht zutrauen, daß ſie ſich durch ihre
Eiferer wenigſtens zu keiner allgemeinen und förmlichen
Verdammung der Kalviniſten hinreiſſen laſſen dürfte,
ſo lang er ſich ſelbſt nicht gegen ſie erklärt haben würde.

Betrachtet man das Verfahren Melanchtons aus
dieſem Geſichtspunkt, ſo ſtellt es ſich gewiß von ſelbſt
in einem Licht dar, das jede Entſchuldigung dafür höchſt
überflüſſig macht. Man muß es jetzt ſelbſt in eben dem
Verhältniß edler und verdienſtlicher finden, in welchem
man dabey deutlicher zu ſehen glaubt, daß ihn ſeine
eigene Ueberzeugung ſtärker auf die kalviniſche als auf
die lutheriſche Seite hinüberzog; und es verliehrt nicht
das geringſte von dieſem edlen und verdienſtlichen, wenn
man auch Gründe zu der Vermuthung hat, daß Melanchton dabey ins geheim den Wunſch und die Hoffnung
nährte, daß die Vorſtellung, zu welcher er ſich hinneigte,
doch mit der Zeit die allgemeinere werden, und auch ohne
den Beyſtand einer äuſſeren Hülfe die andere verdrängen
würde. Wenn man aber doch dabey noch meynt, daß
er bey einem männlich-freymüthigeren und offeneren Betragen ſeine Abſicht ebenfalls hätte erreichen, und ſich
dabey die zweydeutige Zurückhaltung ſeiner wahren Geſinnungen hatte erſparen können, ſo muß man nur
auch auf den folgenden Umſtand Rückſicht nehmen, in
welchem für ihn eine ſehr ſtarke Aufforderung zu dieſer
Zurückhaltung liegen mußte.

Ein ſehr groſſer Theil der Menſchen, auf welche
Melanchton bey der ganzen Sache zunächſt zu ſehen
hatte, war mit dem leydenſchaftlichſten Vorurtheil nicht
ſo wohl für Luthers Meynungen, als vielmehr für Luthers Nahmen eingenommen, und dieß war vorzüglich
der Fall bey ſeinem eigenen Herrn, bey dem neuen Churfürſten

fürſten Auguſt von Sachſen, ſo wie bey mehreren der
Fürſten, welche damahls an der Spitze der proteſtantiſchen Parthie ſtanden. Dieſe ehrliche Layen wußten nur
wenig davon, woburch ſich bann eigentlich die lutheriſche
Nachtmahls-Lehre von der kalviniſchen unterſchiede,
aber ſie waren auf das feſteſte überzeugt, daß bie lutheriſche Nachtmahls-Lehre bie wahrere ſeyn müſſe, und
beßwegen auch auf das feſteſte entſchloſſen, bey der lutheriſchen Lehre zu bleiben, ohne einen andern Grund
zu bieſer Ueberzeugung und zu bieſem Entſchluß zu haben, als ihr Vorurtheil für Luthers Nahmen. Es war
auch bey bieſer beſondern Gelegenheit doppelt unmöglich,
ſie bavon abzubringen, denn es war boppelt unmöglich,
ihnen einen klaren Begriff von den Unterſcheidungs-
Ideen der lutheriſchen und ber kalviniſchen Theorie beyzubringen, der auch zugleich ein richtiges Urtheil über
das Moment dieſer Ideen bey ihnen erzeugen konnte.
Theils waren ihre Köpfe nicht ſpitzig genug zum Auffaſſen bieſes ſubtilen Unterſchieds, theils hätte man
ihnen erſt ben Wahn benehmen müſſen, daß der Kalviniſmus ganz einerley mit dem Zwinglianißmus ſey,
um baburch das eben ſo mächtige Vorurtheil zu beſiegen,
das ſich bey ihnen gegen den Kalviniſmus feſtgeſetzt
hatte. Dazu würde keine menſchliche Weisheit und keine
menſchliche Beredſamkeit hingereicht haben: was aber
würde Melanchton bewürkt haben, wenn er ſich gegen
dieſe Menſchen ohne Zurückhaltung erklärt hätte, daß
er ſelbſt der kalviniſchen Vorſtellung mehr als ber lutheriſchen zugethan ſey. Möchte er noch ſo ſtark babey erklärt haben, daß er er auch ihnen ihre lutheriſche laſſen,
daß er ſeine kalviniſche nicht einmahl einem Menſchen
empfehlen und noch viel weniger aufzwingen, ſondern
nur jedem die eigene Wahl zwiſchen der einen und zwiſchen der andern vorbehalten wolle; doch würde ſich der
eifrig-lutheriſche Auguſt bey dem bloſſen Gedanken ge-

kreu-

ſogar mit dem Wunſch thun, daß ſie ſich ſelbſt darüber
täuſchen möchten; warum aber hätte er ſich dieß nicht
erlauben dürfen? Er ſelbſt war es doch nicht, der ſie
täuſchte, ſondern ſeine Zurückhaltung machte es ihnen
nur möglich, ſich ſelbſt zu täuſchen, indem ſie es ih=
nen möglich machte, noch länger in dem Wahn zu blei=
ben, daß er ſelbſt in der Nachtmahls=Lehre ächt=luthe=
riſch denke. Dieſen Glauben hätte er ihnen benehmen
können; aber dieſer Glaube machte ihr anderes eben ſo
irriges Vorurtheil, das ſie gegen den Kalviniſmus
hatten, vor der Hand unſchädlich; und dieß Vorurtheil
konnte ihnen in keinem Fall, durch keine Kunſt und
durch keine Macht benommen werden; wer kann alſo
noch wünſchen, daß ihnen Melanchton dennoch das erſte
benommen haben möchte, ohne ſich um die Folgen zu
bekümmern, die daraus entſpringen mußten?

Daß hingegen die Abſicht und das Streben Me=
lanchtons würklich auf nichts anders gerichtet war, als
es nur dahin einzuleiten, daß die zwey in Streit gekom=
mene Meynungen friedlich in den proteſtantiſchen Kir=
chen neben einander gebuldet werden ſollten, dieß legt
ſich am ſichtbarſten in der etwas veränderten Haltung
dar, welche er vom J. 1559. an annahm, und um
ſeines Zwecks willen annehmen mußte. In dieſem Jahr
hatten nehmlich die lutheriſche Zeloten noch an mehreren
Oertern, als nur im Würtenbergiſchen Anſtalten ge=
macht, eine feyerliche und öffentliche Verdammung des
Kalviniſmus zu erzwingen. Auſſer demjenigen, was
Heßhuß in Heydelberg, und die Niederſächſiſche Theolo=
gen unter den Händeln mit Hardenberg dazu eingeleitet
hatten, war in dem Konfutations=Buch des Herzogs
Johann Friederich von Sachſen ſchon das härteſte Ana=
them über jede der kalviniſchen Unterſcheidungs=Ideen
ausgeſprochen, und jeder einzelne Nebenbegriff, der zu
der

würde zuverläffig nicht geruht haben, biß sich alle lutherische Stände zu einer neuen feyerlichen Verdammung des
Kalvinißmus mit ihm vereinigt hätten. Wenn also Melanchton seinen Zweck nicht verfehlen wollte, so mußte
er gegen Menschen von diesem Schlage seine Gesinnungen zwar nicht verstellen, aber doch einigermaffen verdecken. Er mußte es selbst in der Absicht thun, um
sie in Ungewißheit darüber zu erhalten, ja er mußte es
sogar

---

cipes scripsi. Dixerunt adversarii
mei, se perfecturos, ut non sim
habiturus vestigium, ubi pedem
collocare possim in Germania.
Utinam hoc cito perficiant, ut
silius Dei ad Judam dixit. Erit
mihi vel in coelo vestigium mo-
rienti, vel si vivam in hoc corpore, apud honestos et doctos viros, vel in Germania vel alibi.
Ac stultitiam inimicorum miror,
qui sese Dominos Germaniae esse
existimant, et me his minis ter-
reri! Einige Zeit später hatte
ihn einer seiner bedeutendsten
Freunde am Hofe des Churfürsten, D. Ulrich Mordeisen selbst
aufgefordert, daß er seine wahre
Meynung nicht länger zurückhalten sollte. Er antwortete ihm
aber, daß er sie nur deßwegen
zurückhalte "quia certo scio, veritatis defensionem in hoc articulo, aulam vestram non tole-
raturam esse. Malo itaque non
inchoare, quam inchoatam jussu
vestro cum veritatis praejudicio
deponere. Doch am sichtbarsten
und auch am rührendsten geht es
aus diesen Briefen hervor, wie
sehr sich das gute Melanchton
durch diese Umstände gedrückt
fühlte, die ihn zur Zurückhaltung nöthigten, und wie schwehr
es ihm in gewissen Augenblicken
wurde, unter diesem Druck länger auszuhalten. Dieß gieng so
weit, daß er mehr als einmahl

den Wunsch äufferte, man möchte
es doch nur zu seiner Entfernung
kommen lassen. Dimittite igitur
me — schrieb er an Mordeisen —
dimittite propter Deum! — Utinam — erklärte er bey einer andern Gelegenheit — in aliis locis
essem, ubi fortior esse possem in
hac causa publica, saltem posteri-
tatis causa. Nam istis in locis,
inter istos homines video mihi
non permitti liberiorem confessionem. Et tandem tamen dicen-
dum erit, quod res est, atque
opertebit aliquando confiteri et
pati. At quam vellem, me jam
posse loqui et pati, modo in locis essem, ubi liceret! Ja unter
diesem Druck kam er selbst mehr
als einmahl auf den Einfall, sich
ohne Abschied von Wittenberg
zu entfernen, besonders dachte
er im J. 1557. da er auf das
Kolloquium zu Worms hatte
reysen müssen, so ernsthaft daran, nicht mehr zurückzukehren,
daß es die ganze Universität zu
Wittenberg für nöthig hielt, ihn
in einem höchst beweglichen Brief
auf das dringendste zu beschwö-
ren, daß er doch diesen Vorsatz aufgeben möchte. — Mehrere
Züge und Aeufferungen dieser
Art, welche die Stimmung Melanchtons in diesem Zeitraum
auf das unverkennbarste verrathen, hat Hospinian gesammelt
f. 248 : 250.

würklich in dem Bedenken, daß er dem Churfürſten von der Pfalz, in einem andern, daß er dem Magiſtrat von Breßlau, und noch ſtärker in einigen weniger öffentlichen, die er auch noch in dieſem Jahr ausſtellte ¹¹⁶);

aber

116) Das Bedenken, das Melanchton dem Magiſtrat zu Breßlau ausſtellte, war ebenfalls wegen einer Streitigkeit, die unter den Predigern der Stadt ausgebrochen war, von ihm verlangt worden. Ein gewiſſer Leonh. Stöckel ſpielte hier eben ſo, wie Heßhuß zu Heydelberg, den lutheriſchen Zeloten, fand aber an Ad. Curäus, und auch an einigen ſeiner Kollegen eben ſo eifrige Gegner, wodurch der Magiſtrat ſich bald genöthigt ſah, zu Erhaltung der Ruhe in der Stadt mit ſeinem Anſehen das zwiſchen zu treten. Melanchton gab ihm dabey faſt eben den Rath, den er drey Monathe ſpäther dem Churfürſten von der Pfalz gab. Man ſollte, meynte er, allen Predigern und Schul-Lehrern verbieten "ne in ecclesia vel Schola rixas intempeſtive moveant de hac aut alia controverſia. Glaubte einer über irgend etwas ſtreiten zu müſſen, ſo möchte er ſeine Nothdurft ſchriftlich dem Magiſtrat übergeben, der alsdann die Urtheile ſachkundiger Gelehrten, und die Meynungen anderer bewährter Theologen darüber einholen, und den Streit auf einem ordnungsmäſſigen Wege beylegen oder entſcheiden müßte. Indeſſen würde es gut ſeyn, wenn die Prediger angehalten würden, ſich in der Nachtmahls-Lehre bey dem öffentlichen Unterricht an eine gemeinſchaftliche Lehrform zu halten; bey der Beſtimmung dieſer Lehr-form müßte aber ſorgfältig darauf geſehen werden "ne procul accerſitae aut ambiguae loquendi formae quaerantur, et quia multae intricatae et perplexae quaeſtiones moventur, prudentia adhibeatur et circum ſpectio in uſurpandis formis verborum, et deligendis materiis, quae cum fructu auditorum in Concionibus proponi poſſint. Non enim — ſetzte er hinzu — afferendae ſunt in ſuggeſtum quaevis opiniones, ac auditores potius fideliter et diligenter de exercitiis fidei, et de fructibus Coenae Dominicae erudiri debent. Veriſſimum eſt, filium Dei, Jeſum Chriſtum adeſſe miniſterio ſuo, et efficacem eſſe. Eſt autem praeſens non propter panem, ſed propter hominem, fidelem, intelligentem, neque aſpernantem ſuam inſtitutionem. Quanta eſt autem inſania, quod Papiſtae quaerunt: quid mures comedant arrodentes panem Evchariſticum? Et quod Weſtphalus ſcribit, corpus Chriſti eſſe in omnibus locis, in quovis ligno et lapide: hae et ſimiles profanae locutiones in ſuggeſtum admitti non debent." Er trug auch kein Bedenken darauf anzutragen, daß man diejenige Prediger, welche ſich nicht an die vorgeſchriebene Lehtform binden laſſen wollten, ohne weiters fortſchaffen ſollte. "Huic mandato, ſi quis morem gerere recuſat, is citra tumultum alio migrare, jubeatur" doch fügte er auf den Fall, daß ſich Schwürigkeiten dabey finden möchten, den

aber er gab fie mit einer Wendung, die mit der bedacht=
famften Klugheit für feine Abficht berechnet war.

Melanchton hielt fich bey allen diefen Erklärungen
bloß an die Form, in welche die Zeloten=Parthie die
lutherifche Nachtmahls=Lehre hineingepreßt haben woll=
te, und fchien gar nicht gegen diefe felbft, fondern nur
gegen die erfte proteftiren zu wollen. Bey feinen Pro=
teftationen gegen diefe Form beftand er zwar auch fchon
darauf, daß man nicht befugt fey, Formeln und Re=
densarten, die man erft fo neu erfunden habe, in die
allgemeine Kirchen=Sprache mit Gewalt einzuführen,
wenigftens unterließ er nicht, immer auch die Bemer=
kung beyzufügen, daß man in der älteren Kirche nie=
mahls gefragt habe; ob das Brodt im Sakrament der
wahre und der wefentliche Leib Chrifti felbft fey? und
die gelehrtefte unter den rechtglaubigen Vätern niemahls
darauf verfallen feyen, daß der Leib Chrifti nicht nur
mit dem Brodt, fondern auch in und unter dem Brodt
genoffen werde [117]). Doch zeigte er immer zugleich,
daß

den folgenden feiner würdigen
Rath bey: "Si auctoritate Senatus obtineri non potett, ut difce-
dat is, qui rixas non neceffarias
pro concione movet, fideliter con-
fulo atque etiam rogo, ut cae-
teri concionatores, qui ad concordiam et confenfum, de quo
dixi, propenfi funt, ea, qua
coeperunt, modeftia pergant, ac
diffidentes adhuc à fefe tolerent,
neque palam ad populum dam-
nent, neque factionibus ftudeant."
S. das Bedenken bey Hofpinian
P. II. f. 263.

117) In einem Bedenken das
Melanchton dem Landgrafen Philipp von Heffen und einigen an=
dern Fürften über die General=
Synode ausstellte, deren Veran=
ftaltung die Flacianer verlangten,
drückte er fich über die neue von
den Bremifchen Predigern er=
fundene Formel "quod panis fit
effentiale corpus Chrifti, et vinum
effentialis fanguis Chrifti — und
über die Weftphälifche Beftim=
mung, daß Chriftus auch in dem
Brodt als gegenwärtig angenom=
men werden müffe, weil er über=
all als gegenwärtig angenommen
werden müffe, mit fehr merkli=
chen Wärme folgendermaffen
aus." Hae locutiones novae
funt in ecclefia Chriftiana inde
ab initio. Nec dubium eft, etiam
ipfos Papiftas condemnaturos effe
illas, etfiamfi in Sorbonna Pari-
fienfi fententia ferenda fit." S.
Hofpinian P. II. f. 273. b.

image
not
available

weil sie so leicht zu falschen, und von Luther selbst für
falsch erklärten Begriffen führen könnten; dieß war aber
auch alles, was er zu seinem Zweck nöthig hatte. Wenn
Melanchton dadurch verhüten konnte, daß man die orthodoxe Sprache nur nicht an die neue Formeln band,
und eben dadurch bewürken konnte, daß man sich wie
bißher mit den Ausdrücken und mit der Lehrform der
Augssp. Konfession begnügte, so war eben damit auch
seine Absicht erreicht, der kalvinischen Vorstellung und
ihren Unterscheidungs-Ideen eine gleiche Freyheit wie
den lutherischen zu versichern. Wenn er hingegen eine
andere Absicht gehabt, wenn er nur von ferne daran
gedacht hätte, dem Kalvinißmus durch das Gewicht
seiner Stimme und seines Ansehens für die Zukunft einen leichteren Sieg über den Lutheranißmus bereiten zu
wollen — würde er sich wohl damit begnügt haben, da
er doch einmahl gezwungen war, sich bey dieser Gelegenheit den Vertheidigern des letzten förmlich und öffentlich entgegenzustellen?

Bey dieser Gelegenheit bediente sich indessen Melanchton dennoch eines Kunstgriffs, der vielleicht eine
Entschuldigung nöthig hat. Er sprach nehmlich nicht
nur davon, daß man durch die neue Formeln das Volk
so leicht auf jene irrige und schädliche Vorstellungen bringen könnte, sondern er schien es fast für ausgemacht
anzunehmen, daß es ihren Erfindern und Vertheidigern
darum zu thun sey, jene Vorstellungen wieder unter
das Volk zu bringen, und setzte eben damit auch voraus,
daß sie schon von ihnen selbst aufgefaßt werden seyen.
Damit machte er sich aber nicht nur einer Ungerechtigkeit gegen sie schuldig, sondern wahrscheinlich auch einer
kleinen Unredlichkeit schuldig, mit der es freylich die Polemik
des Zeitalters nicht so genau zu nehmen gewohnt war.
Schwerlich konnte er im Ernst glauben, daß Westphal
und Timann und die Niedersächsische Theologen den

leit-

Leib Chriſti würklich deßwegen in das Brodt gebracht, oder ihre neue Formel, nach welcher das Brodt der Leib Chriſti ſeyn ſollte, deßwegen in die kirchliche Sprache gebracht haben wollten, um die papiſtiſche Artolatrie in der lutheriſchen Kirche wieder aufzurichten [220]). Er wußte am beſten, daß es mit den neuen Redensarten bloß darauf abgeſehen war, den Kalviniſten die Konvenienz abzuſchneiden, mit welcher ſie bißher ihre Vorſtellung in die nehmliche Ausdrücke hatten legen können, die man zu der Darlegung der lutheriſchen Meynung gebraucht, und zuerſt für dieſe erfunden hatte. Er konnte ſich eben deßwegen deſto weniger einfallen laſſen, etwas weiter darinn zu ſuchen, oder ihnen eine andere Abſicht dabey zuzuſchreiben, je weniger er ſich verhelen konnte, daß ſie für dieſe Abſicht auf das treflichſte berechnet waren; alſo war es allem Anſehen nach nur eine

---

120) Dieß war aber würklich der Ausdruck, mit welchen er gewöhnlich die Meynung der lutheriſchen Zeloten bezeichnete. Schon im J. 1554. ſprach er in einem Brief an Kalvin von den ineruditis clamoribus illorum; qui renovant certamen περι αρτολατριας, unter denen er niemand als Weſtphal und die Niederſächſiſche Theologen verſtand. Auch faßte Kalvin das Wort von ihm auf: denn er antwortete ihm in einem folgenden Brief: De Artolacria dudum interior animi tui ſenſus mihi cognitus eſt. Doch zuweilen ſagte es Melanchton dieſen Zeloten noch beſtimmter auf den Kopf zu, daß ſie das Unweſen der pdbſtlichen Brodtverehrung wieder einführen wollten So ſetzte er in dem Heydelbergſchen Reſponſo Mörlin und Sarcerius in eine Reyhe mit den Papiſten, welche auf

das eifrigſte dafür ſtritten, daß der Leib Chriſti auch auſſer dem ſakramentlichen Gebrauch im Brodt ſey, und deßwegen verlangten, daß das Brodt angebetet werden müſſe, denn Mörlin behaupte ja, daß der Prieſter den Leib Chriſti in der Hand habe, und Sarcerius habe getrieben, daß man in dem unglücklichen Fall, wenn etwas von dem Brodt auf die Erde fiele, es ſorgfältigſt ſammlen, und mit der ausgegrabenen Erde verbrennen ſollte. S. Conſil. Mel. ed. Pezel. P. II. p. 379. Noch ſtärter drückte er ſich in dem Bedenken an den Landgrafen von Heſſen aus: "Multi ex noſtris ſunt, qui errores ejusmodi ſtabiliunt, ut nuper aſinus quidam Erfurdienſis de particulis in terram decidentibus ſcripſit, eas eſſe corpus Chriſti, cui adoratio debeatur. S. Hoſpinian f. 273. b.

eine polemische Wendung, welche sich Melanchton erlaubte, wenn er sich das Ansehen gab, als ob er gegen die neue papistische Irrthümer kämpfen müsse, die
man in die Kirche zurückbringen wolle. Doch wer
fühlt sich nicht geneigt, ihm die Wendung zu verzeyhen [221]), sobald man gewahr wird, daß er doch nur
zu seiner Vertheidigung Gebrauch davon machte, und
sie nur dazu benutzte, um dem allzu nachtheiligen Eindruck etwas entgegenzusetzen, den sonst das Geschrey
der Zeloten über seinen Kalvinißmus, auf das er sich
gefaßt machen mußte, unfehlbar gemacht haben würde.

Nach diesem aber wird und muß gewiß jeder Anstoß, den man an der Zurückhaltung Melanchtons nehmen könnte, vollends hinwegfallen, wenn man einerseits bedenkt, daß er doch seine wahre Gesinnungen auch
bey mehreren Gelegenheiten offen genug darlegte, und
nicht nur gegen seine gleichdenkende Freunde, nicht nur
im vertraulichen Umgang, oder in dem geheimen Briefwechsel mit diesen, sondern auch bey Veranlassungen,
wo er öffentlich sprechen mußte, so viel davon auslegte,
daß sich unter dem gelehrten Publiko in beyden streitenden Partheyen niemand darüber täuschen konnte [122]),

und

---

121) Dafür muß man es
aber auch den Zeloten verzeyhen,
wenn sie sich durch diese Wendung sehr empfindlich gekränkt
fühlten, und auch diese Empfindlichkeit zuweilen sehr bitter äufferten. So konnten sich schon
die Verfasser des Sächsischen Kon-
futations Buchs nicht entbrechen zu bemerken "quod foeda
Artolatria nunc quoque quibusdam finceris ac conftantibus Theologis et Doctoribus à calumnia-
toribus, praeter omne meritum
objiciatur. Noch heftiger fuhr

aber Mörlin in einer eigenen
Schrift dagegen auf, die er gleich
nach der Publikation des Heydelbergischen Responsi unter dem
Titel herausgab: Auf den Bericht und Rathschlag so unter
dem Nahmen Herrn Philippi
Melanchtons zu Heydelberg ausgegangenen Antwort und Bericht
D Joach. Mörlins sammt einem
Rathschlag D. Luthers seeliger
vom Abendmahl Christi 1560.
in 4.

122) Dieß gestand auch Chyträus in eben dem Brief, auf
C f 4   wel-

und dann andererſeits noch dazu erfährt, daß er ſehr
feſt entſchloſſen war, ſie auch noch einmahl, und zwar
bey der erſten ſchicklichen Gelegenheit vor dem groſſen
Publiko, und in der Sprache von dieſem eben ſo offen
anzulegen. Das erſte kann wohl durch die Angaben
ſeiner Feinde ſelbſt am unverdächtigſten beglaubigt werden, denn dieſe übernahmen ja mehr als einmahl in dieſem Zeitraum das Geſchäft, mehrere ſeiner Aeuſſerungen, welche ſie ſelbſt höchſt verſtändlich fanden, auch
den

<hr />

welchen ſich Löſcher Th. II p. 187.
zum Beweiß beruft, daß Melanchton ſeine Geſinnungen treflich zu verbergen gewußt habe.
Nunquam ego — ſagt er in dieſem ʼrief — diverſum aliquid ex
ejus ore, à Lutheri Confeſſione,
Catechiſmo, et Smalcaldicis Articulis toto ſexennio, quod apud
eum vixi, audivi. Aber dieſe
ſechs Jahre, welche Chyträus in
Wittenberg zubrachte, fallen in
den Zeitraum von 1544 bis 1550.
In deſſen erſten Hälfte Melanchton ſich noch um Luthers willen
zu der ſchonendſten Zurückhaltung
zwang, ſo wie man in der zweyten Hälfte unter dem Schmalkaldiſchen Krieg und über den
Interims-Bewegungen den ganzen Sakraments-Streit vergaß.
Ueberdieß war Chyträus nicht
älter als vierzehn Jahre, da er
von Melanchton in ſein Haus
aufgenommen wurde, und wer
wird es nicht ſehr natürlich finden, daß er den jungen Menſchen, ſo ſehr er ihn ſonſt ſchätzen
mochte, nicht zum Zeugen desjenigen machte, was auch damahls
ſchon zwiſchen ihm und ſeinen
älteren Freunden und Kollegen,
wie Caſp. Cruciger, Paul Eber
und andern oft genug über dieſe
Materie verhandelt wurde. Doch
in eben dieſem Brief fährt ja
Chyträus nach jener von Löſcher

angeführten Stelle folgendermaſſen fort: Agnoſco autem in po-
ſterioribus Philippi ſcriptis, bono
haud dubie, non impio, concordiae ſtudio ita temperatam et
ambidextram eſſe de hoc articulo
docendi formam, ut utrique parti
inter ſe diſſident accommodata
et apta fit, nec à Zinglianis nec
à Lutheranis rejici queat. Filium
enim Dei vere et ſubſtantialiter
adeſſe in Coena, et vere ibi eſſe
efficacem, et nos ſibi membra
adjungere, utrique convenit. Verum non de Filii Dei aut Chriſti
ſecundum Divinitatem efficacia,
ſed de eſſentiae corporis et ſanguinis Chriſti vera et ſubſtantiali
in his terris praeſentia litigabatur.
Quem ſcopulum ſemper fere conſulto ille praeteriit, atque utinam
praeteriri ille, nunquam moto
triſti hoc certamine, ab omnibus
in eccleſia docentibus bona con-
ſcientia poſſet." S. Chytraei Epi-
ſtolae p. 1116. Daraus erſiehet
man, daß Chyträus die wahre
Geſinnungen und Abſichten Melanchtons ganz richtig aufgefaßt
hatte; aber er ſagt ſelbſt, daß
ſie ihm durch ſeine ſpäthere Schriften aufgedeckt worden ſeyen, und
in dieſen mußten ſie ſich gewiß
jedem Theologen aufdecken, der
nur mußte, worüber eigentlich
geſtritten wurde.

den Layen verständlich zu machen, so wie sie sich auch
mit einer eigenen und oft sehr glücklichen Betriebsamkeit
darauf legten, manche seiner vertrauteren Privat-Aeusserungen, die nur für Freunde bestimmt waren, von
diesen aufzufangen und in das Publikum zu bringen.
Das andere darf man aus mehreren seiner eigenen Erklärungen schliessen, die er in den zwey letzten Jahren
seines Lebens sich nicht nur darüber entfallen ließ, sondern zum Theil absichtlich ausstellte, denn bey einigen
Veranlassungen erklärte er jenen Entschluß mit einer
Bestimmtheit, durch die er sich gewissermassen förmlich
zu seiner Ausführung verpflichtete [123]).

Jetzt

123) So schrieb er an Kalvin selbst im J 1555 daß Stolz
und Gallus an einem Werk gegen ihn arbeiteten — quod, si
edetur, decrevi respondere sim-
pliciter et sine ambiguitate, eamque laborem debere me Deo et
ecclesiae judico, nec in hac se-
necta pertimescere exilia et alia
pericula. Im folgenden Jahr
1556 schrieb er an einen andern
Freund: Jam meus Thersites censuram contra me scribit de multis doctrinae partibus, et praecipue tuetur την αρτολατρειαν.
Necesse igitur erit me respondere,
quod faciam in eo loco, si vivam,
ubi me non impedient aulae. Ac,
Deo juvante, Apologiam edam;
quam spero piis et doctis gratam
fore. Diese Erklärung wiederholte er noch im nehmlichen Jahr
in einem andern Brief: "Si no-
minatim contra me scribent, ut
Artolatriam confutent, decrevi
Deo juvante, de his maximis rebus explicate respondere, si vivam.
Et libenter, quanquam senex,
exilia suscipiam, ut liberatus ex
hoc ergastulo ad precationem et
ad studia plus habeam temporis.

Zu andern Zeiten versprach er
seinen Freunden, daß er sich auf
dem grossen Theologen-Konvent,
mit dessen Veranstaltung man
damahls umgieng, erklären wolle,
wie man aus einem Brief von Paul
Eber an Hardenberg ersieht, worinn dieser auch den Wunsch nicht
verhelt, daß es bald dazu kommen möchte. "In controversia
de Coena — schreibt Eber — continet se adhuc noster Praeceptor,
ne quid palam pronuntiet, quum
observetur à multis insidiose, cu-
pientibus sibi aliquam saltem occasionem dari, ipsum palam tra-
ducendi, specie erroris aliqua
plausibili, quam cum nondum
habeant, quaerunt interea aliquas
minutulas; sed omnino sperat
adhuc brevi fore congressum eru-
ditorum, ubi declaraturus est
suam sententiam. Video sane
multas gravissimas causas esse,
quod prodesset, sine longiori dis-
simulatione dicere, quid quisque
sentiat: sed judico ipsum sui hactenus usurpati silentii non leves
causas habuisse, quas aliquando
intelligemus. S. Hospinian P. II.
f. 248. b.

Jetzt darf nur noch dazu geſagt werden, daß Me=
lanchton bey dieſen Geſinnungen ſich nicht nur deßwegen
gedrungen fühlen mußte, gegen die neue Brenziſch=
Wirtenbergiſche Konfeſſion öffentlich aufzuſtehen, weil
darinn allen neutralen Theologen der Krieg eben ſo förm=
lich als den Kalviniſten angekündigt war, ſondern daß
es ihm noch mehrere beſondere Urſachen nicht zulieſſen,
ſeinen Unwillen darüber bloß durch Stillſchweigen aus=
zudrücken. In dieſer Konfeſſion war ja nicht nur die
Vorſtellung von der Gegenwart Chriſti unter dem Brodt
und in dem Brodt für die einzig = orthodoxe erklärt, die
in der lutheriſchen Kirche geduldet werden dürfe, ſondern
auch die Hypotheſe von der Ubiquität des menſchlichen
Körpers und der menſchlichen Natur Chriſti war darinn
auf eine ganz eigene Art zu einer Fundamental = Lehre
des lutheriſch = kirchlichen Lehrbegriffs gemacht worden;
gegen dieſe Hypotheſe aber hatte ſich Melanchton ſchon
ſeit mehreren Jahren bey jeder Gelegenheit mit dem of=
fenſten und beſtimmteſten Widerſpruch erklärt; und
dieſer Widerſpruch konnte auch Brenz unmöglich unbe=
kannt geblieben ſeyn. Wenn auch die Angabe von Peu=
cer zweifelhaft ſeyn mag, nach welcher er ſchon im J.
1557. auf dem Kolloquio zu Worms mit Melanchton
zur Sprache darüber gekommen ſeyn ſollte [124], ſo
hatte

---

124) Die Erzählung Hoſpi=
niaus davon P. II. f. 285. enthält
allerdings manches, das wenig=
ſtens die Genauigkeit ſeiner Nach=
richten ſehr zweifelhaft macht.
Aber gewiß hat man keinen Grund,
die Wahrheit einer allgemeinen
Angabe zu bezweifeln, welche ſich
in dem Brief findet, den Peu=
cer aus ſeinem Gefängniß im
J. 1579. an den Churfürſten
von Sachſen ſchrieb. "Auch
„mag ich — ſchreibt er — nicht

„verhalten, daß, da mein Schwe=
„her ſeeliger kurz vor ſeinem
„Tode gewiß bericht worden, daß
„der Herr Brentius der Gegen=
„meynung ſeyn ſollte, hat er
„dieſe Worte vielen geſagt, er
„wolle ihn dafür bitten, daß er
„nichts regen wolle, da er aber
„dennoch fortfahren würde, ſo
„wolle er ihm widerſtehen und
„widerſprechen, ſo alt und ſchwach
„er ſey, und wolle die Wahrheit
„und Ehre unſeres Herrn Jeſu
„Chriſti

hatte er doch zuverläſſig erfahren, daß es ſich Melanchton von dieſer Zeit an zur eigenen Angelegenheit gemacht
hatte, der neuen Ubiquitäts-Lehre und ihrer Verbreitung entgegen zu würken. Man wußte in ganz Deutſchland, daß er ſeit der Erſcheinung der Timanniſchen
Schrift, in welcher dieſe Ubiquität aus der Vereinigung
der Naturen in Chriſto abgeleitet, und als nothwendige
Folge der dabey eingetretenen Idiomen-Kommunikation
vorgeſtellt war, recht gefliſſentlich darauf ausgegangen
war, dieß Fundament niederzureiſſen, das ihr zur
Grundlage dienen ſollte. Er fieng daher jetzt erſt an,
den Artikel von der Naturen-Vereinigung in ſeinen Vorleſungen ausführlich vorzutragen, um es dabey als lei-
tenden Grundſatz aufzuſtellen, daß ſie keine phyſiſche
und würkliche Mittheilung von den Eigenſchaften der
einen Natur an die andere, keine phyſicam et realem
communicationem Idiomatum — ſondern bloß eine dia-
lektiſche zur Folge gehabt haben könne [125]). Er begnügte ſich aber nicht damit, ſeine Stimme nur in ſeinen Vorleſungen dagegen zu erheben, wiewohl gewiß
ſein Widerſpruch ſchon dadurch Publicität genug erhielt,
ſondern er ließ ſich auch in einigen Schriften, und zwar
nicht nur gelegenheitlich darüber aus. Er that dieß beſonders mit eben ſo viel Wärme als Beſtimmtheit in
ſeiner Antwort auf die Bayriſche Inquiſitions-Artikel,
die er im J. 1559. herausgab [126]), ja in eben dieſem
Jahr

„Chriſti helfen vertheidigen und
„retten.‟ S. Copey des Schreibens Peuceri ꝛc. (gedruckt im J.
1604.) U. 4.

125) "So hat er — heißt es
in dem eben angeführten Brief—
nach Nothdurft in ſeinen Lectio-
nibus dieſen Artikel erklärt, ſo
viel die kurze Zeit vor ſeinem
Tode hat leyden wollen, und ſind

noch unzählig viel junger Geſel-
len recht von ihm unterrichtet
worden.‟

126) S. Reſponſiones ſcriptae
à Melanchtone ad impios articulos Bavaricae inquiſitionis 1559.
Opp. T. I. f. 362 - 388. Der
Antwort auf dieſe Artikel fügte
er nehmlich eine Ermahnung bey,
welche faſt allein gegen die neue
Ver-

Jahr ließ er noch einen Auszug aus ſeinen Vorleſungen über den Brief Pauli an den Koloſſer ohne Zweifel zunächſt in der Abſicht drucken, um es dadurch auch
der Nachwelt zu dokumentiren, daß er ſchon im Jahr
1556. gegen die neue Lehre, die man in die proteſtantiſche Theologie hineinzwingen wollte, proteſtirt
habe [127]). Dieſen gedruckten Auszug aus ſeinen Vorleſungen hatte er aber ſogleich ſelbſt an den Herzog von
Würtenberg geſchickt [128]), mithin konnte er ſeinerſeits
gar nicht zweiflen, ob Brenz von ſeinen Geſinnungen
über

Verwirrung gerichtet war, die
man in dem Artikel von der
Vereinigung der Naturen in
Chriſto anbringen wollte, um
daraus die Ubiquität ſeines
menſchlichen Körpers ableiten zu
können. Haec — ſagte er ſelbſt
am Schluß — ideo adjeci — ut
opponantur Stenkfeldii et aliorum
clamoribus, qui audacter ſimilia
ſpargunt Eutychianis, et delent
doctrinam de communicatione
Idiomatum. In his quorundam
tanta eſt petulantia, ut fingant
duplicem communicationem Idiomatum, aliam dialecticam, et
aliam phyſicam, quae eſt confu-
ſio naturarum." Zu einem Brief,
den er gleich darauf an Hardenberg ſchrieb, gab er noch deutlicher zu verſtehen, daß er den
ganzen Anhang bloß um dieſer
aliorum willen beygefügt habe.
S. Hoſpinian f. 285 b.
127, Die Vorleſungen waren
nehmlich im J. 1556. gehalten
worden, kamen aber erſt im J.
1559. heraus. S. Enarratio epi-
ſtolae ad Coloſſenſes, praelecta
anno 1556. Mel. Opp. T. IV.
f. 324.
128) Nach allen dieſen unbe-
ſtreitbaren Thatſachen bleibt es
gewiß unbegreiflich, wie der Verfaſſer der "chriſtlichen und wohl-

gegründeten Widerlegung des
kalviniſchen Teſtaments Caſpari
Peuceri zc. die im Nahmen der
theologiſchen Facultät zu Wittenberg im J. 1603. in 4 herauskam, ſich zu ſagen erfrechen
konnte: "Wir möchten von Her-
„zen wünſchen, daß Philippus
„nicht allein mündlich gegen Peu-
„cern und andere mehr ſich hätte
„verlauten laſſen, er wolle Herrn
„Brentio widerſprechen, ſondern
„daß er ſolches auch ſchriftlich
„und in der That geleiſtet hätte.
„Denn alſo hätte man wiſſen
„können, was doch Philippus
„eigentlich für eine Religion
„führte, ob er Kalviniſch, oder
„Lutheriſch oder Neutraliſch wäre,
„und weſſen man ſich gegen ihn
„zu verſehen hätte, ſo wäre
„großes Unheil vermieden ge-
„blieben, welches in der Kirchen
„Gottes daher entſtanden iſt,
„weil Philippus hat wollen als
„ein Defenſor doctrinae Luthera-
„nae angeſehen werden, und doch
„heimlich mit den Kalviniſten
„gelehret, auch in ſeinen letzten
„Schriften ſeine Lehr und Be-
„kenntniß alſo geſtellt, daß ſich
„darunter die Kalviniſten wohl
„behelfen, und ſicherlich verſte-
„cken können." S. 87.

über die Ubiquitäts-Hypothese unterrichtet sey, weil er
gewiß annehmen durfte, daß ihm sein Herr die erhal-
tene Schrift sogleich mitgetheilt haben werde [129]).

Bey diesen Umständen konnte sich dann Melanchton
des Verdachts schwerlich erwehren, daß die neue Brenzische Konfession auch besonders gegen ihn gerichtet seyn
sollte [130]), und sehr natürlich mußte er sich durch den
persönlichen Angriff auch stärker gereizt fühlen, seinen
Unwillen darüber auszulassen. Man bemerkt auch den
Einfluß dieser persönlichen Reizung höchst deutlich in
der Bitterkeit, womit er sich in einigen Briefen an seine
ver-

---

[129] Melanchton konnte noch
durch einen andern Umstand davon gewiß geworden seyn. In
dem Brief, in welchem ihm der
Herzog Christoph von Würtenberg für die überschickte Erklärung des Briefs an die Cosseser
dankte, verlangte er auch eine
Erklärung von ihm über die bedenkliche Aeusserungen, die er
sich darinn von einer beständigen
lokalen Gegenwart des Menschen
Christus im Himmel habe entfallen lassen. Der Brief muß
spitzig genug gewesen seyn, denn
gleich darauf schrieb Melanchton
an Hardenberg: Princeps Wür-
tembergicus graviter me accusat,
quod naturas in Christo dirimam.
Darinn konnte er aber Brenzen
unmöglich verkennen, und noch
weniger in einem andern Brief,
den der Herzog zu gleicher Zeit
an den Churfürsten von Sachsen
schrieb, und worinn er auch diesem seine Sorglichkeit über die
neue Schrift Melanchtons zu erkennen gab, "die man fast —
schrieb er — "für verfälscht hal-
"ten möchte, weil man doch dem

"theuren und werthen Mann
"Philippo Melanchtoni nicht zu-
"trauen könne, daß er es mit
"den Sakramentirern und Zwing-
"lianern halten soll:c." S. Sattler Würtenberg. Geschichte B. IV.
p. 140. Doch aus dem angeführten Brief Melanchtons an
Hardenberg muß man schliessen,
daß sich auch Brenz selbst durch
den bekannten Freyherrn von
Ungnad über die Ausfälle bey
ihm beschweren ließ, die er in
dieser Schrift und in der Antwort auf die Bayrische Artikel
auf die Vertheidiger der Ubiquitäts-Lehre gethan hatte.

[130] Man muß sich daher
desto mehr wundern, wie Hospinian sagen konnte, quod Brentius, vivo Melanchtone, nunquam hoc portentum de Ubiquitate publicum fecerit. f. 285.
Aber allem Ansehen nach war
ihm diese Brenzische Konfession
nie zu Gesicht gekommen, denn
er erwähnt auch nichts von der
Stuttgarder Synode, von welcher sie sanktionirt wurde.

vertrautere Freunde darüber äufferte [131]), und dadurch
bekommt man die ſtärkſte Gründe zu der Vermuthung,
daß es höchſt wahrſcheinlich bey dieſer Veranlaſſung zu
einer ganzen und vollen Erklärung von ſeiner Seite und
eben damit auch zum offenen und erklärten Kriege zwi=
ſchen ihm und der Zeloten=Parthie gekommen ſeyn
würde, wenn nicht ſein Tod dazwiſchen gekommen wäre.
Dazu hätte es faſt unvermeidlich kommen müſſen, weil
es die Zeloten=Parthie ſelbſt darauf anlegte, ihm jetzt
eine ſolche Erklärung abzuzwingen; denn der Herzog
von Würtenberg hatte ſeine Brenziſche Konfeſſion auch
an den Churfürſten von Sachſen, wie an mehrere an=
dere proteſtantiſche Fürſten geſchickt, und ſich das Gut=
achten ſeiner Theologen darüber ausgebeten [132]); Me=
lanchten aber hatte auch ſchon in dieſem Gutachten ge=
äuſſert [133]), daß er entſchloſſen ſey, der Erklärung
nicht

---

131) "Legi — ſchrieb er an
Kralov — decretum Abbatum
Wirtenbergenſium, nec poſſum,
quale ſit, venuſtius ſignificare,
quam ſi dicam, eſſe Hechingenſe
latinum, cum oppidum Hechingen
in vicinia illorum Abbatum ſit."
S. Melancht. Conf. ed. Pezel.
p. 357.

132) Dieß ſchrieb Melanch=
ton ſelbſt an Hardenberg den 9.
Febr. 1560. "Dux Würtenber=
genſis miſit formulam περι μυ=
ϛηριων ad noſtrum Principem,
in qua retinet et pingit το παν=
ταχε. Petivit, ut exhiberetur
in Academiis. Hoſpinian ſagt
bey dieſer Gelegenheit nur im
allgemeinen, daß der Herzog
aliquot ſuorum ſcripta an den
Churfürſten geſchickt habe, und
daraus wird es am gewiſſeſten,
daß ihm die Konfeſſion unbe=
kannt geblieben war.

133) Der Churfürſt hatte zu=
erſt, wie es ſcheint nur das Ur=
theil von Melanchton darüber
verlangt, denn dieſer ſchreibt in
dem Brief an Hardenberg, daß
die Formel noch nicht an die
Akademie geſchickt worden ſey.
Was er aber dem Churfürſten
geantwortet hatte, findet man
in dem angeführten Brief an
Kralov: "Illuſtriſſimo Principi
"reſpondi breviter. Ne quid novi
"moliri videar, affirmo me pror=
"ſus retinere formam verborum
"ante multos annos editam in
"Examine Ordinandorum quod
"in multis gentibus legitur. Pa=
"piſticos vero, et Methouzaeos,
"et Abbatum Würtenbergicorum,
"et Weſtphali, et Sarcerii et ſi=
"milium articulos in hac cauſa
"manifeſte pugnare cum vetere
"puriore eccleſia, méque offerre
"ad declarationem et de hac cauſa
"et de aliis, propter quas crude=
"liter

nicht länger auszuweichen. Allem Ansehen nach verhinderte also nur sein Tod [134]), daß er nicht selbst
noch in die Mitte des Kampfplaßes hineingerissen wurde, aber er bewürkte dafür, daß man jeßt nur mit desto
weniger Schonung und mit desto grösserem Ungestüm
seine Kollegen in Wittenberg und die ganze Wittenbergische Schule hineinriß, mit einer wilderen Erbitterung
über sie herfiel, und es zuleßt leyder! auch leichter fand,
sie — mit Gewalt zu erdrücken.

Kapitel VI.

Je höher das Ansehen Melanchtons in Wittenberg
nach Luthers Tode gestiegen, und je gewohnter man
hier unter den bißherigen Kämpfen geworden war, seine
Sache als die Sache der ganzen Universität zu betrachten, desto mehr hatte sich auch dieser von seinem Geist
mit-

„liter laceror à hostilibus exerci-
„tibus. — Videor mihi — seßt er
„hinzu — mediocriter philosopha-
„ri, quod non respondeo omni-
„bus Sycophantis, ne majora
„dissidia oriantur, sed nimium
„irritor. Et multo ante discessi-
„sem ex his locis, nisi cogitassem,
„fore majores distractiones.‟

134) Melanchton starb den
19. Apr. 1560. Wie sehr ihm
aber der Verdruß über die schändliche Mittel, womit man ihn jeßt
mit Gewalt in den Streit hineinziehen wollte, die leßten Tage
seines Lebens verbitterte, dieß
findet man am rührendsten in
einem Brief ausgedrückt, den er
nur drey Wochen vor seinem
Tode, nehmlich den 28. Mart.
an Lorenz Moller in Hildesheim
schrieb. Aus diesem Brief muß
man indessen auch schliessen, daß
in diesen zwey leßten Monathen
vor seinem Tode noch etwas am

Hofe vorgefallen war, das für ihn
besonders kränkend wurde, und
wahrscheinlich mit den Würtenbergischen Insinuationen zusam-
menhieng oder daraus erwuchs.
Hoc agunt — schreibt er — isti hypocritae, ut me pellant, cum
sanguinem meum haurire non possunt: et quidem oratio istorum
vetus est, qua dixerunt, se mihi
non relicturos in Germania vestigium pedis. Profecto mihi gra-
tum facient, si me ex his regionibus expulerint, ubi stabiliunt
ipsi errores et idola. Deus alicubi mihi nidum dabit, si in hac
mortali vita diutius militare me
voler. Sin autem me ad coele-
stis ecclesiae societatem cito abdu-
cet, liberabor ab his rixis: sed
aliquanto ipsi post inter se dimi-
cabunt. S. den Brief in Strobels neuen Beyträgen zur Litteratur des XVI. Jahrh. B. II.
St. 2. p. 333.

mitgetheilt. Daher kam es, daß nicht nur die meiste seiner Kollegen über den Nachtmahls-Streit völlig gleich mit ihm dachten, sondern überhaupt in der Nachtmahls-Lehre seine Ideen völlig aufgefaßt hatten, denn mehrere von ihnen waren auch ganz in seiner Schule gebildet worden; dieß war aber nicht nur der Fall mit seinen theologischen Kollegen [135]), sondern auch mit einigen der wichtigsten Männer, mit denen die Lehrstühle der andern Facultäten damahls besetzt waren [136]). Die Parthie der Eiferer für die rein-lutherische Nachtmahls-Lehre hatte also Ursachen genug, ganz Wittenberg als feindliches Land zu betrachten, und die meiste dieser Ursachen traten auch bey der zweyten der Chursächsischen Universitäten, bey Leipzig, ein [137]): zwey Umstände aber mußten sie vorzüglich aufmuntern, nach dem Tode Melanchtons nicht zu ruhen, biß der Krieg auf diesen feindlichen Boden hinübergespielt war, denn jeder dieser Umstände versprach ihnen einen leichteren Sieg, als sie bey Lebzeiten Melanchtons hätten hoffen können.

Einmahl sah man die Möglichkeit vor sich, diesen Zöglingen Melanchtons mit weit weniger Schwürigkeit, als es bey ihm selbst hätte geschehen können, von der Seite beyzukommen, auf die man bereits sein Absehen gerich-

135) In der theologischen Facultät zu Wittenberg waren bey Melanchtons Tode der alte D. Major, Paul Creß und Paul Eber, der erst im J. 1558 an die Stelle des verstorbenen Bugenhagen eingerückt war. Aber schon damahls waren einige sehr ausgezeichnete, und ganz von Melanchton gebildete junge Männer, wie der jüngere Cruciger, Christoph Pezel, Heinrich Moller, und Friderich Wiedebram zum Nachwuchs für die Facultät bestimmt, in welcher sie auch größtentheils in der Folge hineinkamen.

136) Wie Rudinger, Wolfgang Crell, und besonders der Tochtermann Melanchtons, Caspar Peucer.

137) Die damahlige Theologen zu Leipzig waren D. Joh. Pfeffinger, Andr. Knauer, Heinrich Salmuth, Petr. Hellborn, und Andreas Freyhuß. Aber am meisten würkte in Leipzig der Einfluß von Joach. Camerarius, der als der vertrauteste von Melanchtons Freunden bekannt war.

gerichtet hatte. Wenn man es dahin bringen konnte,
sie dem Churfürsten ihrem Herrn als heimliche Kalvinisten verdächtig zu machen, so durfte man darauf zählen, daß er mit ihnen ungleich weniger Umstände als
mit Melanchton machen, und mit einer rascheren Bewegung unter sie hineinfahren würde; denn bey ihnen
trat ja keine der Rückſichten ein, die ihm bey Melanchton noch Schonung und Achtung abnöthigten. Ueberdieß aber war man auch schon voraus gewiß, daß sie
selbst noch mehrere Veranlaſſungen zu jenem Verdacht,
als Melanchton geben würden.

Ihre Stimmung und ihre Denkungsart wich nehmlich von der Stimmung und von der Denkungsart Melanchtons doch in etwas ab, und dieser Umstand muß
vorzüglich auch wegen dem Einfluß, den er auf den folgenden Gang der Händel hatte, bemerkt werden. Ihre
Ueberzeugung mochte sich zwar nicht weiter als die
seinige zu der kalvinischen Vorstellung hingeneigt haben;
aber sie hatte sich in einem gewissen Betracht weiter als
die seinige von der lutherischen entfernt. Melanchton
hatte diese lutherische Vorstellung aufgegeben, ohne sie
deßwegen zu hassen; in der Seele seiner Schüler aber
hatte sich auch eine gewisse leydenschaftliche Abneigung
davor angesetzt, die bey ihnen durch mehrere Ursachen
erweckt und genährt worden war. Er selbst war deßwegen eben so geneigt als bereit, auch die lutherische
Vorstellung mit allen ihren Unterscheidungs-Ideen einem jeden zu lassen, der sie behalten wollte, und er
würde, da er zugleich von der Unwichtigkeit des Unter-
schieds zwischen der einen und zwischen der andern überzeugt war, mit keinem Menschen nur darüber gestritten haben, auch wenn ihn sonst keine Betrachtung zu-
rückgehalten hätte: die meiste seiner Zöglinge hingegen
fühlten auch einen sehr starken Drang, die lutherische

Vorstellung zu bestreiten, und ihr Eifer dagegen würde sich vielleicht nicht schwächer als der Eifer der Westphals und Heßhuse gegen die kalvinische Vorstellung gezeigt haben, wenn sie ihn nur hätten auslassen dürfen. In dieser Stimmung begnügten sie sich auch nicht bloß, wie Melanchton, es nur dahin einzuleiten, daß die kalvinische und die lutherische Vorstellung in den protestantischen Kirchen neben einander gebuldet, sondern sie wünschten wenigstens, es dahin bringen zu können, daß die lezte allmählig durch die erste auch aus den protestantischen Kirchen verdrängt werden sollte, und einige von ihnen schienen auch schon entschlossen, in ihrem Würkungs=Krayß, so viel sie nur konnten, dazu beyzutragen. Dieß war besonders der Fall mit einigen seiner jüngeren, und mit den meisten seiner nicht=theologischen Freunde, die er unter den übrigen Professoren der Universität, und unter den Räthen des Churfürsten [138]) hatte, denn diese hatten zum Theil, so lang er noch lebte, schon daran gearbeitet, und ihn deßwegen mehrmahls den Wunsch merken lassen, daß er doch selbst auch etwas mehr für die Wahrheit wagen und thun möchte. Mit dieser Stimmung der Gemüther in Sachsen war aber auch die Parthie der Eiferer recht gut bekannt, und es war wohl sehr in der Ordnung, daß sie sich auch ohne Hinsicht auf die Vortheile, welche sie daraus ziehen konnte, stärker dadurch gereizt fühlen mußte, mit dieser nachgelassenen Schule Melanchtons je eher je lieber in das Handgemeng zu kommen.

Vorläufig mußte indessen in Wittenberg und Leipzig selbst der erste von den angeführten Umständen eine
Wür

138) Die Kanzler D. Kiesewetter, und Georg Crakov, der Geheime Rath Christoph von Carlwiz, der Regierungs=Rath, Ulrich Mordeisen, der Sekretarius Gensch, und noch einige andere.

Würkung hervorbringen, woburch die Würkung des andern fast ganz aufgehoben wurde. Die Freunde und Anhänger Melanchtons wußten es hier noch besser als ihre Gegner, daß ihre Sache unwiederbringlich verdorben seyn würde, wenn man sie jetzt schon dem Churfürsten, ihrem Herrn, als heimliche Kalvinisten verdächtig machen könnte. Sie mußten sich also noch sorgsamer hüten, als vorher, um keinen Anlaß zu diesem Verdacht zu geben, und dadurch wurden sie würklich auf einige Zeit zu der Uebernahme einer Rolle genöthigt, welche für sie ungleich schwehrer werden mußte, als sie für Melanchton gewesen war. Sie durften und konnten nicht ganz schweigen, wenn man sich von allen Seiten an sie hindrängte, um sie zum sprechen zu zwingen; denn durch ein gänzliches Schweigen würden sie sich selbst am verdächtigsten gemacht haben. Wenn sie aber ihre Ueberzeugung nicht verläugnen, und der Sache, welche sie für die bessere hielten, nichts vergeben wollten, so konnten sie es unmöglich vermeiden, ihre wahre Gesinnungen durch hundert Anzeigen zu verrathen, die für ihre Gegner nicht einmahl etwas Zweydeutiges haben konnten. Da sich nun zugleich voraussehen ließ, daß diese von jedem Mittel Gebrauch machen würden, um auch ihrem Herrn die Augen darüber zu öffnen, so schien es in die Länge so unmöglich, ihn im Zweifel darüber zu erhalten, daß man fast glauben darf, sie würden das schwere Wagstück nicht unternommen haben, wenn sie sich nicht mit der Hoffnung geschmeichelt hätten, ihn noch allmählig umstimmen und für ihre Parthie gewinnen zu können. In dieser Hoffnung aber unterzogen sie sich doch der bedenklichen Rolle, die so sehr gegen ihre Neigung war, und spielten sie auch eine Zeitlang glücklicher und künstlicher, als man hätte erwarten mögen.

Die

Die erſte Probe beſtand Paul Eber in einer Vertheidigung Melanchtons [139]), welche er den Schmähungen entgegenſetzte, womit Heßhuß gleich nach ſeinem Tode in ſeiner Schrift gegen das Heydelbergiſche
Reſponſum über ihn hergefallen war. Allerdings war
es nothwendig, daß etwas von den Freunden Melanchtons darauf erwiedert werden mußte, denn es würde
die unwürdigſte und zugleich die unweiſeſte Schwäche
verrathen haben, wenn man ihn den Zeloten ſtillſchweigend preißgegeben, und dieſe eben damit hätte ſehen
laſſen, daß man ſich vor ihnen fürchte; aber es gehörte
nicht wenig dazu, ihn gerade in dieſer Sache, in welcher er ſich den Zeloten am verhaßteſten gemacht hatte,
ohne Anſtoß zu vertheidigen. Doch ſein Vertheidiger
wußte ſich ſehr gut an den Stellen vorbeyzuwinden, wo
ſich das Anſtoßen am wenigſten vermeiden ließ. Er
legte es weniger darauf an, Melanchton wegen desjenigen zu rechtfertigen, was man an den Geſinnungen,
die er über den Nachtmahls-Streit in jenem Reſponſo
geäuſſert hatte, anſtöſſig finden konnte, als ihn wegen
jener Aeuſſerungen darinn zu entſchuldigen, durch welche ſich Heßhuß perſönlich gekränkt gefunden hatte. Eber
ſetzte nehmlich voraus, daß Heßhuß bloß dadurch zu
ſeinem wüthenden Ausfall auf den todten Melanchton
gereizt worden ſey [140]), und da er künſtlich genug eine
höchſt pathetiſche Beſchreibung von der Unwürdigkeit
dieſes Ausfalls voranſchickte, die den allgemeinſten Un-
wil-

139) Sie findet ſich in Pezels Conſiliis Mel. P. II. p. 383-
384.

140) "In illa pagella — fit
mentio D. Heshuſii paulo incle-
mentior tali, ut ejus auctoritas
ſummis in ecclesia et antiquiſſimis
ſcriptoribus poſtponatur. Haec
eſt injuria illa, hoc facinus patris tam atrox, ut omnium ac-
ceptorum beneficiorum, privatim
et publice praeſtitorum, omnium
virtutum memoriam penitus abo-
leat et extinguat, et animum cu-
piditate vindictae tanta accendat
ut ea, niſi hoc modo detentio-
nis atrociſſimae et contumelio-
ſiſſimae ſatiari non poſſit."

willen über Heßhuß erregen mußte ¹⁴¹), so konnte er
sich auch von jedem der kleinern Umstände ¹⁴²), die er zu
der Entschuldigung Melanchtons zusammen nahm, eine
gewissere und vortheilhaftere Würkung versprechen. Das
bey nahm er es aber als ausgemacht an, daß sich nie=
mand einfallen lassen werde, die Meynung und die Ge=
sinnungen Melanchtons über alle in der Nachtmahls=
lehre bestrittene Fragen aus diesem kurzen Aufsatz be=
urtheilen zu wollen, da es eben so offenbar sey, daß er
nicht die Absicht gehabt habe, sie darinn auszule=
gen ¹⁴³), als es bekannt sey, wo? und wie er sie in
andern Schriften ausgelegt habe ¹⁴⁴).

Durch

---

141) Die Beschreibung war
würklich stark. ita — sagte er
unter andern — quasi parum à
suis alumnis et discipulis flagella-
tus esset, dum viveret, Melanchton, etiam mortuus con-
quiescere non potest, quin ex iis,
quos in sua mensa diu aluit, qui-
buscum non modo publice doctrinam, sed privatim etiam, quae
habuit et potuit, consilia et se-
creta sua communicavit, quibus
etiam cor suum, si licuisset, ex
pectore exemtum impertivisset,
aliqui in exangue corpus sepulti
saeviant, vindictae studio tanto
et acerbirate tanta, ut credam,
si coram ipsis miserum et jam
putrescens cadaver Philippi ex tu-
mulo refossum exponeretur, eos
dentibus more canum irruituros,
et frustulatim carnem ejus lacera-
turos esse."

142) "Illa pagella ad unum
scripta — secreto scripta — non ad
hoc scripta, ut vulgaretur, et
tamen contra voluntatem aucto-
ris, et quidem post mortem demum vulgata."

143) "Scripsit Philippus secreto rogatus consilium à Principe
Electore, sub cujus ditione natus
erat, paucula de Coena Domini,
magis ut rixas Heidelbergae de
illa motas, et publice de suggestu mutuis concionatorum con-
vitiis cumulatas sedaret, et quo-
quo modo suaderet sopiri et di-
rimi, quam ut de tota controversia pronuntiaret, indicans formam loquendi ex Paulo, qua tu-
tissimum esset uti interea, donec
de tota controversia in Synodo
statueretur."

144) Es sah desto natürlicher
aus, wenn sich Eber darauf be=
zog, da er seine ganze Apolo=
gie einer solchen Schrift Melanch=
tons vorangesetzt hatte, worinn
seine Meynung vom Nachtmahl
ausführlich genug dargelegt schien.
Er rückte sie nehmlich in die
Vorrede vor Melanchtons Er=
klärung des Briefs Pauli an die
Korinther ein, worinn er dieß
Werk dem Pfalzgrafen Wolfgang
dedicirte.

Durch dieſe Wendung wich er glücklich genug der
Nothwendigkeit aus, von ſeinen eigenen Geſinnungen
etwas durchſcheinen zu laſſen; aber ungleich ſchwehrer
wurde es den Wittenbergern, ihr bey einer andern Prüfung auszuweichen, die auch noch in dem nehmlichen
Jahr an ſie kam, und freylich über kurz oder lang einmahl kommen mußte. Noch im December des J. 1560.
wurde ihnen durch einen Befehl ihres Herrn ein aus-
führliches und beſtimmtes Bekenntniß ihrer Lehre vom
Abendmahl abgefordert; denn entweder hatten bereits
die Inſinuationen der Zeloten-Parthie am Hofe auf
den Churfürſten zu würken angefangen, oder verlangte
er ihre Konfeſſion in der Abſicht, um ſie dem groſſen
Konvent zu Naumburg, auf welchem man im folgenden Jahr alle theologiſche Händel zu ſchlichten beſchloſſen hatte, zum Beweiß ihrer Orthodoxie vorlegen zu
können. In jedem Fall [145] aber mußten ſie gehorchen, und zugleich in jedem Fall darauf rechnen, daß
ihr Bekenntniß noch unter mehrere Augen, als nur unter die Augen ihres Herrn kommen würde; daher mußte
es mit einer Vorſicht geſtellt werden, durch die man ſich
im Nothfall auch gegen die Auslegungen berufener und
unberufener Erklärer ſicher ſtellen konnte. Doch auch
bey dieſer Gelegenheit halfen ſie ſich noch recht gut, denn
ſie

---

145) Wahrſcheinlich trat das
eine und das andere ein. Die
Theologen drückten ſich in ihrer
Konfeſſion mehrmahls auf eine
Art aus, welche ſehr deutlich ankündigte, daß man ihnen ſelbſt
zu verſtehen gegeben hatte, der
Churfürſt ſey durch den Verdacht,
den man ihm gegen ſie gebracht
habe, zunächſt veranlaßt worden,
ihnen ein Bekenntniß abzufordern. Man weiß aber gewiß,
daß der Churfürſt in der Folge
ihre Konfeſſion auch andern proteſtantiſchen Fürſten kommuni-
cirte, denn Strobel hat einen
Brief von Joh Aurifaber aus
Königsberg bekannt gemacht,
worinn er an Paul Eber ſchrieb,
daß ihm ſein Herr, der Herzog
von Preuſſen, ihr von dem Churfürſten erhaltenes Bekenntniß
im Vertrauen mitgetheilt, und
ſein Urtheil darüber verlangt
habe. S Strobels Beytráge
zur Litteratur des XVI Jahrh.
B. I. St. II. p. 500. fgb.

sie hielten sich auf das genaueste an das Muster, das ihnen Melanchton für Vorfälle dieser Art hinterlassen hatte, ja sie bewiesen sogar dabey, daß sie auch von ihm gelernt hatten, Offenheit mit Zurückhaltung zu verbinden, um diese geschickter unter jener zu verbergen.

Einerseits erklärten sie nehmlich in diesem Bekenntniß [146]) mit den stärksten und scheinbar bestimmtesten Ausdrücken, daß sie glaubten und lehrten, und immer geglaubt und gelehrt hätten, daß "uns Christus im „Abendmahl wahrhaftig und wesentlich nur Brodt und „Wein gegeben, und daß bey dem Genuß des Brodts „und des Weins sein wahrer und wesentlicher Leib „und sein wahres Blut, und zwar eben der wahre le-
„ben-

---

146) Der Verfasser der Konfession war Eber. Einen Auszug daraus hat Salig aus einem Manufkript der Wolfenbüttlischen Bibliothek, das aber nicht die ganze Konfession enthält, Th. III p. 657 eingerückt. Eben so viel und fast noch mehr davon enthält der angeführte Brief von Aurifaber. Im J. 1575. kam sie zu Heydelberg lateinisch heraus, und wurde in dieser Form von Hospinian in Hist. Sacr. f. 291. aufgenommen. Man hat indessen einige Gründe zu der Vermuthung, daß der Churfürst seine Theologen noch etwas an der Konfession verändern ließ, ehe er sie einigen auswärtigen Fürsten und Ständen mittheilte. Denn nach dem Manufkript in der Wolfenbüttlischen Bibliothek war sie ihm noch im December des J. 1560. von seinem Theologen eingereicht worden, Aurifaber aber spricht in seinem Brief von einem Bekenntniß, welches

sie zu Dreßden aufgesetzt, und am Tage der Verkündigung Maria im J. 1561. dem Churfürsten übergeben haben sollten. Der deutsche Aufsatz, den er vor sich hatte, scheint auch nicht bloß eine Uebersetzung der lateinischen Konfession in der Wolfenbüttlischen Bibliothek gewesen zu seyn; also ist es sehr wahrscheinlich, daß der Churfürst, da er nach dem Naumburger Konvent, einige seiner Theologen nach Dreßden kommen ließ, bey dieser Gelegenheit auch das Bekenntniß in eine etwas veränderte Form durch sie bringen ließ. Die Umstände hingegen, welche Hospinian P. II. f. 294. aus Peucer von den Handlungen der Theologen in Dreßden erzählt, passen gar nicht auf dieß Bekenntniß, und auf dasjenige, was damahls von ihrer Seite zu Dreßden erklärt wurde, und noch weniger auf dasjenige, was Selneccer in Catal. Concilior. p. 101. davon erzählt.

„bendigmachende Leib empfangen werde, mit welchem „sich der göttliche Logos bey seiner Menschwerdung ver= „einigt habe" Andererseits aber brachten sie zwar diese Vorstellung in einen eben so direkten Gegensaß mit einer angeblich irrigen Meynung, welcher sie damit zu wi= dersprechen vorgaben, doch eben dadurch machten sie es sich möglich, daß sie den eigentlichen Divergenz=Punkt, in welchem sich die Meynung der neuen lutherischen Ze= loten von der Meynung der Kalvinisten trennte, gar nicht als streitigen Punkt berühren durften. Sie seßten ihre Meynung von einer wahren und wesentlichen Ge= genwart Christi im Nachtmahl der Lehre derjenigen ent= gen, "welche aus dem Sakrament bloß ein lediges und „leeres Abendmahl machen wollten, als welches bloß „zu einem Kenn= oder Liebzeichen, oder zu bloßer Er= „innerung des Leydens und Sterbens Jesu eingeseßt „sey, wobey höchstens noch ein bloß geistlicher Genuß „und eine bedeutete oder erdichtete Gegenwart des Leibes „und Blutes Christi statt finden möchte [147]." Sie schienen damit anzunehmen, daß bißher bloß darüber gestritten werden worden sey und gestritten werden könne, ob Christus im Abendmahl wahrhaftig oder nicht wahr= haftig gegenwärtig sey? und ob sein Leib im Sakrament würklich oder nicht würklich empfangen werde? Darinn lag zugleich die Voraussehung, daß man bloß dadurch von der reinen lutherischen Lehre in diesem Artikel ab= weichen könne, wenn man die Gegenwart Christi und den wahren Genuß seines Leibes im Sakrament läugne; bey diesen Voraussehungen aber hatten sie nicht nur nicht nöthig,

---

147) "Erstlich — was die Sub= „stantiam des heiligen Abend= „mahls belangt, so bekennen wir, „daß wir es nicht halten mit de= „nen, so ein ledig Abendmahl „daraus machen — und berauben , uns also der wahrhaftigen und „wesentlichen Gegenwärtigkeit „des Herrn Jesu Christi, und „der himmlischen allerköstlichsten „Speise und Tranks, die wir „vornehmlich in diesem Abend= „mahl suchen und holen sollen — „oder weisen uns auf einen be= deuteten und gedichteten Leib."

nöthig, sich auch besonders darüber zu erklären: ob der Leib Christi ihrer Meynung nach nur mit dem Brodt genossen werde, sondern sie konnten es mit sehr guter Art ganz ignoriren, daß man bißher auch darüber gestritten habe.

Diese auch schon von Harbenberg und von Melanchton mehrmahls gebrauchte Anskunft entsprach aber ihrem Zweck desto besser, da sie ihnen gewissermaffen von den Zeloten selbst aufgedrungen wurde. Allerdings war es jetzt diesen nicht mehr allein darum zu thun, die Kalvinisten zu der Annahme einer wahren Gegenwart Christi im Nachtmahl zu nöthigen, sondern sie wollten auch ihre Gegenwart unter dem Brodt von ihnen angenommen haben. Aber um dem neuen Streit, den sie darüber mit ihnen angefangen hatten, und würklich allein darüber mit ihnen führten, einen Schein von Wichtigkeit und Nothwendigkeit zu geben, hatten sie doch immer mit der schaamlosesten Beharrlichkeit fortbehauptet, daß Kalvin und seine Anhänger eben so wenig als Zwinglin und die seinige eine wahre und würkliche Gegenwart Christi im Sakrament annehmen wollten. Um ihren Pöbel und ihre Layen, die von dem Streit nichts verstanden, in dem blinden Haß gegen die Sakramentirer recht gewiß zu erhalten, fuhren sie immer noch fort, Zwinglianer und Kalvinisten bey jeder Gelegenheit zusammenzusetzen, und den letzten auch wohl mit frecher Stirne ins Gesicht zu sagen, man wisse recht gut, daß auch nach ihrer Meynung nichts weiter, als nur ein eingebildeter und erdichteter, nur ein geglaubter oder erträumter Genuß Jesu im Abendmahl statt finden sollte. Gewiß gab es auch keinen lutherischen Layen, der es nicht steif und fest geglaubt hätte, daß der Irrthum der Kalvinisten bloß darauf hinauslaufe, und daß man bloß darüber mit ihnen streite. Der Churfürst von Sach-

sen

feu glaubte es ſo feſt als alle übrige; alſo wenn er jetzt
ſeinen Theologen ein Bekenntniß abforderte, aus welchem er ſehen wollte, ob ſie lutheriſch oder kalviniſch
ſeyen, ſo wollte er würklich zunächſt nichts anders erfahren, als ob ſie eine wahre und würkliche oder ob ſie
nur eine erdichtete und eingebildete Gegenwart Chriſti
im Abendmahl behaupteten? Je weniger ſie nun der
Frage auswichen, und je beſtimmter ſie ſich darüber
erklärten, deſto vollſtändiger glaubte er ſeine Abſicht erreicht zu haben, ja er mußte ſich ſelbſt geneigt fühlen,
es ihnen noch zum Verdienſt anzurechnen, oder ein eigenes Zeichen ihrer Unſchuld darinn zu ſehen, daß ſie ſeine
Frage ſo gut verſtanden hätten.

Dabey konnten ihnen auch die Zeloten nicht leicht
die Vortheile verderben, welche ſie ſich von dieſer Wendung verſprechen durften. Sie mochten wohl dem Churfürſten vorſagen, daß es ſich aus dieſer Konfeſſion ſeiner Theologen noch nicht deutlich ergebe, ob ſie nicht
doch in etwas mit den Kalviniſten übereinſtimmten?
aber ſie durften ihm nicht geradezu ſagen, daß man
eine wahre Gegenwart Chriſti im Abendmahl annehmen, und dennoch ein ganzer Kalviniſt dabey ſeyn könne,
denn damit würden ſie ſich ſelbſt widerſprochen haben.
Je feſter er nun überzeugt war, daß das ſchlimme und
gottloſe des Kalviniſmus nur in der Verwerfung der
wahren Gegenwart Chriſti im Sakrament liege, deſto
gewiſſer blieb er bey der Vorſtellung ſtehen, daß ſich
doch ſeine Theologen in ihrer Konfeſſion von dem Verdacht einer Theilnehmung an dieſem Irrthum vollkommen gereinigt hätten; ja dieſe durften es ſelbſt ohne
groſſe Gefahr wagen, hin und wieder etwas davon
durchſcheinen zu laſſen, daß ſie doch dabey die Gegenwart in dem Brodt und unter dem Brodt noch bezweifelten. Der Churfürſt ihr Herr wußte kein Wort davon,

von, daß ein Zweifel daran eigentlich allein den Kalvi=
nisten auszeichnete. Es war ihm nie in den Sinn ge=
kommen, daß der Unterschied zwischen ihnen und den
Lutheranern bloß darinn liegen könnte, daß die Kalvi=
nisten den Leib Christi nur mit dem Brodt, und die Lu=
theraner auch unter dem Brodt genießen wollten Wenn
er daher jetzt auch aufmerksam darauf gemacht wurde,
daß doch Luther einen solchen Genuß unter dem Brodt
behauptet habe, und daß seine Theologen doch darinn
von der reinen lutherischen Lehre abgewichen seyen, so
war es höchst wahrscheinlich, daß er über der Freude,
sie von demjenigen rein zu wissen, was er allein für das
gottlose des Kalvinißmus hielt, dennoch keine Notiz
davon nehmen würde.

Je wahrscheinlicher sich aber die Theologen zu Wit=
tenberg diese Würkung davon versprechen durften, desto
weniger hatten sie nöthig, dieß zu verhelen, daß sie
nicht ganz mit der Meynung der Brenze und der übri=
gen Zeloten, welche ihre Orthodoxie verdächtig machen
wollten, übereinstimmten. Es gieng in keinem Fall an,
daß sie sich stellen durften, als ob sie völlig mit diesen
harmonirten Sie mußten ihrem Herrn irgend etwas
angeben, woraus er sich das Geschrey, das die Zelo=
ten über sie erhoben hatten, einigermaßen erklären
konnte, denn sonst ließ sich nicht hoffen, daß er den
Argwohn fahren lassen würde, den er daraus gegen sie
gefaßt hatte, da er sich doch nicht leicht bereden konnte,
daß man ihm diesen Argwohn ganz ohne Grund beyzu=
bringen gesucht habe. Wenn sie ihm hingegen selbst ei=
nen Punkt auszeichneten, worinn sie sich allerdings von
ihnen abzuweichen und ihrer Meynung zu widersprechen
gedrungen fänden, so fiel er gewiß auch von selbst dar=
auf; daß sie sich nur dadurch den Haß und die Ver=
läumdung jener rechthaberischen Zänker zugezogen hät=
ten,

ten, und zugleich durften ſie ſich darauf verlaſſen, daß
er ihren Widerſpruch gegen dieſen Punkt deſto unbedenk-
licher finden würde, je lauter ſie ſelbſt ihre Stimme
dabey erheben würden; denn ſie durften ſich darauf verlaſſen daß er ſich ſelbſt bereden würde, ſie würden nicht
ſo laut davon geſprochen haben, wenn etwas bedenkliches dabey wäre.

Eben deßwegen konnten ſie aber auch jetzt mit der
gröſten ſcheinbaren Offenheit ihrem Herrn den wahren
und eigentlichen Punkt angeben, über welchen ſie allein
mit der Parthie der Brenze und Heßhuſe im Streit waren, und dieß war es auch, was ſie thaten, wie es ja
auch ſchon Melanchton gethan hatte. Sie hätten ſich,
erklärten ſie ganz freymüthig, den neuen Formeln und
den neuen Ideen widerſetzt, welche Weſtphal und Flacius und ihre Gehülfen in die Nachtmahls-Lehre hineinbringen wollten, denn ſie hätten einerſeits die neuer-
fundene Redensart mißbilligt, daß das Brodt der weſentliche Leib Chriſti ſey, der alſo auch mit dem leiblichen Munde leiblicher und fleiſchlicher weiſe genoſſen
werde, und andererſeits hätten ſie ſich geweigert, die
eben ſo neue Lehre von der Ubiquität der menſchlichen
Natur Chriſti zu vertheidigen, aus welcher man jetzt
ſeine Gegenwart im Abendmahl beweiſen wolle [148]).
Gegen beydes drückten ſie auch jetzt ihren Widerſpruch
mit ſehr unverholenem Unwillen aus. Niemahls, ſagten ſie, würden ſie ſich jene ungeheure Ubiquität aufdrängen laſſen, denn einmahl könnten ſie gar nicht abſehen, wozu man ſie nöthig hätte, da man die Gegenwart Chriſti im Sakrament ſchon aus den Einſetzungs-
Wor-

---

148) "Haec — ſagten ſie —
et n uulla alia his connexa,
quia non pari tumultu cum illis
aſſeveramus et pugnamus, ſolae
verae cauſae ſunt, propter quas
in hac doctrina accuſamur."
Salig 657.

Worten hinreichend beweisen könne, und dann noch weniger absehen, wie sie sich mit der Schrift vereinigen
lasse, nach welcher die in Christo vereinigte Naturen niemahls vermischt, und sein menschlicher Leib auch nach
seiner Auferstehung und Himmelfahrt ein wahrer menschlicher Körper geblieben sey [149]). Noch weniger aber
würden sie sich jemahls die neue Formel aufbürden lassen, nach welcher das Brodt im Sakrament der wesentliche Leib Christi seyn sollte, denn entweder würde dadurch das Abendmahl zu einer Bauchspeise gemacht,
oder müßte wenigstens eine räumliche und fleischliche
Anschliessung des Leibes Christi an das Brodt, eine al-
ligatio essentialis, et quasi localis et carnalis, dabey
vorausgesetzt werden, die man für nichts als für eine
leibliche Schwester der papistischen Brodtverwandlung
halten könne [150]).

So

149) "Fingunt in filio Dei D.
N. I C. assumtam humanam naturam ex foedere illo admirabi-
lissimo cum divina — accepisse
illam soli omnipotenti naturae
convenientem proprietatem, ut
corpus et sanguis sit ubique. Fatemur autem, abhorrere nos a
prodigiosa illa ubiquitate corporis Christi, quae nec necessaria
est ad retinendam aut propugnan-
dam veri corporis et sanguinis
Christi in Coena Domini participationem, nec congruit testimoniis ullis, affirmantibus assum-
tum illud à filio Dei corpus humanum verum et tale mansisse,
quale antea fuit, etiam postquam
resurrexit, et in coelos ascendit.
Auch erklärten sie, man könne
diese Ubiquität nicht annehmen,
ohne eine Eutychianische Vermischung der Naturen in Christo
zu bekommen.

150) Diese Redensart: pani-
est essentia corpus, sumtumque
ore corporali corporaliter et carnaliter: nannten sie eine ἀκυρο-
λογιαν insulsam et ministerio
huic sacrosancto minime convenientem. Aber vorzüglich urgir-
ten sie dagegen, daß man durch
diesen Begriff von einer fleischlichen Gegenwart des Leibes Christi in dem Brodt und unter dem
Brodt so leicht zu dem ganzen
Unrath des päbstlichen Meßwe-
sens zurückgeführt werden könne.
Wie, fragten sie, kann man das
Meßwesen stürzen, so lange man
eine praesentiam carnalem versicht, und das Brodt das corpus
Christi essentiale nennt? Denn
können die Meß-Pfaffen nicht
mit Recht einwenden: Wenn dieß
wahr ist, warum scheltet ihr so
auf unsere Oblation, und auf
unsere Anbetung?" ebend.

So bestanden die Theologen zu Wittenberg bey der ersten Gelegenheit, da sie nach dem Tode ihres bißhe= rigen Wortführers für sich selbst sprechen mußten, die Probe noch gut genug, auf welche sie gesetzt wurden. Sie stellten eine Konfession aus, welche ihre wahre Meynung, und damit auch die wahre kalbinische Mey= nung vom Nachtmahl höchst deutlich enthielt, und dem noch ihrem Herrn den Verdacht, daß sie Kalvinisten seyen, am gewissesten benehmen konnte. Doch machten sie sich keiner unwürdigen Verdrehung oder nur einer unerlaubten Milderung ihrer Meynung dabey schuldig, sondern sie benutzten bloß ein Vorurtheil, von welchem ihr Herr eingenommen war, und erlaubten sich einige Reticenzen, die ihnen kein billiger Beurtheiler zum Verbrechen machen kann. Sie sagten ihm nicht gera= dezu, daß auch Kalvin eine wahre Gegenwart Christi und einen würklichen Genuß seines Leibes im Abendmahl annehme, und daß der ganze Unterschied zwischen seiner und zwischen der lutherischen Theorie darinn bestehe, daß nach der seinigen der Leib Christi nur zu gleicher Zeit mit dem Brodt und auch nur von den Gläubigen, nach der lutherischen aber zugleich in und unter dem Brodt, und deßwegen auch von den Ungläubigen, wie von den Gläu= bigen empfangen werde [151]). Eben deßwegen ver=

schwie=

---

151) Man kann sich wohl ei= nes gutmüthigen Lächelns nicht erwehren, wenn der ehrliche Au= rifaber zu dem angeführten Brief an Eber, worinn er ihm seine Gedanken über ihre Konfession mittheilt; sich doch der Kalvini= sten gegen sie annehmen zu müs= sen glaubte, und deßwegen auch den folgenden Wunsch äusserte: „Nollem vos nunc esse istis voci= „bus: Sie berauben uns der „wahrhaftigen und wesentlichen „Gegenwart des Herrn, und wei= „sen uns auf einen gedichteten „und bedeuteten Leib. Illi enim, „contra quos illae directae esse „videntur, Zwingliani nempe et „Calviniani nequaquam se negare „veram et essentialem Christi in „sua Coena praesentiam profiten= „tur, et passim hac insinuatione „injuriam sibi fieri queruntur. „Quare et veritatis et concordiae „studio parcendum illis in hac „parte putassem." Aber die Theo= logen

schwiegen sie auch wohlbedächtlich, daß die Bestimmung von dem Genuß des Leibes unter dem Brodt so
wesentlich zu der lutherischen Vorstellung gehöre, und
sie liessen ihn noch weniger merken, daß die Zeloten ihre
neue Formeln und ihre Ubiquitäts-Hypothese bloß dazu
erfunden hätten, um dadurch jene Bestimmung fester
in die lutherische Theorie hineinzukütten, und es unmöglich zu machen daß sie jemahls wieder herausgerissen werden konnte. Aber was verpflichtete sie ihn darüber zu belehren, da er eigentlich diese Belehrung gar
nicht von ihnen erwartete und verlangte, und sie zum
Theil am wenigsten von ihnen angenommen haben würde? Er selbst wollte aus ihrem Bekenntniß nur ersehen, ob sie Kalvinisten in seinem Sinn, oder ob sie in
der Nachtmahls-Lehre der Meynung zugethan seyen,
welche er für die kalvinische hielt? Konnten sie ihn nun
ohne eine Verdrehung oder Verfälschung ihrer Meynung überzeugen, daß sie es nicht seyen, so hatten sie
seiner Anfrage genug gethan, und waren nicht verbunden, ihm noch ausdrücklich dazu zu sagen, daß sie dennoch Kalvinisten in einem andern Sinn seyen. War
dieß würklich der Fall, und enthielt ihr Bekenntniß ihre
wahre Ueberzeugung, so mußte es ja aus diesem selbst
hervorgehen, wie es auch würklich daraus hervor-
gieng [152]), wenn es aber ihr Herr nicht selbst darinn

fand,

---

logen zu Wittenberg hatten nirgends in ihrer Konfession gesagt,
daß sie dieß auf die Kalvinisten
bezogen haben wollten, und sie
hatten um so weniger nöthig es
zu sagen, je gewisser sie darauf
rechnen durften, daß es kein un-
terrichteter und unpartheyischer
Beurtheiler ihrer Konfession, ja
selbst nicht einmahl die Zeloten
darauf beziehen würden.

152) Es war auch höchst sichtbar, daß sie es selbst nicht ganz
verstecken wollten, denn sonst hätten sie sich nicht so manche Aeusserung entfallen lassen, aus der
auch ein Laye merken mußte, daß
sie selbst keinen andern als den
kalvinischen gleichzeitigen Genuß
des Leibes Christi mit dem Brodt
im Abendmahl annahmen. In
dem ganzen Bekenntniß verwech-
selten

fand, ſo war es nicht ihre Sache, ſondern Sache ihrer
Gegner, ihm die Augen darüber zu öffnen.

Nun mußten ſie aber auch dieſe Sprache eine Zeitlang fortführen, und dieß thaten ſie auch bey allen Gelegenheiten, wo ſie ſich öffentlich zu erklären hatten.
Bey jeder gaben ſie ſich das Anſehen, als ob ſie ſelbſt
dafür eiferten, daß man ja eine wahre und würkliche
Gegenwart, und einen wahren und würklichen Genuß des
Leibes Chriſti im Abendmahl annehmen und behaupten
müſſe. Bey jeder gaben ſie eben damit zu verſtehen
daß dieß eigentlich die einzige Grund-Beſtimmung der
lutheriſchen Nachtmahls-Lehre ſey — Aber bey jeder
äuſſerten ſie auch wenigſtens eine ſehr merkliche Abneigung, ſich auf die andere Beſtimmungen, welche man
in den Streit gezogen hatte, auf die beſondere Fragen
von der Gegenwart in dem Brodt und unter dem Brodt
ein-

ſelten ſie ja dieſe Formel, welche auch bloß eine Zeitverbindung
ausdrücken konnte, niemahls mit
einer andern, wiewohl ſie es
ſonſt in mehreren verſchiedenen
Wendungen ſagten, daß der Leib
mit dem Brodt — mit den ſichtbaren Elementen uns dargereicht,
und zu genieſſen gegeben werde.
Aber in einer Stelle der Konfeſſion ſagten ſie ſelbſt: "es ſey
„eine Schande, daß man ſich
„mehr darum bekümmere, was
„bey dem Brodt ſey? quid pani
„adſit? als um dasjenige, was
„in dem Menſchen ſey und vor-
„gehe, der das Abendmahl em-
„pfange?" und dieß hieß wenigſtens deutlich geſagt, daß man
nicht darnach forſchen und nicht
darüber ſtreiten ſollte, ob? und
wie der Leib auch in dem Brodt
und unter dem Brodt empfangen werde. Doch am offenſten
deckten ſie ihre Meynung in dem-

jenigen Abſchnitt ihrer Konfeſſion auf, in welchem ſie von dem
Genuß der unwürdigen Kommunikanten handlen mußten. Hier
räumten ſie zwar ein, daß auch
die Unglaubige an den Sakrament Antheil nähmen, oder den
Leib Chriſti ſakramentlich genöſ-
ſen — quod etiam impii ſacra-
mentotenus de menſa Domini
participent; aber ſie hatten vorher in dem zweyten Abſchnitt bey
der Frage: wie die Nieſſung geſchehe? ausführlich gezeigt, daß
doch der wahre uns von Chriſto
zugedachte Genuß gar nicht ſtatt
finde, wenn nicht zu dem mündlichen Genuß auch der Glaube
hinzukomme; und am Ende des
Abſchnitts ſcheuten ſie ſich nicht
zu fragen: warum man doch die
Genieſſung der Unglaubigen ſo
hartnäckig behaupten wolle, da
uns doch diejenige: die dräuſſen
ſeyen, nichts angiengen?

einzulaffen, und bey jeder liessen sie es sogar auf eine
für den Theologen sehr verständliche Art durchscheinen,
daß sich hierüber ihre eigene Meynung mehr zu der kal#
vinischen als zu der lutherischen Vorstellung hinneigte;
nur liessen sie sich darüber nach der Beschaffenheit der
Umstände jetzt mit mehr und jetzt mit weniger Offenheit
heraus.

So trug Eber kein Bedenken, noch im J. 1560.
einem Prediger [153]), der ihn um eine Belehrung er#
sucht hatte, wie er sich bey dem Nachtmahls # Streit
verhalten sollte, den unumwundenen Rath zu geben,
daß er doch auf der Kanzel von den streitig gewordenen
Fragen keine Notiz nehmen, sondern sich in seinen öf#
fentlichen Vorträgen nur an die Formeln und Redens#
arten halten möchte, an welche man von Melanchton
gewöhnt worden sey [154]), also — denn dieß lag
in diesem Rath — nur an Formeln und Redensar#
ten halten möchte, in welchen sich eben so gut die eine
als die andere der in Streit gekommenen Meynungen
hineinlegen ließ. Dabey führte er zwar mit grosser
Sorgfalt aus, daß in ihrer Schule zu Wittenberg auch
jetzt noch, wie zu Luthers Zeiten, nicht anders vom
Nachtmahl gelehrt werde, als "daß Christus würklich und
„wahrhaftig darinn gegenwärtig sey, und daß uns mit

Ue#

---

153) Der Brief von Eber fin#
det sich unter Fechts Epistolis
Theol. P. III p. 114 bloß mit der
Aufschrift: Epistola Eberi ad Pa#
storem Kittingensem. In einer
andern Abschrift des Briefs hat
aber Salig auch den Nahmen des
Mannes gefunden. Er hieß Ger#
hard Viereck, oder Quadrangu#
gulus. Salig Th. III. 658.

154) "Quod quaeris de Coena, omnino tibi auctor sum, ne
Theil II. 2. Hälfte.

hoc tempore exulceratissimo ex
suggestu, aut cum quoquam Col-
lega um certes de ea controversia. quae hactenus viventibus illis
Heroibus, Luthero et Philippo
componi non potuit, et haud dubie ecclesiam, atque adeo impe-
ria adhuc duriter quassabit. Tu-
tissimum est, nos sequi formas
loquendi usitatas nostris ecclesiis,
ac uti definitione Coenae, quae
in Examine et locis communibus
posita est."

Gg

„Ueberreichung und Nieſſung des ſichtbaren und unver-
„wandelten Brobts und Weins — wahrhaftig überreicht,
„geſchenkt und zu eigen gegeben werde der wahrhaftigſte,
„natürliche, weſentliche und ſubſtantielle Leib Chriſti,
„nehmlich eben der Leib, mit welchem ſich der Logos
„bey ſeiner Menſchwerdung vereinigt, und das nehm-
„liche Blut, welches er am Kreuß vergoſſen habe" [155]).
Er berief ſich auch darauf, daß er ſelbſt noch ganz kürzlich in einer Predigt über dieſen Artikel des Katechißmus ſich wörtlich dieſer Ausbrücke bedient habe [156]).
Unter den Vorſtellungen aber, welche ſie mißbilligten,
führte er zwar nicht nur den Begriff einer Brodt-Verwandlung, und den Begriff von einer räumlichen Einſchlieſſung des Leibes in das Brodt, ſondern auch den
Begriff von einer Vereinigung des Leibes mit dem Brodt
an. Doch beſtimmte er bey dem letzten ſehr vorſichtig,
daß ſie ihn nur ſo weit mißbilligten, als man dabey an
eine natürliche, und auch auſſer dem ſakramentlichen
Gebrauch fortdaurende Vereinigung denken konnte [157]).
Allein zu gleicher Zeit ließ er gar nicht unbeutlich merken, daß ſie bennoch ihrerſeits auch in dem ſakramentlichen Gebrauch keine Verbindung des Leibes mit dem
Brodt — alſo keinen Genuß im Brodt und unter dem
Brodt, ſondern nur den kalviniſchen Genuß mit dem
Brodt annähmen, denn er brauchte nicht nur gefliſſentlich

155) "Nos certo ſtatuimus,
nos in Coena, ſumtis illis elementis — veriſſime participes fieri et naturalis et ſubſtantialis,
et eſſentialis, (et quomodocun-
que libet appellare) corporis et
ſanguinis Chriſti — atque ita uni-
cum illud ac veriſſimum corpus,
quod filius Dei aſſumſit — et veriſſimum cruorem, qui ex vul-
neribus ejus effluxit — affirmamus
nobis cum pane et vino exhiberi
et donari."

156) "Hac forma explicandi
verba Coenae ego utor, atque
uſus ſum praeterito die Veneris,
cum Catecheſeos parte pro more
hujus eccleſiae explicarem.

157) "Nec tamen dicimus, ullam fieri vel ſubſtantiarum conver-
ſionem, vel localem incluſionem,
naturalem et durabilem corporis et
ſanguinis cum elementis conjun-
ctionem."

lich immer allein die Formel, daß der Leib mit dem
Brodt dargereicht und empfangen werde, sondern ge-
stund auch, daß sie es nicht für nöthig hielten, die besondere Art der Gegenwart des Leibes näher zu bestimmen [158]).

Mit etwas mehr Zurückhaltung mußten sich hingegen die Wittenberger in einem öffentlichen Gutachten
ausdrücken, das sie im folgenden Jahr 1561. in Gemeinschaft mit der theologischen Facultät zu Leipzig auf
eine Anfrage der Siebenbürgischen Kirchen auszustellen
hatten. Unter den Predigern der Sächsischen Nation
in diesem Lande war es über dem Nachtmahls-Streit
zu einer förmlichen Spaltung gekommen, denn sie hatten sich wenigstens bereits in zwey getrennte Partheyen
zusammengezogen, wovon die eine öffentlich für die
Wahrheit der kalvinischen und die andere für die Wahrheit der ächt-lutherischen Vorstellung kämpfte [159].
Beyde Theile hatten auch schon dem neuen Fürsten der
im J. 1559. zur Regierung gekommen war [160]), ihre
Konfessionen übergeben, aber beyde Theile provocirten
auf die Beystimmung der Theologen in Deutschland [161]), und da bey einer von dem Fürsten angestellten

---

158) "De modo praesentiae
nihil ad vulgus disputo, nec etiam
opus esse puto."

159) Von diesen Siebenbürgischen Händeln S. Hauer Hist.
ecclesiar. Transylv. (Leipz 1694
in 12) p. 250. Schmeitzel Dissert.
epistol. de statu ecclesiae Luthe-
ranae in Transylv. Jenae 1722.
in 4.) p. 48 Histor. ecclesiae
Reform. in Hungaria et Transylv.
(Trajecti 1728. in 4.) p. 110.
Salig Th. II. p 840

160) Es war Johann II. der
auch den Titel: König von Ungarn fortführte.

161) Die Anhänger der kalvinischen Vorstellung, an deren
Spitze der berüchtigte Francisc.
Davidis stand, beriefen sich vorzüglich auch auf Melanchton, wie
man aus dem Responso ersieht,
das hernach von den Theologen
zu Rostock über ihre Konfession
ausgefertigt wurde. "Wir ver-
„nehmen auch — heißt es in die-
„sem — daß unter euch viele
„fromme Herzen durch das An-
„sehen unseres ehrwürdigen Herrn
„Praeceptoris Philippi angegriffen
„und kleinmüthig darüber wer-
„den. Aber weil der Herr Prae-
„ceptor

ſtellten Konferenz zu Medriſch keine Vereinigung der
Partheyen erzielt werden konnte, ſo beſchloß man, eine
Geſandtſchaft nach Deutſchland herauszuſchicken, und
die Gutachten der Univerſitäten zu Leipzig, zu Wittenberg und zu Roſtock über die Konfeſſionen [162]) der einen und der andern einzuholen. Allein der Fürſt von
Siebenbürgen begünſtigte ſehr unverholen die lutheriſche
Parthie, denn er erklärte ſelbſt in ſeinem Schreiben an
die Univerſitäten, daß er von Jugend auf "in der reinen
"lutheriſchen Lehre erzogen worden ſey, und deßwegen
"billig beſeufzen und mit höchſten Schmerzen ſeines Ge-
"müths beklagen müſſe, daß das Gift der Sakramentirer
"in den Kirchen ſeines Gebiets ſo viel Eingang gefunden
habe [163]). Er ſchrieb auch ſelbſt an den Churfürſten
von Sachſen, und bat ihn, ſich dafür zu verwenden,
daß ſeine Theologen nach ſeinen Wünſchen ſprechen
möchten; der Churfürſt aber ſchickte darauf ſeinen Hof-
Prediger mit den Siebenbürgiſchen Geſandten nach
Wittenberg [164]), und trug ihm beſonders dafür zu
                                                    ſorgen

"ceptor in allen ſeinen öffentli-
"chen Schriften ſich auf Lütheri-
"Meynung und Bekenntniß be-
"ruft, und ſie für recht gehal-
"ten und beſtätigt — ſo iſt au-
"genſcheinlich, daß die öffentliche
"Zeugniſſe von ſeiner Meynung
"weit ſollen vorgezogen werden,
"den heimlichen und menſchlichen
"Griffen, auch Anſchlägen und
"Briefen, die in ſeinem Nahmen
"hin und wieder, vielleicht er-
"dichteter weiſe ausgeſtreut wer-
"den."
162) S. Confeſſio eccleſiarum
Saxonicarum in Tranſylvania de
Coena Domini, anno 1561. miſſa
allata et exhibita Academiis Lip-
ſienſi, Wittebergenſi et Roſto-
chienſi — cum brevi praefatione

Nicol. Selnecceri. Lipſiae 1584.
in 4. Die Konfeſſion der Reformirten hatte die Auffchrift: Defenſio orthodoxae ſententiae de
Coena Domini Miniſtrorum eccleſiae Claudiopolitanae. 1561.
163) Das Schreiben an die
Univerſitäten war vom 20. Sept.
1561. datirt. S. Hiſtorie des
Sakram Streits p. 688 Die
Abgeordnete brachten aber auch
eigene Schreiben von den Superintendenten und Predigern in
Siebenbürgen und von dem Magiſtrat und der Bürgerſchaft in
Hermannſtadt mit, die vom 9.
und 10 Oct. datirt waren S.
Schütz Vita Chytraei P. 1 p. 216.
164 Der Hofprediger, den
der Churfürſt nach Wittenberg
                                      ſchickte,

forgen auf, daß sie eine richtige Antwort bekommen
sollten. Unter diesen Umständen machten es mehrere
Rücksichten nothwendig, ja einige darunter machten es
selbst den Theologen zur Pflicht, sich nur mit einer be-
dachtsamen Zurückhaltung zu erklären, denn sie mußten
ja unter anderen auch darauf Bedacht nehmen, daß ihr
Gutachten nicht allzuverschieden von dem Rostockischen
ausfiel, das man ebenfalls verlangt hatte.

Mit kluger Hinsicht auf diese Umstände stellten sie
also ihr Responsum [165] in einer solchen Form aus,
daß sie nicht nur die Konfession der lutherischen Parthie
unter den Siebenbürgischen Predigern und die darinn
enthaltene ächt-lutherische Vorstellung in der Hauptsache
völlig zu billigen, sondern auch dagegen die Meynung
der andern Parthie sehr bestimmt zu mißbilligen schienen. Die Verfasser der Historie des Sakraments-
Streits glaubten daher dieß Responsum als ein schätz-
bares Dokument aufbewahren zu müssen, aus welchen
sich ersehen lasse, daß der leydige Abfall der Wittenberger zum Kalvinismus damahls noch nicht allgemein
erfolgt sey [166]; allein sie mußten sich dabey die Augen.

---

schickte, hieß M. Ambrosius Claviger. Die Siebenbürgische Abgeordnete waren Georg Christian,
Decanns des Kapitels zu Hermanstadt, Nicolaus Fuchs, Prediger zu Hongberg, und Lucas
Ungler, Rektor zu Hermanstadt.
Der letzte wurde nach Rostock
abgeordnet.
165 Selneccer hat dieß Responsum der schon angeführten
im J 1584 von ihm herausgegebenen Siebenbürgischen Konfession beygefügt, es findet sich
aber auch vollständig in der Historie des Sakrament-Streits

p. 689 701. Es wurde im Nahmen der beyden Universitäten
Leipzig und Wittenberg ausgefertigt, und daher auch von den
Theologen der beyden Universitäten unterschrieben.
166) "Diese Schrift, sagen
sie, sey desto fleißiger zu merken, weil man daraus sehen
könne, wie gleichwohl unter so
vielen seltsamen Praktiken, so
dazumahl zu Wittenberg in vollem Lauf gegangen, dennoch
Gott sein Häuflein noch reiniget,
geführt und erhalten habe."
S 707.

gen recht vorsetzlich verschliessen, um nicht das Gegentheil darinn zu sehen, und gewiß darf man auch behaupten, daß sie sich mit Gewalt dazu zwangen; denn für
jeden unterrichteten Beurtheiler war es unmöglich zu
verkennen, daß es eigentlich die wahre kalvinische Vorstellung war, welche in diesem Responso von den Wittenbergischen und Leipzigischen Theologen gebilligt wurde.

Was urtheilten sie dann von der Lehre, die in
der Konfession der lutherischen siebenbürgischen Prediger enthalten war? — Sie urtheilten — dieß sind
ihre eigene Worte — "daß diese Lehre vom Abendmahl
„im Grund und in der Summa (die Worte und
„Reden darinn schlecht und ohne Uebeldeutung
„und Kavillation zu verstehen) recht und rein sey,
„auch der heiligen Schrift, und Augsburg. Konfession,
„und also dieser Länder Kirchen-Lehre, wie
„dieselbe zu des Herrn Luthers und Philippi Zei-
„ten geführt, und noch öffentlich gebräuchlich
„ist, gemäß sey."

Welches war aber die Lehre, von der sie dieß Urtheil fällten? — Es war — dieß sind wieder ihre eigene
Worte — die Lehre: "daß im Abendmahl nicht allein
„Brodt und Wein als ledige Zeichen des abwesen-
„den Leibes und Blutes Christi gereicht und em-
„pfangen werden, sondern auch mit dem sichtbaren und
„doch unverwandelten Brodt und Wein zugleich der Leib
„Christi, am Kreuß für uns gegeben, und sein Blut
„für uns vergossen, gegenwärtig geschenkt und genossen
„werde — und daß solche Niessung nicht allein geschehe
„geistlicher weise mit dem Mund, welche sakrament-
„liche mündliche Niessung gemein sey, beyde den
„frommen Christen, die durch Zuthuung der geistlichen
„Niessung, welche durch den Glauben geschieht, wahr-
„haftig erlangen die Wohlthat, so der Herr Christus
„durch

„durch fein Sterben und Blutvergießen erworben hat,
„und den Schein-Christen, die den Leib und das Blut
„Christi nur sakramentlich und mündlich empfangen
„ohne Frucht, und ihnen selbst zum Gericht, Schaden
„und Strafe — darum daß sie nicht zugleich geistlich
„essen, sondern es bey dem mündlichen Essen bewenden
„lassen.“

Nun konnte es doch keinem Theologen unbekannt
seyn, daß die Kalvinisten ihre Vorstellung auf das leichteste in diese Formel fassen konnten, und gewöhnlich gefaßt hatten. Allerdings konnte auch die ächt-lutherische
Vorstellung recht gut darein gefaßt werden, je nachdem
man den Sinn einiger Ausdrücke darinn mehr oder weniger erweiterte. Sie war auch schon oft darein gefaßt
worden, und sie sollte gewiß auch nach der Absicht der
Siebenbürgischen Prediger nur allein darinn liegen:
aber dadurch wurden doch die Wittenberger nicht verpflichtet, ebenfalls nur diese, und keine andere darein
zu legen. Ja, wenn sie gesprochen hätten, daß diese
Lehre, welche sie für die rechte und wahre erklärten,
ihrem Urtheil nach mit der ächten Lehre des seeligen
Herrn Lutheri vollkommen übereinstimme, so möchte
man anzunehmen befugt seyn, daß sie die Ausdrücke,
worinn sie gefaßt war, ebenfalls nur im lutherischen
Sinn genommen hätten; aber sie setzten bedächtlich,
daß sie nur derjenigen Kirchenlehre gemäß sey, welche
bey ihnen noch zu des Herrn Lutheri und Philippi Zeiten öffentlich geführt worden sey, sie protestirten noch
dazu ausdrücklich, daß sie die Ausdrücke nur schlecht
und ohne Kavillation genommen haben wollten, und
wem mußte es nicht schon daraus merklich werden, daß
sie hier ihre eigene wahre Meynung zwar etwas verber-
ten, aber doch, ohne sich einer Falschheit schuldig zu
machen, verdecken wollten? doch sie deckten sie ja sonst
noch in diesem Responso deutlich genug auf.

Die

Die Siebenbürgische Prediger hatten in ihrer Konfession doch ein paarmahl auch die Formel gebraucht, daß der Leib Christi im Sakrament nicht nur mit dem Brodt, sondern auch unter dem Brodt oder in dem Brodt empfangen und genossen werde. Daß nun die Verfasser des Responsi in der Hauptstelle, in welcher sie ihre Meynung auffaßten und beurtheilten, gar keine Notiz davon nahmen, dieß war schon ein Zeichen, das sehr viel verrieth; aber was verrieth nicht die folgende Erklärung, die sie sich im Vorbeygehen darüber entfallen liessen?

"Da die Konfession diese Reden gebraucht, daß mit „Brodt, unter Brodt, oder in dem Brodt und Wein „der wahre Leib und Blut Christi gereicht und empfan„gen werde, so werden sie doch also darinn erklärt, daß „dadurch weder die erdichtete Transubstantiatio, noch „eine räumliche, natürliche, fleischliche, beharrliche Ein„schliessung, Vermischung und Anheftung des Leibes „und Blutes in oder an das Brodt und den Wein soll „gesetzt oder gestärkt werden, mit welcher Erklärung „und Protestation wir solche formas auch brauchen wol„len." Dieß hieß wörtlich gesagt, daß sie auch allenfalls zugeben wollten, der Leib Christi werde in dem Brodt und unter dem Brodt empfangen, doch nur unter der Bedingung, wenn man ihnen erst zugeben würde, daß sich gar keine Art gedenken lasse, nach welcher er in dem Brodt enthalten seyn könnte: was hieß aber dieß anders, als daß sie die Formel nur insofern anzunehmen und nur in den Sinn zu brauchen bereit seyen, nach welchen auch ein blosser gleichzeitiger Genuß des Leibes mit dem Brodt dadurch ausgedrückt werden könnte.

Und wie weit stimmten dann die Wittenberger in ihrem Responso der Anthithesis gegen die Kalvinisten

bey

bey, welche die Siebenbürgische Zeloten in ihrer Konfession ausgeführt hatten?

"Dabey — erklärten sie — klaget die Konfession
„ganz billig über diejenige, die der Vernunft mehr und
„lieber glauben und folgen, denn den wahren ernsten
„Worten des Sohnes Gottes Jesu Christi, und die-
„selben nach der Vernunft so auslegen, daß sie figu-
„rate von dem abwesenden Leib Christi soll n
„verstanden werden, und die Elementa nur als Brodt
„und Wein geachtet und empfangen, dieweil sie mit
„ihrem natürlichen Licht und Verstand nicht ermessen
„können und nicht möglich befinden, daß der Herr Chri-
„stus im ersten Abendmahl seinen Leib, den er am Kreutz
„aufopfern wollte — seinen Jüngern habe zu essen geben
„können — und suchen zu Hauf allerley ungereimte Fol-
„gen, so daraus entspringen, wenn die Worte Christi
„von seinem gegenwärtigen Leib sollten verstanden wer-
„den, und weil dieselbige absurda sich der Vernunft nach
„nicht leyden wollen, deuten sie diese Worte dahin, daß
„sie sollen von dem abwesenden und im Himmel woh-
„nenden Leib verstanden werden, welcher durch die Ele-
„menta nur bedeutet, nur mit den Gedanken und mit
„dem Glauben empfangen und also nur geistlich genossen
„werde.

Diese Meynung war es dann auch, und diese Meynung war es allein, welche sie im Verfolg ihres Responsums selbst widerlegten, denn alle ihre Gründe konnten bloß diejenige treffen, welche gar keine wahre Gegenwart Christi im Sakrament annehmen wollten [167].

Nur

---

167) Sie nahmen auch alle
Gründe, welche sie dagegen vor-
brachten, bloß von den Einsetzungs-Worten her, aber freylich begiengen sie dabey eine kleine
Unredlichkeit, die nicht ganz ents-
schuldbar war. Auch die Zeloten
vertheidigten ihre von den Kalvinisten

Nur im Gegensaß gegen diese Meynung erklärten sie auch noch ausdrücklich am Schluß des Responsums, daß sie sich die Konfession der Siebenbürgischen Prediger im Grund und in der Summa gefallen ließen, „weil sie es für billig achteten, daß man denjenigen, „welche die Lehre von der Gegenwärtigkeit Chri- „sti und seines Leibes und Blutes im Abend- „mahl verwerfen, schmähen und als papistisch und ab- „göttisch verdammen, auch widersprechen möchte [68].‟ Wer aber, der nur einmahl eine Schrift von Kalvin gesehen hatte, wer konnte darinn seine Meynung er- kennen? also wer, der es nur wußte, worüber neuer- lich

---

vinisten bestrittene leibliche Ge- genwart in dem Brodt immer aus den Einsetzungs-Worten. Auch die Zeloten machten den Kalvinisten den Vorwurf, daß sie ihre Vernunft der Autorität Christi vorzögen, weil sie es sei- nen Worten nicht glauben woll- ten, daß das Brodt sein Leib sey. Wenn nun die Wittenber- ger in diesem Responso ganz auf die nehmliche Art argumentirten, so mußte man freylich fast noth- wendig auf den Glauben kommen, daß sie auch das nehmliche da- durch erhalten wollten: aber dieß wollten sie nicht nur nicht erhal- ten, sondern sie wußten auch recht gut, daß es sich auf keine recht- mäßige Art dadurch erhalten ließ, und deßwegen hätten sie nicht ein- mahl den Schein dabey annehmen sollen, als ob sie eben so falsch und eben so ungerecht, wie die Zelo- ten schließen könnten. Auch be- günstigten sie doch dadurch die falsche Vorstellung, oder sie be- stärkten ihre Layen in der falschen Vorstellung, daß die Kalvinisten gar keine würkliche Gegenwart Christi und seines Leibes im Sa- crament annähmen, denn diese

konnten doch nicht anders glau- ben, als daß sie es in diesem ganzen polemischen Theil ihres Responsums mit Kalvinisten zu thun hätten.

168 Doch ermahnten sie da- bey, daß die Prediger auch bey ihrem Widerspruch die gebührli- che Bescheidenheit und Sanft- muth nicht aus den Augen setzen, und wenn sie sich ja gedrungen fühlten, ihre Zuhörer vor dem Irrthum des andern Theils zu warnen, doch keine Lästerungen und Schmähungen einmischen möchten, welche die Erbitterung nur vergrössern und die Spal- tung erweitern müßten. Für sich selbst aber erklärten sie am Ende „daß sie ihrerseits gern „mit den Schwachen christliche „Gedult tragen wollten, in An- „sehung daß es sehr schwer sey „eine gefaßte opinionem, die dem „natürlichen Licht gemäß scheint, „und durch vernünftige gleissende „Argumenta dem Herzen einge- „bildet und mit aufgewachsen, „und durch anderer ansehnlichen „Leute Lehre und Exempel ge- „stärket ist, plötzlich fahren zu „lassen und von sich zu legen.‟

sich gestritten wurde, konnte es in dieser Wendung verkennen, daß die Wittenbergische Theologen durchaus
nicht die Kalvinische Meynung verdammen wollten [169]).

Doch dieß fühlte niemand stärker als die Zeloten
selbst; deßwegen ruhten sie ja nicht, biß sie es dahin
gebracht hatten, daß es auch ihren Layen sichtbar und
merklich geworden war.

Kapitel VII.

Jnbessen hatte diese Parthie vorläufig genug zu
thun, um sich in dem offenen Kriege, den sie mit der
Kalvinischen angefangen hatte, gehörig durchzuschlagen,
denn seit den Auftritten in der Pfalz hatten sich auch

Kalvin

---

169) Eben so wenig konnte
man es aber dafür in dem Ros-
stockischen Responso verkennen,
daß es in diesem den Kalvinisten
gelten sollte. Die Rostocker bezogen sich nemlich ausdrücklich auf
die Schlüsse des neuesten Braunschweigischen Convents, in welchem "aus Veranlassung des
„Streits, den der leidige Teu-
„fel in der Stadt Bremen über
„die Nachtmahls-Lehre erregt
„habe, die Jrrthümer und Greuel
„der Sakramentirer gar deutlich
„verworfen und verdammt, die
„wahre Bekänntniß vom Abend-
„mahl wiederholt, und die Mey-
„nung und Jnnhalt des zehnten
„Artikels der Augsp. Konfession
„christlich und kürzlich erklärt
„worden sey." Sie billigten es
daher auch vollkommen, daß die
lutherische Prediger in Siebenbürgen sich von den Kalvinisten
getrennt hätten, und ermahnten
sie ausdrücklich, gegen ihren Jrr-
thum und Betrug tapfer fortzu-
streiten, und sich dabey nur immer an das Fürbild der heilsa-

men Worte zu halten, welche
von Christo und dem Apostel
Paulo vorgeschrieben, und auch
in den Schmalkaldischen Artikeln
und in dem letzten Bekanntniß
des Herrn Lutheri gebraucht worden seyen. Darunter verstanden
sie die Formeln: das Brodt ist
der Leib Christi! das Brodt ist
der wahre und natürliche Leib
Christi! denn dieß — sagten sie —
„dienet vielmehr zur Erhaltung
„der Wahrheit, denn daß ihr
„braucht zweifelhaftige Reden der
„jetzigen Sakramentirer, die man
„drehen und wenden kann, wie
„man will, und aus welchen zwey-
„erley Meynung und Verstand
„vertheidigt werden können."
Endlich legten sie es ihnen besonders an das Herz, daß sie ja
sonderlichen Fleiß anwenden sollten, damit ihr durchlauchtigster
Herr König in der wahren Lehre
recht unterwiesen und erhalten
würde. — Auch dieß Bedenken
s. in Hist. des Sakr. Streits.
S. 702-707.

Kalvin und seine Freunde in der Schweiz und in Genf mächtiger und kühner, und seit der neuen Einmischung der Würtenberger auch mit mehr Hestigkeit und Erbitterung hervorgedrängt. Ueberdieß aber hatte der Konvent zu Naumburg, der zu Anfang des Jahrs 1561 veranstaltet worden war, einen Ausgang genommen, der für die Wünsche und Entwürfe der Zeloten sehr ungünstig war, und sie zu eben der Zeit nöthigte, die Ausbrüche ihres Hasses gegen die neutrale Parthie etwas zu mässigen, da er diesen Haß auf den äussersten Grad trieb.

Auf diesem Konvent [170] hatten sich zwar die meiste protestantische Fürsten und Stände dahin vereinigt, durch eine neue Unterschrift der Augsp. Konfession ihre fortdaurende Anhänglichkeit an die darinn enthaltene Lehre feyerlich zu bezeugen, und die Verpflichtung zu der Beharrlichkeit bey dieser Lehre auch auf das neue zu übernehmen. Man hatte sich selbst dabey vereinigt, der Augsp. Konfession wieder ihre erste ursprüngliche Form zu geben, in welcher sie ehmahls dem Kayser und Reich überreicht und von den protestantischen Ständen als das gemeinschaftliche Bekenntniß ihrer Lehre agnoscirt worden war, denn nach einer angestellten Kollation der verschiedenen von Melanchton besorgten früheren und späteren Ausgaben hatte man den Schluß gefaßt, daß nur dem ungeänderten Text der Charakter einer öffentlichen Schrift der ganzen Parthie zuerkannt werden sollte, so wie auch nur dieser von den Ständen auf das neue

---

170) Die Geschichte dieses Naumburgischen Fürstentages muß im folgenden Band vorkommen, der die Geschichte aller angestellten Vergleichs-Versuche, die man zu Beylegung der unter den Theologen entstandenen Stritigkeiten machte, in ihrem Zu- sammenhang enthalten soll. Hier wird sie bloß so weit berührt, als die Verhandlungen dieses Konvents auf die Fortsetzung des Sakrament-Streits Einfluß hatten; dieser Einfluß aber äusse te sich bloß darinn, daß sie den Streit giftiger machten.

neue unterschrieben wurde. Allein dabey hatte man zugleich eine Declaration [171]) ausgestellt, durch welche es wieder gewissermaſſen jeder einzelnen proteſtantiſchen Kirche freygelaſſen wurde, ſich an die ſpäthere und veränderte Ausgaben zu halten; denn es wurde ausdrücklich darinn erklärt, daß man durch die Sanktionirung des ungeänderten Texts jenen veränderten und zum Theil verbeſſerten [172]) Ausgaben, welche jetzt in den meiſten Kirchen und Schulen in Gebrauch ſeyen, keinesweges widerſprechen, auch im geringſten nicht davon abweichen, ſondern vielmehr auch dieſe förmlich repetirt haben wolle. Man hatte in dieſe Declaration noch eine beſondere Erklärung über die Nachtmahls-lehre eingerückt, durch welche man ſich zwar angeblich von dem Verdacht jeder Neigung und Annäherung zu den Irrthümern der Sakramentirer reinigen wollte, die aber gefliſſentlich ſo gefaßt war, daß ſie auch von erklärten Kalviniſten ohne Bedenken angenommen und unterſchrieben werden konnte [173]). Man hatte ſich mit einem

---

171) In der Präfation, welche man im Nahmen der ſämmtlichen Stände der neu-revidirten, kollationirten und unterſchriebenen Konfeſſion vorſetzte

172) Es wurde ausdrücklich geſagt "die veränderte Ausgaben "vom J. 1510 und 1542 ſeyen "in etlichen Artikeln recht abſicht-"lich um der mit dem Gegen-"theil gehaltenen Unterredungen "und Diſputationen willen aus-"führlicher geſtellt worden, da-"mit die göttliche Wahrheit um "ſo viel mehr an den Tag kom-"men, und der Glaube gegen "alle Traditionen und Satzungen "rein und unverfälſcht bleiben "möchte."

173) Dieß Bekenntniß vom Abendmahl gieng wörtlich dahin:

"daß in dem Sakrament ausge-"theilt und empfangen werde der "wahre Leib und Blut des "Herrn Jeſu Chriſti nach Inn-"halt der Einſetzungs-Worte, "und daß der Herr Jeſus Chri-"ſtus in der Ordnung ſolches "ſeines Abendmahls wahrhaf-"tig, lebendig, und weſentlich "gegenwärtig ſey, auch mit Brodt "und Wein, alſo von ihm ge-"ordnet, uns Chriſten ſeinen "Leib und ſein Blut zu eſſen und "zu trinken gebe." Dabey wurde bloß am Ende hinzugeſetzt, "daß "diejenige unrecht lehrten, wel-"che ſagten, daß der Herr Chri-"ſtus nicht weſentlich in der "Nieſſung des Nachtmahls, "ſondern daß es allein ein "äuſſerliches Zeichen ſey, da-"bey

einem Wort in Beziehung auf alles dasjenige, was
von dem Nachtmahls-Streit auf dem Konvent vorkam [174]), dermaſſen geäuſſert, daß es auch dem Churfürſten von der Pfalz möglich wurde, allen von der Verſammlung gefaßten Schlüſſen ohne einen Vorbehalt beyzutreten.

Man kann ſich vorſtellen, daß die Wuth der Zeloten darüber gränzenlos wurde, oder vielmehr — denn
ſie gieng über alle Vorſtellung hinaus — aus den Aus-
brüchen und Aeuſſerungen dieſer Wuth, welche ſich einige von ihnen, beſonders die Niederſächſiſche Zeloten
erlaubten [175]), kann man einigermaſſen auf den Zuſtand ſchlieſſen, in den ſie dadurch verſetzt wurden. Wie
ſie aber jetzt in dieſem Zuſtand den Streit mit den Kalviniſten fortführten, und welchen Einfluß die auf beyden Seiten auf das höchſte geſtiegene Erbitterung auf
den Innhalt und auf den Geiſt der Schriften hatte, die
in

„bey die Chriſten ihr Bekennt-
„niß thun, und zu kennen
„ſind.”

174) Es wurde ja ſogar auf
dem Konvent durchgeſetzt, daß
man in der Declaration, die
man der neu-unterſchriebenen
Konfeſſion vorſetzte, die Schmalkaldiſche Artikel gar nicht erwähnen ſollte, auf welche ſich doch
die Zeloten immer als auf die
Hauptquelle berufen hatten, aus
der man die authentiſche Erklärung über den zweydeutigen zehenten Artikel der Konfeſſion
ſchöpfen müſſe. Aber auf dieſem
Konvent wurde ja ſelbſt im Nahmen der ſämmtlichen verſammelten Fürſten ein Schreiben an den
König von Frankreich erlaſſen,
worinn ſie die franzöſiſche Kalviniſten als ihre Glaubensgenoſ-
ſen anerkannten, die nur um
eben der Religion willen verfolgt

würden, zu welcher ſie ſelbſt ſich
bekennten.

175) Man findet den Schatz
beyſammen in zwey Bedenken,
über ein durch den Naumburgi-
ſchen Abſchied veranlaßtes Kryps-
Mandat der Niederſächſiſchen
Stände, wovon das eine von
den Mecklenburgiſchen Theologen,
und das andere von Mörlin aufgeſetzt wurde. Das Mandat findet man bey Schütz Vita Chytr.
T. I. in dem Appendix nr. III.
p. 350. das Bedenken der Mecklenburgiſchen Theologen darüber
in Bertrams Lüneburgiſcher Kirchenhiſtorie in den Beylagen nr.
IX. p. 58. und das Mörliniſche
bey Löſcher P. II. p. 213. doch
davon, und von dem Grimm,
den Heßbuß darüber anließ,
muß an einem andern Ort mehr
erwähnt werden.

in diesem Zeitraum zwischen den Partheyen gewechselt wurden, dieß kann man sich gewiß von selbst vorstellen, wenn man auch weiter nichts als bloß den Titel und die nächste Veranlassung von einigen darunter kennen lernt. Eine ganz kurze Anzeige davon mag also schon hinreichend, und um so mehr hinreichend seyn, da man auch voraussehen kann, daß sich nur wenige durch irgend etwas neues, oder nur eigenthümliches auszeichnen konnten.

Zu den schon erwähnten [176]) Schriften, welche Kalvin, Beza und Boquin zunächst aus Veranlassung der Heydelbergischen Händel und nahmentlich gegen Heßhuß herausgegeben hatten, kamen noch in dem J. 1561. drey andere, in welchen die Sache dieser Parthie auch noch vorzüglich gegen Heßhuß, und mit sehr grosser Heftigkeit vertheidigt war. Von Zachar. Ursinus [177]) erschien eine Schrift wider ihn, welche eine scharfe Prüfung desjenigen enthielt, was Heßhuß von einem mündlichen Genuß des Fleisches Christi behauptet hatte. Ein Prediger zu Basel Wolfgang Weissenburg, trat mit einer deutschen Schrift [178]): vom Abendmahl ebenfalls

176) S. oben S.

177 Zacharias Ursinus, von Breßlau gebürtig, war in diesem J. 1561 von Zürch nach Heydelberg berufen worden. Die Schrift, womit er zuerst auftrat, hatte den Titel: Zachar. Ursini Antapocrisis ad Heshusii Responsionem de orali manducatione. 1561. in 8. Sie findet sich auch in dem zweyten Band seiner Werke.

178) Eine andere Schrift unter dem Titel Antidoton, die in diesem Jahr zu Vertheidigung der kalvinischen Vorstellung zu Basel herauskam, machte deßwegen ein grösseres Aufsehen, weil es bald bekannt wurde, daß sie von einem alten beßischen Prediger, Johann Pincier herrührte. Hospinian berichtet, der Verfasser habe nur darinn die Erklärungen der ältern Väter gesammelt, hoc quidem consilio, ut hominum simplicium animos ad pacem flecteret, si intelligerent, quid Doctores in primaeva ecclesia de pace senserint Die Schrift mag aber doch etwas zu stark gewesen seyn, denn Pincier wurde darüber von seinem Landsherrn deßhalb in Rede gesetzt, und erhielt von dem sonst mehr als neutra-

falls dazwischen; Heinrich Bullinger von Zürch hingegen kehrte seine Waffen besonders gegen die von den
lutherischen Zeloten zu Hülfe genommene Ubiquität, und
vertheidigte in einem eigenen Traktat [179)] über die
Worte Christi Johann. XIV. 2. die Localität seines
Leibes im Himmel, wobey er aber auch nicht unterließ,
seine lokale Gegenwart im Abendmahl daraus zu bestreiten [180)].

Gegen diese Angriffe traten dann von Seiten der
lutherischen Parthie vorzüglich Heßhuß, Chemniz und
Brenz auf. Heßhuß, der bey jedem am schlimmsten
weggekommen und besonders von Beza [181)] am härtesten mißhandelt worden war; gab eine Vertheidigung
seiner Schrift von der Gegenwart Christi im Nachtmahl
heraus, worinn er sich mit allen seinen Gegnern zusammen mit Kalvin, Beza, Boquin und Klebiz her-
umschlug [182)]. Chemniz, der sich schon im vorigen
Jahr

---

neutralen Landgrafen Philipp die
ernstliche Weisung, daß er in Zukunft seines Amts warten, und
sich solcher sacramentirischen Griffe
enthalten sollte. S. H. Garthius vom hessischen Religions-
Wesen p. 77 und einen eigenen
Brief von Vincier in H. Zanchii
Epist. L. II. p. 174. Doch meynt
Löscher, "daß billig noch ein meh-
"rerer Ernst gegen ihn hätte sol-
"len gebraucht werden. P. II.
p. 199.

179) Henr. Bullingeri Tractatio Verborum Domini Job. XIV.
2. Tiguri 1561 in 8.

180) Bullinger behauptete
nicht nur in dieser Schrift, daß
der Leib Christi in dem Himmel
einen gewissen Raum einnehme,
und einnehmen müsse, sondern
er gab dabey seinen Gegnern die

Blöße, daß er den Ausdruck der
Schrift von dem Sitzen Christi
zur Rechten Gottes darauf bezog,
indem er annahm, daß eben das
durch ein gewisser himmlischer
Ort bezeichnet werde, der gleichsam der eigene Ort seines Aufenthalts sey.

181, Vorzüglich in den zwey
Dialogen von Beza, von denen
der erste unter dem Titel: Cyclops sive Creophagia auch in seine
Werke eingerückt ist. S. Theod.
Bezae Tractation. Theol. Vol. I.
259-336. Der andere noch bät-
tere mit dem Titel: Sophista;
sive ὄνος συλλογιζόμενος findet
sich nicht darinn.

182 Tilem. Heshusii Pia Defensio Confessionis de vera praesentia corporis Christi in Coena
adversus Calumnias Calvini, Boquini,

Jahr 1560. durch eine Haupt-Schrift, welche eine
Darstellung der wahren und gesunden lutherischen Nachtmahls-Lehre enthielt, recht merklich in dem Streit vor-
gedrängt hatte, trat auch in diesem Jahr auf das neue hervor [182]). Aber den Zürchischen Bestreiter der Ubiquität
nahm sich Brenz zum eigenen Gegner heraus, denn ihm
mußte auch am meisten daran gelegen seyn, diese Ubiquität zu verfechten, die er schon zu einem Glaubens-Artikel
der Würtenbergischen Kirche gemacht hatte. In zwey
Schriften, welche beyde noch im J. 1561. erschienen,
fiel er also über Bullingern her, denn in der ersten belehrte er ihn über die Natur und Beschaffenheit der
Ubiquität, die man dem menschlichen Körper Christi
zuschreiben [184]), und in der andern führte er den Beweiß,

quiui, Bezae, Clebitii et simill-
um etc. 1561. in 8. Beza gab
aber sogleich darauf eine Abster-
sionem calumniarum Tilemanni
Heshusii heraus. Tract. Theol.
Vol. I. p. 337.

183) Die Chemnitzische im J.
1560. erschienene Schrift: Vera
et sana doctrina de praesentia
corporis et sanguinis Christi in S.
Coena hatte so viel Beyfall gefunden, daß sie von den Theologen
zu Rostock in ihrem Responso
über die Siebenbürgische Konfession den lutherischen Kirchen
in Siebenbürgen auf das angelegenste empfohlen wurde, daher
sie auch ihren Legaten ein
Exemplar davon mitgaben, und
darauf antrugen, daß sie in Siebenbürgen nachgedruckt werden
sollte. Im J. 1561. erschien hierauf eine deutsche Uebersetzung
davon: die reine gesunde Lehre
von der wahren Gegenwärtigkeit des Leibes und Blutes Christi in seinem Abendmahl — aus
dem Lateinischen des Herrn Mar-
Theil II. 2. Hälfte.

tini Chemnitii in das Deutsche
verfaßt von Johann Zanger,
Prediger zu Braunschweig. Leipzig 1561. 4. Ehemals selbst aber
gab jetzt heraus: Repetitio sanae
doctrinae de vera praesentia corporis et sanguinis Domini in S.
Coenae. Lipsiae 1561.

184) Joann Brentii Sententia
de Libello Bullingeri, cui titulus
est: Tractatio verborum Domini:
in Domo Patris mei multae man-
siones sunt etc. Francof. 1561. in 4.
Den Inhalt und Zweck dieser
Schrift giebt Brenz selbst folgen-
dermassen voraus an: "Dubium
"non est, quin Bullingerus Cin-
"gliano dogmate ita sit inebria-
"tus, ut ad defendendum eum
"errorem architectetur novum
"coelum, quod sit certi locis,
"spacii, intervalli, mansionibus
"et habitaculis distinctum, et in
"quo Christus secundum huma-
"nam suam naturam una cum
"aliis Sanctis commoretur, ambu-
"let, sedeat, stet, jaceat prout
"ipsi visum fuerit. Praeterea Bul-

Hh   "lingerus

weiß, daß man ſie ihm wegen der Vereinigung ſeiner
menſchlichen Natur mit der göttlichen zuſchreiben
müſſe [185]).

Daburch zog ſich aber Brenz nicht nur einen neuen
Angriff von Bullinger in einer Antwort zu, die er zu
Anfang des J. 1562. auf ſeine zwey Schriften heraus-
gab

„lingerus producit in medium
„novam, et hactenus in vera ec-
„clefia Dei inauditam opinionem
„de dextra Dei. Etfi euim fate-
„tur, dextram Dei aliquoties
„pro Majeftate, Omnipotentia et
„virtute Dei fumi, tamen conten-
„dit, eam Dei dextram, in qua
„univerfa facra fcriptura Chriftum
„collocat — effe peculiarem quen-
„dam in Coelo locum, fuis fpa-
„tiis diftinctum — in quo Chri-
„ftus corporaliter habitet — et in
„quo etiam ita contineatur, ut
„ante extremum hujus Seculi
„diem non poffit corporaliter nec
„in Sacramento Coeno, nec alias
„in hac terra praefens effe.
„Adeoque bonus ille Vir ober-
„rat in hoc arcano et coelefti ne-
„gotio tam craffis, mundanis, et
„carnalibus cogitationibus, ut ei
„fingulari affectu condoleam, et
„exiftimem, quod quanto magis
„abutitur dictis Scripturae de
„afcenfu Chrifti in coelos et Ses-
„fione ad dextram Patris ad fta-
„biliendum errorem fuum, tanto
„minus poffit faluti ejus confuli —
„Statui igitur initio originem hu-
„jus novae et admirabilis fpecu-
„lationis de fpatio locali dextrae
„Dei recenfere, et poftea objectio-
„nes adverfarii breviter et vere
„refutare, ut haec caufa perfpi-
„cue explicetur et intelligatur.”
A. 3.

185) De perfonali unione dua-
rum naturarum in Chrifto, et

afcenfu Chrifti in Coelum, ac
Seffione ejus ad dextram Patris.
Qua vera corporis et fanguinis
Chrifti praefentia in Coena explicata eft et confirmata. Auctore
Joanne Brentio 1561. in 4. In
dieſer Schrift unternahm es Brenz
würklich, den Beweiß zu führen,
daß wenigſtens die ältere recht-
glaubige Bäter ſchon eine wech-
ſelſeitige Mittheilung von den
Eigenſchaften jeder Natur Chriſti
an die andere als eine Folge ihrer Vereinigung anerkannt hätten, und daß man auch eine ſolche Mittheilung und beſonders
die Mittheilung der göttlichen
Allgegenwart Chriſti an ſeine
menſchliche Natur annehmen könne, ohne eine Vermiſchung der
Naturen einzuführen. Indeſſen
äuſſerte er doch dabey noch den
Wunſch, daß man dieſe Materie
nicht in Bewegung gebracht haben möchte, legte es aber ſehr
ungerechter Weiſe den Kalviniſten
zur Laſt, daß ſie den Anlaß dazu
gegeben hätten. “Nos quidem
„ab initio contenti eramus fim-
„plici verborum Chrifti interpre-
„tatione, et voluntatis et omni-
„potentiae Dei agnitione, fed
„quid faciamus? Adverfarii per-
„traxerunt nos in has difputatio-
„nes, et hactenus nos in iis de-
„tinent. Neceffarium igitur eft,
„ut ecclefia etiam recte et pie
„de his erudiatur.” B.

gab [186]), ſondern auch Petrus Martyr ſtand gegen
ihn und gegen ſeine Ubiquität beſonders auf [187]), und
da ſich nach einiger Zeit auch Beza zu einem eigenen
Gang mit ihm entſchloß [188]), ſo wurde ihm dadurch
würklich die Ehre zu Theil, für die er gewiß nicht ganz
gleichgültig war, daß er noch einmahl als eine Hauptperſon im Streit ausgezeichnet wurde. Die Ehre, die
ihm dadurch widerfuhr, oder die Motion, in die er
dabey gebracht wurde, würkte aber auch ſo vortheilhaft
auf den alten Mann, daß er jetzt, rüſtiger als in ſeiner
Jugend, ſeinen Gegnern keine Antwort ſchuldig blieb.
Noch im J. 1562. widerlegte er die Schriften von Bullinger und Martyr in einem groſſen Werk von der göttlichen Majeſtät Chriſti [189]). Auf eine Duplick, in
welcher ſich Bullinger im J. 1563. vertheidigte [190]),
folgte im J. 1564. eine noch gröſſere von ſeiner
Seite [191]): mit der Abfertigung von Beza kam ihm
hingegen der Freund Andreä [192]) zuvor, wenn er ſie
ihm

---

186) Henr. Bullingeri Re-
ſponſio, qua oſtenditur, ſententiam de Coelo et dextra Dei firmiter adhuc perſtare. Tiguri
1562.

187) Petri Mart. Dialogi de
Chriſti humanitate, proprietate
naturarum, ubiquitate etc. 1562.
In dieſer Schrift, die auch in
Petri Martyr. Locis commun. T. II.
p. 2. ſich findet, waren mehrere
Stellen aus dem Buch De perſonali unione ausgezogen; doch
war Brenz nicht von ihm genannt worden.

188) Theod. Bezae Reſpon-
ſum ad Brentii Argumenta, Genevae 1564. auch in Bezae Opp.
T. II. p. 507-624.

189) De divina Majeſtate
Chriſti — Joann. Brentius. Francofurti 1562. in 4.

190) Henr. Bullingeri Fundamentum firmum, cui tuto fideli-
inniti poteſt 1563 in 4

191) Joann. Brentii Recogni-
tio doctrinae de vera Majeſtate
Chriſti. Tubingae 1564 in 4.
Die Schrift enthielt bloß zwey
Bogen weniger als zwey Alpha-
bete.

192) Jac. Andreae Aſſertio
doctrinae de perſonali unione,
qua reſpondetur ad primam partem libri Theodori Bezae contra
Joann. Brentium 1565 in 4.
Gleich darauf erſchien aber noch
dazu: Pia, brevis et perſpicua
expoſitio controverſiae de duabus
naturis in Chriſto, deque vera
praeſentia corporis ejus in Eucha-
riſtia auct. Jac Andreae 1565.
in 4 Auch hatte er ſich ſchon
das Jahr vorher durch die zwey

Hh 2   folgende

ihm nicht freywillig überließ. Ueber den Geist dieser Streitschriften darf wohl nichts weiter gesagt werden, als daß beyde Theile einander wechselseitig des Nestorianißmus und des Eutychianißmus in der Lehre von der Person Christi beschuldigten, und daß Brenz in seiner letzten Schrift die Entdeckung machte, der Teufel suche durch den Kalvinißmus nichts geringeres als das Heydenthum, den Thalmudißmus und den Mahometißmus einzuführen, wobey er aber doch so billig war zu vermuthen, daß wohl die Kalvinisten selbst diese Absicht nicht haben, und vielleicht gar nicht einmahl merken möchten [193].

Indessen war durch einige äussere Umstände und Veranlassungen des bösen Blutes noch mehr zwischen den Partheyen gemacht worden. Unter den täuschenden Handlungen des Gesprächs zu Poissy, welches der französische Hof im J. 1561. veranstaltet hatte, waren sie wieder mit einander in Kollision gekommen, worüber sich die lutherische Parthie desto mehr ärgerte, da sie sich würklich durch die Künste der Regentin verführt, auf einige Augenblicke der Hoffnung überlassen hatte, daß vielleicht ganz Frankreich zu der Annahme der Augsp. Konfession gebracht und nicht nur für die Reformation überhaupt, sondern ganz besonders für die reine lutherische Lehre gewonnen werden könnte [194].

Im

folgende Schriften in den Streit eingemischt: Capita disputationis ordinariae de Majestate hominis Christi; deque vera et substantiali praesentia ejus in Coena. Tubingae 1564 in 4 Brevis et modesta Apologia Disputationis de Majestate hominis Christi — auch Jac. Andreae 1564. in 4.

193) S. Recognitio p. 321. Gar ernsthaft macht dabey Löscher

die Bemerkung, daß man sich aus dieser von Brenz gemachten Entdeckung die Ursachen des von dieser Zeit an gegen die Kalvinisten so sehr geschärften elenchi gar leicht erklären könne. P. II. p. 275.

194) Die Geschichte dieses Gesprächs zu Poissy ist ausführlich beschrieben in der Hist. de la Reform. Gall L. IV. p. 480.

Im J. 1563. hatte der Churfürst von der Pfalz den neuen Heydelbergischen Katechißmus [195] in die Kirchen

p. 480. flgb. Thuanus Hiſt. s. t. L. XXVIII. Memoirns de Caſtelnau L. III. cap. 4. Hiſtoria Colloquii Poſſiacenſis in Herm. Witſii Miscellan. T. I. L. IV. p. 341. Petri Martyris Relatio de Colloquio Poſſiacenſi in Hottingers Hiſt. eccleſ. Sec. XVI. P. III. d. 3 Saliq Th III. 8o2 · 835. Ohne Zweifel war es bey diesem Gespräch von Seiten des Hofes und der Regentin Katharine von Medices auf die Täuschung aller Partheyen angelegt; in Deutschland aber ließ man sich würklich so weit täuschen, daß man es wenigstens für möglich hielt, die Königin bey dieser Gelegenheit für die lutherische Lehre zu gewinnen, und deßwegen einige Pfälzische und Würtenbergische Theologen dazu abfertigte. Aber auch Kalvin, und Beza und Petrus Martyr waren dazn verschrieben, und man bedurfte nicht viele Künste, um es dahin zu bringen, daß es dabey zwischen diesen und zwischen den lutherischen Theologen zu einigen Auftritten, oder doch zu einigen Aeusserungen über die Verschiedenheit ihrer Lehrform kam, welche einerseits die Königin und andererseits die Parthie des Kardinals von Lothringen gleich gut zu ihren Zwecken zu benützen wußten. Fast wäre es ihnen auch gelungen, die Pfälzer und die Würtenberger zum Auffahren gegen einander zu reizen, doch diese waren zum Glück noch weise genug, um sich unter dem fremden Volk nicht allzu sehr zu proſtituiren, aber brachten dafür desto mehr böses Blut gegen einander zurück

Mehrere Aktenstücke zu der Geschichte dieses Gesprächs und zu den besondern Verhandlungen der Würtenbergischen Theologen dabey sind dem B. IV der Satlerischen Geschichte als Beylagen Nr. 62 , 65. S 180 · 202. angehängt. Pfaff hingegen hat unter dem Titel: Acta Theologorum Würtenbergicorum in Colloquio Poſſiacenſi, quae nunc demum prodeunt, nichts weiter geliefert als die Inſtruktion, welche der Herzog von Würtenberg den Theologen, die er dazu abfertigte, nebmlich dem Canzler Beurlin von Tübingen, der hernach in Paris ſtarb, Jacob Andreä, und seinem Hofprediger Bidenbach mitgab.

[195] Catechiſmus, oder chriſtlicher Unterricht, wie der in Kirchen und Schulen der churfürſtlichen Pfalz getrieben wird Heidelberg 1563. in 8. Nach Altings Angabe in Hiſt. eccleſ. Palat. p. 189. war er im J. 1562. von Olevianus und Urſinus gemeinschaftlich aufgesetzt, aber im folgen Jahr auf einer Versammlung aller Pfälzischen Superintendenten und Prediger zu Heydelberg geprüft und gebilligt, und gleich darauf mit einer Vorrede des Churfürsten, in welcher er zum beständigen Normativ des Religions Unterrichts in den Kirchen und Schulen des Churfürſtenthums erklärt wurde, lateiniſch und deutſch publicirt worden. Ueber die weitere Geschichte dieses Katechiſmus. S Joh. Chriſtoph Köchers, katechetische Geschichte der Reformirten Kirche (Jena 1756. 8.) p. 240. flgb.

Hh 3

Kirchen und Schulen ſeines Gebiets eingeführt, über
welchen ſich alle Zeloten [196]) ſchon beßwegen zu ſchreyen
verbunden hielten, weil er den lutheriſchen aus der Pfalz
verdrängen ſollte, und auch bloß beßwegen [197]) ſo
mörderlich ſchrieen, als ob es der Churfürſt und ſeine
Theologen darauf angelegt hätten, das ganze Land da=
durch zu vergiften.

Im J. 1564. gab endlich dieſer, durch die Zubring=
lichkeiten ermüdet, womit ihm die übrige proteſtantiſche
Fürſten und beſonders der Herzog [198]) Chriſtoph von
Würtenberg zuſetzten, ſeine Einwilligung zu einem Ge=
ſpräch,

---

196) Noch vor dem Verfluß
eines Jahrs kamen von Heßhuß,
Flacius, Brenz, Andreä und an=
dere eigene und zum Theil ſehr
harte Cenſuren darüber heraus,
auf welche Zachar. Urſinus in ei=
ner Apologia Catechismi, ant=
wortete, die im zweyten Band
ſeiner Werke ſich findet.

197) Freylich war die Nacht=
mahls=Lehre in dem Katechiß=
mus nicht ganz und ächt=luthe=
riſch vorgetragen, ja es war ſo=
gar einigen Beſtimmungen, die
dazu gehörten, und den neuen
Formeln, in welche man ſie ge=
faßt hatte, ausdrücklich darinn
widerſprochen. So wurde Qu. 75.
deutlich genug geſagt, daß keine
manducatio oralis in Anſehung
des Leibes und Blutes Chriſti,
ſondern nur in Anſehung der
äuſſeren Zeichen ſtatt finde, und
ſo wurde Qu. 78. ausdrücklich
erinnert, daß man das geſegnete
Brodt ja nicht für den Leib Chri=
ſti ſelbſt halten dürfe. Aber ſehr
unzweydeutig und beſtimmt war
doch auch dorinn gelehrt, daß in
dieſem Sakrament die Seele des
Menſchen wahrhaftig durch einen
würklichen Genuß des Leibes und

Blutes Chriſti geſpeiſt werde;
und Qu. 76. wurde es ſehr be=
friedigend erklärt, worein man
dieſen Genuß der Seele zu ſetzen
habe. Es — heißt es in der Ant=
wort auf die Frage — non tan=
tum totam paſſionem et mortem
Chriſti certa animi fiducia am=
plecti — ſed etiam per Spiritum
Sanctum, qui ſimul in Chriſto et
in nobis habitat, ita ſacroſancto
ejus corpori magis magisque uni=
ri, ut quamvis ipſe in coelo, nos=
que in terra ſimus, nihilominus
tamen caro fiamus de carne ejus,
et os de offibus ejus. Auch wurde
der Genuß der Ungläubigen nicht
geradezu geläugnet, ſondern Qu.
81. nur verſichert, quod hypo=
critae et infideles damnationem
ſibi edant et bibant; alſo hatte
man ſich doch immer in dieſem
Katechißmus noch ſehr vorſichtig
und gemäſſigt erklärt.

198) Auſſer dem Herzog von
Würtenberg hielten ſich beſon=
der Pfalz=Graf Wolfgang von
Neuburg und der Markgraf Carl
von Baden getrungen, ihm mit
ihren Warnungen und Ermah=
nungen zuzuſetzen.

ſpräch, das zwiſchen den Würtenbergiſchen und zwiſchen
ſeinen Theologen gehalten werden ſollte. [199]) Im
April dieſes Jahrs kam es auch in dem Kloſter zu
Maulbronn zu Stande [200]). und eine volle Woche lang
hielt die Gedult des Churfürſten und des Herzogs, die
ſich beyde perſönlich eingefunden hatten, dabey aus [201]),
aber die Gedult einer Woche reichte doch zu dem Bedarf
der Theologen nicht hin. Noch ſechs Tagen, in welchen man allein über die Perſon Chriſti und über die
ſeiner menſchlichen Natur mitgetheilte göttliche Maj. ſtät
diſputirt hatte [202]), war noch ſo viel Streit-Materie
über

---

199) Die Pfälziſche Theologen widerrietben zuerſt das colloquium theils weilen ſeithero
zu verſpüren geweſen, daß
„ſolche colloquia ſchlechten Nutzen
„gehabt, und vielmehr die Zwi-
„ſtigleiten und Aergerniſſe ſich
„gehäuft hätten, theils auch, wei-
„len aus der Würtenbergiſchen
„Theologorum ſcriptis ſattſam zu
„erſehen, wie ſie den Pfälziſchen
„Theologis alle Freundſchaft auf-
„gekundigt” S. Struv Pfälz.
Kirchengeſch. p 149
200 Es ſollte zuerſt in dem
Pfälziſchen Städten Bretten, dem
Geburtsort Melanchtons gehalten werden S den Brief Wolf-
gangs von Köteriz in Fecht Epiſt.
Theol. P. III ep. 55 Von Pfäl-
ziſcher Seite erſchienen dabey der
Hofprediger Michael Diller, und
die Profeſſoren Boquin, Olevianus, Urſinus, Dathen, und der
Heydelbergiſche Profeſſor der arie-
chiſchen Sprache, Wilhelm Xy-
lander als Notarius, nebſt dem
churfürſtlichen Canzler, D. Ehrim,
und dem Leib-Medicus und mir-
denratb Thomas Eraſtus Die
Würtenbergiſche Kollokutoren waren der Abt von Maulbronn, Va-

lentin Vannius, Joh. Brenz,
Probſt von Stuttgardt, Jac. Andreä, Kanzler von Tübingen,
Theodor Schnepf, Profeſſor zu
Tübingen, und der Hofprediger
Balthaſar Bidenbach Die Stelle
des Notarius ſollte Lucas Oſiander, damahls Prediger in Stuttgardt, vertreten; vonPolitici aber
waren auf dieſer Seite der Canzler des Herzogs D Johann Feß-
ler, und der Vice-Canzler D.
Hieronymus Gerhard.
201) Vom 10. biß 15. April,
in welcher Zeit zehen Konferen-
zen gehalten wurden, wobey unter den Pfälziſchen Theologen faſt
bloß Urſinus und Diller, unter
den Würtenbergiſchen aber nur
Jacob Andreä das Wort führte.
202) Man war zuerſt über-
eingekommen, daß vorzüglich über
die zwey Fragen diſputirt werden
ſollte: ob der Leib Chriſti überall ſey? und ob die Worte Chriſti: das iſt mein Leib! ganz wörtlich genommen und eigentlich erklärt werden müßten. Mit der
erſten Frage brachte man aber
fünf Tage zu. ohne ſich einander
zu nähern, und als man endlich
am ſechſten in die zweyte Frage

ſich

über diesen einzigen Punkt vorräthig, daß man noch nicht einmahl von ferne dem Ende entgegen sah. Da der Churfürst darüber erschrak, und daher lieber das Gespräch sogleich abbrechen ließ, so kamen — was freylich höchstwahrscheinlich ebenfalls geschehen seyn würde, wenn die Disputation ein Jahr lang fortgedauert hätte, so kamen die Partheyen auseinander, ohne sich nur um ein Haar einander genähert zu haben. Beyde Theile bekamen vielmehr Gelegenheit, einander neuer und weiterer Irrthümer, welche sie verrathen haben sollten, zu beschuldigen [203]. Jeder Theil schrieb sich dabey den Sieg und die Ehre zu, den andern bey der Disputation in mehrfache Verlegenheit gebracht zu haben. Jeder Theil gab die Akten des Gesprächs heraus, um die Welt selbst darüber urtheilen zu lassen [204]. Die Wür-

---

sich einließ, so kam man, ehe man sichs versah, wieder in die erste hinein, woraus sich beyde Theile am besten überzeugen konnten, daß es Zeit sey, dem Gespräch ein Ende zu machen Wahrscheinlich äusserte dieß der Churfürst von der Pfalz zuerst; daher brüstete man sich in der Folge von Würtembergischer Seite, daß die Pfälzer das Gespräch abgebrochen hätten; allein aus den Akten selbst wird es höchst sichtbar, daß auch dem andern Theil damit gedient war; deßwegen wurde das Protokoll mit der Bemerkung geschlossen, "daß Ihro Churf. und Fürstlichen Gnaden mittler Zeit allerhand wichtige Geschäfte vorgefallen seyen, welche sie verhinderten, dem Gespräch weiter abzuwarten Die besondere Geschichte des Gesprächs findet man am ausführlichsten erzählt in Luc. Ossanders Epist. Hist. ecclef Cent. XVI. L. III. c. 59. p. 791.

203) Und beyde Theile hatten einander auch Gründe genug zu neuen Beschuldigungen gegeben. Der Landgraf Philipp von Hessen hatte daher gewiß nicht Unrecht, wenn er den 2 Jun. an den Herzog von Würtenberg schrieb: "Es wäre besser gewe„sen, wenn man von dem hohen „Artikel weniger disputirt, und „es einfältiglich dabey gelassen „hätte, daß Christi Leib und Blut „im Abendmahl gegessen und ge„trunken wird, wie der Herr be„fohlen hat. Denn wir vermer„ken so viel, daß Euer beyder „Liebden Theologen so ferne in „die Disputation gekommen, daß „sie auf beyden Seiten zu weit „auslaufen." S Sattler Würtenb Gesch Th. IV. p. 209

204) Die Würtenberger machten den Anfang, denn sie gaben noch im J. 1564 einen wahrhaftigen und gründlichen Bericht von dem Gespräch zwischen des Churfürsten, Pfalzgrafen und des Her-

Würtenberger fiengen zugleich wieder an, den Streit schriftlich fortzuführen. Ihre grosse Deklaration von der Majestät Christi erschien im J. 1565. aber noch in dem nehmlichen Jahr eine Widerlegung der Declaration von Seiten der Pfälzer. [205]). Von beyden Seiten folgten noch mehrere nach. Auf beyden Seiten stieg auch mit jeder neuen Schrift die gegenseitige Erbitterung, und von beyden Seiten benußte man balb auch jeden Anlaß, um einander nicht bloß schriftliche Beweise das von zu geben. In der Pfalz wurden vollends alle Prediger fortgeschaft, die sich nicht nach dem neuen Kate-chißmuß zu lehren bequemen wollten [206]). Im Wür-

tenber-

Herzogs von Würtenberg Theologen von des Herrn Nachtmahl zu Maulbronn gehalten, in 4. heraus, worauf die Pfälzer einen Gegenbericht und zugleich das Protocoll des Gesprächs drucken liessen. Nun erschien aber auch von Seiten der Würtenberger: das Protocoll des Gesprächs — zu Maulbronn gehalten, allerdings dem Original gleichförmig, ohne Zusaß und Abbruch getreulich von den Würtenbergischen Theologen, so dem Kolloquio beygewohnt, in Druck verfertigt. Tübingen 1565. in 4. und beyde Theile machten zugleich einander wechselseitig den Vorwurf, daß sie das Protocoll verfälscht, oder doch die Akten verstümmelt hätten. S. Alting p. 197. Hospinian f. 331. Ausser diesem publicirte Brenz eine: Epitome Colloquii Maulbronnensis inter Theologos Heidelbergenses et Würtenbergenses de Coena Domini et Majestate Christi 1564. in 4. welcher aber die Pfälzer auch eine Epitomen Colloquii — cum responsione Palatinorum ad Epitomen Würtenber-

gicam 1565. in 4. entgegensezten.

205) Declaratio et Confessio Theologorum Tubingensium de Majestate hominis Christi. Tubingae 1565. in 4. Dagegen kam Pfälzischer Seits heraus: Solida Refutatio Sophismatum et Cavillationum, quibus Würtenbergici totam controversiam incrustarunt 1565. in 4. (Auch im zweyten Band der Werke von Ursinus.) Die Würtenberger aber replicirten noch einmahl in einer: Postrema Responsio de Majestate hominis Christi contra Heidelbergenses 1566. in 4. Ueber den Anstoß, den man in Hessen an dieser Schrift der Würtenbergischen Theologen nahm. S. Garthius historischer Bericht von der Religion in Hessen S. 49–64.

206) So wurde der Prediger M. Andreas Pancratius zu Amberg deßwegen abgesetzt, und mehrere seiner Kollegen suspendirt, weil man sie im Verdacht hatte, daß sie — veritati contra Calvinistas patrocinentur. Dieß schreibt Heßhuß an Marbach — Epist. Theol. P. III. ep. 117. p. 238.

Hh 5

aber

tenbergiſchen hingegen ließ man von den Kanzeln herab
ein Mandat publiciren, worinn das Leſen aller kalviniſchen Schriften verboten wurde 207), und auf dem
neuen Reichstag des J. 1566. wurde ſehr ernſthaft davon geſprochen 208), daß Chur-Pfalz nicht mehr zu
der

aber weil es Heßbuß ſchreibt, ſo iſt es ſehr glaublich, daß der Magiſter Pancratius und ſeine Kollegen etwas bißige Patrone geweſen ſeyn mögen, die man deßwegen fortſchaffen mußte, weil ſie keinen Kalviniſten neben ſich dulden wollten.

207) S Hoſpinian f. 323.

208) Schon vor dem Reichstag war von mehreren Seiten her ſo viel zum Nachtheil des Churfürſten eingerührt worden, das auf dem Reichstag gekocht werden ſollte, daß es ſein Bruder, der Pfalzgraf Richard von Simmern, für nöthig hielt, ihm die perſönliche Beſuchung des Reichstags ſehr ernſtlich zu widerrathen. In den Monumen pietar. Palat. p. 293 und 297. ſind zwey Antworten des Churfürſten auf ſolche Briefe ſeines Bruders aufbewahrt, die den Charakter dieſes edlen Fürſten und ſeinen redlichen Eifer für dasjenige, was er für Wahrheit hielt, aber auch ſeine in mehreren Hinſichten hellere und freyere Erkenntniß in ein ſo anziehendes Licht ſtellen, daß man hier gewiß ein Paar Stellen daraus mit Vergnügen leſen wird. "Nicht nur — ſchreibt er im erſten Brief — "aus deinen "freundlichen Anzeigen ſondern "auch aus zuvor eingebrachter "Kundſchaft habe ich wohl ſo "viel vermerkt, daß es freylich "auf dem künftigen Reichstag "eben die Wege meinethalben er-"langen dürfte, wovon dein

"Schreiben meldet. Derhalben "ſtehe ich zu meinem lieben Gott "und Vater im Himmel in tröſt-"licher Hoffnung, ſeine Allmacht "werde mich zu einem Inſtru-"ment gebrauchen, ſeinen Nah-"men im heil. römiſchen Reich "deutſcher Nation in dieſen letz-"ten Zeiten öffentlich nicht allein "mit dem Mund, ſondern auch "mit der That zu bekennen, wie "auch weiland mein lieber Schwä-"ber Herzog Johann Friedrich "Churfürſt zu Sachſen ſeel. auch "gethan, und wiewohl ich ſo "vermeſſen nicht bin, daß ich mei-"nen Verſtand mit des gemeld-"ten Churfürſten vergleichen woll-"te, ſo weiß ich aber dagegen, "daß der Gott, ſo ihn in rechter "und wahrer Erkenntniß ſeines "heiligen Evangeliums damahls "erhalten, noch lebt und ſo mäch-"tig iſt, daß er mich armes ein-"fältiges Männlein auch wohl "erhalten kann und gewiß erhal-"ten werde, ob es auch dahin "kommen ſollte, daß es Blut "koſten müßte, welches, da es "meinem Gott und Vater im "Himmel alſo gefiele, mich zu "ſolchen Ehren zu gebrauchen, ich "ſeiner Allmacht nie genug ver-"danken könnte, weder hier zeit-"lich noch dort in der Ewigkeit." Was meinen Katechismus betrifft — ſchreibt er hingegen in dem zweyten Brief — "ſo habe "ich weder in der Augsp. Kon-"feſſion noch in derſelben Apolo-"gia gefunden (der Schmalkaldi-"ſchen

der Parthie der Augspurgischen Konfessions-Verwandten gerechnet, also von dem Religions-Frieden, der bloß mit diesen geschlossen sey, ausgeschlossen werden müsse [209]).

Kapitel

„schen Artikel will ich geschwei-
„gen denn ich darauf so we-
„nig als anderes, das ich
„nicht gelesen hab, nichts
„achte) daß ein Katechißmus
„daraus müßte gestellt werden,
„denn ein Katechißmus ist eine
„Kinderlehre, so ist das andere
„eine Konfeßion der Churfürsten
„und Fürsten, so nicht mehr Kin-
„der waren, da sie es überga-
„ben Es soll aber meines Er-
„messens ein jeder Katechißmus
„aus dem Brunnen göttlichen
„Wortes (wie ich verhoffe, die
„Augsp. Konfession und deren
„Apologie werden es auch seyn)
„geschöpft werden; wenn kayserl.
„Majestät nicht dazu gereizt sind,
„so werden sie mich so wenig deß-
„halb anfechten, als hiebevor
„diejenige angefochten worden
„sind, so einander grausamer
„Kezereyen und Irrthümer be-
„schuldigt haben, so aber jetzt
„alle verdunstet sind, und deren
„man nicht mehr gedenkt Allein
„freylich der arme Friz, der hat
„Leder gefressen, und muß jetzt
„der drapste Kezer seyn. Ich kann
„aber keine andere Ursach wissen,
„als daß ich meinen und etlichen
„andern Theologis das opus ope-
„ratum nicht habe können gut
„heissen, weiß auch sonst nie-
„mand anders darunter zu ver-
„denken, als eben dieselbige und
„ihres gleichen Prädikanten —
„bin auch der unagzweifelten Zu-
„versicht zu den Chur- und Für-
„sten der Augsp. Konfession, mei-
„nen Vettern und Freunden, und
„will mich nichts weniger ver-
„sehen, als daß sie meinen Ka-
„techißmum sollten kondemniren,
„den sie vielleicht der wenigern
„Theil werden gelesen, oder ge-
„nau examinirt haben."

209) Der Pfalzgraf Wolf ganz von Neuburg und der Herzog Christoph zu Württenberg trugen zuerst darauf an, daß man den Churfürsten von der Pfalz nicht zu der Unterschrift eines Schreibens abmittliren könne, das im Nahmen aller evangelischen Stände dem Kayser übergeben werden sollte biß er sich vorher über die Lehre vom Abendmahl der ungeänderten Augsp. Confession gemäß erklärt haben würde. Beyde sprachen davon, daß man sich im Fall seiner Weigerung Gewissens halber von ihm sepa-riren müsse, aber aus dem Pfalz-grafen sprach Heßhuß, den er in seine Dienste genommen, und aus dem Herzog sein Hofprediger Walthasar Bidenbach, den er mit sich nach Augsburg gebracht hatte. An den Churfürsten wurde her-nach würklich auch im Nahmen des Kaysers das Ansinnen ge-bracht und zwar in dem öffent-lichen Reichsrath gebracht, „daß „er dasjenige, was er von dem „verführerischen Kalvinismo an-„genommen, und in seinen Kir-„chen und Schulen eingeführt „hätte, vermöge des Religi-„ons-Friedens wiederum än-„dern und abstellen, auch alle „seine Prädikanten und Schul-„halter, so dem Kalvinismo mit „ihrer Lehre und Unterweisung „behartlich anhängen, sammt

dem

Kapitel VIII.

Unter diesen Auftritten hatte übrigens die Zeloten=
Parthie die Theologen zu Wittenberg gar nicht aus dem
Gesicht

„dem gedruckten Katechismo und
„Büchern, darinn die kalviniſche
„Irrthümer vertheidigt, gänz=
„lich abſchaffen ſollte, denn da
„ſolches nicht geſchehen würde,
„ſo möchte Seine kayſerl Maje=
„ſtät ihrem tragenden Amt nach
„länger nicht umgeben können,
„zu Handhabung des Reli=
„gions Friedens, ein ernſtlich
„Einſehen dagegen zu haben.“
Auf dieſen Vorhalt vertheidigte
ſich aber auch der Churfürſt in
einer im Reichsrath gehaltenen
Rede, die ſelbſt auf den Chur=
fürſten Auguſt von Sachſen einen
ſo ſtarken Eindruck machte, daß
er ihn mit den Worten: Friß!
du biſt frömmer als wir alle!
auf die Achſel klopfte, und ſich
hernach bey allen folgenden Hand=
lungen ſehr eifrig für ihn ver=
wandte; denn als darauf der
Kayſer den 7. May eine förm=
liche Anfrage an die proteſtanti=
ſche Stände ergehen ließ: ob der
Churfürſt von der Pfalz für ei=
nen Augſp. Konfeſſions=Ver=
wandten zu halten ſey, ſo wurde
beſonders durch den churſächſi=
ſchen Einfluß eine Antwort be=
ſchloſſen, welche ihnen eben ſo
viel Ehre, als ihren Theologen
der Grimm, in welchen ſie dar=
über geriethen, noch bey der
Nachwelt Schande machen muß.
Die Stände antworteten dem
Kayſer, daß der Churfürſt, ſo
„viel ſie einſehen konnten, in meh=
„reren Artikeln, und beſonders
„in dem Hauptartikel von der
„Rechtfertigung, dem wahren
„Verſtande der Augſp. Konſeſ=

„ſion anhängig ſey, jedoch den
„Artikel vom Nachtmahl nicht
„ganz gleichförmig mit der Kon=
„feſſion halte; allein weil ſich
„der Churfürſt erboten habe, daß
„er ſich, wie es wenigſtens die
„Stände verſtanden hätten, in
„einer ordentlichen Zuſammen=
„kunft durch Gottes Wort wei=
„ſen laſſen wolle, ſo wären ſie
„jetzt bedacht, ſich auf dieſem
„Reichstag wegen dieſer Zuſam=
„menkunft und Erkenntniß mit
„ihm zu vergleichen Uebrigens
„möchte der Kayſer gewiß ſeyn,
„daß ſie keiner Sekte in ihren Kir=
„chen Raum und Statt geben
„würden, hingegen müßte er
„auch wiſſen, daß ihr Gemüth,
„Wille und Meynung gar nicht
„dahin gienge, den Churfürſten
„Pfalzgrafen oder andere, ſo in
„etlichen Artikeln mit ihnen ſtrei=
„tig, in deutſchen oder fremden
„Nationen in einige Gefahr,
„viel weniger aus dem Reli=
„gions Frieden zu ſetzen, oder
„auch des Gegentheils Verfol=
„gung, welche in und auſſerhalb
„deutſcher Nation vorläuft, zu
„billigen und zu beſtärken — auch
„könnte er endlich leicht ermeſſen,
„daß den Ständen Augſp. Kon=
„feſſion nicht gebühren wolle,
„andern, ſo in der Religion
„nicht gleich ſtimmen, jetzt oder
„künftig das Urtheil beizu=
„ſetzen, welchen ſie d=für hal=
„ten oder achten, der dem wah=
„ren Verſtand der Augſp. Kon=
„feſſion in ſeiner Meynung ge=
„mäß ſey, denn unter dieſem
„Schein möchte ohne der Stände
„Ver=

Gesicht verlohren, sondern vielmehr in der Stille mit
unermüdetem Eifer daran gearbeitet, um auf dem Wege,

„Verursachung vielen Leuten—
„Gewalt und Unrecht gesche-
„hen, wie dergleichen Exempla
„bisher nicht wenig vor Augen ge-
„wesen.“ Auf dieser Antwort beharrten sie auch in der Vorstellung,
welche sie den 26. May auf ein
zweytes Decret übergaben, worinn der Kayser geäussert hatte,
„daß man sich doch nicht würde
„entbrechen können, den Chur-
„fürsten von dem Religions Frie-
„den auszuschliessen, wenn er
„auch nur in einem Artikel von
„der Augsp. Konfession abgewi-
„chen sey“ nur führten sie in ihrer Vorstellung einen besondern,
hier sehr merkwürdigen Grund
weitläuftiger aus, wegen welchem
sie niemahls darein willigen würden, daß jemand bloß unter dem
Nahmen und Vorwand des Kalvinismus aus dem Religions-
Frieden ausgeschlossen werden
dürfte. „Wir wissen sehr wohl,
„daß unter den Skribenten und
„Predigern, die es in der Nacht-
„mahls-Lehre nicht ganz mit der
„Augsp. Konfession halten, gleich-
„wohl ein grosser Unterschied ist;
„denn etliche unter ihnen den
„Zwinglianißmum und Calvinis-
„mum also, daß die heilige
„Sakramente allein nuda sym-
„bola, und die Worte Christi
„allein spiritualiter zu verstehen,
„seyn sollen, vertheidigen und
„lehren; die andern aber einer
„solchen obscurität sich ge-
„brauchen, daraus nicht zu
„nehmen, was ihre gründliche
„Meynung, und ob sie sich mit
„den Ständen der Augsp. Kon-
„fession in dem vergleichen, oder
„nicht? Nun lassen es die Stände
„an seinem Ort, und können
„auch wohl glauben, daß die-

„jenige, so solche Obscurität ge-
„brauchen, dem Calvinißmo an-
„hänglg. Es sind aber ohne
„Zweifel unter dem gemeinen
„Mann der bedrängten Christen
„sehr viel, so diese Lehre von
„wegen der Obscurität nicht ver-
„stehen, sondern sich an die Worte
„Christi halten, auch denselbigen
„dem einfältigen Verstand nach,
„wie sie gesetzt sind — glauben.
„Sollten dann jetzt nicht allein
„die Lehrer, Prediger und Skri-
„benten, so sich gleichwohl allent-
„halben noch nicht erklärt, und
„sich auf Unterredung referiren,
„und sich weisen zu lassen erbie-
„ten, sondern auch alle ihre Zu-
„hörer unter dem Nahmen und
„Schein des Calvinismi ver-
„dammt, und aus dem Reli-
„gions Frieden oder in andere
„Gefahr gesetzt werden; so hät-
„ten sich das nicht allein die Pre-
„diger mit gutem Fug zu be-
„schwehren — sondern es würde
„auch viel armen Christen Ge-
„walt und Unrecht dadurch ge-
„schehen, auch zu noch grösserer
„Tyranney und Bedrängniß der-
„selben Anlaß gegeben — Dero-
„wegen, und aus solchen christ-
„lichen hohen Ursachen haben
„die Stände billig und christ-
„lich Bedenken, jetziger Zeit
„eine General Kondemnation
„und Ausschliessung dieser
„Punkten halber zu thun, oder
„darein zu willigen, wie sie sich
„denn auch derentwegen in
„ganz nichts einlassen kön-
„nen.“ Die Religionshandlun-
gen dieses Reichstags in Leh-
manns Act. Pacis relig. B. III.
Kap V.-IX. und auch in Strube
Pfälz. Kirch. Gesch. 168-205.

ge, auf welchem ihnen am leichtesten beyzukommen war, einen Schritt weiter fortzurücken. Auch wurde es schon im J. 1563. aus mehreren Zeichen bemerklich, daß sie nicht ohne Erfolg gearbeitet hatten.

Um diese Zeit hatten nehmlich die Insinuationen, die man dem Churfürsten von Sachsen von allen Seiten her, und durch eine Menge von Kanälen gegen seine Theologen beyzubringen fortfuhr, schon so so stark bey ihm gewürkt, daß er sie wenigstens aufmerksamer beobachten zu müssen glaubte. Je grösser zwar sein eigener Abscheu vor dem Kalvinißmus war, desto weniger war er zu glauben geneigt, daß seine Theologen schon würklich hineingerathen seyn könnten; hingegen sehr geneigt, die volle Hälfte der schlimmen Gerüchte, welche man über sie herumtrug, voraus für Verläumbungen der Flacianischen Rotte, und für Erfindungen des Hasses zu halten, den sie Wittenberg geschworen hatte. Auch war er selbst zu sehr über diese Rotte erbittert, und mit dem Weimarischen Hofe, der sie in Schutz genommen hatte, zu sehr gespannt, als daß er sich in irgend einer Sache durch ihren Antrieb so leicht hätte bestimmen lassen; aber die Gegenwürkung dieser Umstände konnte nicht verhindern, daß nicht doch in seiner Seele etwas gegen seine Theologen hängen geblieben war. Es waren ja nicht bloß Flacianer, welche von ihrem Kalvinißmus sprachen, sondern auch von andern unverdächtigen Oertern her, die sonst auch bey den Flacianern nicht im besten Ruf standen, waren ihm Warnungen ihrenthalben zugekommen. Es konnte ihm noch weniger entgangen seyn, wie bedenklich an seinem eigenen Hofe mehrere seiner älteren Diener und Räthe ihre Köpfe schüttelten, wenn von der Reinigkeit der Lehre zu Wittenberg und zu Leipzig die Rede war, denn man sorgte gewiß dafür, daß er dieß Kopfschütteln mehrmahls bemer-

merken mußte [210]). Auch mochte er in den Erklärungen und Konfessionen, die er ihnen bey mehreren Veranlassungen abgepreßt hatte, wohl selbst an der Kunst
ihres Ausweichens, an dem Gesuchten ihrer Wendungen und an dem Abgemessenen ihrer Formeln etwas Unrath gemerkt, oder zu merken geglaubt haben. Kurz,
er faßte den Entschluß, auf eine solche Art mit ihnen
handlen zu lassen, daß er entweder dabey der Sache auf
den Grund kommen, oder doch für die Zukunft darüber
beruhigt werden könnte.

In dieser Absicht ließ er, wahrscheinlich noch im
J. 1562. einige seiner Theologen nach Dreßden kommen, wo er allem Ansehen nach selbst sein Herz gegen
sie ausleerte, ihnen alles, was ihm wider sie vorgebracht worden war, mittheilte, und ihre Erklärungen
darauf verlangte [211]), dabey schien es ihm aber mehr

darum

210) Nicolaus Selnecker, der
um diese Zeit zweyter Hofprediger des Churfürsten war, rühmte
von sich selbst mehrmahls in der
Folge, daß er mit dem Leibarzt,
Johann Rävius sein möglichstes
gethan habe, um dem Churfürsten die Augen zu öffnen. S. Selneccer Recitation. p. 18.

211) Weder Hutter, noch Selnecker, noch die Historie des Sa-
craments - Streits auf der einen,
noch Peucer, Pezel und Hospinian auf der andern Seite erwähnen zwar irgendwo im besondern etwas von einem Konvent der Theologen, der im J.
1562. zu Dreßden gehalten worden wäre, sondern alle scheinen
nur davon etwas zu wissen, daß
sie der Churfürst im J. 1561.
nach Dreßden kommen ließ. Allein
es ist unmöglich, die sonstige verschiedene Angaben dieser Schrift-

steller zu vereinigen, wenn man
nicht zwey solcher Konvente annimmt, und es ist doppelt unmöglich, wenn man noch eine
handschriftliche Nachricht Selneckers von den Verhandlungen des
Konvents im J. 1561. dazu
nimmt, welche hier angeführt
werden kann. Ohne Zweifel ist
dieß der Konvent, den Selnecker
in seinem schon angeführten Catal. Concil. p. 101. erwähnt, auf
welchem die Theologen dem Churfürsten ihre schon angeführte Konfession in einer etwas veränderten Form nach dem Brief von
Aurifaber übergaben. Schon dieser letzte Umstand macht es dann
fast unglaublich, daß Peucer und
Hospinian von diesem Konvent
gesprochen haben könnten, wenn
sie erzählen, daß Eber und seine
Kollegen von dem Churfürsten
nach Dreßden berufen, und dort
durch

darum zu thun, sie zu warnen, als ihnen eine Gele»
genheit zur Rechtfertigung zu geben; wenigstens ver»
hehlte er ihnen bey einem balb darauf eingetretenen An»
laß gar nicht, daß ihre Erklärungen sein Mißtrauen
noch

durch seine Drohungen so geschreckt
worden seyen, daß sie die Wahrheit
auf die unwürdigste Art gegen
ihn verläugnet hätten. Einer
solchen Verläugnung machten sie
sich wahrhaftig durch ihr damahls
abgelegtes Bekenntniß; nicht
schuldig; aber wie wenig sie über»
haupt damahls dazu gestimmt wa»
ren, dieß fällt noch weit stärker
in der folgenden Erzählung des
selbst dabey gegenwärtigen Gel»
neckers auf, die sich in einer
Sammlung mehrerer von ihm —
und an ihn geschriebener Origi»
nalbriefe und anderer Aktenstücke
zu der theologischen Geschichte
dieses Zeitraums findet, welche
erst kürzlich in die hiesige Univer»
sitäts-Bibliothek gekommen ist.
„Anno 1561. Dresdae Theologo-
„rum Lipsiensium et Witteber-
„gensium conventus cum habere-
„tur de Coena Dominica, nemo
„nostrum — (unter den nostris
verstand Selnecker ohne Zweifel
sich selbst, seinen Kollegen den
Hofprediger Ambrosius Keil, sei»
nen Schwiegervater, den Super»
intendenten von Dresden, Da»
niel Greser und vielleicht noch ei»
nige andere der Anwesenden)
apud Wittebergenses obtinere
potuit, licet precibus ac moni-
tionibus multis urgeretur, ut
phrases ecclesiis nostris usitatas,
„quod panis sit corpus Christi"
aut in, cum, vel sub pane detur
verum corpus Christi, "er quod
„etiam indigni verum corpus
„Christi accipiant, retinerent.
„Cumque quidam nostrum ex-
„presse diceret scriptum (nehm»

lich die entworfene Konfession der
Wittenberger) nimis esse flexilo-
quam, tandem cum quadam in-
dignatione facere jussi lunus, ad-
ditis praeterea hisce: 1) indigno-
rum manducationem non habere
fundamentum, nisi verba Pauli.
2) impios non esse in ecclesia.
3) scripta Lutheri esse suspecta; et
scripsisse illum multa, quae melius
non scripta fuissent. 4) magicam
constitui inclusionem, si quis di-
xerit, in pane nobis dari verum
corpus Christi." Wenn sich nun
die Wittenberger bey dieser Ge»
legenheit solche Aeusserungen ent»
fallen ließen, so darf man ge»
wiß behaupten, daß sie jetzt ihre
Meynung offener und freymü»
thiger aufdeckten, als sie es noch
niemahls gethan hatten, mithin
können sie die Vorwürfe, die
ihnen Peucer in der Folge machte,
unmöglich bey dieser Gelegenheit
verdient haben. Man muß also
annehmen, daß sie der Churfürst
im Jahr 1562. noch einmahl nach
Dreßden kommen ließ, und ih»
nen vielleicht gerade um deßwil»
gen willen, was im J. 1561. vor»
gegangen war, härter zusetzte.
Dieß läßt sich aber auch desto eher
annehmen, da einerseits Peucer
das Jahr nicht ausdrücklich be»
stimmt, in welchem sie sich seiner
Erzählung nach so unmännlich
benommen haben sollen, und an»
derseits Hutter doch selbst sagt,
„quod Elector saepius Confessio-
nes Theologorum suorum postu-
laverit, quae etiam exhibita ipsi
fuerint. S. Conc. conc. Cap. II.
p. 45.

noch nicht ganz gehoben hätten. Als nehmlich im J.: 1563. einer von den evangelischen Ungarischen Magnaten, Gabriel Pereny nach Sachsen gekommen war, um von den Theologen Consilia einzuholen, wie man sich von Seiten der lutherischen Ungarischen Kirchen gegen die Anhänger der kalvinischen Nachtmahls-Lehre, die sich auch hier zu verbreiten anfieng, zu verhalten hätte, so überließ ihnen August auch bey dieser Gelegenheit die Sache nicht für sich allein auszumachen, sondern sorgte wenigstens wohlbedächtlich dafür, daß sie voraus von seiner Aufmerksamkeit auf alles dasjenige, was sie beschliessen würden, gewiß wurden. Er veranstaltete, daß sie auf einem seiner Schlösser zu Eulenburg zusammenkommen, und daselbst ein gemeinschaftliches Bedenken über die Fragen, über welche man in Ungarn belehrt seyn wollte, entwerfen mußten [212]; aber er gab ihnen wieder seinen Hofprediger Ambrosius Keil zu [213], der ihren Verathschlagungen beyzuwohnen, und auch wohl, wie sich leicht denken ließ, seinen Nebenbericht darüber zu erstatten instruirt war.

Dadurch erreichte auch der Churfürst seinen Zweck, denn die Wittenberger liessen sich würklich durch diese Warnungen, die vielleicht bey jeder Wiederholung drohender wurden, einige Erklärungen abschröcken, worinn sie die Zurückhaltung ihrer wahren Gesinnungen fast biß zu einer förmlichen Verläugnung trieben. Zwar kamen sie dadurch von einer andern Seite her in keine kleine

212) Von diesen Handlungen haben ebenfalls Hospinian und Hutter und auch Löscher und Salig nichts erwähnt: Die Geschichte und die Akten davon hat aber der ehemalige Rektor der St. Annen-Schule zu Dresden, M. Christian Aug. Freyberg in

einem deutschen Programm unter dem Titel: Anecdota Augustea von einem Eulenburgischen Konvent. Dresden 1728. in 4 der Welt mitgetheilt.

213) Oder nach seinem lateinischen Nahmen: Ambrosius Claviger.

kleine Verlegenheit. Einige ihrer nicht-theologischen
Freunde auf der Universität und am Hofe hatten ihnen schon lange zugesetzt, daß sie doch endlich einmahl
ihre unmännliche Zurückhaltung aufgeben, und die ganze
Wahrheit freymüthig bekennen sollten. Wenn es nach
den Wünschen von Krakov und Peucer gegangen wäre,
so hätten sie dem Churfürsten gerade heraussagen müssen, daß ihre Meynung in der Nachtmahls-Lehre allerdings keine andere als die kalvinische, und daß diese ihrer Ueberzeugung nach die einzig-wahre, die einzig-
vernünftige, und die einzig-schriftmässige sey. Allem
Ansehen nach hofften diese, daß eine solche Declaration,
wenn sie einstimmig von den sämmtlichen Theologen der
beyden Landes-Universitäten erfolgte, die Vorurtheile
des Churfürsten, wo nicht auf einmahl überwältigen,
doch am stärksten erschüttern, und es ihnen dadurch möglich machen würde, sie durch ihren eigenen Einfluß auf
ihn, der sonst höchst bedeutend war, vollends zu unter-
graben. Peucer drang daher besonders in Eber, der
jetzt die Hauptrolle in der Wittenbergischen Facultät zu
spielen schien, und drang in ihn mit einem Ernst, welcher ihm würklich nach seiner eigenen Erzählung das
Versprechen abpreßte, daß er bey der nächsten Gelegenheit dem Churfürsten das offenste Geständniß ihrer
wahren Gesinnungen ablegen wolle [214]: allein Be-
dacht-

---

214) Hier ist die Erzählung
davon, die Hospinian aus Peucers Narratio historica sententiae
Philippi Melanchtonis de Coena
Domini f. 294. genommen hat
"Cum Drentius et Flaciani non
„quiescerent, sed miffis ad aulam
„Saxonicam crebris literis Theo-
„logos Lipsienses et Wittenber-
„genses oppugnarent et in suspi-
„cionem adducerent ac si de sa-
„cra Coena non id sentirent, quod

„Lutherus, aula furore, atque ira
„percita, Academiae utriusque
„Theologos Dresdam accersitos
„denuo voluit, re deliberata scri-
„ptum componere, quo suspicio
„haec dilueretur, et à terra Sa-
„xonica prorsus depelleretur. Ea-
„res Paulum Eberum valde an-
„gebat et perturbabat. Idcirco
„etiam nunc hos nunc illos ac-
„cersebat, consilium expetens,
„quid faciendum foret, si jube-
„retur

dachtsamkeit oder Schwäche, eine ruhigere oder eine furchtsamere Ueberlegung, vielleicht auch nur Mangel an Geistes = Gegenwart im entscheidenden Augenblick liessen ihn dies Versprechen, bey dem ersten Anlaß, wobey er zu seiner Erfüllung aufgefordert wurde, völlig vergessen. Eber und seine Kollegen fanden es nicht nur räthlich, den Churfürsten noch länger in der Meynung zu erhalten, daß sie wenigstens keine ganze Kalvinisten seyen, sondern sie erlaubten sich jetzt selbst ihn auf eine Art darinn zu bestärken, die schwehrlich eine hinreichende Entschuldigung zuläßt.

Schon bey demjenigen, was im J. 1562. zu Dreßden zwischen ihnen und dem Churfürsten vorgegangen war, mußte ihnen manches entfallen seyn, das ihnen von Peucer und seinen Freunden die bitterste Vorwürfe und die härteste Anklagen wegen der unedelmüthigen Verläugnung der Wahrheit zuzog, deren sie sich schuldig gemacht haben sollten [215]). Man weiß nicht genau,

---

"retur contrarium scribere aut "profiteri priori scripto, eique "sententiae, quam certo et ju"dicato veram esse cognovisset, "et cujus Confessionem sine vul"nere conscientiae abjecturus non "esset. Vocabat etiam D. Peuce"rum pridie ejus diei, quam iter "ingrederetur, et, quid consule"ret, rogabat "Te ipsum in"quiebat Ille, et conscientiam "tuam cum vera et ardenti Dei "invocatione ut consulas necesse "est. Constituas tecum certo "ante omnia, utrius censeas sen"tentiae fundamenta veriora esse "et solidiora, et in ea te regi at"que contirmari petas à Spiritu "sancto. Aliud, quod consulam, "non habeo Respondit ille; "As vero mecum jam indubitato

"constitui, alteram illam Helve"tiorum sententiam, quam Lu"theri firmiorem esse, et solidio"ribus niti argumentis, propte"rea in hac perfistere decrevi, "quaecunque etiam evenerint. "Delegi jam locum exilii, neque "ad exilium tantum paratus sum, "sed ad rogum etiam, si opus sit. "Haec mihi — setzt Peucer bin"zu — verba Eberum dixisse pri"die antequam iter ingrederetur "Dresdam profecturus ad eam "deliberationem, in qua subito "sententiam mutavit, nihil men"tior, nihil fingo.

215) "Hi tres, Eberus, Major et Crellius, Dresdam profecti, cum ante iter illud recte et constanter sentire de Coena Domini, et nulla pericula extimescere, fortes ante praelium,

pan, worinn es beſtand, aber es iſt wahrſcheinlich daß
ſie ſich jetzt ſchon eben der Wendung bedienen mochten,
von welcher ſie im J. 1563. bey den Handlungen zu Eulenburg Gebrauch machten. In dem Bericht ²¹⁶),
welchen ſie ihm von dieſen Handlungen mit Pereny und
von ihrem gemeinſchaftlichen Gutachten auf ſeine Anfra-
gen erſtatteten, bemerkten ſie nehmlich gefliſſentlich zuerſt, daß ſie über den Punkt vom Nachtmahl ſich auf
eine ſolche Art erklärt hätten, woraus ihre Entfernung
von der Lehre Kalvins und der Genfer und der Widerſpruch, worinn ſie mit dieſer ſtünden, mehr als ſonnen-
klar ſich zu Tag legen müſſe. "Denn — ſagten ſie — die
„Geneveuſes lehren ja, daß unſeres Herrn Chriſti Leib
„anderswo nirgend, denn nur im Himmel zu finden ſey,
„und nur mit dem Glauben könne gegeſſen werden; un-
„ſere Kirchen aber lehren und glauben nach den eigent-
„lichen gewiſſen Worten unſeres wahrhaftigen und all-
„mächtigen Herrn Jeſu Chriſti, daß ſein Leib auf Erden
„an allen Oertern, wo das Abendmahl nach ſeiner Ein-
„ſetzung

---

praelium, nulla reformidare, odia
vel exilia videri vellent, mox
uno momento mutati, repudiato
eo, quod pro vero et certo ha-
buerunt, amplexi ſunt contrarium, non aliis, ut ferebant, cauſis impulſi, quam metu exagge-
ratorum periculorum, ne odia
conflarent nova, aut bellum ali-
quod Saxoniae attraherent. Li-
berarunt ergo ſuſpicione Aca-
demiam, ſed cum jactura ab-
negatae veritatis contra con-
ſcientiam. S. Hoſpinian f 294.
b. Eben ſo drückt ſich der Heydelbergiſche Profeſſor, Simon
Stenius, in der Leichenrede auf
Peucer aus: "Eberus, Major,
„Crellius initio aciter reſiſtere,
„et ſpeciem aliquam defenſionis
„praebere, ſed Dresdam vocati a
„priſtina ſententia deſiſtere, il-

„lamque vel levitatem vel infir-
„mitatem periculorum exaggera-
„tione excuſare, et metu turba-
„rum ſecuturarum." S Oratio —
qua publice in Academia Heidel-
bergenſi — D Caſp. Peuceri manibus parentatum eſt. (Serveſtae
1603. in 4.) p. 15.

216 Dieſer im Nahmen der
ſämmtlichen zu Eulenburg verſammelten Theologen abgefaßte,
und vom 11. Jul. 1563. datirte
Bericht iſt das merkwürdigſte
Aktenſtück in den Anecdotis Au-
guſteis von Freyberg: daher hat
es auch Job. Andr. Gleichen in
ſeine Annales ecclesiaſt. oder
gründliche Nachrichten von der
Reformations Hiſtorie Churſäch-
ſiſch. Albertiniſcher Linie Th. L
S. 193. aufgenommen.

„ſetzung gehalten und gebraucht wird, gegenwärtig vor»
„handen ſey, und wahrhaftig ausgetheilt und empfan»
„gen werde.”

Damit benützten ſie die allerunbedeutendſte Verſchie»
denheit, die nicht ſowohl zwiſchen ihrer und zwiſchen der
Kalviniſchen Meynung, als vielmehr nur zwiſchen ihrer
und zwiſchen der kalviniſchen Sprache ſtatt fand, um
ihren Herrn zu bereden, daß ſie Himmel weit [217]
von dem Kalvinißmus entfernt ſeyen. Allerdings hatte
es Kalvin oft geſagt, daß der Leib Chriſti nirgends als
im Himmel geſucht werden dürfe; und daß nur der
Glaube das Organ ſey, durch welches er uns im Sa»
krament des Nachtmahls genießbar werde, oder vermit»
telſt deſſen er im Sakrament genoſſen werden könne,
allein da er doch dabey annahm, daß er dem ungeachtet
würklich und wahrhaftig von den Glaubigen im Sakra»
ment genoſſen werde, oder daß es — wie er ſich mehr»
mahls erklärt hatte — die wahre, nicht bloß geglaubte,
ſondern würklich fühlbare Kraft ſeines im Himmel be»
findlichen Leibes ſey, welche dabey durch eine wunder»
volle Würkung des heiligen Geiſtes in die Seelen der
Glaubigen ausgegoſſen werde, ſo lief doch im Grund
ſeine Meynung völlig mit der Vorſtellung der Witten»
bergiſchen Theologen zuſammen, denn er konnte immer
noch in ihrem Sinn zugeben, daß Chriſtus und der
Leib Chriſti wahrhaftig im Sakrament gegenwärtig ſey,
und auch ſie nahmen es in keinem andern Sinn, als in
dem ſeinigen an. Es war mit einem Wort bloß der
Begriff von einer räumlichen und lokalen Gegenwart
Chriſti im Sakrament, welchem Kalvin durch die Be»

haup»

217) Dieß ſagten ſie wört»
lich in ihrem Bericht "ſie hätten
„zuerſt angezeigt, daß der Gen»
„fer oder Kalviner Bekenntniß ſo

„weit von dem ihrigen entfernt
„ſey, als Himmel und Erde von
„einander iſt.”

hauptung, daß der Leib Chriſti allein im Himmel räumlich zu finden ſey, widerſprechen wollte. Die lokale
Gegenwart hatten aber auch die Wittenberger bißher
verworfen; ſie hatten, eben ſo wie Kalvin, auch die
ächt-lutheriſche Gegenwart in dem Brodt und unter
dem Brodt bloß deßwegen verworfen, weil man ſich
aller Proteſtationen ihrer Vertheidiger ungeachtet doch
keine andere als eine räumliche dabey denken könne; nur
wollten ſie eingeräumt haben, daß doch auch eine wahre
Gegenwart des Leibes Chriſti im Sakrament ſtatt finde,
inſofern er der Seele des Glaubigen durch den Genuß
und unter dem Genuß gegenwärtig werde, oder inſofern
mit einem Wort der wahre Genuß auch eine wahre Gegenwart vorausſetze. Dieß hatte hingegen auch Kalvin
ſeinerſeits immer zugegeben, mithin fand hier keine wahre
Verſchiedenheit zwiſchen ihren Meynungen, und kaum
eine Verſchiedenheit des Ausdrucks ſtatt, denn gegen
eine räumliche Gegenwart Chriſti im Sakrament hatten
ſie auch ſchon mehrmahls in den nehmlichen Ausdrücken
proteſtirt.

Doch die ſcheinbare Verſchiedenheit hätten ſie immer
benutzen mögen, wenn ſie es nur nicht auf eine ſolche
Art gethan hätten, durch welche ihr Herr ganz unvermeidlich in der falſchen Vorſtellung, die er vom unter-
ſcheidenden des Kalviniſmus hatte, beſtärkt werden
mußte, und auch ihrer Abſicht nach beſtärkt werden
ſollte. Schon wenn man ihm nur überhaupt ſagte,
daß nach der Meynung Kalvins und der Genfer der
Leib Chriſti allein im Himmel gefunden, und im Sakrament nur mit dem Glauben genoſſen werden könne,
ſo war es unmöglich, daß er etwas anders dabey denken konnte, als daß Kalvin und die Genfer gar keine
andere als eine bloß geglaubte Gegenwart und einen eingebildeten Genuß des Leibes Chriſti im Sakrament einräumen wollten, aber wenn ihm ſeine Theologen noch
dazu

Dazu sagten, daß sich ihre Meynung eben dadurch von der Meynung der Genfer unterscheide, weil sie ihrerseits eine wahrhaftige Gegenwart seines Leibes auf Erden, und einen wahren Genuß davon im Sakrament behaupteten, so hätte er dadurch auf jene Vorstellung gebracht werden müssen, wenn er sie auch vorher noch nicht gehabt hätte. Daraus ergiebt sich, daß sie ihn nicht nur bey der falschen Vorstellung lassen, sondern ihn, so weit es noch durch sie geschehen konnte, recht geflissentlich darauf bringen wollten, und dafür verdienten sie die Vorwürfe reichlich, welche ihnen von den edleren Layen, die zu ihrer Parthie gehörten, in der Folge gemacht wurden. Allerdings hatte zwar der Churfürst schon vorher Kalvin und den Genfern keine andere als diese Meynung zugeschrieben. Sie hätten ihn selbst nicht davon abbringen können, wenn sie sich auch bemüht hätten, ihn eines besseren zu belehren. Sie hatten ihn auch schon mehrmahls gewissermaffen darinn bestärkt, indem sie sich immer nur von dieser Meynung losgesagt hatten, so oft sie ihm den Verdacht, daß sie Kalvinisten seyen, benehmen wollten; aber niemahls — und dieß machte einen grossen Unterschied aus — hatten sie dabey selbst gesagt, daß dieß die Meynung Kalvins und der Genfer sey. Damit bekräftigten sie seine falsche Vorstellung jetzt unmittelbar, und dieß war schon an sich unentschuldbar, und wurde noch unentschuldbarer dadurch, weil es nicht ohne Nachtheil eines dritten, dieß heißt, nicht ohne Ungerechtigkeit gegen Kalvin geschehen konnte.

Wahrscheinlich brachten indessen die Theologen in dem Gutachten selbst, daß sie bey dieser Gelegenheit für die Ungarische Kirchen aufsetzten, dennoch manches an, woraus ihre wahre Meynung von jedem, der mit dem wahren Gegenstand des Streits bekannt war, deutlich

genug

genug erkannt werden könnte. Man mag dieß ſelbſt
aus einigen Wendungen ihres Berichts an den Chur=
fürſten ſchlieſſen, wobey ſie ſich recht angelegen voraus
bemühten, den ungünſtigen Eindruck etwas zu mildern,
den einige ſolcher verrätheriſchen Stellen auf ihn ma=
chen möchten, und ſeinen Bedenklichkeiten über dasje=
nige, was zwar ihrer Abſicht nach darinn liegen, aber
nicht für ihn darinn liegen, und nicht von ihm wahr=
genommen werden ſollte, vorzubeugen ²¹⁸). Doch es
wird noch wahrſcheinlicher daraus, weil ſie bald darauf
in ein Paar ähnlichen Fällen ſich durch die nehmliche
Auskunft zu helfen ſuchten.

Noch im J. 1563. gab Paul Eber eine ausführli=
che Schrift über die Nachtmahls=Lehre heraus ²¹⁹),
wozu ihn zunächſt dasjenige, was zu Dreßden zwiſchen
dem Churfürſten und zwiſchen ihm vorgegangen war,
auf die eine oder auf die andere Art veranlaßt hatte ²²⁰).
Wie

---

218) "Der Churfürſt — ſag=
"ten ſie — werde befinden, daß ſie
"ihr Gutachten mit möglichſter
"Vorſicht geſtellt hätten, um
"alles zu vermeiden, was Urſa=
"che zu neuem Gezänk geben
"könnte. Auch hätten ſie ihre
"Antwort um deßwillen mäſſigen
"müſſen, um nicht eine Verfol=
"gung gegen diejenige zu veran=
"laſſen, welche ſich vielleicht bloß
"durch das Exempel einiger küh=
"nen Prädikanten hätten verfüh=
"ren laſſen, und alſo billig, be=
"ſonders wenn ſie dociles ſeyen,
"und ſich weiſen lieſſen, mit Ge=
"duld getragen und liebreich be=
"handelt werden ſollten. Endlich
"ſey ihnen obgelegen, auch auf
"ihre eigene Kirchen und deren
"Lehre fleiſſige Rückſicht zu neh=
"men; damit ſie dieſelbige auf
"keine Weiſe verdächtig machten."

219) Unterricht und Bekennt=
niß vom heiligen Sakrament des
Leibes und Blutes Chriſti von
D. Eber. Wittenberg 1563. in 8.

220) In der Vorrede ſagt er
zwar, er habe die Schrift bloß
deßwegen angeſetzt, weil er in
dieſer Materie ſo oft um Rath
gefragt und um ſein Gutachten
gebeten worden ſey, damit er in
Zukunft jedermann darauf ver=
weiſen könne; aber er ſetzt ſelbſt
hinzu, "es ſey eine hochgefähr=
liche Sache, ſich ohne Anſtoß dar=
über zu erklären, daher er ſich
lange dafür gefürchtet habe" und
in dieſem Geſtändniß liegt ſehr
deutlich, daß er den gefährlichen
Schritt gewiß nicht ohne einen
beſonderen Anlaß gethan haben
würde. Die Vermuthung iſt
aber höchſt natürlich, daß er zu=
nächſt durch die letzte Auftritte
zu

Wie es aber geschehen seyn mochte, so gieng offenbar
seine Absicht dabey dahin, sich nicht nur bey dem Churfürsten mehr aus dem Verdacht des Kalvinißmus zu
setzen, sondern auch die ganze Zelotenparthie einigermassen mit sich auszusöhnen, und dadurch vielleicht zu
bewegen, daß sie ihn und seine Kollegen in Ruhe lassen
möchte. Er hatte sich deßwegen im ersten Theil seiner
Schrift, worinn er die Argumente der Sakramentirer
widerlegte, so wie in dem zweyten, worinn er die Beweise für die lutherische Gegen-Meynung von einer
leiblichen Gegenwart und von einem mündlichen Genuß
des Leibes Christi im Sakrament ausführte, mit einer
so scheinbaren Bestimmtheit nicht nur für die lutherische
Vorstellung überhaupt, sondern auch für einige der eigenthümlichen Unterscheidungs-Ideen dieser Vorstellung
erklärt, daß er würklich so weit auch den ungenügsam-
sten unter den Zeloten genug that. Hieronymus Weller schrieb ihm selbst, daß er durch seine Schrift gar
sonderlich erbaut, und vorzüglich dadurch erfreut worden sey, weil er sich darinn als ächten Schüler des seeligen Herrn Lutheri erprobt habe [221]). Wigand bezeugte ebenfalls, daß man so weit an der Rückkehr des
Herrn Eberus zu der ächten und reinen Lehre nicht mehr
zweiflen

zu Dreßden dazu veranlaßt wurde; daher verfiel auch schon Hospinian darauf f. 295. Bestimmt
aber versichert es Hutter Conc.
conc. p. 48.

221) "Ut verum fatear —
schrieb Weller — placet mihi
scriptum tuum: etenim pie et
erudite doctrinam de Coena Domini in eo tractasti. Illud autem
inprimis mihi placet, quod osten-
dis, te D. Lutheri sententiam de
hoc articulo amplecti et magni-
facere. Nam mihi omnes scripto-

res ecclesiastici, quam libet eruditi,
qui non Lutheri vestigiis insistere
student, suspecti sunt. Certus
enim sum, nunquam exoriturum
esse, qui hunc Eliam nostri seculi felicitate docendi et dexteritate
interpretandi sacram scripturam et
spiritu victurus sit, nec vereor
ipsum, quod ad dona et certamina pertinet, cum Apostolo Paulo
conferre." Hier hört man doch
den ächten Lutheraner! — den
Brief hat Wigand aufbewahrt
De Schismate Sacrament. f. 397. b.

zweiflen könne [222]); im Gegentheil aber äufferten seine
bißherige Freunde zu Wittenberg, wie Pencer und Pezel und Wolfgang Crell den bittersten Unwillen über die
Schrift, durch welche Eber ihrem Vorgeben nach seiner Apostasie das Siegel aufgedrückt habe [223])

Dennoch hatte Eber auch in dieß Bekenntniß recht
sichtbar geflissentlich mehrere Merkmahle eingebrückt,
aus denen es leicht erkannt werden konnte, und auch
seiner Absicht nach erkannt werden sollte — nur nicht gerade von jedermann erkannt werden sollte — daß er sich
doch um etwas von der lutherischen Vorstellung entfernt
habe. Jeder aber, der sich darauf verstand, die Entfernung zu schätzen, mußte sogar daraus gewahr werden, daß er in der Hauptsache gerade so weit als Kalvin [224]) davon entfernt sey, so weit er sich auch sonst
dem Ansehen nach von diesem entfernt halten wollte.
So hütete sich Eber doch sehr sorgfältig, irgendwo in
seiner Schrift eine der Formeln zu gebrauchen, in welchen allein die lutherische Unterscheidungs-Idee von einer Gegenwart des Leibes Christi in dem Brodt und unter dem Brodt liegen konnte. Er drang zwar mit schein-
bar-lutherischem Eifer darauf, daß man die Worte
Christi: das ist mein Leib! buchstäblich und eigentlich
nehmen müsse, so anstössig sie auch der Vernunft klin-
gen möchten [225]); aber er zweifelte doch, ob man
durch

---

222) "Eberus revertitur ad
verba Christi, et simplicem ac
planam sententiam, quam Lutherus et status Evangelici in Au-
gustana Confessione professi sunt,
rursur amplectitur, libelloque
Germanico eam doctrinam anno
1563 contestatur." ebendaselbst
f. 391. a.

223) S. Hospinian f. 291.
b. — 'Turpis ista Apostasia —
heißt es noch in der Trauer-Rede

auf Peucer p. 15. — peperit nobis libellum Eberi, tam imperite
consutum, ut neque hunc Flaciani approbarent, et Wittebergenses rejicerent

224) Eber hatte auch Kalvin
in der ganzen Schrift nicht genannt, da er im Gegentheil Carl-
stadt und Zwinglin mehrmahls
nahmentlich widerlegte

225) In einem eigenen Ab-
schnitt führte er S. 29. flgd. weitläufig

durch diese buchstäbliche Erklärung zu der neuen Redensart berechtigt werde, "daß das Brodt der wesentliche
Leib Christi selbst sey." Er verwarf dabey ausdrücklich
das Fundament, auf welches die lutherische Gegenwart
in dem Brodt von ihren neuen Vertheidigern gebaut
worden war, und ihrer Behauptung nach allein gebaut
werden konnte, denn er verwarf die Ubiquität der menschlichen Natur Christi, in so fern sie ihr von seiner göttlichen mitgetheilt worden seyn sollte [226]; aber er verwarf ja noch dazu eine Bestimmung in der Nachtmahls-
lehre, auf welche Luther selbst in jeder Periode des
Streits mit einem ganz eigenen Eifer gedrungen hatte,
denn er bewieß in einem eigenen Abschnitt seiner Schrift,
daß doch der Leib Christi in dem Sakrament den Ungläubigen und gottlosen Kommunikanten nicht würklich
zu Theil werde. Zwar drehte und wand sich der gute
Mann mit der äussersten Anstrengung [227]), nicht um
seine Abweichung von der lutherischen Meynung in diesem Punkt zu verbergen — denn dieß wollte er gar nicht—
sondern nur um sie einigermassen zu mildern, und als
unbedeutend und unverfänglich vorzustellen, aber es war
unmöglich, daß ihm dies letzte bey einem kundigen Beurtheiler gelingen konnte. Er nahm doch einmahl an,
daß es eine Gattung von Menschen gebe, welche nicht
zu einem würklichen Genuß des Leibes Christi im Sa-

kra-

---

läufig aus, daß man auch in der
Nachtmahls-Lehre bey dem klaren Buchstaben der Schrift bleiben sollte, weil man sich ja ohnehin fast in allen andern Lehren
daran halten müsse, da sie fast
alle gegen die Vernunft seyen.
Er wollte sagen, über die Vernunft; aber die Theologen des
Zeitalters sahen in der Verwechslung nichts anstößiges.

226) S. 110.

227) Er wollte nicht ohne

Ausnahme von allen Unwürdigen
und Gottlosen behaupten, daß
sie den Leib Christi gar nicht zu
geniessen bekämen, denn er wollte
z. B. p. 350 zugeben, daß ihn
Judas der Verräther würklich bekommen habe: sondern nur die
Atheisten, Heyden und Epikurer,
welche gar nicht glaubten, oder
wüßten, daß Christus sey, und
was er für uns gethan habe,
sollten seiner Meynung nach davon ausgeschlossen seyn. S. 330.

krament gelangten, ſondern nur allein Brodt und Wein
im Nachtmahl empfiengen [228]). Damit aber wider»
ſprach er nicht nur den ausdrücklichen Behauptungen
Luthers von dem Genuß der Unglaubigen und der Gott»
loſen, ſondern daraus mußte und durfte man auch die
Folge ziehen, daß er unmöglich — was er ſonſt ſagen
möchte — die ganze lutheriſche Vorſtellung von einem
mündlichen Genuß des Leibes Chriſti im Sakrament —
von einer manducatio oralis — annehmen könne. Wer
dieſe im lutheriſchen Sinn annahm, der konnte ohne die
äuſſerſte Inkonſequenz den würklichen Genuß nicht mehr
von dem Glauben oder von der ſonſtigen Beſchaffenheit
des Genieſſenden abhängen laſſen [229]); alſo wenn ihn
Eber davon abhängig machte, ſo gab er eben damit zu
erkennen, daß er auch über den mündlichen Genuß nicht
ganz mit Luther übereinſtimme. Dieß konnte aber kein
ächter lutheriſcher Zelot als gleichgültig hingehen laſſen,
daher wurden auch ſogleich von dieſer Seite her mehrere
Proteſtationen gegen dieſen Abſchnitt ſeiner Schrift ein»
gelegt. Wigand [230]), und Muſäus und Jüber, und
Weſtphal [231]) fühlten ſich gedrungen, ihn deßhalb zu»
recht zu weiſen, und ſicherlich würden ſie es mit noch
mehr Unfreundlichkeit gethan haben, denn gewiß hätten
ſie ſich nicht enthalten können, ihn merken zu laſſen, daß
ihnen

228) Sie bekämen, ſagte er,
nicht mehr als die Bruta, wenn
ſie das geſegnete Brodt empfien»
gen ebend.

229) Dieſe manducatio oralis hieng in der lutheriſchen Theo»
rie bloß davon ab, weil der Leib
Chriſti in dem Brodt und unter
dem Brodt ſeyn ſollte Eber
mußte alſo auch dieſe Grundbe»
ſtimmung aufgeben, wenn er ſeine
Meynung behaupten wollte; er
that es aber auch deutlich genug,
denn S. 335. ſagte er ja wört»
lich "der Leib Chriſti ſey nicht

alſo mit dem Brodt vereinigt,
daß er ſich auch ſolchen Leuten zu
eſſen geben ſollte

230) Wigand ſchrieb dagegen
eine: Collatio de opinione Eberi
in libro recens edito de Coena
Domini. Anno. 1563. Dieſer
Schrift traten Muſäus und Jüber
in einer förmlichen Abhäſions»
Akte bey. S. Wigand De Schismate Sacram. f. 391 - 397.

231) S. Weſtphali Cenſura
de nova opinione Eberi ebendaſ.
f. 398. b,

ihnen an dieser einzigen Klaue der Wolf in Schaafs-
Pelz kenntlich geworden sey, wenn sie es nicht zuträg-
licher für ihre Sache gefunden hätten, sich vor der Hand
überzeugt zu stellen, daß er sich doch in der Hauptsache
von dem Irrthum des Kalvinißmus losgemacht habe.
Diesem zufolge mußten sie dann freylich auch etwas
sanftmüthiger mit ihm umgehen, aber zuverlässig war
es nur dieß, und nicht die sanftmüthige Sprache [232]),
die er selbst in seiner Schrift gegen sie geführt hatte,
was sie zu der Schonung bewog, mit der sie ihn bey
ihren Belehrungen behandelten.

Dafür aber nöthigten sie ihn und seine Kollegen,
daß sie die beschwehrliche doppelte Rolle, welche sie übernommen hatten, im folgenden Jahr 1564. noch ein
paarmahl spielen mußten, und jedesmahl traten noch
Umstände dabey ein, durch welche sie ihnen beträchtlich
erschwehrt wurde.

Zu Anfang dieses Jahrs veranlaßte man den Churfürsten, daß er ihnen ein Gutachten über den neuen
Heydelbergischen Katechißmus [233]) abforderte, über
den sich bereits das entsetzlichste Geschrey erhoben hatte.
Ein weiterer Anstoß möchte daher nicht gerade nöthig
gewesen seyn, um den Churfürsten zu einer Anfrage deßhalb zu bestimmen, denn seine Aufmerksamkeit mußte
schon dadurch stark genug darauf gespannt werden; doch
scheint man es gut gefunden zu haben, ihm noch einen
eigenen Bestimmungs-Grund dazu an die Hand zu geben, indem man ihm zugleich ins Ohr sagte, daß sich
die

232) Doch wurde fast Löscher
dadurch gerührt; wenigstens sagt
er, "daß der Stilus der Schrift
"gar beweglich sey, und Eber wohl
"gesucht habe, die Gemüther da-
"durch zu besänftigen." Hist. mot.
Th. II. p. 211.

233) Der Katechißmus war
ihm selbst von dem eifrig lutherischen Pfalzgrafen Casimir zugeschickt worden. S. Wigand
f. 390. b.

die Heydelbergiſche Theologen ſchon mehrmahls unter-
ſtanden hätten, die Lehre, welche in ihrem Katechißmus enthalten ſey, für völlig übereinſtimmend mit der
Wittenbergiſchen auszugeben, und ſich öffentlich auf das
Urtheil der Wittenbergſchen Theologen zu berufen. Da
man es dabey für völlig entſchieden und ungezweifelt
ausgab, daß der nene Katechißmus rein-kalviniſch-ſey;
ſo mußte der Churfürſt, auch wenn er die Nachricht
nicht glaubte, doch in die ſtärkſte Bewegung dadurch gebracht; da er aber allem Anſehen nach auch in dem Befehl, worinn er jetzt von den Wittenbergern ein Urtheil
über den Katechißmus verlangte, etwas davon einflieſſen ließ [234], ſo mußte auch die Verlegenheit von dieſen merklich dadurch vermehrt werden. Sie konnten und
durften ihm nicht ſagen, daß die in dem Katechißmus
aufgeſtellte Nachtmahls-Lehre zwar die kalviniſche, aber
doch nicht diejenige ſey, welche er bißher unter dieſem
Nahmen allein verabſcheut habe, denn er würde in dieſer Vertheidigung der kalviniſchen Meynung weiter nichts
als ein ſicheres Zeichen ihres eigenen Kalvinißmus geſehen haben. Sie konnten und durften ihn aber auch
nicht zu bereden ſuchen, daß doch noch ein Unterſchied
zwiſchen der Lehre des pfälziſchen Katechißmus und zwiſchen der Lehre Kalvins ſey, denn die Identität war un-
verbergbar, und der Churfürſt ſchon voraus davon überzeugt. Es war alſo äuſſerſt ſchwehr eine Auskunft zu
finden, wenn ſie nicht ihre wahre Geſinnungen ganz
freymüthig aufdecken, oder ganz förmlich verläugnen
wollten; aber dafür war auch jene, von der ſie Gebrauch
machten, kläglich genug.

Sie

234) "Elector — erzählt Wigand — hunc Catechismum Wit-
tebergenſibus cenſendum tradit,
hanc imprimis ob cauſam, quia
Heydelbergenſes Theologi dice-
rent, Wittebergenſes per omnia
ſecum ſentire.

Sie beschlossen nehmlich, sich von den Heydelbergern und ihrer Nachtmahls-Lehre zwar so bestimmt, als es der Churfürst nur verlangen konnte, dem Ansehen nach loszusagen, aber dieß so einzurichten, daß sie doch dabey ihrer eigenen bißher vertheidigten Meynung nicht förmlich entsagten; und dazu benutzten sie eben das Mittel, wodurch sie es sich schon einmahl möglich gemacht hatten, sich eben so förmlich von Kalvin loszusagen. Sie dichteten auch den Heydelbergern eine falsche Meynung an, oder sie stellten sich, als ob sie selbst auch den Heydelbergern jene Meynung zuschrieben, welche ihnen die Zeloten offenbar nur in der Absicht, um sie verhaßter zu machen, zur Last legten. "Die Heydelberger, „schrieben sie, nähmen die zwinglischen und kalvinischen „Irrthümer an, statuirten nur eine geistliche Genies „sung Christi, und läugneten die wahre Gegenwart sei„nes Leibes und Blutes im heiligen Abendmahl. Sie „hingegen hielten es ihrerseits mit Luthern und mit der „Augspurgischen Konfeßion, glaubten, daß Christi wah„rer Leib und wahres Blut wahrhaftig, wesentlich und „würklich zugegen, und daß Brodt und Wein im Abend„mahl der Leib und das Blut Christi wären; daher „könnten sie unmöglich mit den Heydelbergischen in der „Lehre einstimmig seyn, es wäre denn, daß diese ihre „sakramentirische Irrthümer eingeständen und widerrie„fen 235)." Dadurch halfen sie sich freylich aus der

Noth,

---

235) S. Geschichte der Konkordien-Formel der evangelisch-lutherischen Kirche von M. Joh. Nicol. Anton. Leipzig 1779. In 8.) S. 95 Nach Wigands Angabe mußen sich die Wittenberger in ihrem Gutachten noch stärker ausgedrückt haben, denn er sagt, sie hätten auch darinn bewiesen, "daß es eitel Trug und „Täuschung sey, wenn die Hey„delberger vorgäben, daß sie den„noch auch eine Gegenwart Chri„sti im Abendmahl annähmen, „weil sie sonst nicht so frech be„haupten könnten, daß der Leib „Christi allein im Himmel zu fin„den, und daß das Brodt im „Sakrament bloß ein Zeichen des „abwesenden Leibes sey; auch „nicht nöthig hätten, die un„schuldige Formeln, daß der „Leib

Noth, doch wer fühlt nicht, daß die Noth-Hülfe eben so unwürdig als kläglich war? Um sich eine einfache Falschheit zu erspahren, begiengen sie eine doppelte; und wenn auch würklich, wie sie vielleicht rechneten, die eine durch die andere unschädlich geworden wäre, so wird man sich doch gewiß nicht geneigt fühlen, sie damit zu entschuldigen.

Weniger hatten sie nöthig, sich bey einem andern Anlaß in Unkosten zu setzen, wobey man es bald nach diesem eben so geflissentlich darauf anlegte, ihnen die Zunge zu lösen. Der Herzog Christoph von Würten-berg

---

"Leib in, mit und unter dem "Brodt sey, so heftig zu verdam-"men." S Wigand f. 391. Indessen wird man doch durch die Angaben Wigands und einiger andern Schriftsteller über dieß Gutachten in einige Verwirrung gebracht. Wigand rechnet es unter die scripta varia ambigua et flexiloqua, durch welche damahls die Wittenberger ihren Herrn zu täuschen gesucht hätten. Löscher Th II 292 sagt nur im allgemeinen, "daß sie bey dieser Gelegenheit eine auf Schrauben gesetzte Antwort ertheilt, und sich dadurch immer verdächtiger gemacht hätten, wobey er sich auf Calovii Hist. Syncret L. I. p. 19. beruft, in welchem man nach dieser Hinweisung das Gutachten selbst zu finden hofft. Aber Kalov hat nicht nur das Gutachten auch nicht, sondern sagt in der allegirten Stelle ebenfalls weiter nichts, als daß die Wittenberger ihre Erklärung ziemlich auf Schrauben gestellt hätten. Anton hingegen, der die im Text angeführte Stelle so abdrucken ließ, als ob er sie wörtlich aus dem Gutachten selbst genommen

hätte, will die Nachricht haben, daß sich der Churfürst mit diesem ersten Gutachten der Wittenberger nicht begnügt, sondern ihnen auferlegt habe, ihre Meynung klarer und deutlicher an den Tag zu geben; diese Nachricht aber gründet sich wahrscheinlich bloß auf eine Verwechselung, welche Wigand und Hutter Conc. conc. p. 47. begiengen, indem sie aus Uebereilung oder aus Unwissenheit annahmen, daß dem Churfürsten jetzt erst von den Wittenbergern auf sein Verlangen die Konfession übergeben worden sey, welche sie schon im J. 1560 und 1561 ausgestellt hatten. So viel ist auf alle Fälle gewiß, daß der Churfürst das Gutachten nicht auf Schrauben gestellt finden, und keinen weiteren Verdacht gegen seine Theologen daraus üben konnte, wenn es würklich dasjenige enthielt, was Wigand, Hutter und Anton daraus anführen: Aber dabey bleibt es freylich auch gewiß, daß sie darinn, wie Hutter sagt, neque candide, neque libere, neque ut Theologos decet, mentem suam aperuerint.

berg hatte dem Churfürsten die neue Schriften zugeschickt, worinn Brenz und Andreä [236]) die Ubiquitäts-Lehre gegen die Heydelberger und Schweizer vertheidigt hatten, und zwar mit dem ausdrücklichen Ansuchen zugeschickt, daß er ihm das Urtheil seiner Theologen darüber zukommen lassen möchte. Da man es in Stuttgardt und in Tübingen schon längst wußte, wie wenig die Wittenbergische Schule der Ubiquitäts-Lehre geneigt war, so ließ sich leicht merken, was man jetzt bey dieser Anfrage abzweckte, aber dieß ließ sich auch leicht verhindern, daß der Zweck wenigstens nicht mit dem ersten Anwurf erreicht wurde. Die Wittenbergische Theologen hatten es ja ihrem Herrn schon mehrmahls gesagt, daß sie die neue Lehre von der Allgegenwart der menschlichen Natur Christi für eben so zweifelhaft als unnöthig zu Begründung des Glaubens an seine Gegenwart im Sacrament hielten; sie konnten also dadurch allein keinen Verdacht bey ihm erwecken, wenn sie auch jetzt dabey beharrten, mithin durften sie sich bey diesem Punkt nicht einmahl zu einiger Zurückhaltung zwingen [237]).

Unumwunden, wenn schon mit sehr vieler Schonung der Würtenbergischen Theologen [238]) erklärten sie daher

---

236) Ohne Zweifel waren es die Schriften von Brenz: De Majestate Domini nostri Jesu Christi contra Bullingerum et Martyrem 1562. in 4. und: Recognitio propheticae et Apostolicae doctrinae de vera Majestate D. N. I. C. Tubingae 1564. in 4. nebst den Thesibus Tubingensibus von Andreä, die in eben diesem Jahr herausgekommen waren. In einem Brief des Churfürsten an die Wittenbergische Theologen bey Hutter Conc. Conc. p. 49. werden nur überhaupt "etliche

Theil II. 2. Hälfte.

"gedruckte Bücher sammt einer "zu Tübingen in Religions-Sachen erschienenen Disputation" erwähnt, die er ihnen zugeschickt habe.

237) Die Censur der Wittenberger, vom 25 Apr. 1564. datirt, und von Major, Eber und Crell unterschrieben, hat Hutter wörtlich in seine Concordia concors eingerückt p. 49-60.

238) Die schonende und achtungsvolle Mässigung, mit welcher sich die Wittenberger in dieser Censur beständig von Brenz

Jl und

her dem Churfürſten auch zuerſt bey dieſer Gelegenheit, daß Brenz und Andreä ihrer Meynung nach beſſer und weiſer gethan haben würden, wenn ſie den Artikel von der Perſon Chriſti, von der Vereinigung ſeiner Menſch-heit mit der Gottheit und von ihrer Theilnehmung an der Majeſtät und an den Eigenſchaften der letzten nie-mahls in den Streit über die Frage von der Gegenwart Chriſti im Nachtmahl eingemiſcht hätten. Sie wieder-holten auch jetzt, daß ſie gar nicht abſehen könnten, wozu die Einmiſchung dienen ſollte, weil ſich doch der Streit über die Nachtmahls-Lehre auf keine Art durch dasjenige ausmachen laſſe, was man über die Perſon Chriſti erſtreiten könne; aber ſie verhelten auch ihrem Herrn nicht, daß ihnen dasjenige ſelbſt mehrfach be-denklich ſcheine, was der alte Herr Brenz in dem Ar-tikel von der Perſon und von den Naturen Chriſti mit Gewalt erſtreiten wolle.

“Geſetzt auch — ſchrieben ſie, — daß die Schweizer „darinn völlig Recht hätten, was ſie in dieſem erſten „Artikel des chriſtlichen Glaubens behaupten, daß „nehmlich der Herr Chriſtus habe eine wahre menſchli-
„che

und Andreä erklärten, muß ih-nen nur zum gröſſeren Verdienſt angerechnet werden, da ſie es ſich von ihrem Herrn ausgebeten hat-ten, daß er ihr Urtheil bey ſich behalten, und nicht dem Herzog von Würtenberg mittheilen möch-te. Wegen dieſer Bitte hinge-gen verdienten ſie gewiß nicht ſo ſehr von Hutter angefahren zu werden. Egregium vero conſili-um, immo honeſta, et Theolo-gis digna petitio! — denn ohne ſich vor den Würtenbergern zu fürchtern, konnten ſie doch im-mer aus ſehr guten Gründen wünſchen, daß ſie mit ihnen in keinen perſönlichen Streit ver-wickelt werden möchten. Indeſ-ſen darf man wohl annehmen, daß ſie ſich auch deßwegen ſo ſorgfältig hüteten, irgend etwas perſönlich reizendes für Brenz und Andreä in ihr Gutachten hineinzubringen, weil ſie doch nicht ſo gewiß darauf rechnen konnten, daß es geheim bleiben würde. Auch kam es würklich bald genug in das Publikum und in die Hände der Würtenberger, wenn ſchon nicht durch den Chur-fürſten; nur zeigte es ſich auch dabey, daß durch ihre Vorſicht eben nicht viel gut gemacht wor-den war.

„che Natur mit allen wesentlichen Eigenschaften dersel=
„ben einmahl angenommen, und habe dieselbe noch in
„alle Ewigkeit unverwandelt und unvermischt mit der
„göttlichen, daß er sey in dieser angenommenen menschli=
„chen Natur zum Himmel gefahren, daß er zur Rech=
„ten seines Vaters sitze, und am jüngsten Tage zum
„Gericht wieder kommen werde — so ist doch daraus
„und damit noch nicht erstritten, daß die Worte der
„Stiftung des Nachtmahls, da Christus gesagt hat:
„das ist mein Leib! und das ist mein Blut! nicht wahr
„seyen, oder gerade den Verstand, den die Schweizer
„dichten, haben müßten. Denn als dieses unterschiedli=
„che Stücke und Artikel christlicher Lehre sind, so ist auch
„gewiß und ungezweifelt, daß derselben jeder also und
„dergestalt wahr sey, wie die Worte einfältig lauten
„und zu verstehen; ob wir gleich mit unserer schwachen,
„engen, geringen und durch die Sünde verdorbenen
„Vernunft nicht begreifen, ergründen und verstehen
„können, wie und in welchem Maaß jeder Artikel
„wahr, und in Gott und seinem heiligen Wort nicht
„wider einander sey, was doch nach unserer Vernunft
„einander zu widersprechen scheint ²³⁹). — So aber
„auch auf der andern Seite, wenn alles, was die Schwei=
„zer von der Person Christi lehren, widerlegt, und da=
„gegen alles, was die Herrn Würtenbergische Theolo=
„gen behaupten, erhalten würde, so muß doch die wahre
„und

---

239) "Denn — setzten sie hin=
zu — "es ist Gottes erster Wille,
„daß wir alle und jede Artikel
„christlichen Glaubens, mit den
„Worten und in dem Verstand,
„die Gott der Herr selbst gere=
„det, oder durch Propheten und
„Apostel hat schreiben und erklä=
„ren lassen, festiglich halten,
„und einfältig glauben, und nicht
„mit unserer Vernunft darüber

„grübeln, oder die Artikel un=
„tereinander, nach derselben
„unserer Vernunft, und nicht
„nach Gottes eigenen Worten
„und Verstand vereinigen und
„concordiren sollen, daß sie
„glaublich, möglich, und einander
„gleichförmig scheinen" Und ge=
gen dieß schöne Princip hatten
die Würtenberger in ihrer Ant=
wort nichts einzuwenden!

„und weſentliche Gegenwart des Leibes und Blutes
„Chriſti im Nachtmahl nicht aus ihren Diſputationen
„von den Naturen Chriſti, ſondern anfänglich und end-
„lich allein aus der Stiftung und Verheiſſung Chriſti
„erwieſen und dargethan werden, daran man als dem
„einzigen Grund, darauf ſie beruht, ſich halten muß.

„Darum, ob es ſich wohl anſehen läßt, als ob
„dieſer Sache dadurch geholfen, und die wahrhaftige
„Gegenwart Chriſti im Nachtmahl erklärt und gleich-
„ſam biß zum Augenſchein bewieſen wäre, wenn man
„von der Majeſtät und Herrlichkeit des Menſchen Chriſti
„redet und diſputirt, ſo iſt dennoch das Fundament je-
„ner Gegenwart viel ein anderes, woran man viel ſiche-
„rer mit einfältigem Glauben ſich halten, als durch
„Diſputationen von andern und von dieſer Sache ent-
„fernten Artikeln etwas erſtreiten kann, maſſen jenes
„wahre Fundament unſtreitig von dem Herrn Chriſto
„ſelbſt gelegt, alſo unwandelbar und unbeweglich
„iſt 240).”

„So

---

240) "Wollten derwegen —
„gerne wünſchen, daß die Wür-
„tenbergiſche Herrn Theologen
„deſſen mit uns einig wären,
„und dieſe erregte Diſputation
„von den allerhochwichtigſten und
„ſchwerſten Artikeln des Glau-
„bens ſo viel möglich mäſſigten,
„einzögen und abſchnitten. Son-
„derlich der ehrwürdige und hoch-
„gelehrte Herr Brentius in ſei-
„nem hohen und ehrlichen Alter
„nunmehr ſeiner ſelbſt in ſolchen
„hohen und ſchwehren Diſputa-
„tionen und Streitſachen ſchonte,
„und in Betrachtung vieler ho-
„hen Leute Exempel, auch vieler
„hochwichtigen Urſachen ſich zur
„Ruhe gäbe, die ganze Sache

„endlich einſtellte, und Gott aus-
„zurichten und auszuführen be-
„föhle” Durch dieſe Stelle fühlte
ſich aber der alte Herr ſo gereizt,
daß er ſich nicht entbrechen konnte,
beſonders und höchſt empfindlich
darauf zu antworten. — "Was
„dann mich — ſagte er in dieſer
„Antwort — Johannem Brenti-
„um inſonderheit belangt, daß
„ſie mir in meinem hohen Alter
„die Ruhe wünſchen; wiewohl es
„von andern anders ausgedeutet
„würde, ſo will ich ihnen doch
„des freundlichen Gemüths ganz
„dienſtlich danken, und wollte von
„Herzen ihres Wunſches aus Got-
„tes Gnaden genieſſen Dabey
„aber ſollen ſie bedenken, daß ich
„nicht

„So wir aber je die Wahrheit zeugen, und unser
„Gemüth von gegenwärtigen erregten Disputationen er»
„öffnen sollen, so müssen wir als für das andere beken»
„nen und klagen — daß in dieser Disputation von Ver»
„einigung beyder Naturen in Christo, und von der Ge»
„genwärtigkeit der menschlichen Natur des Herrn Christi
„in allen Dingen und Kreaturen im Himmel und auf
„Erden, darauf dann folgende Artikel von seinem Auf»
„fahren gen Himmel und von seinem Sitzen zur Rech»
„ten des Vaters beruhen und daraus von ihnen geführt
„werden, viele uns unbekannte, neue, und fremde
„gefährliche Reden von beyden Herrn D. Brentio
„und D. Jacobo gebraucht, und zum heftigsten gestrit»
„ten werden, welche traun wir in dieser Lande Kirchen
„und Schulen einzuführen, zu disputiren oder zu strei»
„ten hohes Bedenken haben, als die wir dergleichen Re»
„den Erklärungen weder in den biblischen Schriften und

Zeug»

„nicht allererst in meinem hohen
„Alter zu dieser Sach mich ge»
„drungen, sondern bin auch in
„meiner Jugend damit beladen
„gewesen, hab ich auch meine
„vocation treulich wollen verrich»
„ten, so bin ich dazu genöthiget
„worden. Ich weiß mich durch
„Gottes Gnad wohl zu berichten,
„daß ich nicht der Mann bin, wie
„sie von mir schreiben, der alle
„Gelehrte oder alle Gläubige zu
„einerley Meynung in der Reli»
„gion bringen möge, daß ich
„aber deßhalb nicht sollte meines
„besten, wiewohl geringen Ver»
„mögens den Wölfen helfen weh»
„ren, damit sie unter der Heerde
„Christi nicht so gräulich rumoh»
„ten, daß ich auch jetzt in mei»
„nem Alter mit Stillschweigen,
„bevorab in der Noth, umgeben
„sollte, was ich in meiner Ju»

„gend aus Gnaden Gottes durch
„die Uebung in der heiligen
„Schrift und aus Anweisung des
„seeligen Herrn Lutheri als des
„auserwählten Werkzeugs Got»
„tes gelernt und gefaßt habe,
„das würde freylich niemand ge»
„sundes und christliches Verstan»
„des billigen können. Da auch
„die Jungen und andere ihr Offi»
„cium, wie sich gebühret, gegen
„die Ausbreitung des Zwingli»
„nismi gethan hätten, so wäre
„es mir und andern betagten
„Männern wohl überblieben, uns
„in solche Unruhe zu begeben.
„Dieweil es aber geht wie es
„geht, und steht wie es steht, so
„habe ich müssen, ja auch wider
„meinen Willen, die alten Scher»
„ben vollends daran setzen.“ S.
Hutters Conc. conc. p. 69.

Kk 3

„Zeugnissen der Propheten und Apostel, noch in der vor-
„nehmsten ältesten Kirchenlehrer Schriften nicht finden,
„auch in diesen Landen, Kirchen und Schulen von un-
„sern lieben Vätern und Praeceptoribus, so vor uns
„darinn gedient und gelernt, nicht gehört und gelernt
„haben.

„Denn daß zu Bestätigung etlicher derselben neuen
„Reden das Zeugniß Lutheri seeliger aus seinen Streit-
„Schriften von den Herrn Brenz und Jacob angezogen
„wird, wie dann zuvor auch von andern beschehen, so
„müssen wir dieselbe Zeugnisse an ihren Ort stellen, und
„also passiren lassen, daneben aber dieses berichten, daß
„solche Zeugnisse Lutheri nicht so fast sein eigen, als der
„Novisten, Schul Theologen und Skribenten seyen;
„daraus solche Reden währendem Streit genommen,
„nachmahls aber nach gestilltem Streit und Geschwin-
„digkeit, dazu ihn die Sakramentirer bewegt, kurz vor
„seinem Ende in Erklärung der letzten Worte Davids
„und andern seiner Lehrbücher, auf viel andere Weise
„und nach Gewohnheit und Form der ältesten Lehrer und
„Väter geredt und geschrieben, und in denselbigen Schrif-
„ten gleichsam Maaß und Weise fürgeschrieben, nach
„welcher er seine vorige Streitbücher — verstanden und
„gerichtet haben wollte. Solche des Herrn Lutheri Bü-
„cher und Schriften sind ja eben sowohl vorhanden als
„die Streitbücher, und unseres Erachtens den Streitbü-
„chern, als die letzten und mit höchstem Fleiß geschrie-
„bene, wo nicht vorzuziehen, jedoch gleichwürdig zu ach-
„ten und zu halten, und wie sich ihrer viele auf die vo-
„rigen, also wir nicht unbillig auf dieselben letzte uns
„ziehen und berufen [241]. —

"Aber

---

241) Diese Stelle in dem
Gutachten nahm man den Wittenbergern am übelsten, oder ihre
Gegner nahmen wenigstens den
Anlaß davon her, um ein über-
volles Maaß der giftigsten Galle
über

„Aber daß wir — so endigt sich das Gutachten —
„schließlich und auf das kürzeste unsere Antwort und
„Meynung Ew. Churfürstl. Gn. vermelden, so zeugen
„wir hiemit vor Gott und Ew. Churfürstl. Gnaden,
„daß

über sie auszulassen. — „Was
„sie — sagen die Würtenberger in
„ihrer Antwort — „von den Zeug=
„nissen des Herrn Lutheri seeli=
„ger schreiben, die wir in unsern
„Schriften angeführt, so hätten
„wir uns eher des Himmels Ein=
„fall versehen, denn daß sie sa=
„gen, solche Lutheri Zeugniß nicht
„fast sein eigen, sondern der Schul=
„Stribenten und Sophisten Mey=
„nung seyen. Und habe sie von
„des Streits wegen aus ihnen
„genommen, aber hernacher, da
„der Streit nachgelassen, habe er
„sich in seinen letzten Büchern
„etwas baß erklärt — Das Stück=
„lein hätten wir uns auch von
„den ärgsten Feinden Lutheri
„nicht versehen.
„Da dem Herrn Luthero seeli=
„ger etwas fremdes in seiner
„Postill untermischt war, da
„schrieb er also: Zwar wenn ich
„ein Christ wäre, so wäre ich
„gesinnt, daß mir einer den Hals
„lieber abstäche, als ein solches
„Stücklein bewiese rc. Also zwei=
„felt uns nicht, da der treffliche
„Heros noch in diesem Leben vor=
„handen, und hörte, daß nicht
„seine Feinde, sondern seine
„Freunde, seine Discipuli, seine
„Nachkommen, so an dem Ort
„auf der Schul, auf der cathe=
„dra, da er geschrieben, gelehrt
„und geprediget sitzen, ihm ein
„solch Stücklein wie vorgemeldt
„erzeigten, so würde es ihm
„freylich nicht weniger als die
„corruptela seiner Postill zu Her=
„zen gehen. Denn es ist kund

„und offenbar, daß Lutherus see=
„liger den Handel gegen die Zwing=
„lianer nicht mit geringerem
„Ernst denn gegen das Pabstthum
„geführt hat; ja er ist darauf
„nicht allein zwey, drey oder vier
„Jahr, sondern biß zu seinem
„End und Gruben hinein beständ=
„diglich verharrt. Sollte nun
„ein solcher Mann, die Hauptsach
„von dem Abendmahl Christi,
„nicht mit Argumenten und Zeug=
„nissen, so seine eigene Meynung,
„und in der heiligen Schrift ge=
„gründet sind, sondern aus der
„Lehre der Sophisten, das ist
„(wie es propter antithesin nicht
„anders kann noch mag verstan=
„den werden,) aus unnützem,
„faulem und losem Geschwätz be=
„wiesen und bestätigt haben, was
„wäre wohl von ihm und seiner
„Lehre zu halten? Ja, wie möchte
„und könnte ein Praeceptor von
„seinen Discipulis höher geschän=
„det werden?
„Darnach, daß sie vorgeben,
„Lutherus habe nach gestilltem
„Streit und Geschwindigkeit, das
„zu ihn die Sakramentirer be=
„wegt, auf viel andere weise ge=
„schrieben, das ist fast dem jetzt
„bemeldten Stücklein gleich, und
„eben was die auctores dieses
„scripti mit glimpfigen Worten
„sagen, das hat Bullinger mit
„guten, groben, offenbarlichen
„Worten, damit wir grobe Leut
„dasselbe auch verstehen können,
„gesagt: Lutherus sey in dem
„Streit vom Nachtmahl frivolus
„gewesen." Hutter p. 73. 74.

Kk 4

„daß diese Sache und Streit uns zu hoch und zu groß seyn
„dünket, daß wir fast zweifeln, ob dieselbige bey der
„jetzigen Welt, auch in einem Concilio könnte und möchte
„geörtert oder entschieden werden, wo uns nicht hierinn
„der Alten Exempel und ernstliche Vorsichtigkeit vor-
„stünden und vorgiengen. Und nachdem sie geregt ist,
„fürchten wir von Herzen, daß dieselbe schwehrlich werde
„gestillt und verglichen werden, und daß künftiger Zeit
„viel schröcklichen disputirens bey der fürwitzigen Welt
„daraus erwachsen, und also dem ganzen menschlichen
„Geschlecht verderblich und schädlich seyn. Vielleicht auch
„den lieben Tag des Herrn desto eher herbeybringen und
„verursachen wird.“

Wenn nun die Wittenberger dem Churfürsten ihrem
Herrn noch dabey erklärten, daß sie sonst den Wittenbergischen Theologen „in dem Artikel vom Abendmahl
„und von der wahren Gegenwärtigkeit des Leibes und
„Blutes Christi im Sakrament, so viel die Summa
„und den Grund der Sache betreffe, von Herzen
„verwandt und zugethan, auch derhalben, wie sie glaub-
„ten, ganz mit ihnen einig seyen“, so machten sie sich
damit nicht nur keines falsi, sondern nicht einmahl einer unredlichen Reticenz schuldig. Insofern es Brenz
und Andreä bloß darum zu thun war, wie sie mehrmahls auf das stärkste selbst behauptet hatten, die
wahre Gegenwart Christi im Sakrament gegen die
Anhänger der schweizerischen Meynung zu erstreiten, und
insofern sie die Ubiquitäts-Lehre bloß deßwegen in den
Streit gemischt hatten, um diesen Punkt in der Nachtmahls-Lehre gewisser und vollständiger zu erhalten [242],

so

---

242) So hatten es aber auch
die Wittenberger aufgefaßt. "Aus
den Schriften des Herrn Brentius und Andreä — sagen sie im
Eingang ihres Gutachtens — haben wir so viel erfunden, daß
diese unsere liebe Väter und Mit-
brüder sich des Streits vom
Abend-

so könnten die Wittenberger mit der vollesten Wahrheit
sagen, daß sie darinn mit ihnen übereinstimmten, denn
sie waren es sich selbst auf das lebhafteste bewußt, und
von sich selbst auf das festeste überzeugt, daß sie eben=
falls eine wahre Gegenwart Christi im Sakrament an=
nahmen und annehmen wollten. Auf den Churfürsten
hingegen mußte die offene Darlegung ihres Widerspruchs
gegen die sonstige Meynung der Würtenbergischen Theo=
logen mehrfach zu ihrem Vortheil würken, und so konnte
es natürlich genug kommen, daß ihre Gegner vor der
Hand den Zweck völlig verfehlten, wegen dem sie ihnen
diese Gelegenheit zu der Darlegung ihres Widerspruchs
gemacht hatten.

Kapitel IX.

Würklich schien dieser Zweck nicht nur für jetzt, son=
dern für immer verfehlt zu seyn, denn auch eine höchst
bittere, und zugleich unbeschreiblich giftige Vertheidi=
gungs=Schrift, welche Brenz und Andreä dieser Cen=
sur der Wittenberger entgegensetzten, und an den Chur=
fürsten selbst richteten [243]), schien bloß bey diesem die
Ein=

Abendmahl höchstes Fleisses und Ernsts annehmen, und nicht al=lein wider die Zwinglianer und Schweizerische Gelehrte gerne er=halten und verfechten wollten, was von wahrer Gegenwär=tigkeit des Leibes und Blutes Christi in unseren Kirchen ge=lehrt und bekannt wird, son=dern wollten gern dasselbige dermassen ausführen, erstre=cken und biß zum Augenschein beweisen, daß denen, so unse=rer Kirchen=Meynung widerspre=chen, auch nicht die mindeste Ur=sach oder Schein zur Widerrede gelassen, oder unbeantwortet und unwiderlegt gestanden würde — welchen ihren christlichen Fleiß und Ernst in der Sache wir uns gar wohl gefallen lassen." S. 50.

243) S. Apologia Theologo-rum Würtenbergensium bey Hut=ter S. 61=86. Die Apologie ist datirt vom 13. Nov. 1564 und von Brenz und Andreä un=terschrieben, sicherlich aber vom ersten geschrieben, denn so viel gal=lichte Säure konnte nur die ge=tränkte Eigenliebe eines alten Mannes hineinlegen. Uebrigens weiß man nicht, durch welchen Kanal das Urtheil der Witten=berger ihnen zugekommen war, denn der Churfürst schrieb seinen

Kk 5. Theo=

Einbrücke zu verſtärken, welche die Cenſur zu ihrem
Nachtheil auf ihn gemacht hatte. Auguſt glaubte nun
dem Anſehen nach in das klare darüber gekommen zu
ſeyn, warum man ſich ſo viele Mühe gegeben hatte,
ihm ſeine Theologen als Kalviniſten verdächtig zu machen. Aus ihrem Gutachten hatte er nehmlich begriffen,
daß ſie allerdings in einem Punkt von der Meynung der
Würtenberger und der Niederſächſiſchen Theologen abwichen, und dieß wußte er ſchon aus ſehr vielen Er-
fahrungen, daß Theologen einander keine Abweichung
verzeyhen könnten; dabey war aber ſein geſunder Men-
ſchenverſtand würklich durch ſeine Theologen überzeugt
worden, daß der Punkt, worüber ſie mit den Würtenbergiſchen im Streit waren, in keiner nothwendigen
Verbindung mit der Nachtmahls-Lehre und mit der
Frage von der wahren Gegenwart Chriſti im Sakrament ſtehe. Er begriff es noch beſſer, daß man allerdings jene Allgegenwart der menſchlichen Natur Chriſti,
welche ihr nach der Meynung der Würtenberger von der
göttlichen mitgetheilt worden ſeyn ſollte, bezweiflen, und
doch dabey die wahre Gegenwart ſeines Leibes im Abendmahl noch behaupten, alſo in Anſehung der letzten noch
ächt-lutheriſch denken könne, wenn man ſchon in Anſehung der erſten den Würtenbergern nicht beyſtimme;
auch macht es ſeiner natürlichen Logik in der That einige
Ehre — freylich keine groſſe. — daß er ſich von dieſer
Ueberzeugung durch die Antwort der Würtenberger [244]
nicht

Theologen ſelbſt, daß er es dem
Herzog von Würtenberg nicht
zugeſchickt habe.

244) Die Erklärung der Würtenberger darauf konnte wül-
kaum einen Layen verblenden,
denn ſelbſt der Laye konne die
gewaltſame und unredliche Verdrehung der Meynung ihrer Geg-

ner nicht überſehen, deren ſie ſich
dabey ſchuldig machten. Indeſſen iſt ihre Antwort auf dieſen
Punkt doch in einer gewiſſen Hinſicht merkwürdig genug, um hier
kürzlich aufgezogen zu werden.
„Noch beichwehrlicher iſt es — ſo
„lautet dieſe Antwort — daß die
„Herrn Theologi zu Wittenberg
„gerne

nicht mehr abbringen ließ. Wenigstens brachte er sie noch auf den Reichstag zu Augspurg vom J. 1566.

wo

„gerne wollten die fürnehmste „Artikel unseres Glaubens von „der Menschwerdung Christi, von „seiner Himmelfarth, und von „seinem Sitzen zur Rechten des „Vaters von der Stiftung des „Abendmahls und von derselben „Erklärung dergestalt absondern, „als sollte die Stiftung Christi „von der wahren wesentlichen „Gegenwart seines Leibes und „Blutes im Sakrament dennoch „bestehen, die bemeldte Artikel „möchten gleich nach der Mey„nung der schweizerischen Theo„logen oder nach der unsrigen „verstanden und erklärt werden, „daß also die falsche oder wahr„haftige Erklärung solcher Arti„tel dem rechten Verstand des „Abendmahls nichts gebe und „nichts nehme, sondern derselbe „müsse allein aus der Stiftung „Christi anfänglich und endlich „erwiesen und dargethan werden. „Solches Schreibens und Vor„gebens wissen wir uns nicht ge„nug zu verwundern, und kön„nen uns auch nicht bereden daß „sie es mit Ernst meynen. — „Denn so man doch die Stif„tungs-Worte des Nachtmahls: „das ist mein Leib! recht be„denken will und verstehen, so „muß gewiß vorher bedacht und „erkannt seyn, wer die Person „sey, so solches gestiftet und ge„redet hat; nehmlich, daß es „sey Christus, wahrer Gott und „Mensch persönlich vereinigt, und „sey aufgefahren über alle Him„mel, auf daß er allmächtig sey, „und alles erfülle. Ja diese Ar„tikel des Glaubens, und die „Erkenntniß ihres rechten Ver„standes sind also nöthig zu Er-

„klärung und Verständniß der „Nachtmahls-Worte, daß, wenn „außer Christo ein anderer, es „sey gleich ein Engel oder ein „Mensch eine solche Stiftung vor„genommen, und solche Worte „geredet hätte, so müßten sie „unläugbar entweder eine Lüge „seyn, oder einen Zwinglischen „Verstand haben, daß nehmlich „mit Brodt und Wein der Leib „und das Blut nicht wahrhaftig „dargereicht werde. Wer daher „auch diese Artikel von der Nacht„mahls-Lehre absondert, und „dafür hält, daß sie diesem Han„del nichts geben und nichts neh=„men, der muß gewißlich in re-„cessu et latebris cordis sui (et „halte gleich in Worten und Ge-„danken die wesentliche Gegenwart „des Leibes und Blutes Christi „so fest als er immer will) ent„weder ein päbstlicher Zauberer „seyn, der durch die Kraft seines „Sprechens den Leib Christi vom „Himmel herab zu bringen meynt, „oder ein Zwinglianer und Kal„vinianer, der den Leib Christi „dergestalt an den Himmel an„bindet, daß er seiner Substanz „nach in dem Brodt gar nicht „gegenwärtig seyn könne. Denn „da Christus nicht ein solcher „Herr wäre, der als Gott und „Mensch — im Himmel und auf „Erden nach Art der Rechten „Gottes gegenwärtig wäre, und „alles allmächtig erfüllte, so wür„den die Stiftungs-Worte des „Nachtmahls seinen Leib und „sein Blut nur langsam gegen„wärtig machen. Es sind viel„mehr gar nicht diese Worte, „welche den abwesenden Leib Chri„sti erst gegenwärtig machen, sondern

wo er ihr in der pfälziſchen Sache völlig gemäß handelte [245].

Dabey iſt es wohl glaublich genug, daß auch die
Parthie am Hofe, welche den Kalvinißmus begünſtigte,
das ihrige redlich dazu beytrug, um den Churfürſten
auf dieſe Ueberzeugung zu bringen, und darinn zu befe
ſtigen, ſo wie ſie ihrerſeits in eben dem Verhältniß, in
welchem ſie feſter bey ihm wurde, auch mehr Einfluß
über ihn erhielt [246]. Dieß war beſonders der Fall
mit Peucern, der um dieſe Zeit das höchſte Vertrauen
des Churfürſten beſaß, auf die auszeichnendſte Art von
ihm behandelt [247], und dadurch auch zu Wittenberg
faſt

„ſondern die bemeldte Artikel „De unione perſonali et Seſſione „ad dextram Dei bezeugen uns „widerſprechlich, daß der Leib „Chriſti zuvor gegenwärtig „ſey, die Stiftungs-Worte aber „geben die Austheilung des „vorher ſchon gegenwärtigen „Leibes. Perſonalis enim unio „et ſeſſio ad dextram Dei teſtan„tur praeſentiam corporis; inſti„tutio autem et verba Coenae „teſtantur ejus diſpenſationem.“ S. 65. 66.

245) Als man auf dieſem Reichstag darauf antrug, daß man ſich von dem Churfürſten von der Pfalz Gewiſſens halber ſepariren müſſe, wenn er ſich nicht in dem Artikel vom Nachtmahl der ungeänderten Augſp. Konfeſſion gemäß erklären wolle, ſo ſetzte ſich nicht nur der Churfürſt von Sachſen dagegen, ſondern äuſſerte dabey unverholen, daß man ſeiner Meynung nach die Pfälzer keiner Abweichung von der lutheriſchen Grund-Beſtimmung in der Nachtmahls-Lehre beſchuldigen, in Hinſicht auf Re

benbeſtimmungen aber keine völlige Gleichförmigkeit fordern könne, weil man ſich ſonſt auch von ihm ſepariren müſſe, da er ſelbſt wegen der Ubiquität eben ſo wenig mit den Würtenbergiſchen Theologen übereinſtimme, als die Pfälzer. S Alting p. 199.

246) Dieſer Einfluß, den die calviniſche Hofparthie um dieſe Zeit auf den Churfürſten erhielt, mochte vielleicht größer ſcheinen, als er würklich war; aber wie groß ihn ſich das Publicum damahls dachte, dieß fällt am ſtärkſten in einer Nachricht von Selbnecker auf, welche ſich in der ſchon angeführten Handſchrift von ihm findet. Er erzählt darinn, daß Gerücht habe ſich allgemein in Dreßden und im Lande verbreidaß Beza nach Wittenberg vocirt werden ſollte, und die Wittenbergiſche Theologen hätten auch dem Gerücht nicht widerſprochen, ſondern nur geäuſſert, daß ſie nichts gewiſſes davon wüßten — nihil certi ſibi conſtare.

247) “Interim tamen — heißt es in der Leichenrede auf Peucer — Peuceri

faſt in einem höheren Grad die dirigirende Hauptperſon
wurde, als es ehmahls ſein Schwiegervater Melanchton geweſen war. Eben daraus entſprang aber auch
die ſehr natürliche Folge, daß dieſe kalviniſche Parthie
auf der Univerſität und am Hofe im Vertrauen auf ihren Einfluß ſich allmählig der Hoffnung mehr überließ,
daß ſie doch zuletzt noch das Uebergewicht erlangen
könnte, und es jetzt nicht nur weniger als bisher für
nöthig hielt, ihre wahre Geſinnungen ſo ängſtlich zu
verbergen, ſondern auch bey der Anlage der Plane und
Entwürfe, durch welche jene Hoffnung realiſirt werden
ſollte, weit offener und unverdeckter zu Werk gieng.
Dieß wurde beſonders von der Zeit an bemerklich, da
Peucer die drey neue Theologen, Pezel, Cruciger und
Wiebebram in Wittenberg angebracht hatte [248]); aber
es wurde nicht nur in der freyeren Sprache dieſer Theologen, nicht nur in mehreren ſtärkeren Aeuſſerungen
von [249]) Peucer ſelbſt, nicht nur bey Veranlaſſungen,
wobey man einzelnen Gegnern der Parthie gelegenheitlich beykommen konnte [250]), ſondern es wurde ſelbſt
in

Peuceri auctoritas et in Academia et in aula indies crescere,
ipſe Electori carus eſſe et Nobili-
bus, florere gratia apud omnes,
ad graviſſimas deliberationes ad-
hiberi, ſaepe ex Academia in Aulam vocari, conſiliis intimis intereſſe, prandere, coenare cum
Electore, cujus ſingularis ad eum
amplectendum propenſio etiam ex
his apparuit, primum, quod de-
precante eo Academiae proven-
tum annuum regia plane muni-
ficentia auxit, deinde quod Peu-
cero totius Academiae inſpectio-
nem communi Senatus conſenſu
oblatam principali auctoritate con-
firmavit, tum quod filiolo ipſius
Celſitudini in arce Stolpenſi nato
Adolpho ſusceptorem pro more
chriſtiano Peucerum cum illuſtris

baptizaretur infans, eſſe voluerit."
p. 17.

248) Im J. 1567. wurden
Chriſtoph Pezel und der jüngere
Cruciger, und im J. 1569. Wiebebram als Nachfolger des ver-
ſtorbenen Paul Ebers von ihm
angeſtellt. Bald darauf brachte
er auch Heinrich Moller an.

249) S. Hutter Conc. conc.
p. 95.

250) Wie z. B. bey der Relegation des berüchtigten Schlüſſelburg von der Univerſität zu Wittenberg im Jahr 1567. Die Acten
dieſer Relegations-Geſchichte hat
nicht nur Schlüſſelburg ſelbſt, ſondern auch Wigand De Schism. Sacr.
f. 399. ſtab. und zum Ueberfluß
noch Löſcher Hiſt. mot. P. III.
S.

in einigen Haupt-Bewegungen ſichtbar, bey denen ſich
unmöglich verkennen ließ, daß ſie für jenen Zweck berechnet waren.

Dahin gehörten einmahl die Mittel, von denen
man jeßt Gebrauch machte, um das Anſehen Melanchtons dem Anſehen Luthers würkſamer entgegenzuſtellen
und ſeinen Schriften für die ſächſiſche Kirchen eine wahre
normative Autorität beyzulegen, wodurch allmählig die
Schriften Luthers — zwar nicht verdrängt — aber doch
um einen Theil des überhohen Werths, den man darauf ſeßte, gebracht werden ſollten. Ein zufälliger Umſtand leiſtete dabey der Parthie, welcher damit gedient
war, gröſſere Dienſte, als ſie von irgend einem noch
ſo überdachten Plane hätte erwarten können. Noch bey
Lebzeiten Melanchtons hatte ein gelehrter Buchdrucker
in Leipzig Mag. Ernſt Vögelin eine Sammlung von
mehreren ſeiner Hauptſchriften im J. 1559. veranſtaltet, und unter dem Titel: Corpus Doctrinae chriſtianae herausgegeben [251]). Höchſt wahrſcheinlich war
es

S. 516. ſorgfältig aufbewahrt:
man erſieht aber nichts daraus,
als daß Schlüſſelburg ſeinen Beruf, einen Catalogum häeretico-
rum ſui temporis zu ſchreiben ſchon als Student zu Wittenberg ſattſam erprobt, und
durch ſeine Impertinenz auch gar
wohl den Laufzettel, den man
ihm gab, aber nicht die Ehre einer ſo öffentlichen Relegation als
ihm zu theil wurde, verdient
hatte. Dieſe Publicität die man
der Sache gab, war ſehr unklug,
denn der Menſch erhielt dadurch
eine Celebrität, zu welcher er
ſonſt nie gekommen ſeyn würde.

251) Der Titel der erſten deutſchen Ausgabe war: Corpus doctrinae Chriſtianae, das iſt, ganze
Summa der rechten wahren chriſtlichen Lehre des Evangelii — in
etliche Bücher verfaßt — durch
den ehrwürdigen Herrn Philippum Melanchtonem. Leipzig an.
1560. in Fol. bey M Ernſt Vögelin. Die Sammlung enthielt
nach den drey oekumeniſchen Sym-
bolen, welche voranſtehen. 1) Die
Augſp. Konfeſſion nach den ver-
mehrten und veränderten Ausgaben von 1533. und 1540. 2)
Die Apologie. 3) Die ſogenannte
Repetition der Augſp. Konfeſſion.
4) Melanchtons Loco. theologi-
cos. 5) Sein Examen Ordinandorum, und 6) ſeine Antwort
auf die bayeriſche Inquiſitions-Artikel

es eine Handels-Speculation des Sammlers, die ben gröſſen Antheil daran hatte [252]), und gewiß war es eine von ähnlicher Art, die ihn zunächſt auf den Gedan= ken brachte, die neue Sammlung gewiſſermaſſen von den Landes-Konſiſtorien autoriſiren zu laſſen, aber die= ſer Gedanke paßte trefflich zu den Entwürfen, womit die Peucerische Parthie umgieng. Das Konſiſtorium zu Leipzig weigerte ſich nicht, der Sammlung eine mehr= fache Sanktion zu ertheilen, und leitete es ſelbſt ein, daß ſie durch die Autorität des Churfürſten noch beſon= ders bekräftigt wurde [253]). Unter dem Nahmen des Corporis Doctrinae Misnici erhielten nun dieſe Schrif= ten ein wahres ſymboliſches Anſehen für die ganze ſäch= ſiſche Kirche, wurden bey jeder Gelegenheit als das

Nor=

---

tikel mit der Widerlegung Ser= vets. Im J. 1560. kam auch die erſte lateiniſche Ausgabe des Cor= poris heraus, welcher Melanch= ton noch ſein Judicium de Con= troverſia Stancari beygefügt hatte: im folgenden Jahr 1561. wurde aber auch ſchon eine Ausgabe da= von in der niederdeutſchen Spra= che zu Wittenberg veranſtaltet.

252) Man wird dieß wohl annehmen dürfen, wenn ſchon der Sammler in einer ſpäteren Erklärung an den Rath zu Leip= zig vom J. 1574. verſicherte, „daß er in Beförderung und Au= „gebung deſſelbigen Corporis Do= „ctrinae nichts anders geſucht ha= „be, denn Gottes Ehre und ve= „ritatis coeleſtis propagationem.„ Indeſſen mag es einerſeits im= mer dabey gewiß ſeyn, daß es zugleich in ſeinem Plan war, das Emporkommen der gelinderen Lehrform Melanctons über die ſtrengere Lutheriſche durch die Veranſtaltung eines ſolchen Werks zu begünſtigen, denn er zeigte

ſich noch in der Folge als höchſt eifrigen Beförderer dieſes Vor= habens, und andererſeits muß immer geſagt werden, daß er es nicht ohne Vorwiſſen und Theil= nehmung Melanctons veranſtal= tete. Eine Vorrede von dieſem findet ſich vor der erſten deut= ſchen und lateiniſchen Ausgabe des Werks.

253) "Gleich wie ich — ſagt Vögelin in der angeführten Er= klärung — vor 14 Jahren das Corpus Doctrinae habe angegeben und alſo zuſammengetragen, wie es jetzt beyſammen iſt, und den Titel des Buchs Corporis Do= ctrinae ſelbſt gemacht, ſo habe ich auch darnach durch die Herrn des Conſiſtorii bey meinem gnä= digen Herrn dem Churfürſten laſſen antragen, daß es in die Kir= chen iſt genommen worden, um Einigkeit in dieſer Lande Schulen und Kirchen neben der reinen Lehre zu erhalten." S. die Er= klärung bey Löſcher Th. III. p. 197.

Normativ angeführt, nach welchem allein gelehrt, und aus welchem über alle streitige Fragen allein die Entscheidung genommen werden dürfe, und kamen darüber nicht nur immer mehr in Umlauf, sondern unvermerkt auch in eine Gewohnheits-Achtung, woraus die natürliche Folge entsprang, daß man sich ohne es zu wissen, auch die Sprache, die Ausdrücke, die Formeln und Wendungen Melanchtons allgemeiner angewöhnte. So bald aber dieß einmahl ganz allgemein geschehen war, so hatte die Gegenparthie der lutherischen Zeloten ihren Zweck beynahe schon völlig erreicht. In das corpus Doctrinae waren gerade diejenige Schriften von ihm aufgenommen, worinn er sich über die Nachtmahls-Lehre und über die streitige Frage darinn mit der bedächtlichsten Weite erklärt hatte. In die Formeln, welche darinn von ihm gebraucht waren, ließ sich die kalvinische Vorstellung eben so gut als die lutherische fassen. Sobald man aber diese Formeln in Gegensatz mit jenen brachte, auf welche von Seiten der Zeloten gedrungen wurde, dieß heißt, sobald man es erschleichen oder erzwingen konnte, daß die kirchliche Sprache nur von den ersten, nur von den Formeln Melanchtons, und niemahls von den letzten Gebrauch machen dürfte, so war eben damit auch erklärt, daß sie nur im kalvinischen Sinn genommen, oder es war wenigstens am würksamsten dafür gesorgt, daß dieser zuletzt unausbleiblich der allgemeine und herrschende werden mußte.

Um sich hingegen den Weg zu diesem Ziel ebener und leichter zu bahnen, legte man es jetzt auch von Seiten der kalvinischen Parthie offener und kühner darauf an, alles, was sich nicht an sie anschliessen wollte, nach und nach auf die Seite zu schaffen. Es gab, wie man leicht denken kann, unter den Predigern im Lande auch noch mehrere Zeloten, welche für jede einzelne Bestimmung

mung der reinen lutherischen Nachtmahls = Lehre biß auf
das Blut zu kämpfen entschlossen waren. Die grössere
Anzahl mochte vielleicht biß jetzt noch die ganze lutheri=
sche Vorstellung davon behalten haben, aber da doch die
meiste zugleich die gemässigte Denkungsart Melanchtons
angenommen hatten, und auch zu der Duldung der Cal=
vinischen geneigt waren, so hatte die Parthie, welche
damit umgieng, der letzten das Uebergewicht zu verschaf=
fen, keinen Widerstand von dieser Majorität zu fürchten,
sondern sich nur gegen die Eiferer zu wehren, die ihr
aber noch zu thun genug machen konnten. Doch das
neue Corpus Doctrinae wurde ein trefliches Mittel, durch
das man ihnen beykommen konnte, und neben diesem
bekam man glücklicher weise Gelegenheit, noch einen
Umstand zu ihrem Nachtheil zu benutzen, durch welchen
sie sonst am furchtbarsten hätten werden können.

Diese Eiferer, die sich noch hier und da unter den
Predigern im Churfürstenthum fanden, unterhielten
sehr sorgfältig eine beständige Verbindung mit der aus=
wärtigen Zeloten = Parthie, die sich im herzoglich = säch=
sischen Gebiet und im Niedersächsischen Krayse gebildet,
und so öffentlich als Gegenparthie der Wittenberger er=
klärt hatte. Es ist sehr glaublich, daß auch diese Par=
thie selbst, daß besonders die Flacianisch = Jenaische
Rotte zu Unterhaltung dieser Verbindung mehr als nur
die Hände bot, weil ihr alles daran gelegen war, in
dem Churfürstenthum noch Agenten und Korresponden=
ten zu behalten, welche sie instruiren, und durch welche
sie instruirt werden konnte. Doch man hat nicht ein=
mahl nöthig, daran zu denken, denn Sympathie und
Instinkt, und das Bedürfniß sich an ihres gleichen an=
zuschliessen, knüpften gewiß allein schon ein natürliches
Band, durch das die Zeloten ausser dem Lande mit den
Zeloten im Lande auf das innigste verschlungen wur=

ben. Eben deßwegen mußten aber auch diese Zeloten im Lande — und gewiß waren sie schon von selbst geneigt genug dazu — sie mußten auch mit den Auswärtigen in Ansehung alles desjenigen zusammen stimmen, was diese sonst den Wittenbergern aufgebürdet, und worüber sie bißher den Krieg mit ihnen geführt hatten. Sie mußten auch von ihrer Seite in das Geschrey der Auswärtigen über den Adiaphorismus und über den Majorismus und über den Synergismus der Wittenbergischen Apostaten mit einfallen, denn über alles dieß wurde ja immer auch noch zwischen Wittenberg und Jena fortgestritten. Sie thaten es aber auch aus vollem Halse, und daraus wußte man eine Schlinge für sie zu drehen, in welche sie mit höchst blinder Unbedachtsamkeit hineingiengen.

Der Churfürst war nehmlich gerade damahls des unaufhörlichen Geschreys über die viele Korruptelen, welche man zu Wittenberg in die lutherische Lehre gebracht habe, mehr als jemahls überdrüssig, und zugleich fester als jemahls überzeugt, daß es ursprünglich nur durch die gekränkte Eigenliebe und den gereizten Privathaß der Flacianer gegen Melanchton veranlaßt und biß jetzt von dem Weimarischen Hofe geflissentlich um ihn zu kränken, und allenfalls auch in der Absicht, um Jena auf Wittenbergs Unkosten zu heben, unterhalten und genährt worden sey. In dieser Stimmung wollte er durchaus dem Lärm einmahl ein Ende gemacht wissen, und ließ deßwegen mit dem Weimarischen Hofe bald nach dem Regierungs = Antritt des Herzogs Johann Wilhelm so ernsthaft handeln, daß man sich von dieser Seite gezwungen sah, ihm einige Schritte entgegenzu gehen, wozu man sich desto leichter entschliessen konnte, da man doch voraussah, daß sie zu nichts führen würden. Man gieng daher dem Ansehen nach mit sehr grosser Bereitwilligkeit in den von ihm gemachten Vor schlag

schlag hinein, daß zu völliger Beylegung der Händel
zwischen den Theologen aus den beyderseitigen Landen
unter Beywohnung etlicher politischen Räthe ein Colloquium angestellt und gehalten werden sollte. Dieß Colloquium kam würklich im J. 1568. zu Altenburg zu
Stand, und freylich wurde nichts dadurch bewürkt, als
daß man nach fünf Monathen sich erbitterter von einander trennte, als man zusammengekommen war [254];
doch war auch der Unwille des Churfürsten über die
sächsische Theologen auf einen viel höheren Grad dadurch getrieben worden, denn die seinige hatten ihn zu
überzeugen gewußt, daß die Schuld dieses unglücklichen
Ausgangs allein ihren Gegnern zuzuschreiben sey. Je
grösser nun aber der Unwille des Churfürsten über diese
Parthie im Ganzen war, desto leichter konnte er im besondern gegen diejenige gereizt und gerichtet werden, die
im Churfürstenthum selbst dazu gehörten, oder in irgend
einer Verbindung mit ihr standen; und dieß war es,
was man jetzt mit eben so viel Betriebsamkeit als Erfolg that. So gewiß es, stellte man ihm vor, unter
seiner Würde sey, sich um die auswärtigen Schreyer
zu bekümmern, so dringend erfordere es doch diese, daß
die einheimische zum Schweigen gebracht werden müßten.
Durch diese Vorstellung hatte man schon im J. 1566.
ein Edict von ihm ausgewürkt, durch welches allen

Pre-

---

254) Auch die Geschichte dieses Kolloquiums, das den 20.
October 1568. in Gegenwart des
Herzogs Johann Wilhelm zu Altenburg eröffnet, und bis zum
9. Mart. 1569. fortgesetzt wurde,
wird im folgenden Band ausführlicher vorkommen. Hier mag
nur gesagt werden, daß sich auch
deßwegen kein anderer Ausgang
davon erwarten ließ, weil man

von Seiten des Weimarschen
Hofes nicht nur die Hauptrolle
dabey Wigand und Coelestin übertragen, sondern ihnen auch die
wüthendste Flacianer, die man
nur im Lande auftreiben konnte,
wie den Hofprediger, Christoph
Irenäus und die Superintendenten Rosinus und Breßnizer bey-
gegeben hatte.

Predigern im Lande befohlen wurde, sich auf ihren Kanzeln alles Polemisirens über die von der Zeloten-Parthie für Korruptelen ausgegebene Meynungen und besonders der nahmentlichen Erwähnung des Adiaphorißmus, des Majorißmus und des Synergißmus bey
schwehrer Strafe zu enthalten. Schon damahls hatte
man sich auch durch dieß Edict, wodurch, wie sich die
Eiferer ausdrückten, dem heiligen Geist sein Strafamt
gelegt, und der Elenchus untersagt wurde [255]), einige
der unruhigsten und lästigen Zänker vom Halse zu schaffen gewußt [256]). Nach dem Ausgang des Altenbur-
ger Gesprächs konnte es also desto weniger Mühe kosten
ihn zu bewegen, daß er die Verordnung mit geschärfte-
rem

---

[255]) "Der sonst ruhmwür-
digste Churfürst Augustus — so
erzählt noch Löscher — ließ sich bereden, daß er vermittelst eines
scharfen Mandats allen Elenchum
gegen die Philippisten und ihren
Anhang verbot, und jedermann
auf das Corpus Doctrinae wieß.
Th. III. p. 3.

[256]) So wurde der Superintendent zu Chemnitz, M. Tet-
telbach, der Superint. zu San-
gerhausen, M. Graf, der Superintendent zu Gräfz, Georg Au-
tumnus, und besonders mehrere
Prediger in der Grafschaft Schön-
burg abgesetzt. Diese letzte hatten nehmlich dem Grafen ihrem
Herrn eine gemeinschaftliche Vorstellung übergeben, worinn sie
das Mandat für widerrechtlich
erklärten, und diesen dadurch bewogen, daß er dem Churfürsten
seinerseits erklärte, wie er Gewissens halber in das Mandat
nicht willigen, und auch seine
Prediger nicht zu der Befolgung
desselben anhalten könne. Diese
Verwendung des Grafen, die man

am Hofe zu Dreßden höchst übel
aufnahm, zog aber den Schön-
burgischen Predigern nur eine
härtere Behandlung zu, als sie
sonst wahrscheinlich erfahren haben würden; doch stieg zuletzt
bey dem Churfürsten, bey welchem noch mehrere Vorstellungen,
auch von andern Seiten her, gegen sein Mandat einliefen, ein
Skrupel auf, für den er von
dem Konsistorio zu Leipzig Rath
verlangte. Er befahl nehmlich
diesem, daß es nach Pflicht und
Gewissen berichten sollte, "ob es
"dann wahr sey, daß er in sei-
"nem Mandat etwas unchristli-
"ches befohlen habe, und ob er
"diejenige, die nicht pariren
"wollten, sondern noch ferner
"hin wider den Majorißmus,
"Adiaphorißmus und Synergiß-
"mus predigten, nicht mit gutem
"Gewissen ihrer Aemter entset-
"zen und aus dem Lande verwei-
"sen könne?" S. Anton Gesch.
der Konkordien-Formel p. 100.
Wilischens Freybergische Kirchen-
historie Th. I. p. 160.

rem Ernst erneuerte, und den Konsistorien die Sorge
für ihre Vollziehung nachdrücklicher anbefahl.

Damit hatte die Parthie, welche anstatt der harten
lutherischen Nachtmahlslehre die gelindere Theorie Me=
lanchtons oder Kalvins iu die Sächsische Kirchen ein=
führen wollte, ein Schwerdt in die Hände bekommen,
das sie mit eben so viel Leichtigkeit als Sicherheit gegen
jeden, der ihr im Wege stand, brauchen konnte. Sie
konnte dabey selbst das Ansehen vermeiden, als ob sie
es gegen die lutherische Nachtmahls=Zeloten gebrauchte,
oder gebrauchen wollte. Sie hatte gar nicht nöthig,
Notiz davon zu nehmen, daß und ob sie auch für die
lutherische Nachtmahls=Theorie eiferten. Aber sie
konnte sicherlich darauf rechnen, daß jeder, der mit den
auswärtigen Zeloten über den Wittenbergischen Abia=
phorißmus, Majorißmus und Synergißmus schrie,
auch in ihr Geschrey über den Wittenbergischen Kalvi=
nißmus einstimmte, und somit war es voraus gewiß,
daß man mit jedem dieser einheimischen Gegner des Abia=
phorißmus, und des Majorißmus und des Synergiß=
mus sich auch einen Gegner des Kalvinißmus vom Hals
schaffen könne. Diese Konvenienz ließ man nun auch
nicht unbenußt, ja man machte selbst einen Gebrauch
davon, den gewiß Melanchton nicht gebilligt haben
würde. Im Jahr 1569. ließ man den Churfürsten ein
neues Mandat publiciren, durch welches allen Geistli=
chen im Lande bey Strafe der Absetzung aufgegeben
wurde, "sich in Ansehung der Lehre genau an das Cor=
„pus Doctrinae zu halten, und alles, was biß dahin
„den chursächsischen Kirchen und Schulen von abiapho=
„ristischen, synergistischen und majoristischen Irrthü=
„mern anfgebürdet worden, oder fernerhin aufge=
„bürdet werden möchte, als flacianischen gefährli=
„chen Irrthum, zänkisch Geschmeiß, giftig Gebeiß und

Ll 3   „Schwär=

„Schwärmerey gänzlich zu meiden, zu verdammen und „bey andern zu verhüten." Zu der genauen Beobachtung dieses Mandats mußten sich hierauf alle Prediger mit Hand und Mund feyerlich verpflichten; alle aber, die sich weigerten, die Verpflichtung zu übernehmen, wurden ohne weiteren Proceß ihrer Aemter entsetzt und aus dem Lande gewiesen [257]). Das Konsistorium zu Leipzig gieng selbst dabey so weit, daß es den Predigern, die unter seiner Inspektion standen, das Formular einer Deklaration zur Unterschrift vorlegte, worinn sie nicht nur die Beobachtung des Mandats für die Zukunft versprechen, sondern auch erklären mußten, ob und wie weit sie sich für das Vergangene darnach geachtet hätten [258]).

Eben diese Stimmung des Churfürsten wurde aber auch noch der Parthie höchst vortheilhaft bey der neuen Einmischung auswärtigen Zwischenträger: welche jetzt einen andern Versuch machten, sie zu der reinen lutherischen Lehre zurückzubringen, denn sie machte es ihnen möglich, sich eine Zeitlang allen diesen Versuchen noch mit sehr guter Art zu entziehen.

Vom Anfang des J. 1569. an hatte Jacob Andreä angefangen, die würkliche Ausführung seines grossen theologischen Pacifikations-Projekts einzuleiten, mit dessen Entwurf er um diese Zeit in das reine gekommen war [259]). Schon im May dieses Jahrs war er zu diesem Ende in schriftliche Unterhandlungen mit den Wittenbergern getreten [260]), von denen er sich die Hoffnung

nung

---

257) S. Löscher Th. III. p. 21. 22.

258) Das Formular dieses merkwürdigen Reverses S. ebendaselbst.

259) S. Hutter Conc. conc.

p. 98 - 137. Und die eigene Nachrichten Andreäs von seinen Verhandlungen in der Fama Andreana reflorescc. p. 287. fgd.

260) Im Januar dieses Jahrs war Andreä auf seiner Reyse nach Wit-

nung machte, und auch biß zu einem gewissen Punkt
hin mit Recht machen konnte, daß sie zu seinen Vergleichs = Vorschlägen williger, als ihre Gegner, die
Hände bieten würden [261]). Diese Vorschläge giengen
nehmlich dahin, daß man sich über alle Punkte, über
welche man bißher gestritten hatte, zu einer gemeinschaftlichen Lehrform für die Zukunft vereinigen sollte, ohne
für jetzt eine ausdrückliche Verdammung jeder davon ab-
weichenden Lehrform von einander zu fordern, oder die
Meynungen besonders und nahmentlich auszuzeichnen,
welchen man dabey als irrig und ketzerisch entsagen
müsse [262]). Auf diesen letzten Umstand baute Andreä
vor-

tenberg gekommen, und hatte
dort vorläufig den alten D Major zu gewinnen gesucht, weil
die übrige Wittenbergische Theologen damahls noch auf dem Konvent zu Altenburg waren. Er
theilte ihm auch schon seine Artikel mit, und erhielt ohne Mühe
von dem alten Mann die Versicherung, daß er für den Rest
seines Lebens Frieden und Ruhe
fast auf jede Bedingung zu erkaufen bereit sey. Wenn aber Löscher Th. III. 241. meynt, daß
Andreä erst bey dieser Gelegenheit zu Wittenberg seine Frie-
dens-Artikel entworfen habe, so
ist dieß gewiß unrichtig, denn
Andreä selbst sagt in einer seiner
spätheren Streitschriften gegen
Sturm in Straßburg, "daß er
seine Konkordien Artikel zuerst
im J. 1568 gestellt habe. S.
Abfertigung des Vortrabs Stur-
mii p. 61. Auch verdient bemerkt zu werden, daß Andreä
selbst nirgends sagt "daß Major
seine Artikel sogleich und schlech-
dings gebilligt habe" wie Löscher
wissen will, sondern in dem eigenen Aufsatz von seinem Leben

nur im allgemeinen anführt —
quod Major institutum de Concordia sancienda vehementer sibi
probari affirmaverit. S Fama
Andreana p. 169. Indessen schrieb
er doch damahls von der Beystimmung Majors schon so viel
an seine Freunde herum, daß
sich die Wittenberger nicht wenig
darüber ärgerten, wie man aus
einem Brief ersieht, in welchem
Majors Tochtermann, Paul Crell
an Mauritius Heling den wahren Verlauf der ersten Verhandlungen zwischen Major berichtete.
Nach diesem Brief in Hommels
Semi - Centuria altera ipistolarum
historico - ecclesiast. Nr. XV. p. 44.
blieb Andreä damahls nur zwey
Tage in Wittenberg, denn den
8. Jan. war er angekommen, und
den 10. reißte er schon wieder
ab.

261) Den Brief von Andreä
an Major und Eber hat Hutter
Conc. conc. p. 101.

262) "Unica via — heißt es in
dem Brief von Andreä — ad Concordiam restare mihi videtur, ut,
omissa personali condemnatione,
Articuli conscribantur, quibus

Ll 4 Veritas

vorzüglich seine Hoffnung wegen des Erfolgs, denn alle bißherige Vergleichs-Versuche waren fast allein daran gescheitert, weil sich die wilde Parthie der flacianischen Zeloten mit keiner noch so orthodoxen und ihrer eigenen Sprache noch so konformen Erklärung ihrer Gegner über die streitige Artikel begnügen wollte, wenn sich diese nicht noch ausser dem zu einer ausdrücklichen Verdammung der Meynungen, über welche man bißher mit ihnen gestritten, oder auch nur der Ausdrücke, deren sie sich bißher bedient hätten, verstehen würden, was sie natürlich immer verweigerten. Er hofte also, das gröste Hinderniß von ihrer Seite aus dem Wege geräumt zu haben, wenn er sie davon dispensirte; den Flacianern und ihrem Anhang aber glaubte er im Nothfall einen Nachlaß ihrer Forderung abzwingen [263]) zu können, wenn er es dahin zu bringen vermöchte, daß sich alle übrige Theologen der lutherischen Kirche mit den Wittenbergern recht förmlich und feyerlich über die von ihm vorzuschlagende Lehrform vereinigten, wodurch sich jene der Gefahr ausgesetzt sehen würden, von allen Seiten verlassen zu werden. Er bemühte sich daher vor allen Dingen, so viele andere Theologen, als ihm nur irgend erreichbar waren, zur Beystimmung zu bewegen, und nur erst, nachdem er sich würklich schon der Konkurrenz von einer beträchtlichen Anzahl versichert hatte [264]),

schickte

Veritas de rebus controversis brevissime et perspicue, sine ulla verborum ambiguitate proponatur, ne pars aliqua dolose quicquam tegere queat."

263) Er äusserte auch diese Hoffnungen in seinem Brief an die Wittenberger, indem er nicht verhelte, daß Flacius und Gallus seine Artikel bereits gesehen, und jenen Mangel daran getadelt hätten. Flacius et Gallus viderunt articulos, et urgent Antitheses

et Condemnationes, et Antitheses paulo copiosiores cum in re, tum in verbis; quibus ego respondi, Lutherum in formula Confessionis de Sacramento Coenae hoc non exegisse.

264) "Ego Articulos hos fere ad omnes Sueviae ecclesias misi, et à plerisque consensum nunc habeo, à reliquis in singularum horarum momenta testimonium consensus exspecto.

schickte er auch den Wittenbergern seine Vorschläge zu.
Wenn aber Andreä gehofft hatte, daß er auch ihre Bey=
stimmung so leicht erhalten würde, so sah er sich übel
getäuscht.

Alles, was bißher Gegenstand des Streits zwi=
schen den theologischen Partheyen gewesen war, hatte
Andreä unter die fünf Artikel ²⁶⁵) von der Rechtferti=
gung, von guten Werken, von dem freyen Willen, von
Adiaphoren und vom Nachtmahl gebracht, und auch
über die vier erste dieser Artikel eine Lehrform vorgeschla=
gen, welche von den Wittenbergern nach ihren bißheri=
gen Erklärungen darüber eben so leicht angenommen, als
sie von ihren Gegnern und von allen übrigen Theologen
als ächt= lutherisch erkannt werden konnte: hingegen der
letzte und wichtigste darunter, der Artikel vom Nacht=
mahl, war so gefaßt, daß sich wohl selbst Melanchton
nicht gern daran hätte binden lassen. Andreä hatte sich
es zwar Kunst genug kosten lassen, um ihn so zu drehen,
daß er nicht allzu anstößig für sie werden sollte. Er
wollte nur von dem Nachtmahl gelehrt haben, "daß
"darinn mit Brodt und Wein der wahrhaftige Leib und
"das Blut Christi auf eine himmlische und der mensch=
"lichen Vernunft unerforschliche Weise gegenwärtig aus=
"getheilt und empfangen werde von allen benen, die sich
"dieses Sakraments nach seinem Befehl und nach seiner
"Einsetzung bedienen." Er vermied geflissentlich die be=
strittene Formeln, "daß das Brodt der wesentliche Leib
"Christi sey" oder 'daß der Leib in dem Brodt und un=
"ter dem Brodt empfangen werde." Er vermied selbst
eine

---

265) Bekenntniß und kurze
Erklärung etlicher zwiespaltigen
Artikel, nach welcher eine christ=
liche Einigkeit in den Kirchen der

Augsp. Konfession zugethan, ge=
troffen, und die ärgerliche, lang=
wierige Spaltung hingelegt wer=
den möchte. S. Hutter S. 109.

eine ausdrückliche Erwähnung des mündlichen Genuſſes
von dieſem Leib — oder der manducatio oralis, die im
Sakrament ſtatt finde: aber einerſeits glaubte er doch
in dem Artikel ſelbſt noch darauf dringen zu müſſen,
„daß nicht allein die rechtglaubigen und wahrhaftigen
„Chriſten, ſondern auch die Gottloſen und unbußferti=
„gen Heuchler den wahrhaftigen Leib und Blut Chriſti
„im Sakrament empfiengen — weil ſeine Gegenwärtig=
„keit nicht auf der Würdigkeit oder Unwürdigkeit der
„Menſchen, welche das Sakrament begiengen, ſondern
„auf dem Worte der Einſetzung und Stiftung Chriſti
„beſtehe” und andererſeits durfte er, zunächſt um ſeiner
eigenen Landsleute willen auch den Punkt von der Ubi=
quität oder Allgegenwart der menſchlichen Natur Chriſti,
zu welcher ſie durch die Vereinigung mit der göttlichen
gekommen ſey, nicht ganz unberührt laſſen, daher fügte
er noch eine Erklärung des Artikels bey, worinn die
Würtenbergiſche Orthodoxie über dieſen Punkt — freylich
in der mildeſten Form, worein ſie ſich bringen ließ —
ausgeführt war [266).

So wenig indeſſen den Wittenbergern damit gedient
war, ſo wenig hatten ſie nöthig, ſich vorläufig auf die=
ſen oder auf einen andern ſeiner Artikel im beſondern ein=
zulaſſen,

266) “Da man uns aber —
dieß war die Wendung, mit wel=
cher Andreä dieſen Anhang an=
brachte — da man uns bey dieſem
einfältigen Bekenntniß, Glauben,
und Verſtand der Worte Chriſti
nicht will bleiben laſſen, und vor=
giebt, dieſer unſer Glaube, Mey=
nung und Verſtand ſey wider den
Artikel unſers chriſtlichen apoſto=
liſchen Glaubens, da wir beken=
nen, daß Chriſtus mit ſeinem
Leibe ſey gen Himmel gefahren,
und bleibe daſelbſt biß an den
jüngſten Tag, darum er im hoch=
würdigen Abendmahl nicht gegen=
wärtig ſeyn könne — ſo iſt hier
vonnöthen und kann keineswegs
umgangen werden, daß man ein=
fältiglich erkläre, den Artikel von
der Menſchwerdung des Sohnes
Gottes — und auf das einfältigſte
anzeige, welchergeſtalt beyde Na=
turen, die göttliche und menſch=
liche, ſich in Chriſto perſönlich
vereinigt, daraus verſtanden wer=
de, wie doch die menſchliche Na=
tur in Chriſto durch die perſön=
liche Vereinigung geſetzt und er=
höht worden ſey.”

zulaſſen, da ſich einer beſtimmten und bindenden Erklärung auf ſeinen erſten Antrag ſo leicht ausweichen ließ.
Die Antwort, welche ſie ihm ertheilten, lief daher bloß
darauf hinaus, daß ſie es jetzt noch für unnöthig hielten, ſich weiter darüber zu äuſſern, weil es ihnen überhaupt noch ſo zweifelhaft ſchiene, ob der allgemeine theologiſche Friede auf dem von ihm eingeſchlagenen Wege
erzielt werden könne. Dabey erklärten ſie zwar nicht
nur im allgemeinen, daß ſie von ihrer Seite keine Schwürigkeit, ſondern auch im beſondern, daß ſie gegen ſeine
Artikel nicht viele Einwendungen machen würden; aber
ſie ſagten ihm zugleich voraus, daß ſich zuverläſſig ihre
Gegner in Jena niemahls zu ihrer Annahme verſtehen,
und fügten nicht undeutlich hinzu, daß ſie doch ſelbſt
auch noch eine Bedingung machen würden, durch welche
der Friede auch für die Zukunft allein geſichert werden
könnte, und dieſe Bedingung — war keine andere, als
daß man ſich vorläufig allgemein vereinigen müßte, ihrem Corpori Doctrinae Philippico, und überhaupt den
Schriften Melanchtons bey der Beſtimmung der orthodoxen Lehrform über jeden Artikel ein normatives, und
bey allen Streitigkeiten über dieſe Lehrform ein entſchei-
dendes Anſehen beyzulegen [267].

Dadurch

---

267) "Quod ad ſummam Epi-
ſtolae tuae attinet — antworteten
Eber und Major — de nobis certo
tibi perſuadeas facturos nos quovis tempore cupidiſſime, quaecunque ſine detrimento cauſae et
ſine jactura Veritatis fieri aut peti
à nobis Concordiae cauſa pote-
runt. — Sed quae hujus ſpes eſſe
poſſit, in tanta adverſantium nobis rabie, non videmus. — Et ut
pace tua dicamus, quid prodeſt,
de paucis articulis arte formatis
et deſignatis deliberare, ſi de toto
doctrinae Corpore non ſit Con-

ſenſus. — De ſumma ergo doctrinae cum prius conſtituendus ſit
conſenſus, fruſtra, noſtro quidem
judicio, de paucis articulis delibe-
ratio inſtituitur, quorum aliqui
etiam ita arte facti ſunt, ut iis
non obſcure nos praegravemur, et
aliis interea relinquatur libertas
movendi quaeſtiones, multo gra-
viores. Sed de Articulis, ubi veneris ad nos, colloqui rectius, po-
terimus. Interea, ut non ſimus
ad conſtituendam concordiam
ἀσύμβολοι, judicamus, primum
omnium neceſſe eſſe, ut de toto
Cor-

Daburch ließ ſich wohl ber betriebſame Anbreå, dem
ſein Friebenswerk, unb bie Ehre, es zu Stanb gebracht
zu haben, viel zu ſehr am Herzen lag, nicht abhalten,
ſeinen Plan zu verfolgen. Ohne Zweifel hatte er ſelbſt
nicht erwartet, baß bie Wittenberger ſeine Artikel auf
bas erſte Wort annehmen wûrden, unb ſich beßwegen
voraus zu allen weiteren Erláuterungen unb Hanblun=
gen barûber erboten, welche ſie mûnblich ober ſchriftlich
von ihm verlangen kônnten 268). In ber Zwiſchenzeit
hatte er ben Herzog Julius von Braunſchweig, ber ſich
ſeiner Dienſte bey ber neuen Einrichtung bes Kirchen=
weſens in ſeinen Lånbern bebienen wollte 269), ſo ſtark
fûr ſein Friebens=Projekt zu intereſſiren gewußt, baß
ſich nun auch bieſer, wie ſchon vorher ber Herzog Chri=
ſtoph von Wûrtenberg, auf bas eifrigſte bafûr zu ver=
wenden anfieng, ben Vorſchuß ber Koſten zu beu Rey=
ſen, welche es nôthig machen môchte, ûbernahm 270),

unb

Corpore ſeu forma Doctrinae inter nos utrinque conveniat, et
certi nominentur ac conſtituan-
tur libri, quos controverſiarum,
quae motae ſunt, velimus eſſe
judices; — ubi nos quidem nunquam adduci nos patiemur, ut
utiliſſima Domini Philippi Melanchtonis ſcripta abjiciamus, aut
excludamus ex communi et publica doctrinae noſtrae forma. Hoc
conſtituto expreſſo et pio conſenſu
doctrinae, nos de ipſis illis articulis non pugnabimus, quos formula à te propoſita recitat. —
Nunc vero neque hoc de Articulis tuis dubitamus addere, nunquam Te perſuaſurum adverſariis
noſtris Flacianis, ut, his approba-
tis a nobis, deſinant nos oppu-
gnare, — quin etiamſi perſuadeas,
ut ipſi etiam aſſentiantur; non
impedient tamen ipſos, quo mi-

nus pergant, de aliis materiis
pugnare, et nos, ut volent, exa-
gitare; quare magis miramur,
quod tantam de illis ſpem con-
ceperis" — S. dieſe vom 31. Maj.
batirte Antwort ber Wittenber=
ger ebenfalls bey Hutter S. 105=
108.

268) "Offero me — hatte er
geſchrieben — ad omnes condi-
tiones, itineris, ſcriptionis, coram
fiſtendi etc. In me nulla unquam
erit mora.

269) Herzog Julius war im
J. 1568. nach bem Tobe ſeines
Vaters Heinrich zur Regierung
gekommen.

270) "Divina autem — er=
zåhlt Anbreå ſelbſt — et ſingu-
lari providentia accidit. cum eo
ipſo tempore Ill. Princeps Julius,
Dux Brunſvicenſis de pia Reformatione eccleſiarum in avito ſuo
regno

und ihn auch bey der Reyse, die er nun zuerst nach Wittenberg antrat, in Gemeinschaft mit dem Landgrafen
Wilhelm von Hessen dem Churfürsten von Sachsen auf
das dringendste empfahl. Daburch erhielt er nicht nur
das Ansehen eines akkreditirten Negociateurs [271]), sondern er erhielt — was noch mehr austrug — daß ihn
auch der Churfürst in dieser Qualität gegen seine Theologen anerkannte, und diese eben daburch nöthigte, ihn
und sein Geschäft in einem etwas andern Gesichtspunkt
zu betrachten, als sie sonst vielleicht gethan haben würden [272]). Doch im ganzen gewann er nicht halb so
viel damit, als er wohl selbst gehoft haben mochte.

Die

---

regno cogitaret, ut operam meam expeteret, quam non aegre,
sed magna Spiritus alacritate Dux
Christophorus cognatus ejus —
concesserat. Et cum prius mecum etiam longe de Concordia
in ecclesiis nostris constituenda
prolixe locutus esset, non modo
priusquam in Saxoniam irem,
ejus me pie commonefecit, ut
nunc negotium tentarem sed sumtus quoque suppeditavit, ut ejus
rei initum Wittebergae fieret,
quae tum mihi in Brunsvicensi
Ducatu commoranti vicina erat.
Fama Andrean. p. 169. Nach
dieser Erzählung hatte noch der
Herzog Christoph die Kosten zu
der ersten Reyse Andreäs nach
Wittenberg hergegeben; aber es
ist hier nur von jener die Rede,
wobey er auf dem Wege nach
Braunschweig im Februar oder
März nach Wittenberg kam, und
nur den alten Major allein sprach.
Von den spätheren Reisen im
Octobr. dieses Jahrs sagt er p.
170. ausdrücklich, quod Dux Julius reliquos omnes sumtus libe-
ralissime suppeditaverit."

271) Das Kreditiv, das der
Herzog und der Landgraf Andreä
mitgaben, hat Hutter ebenfalls
eingerückt p. 98. 99. Sie schrieben darinn, "sie hätten es für
das beste angesehen, daß gedachter D. Jacobus selbst sich zu Ihrer churfürstl. Gnaden, als zu
dem vornehmsten Churfürsten der
Augsp. Konfession verfügte, und
mit derselben, auch ihren vornehmsten Theologen, von dieser
schweren und hochwichtigen Sache conversirte, und also darinn
allenthalben nach des Churfürsten Rath und Bedenken handelte."

272) "Wir lassen uns nicht
mißfallen — schrieb der Churfürst
an seine Theologen unter dem
3. Aug. — daß D. Jacob sich mit
euch unterrede, und wollen, daß
alles, was zu Pflanzung christlicher guter Einigkeit dienstlich
ist, mit Fleiß von euch gefördert
werde, wie euch dann unser Gemüth deßfalls genugsam bekannt
ist." ebend. p. 100.

Die Wittenbergiſche Theologen gaben dem Mann auf ſeine mündliche Werbung faſt eben den Beſcheid, den ſie ihm auf ſeine ſchriftliche gegeben hatten. Um ſie zu der Annahme ſeiner Artikel geneigter zu machen, und überhaupt leichter zu bewegen, daß ſie nur in die Unterhandlung hineingiengen, verlangte er auch jetzt noch, wie er vorgab, weiter nichts, als daß ſie nur ſein Vergleichs-Projekt in Ueberlegung nehmen, und ſeine Artikel bloß vorläufig als die Grundlage anerkennen möchten, über welche man am bequemſten die weiteren Handlungen führen könnte [273]). Dieß benutzten ſie aber ihrerſeits, um ſich einer bindenden Erklärung darüber zu entziehen, indem ſie auf eine feine Art ſeinen Hoffnungen durch allgemeine Verſicherungen ſchmeichelten, die ihn ſelbſt abhielten, auf beſtimmtere zu bringen. Wahrſcheinlich wurde zwar Andreä ſelbſt nicht dadurch getäuſcht, ſondern wußte recht gut, wie viel er davon zu glauben hatte, wenn ſie ihn überhaupt von ihrer Anhänglichkeit an die reine lutheriſche Lehre verſicherten, und über das Unrecht klagten, das man ihnen durch die Beſchuldigung eines Abfalls von dieſer zugefügt habe. Aber er hielt es der Klugheit gemäß, ſich in keinen Streit darüber mit ihnen einzulaſſen, ſondern ſie lieber durch das Zutrauen, das er ihnen zeigte, allmählig mehr in die Unterhandlung hineinzuziehen; hingegen zeigte es ſich am Ende, daß er ſich ſelbſt mit dieſer Erwartung getäuſcht hatte. Schon von Wittenberg aus hatte er an ſeine Freunde in der Welt herum geſchrieben, daß er alle Urſache habe, ſich von dieſer Seite her

---

273) In dem ſchriftlichen Beſcheid, welchen ihm die Wittenberger nach ſeiner Abreiſe nachſchickten, ſagten dieſe wörtlich und mit Berufung auf ſein eigenes Zeugniß: Quod attinet ad articulos, quos exhibuit nobis Reverendus Dominus Doctor Jacobus — ipſe aperte reſtatus eſt, eos non ad hunc uſum eſſe propoſitos, ut eſſent norma Concordiae et doctrinae, ſed ideo tantum, ut de iis utrinque conferretur." Hutter p. 121.

her einen glücklichen Erfolg seiner Vergleichs-Bemühungen zu versprechen [274]). Er machte sich selbst nur mit der Hoffnung auf den Rückweg, daß er eine leichte Arbeit mit den Wittenbergern haben würde, wenn er nur einmahl ihre Gegner eben so weit gebracht hätte. Aber da er bey seiner Abreise in sie drang, daß sie ihm nun doch auch eine bestimmte und schriftliche Erklärung auf seine Artikel geben möchten, die er seinen andern Herrn und Freunden vorzeigen könnte, so — fanden sie, daß man sich doch erst noch weiter darüber besprechen müsse, und als er sich hierauf erbot, noch einmahl nach Wittenberg, oder wohin sie sonst wollten, zu einer persönlichen Konferenz mit ihnen zu kommen, so erklärten sie

---

274) Diese Briefe, worinn Andreä hin und wieder seinen Freunden seine Hoffnungen mitgetheilt, und auch wohl dazu geäussert hatte, daß er die Wittenberger nicht halb so schlimm gefunden habe, als sie von ihren Gegnern geschildert würden, zogen ihm in der Folge Verdruß und Vorwürfe genug zu. Am übelsten nahm man ihm, daß er in Wittenberg selbst in einer öffentlichen Predigt von seiner Uebereinstimmung mit ihnen gesprochen, und ihnen gewissermaßen ein testimonium puritatis doctrinae ausgestellt hatte; wie sich Hutter darüber ausdrückt p. 118. aber man darf gewiß annehmen, daß sich Andreä bey dem allem zufriedener mit den Wittenbergern stellte, als er im Herzen war. Er wollte ihnen das Opfer, das sie ihm durch die Annahme seiner Artikel bringen mußten, einer seits abschmeicheln, und anderer seits leichter machen, indem er der Sache das Ansehen gab, als ob sie über ihren Innhalt schon

vorher mit ihm einstimmig gewesen wären, und bloß über die Form sich noch bedenken könnten. Ausserdem war es ihm auch noch darum zu thun, die auswärtige Theologen, die er zum Theil nur mit Mühe zu der Theilnehmung an seinen Vergleichs-Bemühungen bewogen hatte, in der Hoffnung eines glücklichen Erfolgs zu bestärken, und dadurch ihren Eifer für das Werk lebhaft zu erhalten, daher beeilte er sich auch deßwegen von seinen Verrichtungen in Wittenberg die aufmunterndste Nachrichten zu verbreiten. Daß sich aber doch Andreä auch würklich jetzt mehr von den Wittenbergern versprach, als sie in der Folge erfüllten, dieß bleibt dabey eben so gewiß; nur ergiebt sich zugleich aus allen seinen folgenden Schritten, daß sie ihm wenigstens keinen solchen Anlaß, sich so viel von ihnen zu versprechen, gegeben hatten, der ihn hätte berechtigen können, ihnen den Vorwurf einer Täuschung zu machen.

ſie ihm, daß ſie würklich nicht dazu Zeit hätten [275]).
Er erhielt die nehmliche Antwort, da er ſich zu Anfang
des J. 1570. noch einmahl an ſie gewandt hatte [276]),
und jedesmahl gab man ihm zugleich auf das neue zu
verſtehen, daß man von Seiten der churſächſiſchen Kirche niemahls einen theologiſchen Frieden ſchlieſſen könnte,
bey dem nicht ihr Corpus Doctrinæ vor allen Dingen
als Normativ der Orthodoxie anerkannt wurde [277]).
Nur der einzige von den Wittenbergiſchen Theologen,
Paul Crell, ſetzte eine ausführliche Declaration über
Andreäs Artikel auf [278]); aber wenn dieß auch nicht
bloß Privat-Declaration geweſen wäre, ſo konnte ihm
wenig damit gedient ſeyn, weil darinn gerade ſein wich-
tigſter

275) Den Beſcheid, den ſie
ihm ſchriftlich nachſchickten, oder
wahrſcheinlicher mitgaben, S. bey
Hutter S. 118. 123.

276) Dieſe Antwort auf eine
zweyte Werbung von Andreä iſt
vom 26 Jan. 1570 datirt, und
findet ſich in den Unſchuld. Nachr.
für das J. 1717. p. 727. flgd.
"Etſi — heißt es darinn — Reverendus Doctor Jacobus Articulos
quosdam rurſus nobis obtulit, de
quibus judicium noſtrum et conſenſum petiit, tamen, cum propter aliæ negotia ab Illuſtriſſimo
Domino noſtro Electore nunc vocati, magna mole occupationum
neceſſariarum obruti ſimus, ad
collationem de articulis oblatis,
anguſtia temporis excluſi, venire
non potuimus.

277) "Nobis — ſo hatten ſie
ſich hierüber in dem erſten Beſcheid erklärt — una haec videtur
eſſe juſta et plana concordiae via —
ut ſequamur eum conſenſum, qui
eſt et fuit in his eccleſiis de forma
doctrinae publicae approbatus et
receptus — comprehenſus in eo libro, quem nominamus Corpus

Doctrinae — qui cum contineat
explicationes perſpicuas controver-
ſorum Articulorum, cur aliam
velimus, aut poſſimus, aut debeamus Concordiae formulam quaerere, non perſpicimus. Hutter
p. 121. In dem zweyten Beſcheid drückten ſie ſich folgendermaſſen darüber aus: "Cum Dei
beneficio doctrina eccleſiarum no-
ſtrarum nota ſit, et integra comprehenſa in eo libro, qui Corpus
Doctrinae harum eccleſiarum in-
ſcribitur — optimus, ut hanc certam et immotam normam — con-
gruentem cum ſcriptis prophati-
cis et apoſtolicis — et ſcriptorum
etiam D. Lutheri ſummam de prae-
cipuis articulis doctrinae chriſtianae complectentem, multae aliae
eccleſiae una nobiscum firmiter
amplectantur. A qua quidem nos
nec poſſumus nec debemus diſce-
dere, nec Deo juvante diſceſſuri
ſumus unquam." Unſchuld. Nachr.
p. 729.

278) S. Pauli Crellii ὑπο-
μνημα ſive Memoriale de Articulis propoſitis bey Hutter p. 125.

fter Artikel, sein Artikel vom Abendmahl, so gut als
verworfen war [279]). In dieser Verwerfung stimmten
aber sogar bald darauf alle seine Kollegen mit ihm überein; denn schon im May dieses J 1570 erschien zu
Wittenberg eine im Nahmen oder unter der Autorität
der ganzen Fakultät verfaßte Schrift [280], welche zum
Theil unverkennbar gegen den Anhang, den er seinem
Nachtmahls-Artikel beygefügt hatte, und die darinn
behauptete Würtenbergische Lehre von der Allgegenwart
der menschlichen Natur Christi gerichtet war [281]).

Kapitel

279) Die ganze Erklärung
Crells über diesen Artikel lautete
folgendermaßen: "Placet in hac
parte retineri fundamentum cau-
fae simpliciffimum verba promi-
fionis feu inftitutionis Coenae Dominicae Verum eo loco, quo
proponitur, quid accipiant vel
manducent indigni, velim miti-
gari Orationem Articuli, qui ge-
neraliter de impiis et hypocritis
loquitur, et appellationem Pauli
de indigne manducantibus retineri, ne novitate Orationis Dif-
putationes novae et non neceffa-
riae attrahantur. Ad Appendi-
cem quod attinet, *meminit D.*
Jacobus, quibus de rebus ipfi lo-
cuti fimus coram, et non im-
probo poftremam ejus declarationem, quam fcripto nobis reli-
quit".

280) Es waren Thefes, welche bey einer fehr feyerlichen Promotion vertheidigt werden sollten, wobey mehrere Kandidaten
auf einmahl die theologische Doktor-Würde erhielten, unter denen Heinrich Moller, Friederich
Wiedebram, Christoph Vezel,
Joh. Bulenbagen, und auch Nicol. Selnecer waren. Der Titel der Schrift, welche 130 The-

fes enthielt, ift folgender: Pro-
pofitiones complectentes summam
praecipuorum capitum doctrinae
chriftianae fonantis, Dei beneficio, in Academia et ecclefia Wit-
tebergenfi — 1570. in 4.

281) Dieß war vorzüglich
Thef. 30. "Ingenti — dieß es in
diefer — dolore comperimus, quod
à multis hivce temporibus veteres
errores paulatim renovantur, et
à Confenfu veteris ecclefiae rece-
dunt, qui Perfonalem Unionem
fic defcribunt, quod fit effufio
omnis divinae virtutis in Huma-
nitatem, qua Divinitas omnes
fuas proprietates humanae naturae Chrifti realiter communicave-
rit, vel: qui humanae naturae id
tribuunt, quod toti Perfonae com-
petit, ideoque dicunt, Divinam
Naturam humanae realiter com-
municaffe Perfonam, Majeftatem,
et Operationem, vel: qui novis
verbis et phrafibus multas parti-
tiones et diftinctiones divinarum
proprietatum confugunt, vel:
qui excellentia dona, quae clari-
ficatae humanae Naturae Chrifti
data funt, cum proprietatibus
divinae effentiae confundunt. His
omnibus optaremus ex animo, ut
confenfum orthodoxorum et pro-

Theil II. 2. Hälfte. M m bate-

Kapitel X.

Den Wittenbergiſchen Theologen kam unter dieſen Verhandlungen bey dem Churfürſten, ihrem Herrn, nichts

batorum Patrum diligenter expenderent, nec quotidie novas Phrases et formas lequendi comminiscerentur, ex quibus omnis generis errores et schismata oriuntur." Wenn dieß auch nicht unmittelbar gegen den Anhang gerichtet war, den Andreä ſeinem fünften Artikel beygefügt hatte, ſo war es doch ſynnenklar, daß es zunächſt die neue Würtenbergiſche Orthodoxie, und alſo doch Andreä auch mittelbar treffen ſollte. Dieſe Würtenbergiſche Orthodoxie fühlte aber auch den Stich ſo ſchmerzhaft, den ſie damit erhalten hatte, daß Wilhelm Bidenbach ſich nicht entbrechen konnte, in einem höchſt giftigen Brief, den er an Andreä deßhalb ſchrieb, die Rolle des Aufhetzers ſo ganz ohne Maske, und mit einer ſo indecenten Offenheit zu ſpielen, wie ſich noch ſelten ein Theolog dabey betreten ließ. "Dum ſciam — ſchrieb Bidenbach in dieſem Brief, den Löſcher Th. III. p. 129. der Welt aufbehalten hat — Te à D. Brentio amatum ſemper obſervatumque fuiſſe, oro Te propter Chriſtum et fidelem ejus Miniſtrum Brentium, praeceptorem noſtrum ut, niſi Neo-Wittebergenſes, ſive malis, Pſeudo-Wittebergenſes Theologi ſuam die 5. Maji habitam diſputationem retractaverint, immo revocaverint, nullam cum ipſis ſocietatem vel fraternitatem ineas. Profecto enim jam ſatis aperte Cinglianizant, ſive Calvinizant, dum non obſcure D. Brentii et noſtrum omnium verba, phraſes, ſententias et argumenta

damnant, Eutychianaeque haereſeos mendaciter arguunt. Quid igitur cum illis perverſis et ſubverſis hominibus, Crellio, Crucigero, Pezelio, Pencero et ſimilibus tympaniſtis agas? Qui perit, pereat, et qui ſordet, ſordeſcat amplius; modo nos ſecum non inquinent. Certe qui non polemica ſcripta Lutheri in cauſa ſacramentaria aeque ac didactica approbat, qui non realem communicationem idiomatum hac in cauſa credit, is Cinglianus eſt, quantumvis ſe pallio Lutheri tegat et veſtiat. Et qui te odioſiſimis et pasquillicis Epiſtolis tanquam Lucium Crellium A. Lucium Crellium, ſemidoctum philoſophaſtrum traducunt, (dieſen Nahmen hatte Crell in dem angeführten Brief an Heling bey Hummel von Andreä gebraucht) cur eorum, tam operoſe ambis familiaritatem et neceſſitudinem? Cur in gratiam eorum Jenenſibus fratribus es durior? quorum paroxyſmus facilius fortaſſe curari poterit, quam Wittebergenſium quarundam vulpecularum morſus. Non enim ignoras meliora eſſe vulnera amici, quam oſcula inimici. Amicos ego jam noſtros voco, qui doctrinae noſtrae de Coena Domini amici ſunt, inimicos vero, qui eandem calumniantur, blaſphemant, rident. Quaeſo igitur, ne nimium credas ſubdolis et verſutis hominibus, multum Arianici Spiritus ſpirantibus. — Obſecro, Wittebergenſes potius offende, quam Wurtenbergenſes, ſi aliter fieri non poteſt, et illis potius, quam aliis fraternitatem renuntia."

nichts so gut zu statten, als das Ansehen, in welches
sie ihr Corpus Doctrinae auch bey ihm selbst zu setzen
gewußt hatten. Es war ja von ihm schon in mehreren
Mandaten als das Normativ der Orthodoxie für alle
Kirchen seines Gebietes erklärt, und erst neuerlich wieder auf den Antrag und mit Bewilligung der gesammten Laubstände dasür erklärt worden; mithin durften sich
die Theologen nicht einmahl ein anderes aufdrängen
lassen, wenn sie auch gewollt hätten, ja sie konnten ohne
die Ehre ihres Herrn und die Ehre ihrer Kirchen zu
kompromittiren, nicht einmahl zugeben, daß man ein
anderes nöthig habe [282]. So lange sie also der Sache das Ansehen geben konnten, als ob bloß deßwegen
aus dem Vergleich nichts würde, den Andreä betrieb,
weil man ihnen ihr Corpus Doctrinae nicht lassen wolle,
so konnten sie nicht nur sicher darauf zählen, daß ihre
Weigerung, dem Vergleich beyzutreten, keinen Verdacht

---

282) Dieß sagten sie auch
Andreä selbst in ihrer ersten
schriftlichen Erklärung: Causae
cum multae sint et gravissimae,
quibus cogimur quodammodo, ne
ab hac doctrinae et consensionis
pia formula abduci nos patiamur,
his tamen praecipue ac maxime
movemur: quod mutatio formu-
larum, quae gravi auteritate tra-
ditae sunt et constitutae, aut errores aut dissidia parit, et spe-
ciem habet immutatae aut inno-
vatae doctrinae, quam necesse est
dubitationes consequi, quae mul-
tipliciter perniciosae sunt. Deinde
cum ad hanc formulam publicis
scriptis compluribus provocavi-
mus, et in hac nos mansuros esse
testati sumus — et inconstantiae
nos accusaturi essent et risuri,
cum alii obtrectatores et male-
voli nostri, tum adversarii inprimis pontificii, quibus formulam
istam subinde opposuimus. Cumque de sententia et mandato Il-
lustrissimi Principis Electoris, Domini nostri, ille ipse liber omnibus
et ecclesiis ac pastoribus ita com-
mendatus et injunctus sit, ut eam
doctrinae formam in concionibus
ad populum et in scholis tanquam
certam et explicatam doctrinae
normam et regulam sancte et re-
ligiose sequantur et retineant, ac
nuperdum admodum praecipui
Pastores ecclesiarum in toto hoc
Ducatu et provincia Electoris Saxoniae et ex nobilitate ac Ordine
equestri delecti magno numero
Dresdae in hanc ipsam normam
pie consenserint — novas formulas vel condere, vel suffragatione
nostra probatas emittere in publicum absque expresso illorum
consensu nec possumus nec aude-
mus. S. Huttel p. 120.

dacht wegen ihrer Geſinnungen bey dem Churfürſten erwecken, ſondern auch darauf zählen, daß er ſelbſt die
Vergleichs Artikel, die man ihnen aufdrängen wollte,
wo nicht unbillig, doch unannehmlich finden würde.

Doch ein anderer Umſtand trug ohne Zweifel auch
noch das ſeinige dazu bey, daß der Churfürſt weniger
geneigt war, es ſeinen Theologen als Fehler anzurechnen, wenn ſie ſich dem fremden Unterhändler nicht ſo
haſtig in die Arme warfen. Ueber die erſten Schritte
dieſes Unterhändlers hatten bereits ihre eigentliche Gegner, die Jenenſer und die Flacianer, das wüthendſte Geſchrey erhoben [283]), und an mehreren andern Oertern
ſchien man nur auf einen Erfolg davon zu warten, um
alsdann, wie auch dieſer ausfallen möchte, mit gleicher
Heftigkeit über ihn herzufallen [284]). Dabey verbarg
man

---

283) Wie heftig die Jenenſer
und die Flacianer gegen Andreä
arbeiteten, dieß erhellt am beſten
aus ihren und aus ſeinen Briefen in der Fechtiſchen Sammlung.
Noch mehr aber aus den Briefen
des wüthenden Eiferers Andreäs von Meyendorf an Chemnitz
in Rethmajers Kirchengeſchichte
von Braunſchweig Th. III. Beylagen Nr. VIII-XIV. p. 154-170.
Die Jenenſiſche Theologen, Wigand, Heßhuß, Coeleſtin und
Kirchner hatten aber auch ſchon
eine gemeinſchaftliche höchſt beiſ-
ſende Schrift gegen ihn herausgegeben, unter dem Titel: Bedenken, Rathſchlag und Erinnerung auf D. Jac. Andreä Con-
ciliation oder Vereinigung in den
ſtreitigen Religions-Sachen 1570.
in 4.

284) Darauf ſchien man ſich
ſelbſt in Württemberg zu rüſten;
wenigſtens hatte Wilhelm Biden-

dach ſchon in der halben Welt
herumgeſchrieben, daß man doch
die Sünden von Andreä nicht vor
ihre Thüre legen möchte. So
hat man noch einen Brief von
ihm an den wilden Flacianer,
den Superint. Roſinus in Weimar, worinn wörtlich die folgende Stelle kommt: "Si quis ex
noſtris ἰδιαβùλανων και πολυ-
πραγμων ſuum ſolus judicium
praeferens aliorum ſeniorum ſententiis, turbas dare et diſſidia inter fratres excitare conatur, id
non tribuite totis ecclefiis et ſcholis; alioquin falſum teſtimonium
dicetis. Notum eſt vetus Hud:
Tuto quod intriſti, tibi ſoli id
omne exedendum erit. Nos neque intrivimus, neque ut intere-
retur, juſſimus, ſuaſimus, proba-
vimus. Ideoque hominis ἰδιο-
πραγμονευτος negotium diligenter à publica cauſa ecclefiarum
noſtra

man auch nicht, daß man über ihn und über sein Vermittlungs = Geschäft bloß deßwegen so erbittert war,
weil er sich zuerst an die Wittenberger gewandt hatte,
und dieser erboßte Haß gegen die Wittenberger, der sich
auf eine so wilde Art dadurch ankündigte, ließ nicht nur
den Churfürsten voraussehen, daß es doch am Ende zu
keinem Vergleich kommen würde, sondern ärgerte ihn
auch so gewaltig, daß er es fast gerner sah, wenn die
angefangene Unterhandlungen burch seine Theologen, als
wenn sie burch ihre Gegner zerrissen wurden. Er
wünschte wenigstens selbst, daß sie nicht allzuviel nachgeben möchten, denn er wollte burchaus ihren Gegnern
keinen Triumph über sie lassen, und dieß war es vorzüglich, was ihnen jetzt auch bey den neuen Angriffen,
womit man ihnen wegen ihrer neuen Disputation zusetzte, am meisten zu gut kam.

Diese Disputation hatte nicht nur die Würtenbergische Ubiquisten, sondern auch die Niedersächsische Theologen, an deren Spitze um diese Zeit Chemnitz stand,
im

noftrarum fejungite, neque nos
onerate ultro inimicitiis aut odiis
noftrorum, qui vobis non male
volunt. S. Löscher Th. III. p. 25.
Noch bitterer aber ließ er sich
über ihn gegen Marbach inStraßburg aus. "De D. Jacobo —
schrieb er diesem — quod petis
fcire, quid tandem agat? equidem vix fcio, quid fcribam. Nam
ut fine confiliis noftris res fuas
incepit, ita eas porro etiam perfequitur et perficit, fi modo perficiet Sibi foli obfequitur, alios
non audit. Vellent aliqui, ut aut
nunquam abiiffet, aut apud illos,
apud quos nunc eft, non tam diu
manfiffet. Magnas turbas dat,
et dabit in Saxonicis ecclefiis. Utinam, quando ad nos redibit,
non etiam apud nos det. Erunt
enim, qui non omnia ipfius confilia, dicta, fcripta, acta, commiffa et omiffa probabunt. Arbiter effe voluit, et ecce uni parti
adverfus alteram fe adjungit.
Misnenfes quidam hypocritae fub
ejus larva moliuntur non optima.
Ipfe inaniffimis fpebus de aurea
reformatione ecclefiae propemodum ebrius et titubans non fatis
fibi conftat. — Sed factum infectum reddi nequit. Nos nunquam confuluit, neque etiamnum
hodie confulit. Ideo, quicquid
harum rerum agit, non agit ut
Minifter aut Legatus Ducis Würtenbergici, fed ut Internuncius
Ducis Julii Brunsvicenfis. S. Fechtii Epift. Theol. P. IV. Nr. VIII.
p. 318.

im höchſten Grad aufgebracht, denn Chemnitz und die
Niederſachſen mußten ſich eben ſo empfindlich dadurch
getroffen fühlen, weil ſie ja faſt noch früher als die
Würtenberger angefangen hatten, die Lehre von der
Naturen-Vereinigung in Chriſto und von den ſeiner
menſchlichen Natur mitgetheilten Eigenſchaften der göttlichen in den Nachtmahls-Streit einzumiſchen [285].
Sie unterließen daher auch nicht, ſo laut als Bidenbach
zu ſchreyen, daß ſich die Wittenberger in dieſer Diſputation als offenbare Kalviniſten ausgeſtellt hätten, aber
ſie ſagten zugleich dem Herzog Julius zu Braunſchweig
die Fortſetzung aller weiteren Vergleichs-Handlungen
mit ihnen ſo trotzig auf, daß ſich dieſer durch ſeinen Eifer für das Friedenswerk zu einem Schritt bewegen ließ,
der unter andern Umſtänden ſehr unangenehme Folgen
für die Wittenberger hätte haben können. Er ſchickte
Selneckern im Julius dieſes Jahrs 1570. nach Dreßden, um ſie förmlich bey dem Churfürſten verklagen zu
laſſen [286]: aber der Herzog und ſein Bothſchafter
bewürk-

285) In dieſem Jahr 1570.
hatte Chemnitz ſelbſt ſein Hauptwerk in dieſer Materie herausgegeben: Mart. Chemnitii explicatio de duabus in Chriſto naturis, hypoſtatica eorum unione et
idiomatum communicatione. Jenae 1570.
286) Nach der Inſtruktion,
welche man Selneckern mitgab,
die ſich in der Sammlung ſeiner
Papiere in der hieſigen Bibliothek findet, gieng ſein Auftrag
würklich dahin, die Wittenberger förmlich anzuklagen, wiewohl
man dabey nur die Abſicht haben
mochte, ſie in eine gröſſere Nachgiebigkeit bey den weiteren Ver-
gleichshandlungen hineinzuſchröt-
ken. Er ſollte nehmlich dem Churfürſten berichten, "daß ſich aus

"der jüngſten zu Wittenberg ge-
"haltenen Diſputation ein neuer
"Mißverſtand in dem Artikel von
"der Perſon Chriſti erhoben habe,
"dadurch nicht allein die Theolo-
"gen und die hohe Schule zu Wit-
"tenberg auf das neue in Ver-
"dacht gekommen, als ſollte ſie
"dem zwingliſchen und kalvini-
"ſchen Irrthum zugethan ſeyn,
"und deſſelben vornehmſten Grund
"beſtätigen, ſondern auch die
"ſächſiſche Kirchen von neuem er-
"regt und verunruhigt worden
"ſeyen, woraus ſich dann ein
"neuer und viel gefährlicherer
"Streit als der bisherige erhe-
"ben möchte. Denn da von den
"Wittenbergern vorgegeben wer-
"de, daß der Sohn Gottes ſei-
"ner angenommenen menſchlichen

bewürkten weiter nichts, als daß sie den Wittenbergern
die Mühe machten, ihre Meynung über jenen Artikel
in einer neuen Schrift [287]) zu erklären, mit welcher
ihr Herr völlig zufrieden war, und mit der sie sich selbst
zufrieden stellen mußten, wiewohl sie dabey unendlich
viel bitteres zu verschlucken hatten, das von den Wittenbergern recht absichtlich für sie hineingelegt war.

Diese fanden es nehmlich nicht schwer, sich über die
Lehre von der Naturen-Vereinigung und über die Vorzüge, welche der menschlichen Natur Christi theils durch
diese Vereinigung, theils durch ihre Versetzung in den
Stand der Erhöhung zu theil geworden seyen, auf eine
solche Art auszubrücken, daß es jedem Layen nicht nur
unbegreiflich seyn mußte, wie man darüber mit ihnen
streiten oder ihre Orthodoxie bezweiflen könnte, sondern
auch

„chen Natur seine allmächtige
„Majestät und Würkung wahr-
„haftig nicht mitgetheilt —
„solchergestalt dann Christus
„auch nach seiner menschlichen
„Natur ganz und gar nicht
„zur Rechten des Vaters ge-
„setzt, sondern allein die Gott-
„heit und nicht der ganze Chri-
„stus zur Rechten der allmäch-
„tigen Kraft Gottes regiere,
„nach welcher Meynung wir
„dann nicht nur seinen Leib
„und Blut im Abendmahl nicht
„haben, sondern auch Chri-
„stum ganz und gar verlie-
„ren würden, — so hätte der
„Churfürst von selbst zu ermes-
„sen, daß die sächsischen Kirchen
„dazu nicht still schweigen, son-
„dern durch den öffentlichen Druck
„widersprechen würden, inmaf-
„sen dann allbereit etliche Theo-
„logen hin und wieder Schriften

„deßhalb gepflogen, und sich ver-
„nehmen lassen, daß sie in die
„Länge nicht stillschweigen könn-
„ten, sonderlich um der Kirchen
„und der armen Jugend willen,
„welcher solch schädlicher Irrthum
„in ihrer Jugend eingepflanzt
„würde, der ihnen die Tage ih-
„res Lebens zu ihrer selbst und
„der Kirchen Verderben anhan-
„gen möchte; daher sie auch be-
„reits hervorgetretten seyn wä-
„ren, wenn sie nicht Doktor Ja-
„cobus biß auf diesen Tag hin
„aufgehalten, und sie vermahnt
„hätte mit ihrem Schreiben noch
„etwas inne zu halten.“

287) Diese vom 31 Jul. 1570.
datirte Declaration der Wittenberger findet sich ebenfalls unter
den Selneccerischen Manuscrip-
ten; aber auch gedruckt bey Hutter p. 144. 160.

auch jedem nicht ſehr geübten Polemiker mehr als ſchwer
werden mußte, ihnen von irgend einer Seite beyzukom=
men. Dabey vermieden ſie es nur, den Gegenſaß in
ein ganz klares Licht zu ſetzen, in welchem ihre Mey=
nung mit derjenigen, welcher ſie in ihren Propoſitionen
widerſprochen hatten, ſtehen ſollte, aber ſcheuten ſich
nicht, ihr auch jetzt auf das neue und ausdrücklich zu
widerſprechen. Sie würden ſich, ſagten ſie, immer
verbunden halten, gegen die neue Lehre von einer communicatione idiomatum reali von einer würklichen
Mittheilung der Eigenſchaften der göttlichen Natur
Chriſti on ſeine menſchliche als gegen einen Eutychiani=
ſchen Irrthum zu proteſtiren. Wenn man ihnen aber
Schuld geben wollte, daß ſie den Streit darüber ver=
anlaßt oder die Frage zuerſt in Bewegung gebracht hät=
ten, ſo ſey dieß höchſt ungerecht, „denn es ſey ja nicht
„unbekannt, daß noch zu Lebzeiten Melanchtons, wenn
„ſchon nur ingeheim und nicht in öffentlichen Schriften
„Diſputationen darüber erregt worden ſeyen, wegen de=
„ren es ſchon Melanchton für nöthig gehalten habe,
„in ſeinen Lektionen und in ſeinen letzten Schriften die
„Jugend angelegen zu warnen, und beſonders das ge=
„fährliche und ſträfliche der neuerfundenen Diſtinktion
„zwiſchen einer communicatio dialectica und phyſica
„zudecken. Da ſie nun nach ſeinem Tode erfahren hätten,
„daß die neue Lehre de realiter effuſis aut collatis pro-
„prietatibus divinis in naturam humanam Chriſti auch
„in öffentlichen Schriften vertheidigt, aber auch hätten
„erfahren müſſen, daß ſie ſchon von den neuen unitari=
„ſchen Ketzern in Pohlen, Siebenbürgen und Ungarn
„dazu benutzt worden ſey, um den ganzen Artikel von
„der Gottheit Chriſti dadurch umzuſtoſſen, ſo ſeyen ſie
„ja wohl dadurch gedrungen worden, auch ihrerſeits
„aufzuſtehen, und zur Verwahrung der Jugend einen
„aus=

„ausführlichen Unterricht zu geben, was die rechte und
„allgemeine chriſtliche Lehre de unione hypoſtatica, et
„de communicatione idiomatum ſey.

„So weiß aber — ſetzten ſie hinzu — auch der ehr⸗
„würdige Herr Doctor Jacobus am beſten, daß wir
„uns gegen ihn, als er etlichemahl in Wittenberg ge⸗
„weſen, ſtets, ſo viel die Summam Doctrinae betrifft,
„eben auf dieſe Weiſe, wie in den Propoſitionibus er⸗
„klärt haben. Es wiſſen ſich auch Seine Ehrwürden
„gewiß zu erinnern, daß er ſelbſt mündlich, und her⸗
„nachmahls mit eigener Hand ſich alſo gegen uns er⸗
„klärt, daß wir unſeres einfältigen Erachtens und Be⸗
„findens nicht anders ſehen noch befinden können, denn
„daß er unſere Erklärung in dem Artikel De unione
„hypoſtatica und De communicatione idiomatum nicht
„angefochten, und beyde Worte von der communicatione
„verbali und reali mit uns darinn verworfen hat. Weil
„dann die ſächſiſche Kirchen mit erwähnten Herrn Ja⸗
„cobo darinn zufrieden und einig, ſo hätten wir dero⸗
„wegen uns nichts weniger befahren können, denn daß
„uns ſollte von den Prädicanten in Sachſen nun erſt
„zugemeſſen werden, als wären wir mit etwas neuem
„in den Propoſitionibus hervorgebrochen. Wie uns
„aber in dieſem ganz ungütlich geſchieht, als bezeugen
„wir inſonderheit mit beſtändigem Grund, daß es un⸗
„gereimt, und ohne Grund, obwohl ſolches auch vor
„Alters den Orthodoxis von Eutyche vorgeworfen wor⸗
„den, als ſollte die nicht von uns erfundene, oder neue,
„ſondern ſtets währende wahrhafte Lehre de unione et
„communicatione Idiomatum die Perſonam Chriſti
„trennen, oder als würde damit der Menſchheit Chriſti
„das Sitzen zur Rechten des Vaters entzogen, oder et⸗
„was von ihrer Ehre und Herrlichkeit verkleinert.‟

„daß

„daß man aber aus dieser Lehre, so wir von der allge-
„meinen Kirche und von unsern Praeceptoribus als die
„stets währende Doctrinam orthodoxam empfangen ha-
„ben — diesen neuen und verhaßten Verdacht spinnen,
„und die beschwehrliche Auflag auf uns bringen will, als
„sollten wir den Zwinglianern und Kalvinisten derowe-
„gen zugethan seyn, weil bey denselben auch solche Lehre
„auf diese Weise geführt wird — dieß kann gewißlich so
„wenig Bestand haben, als man uns zumessen kann,
„daß wir darum Papisten seyen, weil wir den Artikel
„von der Dreyeinigkeit und eben diese Lehre von den ver-
„schiedenen Naturen in Christo mit der römischen Kir-
„che bekennen und halten.

„So man aber derwegen, daß die Zwinglianer den
„Artikel de unione et communicatione Idiomatum mit
„der ganzen Kirche gleichförmig halten, alle die, so auf
„gleiche Weise davon reden und lehren, sollte Sakra-
„mentirer und Zwinglianer nennen, so müßte man nicht
„allein die Papisten, die traun solches nicht gestehen
„würden, sondern auch alle alte bewährte Lehrer zwing-
„lianisch und kalvinisch nennen, darum daß sie zum hef-
„tigsten solchen Artikel vertheidigen und verfechten.

„Daß uns aber — schlossen sie endlich — ganz un-
„gütlich zugemessen wird, als sollten wir durch unsere
„Erklärung von diesem Artikel den Sakramentirern Thür
„und Thor aufthun, und der lutherischen Lehre von der
„Gegenwart des Leibes Christi im Abendmahl Abbruch
„thun — darinn werden wir abermahls ohne Grund
„verdacht, weil ja der Herr Lutherus selbst — vielmahls
„und oft wiederholt, daß man diese Gegenwart des Lei-
„bes Christi nicht auf die Ubiquität oder mitgetheilte
„Allgegenwart, sondern auf die Worte der Stiftung
„und Einsetzung des Sakraments gründen, auch nicht
„den

„den modum praesentiae demonstriren und zum Augen-
„schein erweisen, sondern es ein Geheimniß, das von
„der Vernunft nicht kann noch soll erforscht werden, seyn
„und bleiben lassen müsse. — Dabey wir dann gleich-
„wohl auch dieses müssen erinnern, daß, wenn gleich-
„wohl könnte erhalten werden, als sollte die menschliche
„Natur an und in sich selbst alle Eigenschaften der gött-
„lichen empfangen haben, das doch wider die Bibel ist —
„so wäre dem Artikel de Coena doch aus diesem schwa-
„chen Grunde nichts geholfen, sondern vielmehr würde
„hiedurch die Gegenwart des wahren Leibes Christi im
„Nachtmahl, welche aus den Worten der Stiftung al-
„lein bestätigt werden kann, wiederum zu nicht gemacht.
„Denn die alten und gelehrten Väter haben stets aus
„dem Sakrament des Nachtmahls dieses hohe und un-
„widersprechliche Argument zu Bestätigung der wahren
„Menschheit Christi geführt: Im Sakrament wird uns
„gegeben der wahre Leib und das wahre Blut Christi
„kraft seiner Einsetzungsworte; darum folget daraus,
„daß der Herr Christus einen wahren Leib und also eine
„wahre menschliche Natur habe. Eben also folget aber
„hinwiederum unwidersprechlich, so der Leib Christi nicht
„mehr die wesentliche Eigenschaft eines Körpers hat,
„wie dann aus der reali, physica, oder Eutychetica
„communicatione Idiomatum unmittelbar folgt, so kön-
„nen wir auch den wahren wesentlichn Leib Christi im
„Abendmahl nicht empfahen. Soll nun die lutherische
„Lehre von der Gegenwart des wahren Leibes bestehen,
„so muß man den Herrn Christum auch nach seiner Ver-
„klärung einen wahrhaftigen und wesentlichen Leib las-
„sen.”

Diese Stelle war es unstreitig, welche die Niedersächsische Zeloten in dieser Erklärung der Wittenberger
am meisten ärgern mußte, denn diese hatten sich ja dar-

inn

inn wörtlich einen Einwurf zu eigen gemacht, den Kal‐
vin und die Schweizer von jeher am ſtärkſten gegen die
ächt‐lutheriſche Gegenwart Chriſti im Nachtmahl ur‐
girt hatten, und doch hatten ſie ſich dabey voraus ver‐
wahrt, daß man ſie deßwegen nicht als Kalviniſten
ausſchreyen dürfe. Sey es nun aber, daß Selnecker
den Churfürſten für jede Belehrung unempfänglich fand,
durch welche er ihn von den Irrthümern ſeiner Theolo‐
gen in dieſem Artikel von den Naturen Chriſti hätte
überzeugen können [288]), oder daß er ſelbſt in den theo‐
logiſchen Labyrinthen dieſer Lehre nicht genug bewandert,
keine wahre Verſchiedenheit zwiſchen der Wittenbergi‐
ſchen und zwiſchen der Niederſächſiſchen Lehrform dar‐
über, ſondern bloß einen gegenſeitigen Mißverſtand ge‐
wahr wurde [289]), oder daß er das Konkordien‐Werk
nicht

[288) Der Churfürſt ſchien ſich
ſelbſt zu beſcheiden, daß er von
der Streitfrage über die Natu‐
ren‐Vereinigung nichts verſte‐
hen könne, aber ſchien ſie eben
deßwegen auch nicht für ſehr wich‐
tig zu halten. "Legit illuſtriſſi‐
mus Princeps — ſchrieb daher der
Kanzler Krakov an den Hofpre‐
diger Schütz unter dem 5 Aug. —
potiſſimam ſcripti Wittebergenſis
partem, ubi de Coena ſenten‐
tiam ſuam explicant, et calum‐
nias refutant. Ea Celſitudini ſuae
placuerunt: Prima enim pars dif‐
ficilior eſt." Aber dieß hatte dann
doch der Churfürſt geleſen, und
dieß verſtand er auch, daß ſich
die Wittenberger von dem Irr‐
thum, wegen dem man ſie bey
ihm angeklagt hatte, wörtlich und
feyerlich losgeſagt, und aus‐
drücklich bezeugt hatten, "daß ſie
„Chriſtum auch nach ſeiner
„menſchlichen Natur zur Rechten
„ſitzen lieſſen." S. den Brief‐

von Krakov unter den Beylagen
zu dem Leben von Selnecker in
Gleichens Annal. ecclef. Th. I.
p. 165.

289) Es iſt ſehr glaublich,
daß man ſich ſowohl zu Witten‐
berg als an dem Hofe zu Dreß‐
den ſehr viele Mühe gab, das
Urtheil von Selnecker zu ſtim‐
men; doch iſt es eben ſo glaub‐
lich, daß er ſelbſt, von Andreä
inſtruirt, weiter nichts wünſchte,
als nur eine Erklärung von den
Wittenbergern zu erhalten, wo‐
durch ſie bezeugten, daß ſie die
Folgen nicht anerkennten, die
man aus ihren Propoſitionen ge‐
zogen habe, und daß alſo ihre
Meynung falſch verſtanden wor‐
den ſey. Wenigſtens Andreä
mußte dieß wünſchen, denn ſie
konnten und durften ihm ja ins
Geſicht ſagen, daß er ſich in Wit‐
tenberg mit ihren Aeuſſerungen
über dieſen Punkt ganz zufrie‐
den, und einſtimmig mit ihnen
bezeugt]

nicht auf einmahl zerreissen wollte. [290]) — kurz er be-
bezeugte dem Churfürsten, daß er mit der Erklärung der
Wittenberger zufrieden sey, und berichtete auch dem
Herzog Julius, daß man am besten thun würde, wenn
man mit den Wittenbergern keinen eigenen Streit über
die Lehre von den Naturen Christi anfange, weil es
doch nicht leicht möglich seyn dürfte, sie des Nestorianißmus in diesem Artikel zu überführen. [291]). Würklich

bezeugt habe, und er konnte ihnen seinerseits schwehrlich beweisen, daß sie sich damahls anders
als jetzt gegen ihn erklärt hätten. Wenn hingegen Selnecker
in der Folge zuweilen zu verstehen gab, daß sich jetzt die Wittenberger ganz anders mündlich
gegen ihn geäussert hätten, als
in ihrer schriftlichen Declaration,
welche sie ihrem Herrn überschick-
ten, so darf man dieß wohl nur
für eine kleine Nothlüge halten,
deren Falschheit auf eine für den
guten Selnecker sehr beschämende
Art aufgedeckt werden könnte.
In der Sammlung seiner Papiere findet sich auf der hiesigen
Bibliothek eine grösstentheils von
seiner eigenen Hand geschriebene
Relation von demjenigen, was
zwischen ihm und den Wittenbergern mündlich verhandelt wurde,
und ein Aufsatz den sie ihm selbst
zustellten, mit der Aufschrift:
Kurze, runde und einfältige Bekenntniß der Kirchen und Schul
zu Wittenberg von der persönlichen Vereinigung zweyer Naturen in Christo, auch von der
communicatione idiomatum und
vom Nachtmahl des Herrn. In
diesem Aufsatz aber drückten sie
sich völlig auf die nehmliche Art,
wie in der Schrift an den Churfürsten aus.

290) Freylich ahndete es dabey Selneckern nicht, wie viel

Verdruß und Vorwürfe er sich
von der andern Parthie zuziehen
würde; aber die Wittenberger
sahen es recht gut voraus. D.
Selneccero — schrieb daher Krakop
in dem angeführten Brief, an
Schütz — animi praesentia et robo-
re opus erit."

291) S. Schreiben des H.
Julius von Braunschweig an den
Grafen Günther von Schwarzburg vom 29. Aug. 1570 unter
den Selneccerischen Papieren
Tom. 1. p. 76. "Wir können
schreibt hier der Herzog — "E.
"Lieb freundlich nicht bergen, daß,
"nach dem wir aus grossen Ursa-
"chen, sonderlich des erregten
"Mißverstands halben, der sich
"neuerlich zwischen den Sächsi-
"schen und den Wittenbergischen
"Theologen erhoben, unlängst
"unsern Superintenden Selne-
"ckern an den Churfürsten von
"Sachsen abgefertigt, derselbige
"uns in seiner Relation und Ue-
"berreichung einer Schrift und
"Konfession der Kirchen und Schul
"zu Wittenberg so viel unterthä-
"niglich berichtet, daß Gottlob!
"im Grund und Fundament
"der Lehre beyde von der per-
"sönlichen Vereinigung zweyer
"Naturen in Christo und dann
"vom Abendmahl des Herrn,
"christliche Einigkeit getrof-
"fen sey, daran ich eine christli-
"che herzliche Freude gehabt."

lich ließ man auch vor der Hand dieſen Punkt fallen, denn wahrſcheinlich begünſtigte auch Andreä den Antrag von Selnecker, weil er ſich dafür in Anſehung desjeni= gen, uns auf dem neuen Konvent zu Zerbſt, ſchon im May dieſes Jahrs verhandelt worden war, deſto mehr Nach= giebigkeit von ihnen verſprach, und deſto leichter der Hauptpunkt, um den es ihm hier zu thun war, zu er= halten hoffte.

Auf dieſem Konvent zu Zerbſt [292]) hatte ſich nehm= lich Andreä bemüht, das Hauptthinderniß wegzuräu= men, das, wie er vorausſah, alle ſeine weitere Ver= gleichshandlungen fruchtlos machen mußte, und ſchmei= chelte ſich auch würklich, es glücklich auf die Seite ge= bracht zu haben. Die Wittenberger hatten es ja biß= her zur Präliminar=Bedingung gemacht, daß man ſich vor allen Dingen, um eine Gleichförmigkeit in der Lehre zu erzielen, über ein gemeinſchaftliches Normativ der Lehrform vereinigen müſſe, waren aber dabey darauf beſtanden, daß man ihr Corpus Doctrinae dafür erken= nen und annehmen ſollte. So lange ſie nun davon nicht abgebracht werden konnten, ſo durfte es ſich An= dreä nicht einmahl einfallen laſſen, ihren eigentlichen Gegnern zu Jena nur Anträge zu einem Vergleich mit ihnen zu machen, denn es war mehr als gewiß, daß ſich dieſe eher den Koran, als eine Sammlung der Schriften Melanchtons zum Normativ der Lehre auf= drängen laſſen würden. Der Konvent zu Zerbſt war daher

292) Der Konvent verſam= melte ſich den 7. May. 1570. Auſſer den Braunſchweigiſchen und Heſſiſchen Theologen waren auch einige Anhaltiſche, und die Abgeordnete der Miniſterien von Hamburg, Lübeck und Lüneburg gegenwärtig. Von churſächſiſchen Theologen waren D. Joh. Stöſ= ſel von Pirna, Andreas Freyhub von Leipzig, und Caſp. Cruciger mit Heinr. Moller von Witten= berg dazu abgeordnet worden. S. Sleidan. contin. P. II. p. 181. und Bertrams Lüneburgiſche Kir= chenhiſtorie unter den Beylagen zu Th. II. p. 106. ſfgd.

daher zunächst in der Absicht von ihm veranstaltet wor»
den, um darauf die Wittenberger durch die Autorität
der versammelten auswärtigen Theologen zu nöthigen,
daß sie sich irgend ein anderes Normativ gefallen lassen
sollten, und diese Absicht erreichte er auch gewissermas»
sen, denn er erhielt, daß auch die chursächsische Abge»
ordnete dem Schluß des Konvents beytraten, nach wel»
chem ausser der heiligen Schrift, bloß die drey Symbo»
la, die Augsp. Konfession und deren Apologie nebst den
schmalkaldischen Artikeln und Luthers Katechismus zur
Norm und Richtschnur in der Lehre angenommen wer»
den sollten [293].

Freylich hatte sich Andreä gezwungen gesehen, den
churfürstlichen Theologen eine Vorerklärung dabey zu
gestatten, welche es ihnen äusserst leicht machte, dem
Schluß des Konvents beyzutreten Ehe sie diesen den
10. May annahmen, hatten sie zwey Tage vorher der
Versammlung das Project einer Vergleichs»Formel
überreicht, welche sie zu unterzeichnen bereit seyen, und
diese

[293] S. Abschied, welcher»
gestalt die versammelten Theolo»
gen zu Zerbst den 10. May 1570.
der eingefallenen Zwiespalt in der
Religion sich freundlich gegen ein»
ander erklärt, und ad referendum
christlich verglichen — bey Bert»
ram am a. D. Nr. 8. p 110.
Die Vergleichung gieng wörtlich
dahin "die versammelte Theolo»
„gen beziehen sich im Grund und
„Fundament der Religion auf die
„Schriften der Apostel und Pro»
„pheten — Was denn aber der»
„selben natürlichen eigentlichen
„wahrhaftigen Verstand und Aus»
„legung belangt, so bekennen sie
„sich in einhelligem gleichen
„Verstand, anfänglich zu den drey
„bewährten Symbolis, hernach

„zu der christlichen Augsp. Kon»
„fession, und derselben Apologia,
„und dann zu den schmalkaldi»
„schen Artikeln und dem Cate»
„chismo Lutheri, in welchen
„vier Schriften der rechte, wahr»
„haftige, eigentliche und natür»
„liche Verstand der heiligen
„Schrift von den vornehmsten
„Artikeln unseres christl Bekennt»
„nisses deutlich und helle nach al»
„ler Nothdurft erklärt worden,
„und nach welchen alle andere
„Schriften Lutheri, als auch des
„Herrn Philippi Melanchthonis Bü»
„cher in dem corpore Doctrinae
„begriffen, desgleichen des Herrn
„Brenzii und andere nützliche
„Schriften verstanden und ge»
„deutet werden sollen."

diese Formel enthielt nur die Versicherung "daß sie. biß-
„her die Schriften, die in das Corpus Doctrinae ver-
„faßt seyen, als Norm und Richtschnur der Lehre er-
„kannt hätten, und auch dabey, wie nicht weniger bey
„den Schriften des ehrwürdigen Herrn Lutheri zu ver-
„harren gedächten, daher sie auch kein Bedenken trügen,
„sich darauf mit den versammelten Theologen der an-
„dern Fürsten und Städte zu vergleichen, weil auch diese
„ihrerseits bezeugt hätten, daß sie über jenen Grund
„der Lehre mit ihnen einig seyen, und auch das Corpus
„Doctrinae nicht zu verwerfen wußten [294]." Nun
gab man ihnen nicht undentlich zu verstehen, daß man
diese Formel nicht verwerfen wolle, wenn sie nur auch
zugleich der von der Mehrheit des Konvents approbir-
ten beytreten wollten; man gestattete ihnen eben damit
den Vorbehalt, daß sie dieser nur so weit beytreten dürften, als sie mit der ihrigen vereinbar sey; und was
hieß dieß anders, als daß sie bey dem neuen Normativ,
das der Konvent von ihnen anerkannt haben wollte, immer auch noch ihr Corpus Doctrinae behalten könnten.
Doch Andreä glaubte schon dadurch nicht wenig genommen zu haben [295], wenn er nur irgend eine Erklärung

---

294) Das Projekt dieser Vergleichs-Formel findet sich in den
Unsch. Nachr. für das J. 1704.
S. 23-27. Wie es Löschern begegnen konnte, daß er dieß offenbar einseitige, nur von den
chursächsischen Theologen übergebene Projekt mit dem eigentlichen Schluß des Konvents ver-
wechslen, und noch überdieß sagen konnte, "man habe sich durch
„diesen Receß vereinigt, bey der
„Augsp. Konfesson und bey den
„Schriften Lutheri zu bleiben —
Th. II. p. 138. — begreift man
nicht leicht.

295) Allerdings hatte er auch
nicht wenig gewonnen, denn sie
hatten doch durch die Annahme
des Abschieds auch zugleich darein gewilligt, daß "ihr Corpus
„Doctrinae nur nach den aner-
„kannten übrigen Normal Schrif-
„ten gedeutet und verstanden
„werden dürfe." Aber freylich
hatten sie sich, wie der Erfolg
bewieß, auch wieder dabey vorbehalten, die Normal-Schriften
nach ihrem Sinn erklären zu
dürfen, und darüber hatte auch
Andreä kein Recht sich zu beschweren. Er war nicht, wie er klagte,
von

rung von ihnen aufweisen konnte, worinn sie neben der Augsp. Konfession und ihrer Apologie auch den Katechismus Luthers, und die schmalkaldische Artikel als Norm der Lehre agnoscirten: daher richtete er jetzt seine Bemühungen nur dahin, für seine Zerbster Formel auch die feyerliche Bestätigung des Churfürsten zu erhalten [296]). Wahrscheinlich hoffte er ihr durch diese schon mit der Zeit eine stärker bindende Kraft geben zu können, als man ihr jetzt noch in Wittenberg einzuräumen Lust hätte; aber ehe er sie erhalten konnte, hatten ihm schon die Wittenberger alle die Hoffnungen, die er darauf baute, durch eine neue Explosion verdorben, durch welche alle seine Unterhandlungen mit ihnen vor der Hand abgerissen wurden.

Bald nach dem Anfang des Jahrs 1571. war zu Wittenberg der neue Katechismus herausgekommen

---

von ihnen getäuscht worden, sondern er hatte sich selbst über ihre Meynung getäuscht, denn wer hieß ihn voraussetzen, daß sie seine Normal-Schriften, wie er, erklären müßten? Der Fehler lag nur darinn, daß er ein Normativ vorgeschlagen hatte, das eine verschiedene Erklärung zuließ, oder es überhaupt für möglich gehalten hatte, daß man sich jemahls über ein alle Meynungen bindendes und jede Verschiedenheit der Erklärung ausschliessendes Normativ vereinigen könnte.

296) Andreä mußte überhaupt erst um die förmliche Subscription seiner Zerbster Formel überall besonders werden, denn man hatte zu Zerbst alles nur ad referendum gestellt, weil der Konvent nur von so wenigen Stäuden beschickt worden war. Er gab da-

her unmittelbar nach dem Konvent eine Relation davon unter dem Titel heraus. S. D. Jac. Andreä gründlicher Bericht vom christl. Einigkeit der Theologen und Prädikanten — durch etlicher Fürsten Gesandten im J. 1569. und 1570. eigentlich erkundigt — und zu Zerbst auf dem Synodo den 10 May gegen einander erklärt. Wolfenbüttel 1570 in 4. Am eifrigsten suchte aber Andreä die Bestätigung und die Sanktion des Churfürsten zu Sachsen zu erhalten, daher ließ er darüber den Herzog Julius von Braunschweig selbst negociren, und der angeführte Brief des Herzogs an den Grafen Günther von Schwarzburg enthielt eine sehr angelegene Bitte, daß sich doch auch der Graf bey dem Churfürsten dafür verwenden möchte.

Theil II. 2. Hälfte. Nn

inen [297]), der einen ſo allgemeinen und ſo unnatürli-
chen Lärm erregte, als ob er eben ſo wie der Heydelber-
ſche, das Werkzeug zu der Einführung des unverdeckteſten Kalviniſmus in den Churſächſiſchen Kirchen werden
ſollte. Allerdings war die Nachtmahls-Lehre darinn
etwas anders als in dem lutheriſchen Katechiſmus vorgetragen. Es war darinn gar kein beſonderes Moment
auf die Beſtimmung geſetzt, daß der Leib Chriſti in dieſem Sakrament mit dem Munde genoſſen werde. Es
war unentſchieden gelaſſen, ob er dabey auch von den
Unglaubigen, wie von den Glaubigen genoſſen werde.
Es war im Gegentheil ſehr ſtark darinn geſagt, daß
der ganze Nutzen des Sakraments von dem Glauben des Genieſſenden abhange. Aber dafür war doch
auch die wahre Gegenwart des Leibes Chriſti im Sakrament ausdrücklich darinn behauptet [298]); und die
Verfaſſer des Katechiſmus hatten weder den mündlichen
Genuß noch den Genuß der Unglaubigen beſtritten, ſondern alle ihre Ausdrücke mit einer Weisheit gewählt,
welche es unmöglich machte, daß man ſie einer Verfäl-
ſchung der lutheriſchen Lehre beſchuldigen konnte. Das
härteſte und das bitterſte, was ihre heftigſte Gegner an
dem Katechiſmus zu tadeln fanden, beſtand nur darinn,
daß die reine lutheriſche Nachtmahls-Theorie in eine
zwey-

297) Catecheſis, continens explicationem Dialogi, Symboli, Orationis Dominicae, doctrinae de Poenitentia et Sacramentis. Wittebergae 1571. in 8. wenn man nicht mit Feuerlin Bibl. ſymbol. p. 182. eine andere Ausgabe für die frühere halten will, die den Titel hat: Catecheſis ex corpore doctrinae chriſtianae eccleſiarum Saxoniae et Miſniae edita in Academia Witteberg. et accommodata ad pſum ſcholarum puerilium 1571. in 8.

298) Auf die Frage: Quid eſt Coena? enthielt der neue Katechiſmus die Antwort: Eſt communio corporis et ſanguinis Domini noſtri Jeſu Chriſti, ſicut in Verbis Evangelii inſtituta eſt; in qua ſumtione filius Dei vere et ſubſtantialiter adeſt, et teſtatur ſe applicare, credentibus ſua beneficia.

zweydeutige und unbestimmte Dunkelheit darinn verhüllt sey [299]).

Bey diesen Umständen würde man vielleicht nicht so sehr darüber aufgefahren seyn, wenn man nicht zugleich auf die Absicht gesehen hätte, welche dieser neue Katechismus haben konnte, und allerdings höchst wahrscheinlich haben mochte. Er war zwar unter gar keiner Autorität und selbst ohne Nahmen [300]) herausgekommen. Aber in der Vorrede war doch der Wunsch geäussert, daß er in alle lateinische Schulen und Gymnasien des Landes eingeführt werden möchte [301]), und es

---

299) In der Warnung vor dem neuen Katechismus, welche die Jenenser sogleich herausgaben, konnten selbst diese ihre Anklagen dagegen nur darauf gründen — perplexas, ambiguas, ambidextras locutiones, singulari vafritie ad fallendum simpliciores in eo proponi — in capite de Coena, elisa definitione Lutheri, aliam substitui, sacramentariorum dogmatibus aptam — materiam seu substantiam Coenae occultari, ac solummodo de fide modo Sacramentariorum ipsos loqui. In causa formali ipsos non clare profiteri, quod ore et fide accipiendum sit corpus et sanguis Domini — transilire pede sicco, quod non solum digni, verum etiam indigni ore accipiant corpus Christi — non refutare Sacramentariorum hac in parte falsa dogmata." S. Wigand De Sacramentarismo f. 405. Auch noch Löscher wußte nichts schlimmeres von dem Katechißmus zu sagen, "als daß darinn "die Lehre vom Nachtmahl ge= "fährlich und dunkel vorgetra= "gen sey. S. Th. III. p. 144.

300) Wigand wollte aber wissen, daß Christoph Pezel der Haupt=Urheber davon gewesen sey ebend.

301 Nicht nur dieser Wunsch war darinn geäussert, sondern es war auch angegeben, wie und wozu der neue Katechißmus in den Schulen vorzüglich benutzt werden sollte — ut nimirum iis, qui jam aliquo usque progressi et adultiores sunt, er quorum judicium aetate auctum paulatim maturescit, ils uberiores et aliquanto altius ex fonte Doctrinae sanctae depromtae ac pluribus roboratae testimoniis proponantur. Hinc profuturum magnopere existimavimus — si una ederetur certa et simplex forma Catecheseos, quae post initia Catechismi D. Lutheri in Scholis puerilibus proponi Juventuti posset. Capita enim in Examine aut Locis Theologicis comprehensa — nondum omnia commode et e vestigio tradi pueris in Catechesi Lutheri eruditis possunt Quamobrem ex Corpore Doctrinae — hanc Epitomen, quantum fieri potuit, excerptam con=

N n 2

es konnte nicht lange unbekannt bleiben, daß man keine
Empfehlungen und keine andere Mittel ſpahrte, um
ſeine Einführung in dieſen würklich durchzuſeßen ³⁰²).
Es ſchien alſo unverholen genug darauf angelegt, daß
doch der lutheriſche Katechiſmus allmählig dadurch verdrängt, oder daß der neue wenigſtens das Werkzeug
werden ſollte, durch welches die ſteife Anhänglichkeit an
die ſtrenge lutheriſche Nachtmahls-Lehre zuerſt unter
den gebildeten Klaſſen der Geſellſchaft, und dann auch
unter dem Volck immer mehr vermindert und geſchwächt
werden könnte. Dieſe Abſicht konnte in der That eben
ſo leicht als gewiß dadurch erreicht werden, alſo war
es natürlich genug, daß man ſie auch allgemein den
Herausgebern des Katechiſmus zuſchrieb ³⁰³), und
noch natürlicher, daß die ganze Parthie der lutheriſchen
Zeloten darüber in Aufruhr kam: doch würde ſie vielleicht auch dieß in keine ſo gewaltſame Bewegung gebracht

---

contexuimus — declarantem illa —
quae in Catechiſmo Lutheri ſummatim indicata ſunt, nec tamen
aut ad controverſiarum momenta
penetrantem, aut nimis procul a
praeſenti ſcopo excurrentem. In
hac cum utiliter *poſt* Lutheri Ca-
techeſin et *ante* Examinis Theo-
logici enarrationem exerceri ado-
leſcentes poſſe exiſtimemus, eden-
dam cenſuimus."

302) Beſonders verwandte
Peucer ſeinen ganzen Einfluß, um
den Katechiſmus in alle Land-
Schulen zu bringen, und dieß
konnte deſto weniger unbekannt
bleiben, je bedeutender damahls
der Einfluß Peucers war, und
je offener er dabey zu Werk gieng.
In der Widerlegung des Kalvi-
niſch-Peuceriſchen Teſtaments
iſt ein Brief von ihm an den damahligen Rektor der Schulpforte
eingerückt, worinn er dieſem mit
ſehr befehlender Kürze auftrug,

daß er die zum Gebrauch ſeiner
Schule nöthige Exemplare von
dem Buchhändler verſchreiben,
und zugleich die Weiſung gab,
wie damit verfahren werden ſollte. "Provectioribus expediet, ut
ea ſaltem retineant, quae ſunt
typis grandioribus expreſſa." S.
Widerlegung ꝛc. p. 15

303) Schon die Jenenſer in
ihrer Warnung ſagten ihnen auf
den Kopf zu, daß ſie damit um-
giengen den Katechiſmus Luthers
zu verdrängen. Man darf aber
wohl glauben, daß es ihnen nicht
gerade darum zu thun war, und
zwar nicht deßwegen, weil ſie
ſelbſt dieſe Abſicht in der Vorrede
zu ihrem Katechiſmus von ſich
ablehnten, ſondern weil es zu
ihrem eigentlichen Zweck nichts
mehr auſtrug, ſobald nur einmahl der ihrige neben dem lutheriſchen in den Landesſchulen
eingeführt war.

bracht haben, wenn nicht ein an sich höchst elender und
unbedeutender Umstand hinzugekommen wäre, durch den
sich ihr polemischer Stolz unmittelbarer gekränkt, und
also auch ihre Galle stärker gereizt fühlte.

In dem Artikel von der Himmelfahrt Christi und
von seinem Sitzen zur Rechten Gottes hatten nehmlich
die Verfasser des Katechismus auch die Stelle Act. III.
21. angeführt, und mit der Kalvinisch-Schweizerischen
Erklärung angeführt, nach welcher der Apostel Petrus
nicht darinn gesagt haben sollte, daß Christus den Himmel eingenommen habe, sondern daß er von dem Himmel eingenommen, und gleichsam räumlich eingeschlossen
worden sey [304]). Die Stelle entschied für sich allein
auf der Welt nichts in Beziehung auf dasjenige, was
zwischen den Kalvinisten und ihren Gegnern in dieser
Lehre streitig war. Es war hingegen unverkennbar,
daß eine bloß grammatische Interpretation eben so gut
diesen als jenen Sinn darinn finden könne, und daß auch
der Zusammenhang den einen wie den andern zulasse.
Aber Westphal und Brenz hatten einmahl gegen Kalvin und Bullinger und Beza behauptet, daß man nur
den ersten Sinn darinn suchen dürfe. Sie hatten so
eifrig dafür gekämpft, daß diese Exegese eines von den
Feldzeichen ihrer Parthie geworden war, und deßwegen
sah es jetzt diese ganze Parthie als die bitterste Beschimp-
pfung an, daß sich die Wittenberger, daß sich angeb-
lich-

304) "Historia Ascensionis —
dieß es im Katechismus — de-
scribitur Act. I." Videntibus ipsis elevatus est, et nubes excepit
eum ab oculis eorum." Atque
Act. III- "Oportet Christum coelo capi, usque ad tempora resti-
tutionis omnium." Intelligatur

autem ascensio, ut sonat litera
et de corpore, et de corporali
locatione. Ascensio fuit corporalis et visibilis, et semper ita
scripsit tota Antiquitas, Christum
corporali locatione in aliquo loco
esse, ubicunque vult, et ascensio
corporalis facta est sursum."

An 3

lich-lutheriſche Theologen ſo öffentlich für die Kalviniſche
Exegeſe dieſer Stelle erklärt hatten. Man ſah darin —
und vielleicht ſah man ſo weit ganz richtig — eine abſichtliche Reizung, und kam darüber in einen ſo blinden
Grimm, daß man ſich nicht ſcheute und nicht ſchämte,
die Verfaſſer des Katechiſmus bloß deßwegen als ent-
larvte Sakramentirer zu denunciren, weil ſie ja ſelbſt
mit dieſer Exegeſe das Mahlzeichen des verfluchten Kalviniſmus angenommen hätten.

Selneccer ſelbſt drängte ſich bey dem neuen Angriff
gegen ſie voran, vielleicht nicht ſowohl aus eigenem
Trieb, als weil er dadurch bey den Niederſächſiſchen Zeloten wieder gut machen wollte, was er durch ſeine Billigung der letzten Wittenbergiſchen Erklärung bey ihnen
verdorben hatte. Seine chriſtliche und nöthige Ermahnung
wegen [305] der Stelle Act. III. war eine der erſten Schriften, welche gegen den Katechiſmus erſchien [306]); ohne
Zweifel aber hätte er auch den größten Antheil an dem
weiteren Geſchrey, das ſich im Braunſchweigiſchen darüber erhob. Wenigſtens geſchah es gewiß nicht ohne
ſeine Mitwürkung, daß der Herzog im May dieſes Jahrs
1571. alle ſeine Aebte und Superintendenten zu Wolfenbüttel zuſammenkommen ließ, wie ſchon im April die
Lüneburgiſche Theologen zuſammengekommen waren,
um eine gemeinſchaftliche Cenſur über den gottloſen Ka-
techiß-

---

305) Nic. Selnecceri Brevis et
neceſſaria commonefactio de loco
Act. III. Henricopoli 1571. 4.

306) In einem Brief, der
ſich unter ſeinen Papieren auf
der hieſigen Bibliothek findet,
macht ihm wenigſtens Wiedebram im Nahmen ſeiner ſämmtlichen Kollegen in Wittenberg
bittere Vorwürfe darüber, "quod

caeca motus ſuſpicione rem tanti
periculi primus moverit, tanto
cum ſcandalo ejus ecclesiae, quae
eum ſemper amantiſſime fuerit
complexa. Der Brief iſt vom
29. May datirt; alſo mußte Sel-
neccers Schrift ſchon zu Anfang
des Monaths im Druck erſchienen ſeyn.

techißmus zu entwerfen ³⁰⁷). Er war es auch wahr=
scheinlich, der den ungünstigen Bericht des Wolfenbütt=
lischen Konvents über den Katechißmus ³⁰⁸), und das
neue Bekenntniß aller Braunschweigischen Kirchen von
der Majestät, Auffahrt und dem Abendmahl des Herrn
auffeßte, durch das man bey dieser Gelegenheit die
Braunschweigische Orthodoxie legitimiren und verwah=
ren zu müssen glaubte ³⁰⁹), denn sein Nahme steht
unter dem Bericht und unter dem Bekenntniß voran.
Doch zu gleicher Zeit gaben die Theologen zu Jena ihre
Warnung vor dem Katechißmus heraus ³¹⁰). Das
Ministerium zu Braunschweig trat mit einem eigenen
Bedenken von dem Wittenbergischen Katechißmo her=
vor, welchem Chemniz noch ein besonderes beyfüg=
te ³¹¹); und das Ministerium zu Halle theilte der
Welt ein ganzes Verzeichniß der Zwinglischen Irrthü=
mer

---

307) Von diesem Cellischen
Konvent S. Löscher Th. III. p.
145. und das Bedenken oder Cen=
sura der Lüneburgischen Theolo=
gen von dem neuen Wittenber=
gischen Katechißmo 1571. in 4.

3c8) Auch dieser Bericht fin=
det sich unter den Selneccerischen
Papieren T. I. fol. 86. 100. Er
enthielt einen ausführlichen Be=
weis, "daß die neue Katechiß=
"mus in der Lehre von dem Amt
"des Mittlers Christi, in dem
"Artikel von der Auffahrt Christi,
"in der Allegation der Worte
"Act. III. und auch in der Lehre
"vom Abendmahl streite zum er=
"sten wieder Gottes Wort, zum
"andern, wider aller lutherischen
"Kirchen einhelliges Bekenntniß,
"und zum dritten selbst wider
"das Corpus Doctrinae vom Herrn
"Philippo geschrieben."

309) Kurze und einfältige
Bekänntniß aller Kirchen im Für=
stenthum Braunschweig=Wolfen=
büttlischen Theils von der Ma=
jestät, Auffahrt und Abendmahl
unsers Herrn Jesu Christi ebend.
T. I. f. 105-110.

310) Warnung vor dem un=
reinen und sacramentirischen Ka=
techißmus etlicher zu Wittenberg
durch die Theologen zu Jena
1571. in 4.

311) Des Ministeriums zu
Braunschweig Bedenken von dem
Wittenbergischen Katechißmus der
ganzen Christenheit zur Warnung
1571. in 4. Chemniz und Pon=
denius waren die Verfasser die=
ses Bedenkens; aber Chemniz
hatte so viel Galle über den Ka=
techißmus gesammelt, daß er
nicht nur noch ein eigenes Be=
denken, das er diesem beyfügte,
sondern noch eine sehr heftige
Epistel damit anfüllen konnte, die
er gleich darauf noch besonders
drucken ließ.

mer mit, die in dem Katechiſmus enthalten ſeyn ſollten [312]).

Kapitel XI.

Schwehrlich hatten die Wittenberger voraus befürchtet, daß ihnen der Schritt, den ſie gethan hatten,
einen ſo allgemeinen Angriff zuziehen möchte; aber gewiß waren ſie voraus entſchloſſen, der Gefahr eines
jeden Angriffs zu ſtehen, denn ſie hatten ihn ja mit
einer Bedachtſamkeit gethan, die ihnen ſeine Vertheidigung leicht genug machen konnte. Schwer konnte es
ihnen wenigſtens nicht werden, die einzige wahre Gefahr, welche ſie dabey zu fürchten hatten, vor jetzt noch
zu entfernen, und die ungünſtigen Eindrücke, welche
das wilde Zuſammenſchreyen über ihren Katechiſmus
auf den Churfürſten ihren Herrn machen mochte, faſt
ganz wieder zu entkräften, ſobald man ſie nur zum Wort
kommen ließ; aber eben deßwegen warteten ſie wohl-
weißlich nicht erſt, biß ſich das Geſchrey etwas gelegt
hatte, ſondern traten noch mitten unter dem Lärm auch
von ihrer Seite mit einem Ungeſtüm auf, der ihrer
Vertheidigung am gewiſſeſten Gehör verſchaffen konnte.

Noch in dem nehmlichen Jahr 1571. erſchien unter
ihrem Nahmen die groſſe unter dem Titel der Wittenbergiſchen Grundveſte [313]) ſo berüchtigte Apologie,
worinn

312) Miniſterii Halenſis Index
Cinglianorum quorundam erro-
rum in Catecheſi nova Wittebergenſi comprehenſorum 1571. in 4.
Von dieſem Machwerk von Se-
baſt. Boethius nahm auch Hoſpinian Notiz in Conc Diſc. p. 25.

313) Von der Perſon und
Menſchwerdung unſeres Herrn
Jeſu Chriſti der wahren chriſtli-
chen Kirchen Grundfeſte, wider

die neuen Marcioniten, Samo-
ſatener, Sabellianer und Mo-
notheleten unter dem Flacianiſchen Haufen. Durch die Theologen von Wittenberg aus der
heiligen Schrift, aus den Symbolis, aus den fürnehmſten Con-
ciliis und einhelligem Conſens
aller bewährten Lehrer wiederholt
und geſtellt — neben wahrhafter
Verantwortung auf die giftigen
und

worinn sie sich ausführlich auf alle die Anklagen einlieſ-
sen, die man gegen ihren Katechißmus vorgebracht hatte,
und das unerweißliche und falsche, das ungerechte und
boßhafte, wie das gehäſſige und doch zugleich kindische
der meiſten darunter in ein eben so wahres als empö-
rendes Licht ſetzten. Dieß thaten sie besonders in Anſehung der elenden Konsequenzen die man aus ihrer
angeblich-kalvinischen Erklärung der Stelle Act. III.
gezogen ³¹⁴), in Ansehung der Frechheit, mit der
man ihnen auf den Kopf zugesagt hatte, daß sie den
Katechißmus Luthers durch ihren neuen-verdrängen
wollten ³¹⁵), und in Anſehung der groben ſakramen-
tiriſchen

und boßhaften Verläumdungen,
so von den Propositionibus und
dem Katechißmo zu Wittenberg
ausgangen von vielen dieser Zeit
ausgesprengt worden. Wittenberg 1571. in 4.

314) Sie erklärten hierüber
zuerst f. 171. daß ihnen bey der
Anführung dieser Stelle die verſio
paſſiva des Worts δεχεσθαι bloß
zufällig in die Feder gekommen
ſey, da sie gewiß, wenn sie den
Katechißmus deutsch geschrieben
hätten, auch die von Luther in
seiner deutschen Ueberſetzung ge-
wählte Interpretationem activam
geſetzt haben würden, "denn da
"man sich hätte besorgen können,
"daß unruhige Leute jemahls ein
"bellum Grammaticale darüber
"aufangen würden, so wollten
"wir gewiß niemand mit der interpretatione paſſiva zu einigem
"Argwohn oder Zank Ursache ge-
"geben haben. Hierauf aber bewieſen sie erſt, daß nicht nur Gre-
gor von Nazianz ſchon vor zwölf
hundert Jahren das Wort in der
paſſiven Bedeutung überſetzt, ſondern daß auch Luther ſelbſt in
seiner im J. 1529. herausgegebe-

nen lateiniſchen Ueberſetzung des
Neuen Teſtaments mit hellen
klaren Worten geſetzt habe: Chriſtum oportebat coelo ſuscipi.
"Und hieraus ſchlieſſe nun män-
"niglich, welcher Geiſt Chemui-
"tium und andere treibe, so von
"unſerem Katechißmo ein ſolch
"Geſchrey ausſpeyen, weil darinn
"die paſſiva interpretatio gebraucht
"iſt, die doch auch Lutherus ge-
"braucht hat. Merk aber auch,
"chriſtlicher Leſer! wie dieſe Ari-
"ſtarchi nicht allein ihren Haß und
"heimlichen Neid, ſondern auch
"ihre Unwiſſenheit und unzeitigen
"Eifer hiemit an den Tag geben,
"erzeigen sich alſo, als ſolche
"Leute, die nicht wiſſen, was
"alt oder neu, chriſtlich oder
"falſch, recht oder unrecht ſey,
"und die allein auf die Perſon
"ſehen, der Wahrheit an ihr
"ſelbſt aber wenig wahrnehmen."

315) S. Grundfeſte f. 155.
156. Ihre Hauptvertheidigung
gründen sie hier auf ihre eigene
Erklärung in der Vorrede ihres
Katechißmus, und auf den daſelbſt so deutlich angeſehenen
Zweck, zu welchem es von ihnen

Rr 5   verfer-

tirischen Irrthümer, welche sie darinn ausgelegt haben
sollten ³¹⁶). In Ansehung dieser Punkte konnten sie
es aber auch am leichtesten thun; allein wenn sie auch
nur hier dem Churfürsten die Ungerechtigkeit der gegen
sie erhobenen Anklagen fühlbar machen konnten, so hatten sie den Proceß schon bey ihm gewonnen, denn es
war natürlich, daß das Gefühl davon sein Urtheil in
eben dem Verhältniß zu ihrem Vortheil, wie zum Nachtheil ihrer Gegner stimmen mußte.

Doch die Wittenberger schränkten sich in dieser
Schrift nicht bloß auf ihre Vertheidigung ein, sondern
griffen auch ihrerseits ihre Gegner mit einer Heftigkeit
an, durch die sie sich für die Mässigung, zu der sie sich
bißher gegen einige darunter gezwungen hatten, auf
einmahl schadlos halten zu wollen schienen. Die Jenenser und Flacianer fertigten sie zwar nur mit der ge-
wohnten Verachtung ab, womit sie immer von ihnen
und zu ihnen sprachen ³¹⁷), aber mit unsäglicher Bitterkeit

verfertigt worden sey, woraus
ja auf das klarste erhelle, daß er
ihrer Absicht nach nicht den lutherischen verdrängen, sondern neben
diesem in den Schulen gebraucht
werden sollte. "Und da es —
setzten sie hinzu — "bißhero einem
"jeden freygestanden, Syntagma-
"ta, Methodos, Catechismos, Exa-
"mina, Institutiones und Paeda-
"gogias zu stellen und ausgehen
"zu lassen, deren etliche man auch
"mit Gewalt sich unterstanden
"den Schulmeistern aufzudrän-
"gen, wie kommt es dann, daß
"der Schule zu Wittenberg eben
"dieß eine Todsünde seyn soll,
"daß sie einen Katechißmus für
"die Jugend gestellt hat? — der-
"wegen es je eine so nichtige fre-
"ventliche Lügen und Calumnia

".ist, man habe mit diesem latei-
"nischen Katechißmo wollen alle
"andere verwerfen, als so man
"sprechen wollte, daß gelehrte
"Leut, so bißher Postillen ge-
"schrieben haben, hätten des Herrn
"Lutheri Postill verwerfen und
"verdammen wollen."

316) S. Grundfeste f. 165.
170.

317) Folgende Stelle mag
zur Probe hinreichend seyn:
"Weil sich unser Katechismus
"beruft auf das Corpus Doctri-
"nae dieser Lande Kirchen und
"Schulen, so ist es uns gar kein
"Wunder, daß die groben Fla-
"cianer ihn anfeinden, denn sie
"doch ohne das sich von der Lehre
"unserer Kirchen öffentlich abge-
"sondert, und ihnen neue Schwarm
errichtet

terkeit fielen sie auch auf die Würtenberger und Nieder=
sachsen, und unter den letzten nahmentlich auf Chemnitz
joß, dem sie mit dem beissendsten Hohn zu der Verthei=
digung des Brenzisch=Schwenkfeldischen neuen Euty=
chianißmus [318]) Glück wünschten, die er in seiner
Schrift

„errichtet haben, die sie wohl
„wissen, daß sie eben in den
„Schriften unserer Präceptoren
„gestraft und widerlegt sind, aus
„welchen dieser Katechißmus der
„studireuben Jugend zum Besten
„formirt und zusammengezogen
„ist. — Wir zwar könnten es ge=
„gen Gott und gegen der Kirche
„nimmermehr verantworten, so
„wir den abtrünnigen Flacianern
„zu gefallen unsere richtige Lehre
„verändern, und ihres Meisters
„Flacii und seines Anhangs greu=
„liche Schwarm in unsere Kate=
„chißmos einführen, und damit
„die arme Jugend zu ihrem ewi=
„gen Nachtheil mit falscher Lehre
„verführen und betrügen lassen
„sollten. Denn das sagen wir be=
„ständiglich, daß wir nicht kön=
„nen noch sollen die Flacianische
„Schwarm, dadurch fast alle Haupt=
„Artikel der christlichen Lehre von
„ihnen verfälscht werden, billi=
„gen oder recht heissen, als da
„sie von dem Sohn Gottes, von
„der persönlichen Vereinigung
„beyder Naturen in Christo, von
„der Erbsünde, von der Beschnei=
„dung des Gesetzes und Evan=
„gelii, von der Bekehrung zu
„Gott, von der Justifikation,
„von der Nothwendigkeit des
„neuen Gehorsams neue und
„schröckliche Schwarm ihnen ge=
„dichtet, die sie mit boßhaftiger
„muthwilliger Hartnäckigkeit zu
„vertheidigen sich unterstehen. —
„Solche und dergleichen Artikel
„finden freylich die Flacianer in

„unserem Büchlein nicht, denn
„mit ihren scheußlichen schwärme=
„rischen Verfälschungen wir, ob
„Gott will, nichts weder zu
„schicken noch zu schaffen haben.
„Kömmt uns derowegen nicht
„neu und fremd vor, daß sie ge=
„meldtes Büchlein tadlen und
„verwerfen, denn so sie es nicht
„thäten, müßten sie ja besorgen,
„man möchte ihnen nachsagen,
„daß sie mit dieser Lande Kir=
„chen und Schulen sich vereinigt
„hätten, das denn in ihrem ver=
„boßten und verstockten Herzen
„sie als die größte Schand, und
„als eine Revokation und Wie=
„derruf alles ihres bißher getrie=
„benen muthwilligen Fürneh=
„mens achten und halten wür=
„den. — Hiemit sey Wigando auf
„seine Oration, und Westphalo
„und Jrenäo, und allen andern,
„die sich öffentliche Flacianer be=
„kennen, auf ihre Schimpfpre=
„digten geantwortet.” f. 155.

318) Daß die neue Brenzi=
sche Lehre von einer reali com=
municatione idiomatum der
Schwenkfeldischen Schwärmerey
so ähnlich sey als ein Ey dem an=
dern, bewiesen sie ausführlich f.
99, 108. In welches Licht sie
aber die neue Lehre stellten, und
in welcher harten Sprache sie sich
darüber ausdrückten, dieß fällt
am stärksten in dem Aufruf auf,
womit sie ihre Schrift schlossen.
„Hier ist es nun Zeit, daß Deutsch=
land einmahl sich ermuntere, und
die gräuliche Schwarm und Ver=
fäl=

Schrift von den zwey Naturen Chriſti ſo ſtattlich geführt habe [319], daß kein Menſch ſagen könne, ob er von

fälſchungen erkennen lerne. Was kann bey fremden ausländiſchen Nationen den evangeliſchen Kirchen eine gröſſere Schande ſeyn, denn daß das Licht des heiligen Evangelii von der Menſchwerdung des Sohnes Gottes und die Lehre von der Perſon Chriſti, ſo die Grundfeſte iſt unſerer chriſtlichen Religion, ſo entſetzlich verderbt wird in Deutſchland? — Was kann den Papiſten für gröſſer Freudenſpiel, und zwar auch für gröſſere und höhere Urſach zu neuen Verfolgungen gegeben werden, denn daß die allerhöchſten fürnehmſten Artikel, die in den Kirchen dieſe 1500 Jahr über ſtets geblieben, von denen, ſo der Augſp. Konfeſſion zugethan ſeyn wollen, ſo ſchändlich zerriſſen und zerwühlt werden? Denn daß die Papiſten, die doch keineswegs Zwinglianer und Kalviniſten ſind, ein ernſtes Mißfallen tragen an den neuerregten Streitigkeiten von der reali communicatione und ubiquitate, das bezeugen die Theſes der Univerſität zu Ingolſtadt, ſo allbereit vor etlich Jahren ausgegangen ſind. — Meynen wir aber, daß Gott in die Länge dazu ſtill ſchweigen wird? Wahrlich ſo die Menſchen ſchweigen, werden endlich die Steine anfangen zu ſchreyen. Indeſſen wird Gott die muthwillige Verachtung der Wahrheit nicht ungeſtraft können laſſen hingehen! — Wehe aber unſern armen Nachkommen, ſo wir die richtige wohlgegründete Lehre von dem Grund unſerer Seeligkeit ſo gar verliehren und umkommen laſſen — Daher bitten wir um Gottes

willen inſonderheit gelehrte Leut und chriſtliche Obrigkeiten, ſie wollen ſolche groſſe Gefahr mit Ernſt betrachten, der Wahrheit fleiſſig nachforſchen, und derſelben auch helfen Zeugniß geben wider das unabläſſige Toben und Wüthen des Flacianiſchen Geſindes. Gemeine Leute vermahnen wir auch, daß ſie doch einmahl merken ſollen, warum es dem Flacianiſchen Haufen zu thun ſey, und was für ſchröckliche Irrthümer je länger je mehr unter dem Nahmen des Herrn Lutheri von ihnen erregt und ausgeſchüttet werden. — Wollen aber hiemit auch dieſes bezeugt haben, daß ſo lange ſich die Flacianer in dieſem hohen und fürnehmen Artikel nicht werden von ihrem Schwarm wieder zur Wahrheit begeben, wir ſie nicht anders halten können und ſollen, als die da mit ihrem Irrthum von der allgemeinen rechtglaubigen Kirche ſchon längſt verdammt ſind, denn hier keines neuen Erkenntniß und Urtheils bedarf, weil der heilige Geiſt allbereit 1. Joh. IV. die Sentenz über ſie geſprochen hat." f. 198. 199.

319) S. Grundfeſte f. 135. 146. Wie viel bitteres aber Chemnitz noch ſonſt dabey zu hören bekam, mag man aus folgender Probe ſchließen. "Wenn es nicht vorhin ſchon am Tage läge, wie dieſen neuen Ariſtarchum zu Braunſchweig die drey Händlein, Hoffart, Neid und Undank, (darüber Herr Lutherus ſeeliger, wenn er von heimlichen Heuchlern redet, oft zu klagen pflegte) ſo übel gebiſſen,

ſo

von ihm gestürzt oder befestigt worden sey. Auch Voe-
thius [320]) bekam seinen Theil: mit Freund Selneckern
aber sprachen sie noch ein Paar Worte im besondern [321]), wodurch sie den Vortheil erhielten, daß er
von jetzt an den offenen und erklärten Feind gegen sie
spielte.

Nach diesem Ausfall, den man von ihrer Seite so
wenig erwartet hatte, wurde aber freylich auch das Geschrey gegen sie immer wilder und lauter. Jeden Tag
kamen neue Schriften [322]) gegen die Grundfeste heraus

so möchte man es zu dieser Zeit fast leicht errathen, was Chem-nitium antreibe die Schule zu Wittenberg so arg zu verfolgen." f. 136. b.

320) Grundfeste f. 157. 158.
321) Es erschien gegen seine Ermahnung eine: Disputatio grammatica de interpretatione graecorum verborum Act. III. complectens ηθολογιχη responsio, qua Collegium theologi-cum Academiae Witteberg. uti posset ad chartam de his verbis editam, cui nomen est praescriptum D. Nicolai Selnecceri. Witteb. 1571. in 4. Der Verfasser der Disputation war der Wit-tenbergische Professor, Esrom Rüdiger, der Schwiegersohn Ca-merars in Leipzig: in Selneckers Seele aber setzte sich von diesem Augenblick ein Haß gegen die Wittenberger überhaupt an, der sich unter keiner Maske mehr verbergen ließ. Der Schrift von Rüdinger setzte er noch in diesem Jahr eine Antwort unter dem parodirten Titel entgegen: Dis-putatio Grammatica Wittenber-gae à quodam bilioso scripta et edita contra D. Selneccerum. Una cum ηθολογιχ responsionis, qua

D. Selnecceris uti posset ad sche-das istas, quibus nomen est prae-scriptum nullum 1571. in 8.
322) So erschienen noch in diesem Jahr von Wigand: Cau-sae, cur in Coena Domini το ρητον sit tenendum. Jenae 1571. in 4. Von Heßhuß — vier Predigten wider die sacramen-tirer. ebend. 1571. und von Sel-necker nicht weniger als drey Schriften, nehmlich: Nic. Sel-necceri Summa de Coena Domini cum epistola ad Greterum 1571. Ej. Exegema de Persona Christi. Francof. 1571. in 8. und eben-def. kurzes Bekenntniß von der Majestät, Auffahrt und dem Sit-zen Christi zur Rechten Gottes 1571. in 4. Andererseits ließen es aber die Wittenberger auch nicht bloß bey ihrer Grundfeste bewenden, sondern gaben eben-falls ihren Aufruf der Witten-bergischen Theologen an alle fromme Christen 1571. in 4. und: Fragstücke von dem Unterschied der zwey Artikel von der Auffahrt Christi und von seinem Sitzen zur Rechten Gottes 1571. in 4. heraus, durch welche unendlich viel neues Oel in das Feuer ge-gossen wurde. Ja, die Witten-berger

aus, ja die ſämmtliche Niederſächſiſche Kirchen vereinigten ſich, ihr ein eigenes Bekenntniß entgegenzuſetzen, auf deſſen Titel ſelbſt angekündigt war, daß es „gegen „etliche neue Theologos zu Wittenberg gerichtet ſey, „welche ſich der Sakramentirer Lehre, Meynung und „Grundfeſte in die Kirchen der Augſp. Konfeſſion unter „einem fremden Schein einzuführen unterſtehen [323]).

Dieſer

---

berger trieben die Neckerey ſo weit, daß ſie jetzt die Theſes, welche ein Ingolſtädtiſcher Jeſuit Albrecht Sperling vor einem Jahr gegen eine Diſputation von Andreä De Majeſtate Chriſti hominis herausgegeben hatte, zu Wittenberg nachdrucken ließen, und ausdrücklich dabey erklärten, die Lehre von der Vereinigung der Naturen in Chriſto und von der Idiomen-Kommunikation ſey in dieſen Sätzen "ita breviter, diſerte, diſtincte, itaque recte et bene comprehenſa et expoſita, ut boni publici cauſa denuo apud ſe exprimenda cenſuerint, quo in eccleſia orthodoxa extarent haec capita tanquam tabella, et in promtu eſſet formula ſanorum verborum."

323) Wiederholte chriſtliche gemeine Konfeſſion und Erklärung, wie in den Sächſiſchen Kirchen vermöge der heiligen Schrift und der Augſp. Konfeſſion nach der alten Grundfeſte Lutheri wider die Sakramentirer gelehrt wird, vom Abendmahl des Herrn, von der perſönlichen Vereinigung der göttlichen und menſchlichen Natur in Chriſto, von ſeiner Himmelfahrt und Sitzen zur rechten Hand Gottes, jetzt repetirt und publicirt, zum Bericht, Warnung u. Widerlegung von wegen etlicher neuen Theologen zu Wittenberg welche ſich der

Sakramentirer Lehre — unterſtehen. Hermanſtadt, 1571. in 4. Dieſer neuen von Chemnitz aufgeſetzten Konfeſſion traten faſt alle Prediger in den Fürſtenthümern Lüneburg, Grubenhagen, Mecklenburg, und die geſammte Miniſterien der Städte Lübeck, Hamburg, Braunſchweig, Hildesheim, Hannover, Göttingen, Einbeck, Hameln, Goßlar, Halberſtadt und Halle durch ihre Unterſchrift bey. Nur das Miniſterium der Stadt Lüneburg verweigerte ſeinen Beytritt, wiewohl Chemnitz einen eigenen Deputirten dahin abgeſchickt hatte, denn der damalige Superintendent zu Lüneburg, Caſp. Goedemann war weiſe genug, ſeinen Kollegen vorzuſtellen, „daß aus dem ewigen Bekenntniß machen nichts herauskomme, weil man dadurch nur den Papiſten Gelegenheit gebe, die lutheriſche Lehre zu verläſtern, als ob ſie keinen gewiſſen Grund habe, wenn jede Kirche und jeder Prediger ſeine eigene Konfeſſion für ſich mache.” Auſſerdem verbarg er nicht, daß ihm das Verfahren gegen die Wittenberger eben ſo unregelmäſſig als ungerecht ſcheine, denn Chemnitz ſollte der Ordnung nach ſich zuerſt auf die Anklagen vertheidigen, welche die Wittenberger in ihrer Grundfeſte gegen ihn vorgebracht hätten, anſtatt den

Richter

Dieser gemeinschaftliche General-Schrey verfehlte auch die Würkung nicht ganz, für welche er vorzüglich berechnet war. Man sorgte dafür, daß er auch dem Churfürsten von Sachsen zu Ohren kam, der Herzog von Braunschweig aber hatte ihm schon vorher aus der ersten Hand Nachrichten 324) über seine Theologen zugeschickt,

---

Richter über sie zu spielen, und durch seine Praktiken alle übrige Kirchen gegen sie aufzuhetzen. S. Bertrams Evangelisches Lüneburg p. 196. und unter den Beylagen: Sententia Ministerii Luneburgensis, s. potius Goedemanni de negotio Brunsvicensi. Nr. XIV. p. 126.

324) In einem Brief vom 2. Oct. 1571. dessen Originals Concept von Selneckers Hand sich unter seinen Papieren findet T. I. f. 136-133 Wenn es aber auch nicht dadurch erwiesen wäre, daß Selnecker der Koncipient war, so würde es aus der raffinirten Bosheit der ausgesuchten Wendung sichtbar werden, womit sich der Brief eröffnet. Man höre nur diesen Anfang: "Ewer „Lieb können wir nicht verhalten, „daß von wegen etlicher Schrif„ten, so durch den Druck öffent„lich zu Wittenberg ausgegan„gen, als nehmlich durch einen „neuen Catechismum und durch „eine lateinische Disputationem „grammaticam, auch durch ein „groß Buch Grundfeste genannt, „jetzt für gewiß und unläugbar „gehalten wird, daß S. L. Theo„logen zu Wittenberg mit dem „Kalvinismus behaftet sind, und „denselben öffentlich bekennen, „auch bey den Kalvinisten selbst „dieß Lob und Ruhm bekommen „haben, daß sie zu ihnen getre„ten, und mit einander von der „Person unsers Herrn Jesu

„Christi, dessen menschlicher glo„rificirten Natur sie alle göttliche „Gewalt entziehen, und von dem „heiligen Abendmahl, aus wel„chem sie den wahren Leib und „das wahre Blut Christi aus„schliessen, eines Glaubens und „einer Bekenntniß sind. Wie wir „dann glaublich berichtet, daß „die zu Heydelberg öffentliche „gemeine Danksagung in der Kir„che für solche Vereinigung und „Zutritt gethan, und zu Essen „in Westphalen die Sacramen„tirer denselben Catechismum „von der Kanzel mit grossem Ze„tergeschrey wider unserer Kir„chen einhelliges Bekenntniß ver„lesen, und dadurch den recht„schaffenen Lehrern einen grossen „Stoß, Verhinderniß und Ab„fall zugezogen haben." — Mit diesem Brief des Herzogs ließ aber Selnecker auch noch einen eigenen in seinem Nahmen an den Churfürsten abgehen, worinn er ihm im Vertrauen die Nachricht mittheilte "daß gegen„wärtig ein neues Bekenntniß der Sächsischen Kirchen umlaufe, das nahmentlich und ausdrücklich gegen die Wittenberger gerichtet, und bereits von den Ministerien der meisten niedersächsischen Städte unterschrieben sey, auch jetzt würklich im Wolfen„büttlischen unterschrieben werden solle, daher er dann mit grossem Wehklagen den Herzog seinen Herrn gebeten habe, Ihro

Chur-

geſchickt, die ſeinen Glauben an ihre Unſchuld auf einen
Augenblick merklich erſchütterten. Sein Glaube an
dieſe war zwar durch die unerſchrockene Kühnheit ſehr
befeſtigt worden, womit ſie ſelbſt auf ihre Gegner los»
gegangen waren; doch-beruhte er vorzüglich auf der
Vorſtellung, daß der ganze Lärm gegen ſie im Grunde
doch nur von dem Haß und von der Hetzerey der Fla»
cianer veranlaßt worden ſey; dieſe Vorſtellung aber
wurde jetzt ſelbſt etwas wankend gemacht. Der Herzog
Julius hatte ihm mehr als einmahl vorher geſchrieben,
daß man in Niederſachſen mit den Flacianern nichts zu
thun haben wollte. Er hatte ihn ſelbſt zum Beweiß
davon verſichert, daß ſie hier gar nichts gegen das Corpus Doctrinae Philippicum hätten, welchem er ſelbſt
auch für die Kirchen ſeines Landes die Autorität einer
Normal-Schrift beygelegt habe. Wenn ſich alſo jetzt
doch die ſämmtliche Theologen dieſer Kirchen zu einer ſo
einſtimmigen und ſo feyerlichen Proteſtation gegen die
Irrthümer gedrungen fanden, welche die neue Grund»
feſte der Wittenberger enthalten ſollte, ſo mußte es
wohl dem Churfürſten etwas zweifelhaft werden, ob es
nicht doch etwas ſchlimmer mit ihnen ſtehe, als er bis»
her zu glauben geneigt war. Die raſtloſe Betriebſam»
keit, womit man ihn gegen ſie aufzuhetzen ſuchte, machte
ihm zwar dabey immer noch ihre Quelle etwas verdäch»
tig, und erhielt auch das Mißtrauen, das er in ihre
Gegner ſetzte bey ihm lebendig, ſo wie ihn der Verdruß,
den ihm die Sache machte, auch weiter nicht zu ihrem
Vortheil ſtimmte [325]; doch entſchloß er ſich endlich
zu

Churfürſtl. Gnaden noch vorher
zu berichten und zu warnen, ob
nicht durch Gottes Hülfe noch»
mahls Wege möchten getroffen
werden, damit eine neue publica et

manifeſta ſeparatio verhütet wer»
den könnte." T. I. ſ. 141. b.

325) Dieß erhellt aus einem
ſpäthern Brief von Selnecker
an den Churfürſten vom 21. Dec.
1571.

zu einem neuen Verſuch, durch welchen er, wie er hoffte,
aus der Ungewißheit gebracht werden ſollte. Aber Au⸗
guſt ſtellte ihn ſo an. daß ſeine Theologen in keine groſſe
Verlegenheit dabey kommen konnten.

Zu Anfang des Octobers berief er ſie von Witten⸗
berg und von Leipzig nach Dreßben, wohin er auch ſchon
die meiſte Superintendenten des Landes beſchieden hatte,
und verlangte hier von ihnen, daß ſie ihm ein rundes,
deutliches und kategoriſches Bekenntniß vom Nachtmahl
ausſtellen ſollten, das dem Wort Gottes und der rei⸗
nen Lehre Luthers ſo gemäß ſeyn müßte, daß allen den
Schreyern, welche die Sächſiſche Kirche in den Verdacht
des Kalvinißmus bringen wollten, der Mund völlig
dadurch geſtopft werden könnte [326]). Der Churfürſt
ſchien

1571. aus welchem man erfährt,
daß der Churfürſt in ſeiner Ant⸗
wort auf den Brief des Herzogs
vom 2. Oct. einige bittere An⸗
merkungen über gewiſſe Leute, die
ſich ſo gern zum Aufhetzen brau⸗
chen lieſſen, hatte einflieſſen laſ⸗
ſen. Selnecker ſchreibt nehmlich
darinn, "daß er mit groſſem, wie
„Gott weiß, Schmerze ver⸗
„nommen habe, wie Ihre Chur⸗
„fürſtl. Gn. auf ihn, ſeinen ar⸗
„men treuen Diener biß in die
„Grube einen ungnädigen Ver⸗
„dacht geworfen, als ob er dazu
„hülfe, daß Ihro Gnaden herr⸗
„lliche Univerſität zu Wittenberg,
„die er doch in ſeinem Herzen bö⸗
„her achte und lieber habe, denn
„keinen Ort auf Erden, ſollte
„angetaſtet werden." S. In den
Selneckeriſchen Mſcpten T. I.
f. 150. Dieß hätten aber die
Leute vorausſehen können, daß
ſie ſich zuletzt ſelbſt durch ihre Zu⸗
dränglichkeit bey dem Churfür⸗

ſten ſchaden würden: wenigſtens
der feinere Andreä hatte es recht
gut gemerkt, und deßwegen ſchon
in einem Brief vom 21. Mdrz
Selneckern gewarnt, daß er mit
mehr Schlangen Klugheit von
dieſer Seite zu Werk gehen ſollte.
Omnis mea cogitatio — ſchrieb er
ihm — nunc eſt de Electore Saxo⸗
niae, ut ita negotium ſuscipia⸗
tur contra Wittebergenſes, ne
Elector offendatur. S. ebendaſ.
f. 221.

326) Zu dieſer Procedur hatte
der Herzog von Braunſchweig in
ſeinem angeführten Brief vom
2. Oct. dem Churfürſten gewiſſer⸗
maſſermaſſen gerathen, aber Au⸗
guſt hatte doch den Rath nicht
ganz befolgt. Der Herzog wollte
nicht, daß er es ſeinen Theolo⸗
gen überlaſſen ſollte, ein neues
Bekenntniß aufzuſetzen, ſondern
"er ſehe es, ſchrieb er in ſeiner
treuherzigen Einfalt für das beſte
an, wenn der Churfürſt des D.
Luthers

schien sich dabey wohlbedächtlich nicht darauf einlassen zu
wollen, wie sie bißher darüber gedacht hätten, sondern
wollte mehr für die Zukunft gesichert seyn, und zugleich
für jetzt ein Dokument haben, das er seinen guten Freunden und Gevattern unter den protestantischen Fürsten
entgegenhalten könnte, die sich die Mühe genommen hatten, ihn wegen seiner Theologen zu warnen. Dabey
rechnete er aber ohne Zweifel darauf, daß sie ihm jetzt
theils, durch seinen Befehl geschröckt, theils durch die
Zuziehung der sämmtlichen Superintendenten gebunden,
und eingeschränkt, gewiß ein recht lutherisches Bekenntniß liefern würden, und von dem letzten Umstand schien
er sich auch mit Recht einige Würkung versprechen zu
dürfen, denn es war landkundig, daß einige von den
Superintendenten von den Flacianischen Zeloten selbst
als ächte Lutheraner anerkannt wurden. Er konnte daher wenigstens davon versichert seyn, daß diese keine
neue

Luthers seel. Schriften, nehmlich
sein Buch wider die himmlische
Propheten, Item seine Schrift
wider die Sakramentirer: daß
die Worte: das ist mein Leib!
noch fest stehen, auch sein grosses
und kleines Bekenntniß vom
Abendmahl, und dann dazu die
formulam Concordiae vom Jahr
1536. auf ein neues in Form einer Bekenntniß fein zusammen in
ein Buch fassen, und zu Wittenberg öffentlich ausgeben liesse,
welchem hernach, alle Seiner Lieb
Superintendentes, Pastores und
Professores, Theologi und andere
zu Leipzig und zu Wittenberg
ohne alle Addition und Anhang
sich unterschreiben müßten; denn
dadurch würde nachmahls allem
weiteren Verdacht vorgekommen,
das angegangene Feuer gelöscht,
vielen unruhigen und stolzen
Schwarmgeistern ein Zaum angelegt, und christliches einhelliges Bekenntniß, Friede und Ruhe wieder hergestellt werden.
Auch würden Ihre Lieb zugleich
sehen und am besten erfahren,
was Sie für Leute haben." Dieser Rath, war, wie man sieht, nicht
übel von Selneckern berechnet, denn
dieser war es ja, der den Brief
des Herzogs concipirt hatte; warum aber der Churfürst nicht für
gut fand, ihn wörtlich zu befol-
gen, dieß kam ohne Zweifel bloß
von dem Aerger her, den er über
die Zutrügereyen und Aufhetze-
reyen empfand, womit man ihn
seit einiger Zeit allzuoft behelligt
hatte. Uebrigens wollte er auf
dem Wege, den er jetzt selbst
einschlug, nur eben dahin kommen, wohin ihn der von Selnecker vorgeschlagene Weg führen sollte, und allerdings ungleich sicherer als der seinige führen konnte.

neue Konfeſſion unterſchreiben würden, welche ſie nicht
der Form und dem Innhalt nach für rein-lutheriſch hielten [327]): dennoch aber kam es anders, als er gehofft
hatte.

So gemiſcht die Verſammlung war [328]), ſo machten doch die Philippiſten die gröſſere Anzahl darauf
aus. Durch ihr Uebergewicht wurde es dann zuerſt
eingeleitet, daß man den Theologen zu Wittenberg das
Geſchäft allein überließ, den Entwurf der neuen Konfeſſion, die der Churfürſt verlangte, aufzuſetzen; dieſe
aber hatten ſchon einen Entwurf parat, oder wurden
doch bald mit einem Entwurf fertig, in welchem allerdings ſo viel ächt- und eigenthümlich Lutheriſches war,
daß man auch ohne Täuſchung das Ganze für lutheriſch
halten, aber auch ſo viel von Melanchtons Geiſt und
von Melanchtons Sprache angebracht war, daß man
eben ſo gut allein die gemilderte Vorſtellung von dieſem
darinn finden konnte.

Die Verfaſſer der neuen Konfeſſion, die den Nahmen des Conſenſus Dresdenſis enthielt [329]), brauchten

327) So ſchloß man auch
auſſer Sachſen noch, ehe das
neue Bekenntniß erſchienen war.
Der Lüneburgiſche Superintendent Goedemann rieth unter anderen auch deßwegen, daß man
mit dem neuen gegen die Wittenberger gerichteten Braunſchweigiſchen Bekenntniß noch zu
warten ſollte — quoniam con-
ſtans fama ſit, omnes nuper Theologiae Doctores et Superintendentes Ducatus Saxoniae Dresdam
convocatos, ut de motis contro-
verſiis collatis inter ſe ſententiis
colloquerentur, ibi autem audi-
tam et recte intellectam Witte-

bergenſium ſententiam omnes
approbaſſe, et uni eidemque Confeſſioni unanimi conſenſu omnes,
etiam Greſerum, Selnecceri ſo-
cerum, aliosque ſubſcripſiſſe.''—
S. Bertram p. 127.
328) Von dieſem Dreßdner
Konvent S. Hutter Conc. conc.
p. 161. ſqb. Hoſpinian. Conc.
diſc. p. 30. Wigand. Hiſt. Sacram. f. 408. b. Löſcher Th. II.
p. 148.
329) Sie erſchien unter dem
Titel: Kurze, chriſtliche und einfältige Wiederholung der Bekenntniß der Kirchen Gottes in
des Churfürſten in Sachſen Landen

ten nehmlich den Kunstgriff, jeder Formel und jeder
Redensart, welche sie von Luther entlehnten, eine von
Melanchton an die Seite zu setzen, wodurch sie gewissermassen neutralisirt wurde. Jede Bestimmung in der
Nachtmahls-Lehre, über welche sie sich zu erklären für
gut fanden, trugen sie zuerst in der Sprache Luthers,
und unmittelbar darauf auch in der Sprache Melanchtons vor [330]); aber die lutherische Hauptbestimmung,
für welche Melanchtons Sprache keinen Ausdruck hatte,
weil sie ganz in seiner Vorstellung fehlte, jene Hauptbestimmung, welche auch in alle Ausdrücke Melanchtons den ächt-lutherischen Sinn hineingebracht haben
würde — vergaßen sie, zu berühren.

So war es wörtlich lutherisch, wenn sie gelehrt
und geglaubt haben wollten, "daß Christus im Sakra-
„ment des Nachtmahls wahrhaftig, lebendig, wesent-
„lich

<hr />

den von dem h. Nachtmahl sammt
den zu dieser Zeit in Streit ge-
zogenen Artikeln von der Person
und Menschwerdung Christi, seiner Majestät, Himmelfahrt, Sitzen zur Rechten Gottes, in der
christlichen Versammlung zu Dreßden gestellt den 10. October mit
einhelligem Consens der Universitäten Leipzig und Wittenberg,
der drey geistlichen Konsistorien
und aller Superattendenten der
Kirchen dieser Lande. Dreßden
1571. in 4. Noch im nehmlichen
Jahr kam auch zu Wittenberg
eine Ausgabe davon in der nie-
derdeutschen Sprache, und eine
andere lateinische heraus.

330) "Die ganze Schrift —
heißt es in einer der darüber erschienenen Censuren — ist ihr
selbst durchaus ungleich, und also
zusammengetragen, daß unter-
schiedliche zweyerley wiederwär-

tige Lehrer und Geister darinn
gespürt werden, deren ein Theil
gern die Lehre D. Lutheri seeliger, so er aus der heiligen Schrift
in diesem Artikel vom Nachtmahl
hervorgebracht, handhaben und
forttreiben wollte, der andere
Theil aber wiederum muthwillig,
dieselbige reine Lehre verfälschet,
verkehret, und das Zwinglische
Gift, wo er kann, darunter men-
get, und dasjenige so an ihm
selbst recht ist, verdunkelt und
mit zweifelhaftigen Reden wieder
verderbt und hinweg nimmt." S.
D. Lucas Ossanders Bericht, was
von der kurzen Wiederholung der
Lehre im Artikel des Nachtmahls
Christi, welche in der Versammlung der Theologen zu Dreßden
den 10. October gestellt und
publicirt, zu halten sey. (Tübingen 1571. in 8.) p. 3.

„lich und würklich gegenwärtig sey, und zwar dermassen,
„daß er uns seinen wahren Leib, am Kreutz für uns
„dahin gegeben, und sein wahres für uns vergossenes
„Blut mit dem Brodt und mit dem Wein darreiche,"
aber es war auch wörtliche Erklärung Melanchtons,
wenn sie unmittelbar darauf hinzusetzten, "woburch
„Christus bezeuge, daß er uns zu seinen Kindern an=
„nehmen, uns zu Gliedern seines Leibes machen, uns
„von unsern Sünden durch sein Blut reinigen, und
„wahrhaftig und kräftig in uns wohnen wolle."

So war es die stärkste lutherische Sprache, welche
sie sich zu eigen machten, wenn sie selbst bekannten "das
„Sakrament des Nachtmahls Christi sey der wahre Leib
„und Blut unseres Herrn Jesu Christi, unter dem
„Brodt und Wein uns Christen zu essen und zu trin=
„ken von Christo selbst eingesetzt" aber es war auch die
gelindeste Sprache Melanchtons, in welcher sie sogleich
beyfügten "oder [331], das Sakrament sey nach den
„Worten Pauli, die Gemeinschaft des Leibes und Blu=
„tes Christi, worinn uns der Herr mit den sichtbaren
„Zeichen des Brodts und des Weins seinen Leib und sein
„Blut wahrhaftig darreiche, und uns dadurch seine
„Verheissungen bestätige, daß er uns um seines Todes
„willen unsere Sünden vergeben, und wahrhaftig kräftig
„in uns seyn wolle." Der Zweck dieser Zusammenstel=
lung

---

[331] Sie sagten sogar: Vel,
quod idem est, Sacramentum esse
κοινωνιαν secundum declarationem Pauli, corporis et sanguinis
Christi, in quo Dominus cum externis visibilibus signis — (also
das zuerst gebrauchte Sub sollte
hier durch cum erklärt werden)
vere praesens corpus et sanguinem suum exhibet, eoque confir-
mat promissiones suas, quod nobis peccata nostra certo remissa
sint propter mortem et meritum
ejus, quodque vere nobis adsit,
et in nobis efficax sit. Welcher
Zwinglianer aber — fragte Osi-
ander — wollte sich beschweren,
dieses Bekenntniß und diese Beschreibung von dem Nachtmahl
Christi zu unterschreiben!

lung ließ sich nun freylich leicht durchschauen. Das neue Bekenntniß sollte nicht nur ächt-lutherisch ausse-hen, sondern auch so gestellt seyn, daß jeder, dem da-mit gedient seyn möchte, die ächt-lutherische Meynung hineinlegen könnte, woran auch niemand durch die an-gebrachte Umschreibungen Melanchtons gehindert wurde, weil sie immer auch noch einen lutherischen Sinn zulies-sen; dabey wollten aber die Wittenberger sich selbst und allen, welche durch das neue Bekenntniß gebunden wer-den sollten, die Freyheit vorbehalten, sich auch nur das-jenige unter den lutherischen Formeln zu denken, was Melanchton durch seine Umschreibungen ausgedruckt hatte. Diesen Zweck würden sie indessen verfehlt haben, wenn sie nur irgendwo etwas von der lutherischen Un-terscheidungs-Bestimmung von einem mündlichen Ge-nuß des Leibes Christi im Sakrament angebracht hatten. Wer sich zu diesem mündlichen Genuß bekannte, der mußte selbst, wenn er konsequent seyn wollte, in die Formeln Melanchtons einen lutherischen Sinn hineinle-gen; aber eben deßwegen ließ sich desto weniger zweif-len, daß das gänzliche Stillschweigen, womit dieser Punkt in der neuen Konfession übergangen war, nicht bloß aus Vergessenheit herrührte [332]).

Doch je sichtbarer die Kunst und die Absicht der Kunst in die Augen fiel, mit welcher das neue Be-kennt-

---

332) Auch dieß bemerkte Osi-ander recht gut. "So wird auch, "sagte er, in gedachter Schrift, "kein einzigmahl gemeldet, daß "wir im heiligen Abendmahl den "Leib Christi nicht allein mit dem "Glauben, sondern auch mit dem "Munde empfangen, da sie doch "wohl wissen, daß zwischen uns "und den Zwinglianern dieß der "Streit ist: ob dasjenige, was "man mit dem Munde empfange,

"nichts sey, als eitel Brodt und "Wein, oder ob mit demselben auch "wahrhaftig der Leib und das "Blut Christi mündlich empfan-"gen werde? Und hätten allhier "die Wittenbergische Theologie, "wenn sie gewollt, sich mit dem "einigen Wörtlein mündlich des "Verdachts größtentheils entla-"den und von den Zwinglianern "absondern können."

kenntniß gestellt war, desto weniger möchte man glauben, hätte sich die eifrig=lutherische, wenn auch der
Zahl nach noch so kleine Minorität in der Versammlung
ihre Beystimmung dazu abschmeicheln oder abschröcken
lassen. Sie konnte sichs nicht verhelen, daß sie durch
ihre Beystimmung dazu zu der Täuschung des Churfürsten ihres Herrn mitwürkte, der auf ein Bekenntniß rechnete, durch welches die ächt=lutherische Nacht-
mahls=Lehre als ausschliessender Kirchenglaube in
seinem Gebiet erklärt werden sollte. Sie konnte auch
nicht zweiflen, daß die Gegenparthie der Wittenberger
ausser Sachsen, die sich sonst noch durch die Konfession
vielfach gereizt fühlen mußte, keine Mühe und keinen
Versuch spahren würde, um dem Churfürsten die Augen darüber zu öffnen, und in diesem Fall hatte sie Ursache zu fürchten, daß auch ein grosser Theil seines Unwillens auf sie zurückfallen würde. Es ist daher würklich befremdend, daß auch nicht einer der anwesenden
Superintendenten seine Unterschrift verweigerte, oder
eine Protestation gegen das neue Bekenntniß einlegte.
Doch läßt sich wahrscheinlich genug vermuthen, wie es
dabey zugieng.

Die steif=lutherische Parthie in der Versammlung
bestand nur aus einer kleinen Anzahl gröstentheils alter
Männer, denen es mit einem Wort an Muth zum
Widerstand fehlte. Sie konnten sichs nicht nur voraus
abzählen, daß man jede ihrer Erinnerungen gegen die
neue Konfession hinausvotiren würde, sondern sie mochten auch wohl mehr als eine Erfahrung machen, daß
sie es bey den mündlichen Debatten über ihre Erinnerungen nicht mit den gelehrteren und im Disputiren geüb-
teren Universitäts=Männern, mit denen sie dabey in
Streit kamen, aufnehmen könnten. Aber sie mußten
zugleich aus einer Menge von Anzeigen schliessen, daß

diese

dieſe Parthie der Univerſitäts-Männer noch immer und
ſelbſt mehr als jemahls von der Hofparthie begünſtigt
wurde, ſie hatten der Beyſpiele ſchon genug erlebt, daß
man ſchlimmer daran war, wenn man dieſe Hofparthie
als wenn man den Churfürſten gegen ſich hatte; ſie
ſahen, daß alle Hauptperſonen in der Verſammlung, daß
die Innhaber der erſten geiſtlichen Stellen im Lande, die
Räthe in den Konſiſtorien und die Hofprediger zu dieſer
Parthie gehörten, ſie mußten daher befürchten, daß
ſie nicht nur durch ihren Widerſtand nichts ausrichten,
ſondern daß man ſie gewiß dafür büſſen laſſen, und dem
Churfürſten ihre Weigerung als ein Zeichen ihres Zu-
ſammenhaltens mit der Flacianiſchen Rotte vorſtellen
würde — und dieß zuſammen war gewiß hinreichend, ſie
in die Nachgiebigkeit, welche ſie bey dieſer Gelegenheit
zeigten, hineinzuſchröcken [333]). Auch konnten ſie ſich
dabey ſelbſt mit der Entſchuldigung beruhigen, daß ſie
wenigſtens durch die Unterſchrift der neuen Konfeſſion
ihr Gewiſſen nicht verletzten, weil doch alles, was ſie
enthielt, auch im ächten lutheriſchen Sinn genommen
werden könne. Vielleicht half man ihnen auch ſonſt
noch zu dieſer Beruhigung durch förmliche Verſicherungen, die man ihnen darüber gab, daß es in
keinem andern Sinn genommen werden ſollte [334]);
         also

333) Man kann es deßwegen
dennoch auch ſehr gut glauben,
wenn Selnecker in ſeinen Recita-
tionen erzählt, die vornehmſte
Superintendenten, welche auf
dieſem Konvent geweſen ſeyen,
hätten in der Folge oftmahls bit-
terlich geklagt, "ſe nec auditos,
nec monitis ſuis, ſi quid ſubje-
ciſſent, obtemperatum fuiſſe, ſed
ſe in conſenſus iſtius ſcriptione
ſuperbâ pedariam tantum ſententiam et caput ſine lingua habuiſſe.
S. Recitat. p. 33. Auch war es

ſehr in der Ordnung, daß dieſe
Menſchen auf dem ſpäteren
Konvent zu Leuchtenberg nach
dem Sturz der Wittenbergiſchen
Phillippiſten dem Churfürſten ſelbſt
klagten, "ſeſe in Conventu Dres-
denſi ab auctoribus Conſenſus
vafre et nefarie circumventos et
deceptos eſſe, ac propterea juſtiſ-
ſimas querimonias habere, quae
Deo et eorum conſcientiae conſta-
rent. S. Wigand f. 408. b.

334) Als eine Verſicherung
dieſer Art konnten ſie es wohl
         anſe-

also, darf man sich doch nicht darüber wundern, wenn man findet, daß nicht mehr als zwey oder drey Tage dazu erfordert wurden, um die Bestimmung aller Anwesenden zu der von den Wittenbergern entworfenen neuen Konfession zu erhalten. Den 7. Oct. war der Konvent zu Dreßden eröffnet worden, und schon den 10. wurde die formula Consensus mit den Unterschriften aller versammelten Theologen dem Churfürsten übergeben.

Unter diesen Umständen war dann auch die Würkung, welche sie auf den Churfürsten hatte, sehr natürlich: aber diese Würkung äusserte sich sogar stärker, als vielleicht ihre Verfertiger selbst erwartet haben mochten. Der gute August zweifelte keinen Augenblick, daß in der Formel die ächte und reine lutherische Nachtmahls-Lehre enthalten sey, denn sonst würde ihn doch einer oder der andere seiner Theologen davor gewarnt haben. Auch enthielt sie ja, so viel er selbst mit seinen Layen-Augen sehen konnte, lutherisches genug, denn sogar Luthers Katechißmus war darinn mit Anerkennung der Autorität angeführt, die er für die Sächsische Kirchen von jeher gehabt habe, und immer für sie behalten werde [335]). Dadurch verlohr sich auch der Verdacht fast

---

ansehen, wenn der alte D. Pfeffinger von Leipzig es ausdrücklich in die Formel eingerückt haben wollte, "daß man jetzt keine „andere Lehre annehmen und be„kennen wolle, als eben jene, „die schon seit funfzig Jahren in „den Kirchen und Schulen dieser „Lande erschallt, und in dem Ka„techißmus Luthers erhalten sey."

335) Nach Hutters Erzählung hielt sich August besonders an diese Stelle in der Formel, die auf Pfeffingers Vorschlag eingerückt worden war. Dabey wer es kein Wunder, wenn er sonst nichts Verdächtiges darinn sah — praesertim — wie Hutter wohl nicht ohne Grund vermuthet — cum accederet collyrium M. Christianl Sagittarii, Concionatoris aulici, de cujus sinceritate nihil quicquam Elector dubitaverat." p. 166.

faſt völlig bey ihm, den man ihm gegen die Wittenberger beygebracht hatte, und zugleich wurde er feſter als
jemahls überzeugt, daß bloß die Flacianer das Geſchrey
über ihren Kalviniſmus zuerſt erhoben und verbreitet,
und daß die Würtenberger und Niederſachſen bloß deßwegen neuerlich darin eingeſtimmt hätten, weil ſie von
ſeinen Theologen in der unnöthigerweiſe in den Nachtmahls - Streit eingemiſchten Lehre von den Naturen
Chriſti eines Irrthums überwieſen oder doch beſchuldigt
worden ſeyen. Zu dieſer Ueberzeugung hatte man ihm
noch auf eine eigene Art zu helfen geſucht, denn auch in
das neue Bekenntniß, das man ihm zu Dreßden übergab, hatten die Wittenberger eine Proteſtation gegen
die neue Lehre von einer reellen Idiomen-Kommunikation und gegen den Gebrauch eingerückt, den man zu
dem Beweiß der wahren Gegenwart Chriſti im Abendmahl davon machen wollte [336]). Dadurch hatten ſie
ihm

<hr/>

336) "Vitamus — ſo ſchloß
ſich ihr Bekenntniß von der Nachtmahls - Lehre mit einem polemiſchen offenbar gegen die Würtenbergiſche und Niederſächſiſche Zeloten gerichteten Epilog — vitamus autem peregrina et ad inſti-
tutam Coenae nihil pertinentia
certamina, quae ipſe quoque Lutherus tandem praecidit Saepius
enim dixit: "De ubiquitate, vel
„in omnibus locis praeſentia non
„debet diſputari. Longe enim
„alia res eſt in hac cauſa." Item:
„De Sacramento Corporis et ſan-
„guinis Chriſti nunquam docui-
„mus, neque adhuc docemus,
„quod Chriſtus è coelo vel de
„dextra Patris deſcendat vel aſcen-
„dat viſibiliter vel inviſibiliter, ſed
„firmiter retinemus Articulos
„fidei: Aſcendit in coelos, et ſe-
„det ad dextram Patris." Atque

ſic omnipotentiae Dei relinqui-
mus, quomodo Corpus et ſanguis
Chriſti nobis exhibeatur.

Contra vero hanc ſimplicem
doctrinam hodierna die multi ir-
requieti homines periculoſas valde
et ſcandali plenas diſputationes
movent, eamque infirmis et peregrinis rationibus horribiliter
corrumpunt. Reali item ſeu phyſica communicatione, qua fundamenta praeſentiae Corporis et ſanguinis Chriſti in coena monſtrare
conantur, ſummum Articulum
de duabus naturis in Chriſto corrumpunt, et jam olim damnatas
Haereſes Marcionitarum, Valen-
tinianorum, Eutychianorum et
Monotheletarum ab inferis revo-
cant." Damit aber begnügten
ſie ſich nicht, ſondern nun bewieſen ſie noch durch ſechs verſchiedene Gründe, von denen einige
ſehr

ihm bemerklich gemacht, daß sie sich gar nicht scheuten,
selbst den Punkt anzugeben, worinn sie von der Meynung der Niedersächsischen Theologen abwichen; indem
sie aber zugleich versicherten, daß sie auch in ihrer Grundfeste für nichts anders gestritten und nichts anders behauptet hätten [387], so gaben sie ihm damit auch die
natürlichste Veranlassung für den Lärm an, den man
über diese Grundfeste erhoben hatte. Er glaubte nun, im
Klaren darüber zu seyn, warum man seit der Erscheinung
dieser Schrift mit so besonderer Heftigkeit über sie aufgefahren sey, und dieser Glaube war es zunächst, der
ihn jetzt weiter führte, als wohl die Wittenberger selbst
gewünscht und gehofft hatten.

Sobald nehmlich ihre auswärtige Gegner es wagten, ihr neues Bekenntniß anzutasten, was freylich,
noch ehe es von der Presse trocken geworden war, von
mehreren Seiten her auf einmahl geschah [338], so nahm
der

---

sehr scheinbar waren, daß man
würklich durch den Gebrauch, den
man in der Nachtmahls-Lehre
von der neu-erfundenen Idiomen-Kommunikation habe machen wollen, die reine lutherische
Nachtmahls-Theorie verdorben
und entstellt habe.

337) Nicht nur in dem Be-
kenntniß selbst berief man sich auf
die Grundfeste, sondern in dem
Bericht, mit welchem die Versammlung dem Churfürsten das
Bekenntniß übergab, stellten die
sämmtliche Theologen das folgende förmliche Attestat darüber
aus: Comperimus, quod in Ele-
ctoralis Saxoniae ecclesiis et scholis Verbum Dei pure et incor-
rupte in hunc usque diem fideliter retineatur, doceatur et pro-
pagetur. Et quod nuper exor-
tam controversiam attinet de Per-

sona et Incarnatione Christi et
utriusque naturae distinctione ea-
rumque essentialibus proprietatibus, sancte testamur coram Electore tanquam supremo nostro Ma-
gistratu, et coram facie Dei, quod
Theologi Wittebergenses in Ste-
reomate suo seu Grundfeste dictos
articulos christiane, fideliter, mo-
deste et solide tractent et decla-
rent, in eoque nihil novi aut pe-
regrini sed id tantum proferant
et confiteantur, quod jam ultra
1500. annos orthodoxa ecclesiaDei
de Christo docuit, credidit et
confessa est, quodque nos ipsi à
juventute nostra à dilectis nostris
Praeceptoribus, Luthero et Philippo audivimus ac didicimus."
S. Hospiniau Conc. disc. p. 34.

338) Ausser der angeführten
Schrift von Luc. Osiander erschien
noch in diesem Jahr ein Bekenntniß

der Churfürſt das Anſehen an, als ob er ſich ſelbſt perſönlich dadurch angegriffen fühlte, und die ganze Sache
von jetzt an zu der ſeinigen zu machen entſchloſſen ſey.
Den Zeloten in Braunſchweig und in Niederſachſen kam
er ſogar zuvor, denn ehe ſich noch Chemnitz oder Selnecker über den Dreßdner Konſens herauslaſſen konnten,
gieng er ihnen ſelbſt wegen dem neuen Bekenntniß der
Sächſiſchen Kirchen, welches indeſſen von ihrer Seite
publicirt worden war, mit einem Ernſt auf den Leib,
durch welchen wenigſtens Selnecker in Schrecken und
Angſt geſetzt wurde. Auguſt glaubte oder ſchien zu
glauben, daß man in Niederſachſen die Abſicht gehabt
habe, dieß neue Bekenntniß zunächſt dem Dreßdner Konſens entgegenzuſtellen, und beſchwerte ſich darüber bey
dem Herzog Julius von Braunſchweig mit einer ſo bitteren Empfindlichkeit, daß es dieſer ſelbſt für nöthig
hielt, auf ſeine Beſänftigung zu denken. Er forderte
ſeinen Theologen eine Verantwortung darüber ab [339]),
welche

niß vieler hochgelehrten Theologen und fürnehmen Kirchen der
alten Augſp. Konfeſſion von dem
neuen Katechismo der neuen Wittenberger und von ihrer neuen
Grundfeſte, auch von ihrem darauf beſchloſſenen neuen Bekenntniß zu Dreßden. Jena 1571. Auch
die Prediger zu Frankfurt gaben
eine Probe auf das Fürgeben
etlicher Sakramentirer, daß ſie
mit dem Bekenntniß zu Dreßden
geſtellt, allerdings einig ſeyen.
Baſel 1572. in 4 heraus; den
wildeſten und heftigſten Angriff
auf den Konſens thaten aber die
Theologen zu Jena in ihrem Buch:
von den Fallſtricken etlicher Sa-
krament-Schwärmer zu Wittenberg im neuen Bekenntniß liſtig
verziellt 1572. in 4-

339) Dieſe Verantwortung
findet ſich unter den Selneckeriſchen Manuſkripten T. I. f. 155-
176. Sie fängt folgendermaſſen
an: "Was C. F. G. uns hat in
„Gnaden fürhalten laſſen von
„wegen Churfürſtl. Durchleuch-
„tigkeit zu Sachſen an Euer F.
„Gn. abgelaſſenen Schreibens,
„als ſollten aus unſerem Mit-
„tel Chemnitius und Selnecce-
„rus aus muthwilligem Anfeln-
„den der Kirchen und Schu-
„len im Churfürſtenthum Sach-
„ſen eine beſondere Konfeſſion
„nach publicirter Dreßdniſcher
„Declaration für ſich geſtellt, und
„dieſelbige unter dem Nahmen
„der Sächſiſchen Kirchen mit Hin-
„terziehung der Zeit publicirt
„haben, haben wir in Unterthä-
nigkeit

welche dem Churfürſten, wie er ſie wiſſen ließ, vorge=
legt, mithin ſo bemüthig gefaßt werden ſollte, daß ſie
dieſer anſtatt der verlangten Genugthuung annehmen
könnte. Daburch wurden ſie genöthigt, ſich auch über
den Dreßbner Konſens mit einer zurückhaltenben Scho=
nung zu erklären, die ihnen gewiß ſauer und ſchwer
wurde ³⁴⁰): Selnecker aber, der ſich mit der beſondern
Un=

„nigkeit, aber mit groſſen Schmer=
„zen angehört.” Allerdings hatte
auch der Chnrfürſt einigen Grund
zu dem Verdacht bekommen, daß
man bie neue Sächſiſche Konfeſ=
ſion auch dem Dreßbiſchen Kon=
ſens entgegenſeßen wollte, denn
ſie war würklich erſt im Decem=
ber des Jahr 1571. folglich nach
dem Konſens förmlich publicirt
worden; doch man konnte ihm
leicht beweiſen, baß ſie ſchon vor
bem October verfertigt, und nur
zunächſt durch die Wittenbergi=
ſche Grundfeſte veranlaßt worden
war. Den October und Novem=
ber aber brauchte Chemniß nach
Löſchers eigenem Geſtäudniß Th.
III. p. 152. um durch Abgeord=
nete und Briefe Subſcribenten
baju zu werben, und den Bey=
tritt der Miniſterien in den Nie=
derſächſiſchen Hauptörtern zu der
Konfeſſion auszuwürken.

340) Zu einer Erklärung über
ben Konſens hatte ſie der Chur=
fürſt ſelbſt veranlaßt, denn er
hatte von dem Herzog verlangt,
"daß er auch von ſeinen Theo=
logen ſchriftlich auffeßen laſſen
möchte, worinn ſie jeßt an der
in dem Conſenſus enthaltenen
Lehre noch weitere Mängel und
Ausſtände fänden, über welche
eine fernere Erklärung zu fordern
ſeyn dürfte. Hierauf zeichneten
ſie dann auch in dem Artikel
ber Dreßbniſchen Konfeſſion von

der Perſon Chriſti brey, in dem
Artikel von der Himmelfahrt
Chriſti zwey und in dem Artikel
vom Abendmahl vier Stellen aus,
welche als höcſt zwepdeutig, dun=
kel und ungewiß eine ſtarke De=
claration nöthig hätten, wenn ſie
dem Sinu der wahren lutheri=
ſchen Lehre völlig gemäß erkannt
werden ſollten. Am ſpißigſten
war das leßte Monitum, das ſie
darüber machten. "Weil nehm=
lich — ſagten ſie — Churfürſtliche
Durchlaucht zu Sachſen eine Kon=
feſſion verlangt hat, die gut lu=
theriſch ſeyn ſollte, ſo hat es
fürwahr ein ſeltſam verdächtig
Anſehen, daß die Dreßbner De=
claration ſich gar nicht referirt
und beruft auf Lutheri groſſen
Katechiſmum und auf ſelne an=
bere ſcripta und Confeſſiones de
Coena Domini, darinn doch der
ganze Handel vom Abendmahl
wider die Sakramentirer aus=
führlich und gründlich bedncirt
iſt. Und weil etliche des Lutheri
Schriften wider die Sakrameu=
tirer gern wollten verdächtig ma=
chen, ſo iſt dieß auch ein fürneh=
mer Punkt, darauf billig runde
und klare Reſolution von den
Wittenbergiſchen Theologen muß
gefordert werden: was man denn
von Lutheri Predigten, Schriften
und Konfeſſionen, ſo er gegen
die Sakramentſchwärmer geſchrie=
ben, halten ſolle? — Denn daran
iſt

Ungnade des Churfürſten bedroht ſah, und auch am meiſten davon zu fürchten hatte, krümmte und drehte ſich in einer eigenen Vertheidigung, die er für ſich eingab, ſo erbärmlich, daß man ſich des Mitleyds mit dem kleinen Mann bey allem Gefühl ſeiner Kleinheit nicht erwehren kann.   In der Angſt ſeines Herzens erklärte er, daß er an dem Dreßdner Konſens gar nichts auszuſetzen habe, und wünſchte dem Churfürſten Glück, daß nun der Sakramentirer Gauckeley aus allen Kirchen und Schulen ſeines Gebiets völlig ausgeſchloſſen ſey [341]).

Mit

---

iſt trann der Kirchen gelegen, und aus der Reſolution, wo ſie recht erfolgt, wird ſich wohl finden, ob der Verdacht des Kalvinismi genugſam und gründlich abgelehnt ſey?" Indeſſen ſprachen ſie doch ſonſt von dem Konſens höchſt glimpflich und erklärten auch im allgemeinen, "daß zu einem wahren und rechten Bekenntniß vom Abendmahl des Herrn ein ziemlich guter Weg darinn gemacht ſey."

341) Auch dieſer Brief Selneckers vom 21. Dec. 1571. findet ſich in der Sammlung ſeiner Papiere T. I. f. 150. 153. "Was die Konfeſſion betrifft, zu Dreßden geſtellt, ſo E. C. G. mir geſchickt haben, ſo habe ich ſolche öffentlich gerühmt — und ſelbſt in einer Schrift angezeigt — daß man ſich nunmehr Gottlob! nichts zu befahren habe, ſondern der Sakramentirer Gauckeley ausgefegt ſey aus E. C. G. Kirchen, Schulen und Landen." Der gute Selnecker war aber würklich in einer ſchlimmen Lage. Eigentlich war er noch in dem Dienſt des Churfürſten, denn er war von dieſem dem Herzog von

Braunſchweig nur auf einige Zeit zu der erſten Einrichtung ſeines Kirchenweſens geliehen worden. In Wolfenbüttel aber plagten ihn die niederſächſiſche Zeloten, wo ſie konnten, theils weil ſie dem Fremdling überhaupt nicht hold waren, theils weil ſie ihn doch nicht für ganz rein hielten, da er von Leipzig aus zu ihnen gekommen war. In Dreßden hingen that die Wittenbergiſche Partbie alles mögliche, um den Churfürſten gegen ihn einzunehmen; und ſo konnte der arme Mann leicht in den Fall kommen, daß er von ſeiner neuen Stelle fortgebiſſen, und in ſeiner alten nicht wieder aufgenommen wurde. Er bat daher flehentlich und um Gottes willen — "S. C. G. wollten doch ihren gnädigſten Schutz nicht von ihm und den ſeinen wenden, und ſeine elende, betrübte, und an dem Ort, wo er ſich jetzt befinde, täglich und ſtündlich, ja alle Augenblicke gekränkte und geplagte Perſon noch ferner ſeine arme Zuflucht zu E. C. G. nehmen laſſen", wobey er ſich ſelbſt erbot, "daß er von Herzen gern auf allen Vieren von Wolfenbüttel

Mit recht haftiger Freude benußte hingegen August die Gelegenheit, die ihm das Glück im J. 1573. in die Hände gab, um den Schreyern in Jena und in Thüringen mit einemmahl alles zu vergelten, wodurch sie sich seit mehr als zwanzig Jahren von ihren ersten Ausfällen über das Leipziger Interim an biß auf ihre letzte über den Dreßdner Konsens herab an seinen Universitäten und seinen Theologen versündigt hatten. Nach dem Tode des Herzogs [342]) Johann Wilhelm von Weimar, der nur zwey unmündige Prinzen hinterließ, hatte ihm die Vormundschaftliche Administration der Weimarischen, Eisenachischen, Gothaischen und Altenburgischen Fürstenthümer überlassen werden müssen, und der erste Gebrauch, den er von seiner in diesen Ländern erlangten Gewalt machte, bestand darinn, daß er Heßhuß und Wigand aus Jena verjagen ließ [343]). Auf die Bewegung, welche unter ihren Anhängern darüber entstand, scheute er sich nicht, die ganze Parthie anzugreifen; denn zuerst wurde auch der Superintendent Rosinus von Weimar fortgeschaft [344]), und darauf eine neue Kirchenvisitation in den Fürstenthümern veranstaltet,

tel nach Dreßden kriechen wollte, um nur den Verdacht abzuleiten, in welchem man ihn bey dem Churfürsten gebracht habe."

342) Gestorben den 3. März 1573.

343) Dieß war die erste Handlung der churfürstlichen Kommissarien, des Grafen Burkhardt von Barby, Johann von Bernstein, und D. Ludwig Lindemann, welche nach Weimar geschickt worden waren. Gewiß waren sie also auch besonders dazu instruirt. S. Löscher Th III p. 154

344) Der Superintendent Rosinus hatte nach der Verjagung der Theologen von Jena

ein Formular aufgesetzt, nach welchem in allen Weimarischen Kirchen öffentlich für sie gebetet werden sollte, "daß sie Gott bey „der erkannten und bekannten „Wahrheit beständig erhalten, „und in ihrem Elend gnädiglich „leiten und führen, diejenige, die „an ihrer Entsetzung schuld seyen, „bekehren, oder ihrem Vorhaben „steuren und wehren — besonders „aber ihre unmündige Landes- „herrn mit einem guten und „gottesfürchtigen Vormund ver- „sehen möchte." Wegen dieses Scritts wurde ihm aber sogleich der Dienst aufgekündigt. S. ebendaf. p. 156.

tet, welche durch die kürzeste aber freylich violenteste Procedur das Land in wenigen Wochen von allen Flacianern höchst vollständig reinigte. Die Visitatoren legten allen Predigern einen Revers vor, durch den sie sich verbindlich machen mußten, mit den Chursächsischen Kirchen den Consensus in der Religion zu halten, die Flacianische Rotte zu meiden, keine Schriften der Flacianer zu lesen, und im Gegentheil die Schriften Melanchtons in allem zu approbiren. Jedem wurde dabey angekündigt, daß seine Weigerung den Revers zu unterschreiben, seine Absetzung nach sich ziehen würde, und diese Ankündigung wurde auch an so vielen Predigern vollzogen, daß man nicht sogleich Leute genug auftreiben konnte, um die erledigte Stellen wieder zu besetzen, und deßwegen zu Wittenberg durch einen öffentlichen Anschlag [345]) alle junge Theologen, und besonders die Stipendiaten aufforderte, sich darum zu melden.

So hatten dann alle die Versuche, zu denen nach und nach alle lutherische Zeloten im ganzen protestantischen Deutschland ihre Kräfte vereinigt hatten, um die Philippisten in Chursachsen auf ihrem eigenen Grund und Boden in die Luft zu sprengen — so hatten sie keinen andern Erfolg gehabt, als ihr Ansehen mehr zu befestigen und ihren Einfluß mit ihrem Würkungskrayß zu erweitern. Im Lande selbst wagte es nehmlich niemand mehr, ihnen auch nur im verborgenen entgegenzuarbeiten, da man zuletzt glauben mußte, daß sich der Churfürst freywillig von ihnen leiten lasse [346]); dadurch verlohren aber ihre auswärtige

Geg-

---

345) Das Programm wurde den 16. Jun. zu Wittenberg angeschlagen.

346) Wie sehr man sich im Lande selbst vor der Wittenbergischen Parthie und vor ihrem Einfluß zu fürchten anfieng, dieß ersieht man höchst deutlich aus einem Brief, den der alte Superintendent Daniel Greser von Dreß-

Gegner faſt das einzige Mittel, ihnen zu ſchaden, von
dem ſie ſich einigen Erfolg verſprechen, ſo wie ſie ſelbſt
im Gegentheil freyer und ungehinderter zum Nachtheil
ihrer Gegner auf den Churfürſten würken konnten.

Und doch war es zunächſt dieſer durch den Dreßdner
Konſens erſchlichene Triumph der Wittenbergiſchen
Schule, der jetzt die Kataſtrophe herbey führte, die
endlich den Feinden des edlen Melanchtons zu einem ungleich vollſtändigeren und entſcheidenderen verhalf.

Kapitel XII.

Die Dauer von jenem, welchen der Dreßdner Konſens den Wittenbergern verſchaft hatte, konnte natürlich nur von der Dauer der Täuſchung abhängen, welcher ſie ihn, wie ſie ſelbſt am beſten wußten, zu danken hatten. Nur deßwegen hatte ſich der Churfürſt,
ihr Herr, ſo nachdrücklich ihrer angenommen, weil er
über-

Dreßden um dieſe Zeit an ſeinen
Tochtermann Selnecker ſchrieb.
Er berichtete ihm, daß er in Gefahr ſtehe, um der kalviniſchen
Händel willen ſeines Amts ent-
ſetzt zu werden, und zwar bloß
deßwegen, weil es herausgekommen ſey, daß er ihm geſchrieben
habe, wie es in cauſa ſacramentaria im Lande gelegen, und daß
der Churfürſt auf die Wittenberger etwas unwillig geweſen ſey;
und weil man ihm ſchuld gebe,
daß er auch durch ſein Schreiben
den groben Ausfall der Jenenſer
auf den Dreßdner Konſens veranlaßt habe. Der Erfolg bewies,
daß ſich der alte Mann bloß durch
ſeine Furcht dieſe Beſorgniſſe hatte in den Kopf ſetzen laſſen; aber
er hielt ſie ſelbſt für ſo gegründet,

daß er ernſthaft mit Selneckern
zu Rath gieng, ob ſich nicht im
Braunſchweigiſchen eine Unter-
kunft für ihn, und einige Ausſicht zu der Verſorgung ſeiner
übrigen Kinder finden möchte.
Am ſorglichſten ſchien er wegen
ſeiner Tochter Käthe "denn ich
„fürchte, ſchrieb er, es wird
„ſchwer halten, ihr bey euch zu
„Ehren zu helfen, da ſie wohl
„ihres gleichen bey euch mehr ha-
„ben; doch dienet ſie auch gut in
„ein Frauenzimmer, denn ſie
„kann wohl nähen, klöppeln, ſtri-
„ten und würken; ſie hat auch
„auf dem Inſtrument lernen ſpie-
„len, und kann ein Liedex oder
„acht ſchlagen." S. Selneckeriſche
Mnſcpt. T. I. f. 233.

überzeugt war, daß ihre Meynung und ihre Lehre rein
lutherisch sey; mithin konnten sie nur so lange auf sei»
nen Schutz rechnen als sich diese Ueberzeugung bey ihm
erhielt.   Daran durften sie aber gar nicht denken, daß
es möglich seyn würde, ihn allmählig für ihre Meynung selbst durch Gründe zu gewinnen, oder so weit da»
für einzunehmen, daß er auch dann noch von ihrer
Wahrheit überzeugt blieb, wenn er einst die Entdeckung
machte, daß sie nicht ganz lutherisch sey.   Die volleste
Gewißheit dieser Unmöglichkeit hatten sie selbst in dieser
Periode ihres Glücks durch mehrere Zeichen und Aeuß-
serungen erhalten, in welchen und durch welche sich seine
wahre Gesinnungen auf das offenste darlegten   Zu
eben der Zeit, da er es ihnen so ehrlich auf ihr Wort
glaubte, daß sie keine andere als die wahre lutherische
Meynung im Lande erhalten und gegen die auswärtige
überlutherische Eiferer vertheidigen wollten, warnte
er sie noch mehrmahls mit dem dringendsten Ernst, daß
sie ja dem gottlosen Kalvinißmus niemahls zu nahe
kommen möchten, ließ er sie selbst merken, daß sich wie»
der neues Mißtrauen gegen sie bey ihm angesetzt habe,
und zwang er sie eben dadurch zu neuen Versicherungen
und Künsten, durch welche die Täuschung bey ihm erneuert oder verstärkt werden mußte [347].   Dadurch
ver»

347) Einige Nachrichten da»
von hatte Greser an Selnecker
in einem Brief vom 3. Oct ge»
schrieben, den Löscher Th. III. p.
148. hat drucken lassen, und ohne
Zweifel war es dieser Brief, der
ihm hernach so viel Angst machte.
Nach diesen Nachrichten, für deren Aechtheit der Mann bürgte,
hatte der Churfürst im Sommer
des J. 1571. zweymahl seinen
Hofprediger Philipp Wagner nach
Wittenberg geschickt, um die dor-
tige Theologen warnen zu lassen,
und noch vor dem Konvent zu
Dreßden hatte er auch befohlen,
daß der neue Katechißmus in allen Schulen, in welche er einge»
führt worden war, wieder abge»
schaft werden sollte.   Der Hof»
prediger Wagner wollte es auch
mit seinen Ohren gehört haben,
daß der Churfürst gesagt habe,
er wollte zwanzigtausend Gulden
geben, wenn die neue Bücher
nicht gedruckt wären, und daß
    es

vermehrte sich auch für sie mit jedem Tage die Gefahr des Spiels, das sie fortspielen mußten; denn dieß ließ sich auf das gewisseste voraussehen, daß ihnen der Churfürst, wenn sich jemahls der Zauber auflößte, der seine Augen verschloß, jeden Versuch ihn zu verlängern, siebenfach anrechnen würde; die Möglichkeit aber ihn immerwährend zu erhalten, mußte ihnen selbst höchst zweifelhaft erscheinen.

Zum Unglück für die Parthie verfloß fast das ganze Jahr 1573. ohne daß sie durch einen besondern bedenklichen Umstand an die Gefahr ihrer Lage erinnert wurde. Der Churfürst hatte sich von ihr mit solcher Leichtigkeit zu den raschen Proceduren gegen ihre Feinde in Jena und im Thüringischen bewegen lassen, daß sie sich der Hoffnung, ihn beständig nach ihrem Willen leiten zu können, schon mit weniger Sorglichkeit überließ: aber der Beweiß ihres Einflusses und ihrer Macht, der sich aus diesen Proceduren ergab, hatte auch ihre auswärtige und einheimische Gegner auf einige Zeit so betäubt, daß sie auch ihrerseits die Hoffnung, sie noch stürzen zu können, und das Arbeiten daran aufgegeben zu haben schienen. Man schien sogar das Schreiben gegen
sie

---

es ihm ein andermahl, da von den Wittenbergern die Rede war, herausgefahren sey: "Sie mögen mir leicht winken, so jage ich sie alle zum Teufel." Peucern im besondern ließ er um diese Zeit entbieten "es sey S. C. G. ernstlicher Wille und Meynung, er sollte seiner Arzney warten und das Harnglas besehen, und theologischer Sachen müssig gehen. S. Hutter p. 236. Auch schreibt Gretser von Peucern und Kralov: "Jam Peucerus Pi-

latum agit, et manus lavat, quo testetur, se nihil commercii habere cum illis libris: dicit enim, se non esse Theologum sed Medicum. — Cracovius item, qui haud obscure Wittebergensium partes juvare visus est, jam mussat, et ne Electori suspectus sit, confessionem sententiae suae scriptam Philippo exhibuit (Dem Hofprediger Phil. Wagner), de qua Philippus testatur, eam reprehendi non posse."

ſie aufgeben zu wollen, denn in dieſem ganzen Jahr
kam auch keine Schrift von einiger Bedeutung gegen die
Wittenberger heraus [348]); und dieß zuſammen verlei=
tete ſie zu Anfang des J. 1574. zu einer Bewegung,
durch die ſie ſich ſelbſt zunächſt ihren Untergang berei=
teten.

In einer neuen Schrift, welche ſchon im Januar
unter dem Titel: Exegeſis perſpicua controverſiae de
Coena Domini [349]) zu Leipzig ausgegeben wurde, fand
die ganze lutheriſche Welt in Sachſen und auſſer Sach=
ſen zu ihrem eben ſo groſſen Erſtaunen als Aerger den
Kalvinißmus ſo offen ausgelegt, oder die kalviniſche
Meynung in der Nachtmahls=Lehre ſo unverdeckt als
die einzig wahre und haltbare vertheidigt, daß der Ge=
genſaß, in welchen ſie mit der lutheriſchen Lehre ge=
bracht war, auch dem Auge eines jeden nur etwas un=
terrichteten Layen ſichtbar werden mußte. Bey der An=
gabe der Verſchiedenheit der Meynungen, über welche
bißher der Streit geführt worden war, waren darinn
nicht nur die Punkte, in welchen die kalviniſche Vorſtel=
lung von der lutheriſchen abwich, ganz beſonders aus=
gezeichnet, aber zugleich in das für die leßte nachthei=
ligſte Licht geſeßt, ſondern bey der Darlegung der Grün=
de,

---

348) Nur im J. 1572. war
noch eine Hauptſchrift gegen ſie
erſchienen, nehmlich: der Wür=
tenbergiſchen Theologen Wieder=
holung und Erklärung der Lehre
und Bekenntniß der Kirchen und
Schulen im Fürſtenthum Wür=
tenberg von der Perſon Chriſti ꝛc.
Tübingen 1572. in 4. Der Ver=
faſſer war unſtreitig Jacob Un=
dred; die Schrift aber wurde ſelbſt
von ihm den Churſächſiſchen Theo=
logen dedicirt Ueber den Dreßd=
ner Konſens drückte er ſich übri=
gens darinn um des Churfürſten
willen mit höchſt ſchonendem

Glimpf aus, hingegen ſagte er doch
von einigen ſeiner Urheber, "daß
ſie im finſtern mauſen wollten,"
und die Grundfeſte erklärte er
geradezu für ein Machwerk heim=
licher Zwinglianer. Im folgen=
den J. 1573. gab er ſeine ſechs
Predigten von den bißherigen
Streitigkeiten in der lutheriſchen
Kirche heraus, aus denen er in
der Folge ſeine berühmte zwölf
affirmative und eben ſo viele ne=
gative Artikel auszog.
349) S. Hospinian Conc. disc.
p. 37. Hutter p. 142. Wigand
f. 409.

be, durch welche der Streit bißher durchgefochten worden war, wurden gerade diejenige, von denen man lutherischerseits am häufigsten Gebrauch gemacht hatte,
als die elendeste angeführt, und mit dem verächtlichsten
Hohn abgefertigt. Auch hatten sich die Verfasser der
Schrift nicht damit begnügt, die Unterscheidungs-Bestimmungen der ächt-lutherischen Theorie, die Bestimmungen von einem mündlichen Genuß des Leibes Christi
im Sakrament, von einem Genuß unter dem Brodt,
und von einem Genuß der Ungläubigen als nicht hinreichend beweißbar, oder als praktisch-unwichtig und
unbedeutend darzustellen. Sie hatten sich nicht damit
begnügt, nur zu zeigen, daß es nicht der Mühe werth
sey, darüber zu streiten, oder darauf zu bringen, daß
man die Meynungen darüber frey lassen sollte, sondern
sie bestanden darauf, daß man ihnen entsagen müsse,
weil man sie eben so wenig ohne Gefahr als ohne Irrthum, eben so wenig ohne Nachtheil für die Religion
als ohne Schande für die Theologie länger beybehalten
könne [350]).

Nun

350) Die Beschreibung, welche Wigand von dem Geist und
von dem Innhalt der Schrift
macht, verräth freylich den äuß-
erst gereizten Gegner: aber aus
demjenigen, was der Gegner
darinn fand, läßt sich doch gewissermaffen auch beurtheilen,
was würklich darinn liegen mochte. "Forma scripti — sagt er
aber — talis est, ut non tantum
sine omni pudore putidissima
commenta omnia Sacramentariorum in locum, ubi Lutherus spiritu Dei, calamo et ore fortissimo
ea refutavit et exterminavit, re-
vehat, sed Christi et Lutheri doctrinam pessima fide recitet, et
lividissimis verbis pervertat. Om-

nia loquitur et agit insidiosissime,
et omnem vim fraudemque Orationis eo convertit, ut invidiam
et odium sincerae et rectae doctrinae de Coena Domini conflet.
Omnia sunt aculeis et irrisionibus
quam refertissima. Damnationes
verae sententiae et recte sentien-
tium sunt crudeles et horrendae.
Finis denique iste est, publice
exsibilare et explodere, doctrinam
ecclesiarum nostrarum de Coena
sacra, quae $\tau\omega$ $\rho\eta\tau\omega$ Testamenti
Dominici insistit. Augustanam
Confessionem hac in parte infru-
gere et mutilare, scripta Lutheri
praeclara adversus Sacramentariorum furores et blasphemias una
litura delere et caissare, contra

Pp 3   vere

Nun hatten sich zwar die Theologen zu Wittenberg auf keine Weise als Verfasser dieser Schrift angegeben, so wie sie auch gar nicht unter ihrem Nahmen herausgekommen war. Selbst in Leipzig war sie nur in geheim gedruckt worden, und bey ihrer ersten Erscheinung wurde sogar geflissentlich die Sage verbreitet, daß sie von einem auswärtigen Gelehrten herrühre, und auch aus einer auswärtigen Presse gekommen sey [351]: aber kein Mensch wurde dadurch getäuscht, denn man ließ es dabey aus einer Menge anderer Anzeigen allzudeutlich merken, aus welcher Werkstätte sie gekommen war. Man erfuhr sogleich, daß sie Mag. Vögelin in Leipzig, der erste Sammler und Herausgeber des Corporis Philippici gedruckt hatte. Die Verbindungen, in welchen dieser mit den Wittenbergern stand, waren schon vorher allgemein bekannt. Daß man aber recht geflissentlich mit der Schrift Aufsehen machen, und sie schnell in Umlauf gebracht haben wollte, dieß wurde daraus höchst sichtbar, weil Vögelin in Leipzig kein Exemplar verkaufte, aber desto mehrere verschenkte. Bald darauf wurde es auch ruchbar, daß die Theologen von Wittenberg eine Menge von Exemplarien hätten kommen lassen, daß sie die Schrift mehrfach und sehr angelegen empfohlen hatten, daß besonders auch Peucer und seine Freunde

sich

---

vero omnia pórtenta facramentaria invehere in ecclesiam Christi.

351) Die Schrift war auf französisches Pappier gedruckt, mit dem französischen oder genfischen Druckzeichen versehen, und auch sonst dem Format und den Charakteren nach ganz nach französischer Art gestellt, "damit man „sollte dafür halten, daß es ein „ausländischer Druck sey." S. die Erklärung des Druckers bey Löscher Th. III. S. 200. In dieser Erklärung gab er auch selbst einen Schlesischen Arzt, Jacob Curäus,

der mit Melanchton in sehr freundschaftlichen Verbindungen gestanden war, als Verfasser an. Aber Hospinian selbst spricht nicht einmahl zweifelhaft davon, daß Wittenberg der wahre Geburtsort der Schrift sey — Conc. disc. p. 37. Hist. Sacr. P. II. f. 347. und aus andern näheren Angaben bekommt man sehr wahrscheinliche Gründe den zwey Wittenbergischen Professoren, Christoph Pezeln, und Esrom Rüdigern den größten Antheil daran zuzuschreiben.

fich eifrigft für ihre weitere Verbreitung verwandten 352), und wer konnte nach diesem noch zweiflen,
auf welchem Boden sie gewachsen sey? In ganz Deutschland zweifelte aber auch kein Mensch daran, und fast
möchte man vermuthen, daß man auch in Wittenberg
selbst wenigstens kein unverrathbares Geheimniß aus der
Sache machen wollte.

Durch diesen letzten Umstand wird man freylich zuerst geneigt, die Unbedachtsamkeit noch härter zu beurtheilen, deren sie sich dabey schuldig machten; denn er
scheint auch eben so viel Eitelkeit als Vermessenheit von
ihrer Seite zu verrathen: doch konnte sich vielleicht noch
ein anderer und wahrerer Aufschluß über die Absichten
und über die Gründe ihres Verfahrens darinn finden
lassen, auf den man auch noch durch mehrere Anzeigen
geleitet wird. In Verbindung mit diesen kann und muß
man fast daraus schliessen, daß es nur der mächtige
Drang einer höchst lebendigen Ueberzeugung, daß es ein
wahrer Gewissensdrang war, der ihnen die ganz offene
Darlegung ihrer Gesinnungen in dieser Schrift gewiß-
sermaßen abnöthigte. Sie hatten sichs von jeher nicht
bloß wie Melanchton zum Ziel gesetzt, nur unter der
Hand zu verhindern, daß die kalvinische Meynung durch
die lutherische nicht völlig verdrängt, oder im stillen zu
bewürken, daß sie auch noch neben der lutherischen in
der protestantischen Kirche geduldet werden sollte. Hätten sie sich damit begnügen können, so war ihr Endzweck
durch

---

352) "Sparsa est haec Exege-
sis omnium primo Wittebergae
in eo loco, ubi Lutherus docuit.
Vendita sunt exemplaria in aditu
Collegii, ubi Juventus ingrediens
lectiones hunc anonymum et fa-
mosum libellum haberet in con-
spectu et emeret. Praeceptores
nonnulli exemplaria coemerunt, ac
liberaliter juventuti obtruserunt.
Missa sunt copiose exemplaria in
propinquas et longe dissitas regio-
nes, propriis etiam conductis
emissariis. — Die meiste dieser
Thatsachen welche Wigand f. 401.
zusammenstellt, wurden auch in
der Folge gerichtlich bewiesen.

durch den Dreßbner Konſens bereits erreicht, und ſie
konnten auch ſehr wahrſcheinlich hoffen, ihn zu behaupten,
wenn ſie nur verhüteten, daß es nicht zur weiteren Erklärung darüber kam. Eben deswegen muß man aus der
Erſcheinung dieſer Schrift die Folge ziehen, daß ihr Zweck
weiter gieng; aber wohin konnte er noch anders gerichtet
ſeyn, als dahin, dem Kalvinißmus das entſchiedene Uebergewicht über den rigiden Lutheranißmus zu verſchaffen?
Dieß war es in der That, was ſie bezielten, und zwar
beßwegen bezielten, weil ſie ſich würklich ſelbſt auf das
feſteſte überzeugt hatten, daß die kalviniſche Nachtmahls-
Theorie die einzig wahre, die einzig ſchriftmäſſige, alſo
die einzig haltbare und beweißbare ſey. Es iſt möglich,
daß ſie auch dabey überzeugt waren, dieſe Theorie
ſtimme doch mit der eigentlichen Grundidee der lutheriſchen völlig überein, und Luther ſelbſt habe die von Kalvin weggeworfene Beſtimmungen ſeiner Meynung nicht
für weſentlich gehalten. Es iſt noch wahrſcheinlicher,
daß ſie durch Unwillen über den bißherigen Streit, über
den heilloſen und wilden Eifer, womit man für dieſe
Beſtimmungen kämpfte, und auch zum Theil über die
elenden Gründe, womit man ſie vertheidigte, immer
ſtärker dagegen eingenommen und immer weiter davon
entfernt wurden. Aber es iſt gewiß, daß ſie jetzt würklich beynahe leydenſchaftlich dagegen nnd faſt ſchwärme-
riſch für die reine kalviniſche Meynung eingenommen
waren [353]; und dadurch läßt es ſich wohl mehr als
hinrei-

353) Eine ſolche leydenſchaft-
lich-ſchwärmeriſche Abneigung
vor der kraſſen lutheriſchen Meynung muß man wenigſtens nothwendig bey den nicht-theologi-
ſchen Hauptperſonen der Parthie,
wie bey Krakov und Vencer vorausſetzen, denn ſonſt iſt es unmöglich für ihre ſo anhaltende,
ſo raſtlos thätige und geſchäftige
Theilnehmung an der theologiſchen Intrigue einen vernünftig
natürlichen Grund anzugeben.
Doch ſie äuſſerte ſich bey ihnen
bey mehreren Veranlaſſungen auf
eine Art, die gar keinen Zweifel
darüber zurückläßt. Wer kann
wohl dieſe Schwärmerey, aber
wer

hinreichend entschuldigen, was sie zunächst zu der Publikation der neuen Schrift bestimmte.

Sie

wer kann auch das Bewußtseyn der redlichsten und gewissenhaftesten Ueberzeugung, aus der sie entsprungen war, in den folgenden Stellen eines Briefs verkennen, den Peucer noch im J. 1579. aus dem Gefängniß, in welchem er damahls schon fünf Jahre geschmachtet hatte, an den Churfürsten schrieb? "Dieweil mich "der barmherzige Gott aus Gna-"den zu der Erkenntniß seiner "Wahrheit gebracht hat, so darf "ich ja wohl dem Zeugniß des "heiligen Geistes in meinem Her-"zen und Gewissen nicht wissent-"lich, vorsetzlich und muthwillig "widerstreben. Ich darf kein Aer-"gerniß in der Kirche mit mei-"nem Exempel stiften und anrich-"ten. Ich darf mich des unschul-"digen Bluts, das über solcher "Sache ist vergossen worden, von "wegen der päbstlichen Messe, "durch die Stärkung derselben "nicht theilhaftig machen. — Aus "diesen Ursachen kann ich in die-"sem Artikel gar nicht vorüber, "denn da ich es thun würde, so "ist ungezweifelt, daß ich wider "den heiligen Geist sündigte, das "von Christus sagt, daß es nicht "vergeben werde weder in diesem "noch im zukünftigen Leben. Dar-"um bitte ich E. E. G. um Got-"tes, um der Ehre des Herrn "Christi, um der Wahrheit und "um E. E. G. Seelen Seeligkeit "willen, sie wolle doch in dieser "grossen wichtigen Sachen gemach "thun, und da sie je diese Lehre "nicht leiden, noch zu keiner Er-"kenntniß der Wahrheit fördern "wollen, dieselbige nicht verfol-

"gen. — Warum aber wollen "doch E. E. G. ihren Glauben "und ihrer Seelen Seeligkeit se-"tzen auf Menschengedicht, und "zuvor allbereit längst verdamm-"ten Irrthum und Ketzereyen, "wider die öffentliche, klare, ge-"wisse, wohlgegründete und ein-"hellige Wahrheit der heiligen "Schrift? Ach, es wollten es doch "E. E. G. zu Herz und Gemüth "ziehen. Ich meyne es ja herz-"lich und treulich, und auch der "barmherzige Gott meynt es "treulich mit E. E. G. indem er "derselben durch meine Bekennt-"niß den Weg zur Wahrheit zei-"gen will. — Darum so bitte "ich E. E. G. nochmahls um Got-"tes willen, um der Ehre des "Herrn Christi, um E. E. G. zeit-"lichen Wohlfahrt und ewigen "Seeligkeit willen, sie wollen "diese meine Bekenntniß nicht "verachten und verschmähen, son-"dern mit Fleiß lesen, erwägen "und beherzigen. Es wolle auch "E. E. G. nicht auf meine Person "sehen, darum daß ich Professione "kein Theologus bin, sondern "auf die blosse Wahrheit Gottes "an ihr selbst. — Ich bin kein "Prophet, unterstehe mich auch "keines Prophezeyens; aber das "kann ich E. E. G. für gewiß sa-"gen, und beharren, daß diese "Wahrheit, wie ich sie E. E. G. "vorgetragen habe, bleiben und "bestehen wird in Ewigkeit, und "es werden sie E. E. G. nicht aus-"tilgen." — S. Copey des Schreibens D. Peuceri (1603. in 4.) E. 4. b. D. b. 4. b.

Sie wollten ſich dadurch mit einem Wort einer Laſt
entledigen, die ohne Zweifel ſchon lange mit einem ſchwe=
ren Druck auf ihnen gelegen war. Bey dem Drang
ihrer Ueberzeugung mußte ihnen die Vorſtellung, zu
der ſie ſich bißher gezwungen geglaubt hatten, ſchon
lange höchſt peinlich, und bey der Wärme ihrer Ueber=
zeugung mußte es ihnen unmöglich ſeyn, ſie noch länger
beyzubehalten. Dieſe Vorſtellung, mit welcher ſie biß=
her den Churfürſten ihren Herrn hatten bereden müſſen,
daß ihre Meynung keine andere als die ächt=lutheriſche
ſey, würden ſie ſchon längſt abgelegt haben, wenn ſie
nicht mit der untrüglichſten Gewißheit vorausgeſehen
hätten, daß ſie dadurch der Wahrheit ſelbſt — dieß
hieß, ihrer Meynung — am meiſten ſchaden, und jede
Hoffnung zu ihrer künftigen Aufnahme in die Sächſiſche
Kirchen vereiteln würden. Vielleicht hatte dabey auch
ſchonende Achtung für das Angedenken Melanchtons
auf ſie Einfluß; aber bey der Verſchiedenheit ihrer
Meynung von der Meynung Melanchtons konn=
ten ſie ſich nicht ganz wie er, dabey beruhigen. Sie
fürchteten nicht nur, daß ſie ſich ſelbſt durch dieſe Vor=
ſtellung herabſetzten, ſondern doch würklich auch ihrer
Ueberzeugung etwas dadurch vergaben. Sie konnten
ſich ja nach dieſer nicht bloß, wie Melanchton, damit
begnügen, wenn ſie es bloß dahin brachten, daß die
kalviniſche Meynung neben der lutheriſchen im Lande
auch noch gebuldet würde, und doch war dieß alles, was
ſie durch die Maßke der lutheriſchen, welche ſie ihr ga=
ben, bißher bewürkt hatten, und alles, was ſie mög=
licherweiſe dadurch bewürken konnten. Es ſtand ihnen
alſo immer vor der Seele, daß ſie doch über kurz oder
lang, wenn ſie nicht fortdaurend unredlich gegen ihre
Ueberzeugung handlen wollten, dieſe Maßke able=
gen und ſich weiter erklären müßten, und in dieſer
Lage war es wahrhaftig nicht nur höchſt natürlich,
daß

daß sie es in dem ersten Augenblick zu thun beschlossen[354]), in welchem sich nur die Gefahr davon etwas zweifelhafter darstellen würde, es war nicht nur höchst natürlich, daß sie diesem günstigen Augenblick mit ungeduldiger Sehnsucht entgegen sahen, sondern auch höchst natürlich, daß sie sich in dieser Ungeduld noch selbst über das günstige des Augenblicks täuschten, den sie dazu gewählt hatten.

In dem Zustand dieser Ungeduld beredeten sie sich nehmlich selbst, daß der Churfürst schon jetzt vorbereitet genug sey, um die Entdeckung wenigstens ohne Entsetzen ertragen zu können, daß sie nicht so ganz lutherisch seyen, als er bißher geglaubt hatte. Darauf rechneten sie zwar selbst noch, daß die Entdeckung immer einige Alteration bey ihm machen würde; denn eben deßwegen fanden sie es nöthig, einige Vorsichts-Maßregeln zu nehmen, wodurch sie auf alle Fälle die erste Explosion seines Unwillens von sich ableiten könnten; aber sie hofften ihn doch, sobald nur diese vorüber seyn würde, allmählig damit aussöhnen, und sie trauten sich Einfluß genug über ihn zu, um hernach mit desto gewisserem Erfolg ganz offen mit ihm handlen zu können. Zu eben der Zeit, da sie in Leipzig ihre Exegese herausgaben, machten sie daher auch schon dazu einige Anstalten. Stößel, den er damahls als Beichtvater gebrauchte, mußte jetzt etwas unverdeckter mit ihm sprechen, und ihn freymüthiger ermahnen, "daß er sich „doch dem aufgehenden Licht aus einem bloßen Vorur-„theil für und wider einige Nahmen nicht widersetzen „möch-

---

354) Auch Hospinian erkannte diese Absicht in dem Verfahren der Wittenbergischen Theologen, wiewohl er sich etwas anders darüber ausdrückte. "Ne aliquid, sagt er, dissimulare viderentur Wittebergenses Theologi per fraudem et dolum in certamine de Coena Domini, in lucem ediderunt Exegesin perspicuam et fere integram controversiae de sacra coena. p. 37.

„möchte [355]).” Peucer arbeitete unter der Hand daran, die Churfürſtin, deren Eifer für die reine lutheriſche Lehre noch heftiger war [356]), als der Eifer ihres
Gemahls unmerklich gleichgültiger dafür machen. Aber
der Erfolg bewieß, daß ihr ganzer Entwurf auf eine
völlig falſche Vorausſetzung gebaut war, und nun würkten ſelbſt jene Vorſichts-Maaßregeln, welche ſie dabey
genommen hatten, durch eine ſehr natürliche Wendung
nur dazu mit, daß der Umſchlag, der ihren Sturz nach
ſich zog, ſchneller und vollſtändiger herbeygeführt
wurde.

In der Seele des guten Auguſts war der blindeſte
Glaube an Luthers Autorität nach allem, was bißher
zwiſchen ihm und ſeinen Theologen vorgegangen war,
noch völlig eben ſo ſtark, als er jemahls geweſen war.
Er war noch ſo bereit als jemahls, alles anzunehmen,
was man ihm als Luthers Meynung vorlegte, aber
auch noch ſo entſchloſſen als jemahls, alles, was er
noch ſo lange und noch ſo feſt geglaubt hatte, nicht nur
ſogleich zu verwerfen, ſondern ſelbſt zu verabſcheuen,
ſobald er überzeugt wurde, daß es der Lehre Luthers
entgegen ſey. Sein Glaube haftete mit einem Wort
bey keiner Meynung an den Gründen, die man ihm dafür angeben, und die er auch ſelbſt dafür auffaſſen
mochte, ſondern er haftete bloß an der Bürgſchaft, die
ihm

---

355) S. Löſcher Th. III p.167.

356) Unter den Briefen von
Stöſſel und Peucer, die man
nach ihrer Verhaftung in Be-
ſchlag nahm fanden ſich einige,
worinn ſie ſich nicht nur über den
blinden lutheriſchen Glauben der
Churfürſtin, ſondern auch über
ihren Einfluß auf den Churfürſten ſpöttiſch genug ausgedrückt,
und ſelbſt einander vor dem Wei-
ber-Regiment gewarnt hatten,
das ihnen leicht gefährlich wer-

den könnte. S. ebendaſ. Mit
einem dieſer Briefe hatte aber
auch Peucer dem Hofprediger
Stüß eine kalviniſche Schrift
geſchickt und ihn erſucht, daß er
ſie auf eine gute Art der Churfürſtin in die Hände bringen
möchte: denn, ſchrieb er, wenn
„ſie nur erſt Mutter Annen auf
„ihrer Seite hätten, ſo ſollte es,
„wie er hoffte, nicht Noth ha-
„ben.” S Gleich Annal. eccleſ.
P. 1. p. 43.

ihm Luthers Nahme oder Luthers Unfehlbarkeit für ihre Wahrheit gewährte, und so verhielt es sich auch mit der Meynung über die Nachtmahls-Lehre, die er biß-her auf die Versicherung und auf das Wort seiner Theo-logen für die ächt-lutherische gehalten hatte. Wenn er also jemahls die Entdeckung machte, daß er darüber ge-täuscht worden war, so mußte die erste und stärkste Em-pfindung, die sich dabey seiner Seele bemächtigte, Schrecken über den Irrthum, in welchem er sich befun-den, und die nächste darauf Unwille über die vermeynt-liche Verführer seyn, die ihn hineingebracht hatten; das eine und das andere aber mußte noch höchst beträchtlich durch mehrere der Umstände verstärkt werden, unter de-nen jetzt die Entdeckung aus Veranlassung der neuen Schrift von ihm gemacht wurde.

Freylich machte sie der Churfürst auch jetzt nicht selbst, sondern man half ihm dazu, aber man half ihm so dazu, daß er sich doch etwas schämen mußte, sie nicht selbst gemacht zu haben. Die auswärtige Gegner der Wittenberger hatten kein sonderliches Erstaunen über die Schrift geäussert, denn sie wollten es ja schon lange gewußt haben, daß die Wittenberger Kalvinisten seyen, und sie hatten es auch schon lange vorausgesagt, Gott werde sie gewiß noch so tief fallen lassen, daß sie auch der ganzen Welt als solche offenbar werden müßten. Uebrigens schien man sich auswärts keine grosse Hoff-nung zu machen, daß die Entdeckung ihren Sturz nach sich ziehen würde, denn ausser Sachsen glaubte man noch fester als im Lande selbst, daß sich der Churfürst blindlings von ihnen leiten liesse, daher kam es auch, daß ausser den allzeit fertigen Schreyern Wigand und Heßhuß [357], sonst niemand sich beeilte, über die Exe-

gese

357) Von Wigand erschien eine Analysis novae Exegeseos — von Heßhuß aber eine Assertio verae doctrinae de Coena contra Exegesin Calvinianam 1574.

geſe herzufallen: aber dieß glaubten die Chemnize und
Andreä ſich ſelbſt ſchuldig zu ſeyn, daß ſie ihren eigenen
Landesherrn anzeigen müßten, wie nunmehr die Fahne
des Kalvinißmus öffentlich im Churſächſiſchen aufge=
ſteckt ſey, und dieſe konnten ſich nicht entbrechen, den
Churfürſten wenigſtens zu fragen, was ſie jetzt von ſei=
ner ihnen ſo oft verſicherten Anhänglichkeit an die reine
lutheriſche Lehre und von ſeinem Abſcheu vor dem Kal=
vinißmus denken ſollten? Von allen Seiten her wurde
alſo Auguſt mit Briefen beſtürmt, worinn es ſeine
Freunde und Gevattern unter den proteſtantiſchen Für=
ſten als etwas land = und reichskundiges vorausſetzten,
das ihm unmöglich verborgen geblieben ſeyn könne, daß
in einer zu Leipzig ausgegangenen Schrift der reine Kal=
vinißmus öffentlich vertheidigt worden ſey. Der alte
Graf von Henneberg reyßte ſelbſt zu ihm, um ihm das
Gewiſſen in Perſon zu ſchärfen ³⁵⁸). Man ließ ihn
auch wohl mit eigenen Augen ſehen, was in der gottlo=
ſen Exegeſe ſtehe, und ohne Zweifel ſagte man ihm
auch zugleich mit eben ſo poſitiver Gewißheit vor, daß
ſie nirgends als in Wittenberg fabricirt worden ſey.

Wahrſcheinlich erfuhr dabey der Churfürſt jetzt zum
erſtenmahl etwas von dieſer Exegeſe, und konnte wohl
nicht umhin, ſich auch ſchon darüber ein wenig zu ſchä=
men, weil es ja damit herauskam, daß ſeine auswär=
tige Freunde und Gevattern ſo viel beſſer als er ſelbſt
wüßten, was in ſeinem eigenen Hauſe vorgieng; doch
dieſe Schaam mußte gewiß ſehr bald einer andern Em=
pfindung bey ihm weichen, die ſich ſelbſt nur nach und
nach in Unwillen auflöſte. Auguſt konnte nicht zweif=
len, daß würklich in der neuen Schrift der kraſſeſte Kal=
vinißmus ausgelegt ſey, denn man hatte davon mit
ihm als von einer völlig ausgemachten und unbeſtreitba=

ren

---

358) S. Löſcher Th. III. p. 163.

ren Sache gesprochen. Wenn es nun herauskam, daß
die Schrift von seinen Landestheologen herrührte, so
ließ sich auch nicht länger bezweiflen, daß diese Kalvinisten seyen, es wurde zugleich höchst wahrscheinlich, daß
sie es schon lange im Verborgenen waren, es wurde in
diesem Fall noch wahrscheinlicher, daß sie bißher schon
allen ihren Erklärungen und Konfessionen, welche sie
für ächt-lutherisch ausgegeben, und sber Churfürst so
ehrlich dafür angenommmen hatte, etwas von ihrem
kalvinischen Gift beygemischt haben mochten, und damit
kam es dann auch an den Tag, daß er nicht nur bißher
von ihnen betrogen, sondern daß er auch selbst, ohne
es zu wissen, ein Kalvinist gewesen war. Er hatte ja
mit blindem Glauben auch selbst alles angenommen,
was sie in ihren Bekenntnissen als die reine Lehre vom
Nachtmahl aufgestellt hatten — freylich, was Gott bekannt war — bloß deßwegen, weil er sie für die rein-
lutherische hielt, aber wie konnte er sich nur bey sich
selbst damit entschuldigen, da er doch schon darüber von
so vielen Oertern her gewarnt worden war? Doch wenn
ihm auch dieß nicht auf das Herz fiel, daß er sich selbst
schon von seinen Theologen in den Kalvinißmus habe
verstricken lassen, so mußte er doch jetzt gewahr werden,
daß sie es darauf angelegt hatten, ihn allmählig hineinzuziehen; allein man kann aus mehreren Anzeigen
schliessen, daß ihm auch das erste unsäglich schwer auf
das Herz gefallen war. Schrieb doch der gute August
im ersten Schrecken darüber an einen seiner Gevattern,
„wenn er wüßte, daß er nur eine kalvinische Ader im
„Leibe hätte, so wünschte er, daß sie ihm der Teufel
„herausreissen möchte [359])!

Un-

---

359) Auch aus andern Aeusserungen des Churfürsten erhellt
sehr deutlich, daß die Vorstellung von der Gefahr, in welche
ihn sein Zutrauen zu ihnen, und
sein Glaube an ihre Rechtglaubigkeit

Unter dieſen Umſtänden war es ſehr in der Ordnung, daß die Ausbrüche, zu denen es jetzt kommen
mußte, ſo ſchnell auf einander folgten. Einen Augenblick lang zweifelte zwar der Churfürſt noch, ob nicht
die Sage, nach welcher die Theologen zu Wittenberg
die Urheber des gottloſen zu Leipzig erſchienenen Buchs
ſeyn ſollten, eine bloſſe Verläumbung ſeyn möchte? aber
die Art, wie er zur Gewißheit darüber kam, mußte ihn
hernach nur noch heftiger gegen ſie aufbringen. Er ließ
ſie ſogleich ſelbſt darüber befragen, verbarg aber die Abſicht der Frage ſo wenig, daß ſie es räthlich fanden,
ſich von jedem Antheil daran auf das beſtimmteſte los-
zuſagen [360]). Bey der gerichtlichen Unterſuchung hingegen, welche zu Leipzig darüber angeſtellt, und bey
der Inquiſition, in welche der Sünder Vögelin genommen wurde, ergab ſich eine Menge von Anzeigen, durch
welche auch die Wittenberger ſo gravirt wurden, daß ſie
nicht nur als die Theilnehmer ſondern als die Urheber
und Anſtifter des ganzen Unternehmens erſchienen [361]).

Aus

ugleit hätte ſtürzen können, ihn
noch eine geraume Zeit hintennach in Schrecken ſetzte, und daher auch ſeinem Unwillen über ſie
die gröſte Unwherbeit gab. So
bemerkte er in einer eigenhändi-
gen Note über den Abſchied des
folgenden Landtags zu Torgau:
„So viel die verſtrickte Perſonen,
„Stöſſel und Schütz, Peucer und
„Krakov anlangt, hätte man auch
„beſonders bedenken ſollen, daß
„beide Pfaffen meine Beichtvätter
„und Seelſorger geweſen, D.
„Peucer mein Leibarzt, dem ich
„meinen Leib, Weib und Kind
„anvertraut, und D. Krakov mein
„geheimſter Rath in allen welt-
„lichen Händeln, von welchen
„allen ich ſchändlich und bös-
„lich betrogen bin worden,

„indem daß ich ſie für fromme
„redliche Leute angeſehen." S.
Hutter p. 233.

360) Der Churfürſt hatte einige Räthe nach Wittenberg geſchickt, welche mit jedem Theologen ein beſonderes Verhör anſtellen ſollten. Von der Exegeſe
wollte aber keiner etwas wiſſen,
ja nach den Angaben von Selnecker und Hutter ſollten ſie jetzt
auch ſtärker, als noch niemahls,
erklärt haben, daß ſie mit Kalvin und den Sakramentirern
nicht das mindeſte gemein hätten.
S. Selnecker Recitat. p. 34. Hutter p. 174.

361) Die Akten dieſer Inquiſition S. bey Löſcher p. 195-
207.

Aus der Finsterniß, in welche sie sich dabey gehüllt hatten, wurde es zugleich sichtbar, daß sie sich selbst einer Absicht bewußt waren, welche sie verbergen mußten. Ihr jetziges Läugnen machte es vollends gewiß. Aus allem zusammen aber wurde es noch sichtbarer, daß alles von ihrer Seite zunächst auf die Täuschung des Churfürsten angelegt war: und kam es nicht damit auch an den Tag, daß sie auf die nehmliche Art schon länger als zehen Jahre lang mit ihm gespielt, daß sie diese ganze Zeit über sein Vertrauen mißbraucht, und wenn auch nicht selbst über seine Einfalt gespottet, doch Gelegenheit gegeben hatten, daß er sich durch seine Leichtgläubigkeit vor der ganzen lutherischen und kalvinischen Welt prostituirt hatte [362])?

Zu einiger weiteren Entschuldigung der Maaßregeln, zu denen sich nun der Churfürst hinreissen ließ, muß indessen auch noch bemerkt werden, daß es der dienstfertigen Menschen mehrere gäb, die sich sehr ohne Noth, aber nicht ohne Erfolg ein eigenes Geschäft daraus machten, ihn noch mehr in Hitze zu bringen. Sobald nur der Eindruck etwas bemerklich wurde, welchen die entdeckte

---

362) Mehrere ihrer eigenen Freunde gestanden in der Folge selbst, daß der Churfürst dadurch eine sehr gerechte Ursache zum Unwillen über sie bekommen, und daß sie eben damit auch ihr Schicksal einigermaßen verdient hätten. Dieß sagte nicht nur Sturm von Straßburg sehr unverholen in seinem Antipappus p. 136. sondern auch Stenius in seiner Leichenrede auf Peucer p. 23. wobey er selbst anführt, daß er diesem vorausgesagt habe, wie es kommen würde. "Memini me — erzählt er — aliquando non levi-

ter ab eis objurgari, quod nimis libere nostram sententiam defenderem; opus enim esse circumspectione politica, ne intempestiva parresia rebus communibus noceat. Respondi ego simplici animo: me natura abhorrere à simulandi studio, ac in veritatis divinae professione nihil opus esse ejusmodi artibus. Addidi autem quasi vates aliquis et hoc: Vos dabitis aliquando poenas hujus politicae cautionis. Vestrum erat veritatem publice et aperte confiteri!" —

Theil II. 2. Hälfte.   Q q

beckte Theilnehmung der Wittenberger an der neuen zu Leipzig erſchienenen Schrift auf ihn gemacht hatte, ſo ſetzten ſich auch alle ihre Feinde im Lande und am Hofe auf das neue in Bewegung, um ihm aus allen Kräften nachzuhelfen, und dabey erlaubten ſie ſich ſelbſt den Gebrauch einiger Mittel, deren Würkung auch unter andern Umſtänden unfehlbar geweſen ſeyn würde. Man belaurte den Briefwechſel einiger von den Hauptperſonen, die zu der Wittenbergiſchen Parthie gehörten, und fieng bald einige ihrer vertrauten Briefe auf, worin ſie ſich theils über ihre Plane und Abſichten gegen einander herausgelaſſen, theils über die Perſon des Churfürſten ſelbſt in einer etwas leichten Sprache geäuſſert hatten [363]). Dieſe Briefe wurden ihm vorgelegt, und wer wird nicht gern glauben, daß Menſchen, welche dazu fähig waren, auch kein Bedenken trugen, noch von andern Reiz-Mitteln ähnlicher Art Gebrauch zu machen [364]), und wer wird es befremdend finden, wenn der Churfürſt durch alles zuſammen in einen Zuſtand kam, in welchem er zu den gewaltſamſten Proceduren fähig war. Aber die Proceduren, die er jetzt vornahm, waren freylich mehr als nur gewaltſam, denn ihre Härte ſtieg biß zur Grauſamkeit.

Auguſt fieng damit an, daß er den Geheimenrath Krakov, den Leibmedicus Peucer, den Kirchenrath Stöſſel, und den Hofprediger Schütz in Verhaft nehmen, alle ihre Papiere unterſuchen, und den förmlichen Crimi-

---

363) S. Gleich Annal. ecclef. P. I. p. 167.

364) So ſetzte man auch die Landſtände in Bewegung, und ließ dem Churfürſten durch ſie eine Vorſtellung übergeben "weil "der Kalviniſmus allenthalben "einreiſſe, und die gottloſe Cregeſe "ausgegangen ſey, ſo möchte er

"doch dazu thun, damit dem Ue-"bel geſteurt würde. Dafür ver-"ſprachen ſie ihm, daß ſie aus "allen Kräften bey ihm ſtehen "wollten." Dieß ſchrieb Greſer an Selneckern den 14. Febr. 1574. S. Selneckeriſche Papiere T. I. f. 238.

Criminal = Proceß gegen sie inſtruiren ließ. Seiner ei=
genen Verſicherung [365]) nach ſollte ihm der landſchaft=
liche Ausſchuß, der ſich gerade damahls zu Dreßden
befand, zu noch härteren Maaßregeln gerathen haben;
es läßt ſich aber ſchwer begreifen, wie man auf noch
härtere, oder auf welche man verfallen konnte; alſo
muß man faſt vermuthen, daß der Ausſchuß nur auf
eine weitere Ausdehnung der von dem Churfürſten er=
griffenen angetragen, und ihm vielleicht gerathen ha=
ben mochte, auch in Anſehung der Wittenbergiſchen
Theologen den Proceß von der Execution anzufangen.
Dieß that er freylich in Anſehung ihrer nicht ganz auf
die nehmliche, aber doch auf eine Art, die nicht weniger
kränkend war.

Schon im May dieſes Jahrs verſammelte er ſeine
Landſtände zu Torgau, und diejenige von den Superin=
tendenten des Landes, die ihm ſein neuer Hofprediger,
Martin Mirus als die wenige noch übrige, welche ſich
von dem kalviniſchen Gift rein erhalten hätten, ausge=
zeichnet haben mochte. Die letzte [366]) erhielten dann
den Auftrag, die ächte lutheriſche Lehre vom Abendmahl
in neue Artikel und zwar in ſolche zu verfaſſen, durch
welche zugleich jede entgegengeſetzte Meynung aller alten
und neuen Sakramentirer mit einer ganz unzweydeuti=
gen

---

365) In der Propoſition an
den Landtag zu Torgau bey Hut=
ter p. 176.

366) Schon vor der Verſamm=
lung des Landtags hatte der Chur=
fürſt die drey Superintendenten
von Dreßden, Meiſſen und Tor=
gau, Dan. Greſern, Caſp. Eber=
hard, und Caſp. Heydenreich, nebſt
dem Konſiſtorial=Präſidenten von
Meiſſen, D. Paul Crell nach Dreß=
den berufen, und ſie dort vor=

läufig in Gemeinſchaft mit dem
Hofprediger Mirus den Entwurf
der Artikel ſtellen laſſen, welche
hernach zu Torgau in einem gröſ=
ſeren theologiſchen Ausſchuß von
zehen weiteren Mitgliedern in
ihre Form gebracht wurden. Die
Nahmen von ihnen findet man
richtiger als bey Löſcher, in An=
tons Geſchichte der Konkordien=
Formel p. 126.

gen und keinen Vorbehalt zulaſſenden Beſtimmtheit ver=
dammt werden müßte. Als ſie aber damit fertig wa=
ren, trieb man die ſämmtliche Theologen von Witten=
berg und Leipzig in Torgau zuſammen — denn ſelbſt
der alte Major mußte ſich hinſchleppen laſſen [367]) —
legte ihnen die neue Artikel vor, verlangte ihre unbe=
dingte Unterſchrift, und kündigte zu gleicher Zeit einem
jeden an, daß er ſich im Weigerungs=Fall auf die här=
teſte Aeuſſerungen der churfürſtlichen Ungnade gefaßt zu
machen hätte.

Nun waren zwar die Artikel ſo geſtellt [368]), daß
in der Folge, als ſie in das Publikum kamen, die aus=
wärtige lutheriſche Zeloten noch unendlich viel daran
auszuſetzen fanden. Man möchte glauben, daß ihre
Verfaſſer abſichtlich noch ſo viel als möglich von der
Sprache und von den Ausdrücken des Dreßbner Kon=
ſenſes beybehalten hätten, um ſich nicht ſelbſt allzuhart
auf den Mund zu ſchlagen [369]), da ſie ihn doch eben=
falls unterſchrieben hatten: doch aus dem Erſtaunen,
in das ſie in der Folge geriethen, da man ihnen das
bedenkliche und gefährliche aufdeckte, das ſie noch in ih=
ren neuen Artikeln hätten ſtehen laſſen, und aus der Be=
reitwilligkeit, mit der ſie zu allen verlangten Aenderun=
gen die Hände boten, wird es wahrſcheinlicher, daß ſie
jetzt

---

267) Der alte Mann war ſo
ſchwach, daß er in Torgau nicht
aus ſeiner Herberge gehen konnte.
Auch ſtarb er noch in dem nehm=
lichen Jahr.

368) In den Akten des Tor=
ganiſchen Convents machen ſie
das Hauptſtück aus: man findet
ſie aber auch wörtlich bey Hutter
in der Form, in welcher ſie unter=
ſchrieben wurden, und in dem
Auszug, in welchem ſie Fabri=
cius ſeiner Hiſtor. Sacramentar.
einrückte. p. 182=203.

369) Sie konnten ſich auch
nicht entbrechen, dieſen Konſens
ſo wie das Corpus Doctrinae zu
erwähnen, welches man ihnen in
der Folge gar übel auslegte;
aber ſie erklärten dabey ausdrück=
lich, daß ſie die Nachtmahls=
Leute, welche in jenem und in
dieſem enthalten ſey, nur in ei=
nem Verſtand genommen haben
wollten, der mit ihren neuen Ar=
tikeln harmonire.

jetzt nur nicht gewußt hatten, wie sie es den Zeloten ganz recht machen sollten. Gewiß war es wenigstens ihr Vorsatz, recht lutherische Artikel zu stellen, in welche auch der schlauste und feinste Kalvinist seine Meynung nicht sollte hineintragen können, und so weit waren sie auch wahrhaftig, besonders wenn man sie alle zusammennehmen mußte, lutherisch genug. Es war ausdrücklich darinn behauptet, daß jede uneigentliche Erklärung der Einsetzungsworte des Nachtmahls unzuläßig und verwerflich sey [370]). Es wurde darinn wörtlich darauf gedrungen, daß das Brodt im Sakrament der Leib Christi selbst sey [371]), daß er auch von den Ungläubigen und Unwürdigen wahrhaftig empfangen, und überhaupt nicht nur mit dem Glauben, sondern auch mit dem Munde genossen werde [372]). Aber es waren darinn noch überdieß zwanzig besondere Irrthümer der älteren und neueren Sakramentirer ausgezeichnet, über welche ein heiliges Anathema ausgesprochen war, und unter diesen Irrthümern waren nicht nur nahmentlich auch die Meynungen von Kalvin und Beza begriffen, sondern es waren auch wörtlich einige der Formeln darinn verdammt, deren sich bißher die Wittenberger am häufigsten in der Nachtmahls-Lehre bedient hatten [373]).

Bey

---

370) Art. affirmat. I. negativ. 9.

371) Art. V. Unione sacramentali panem corpus Christi, et vinum sanguinem Christi esse statuimus. Die Formel, daß der Leib Christi in, mit und unter dem Brodt empfangen werde, brauchten sie zwar nicht selbst, aber unter ihren Negativ-Artikeln zeichneten sie es doch als einen eigenen Irrthum der Sakramentirer — "quod contendunt, usur-

patione harum vocum" in pane, cum pane et sub pane datur corpus Christi "asseri et statui aliquid à verbis Christi plane alienum, et confirmari idololatriam quavis Papistica tetriorem." Art. XIII.

372) Art. affirm. VIII.

373) So wurde z. B in Art. VIII. wörtlich die Beschreibung verworfen, an welche Melanchton seine Schule recht geflissentlich hatte gewöhnen wollen (Octavus error est — quod Paulus pa-

Q q 3   nem

Bey dieſer Beſchaffenheit der Artikel ſchloß aller=
dings das Anſinnen ihrer unbedingten Annahme, das
man an die Wittenberger machte, nichts geringeres als
die Forderung in ſich, daß ſie ihre bißherige Ueberzeugung
verläugnen oder aufopfern ſollten; aber ſie hatten ſich
ſelbſt in eine Lage verſetzt, in welcher ſie nicht ſehr laut
von der Ungerechtigkeit dieſes Anſinnens ſprechen durf=
ten. Dem Churfürſten ihrem Herrn hatten ſie ja ihre
Ueberzeugung bißher verhelt. Sie hatten ihn ſelbſt auf
den Glauben gebracht, daß ſie in der Nachtmahls=Lehre
keine Kalviniſten, ſondern ächte Lutheraner ſeyen; alſo
konnte er ſich leicht befugt halten, ihnen auch eine Er=
klärung darüber abzufordern, die keiner Zweydeutigkeit
Raum ließ. Freylich wurde es dabey durch einen an=
dern Umſtand ſchreyend ungerecht, wenn man ihnen vor=
aus erklärte, daß man ihre Weigerung, die Artikel
unbedingt zu unterſchreiben, als ein Geſtändniß ihres
Kalvinißmus anſehen würde, jedoch dieſer Umſtand fällt
nicht dem Churfürſten ſondern allein den Verfaſſern ſei=
ner Artikel zur Laſt. Dieſe hatten aus Einfalt und Un=
wiſſenheit manches hineingebracht, das der redlichſte,
ächteſte und vom Kalvinißmus entfernteſte Lutheraner
doch

---

nem et vinum — κοινωνιαν ſive
communionem corporis et ſanguinis Chriſto ideo nominet, ut
non ſolum doceat ita nutriri-
ali animas noſtras crucifixo corpore, et effuſo ſanguine Chriſti,
quemadmodum pane et vino corpus nutritur, ſed multo magis
hanc etiam ob cauſam, quod hisce
vel ſignis vel pignoribus teſtatum
facere velit, nos jam vere ac
certe corporis et ſanguinis ſui
efficacia Spiritus Sancti participes
fieri — Die Verfaſſer konnten
dabey nicht verſchweigen, daß

Melanchton hundertmahl dieſe
Formel gebraucht habe, und ga=
ben ſich zwar auf eine höchſt ge=
zwungene Art das Anſehen, als
ob ſie beweiſen könnten, daß Me=
lanchton doch etwas anders als
die ſakramentiriſche Verfaſſer des
Heydelbergiſchen Katechißmus und
der Exegeſe dabey gedacht habe,
doch ſetzten ſie hinzu: "Atque
haec eſt eo tempore omnium ſub-
tiliſſima et altutiſſima veritatis depravatio in hac diſputatione, per
quam plurimi ſeducuntur et de-
mentantur.

doch falsch und unrichtig ³⁷⁴) finden konnte. Sie hatten ja manches hineingebracht, das nicht einmahl, wie-
ihnen die Zeloten in der Folge bewiesen, rein-lutherisch
war: man konnte sie also verwerfen, oder man konnte
wenigstens ihre unbedingte Unterschrift verweigern, ohne
ein Kalvinist zu seyn; mithin wurde es in dieser Hinsicht
empörend unbillig, wenn man bennoch den Wittenbergern die Annahme dieser Artikel als das einzige Mittel
aufdringen wollte, wodurch sie sich von dem Verdacht des
Kalvinißmus reinigen könnten. Doch daran konnte der
Churfürst nicht denken, und davon konnte er nichts wissen, also kann er auch leicht beßhalb entschuldigt werden, wenn er sich nur befugt gehalten hätte, alle diejenige von seinen Theologen, die sich nicht zu der Unterschrift der Artikel verstehen wollten, ihrer Aemter zu-
entsetzen, und aus dem Lande zu weisen: aber er erlaubte
sich gegen sie noch andere Proceduren, deren unwürdige
Brutalität durch ihre völlige Zwecklosigkeit noch unentschuldbarer wird, als sie schon an sich ist.

Die meiste der zu Torgan versammelten Theologen,
hatten sich die Unterschrift der Artikel leicht genug ab-
drängen lassen, wiewohl allerdings bey mehreren kein
besonderer Drang dazu nöthig seyn mochte. Mehrere
von den Superintendenten und Pfarrern, auf welche
man wegen der Verbindungen, worinn sie mit den Wit-
tens

---

374) Auch der eifrigste Luthe-
rauer konnte es unrichtig und
falsch finden, wenn Art. VII. behauptet wurde — hanc sesse sententiam Calvini, Bezae, Bullingeri, Martyris, Heidelbergensium
et omnium aliorum Sacramentariorum, quod panis et vinum nihil
aliud sint, quam figurae, signa,
tesserae et pignora absentis cor-

poris et sanguinis Christi. Dieß
war das gröbste Falsum, und die
schaamloseste Lüge, welche zwar
die Westphals und Mörlius schon
oft vorgebracht hatten, deren Wiederholung aber nicht einmahl der
Unwissenheit mehr verzeihlich
war, nachdem sich Kalvin und
seine Freunde schon so oft darüber erklärt hatten.

ganz ausgeſöhnt, aber doch ſehr lebhaft überzeugt wird,
daß ſie nicht aus der Quelle einer kleinlichten perſönlichen
Furcht entſprungen war.

Auch von ihnen, wie von allen übrigen hatte man
nehmlich verlangt, daß ſie die Annahme oder die Verwerfung der ihnen vorgelegten Artikel bloß durch ein
rundes Ja oder Nein auf die vier beſondere Fragſtücke [377]) bezeugen ſollten: ob ſie mit allen chriſtlichen
Lehrern in Anſehung der in den Affirmativ-Artikeln
enthaltenen Lehre vom Abendmahl von Herzen übereinſtimmten? ob ſie alle bezeichnete Irrthümer der alten
und neuen Sakramentirer wahrhaftig und von Herzen
als ſchröckliche und ſchädliche Ketzereyen verwärfen und
verabſcheuten? ob ſie alles, was in den Schriften des ſeeligen Herrn Doctor Luthers, beſonders in ſeinen Streitſchriften gegen die Sakramentirer enthalten ſey [378]),
für die rechte, einige und ewige Wahrheit Gottes hielten, und annähmen? und ob ſie endlich die neue ſchändliche Exegeſe als ein ſakramentiriſches Buch von Herzen verdammten, und den darinn enthaltenen Schwär-
mereyen hinfüro widerſprechen wollten?

Darauf antworteten ſie aber einſtimmig, wiewohl
jedem dieſe Fragen beſonders vorgelegt wurden, daß ſie
keine einzige ohne Verletzung ihres Gewiſſens bejahen
könnten, und ſich alſo auch durch nichts dazu bewegen
laſſen würden. Derjenigen Nachtmahls-Lehre — erklärten ſie im beſondern — welche man in die neue Artikel gefaßt habe, würden ſie niemahls beytreten, weil
ſie

377) Dieſe Fragſtücke hat
Hutter S. 224.
378) Nahmentlich waren unter dieſen die vier Schriften ausgezeichnet: 1) Wider die himmliſche Propheten. 2) Daß die
Worte: das iſt mein Leib! noch
feſt ſtehen. 3) Das groſſe Bekenntniß. 4) Das kurze und letzte
Bekenntniß vom Nachtmahl vom
J. 1544.

sie mehrere Bestimmungen in sich halte, die nicht nur,
wie zum Beyspiel der mündliche Genuß des Leibes Christi
und der Genuß der Ungläubigen, ganz unbeweißbar,
sondern auch mehrfach bedenklich und gefährlich seyen,
indem sie nur allzuleicht zum Pabstthum zurückführen
könnten [379]). Noch weniger könnten sie sich entschliessen, die sämmtliche als Irrthümer ausgezeichnete Meynungen der älteren und neueren Sakramentirer ohne Ausnahme zu verdammen, weil ihnen mehrere darunter ganz
und gar nicht als irrig, und noch weniger als schädlich oder
gefährlich erschienen [380]). Hingegen trugen sie kein Bedenken, die unwürdige Zumuthung, daß sie alles ohne Ausnahme, was in Luthers Streitschriften vorkomme, blindlings annehmen und unterschreiben sollten, nicht nur im
allgemeinen deßwegen abzulehnen, weil sie auch in Luther
nur einen Menschen sähen, der so gut als andere habe
irren können, sondern auch im besondern deßwegen,
weil er würklich nach ihrer Meynung mehrmahls geirrt,
und zunächst in seinen Streitschriften gegen die Sakramentirer mehrmahls geirrt habe [381]). Was aber endlich

---

379) Den mündlichen Genuß
und den Genuß der Ungläubigen
zeichneten alle als die Bestimmungen aus, welche sie niemahls
annehmen würde. Moller sagte,
er wollte lieber sterben, als ihnen beytreten. Cruciger äusserte,
daß die Artikel überhaupt ohne
alle Ordnung zusammengelesen
seyen, und daß sie Luther selbst,
wenn er noch lebte, gewiß nicht
unterschreiben würde. Auch gab
er am spitzigsten zu verstehen, daß
es wohl auf die Wiedereinfüh-
rung des Pabstthums angesehen
seyn möchte, denn er sprach von
seltsamen Dingen, die man in
den nächsten drey Jahren in Sach-

sen erleben würde. S. Löscher
S. 180. Hutter 209.

380) Kalvin, sagten sie, wüßten sie nicht zu verdammen, denn
seine Phrases seyen im Grund
den lutherischen nicht entgegen;
und zwischen der lutherischen und
kalvinischen Meynung finde kein
fundamenteller Dissensus statt.
ebend.

381) Die Streitschriften Luthers gegen die Sakramentirer,
erklärte Cruciger, seyen zu einer
Zeit geschrieben, da er selbst des
Pabstthums noch nicht gar los
gewesen sey. Pezel meynte, sie
seyen ungewiß, und es kämen
viel wiederwärtige Dinge darinn
vor.

lich die Exegese betreffe, die zu Leipzig erschienen sey, so gehe sie zwar diese nichts an, doch fänden sie auch in demjenigen, was ihnen davon bekannt geworden sey, nicht Gründe genug, ein allgemeines Verdammungs-Urtheil über die ganze Schrift auszusprechen.

Aus diesen Erklärungen, bey welchen die vier Theologen aller Vorstellungen und Drohungen ungeachtet, mit denen man ihnen zusetzte, standhaft beharrten, gieng es freylich auf das klarste hervor, daß wenigstens jene lutherische Nachtmahls-Theorie, welche auch mit der kalvinischen im Gegensatz stand, gewiß nicht die ihrige war. Daburch hätte sich dann der Churfürst, sobald er sich einmahl berechtigt hielt, seinen Privat-Glauben zum Regulativ für den Glauben seines ganzen Landes zu machen, dadurch hätte er sich immer auch befugt halten mögen, ihnen zu erklären, daß er sie nicht länger als Lehrer auf den Universitäten seines Landes brauchen könne, wenn sie ihren Glauben nicht dem seinigen aufopfern wollten: aber welchen Schatten von einem Recht konnte er zu den weiteren Mißhandlungen haben, die er ihnen zufügte, und welchen Schatten von einem Grund konnten diejenige haben, die ihm dazu riethen [382]?

Auf ihre erste Weigerung, die Artikel zu unterschreiben, wurde ihnen sogleich ein enger Arrest ange-
kün-

---

vor. Wiedebram scheute sich nicht zu sagen, daß in dem grossen Bekenntniß Luthers unstreitig einiges irrig sey; alle aber bemerkten dabey sehr richtig, "daß jetzt der status causae in der Streitigkeit ganz anders als zu Luthers Zeit stehe. ebend. 181. 187.

382) Wahrscheinlich gab der Churfürst keinem Rath, sondern nur den Eingebungen seines Arger-Gehör. Wenigstens die Landstände mochten ihm nicht zu diesem Verfahren gerathen haben, denn in dem angeführten Bedenken bey Hutter S. 233. beschwerte er sich darüber, daß die Landräthe in ihren Vorschlägen so kaltsinnig sich gezeigt, und die Sache so leicht genommen hätten.

kündigt, indem alle vier zusammen in ein Zimmer eingesperrt wurden, in welchem sie mit niemand sprechen durften [383]). Vier Tage darauf wurden sie zum zweytenmahl vorgefordert, und zur Unterschrift ermahnt. Den folgenden Tag wurde auf des Churfürsten Befehl diese Ermahnung mit der bestimmten Drohung wiederholt, daß ihnen eine längere Weigerung ein noch härteres Schicksal zuziehen würde; da sie aber auch jetzt noch dabey beharrten, so wurde die Drohung noch am nehmlichen Tage vollzogen, denn sie wurden nun, als Staats-Verbrecher, mit einer Wache von funfzig Soldaten nach Leipzig transportirt, und dort in die Gefängnisse der Pleissenburg vertheilt. In diesen ließ man sie vierzehn Tage lang schmachten, und machte dann noch einen Versuch, ihnen die Unterschrift der Artikel durch Drohungen abzupressen. Dazu erklärten sie sich auch endlich bereit, jedoch nur unter mehreren Reservationen und Restriktionen, welche ihre Ueberzeugung und ihr Gewissen hinlänglich sicher stellten [384]); dennoch entließ man sie dar-

---

383) Das Special = Verhör mit den verdächtigen Theologen daurte vom 3 biß 17. Jun. An dem letzten Tage wurde ihnen der Arrest angekündigt. Am 21. 22. und 23. wurden neue Versuche gemacht, sie zu der Unterschrift der Artikel zu bringen; als aber auch diese fruchtloß waren, wurden sie noch an dem lezten Tage nach Leipzig abgeführt. S. Hutter p. 210. Löscher S. 192.

384) Bey den Articulis affirmativis reservirten sie sich, daß es ihnen freystehen müßte, sie nur nach dem Sinn und nach den Schriften Melanchtons zu erklären, daß die Dreßdnische Konsens zugleich beybehalten, und daß ihnen ihre Argumente gegen die Ubiquität gelassen werden müßten

Bey den Negativ = Artikeln erklärten sie ausdrücklich, daß sie sich durch ihre Unterschrift ganz und gar nicht zu der Verdammung der darinn als irrig ausgezeichneten Meynungen, sondern bloß dazu anheischig machten, daß sie sich denjenigen, welche sie verdammten, nicht öffentlich widersetzen wollten; überdieß aber behielten sie sich überhaupt ihre eigene Konfession vor. Diese Bedingungen, welche sie machten, wurden auch dem Churfürsten durch die Kommissarien, die zu Leipzig mit ihnen unterhandelten, ohne Zweifel mitgetheilt, wiewohl es Hutter selbst zu bezweifeln scheint, doch begieng man hernach bey der Publikation der Akten die zwecklose Infamie, ihre Nahmen

darauf aus der Gefangenschaft, und gestattete ihnen selbst nach Wittenberg zurückzukehren; aber bald nach ihnen traf auch ein Befehl des Churfürsten ein, durch welchen sie ihrer Aemter entsetzt, und aus dem Lande gewiesen wurden [385]).

Die einzig‐mögliche Entschuldigung dieses unwürdigen Verfahrens kann vielleicht aus dem allzusehr gereizten Unwillen des Churfürsten gezogen werden. Man hat desto mehr Ursache, den grösten Antheil daran auf die Rechnung von diesem zu schreiben, da er sich gegen diejenige Personen, von denen sich August am empfindlichsten gekränkt glaubte, noch härter äusserte. Krakov und Peucer, Stössel und Schütz mußten Jahre lang und zum Theil ihr ganzes Leben hindurch die Folgen davon tragen; denn der wahrscheinlich am meisten mißhandelte Krakov [386]) starb in der Gefangenschaft; eben dieß war das Schicksal Stössels, und nur ein glücklicher Zufall gab endlich Peucern und Schütz ihre Freyheit wieder, nachdem sie zwölf Jahre lang im Gefängniß ausgehalten hatten. Aber wenn auch August noch so fest überzeugt seyn mochte, daß er die gerechteste Ursache zum persönlichen Unwillen gegen die Menschen habe, die ihn Jahre lang getäuscht hatten — war er befugt

eine

Nahmen unter den Unterschriften der Artikel nicht nur eben so wie die übrige, welche unbedingt unterschrieben hatten, anzuführen, sondern selbst allen übrigen vorzusetzen, und versuchte dadurch würklich das Publicum zu bereden, daß auch sie den Artikeln eben so ohne Vorbehalt wie ohne Zwang beygetreten seyen. S. Hutter S. 215. 216. 219.

385) Bey ihrer Entlassung aus der Pleissenburg mußten sie doch schon einen Revers unterschreiben, wodurch sie sich zu ver‐

pflichten hatten, einen Monath lang in Wittenberg Hausarrest zu halten, und nach dem Verfluß des Monaths überall hinzugehen, wohin sie der Churfürst schicken würde. Den Revers hat Hutter S. 217.

386) Krakov starb schon im J. 1575, war aber in seinem Gefängniß am härtesten behandelt worden, denn nach einigen Nachrichten hatte man ihn selbst auf die Folter gebracht. S. Kießlings Fortsetzung der Hist. mot. S. 31.

eine Täuschung zu bestrafen, die im Grunde doch nur durch ihn selbst veranlaßt worden war? Indessen konnte er allerdings auch glauben, durch diese Proceduren die kalvinische Parthie im Lande vollständiger gesprengt, und ihr das Wiederaufkommen unmöglicher gemacht zu haben, welches jetzt die angelegenste seiner Sorgen zu seyn schien. In dieser Absicht ließ er ja nicht nur von Wittenberg auch noch alle andere Professoren fortschaffen [387]), die zu der Peucerischen Parthie gehört hatten, er ließ nicht nur in Wittenberg alle kalvinische Schriften zusammensuchen und kaßiren [388]), sondern er ließ auch, um das Aufsehen größer zu machen, alle Acten des Torgauer Landtags publiciren [389]), und ein eigenes Formular zu einem Kirchengebet aufsetzen [390]), nach welchem Gott in allen Kirchen des Landes die Ausrottung des Kalvinißmus besonders empfohlen werden mußte. Diese Absicht erreichte er aber auch würklich, wiewohl man ihm bald darauf bange machte, daß er sie doch verfehlt habe: allein er erreichte sie nur in seinem Gebiet: denn unter allen diesen Auftritten und durch diese Auftritte selbst hatte sich der Kalvinißmus überhaupt so sehr befestigt und befestigen müssen, daß er sich nicht mehr aus der Welt hinausverfolgen noch hinausbeten ließ. Mit der Siegesmünze, welche der

387) Wolfgang Crell, Esrom Rüdinger, und die drey Schwiegersöhne Peucers, Joh Herrmann, Joachim Eber, und Hieronymus Schaller ebend.

388) S. Löscher S. 189.

389) Sie erschienen unter dem Titel: Kurz Bekenntniß und Artikel vom heiligen Abendmahl des Leibes und Blutes Christi, daraus klar zu sehen, was hievon in beyden Universitäten Leipzig und Wittenberg und sonst in allen Kirchen und Schulen des Churfürstenthums Sachsen bißher öffentlich gelehrt und geglaubt worden, auch was man für sacramentirische Irrthum und Schwärmerey gestraft hat, und noch straft, übergeben und gehandelt auf jüngstem Landtag zu Torgau und auf churfürstliche Verordnung gedruckt. Wittenberg 1574. in 4.

390) Ein Gebet um Erhaltung rechten Verstands und Gebrauchs der hochwürdigen Sakramente wider die Sakrament. Schwärmer, von M. Pet. Glaser auf dem Konvent zu Torgau gestellt

der gute August jetzt schon auf seine Ausrottung schlagen ließ, hätte es also immer noch anstehen können ³⁹¹)!

³91) S. die Beschreibung der Münze in Tenzels Saxon. Numismat. Lin. Albert. P. I. p. 112. auch in Antons Gesch. der Konkordienformel p. 138. August ließ sich darauf geharnischt mit dem Schwerdt in der einen und mit einer Waage in der andern Hand darstellen, in deren einen Schaale das Kind Jesus, in der andern aber die vier Wittenbergische Theologen mit dem Teufel sitzen, welche die Wage mit aller Macht niederzudrücken suchen, aber doch in die Luft fliegen. Ueber der ersten Schaale fliegt ein Zettel mit dem Wort: die Allmacht: über der andern Schaale ein ähnlicher mit der Innschrift: die Vernunft.